W0053768

Astrid Varnay

Unter Mitarbeit von Donald Arthur

Deutsche Übersetzung von Maurus Pacher

Astrid Varnay

Hab mir's gelobt

55 Jahre in fünf Akten
und einem Prolog

Memoiren einer Opernkarriere

Henschel Verlag Berlin

Auf dem Schutzumschlag: Astrid Varnay in der Titelrolle der »Elektra«.
Metropolitan Opera, New York 1952   (Foto: Louis Melançon)
Frontispiz: Am Schminktisch. Bayreuth, um 1953
(Foto: Siegried Lauterwasser)

Fotonachweis: Siegfried Lauterwasser, Überlingen: 223, 224, 233, 239, 261,
275 (oben links), 290; Sabine Toepffer, München: 235, 237, 296, 309, 329, 338,
351, 374, 408, 413 (oben), 416, 428; Rudolf Betz, München: 275 (oben rechts);
Rudolf Brauner, München: 401; Mike Schmalz, München: 404; Donald Arthur;
München: 449; UNITEL, Ismaning: 383, 385; Foto Gebauer, Bayreuth: 227
(unten), 307; Wilhelm Rauh, Bayreuth: 227 (oben); Pressebüro Bayreuth: 288;
Liselotte Strehlow, Düsseldorf: 203; Foto Inhoffen, Freiburg: 226; Ilse Buhs,
Berlin: 323; Metropolitan Opera Archives: 15, 20, 22, 24, 29, 99, 127, 170, 214;
Metropolitan Opera Guild: 148; Winnie Klotz, Metropolitan Opera: 398;
David H. Fishman, Chicago: 393; Archiv der Ungarischen Staatsoper: 37;
Universitätsbibliothek Oslo: 53, 55, 64, 65; Hertha Ramme, Zürich: 313, 315;
Donald Southern, London: 340. Alle übrigen Fotos Privatarchiv Astrid Varnay.

Die Deutsche Bibliothek – CIP-Einheitsaufnahme
Varnay, Astrid: Hab mir's gelobt : 55 Jahre in fünf Akten / Astrid Varnay.–
Berlin : Henschel, 1997
ISBN 3-89487-267-5

ISBN 3-89487-267-5

Lektorat: Mechthild Frick
Umschlaggestaltung: Morian & Bayer-Eynck, Coesfeld
Gestaltung und Satz: AS Satz & Grafik, Berlin
Druck und Binden: Wiener Verlag, Himberg
Printed in Austria
Gedruckt auf alterungsbeständigem Papier mit chlorfrei
gebleichtem Zellstoff

INHALT

Für meine Eltern und meinen Ehemann

PROLOG

Aus der U-Bahn auf die Bühne

Wer mich an diesem kalten Dezembertag gegen neun Uhr morgens
in der BMT-Subway von Greenwich Village nach Manhattan Mitte
sitzen sah, konnte denken, daß ich lediglich eine unter den zahllosen
New Yorkerinnen auf dem Weg zur Arbeit sei. Und so war es auch.
Mit dem einzigen Unterschied, daß ich zur täglichen Arbeit in die
Metropolitan Opera fuhr, wo ich kürzlich als dramatischer Sopran
unter Vertrag genommen worden war. Doch für mich handelte es
sich dabei um nichts anderes, als was das Ladenmädchen oder die Sekretärin taten, die schräg gegenüber saßen.

Schließlich war Oper bei uns Familienmetier.

Von frühester Kindheit an war ich es gewohnt, an Vorstellungstagen auf Zehenspitzen durch das Haus zu schleichen und mich mit
meinen Eltern in Zeichensprache und mit Geflüster zu verständigen,
um ihre Nerven vor dem Auftritt zu schonen und dafür zu sorgen, daß
sie ihre kostbaren Stimmen pflegen konnten, bis sie sie auf der Bühne
nötig hatten. »Sprechen am Tag einer Vorstellung«, pflegte meine
Mutter zu sagen, »ist dasselbe, wie einen zusätzlichen Akt zu singen.«
Und Mutter war zu sehr Profi, um einen ganzen Akt gratis zu geben.

Mein eigenes Bühnendebüt sollte kurz nach Neujahr stattfinden,
am 9. Januar 1942, als Elsa in Wagners *Lohengrin*, und ich befand
mich bereits in der letzten Phase intensiver Vorbereitung, was denn
auch der Grund war, warum ich an diesem kalten Freitagmorgen ins
Opernhaus fuhr. Zumindest dachte ich das.

Ich stieg am südlichen Ende des Bahnsteigs aus und ging hinauf
zum Ausgang an der 40th Street. Als ich auf die Straße kam, standen
einige Freunde aus meinen Stehplatzzeiten trotz der frühen Stunde
bereits nach Karten an. Einer der Stehplatzanwärter sagte, daß sie
sich auf keinen Fall die ganz besondere Matinee an diesem Freitag-

nachmittag entgehen lassen wollten. Es war *Don Giovanni* mit Bruno Walters »Traumbesetzung«: Rose Bampton, Jarmila Novotná, Bidù Sayão, Ezio Pinza, Salvatore Baccaloni, Charles Kullmann, Norman Cordon und Arthur Kent in einer Inszenierung von Herbert Graf.

Ich nahm mir vor, nach meiner *Lohengrin*-Probe einen Teil der Vorstellung aus der Kulisse zu verfolgen. Ich war damals dreiundzwanzig, und bereits ein flüchtiger Blick auf den betörenden Pinza konnte ein Mädchen für den Rest des Tages in Euphorie versetzen.

Als ich um die Ecke zur Seventh Avenue bog, blieb ich kurz stehen, um zuzuschauen, wie die Dekorationen für den nächsten Tag ausgeladen wurden – ein täglicher Transportdienst, der an den meisten Repertoiretheatern nicht nötig ist. Das war nur eine von vielen Unannehmlichkeiten, die die seltsame Konstruktion des Gebäudes mit sich brachte.

Das alte Metropolitan Opera House, außen häßliches Entlein und im Zuschauerraum gespreizt wie ein Schwan, war von Josiah Cleaveland Cady entworfen worden, einem Architekten, der auf Bürogebäude und Kirchen spezialisiert war. Die »Met« war sein einziger Theaterbau und in der Innenausstattung wohl das Luxuriöseste, was New York bis dahin gesehen hatte, in ihrer Funktion als Opernhaus jedoch eine Katastrophe.

Das schimmernde Goldene Hufeisen war so großzügig geschwungen, daß die reicheren Besucher einander sehen konnten, während ihre Sicht auf die Bühne durch die Krümmung der fünf ausladenden Ränge ebenso behindert wurde wie durch die massiven dekorativen Säulen, die Cady als Stützen verwendet hatte.

Noch ärgerlicher war, daß der Architekt den üblichen Lagerraum auf der Hinterbühne weggelassen hatte, der für ein Haus mit mindestens sieben verschiedenen Repertoirevorstellungen pro Woche unverzichtbar ist. Das bedeutete, daß die Ausstattungen zwischen einem Lagerhaus in der Bronx und dem Theater von Lastwagen-Konvois der Erie Transport Co. hin- und hergekarrt werden mußten, die wie Kamelkarawanen über den Broadway zogen.

An der Rückseite des Theaters waren die Bühnenarbeiter gerade mit den rohbehauenen teutonischen Dekorationsteilen für die *Walküre*-Vorstellung am nächsten Nachmittag beschäftigt. Als sie die mächtige Esche ausluden, die sich in der Mitte von Hundings Hütte im ersten Akt erhebt, kam ein Straßenköter vorbei und stutzte. Vermutlich hatte er in seiner Stadt aus Stein und Backstein noch nie einen echten Baum gesehen, doch die Stimme des Blutes sagte ihm, wie an seinem Blick deutlich zu erkennen war, daß dieses Versatzstück eine mehr als angemessene Alternative für seinen gewohnten Hydranten wäre. Zum Glück für die morgige Besetzung verscheuchte ihn ein Bühnenarbeiter.

Ich betrat das Gebäude durch den offiziellen Bühneneingang an der 39th Street und begab mich in das Herz des Theaters. Ein Aufzug, der klang, als ob er unter einer schweren Nebenhöhlen-Infektion litte, brachte mich in Zeitlupe vom Erdgeschoß in eines der oberen Stockwerke, wo die Dirigenten und Korrepetitoren ihre Probenzimmer hatten.

Bevor ich meiner Verabredung mit Maestro Erich Leinsdorf nachkam, fand ich einen leeren Raum, in den ich mit meiner Stimmpfeife schlüpfte, um meine Stimme aufzuwärmen. Sich im Dezember zu Hause einzusingen, hätte das Gegenteil bewirkt. Obwohl meine Mutter die Zentralheizung auf einem erträglichen Minimum hielt, achtete sie doch strikt darauf, daß ich an einem kalten Tag niemals mit aufgewärmter Stimme nach draußen ging, weil dies eine Erkältung geradezu provoziert hätte. Der Mangel an geeigneten Räumen im Bühnenbau zwang mich oft dazu, mich mit meinen täglichen Übungen in der Damentoilette einzusingen, aber ich wußte, daß ich es mir nicht leisten konnte, zu einer Met-Probe *nicht* in entsprechender stimmlicher Verfassung zu erscheinen. Nachdem ich das Ritual hinter mich gebracht hatte, war ich bereit, mich dem Maestro zu stellen.

Im Gegensatz zum blattgoldüberladenen Geglitzer im Zuschauerraum waren die Probenzimmer kahl und funktionell: ein paar Notenständer, ein Klavier (meistens ein Piano), ein oder zwei Stühle und der jeweils nötige künstlerische Stab.

Erich Leinsdorf war nur ein paar Jahre älter als ich, doch er hatte an der Met bereits eine führende Position. Der große Artur Bodanzky, der Doyen unter den Dirigenten für das deutsche Repertoire, war im November 1939 gestorben, kurz vor dem Eröffnungsabend der Saison 1939/40. Das katapultierte den jungen Wiener Dirigenten an die vorderste Front, doch er war für seine Aufgaben gut vorbereitet. Immerhin war er bei den Salzburger Festspielen Korrepetitor unter Bruno Walter und Arturo Toscanini gewesen. Mit knapper Not hatte er nach dem Anschluß aus Österreich flüchten können. Der Verlust für Wien war New Yorks Gewinn. Leinsdorf ergriff die Chance, um nachdrücklich auf sich aufmerksam zu machen. Das Publikum wie die Kritiker konnten bald von dem lebhaften jugendlichen Stil, der seine Wagner-Interpretationen auszeichnete, nicht genug kriegen.

Als ich hereinkam, begrüßte er mich recht rätselhaft: »Und was ist heute an der Reihe?«

Anfangs kapierte ich nicht, daß Leinsdorf offenbar versuchte, mir etwas mitzuteilen, und sagte nur: »Ich nehme an, daß wir mit der Elsa weitermachen.« Der Dirigent erwiderte, daß er die Rolle der Sieglinde in der *Walküre* durchnehmen wolle, und meinte, daß es nicht nötig sei auszusingen. Ich brauchte also nur zu »markieren« – das heißt, mit halber Stimme singen und die hohen Noten eine Oktave tiefer nehmen –, was alle Berufssänger tun, um ihre Stimme für die großen Proben und die Aufführungen zu schonen. Ich war mir noch immer nicht im klaren, warum er die Sieglinde nicht mit voller Stimme hören wollte, zumal meine ersten Vorstellungen erst nach Neujahr stattfinden sollten, aber er war der Chef.

Nachdem ich mich von Anfang bis Ende leise durch die Partie geträllert hatte, sagte mir der Maestro beiläufig, daß ich mich in der Maske und in der Kostümabteilung melden solle. Da fiel endlich der Groschen.

Später fand ich heraus, daß Lotte Lehmann sich erkältet hatte und deshalb gezwungen war, die Samstag-Matinee abzusagen. Also mußte jemand für sie einspringen.

Wir waren insgesamt zu fünft: Nachdem Madame Lehmann ausfiel, Helen Traubel für die erste Brünnhilde in ihrer Karriere angesetzt war, und Rose Bampton es begreiflicherweise ablehnte, nach der Donna Anna in *Don Giovanni* am nächsten Tag ihre erste Sieglinde im New Yorker Haus zu singen, wurde bei Irene Jessner angefragt, die sich auf einer Konzerttournee im Mittleren Westen befand und nicht rechtzeitig zur Vorstellung nach New York zurückkommen konnte.

Es blieb also nur eine einzige Sieglinde übrig – Ihre sehr ergebene Miss Varnay. Und dabei wußte niemand, ob ich die ganze Rolle wirklich im Griff hatte. Darum war Leinsdorf gebeten worden, das herauszufinden.

So kam es, daß ich im Begriff stand, mein Debüt an einem der renommiertesten Opernhäuser der Welt in einer schwierigen Partie in einer der längsten Opern des Repertoires zu geben, mit einer der größten Orchesterbesetzungen und einem leibhaftigen Gotha von Wagnersängern als Partner, die alle mindestens doppelt so alt wie ich waren – ganz abgesehen von der Tatsache, daß ich niemals einen Schritt auf der Bühne getan, ja, dieses Werk nicht einmal mit anderen Sängern geprobt hatte.

Wenn jemand diese Geschichte in einem Film gebracht hätte, hätte

»Papa« Adolf Senz war als Maskenbildner unerreicht und
begründete eine Maskenbildner-Dynastie in Hollywood.

ich vermutlich an seinem Verstand gezweifelt, aber nun durchlebte
ich tatsächlich diesen Inbegriff des Klischees vom Showbusiness,
allerdings viel zu sehr beschäftigt mit der Vorbereitung auf meine
Aufgabe, als daß ich mich deswegen beunruhigen konnte.

Nach der Anprobe in der Kostümabteilung und einem Besuch bei
»Papa« Adolf Senz, der großartigen grauen Eminenz des Theaters,
der uns mit Perücken, Schminke und jeder Menge Streicheleinheiten
vor, während und nach den Vorstellungen versorgte, hatte ich noch
die Geistesgegenwart, auf dem Heimweg einen Strauß Rosen für meine Mutter zu besorgen, deren sorgfältige, geduldige Unterweisung
mich an die Schwelle meiner Opernkarriere geführt hatte.

Als ich ins Village zurückkam, verschlug mir Mutters Reaktion auf
die Blumen völlig die Sprache. Sie stellte ruhig die Rosen in Wasser,
zog ihren Mantel an und verkündete, daß sie nun ein Steak für mich
einkaufen werde, als eine Art Cowboy-Frühstück für den nächsten

Morgen. Sie bestand darauf, daß ich eine Extradosis Protein nötig hätte, um die Sieglinde sicher durchzustehen.

Was geht einem dreiundzwanzigjährigen Sopran in einer solchen Situation durch den Kopf? Nun, wie ich vorhin schon sagte, war Oper bei uns Familienmetier. Statt Zeit und Energie zu verschwenden, indem ich mich verrückt machte, besann ich mich einfach darauf, daß ich mich die letzten drei Jahre sorgfältig auf meinen Beruf vorbereitet hatte. Wie? Vor allem, indem ich mich stimmlich und musikalisch in Hochform gebracht hatte – unter der Leitung meiner Mutter, die mir Gesangsunterricht gab, und meines Mentors Maestro Hermann Weigert, der mit mir den größten Teil meines Repertoires erarbeitete.

Der Schlaf war in dieser Nacht ein seltener Gast. Ich versuchte, mich immer wieder an all das zu erinnern, was Sieglinde in den Vorstellungen während meiner Stehplatzzeit getan hatte. Meine Mutter hatte jedoch ein Mittel gegen die Schlaflosigkeit, die jeden darstellenden Künstler vor einem großen Tag heimsucht. Sie meinte, ich solle, statt mich hin und her zu wälzen, Schäfchen zu zählen oder es mit irgendwelchen anderen Ritualen zu versuchen, einfach nur daliegen und mich entspannen. Früher oder später würde sich die Ruhe in der einen oder anderen Form einstellen.

Viele Jahre später war ich fasziniert, als mir Wolfgang Windgassen erzählte, daß er denselben Rat von seinem Vater, dem Tenor Fritz Windgassen, bekommen habe, der ihn in Gesang unterrichtet hatte wie meine Mutter mich.

Schließlich fand ich ein wenig Schlaf, und wovon träumte ich? Sie haben es erraten – von Sieglinde. Am nächsten Morgen schmeckte das Frühstücks-Steak wie Stroh, aber meine Gedanken waren mit allem beschäftigt, nur nicht mit meinem Appetit. In aller Ruhe kramte ich zusammen, was ich – wie meine Mutter mich gelehrt hatte – für meinen Auftritt brauchen würde: ein Stück Seife, Papierhandtücher zum Abschminken und ein Handtuch.

Bevor ich mich zur Met aufmachte, packte ich auch meinen Talisman ein, einen Doppelrahmen mit zwei Fotos von Kirsten Flagstad, die seit meiner Kindheit eine enge Freundin der Familie war. Ich würde in meiner Garderobe eine Freundin nötig haben, und Madame Flagstad war wohl die beste Wahl, die man sich denken konnte. Zumal sie, abgesehen von der herzlichen Verbindung, mein Wagner-Idol war und es bis zum heutigen Tag geblieben ist.

Dann mummte ich mich gegen die Dezemberkälte ein und ging zur

BMT-Station. Ich erinnere mich, daß ich ein Stoßgebet murmelte, als sich der Zug in Bewegung setzte.

Vor dem Theater stand eine lange Reihe meiner Stehplatzkumpel, die nun für die heutige Matinee dem Winterwind trotzten. Wie Virginia Ahrens, die zu diesem Kreis gehörte, vor kurzem berichtete, nahm eigentlich niemand wahr, daß ich an ihnen vorbeiging.

Später teilte jemand den Stehplätzlern mit, daß Lehmann abgesagt habe, und ein Aufstöhnen ging durch die ganze Schlange. Lotte Lehmann hatte für die New Yorker Musikliebhaber besondere Bedeutung. Neben ihrem Rang als Künstlerin war ihre enorme Beliebtheit auch in ihrer außerordentlichen persönlichen Integrität begründet. Obwohl sie nicht Jüdin war, hatte sie nach Hitlers Machtergreifung Deutschland verlassen und war nach dem Anschluß Österreichs in den Vereinigten Staaten seßhaft geworden.

Nachdem sich meine Stehplatzfreunde von ihrer anfänglichen Enttäuschung erholt hatten, machte sich einer von ihnen im Theater kundig, wer anstelle von Madame Lehmann singen würde. Als die anderen meinen Namen hörten, ging ein widerhallendes »Astrid wer?« durch die Reihe. Schließlich erinnerte sich jemand an ein Mädchen namens Varnay, das gelegentlich mit ihnen angestanden und ihnen erzählt hatte, daß es Gesang studiere. Aber *dessen* Vorname war nicht Astrid, sondern Violet.

Darauf begab sich einer in die Vorhalle an der 39th Street, um zu schauen, ob eines der Fotos der Matinee-Besetzung, die dort aushingen, mit der Person übereinstimmte, die sie kannten. Und tatsächlich war die Astrid Varnay, die an diesem Nachmittag zum ersten Mal singen sollte, dasselbe Mädchen, das sie als Violet kannten. Die Enttäuschung vieler von ihnen verwandelte sich in gespannte Erwartung.

Obwohl mir das als Anfängerin nicht bewußt war, begann ich bereits an diesem Nachmittag bestimmte Verhaltensmuster zu entwickeln, die ich in den mehr als fünfundfünfzig Jahren meiner Karriere beibehalten habe.

Vor allen Dingen mein frühes Eintreffen. Ich versuche immer, mindestens zwei Stunden vor der Vorstellung im Theater zu sein. Wie bei den Proben kommt erst das Aufwärmen der Stimme. Dann nehme ich mir reichlich Zeit fürs Schminken und kontrolliere zur Sicherheit, ob mein Kostüm in Ordnung ist. Vom ersten Tag an war ich eine der ganz wenigen Sängerinnen an der Met, die sich selbst schminkten. Ich hatte diese Fertigkeit von einer Schülerin meiner Mutter gelernt, die Porträtmalerin war und als Hobby Gesangsstunden nahm.

Nachdem alle diese Vorbereitungen erledigt sind, beginnen gewöhnlich die »Besuche«. Gelegentlich kommt der Regisseur vorbei, um in letzter Minute an eine szenische Absprache zu erinnern, und immer schaut der Dirigent für einen Augenblick herein, um eine heikle musikalische Stelle zu besprechen oder sich zu erkundigen, ob es etwas gebe, was er wissen müsse, bevor wir einander über dem Abgrund des Orchestergrabens begegnen.

Dann ging ich auf die Bühne. Der diensthabende Spielleiter Désiré Defrère erwartete mich bereits und nahm mit mir die Gänge einer Inszenierung durch, die ich seit 1935, als diese *Walküre*-Produktion gestartet war, vom Stehplatz aus verfolgt hatte.

Die »Teilrenovierung« war nötig gewesen, weil die Metropolitan wie die meisten anderen Opernhäuser *Die Walküre* oft außerhalb des gesamten *Ring*-Zyklus aufführte. Und der datierte aus dem Jahr 1914. Inzwischen waren die Bühnenbilder so verschlissen, daß beschlossen wurde, diesen Teil der angestaubten Produktion durch eine neue Inszenierung von Leopold Sachse in den Bühnenbildern von Jonel Jorgulesco zu ersetzen. Interessanterweise hielt sich der altehrwürdige *Ring* mit der eingeflickten *Walküre* bis 1948 im Spielplan.

Obwohl ich Dr. Sachses ziemlich unkompliziertes Konzept theoretisch in mich aufgesogen hatte, war es trotzdem hilfreich, all die Wege auf meinen eigenen Füßen zu erkunden und anschließend nachzuprüfen, ob sich alle meine Requisiten auch an der richtigen Stelle befanden.

Auf der anderen Seite der Bühne sah ich einen Berg von Mann dasselbe tun – er überprüfte die Requisiten. Ich lächelte meinen Partner für diesen Nachmittag – Lauritz Melchior – aus der Ferne an, tief beeindruckt, daß jemand mit einer derart großen Bühnenerfahrung nach wie vor weder Zeit noch Mühe scheute, alles zu kontrollieren, bevor er vor das Publikum trat.

Melchior kam herüber, schenkte mir ein beruhigendes Lächeln, klopfte mir auf die Schulter und sagte schlicht und einfach auf deutsch: »Verlaß dich auf mich.« Wie wundervoll für eine Anfängerin, das zu hören! Dieser große Künstler und gütige Gentleman sagte dem neuen Kind in der Clique, daß er sich seiner annehmen wolle.

Es war so weit. Zwei Uhr. Der Rundfunkansager Milton Cross, der alle Samstag-Matineen einer nach Millionen zählenden Zuhörerschaft in ganz Nordamerika präsentierte, ging in seine Sprecherkabine, setzte die Kopfhörer auf, wartete, bis das Zeichen »Auf Sendung« aufleuchtete und begann mit seiner Anmoderierung.

Hinter den Kulissen wurde das Radio auf dem Inspizientenpult angestellt, und ich hörte, wie Mr. Cross mit seiner betont sonoren
Stimme meinen Namen falsch aussprach – »Astrid Varnáye«. Ich notierte im Geiste, daß ich ihm die richtige Aussprache später mitteilen
würde. Jetzt hatte ich eine Vorstellung zu absolvieren.

Das Signal kam. Maestro Leinsdorf betrat den Orchestergraben,
nahm den Anfangsapplaus entgegen, und das Orchester begann mit
dem aufwühlenden Vorspiel vor Siegmunds Auftritt.

Von Anfang an war mir klar, daß es in dieser Vorstellung kein Lei-
setreten geben würde. Leinsdorf dirigierte recht geschwind und ließ
das Publikum keinen Augenblick im Zweifel, wie viele Musiker ihm
im Orchestergraben zu Gebote standen. Doch viele dieser Musiker
waren Italiener, und Italiener lieben Stimmen und Gesang.

Hunderte Male in den Jahrzehnten seither konnte ich feststellen,
daß ein italienisches Orchester oder ein Orchester mit einem hohen
Anteil an Italienern sich, wie energisch auch immer ein Dirigent ein
Stück angehen will, eigensinnig, ja automatisch den Stimmen auf der
Bühne anpaßt. Allerdings war bei dem ersten Sänger dieses Nachmit-
tags keinerlei Anpassung erforderlich.

Der Vorhang ging auf, und Lauritz Melchior stürmte als Siegmund
auf die Bühne. Die New Yorker Zeitungen pflegten über diesen gewaltigen skandinavischen Tenor als den »großen Dänen« zu referie-
ren, nicht nur als Hinweis auf seine Nationalität, sondern auch wegen
seiner unglaublichen Größe, 1 Meter 93, und wegen der ebenso gigantischen Ausmaße seiner warmen Stimme, mit der sich kein Tenor
vor und nach ihm messen konnte.

Als Siegmund vor dem Herd wie ein entkräfteter Grizzlybär in sich
zusammensank, berührte er die Herdplatte, um sein Recht auf Ob-
dach zu konstituieren. Bei meinem eigenen Auftritt hatte ich den Eindruck, daß Melchior mich aus den Augenwinkeln verfolgte, um sich
über die Anfängerin zu informieren, mit der er die nächsten Stunden
teilen sollte. Er schien befriedigt, doch ich hatte keine Zeit, darüber
nachzudenken. Er hatte gerade nach einem Schluck Wasser gelechzt,
und Sieglinde ist die Wasserträgerin in dieser Geschichte. Ich kehrte
auf die Bühne zurück und reichte ihm das Trinkhorn. Er zwinkerte
mir kaum merklich zu und signalisierte, daß er es ernst gemeint hatte,
als er mir sagte, ich solle mich auf ihn verlassen. In diesem Augenblick
begriff ich, warum eine Versicherungsgesellschaft den Felsen von
Gibraltar als ihr Firmenzeichen benutzt. Die nächsten zwei Stunden
würde Lauritz Melchior mein Gibraltar sein.

Alexander Kipnis war der Inbegriff eines gerissenen
Rampentigers. Doch wenn ich ihn hörte,
konnte ich ihm nicht böse sein.

Der erste Akt der *Walküre* ist eine Dreiecks-Konstellation. Neben
Siegmund und Sieglinde haben wir Sieglindes rüden Gatten Hunding, dessen verhängnisvolle Begegnung mit Siegmund ein entscheidendes Agens der weiteren Handlung ist.

Der Hunding in dieser Vorstellung war ein weiterer Titan – der
ukrainische Baß Alexander Kipnis, mit einer Stimme wie poliertes
Ebenholz, die ohne Zweifel so groß war wie die von Melchior, und
mit einer Vorliebe für ausufernde Theatralik, derentwegen wir uns
hin und wieder freundschaftlich in den Haaren lagen. In seiner feind-
seligen Position als mein ausfallender Ehemann machte Kipnis keinerlei Zugeständnisse an meine Jungfräulichkeit auf der Opernbühne, und ich bin ihm dafür bis zum heutigen Tage dankbar. Er – in
seiner Rolle – bedrohte mich. Ich trotzte ihm in der meinen. Herausforderungen sind dazu da, um an ihnen zu wachsen.

An »Provokationen« aus dem Orchestergraben mangelte es ebensowenig. Leinsdorf gab nicht das geringste Pardon, was die Lautstärke betraf. Schließlich hatte er in Melchior und Kipnis zwei Stimmen, die jedes Orchester übertönten. Die Neue mußte schauen, wie sie sich behaupten konnte. Eine weitere Herausforderung, die ich zu bewältigen hatte, ging es mir durch den Kopf, als meine Stimme sich über einen Schwall von Musik erhob wie ein übermütiger Surfer, der auf einem Wellenkamm reitet.

Aber der eigentliche stimmliche Einsatz kam ja erst. Am Anfang des Aktes war ich Hundings unterwürfiges Weib, fasziniert von dem stattlichen Fremdling, den ich gleichwohl mein ganzes Leben gekannt zu haben schien.

Schließlich donnerte Kipnis dem ungebetenen Gast Siegmund seine Kampfansage ins Gesicht und zog sich für die Nacht zurück. Nach einem Abschiedsblick auf Siegmund ging ich Hunding in das anschließende Gemach voraus, um ihm seinen altgermanischen Drink mit Dröhnung zu servieren und ihn damit für den weiteren Verlauf des Aktes auszuschalten, und Melchior begann auf der Bühne seinen herzzerreißenden Monolog mit den verzweifelten »Wälse, Wälse!«-Rufen.

Wenn über außerordentliche Ereignisse auf der Opernbühne gesprochen wird, gehören unter Kennern ganz ohne Frage Melchiors »Wälse«-Rufe dazu. Noch heute, mehr als fünfzig Jahre später, kann ich an diesen Riesen, der so außerordentliche Eindringlichkeit in seine enorme Stimme legte, nicht zurückdenken, ohne daß es mir vor Erregung kalt den Rücken herunterläuft.

Kürzlich habe ich diese Stelle des Mitschnitts der Vorstellung mit einer Stoppuhr abgehört. Jeder »Wälse«-Ruf dauerte zwölf Sekunden – welcher Tenor konnte das jemals überbieten? Nur Melchior selbst – es wurden bei ihm auch einmal achtzehn Sekunden gestoppt! Doch selbst *wenn* ein heutiger Tenor sich daran messen könnte, welcher heutige Dirigent würde ihn gewähren lassen?

Es gibt eine Art von Gesang, die so großartig ist, daß jeder andere Sänger davor demütig verstummt. Und dann gibt es eine noch höhere Ebene der Gesangskunst, die im Gegenteil alle Kollegen beflügelt, die die Ehre haben, an diesem Erlebnis teilhaben zu dürfen. Das war meine Empfindung gegenüber Melchior. Es war, als ob er mir die Kraft verliehe, mein Bestes zu geben.

Der Rest des ersten Aktes flog wie ein aufregender Traum vorbei. Während ich meine Stimmführung sorgfältig unter Kontrolle hielt,

Lauritz Melchior, der Mann mit den längsten
»Wälse«-Rufen – es wurden 18 Sekunden gestoppt.

war ich in meiner Darstellung emotional so engagiert, daß mir gar nicht bewußt wurde, daß ein solches Aufgehen in der Rolle auf der Opernbühne ziemlich neu war, und das ganz besonders im deutschen Repertoire in den Vereinigten Staaten. Als ich meine zwei berühmten Kollegen, Wotan und Brünnhilde, am Anfang des zweiten Aktes beobachtete, begann mir – bereits in dieser frühen Phase – bewußt zu werden, daß dieses »irgendwie Neue«, das ich in mir hatte, etwas war, was ich *zu größerer Vollkommenheit* entwickeln würde, wenn die Zeit dafür reif wäre.

Die beiden gehörten zu den großartigsten Wagnersängern in den Annalen der Metropolitan Opera. In derselben Vorstellung mit dem aus Ungarn gebürtigen Heldenbariton Friedrich Schorr zu singen, gab mir – obwohl wir in dieser Oper nichts miteinander zu tun hatten – das Gefühl eines Staffelläufers, der den Stab von einem Spitzenmann in dieser Sparte übernehmen darf. Es war mein erstes öffentliches Auftreten, und eines der letzten von Schorr am Ende einer langen und glänzenden Karriere.

Schorr, neben seinen Großtaten auf dem Gebiet der Oper auch ein vorzüglicher Konzertsänger und bedeutender Kantor und einer der wenigen Sänger außerhalb Europas, die in der Lage waren, dieses Repertoire auch auszuüben, litt an diesem Nachmittag unter dem Streß einer derartigen Überbeanspruchung, und der Verschleiß seines noblen Organs war nicht mehr zu überhören.

Das Gegenteil war bei seiner Brünnhilde der Fall – Helen Traubel mit einer Stimme wie voller Burgunder, die diese gewaltige Rolle erstmals im Alter von zweiundvierzig Jahren anging.

Die Entwicklung von Traubels Karriere war das Gegenteil meiner eigenen. Als ihr die Met 1926 einen Vertrag anbot, lehnte sie höflich ab, weil sie das Gefühl hatte, noch nicht so weit zu sein. Mehr als zehn Jahre später, 1937, trat sie mit achtunddreißig erstmals an der Met auf und sang die weibliche Hauptpartie in *The Man Without a Country* von Walter Damrosch. Wagner kam noch später, aber das war der übliche Verlauf der Entwicklung bei Wagnersängern. Kurz gesagt, Traubel war die Regel, ich die Ausnahme.

Immer denke ich mit Behagen an diese ausladende Stimme und den großzügigen Elan ihrer Besitzerin zurück, die über das ansteckendste Lachen verfügte, das ich jemals gehört habe. Jeder, der sie einige Jahre später mit Jimmy Durante im Fernsehen erlebte, weiß, was ich meine. Am Ende ihrer gemeinsamen Shows lag das gesamte Publikum unter den Stühlen.

Der dritte Akt der *Walküre* bietet dem Zuhörer Gelegenheit, die Intensität und das Volumen der beiden großen Sopranstimmen zu vergleichen. Als ich Traubels strahlendem »Hojotoho!« am Anfang des zweiten Aktes lauschte, wußte ich, daß ich noch eine weitere große Hürde zu nehmen hatte, bevor ich mich abschminken konnte.

Dann *kam* der dritte Akt. Und schlagartig wurde mir bewußt, daß Traubels und mein Singen überhaupt nicht miteinander konkurrierten. Das hat zum einen mit dem Aufbau der Musik zu tun, doch mehr noch mit der musikalischen Intelligenz meiner Kollegin. Wenn beide

23

Helen Traubel hatte das ansteckendste Lachen der Welt.

Soprane einfach nur Wagners Anweisungen folgen, ist kein Wettstreit möglich, und beide Soprane an diesem Nachmittag waren disziplinierte Profis. Wie im Fall meiner Partnerschaft mit Melchior fügten Traubels und meine Stimme sich problemlos ineinander. Ihre Stimme begann mit einer weitgespannten Phrase, meine trat hinzu und führte sie zu Ende. Ich habe diese Art von Austausch sehr selten erlebt, doch bei diesem Anlaß, mit Traubel in ihrer ersten Brünnhilde und mir in meiner allererster Vorstellung, war die Atmosphäre mit vokaler Elektrizität geladen.

Und dennoch mußte jedem, der Traubel und mich *anschaute*, schlichtweg der Unterschied in unserem dramatischen Zugriff auffallen: Traubel war eine mächtige Eiche, deren Füße wie solide Wurzeln mit der Bühne verwachsen waren, während sie die Hände entweder vor sich faltete oder zu einer ihrer gelegentlichen Gesten erhob. Ich hingegen ging völlig in dem komplizierten Charakter der Sieglinde auf. Es wäre unfair, Traubel deswegen zu bekritteln – die meisten in ihrer Generation waren nach den traditionellen Regeln für das statuarische »Abliefern« einer Rolle ausgebildet worden. Meine Generation war für eine weitere Entwicklung des schauspielerischen Elements noch offen.

24

Natürlich konnte ich mir damals nicht bewußt sein, daß ich meinen Beitrag zum Beginn einer neuen Ära leistete. Doch bei aller Bescheidenheit wird dieser Beitrag eines der Hauptthemen in den folgenden Kapiteln sein.

Es gab im dritten Akt außerdem auch acht echte *Erste Sängerinnen* in den Partien der anderen Walküren. Viel geschrieben worden ist über die Qualität jeder Stimme auf der Bühne der Metropolitan in jenen Jahren, einer Quelle für das Mißvergnügen amerikanischer Opernliebhaber, wenn sie nach dem Krieg andere Länder bereisten, wo oft genug das Talent lediglich dem Umfang der Rolle entsprach.

Das war in dieser *Walküre* nicht der Fall, in der Anna Kaskas, Maria van Delden, Helen Olheim, Lucielle Browning, Maxine Stellman, Doris Doe, Mary van Kirk und Thelma Votipka als Brünnhildes Schwestern herausgestellt wurden.

Einige Jahre später, als ich während einer *Lohengrin*-Vorstellung auf Tournee krank wurde, kam Maxine Stellman aus einem Hotel in der Nähe herüber und sang die Vorstellung für mich zu Ende. Ich frage mich, wie viele von Brünnhildes Schwestern sich heutzutage einer solchen Aufgabe gewachsen zeigen würden.

»Tippy« Votipka war ein Fall für sich und brachte die Qualität einer Ersten Sängerin in all die Dienstmädchen, Dueñas und Vertrauten ein, die sie im Lauf ihrer langen und trefflichen Karriere sang. Ihre einzige Hauptrolle, die Hexe in Humperdincks *Hänsel und Gretel*, gab beredtes Zeugnis ihrer ausgezeichneten Stimme und ihres unwiderstehlichen Gefühls für Humor.

Einige Spielzeiten später beklagte sich die ansehnlich proportionierte Tippy, daß man ihr die lästige Aufgabe aufgehalst habe, eines von Klingsors sylphidenhaften Blumenmädchen im zweiten Akt von *Parsifal* zu singen. Kurz darauf bemerkte ich, daß ihr Name vom Dienstplan des Zaubergartens entfernt worden war. Als ich sie fragte, wie sie dieses Kunststück fertiggebracht habe, ließ Tippy ihre wohlgenährten Kinne wackeln und sagte: »Ich habe mich aus der Sache herausgegessen!«

Am Ende der *Walküre* wurden alle Beteiligten stürmisch gefeiert. Das freigebige Publikum überschüttete uns mit Applaus, und all meine Kollegen hießen mich im Rudel willkommen.

In der Gardrobe wurde ich von ehemaligen Stehplatzfreunden überfallen. Als Ginny Ahrens endlich begriff, wem sie da einige Stunden zugehört hatte, blieb ihr die Spucke weg. Sie stand da wie ein Ölgötze und deutete mit offenem Mund auf mich.

Eine andere Freundschaft mit einer Stehplatzbesucherin begann an diesem Tag. Valerie Wagner war Sekretärin, und zu ihren Aufgaben gehörte es, Bargeld zur Bank zu bringen, was damals auch am Samstagvormittag möglich war. Eines Samstags schaute sie zufällig aus der Bank hinüber zur Oper und beschloß zu erkunden, worauf all die Leute in der Schlange eigentlich warteten. Vom ersten Augenblick an war sie süchtig. Später teilte sie ihre Begeisterung mit ihrem Mann Si Glazer.

An diesem speziellen Tag – wie sie es in ihrem nüchternen Manhattan-Stil formulierte – »stellte ich mich für Lehmann an und bekam Varnay«. Als ich der Unbekannten ein Autogramm gab, konnte ich nicht ahnen, was für eine wichtige Rolle Valeries und Sis Freundschaft in einem entscheidenden Augenblick meines Lebens spielen würde.

Das Metropolitan Opera House ist an Samstagen ein belebter Ort. Kaum war die *Walküre*-Dekoration weggeräumt, trat die Crew bereits in Aktion, um *Le nozze di Figaro* für den Abend aufzubauen. Jenny Cervini, die Chefgarderobiere und eine Institution wie Papa Senz in der Maske, ersuchte mich diskret, endlich fertig zu werden, damit sie die Garderobe für eine der Ladies der hervorragenden *Figaro*-Besetzung herrichten könne.

Zu dieser »hervorragenden Besetzung« gehörten Elisabeth Rethberg und Risë Stevens! Als mir bewußt wurde, »wes Nam und Art« die Gesellschaft war, in der ich mich nun befand, erkannte ich plötzlich all die Gefahren, die bei meinem Drahtseilakt auf mich gelauert hatten. Ein Schauder ging mir durch Mark und Bein. Doch dann raffte ich meine Fassung mit den restlichen Kleenextüchern, der Seife, dem Handtuch und den Fotos von Madame Flagstad wieder zusammen.

Als ich meinen Mantel anziehen wollte, kam Edward Johnson, der General Manager der Met, und umarmte mich anerkennend. Er erklärte mir, daß er, nachdem er sich selbst überzeugt hatte, daß ich der Rolle stimmlich gewachsen sei, Leinsdorf gebeten habe, lediglich zu überprüfen, ob ich sie auch wirklich drauf hätte. Ob ich allerdings die ganze Vorstellung durchhalten würde, habe niemand voraussagen können. Da die Vorstellung stattfinden mußte, sei ihm also nichts anderes übriggeblieben, als es darauf ankommen zu lassen, ob ich schwimmen oder ersaufen würde. Dann gratulierte er mir zu meiner Schwimmleistung.

Mutter erwartete mich beim Bühnenportier, und wir fanden beide, daß der Anlaß ein Taxi zurück ins Village rechtfertigte.

Der nächste Tag war ein Sonntag, und ich genoß die wohlverdiente

Ruhe mit meiner Mutter und meinem Bruder in unserer Wohnung, gespannt, wie die Reaktionen auf mein Debüt sein würden.

Damals konnte man die Kritiken über eine Abendvorstellung bereits um Mitternacht bekommen, doch für die Sonntagsausgaben mußten die Musik- und Theaterseiten vorproduziert werden, so daß die Besprechungen der Samstag-Matineen erst in der Montagausgabe erschienen und man erst am Sonntagabend erfahren konnte, wie die Presse unsere Leistung gefunden hatte.

An diesem speziellen Sonntag machte mein Bruder »Lucky« (sein richtiger Name war Fortunato, doch jeder in New York hat es eilig, und deshalb wurde die zweisilbige Übersetzung vorgezogen) sich erbötig, die Zeitungen zu besorgen. Lucky war für seine jungen Jahre selbst ein ziemlich begeisterter Musiker. Als festes Mitglied des berühmten Trinity Church Boy's Choir und großer Musikliebhaber konnte er es kaum erwarten, bis die Kritiken über seine große Schwester herauskamen.

Um so mehr hatten wir Grund zur Unruhe, als er mehrere Stunden unterwegs war. Als er schließlich zurückkam, klatschte er aufgeregt die Zeitungen auf den Tisch und sagte: »Es gibt Krieg!« Wir griffen jede nach einer Zeitung und begannen wie wild zu lesen. Die Schlagzeile schrie uns entgegen, daß die Welt in eine Katastrophe steuerte. An diesem Morgen um 7 Uhr 55 mittelpazifischer Zeit war ein japanischer Bomber von Westen her über dem Hafen von Pearl Harbor aufgetaucht, gefolgt von über zweihundert weiteren Kampfflugzeugen, die einen heimtückischen Großangriff auf die dort stationierte Flotte der Vereinigten Staaten ausführten, während noch eine japanische Delegation in Washington Friedensgespräche führte.

Wir brauchten eine Weile, um diese Nachricht zu verdauen, und als wir endlich zur Besinnung kamen, sagte einer von uns – ich kann mich nicht erinnern, wer –: »Und was ist mit den Kritiken? Wir könnten ein paar gute Nachrichten gebrauchen.«

Die guten Nachrichten hätten nicht besser sein können. Noël Straus, der Kritiker der »New York Times«, schrieb: »Sieglinde, verkörpert durch Miss Varnay, war eines der befriedigendsten und überzeugendsten Rollenporträts, die wir in dieser Spielzeit bisher erleben konnten.«

Louis Biancolli schmeichelte im »World Telegram« meinem Ego mit der Bemerkung: »Ein Zuwachs in der Schönheitengalerie des Ensembles ist immer ein Grund zum Jubel, zumal wenn er von einer Vielzahl frischer hoher Noten begleitet wird.«

In der »Herald Tribune« nahm Jerome D. Bohm Notiz von der neuen Ära, die einzuleiten meine Generation im Begriff stand. Nach Komplimenten für meine gesangliche Leistung fuhr er fort: »Ihre Verkörperung brachte nicht nur Anmut und eine sympathische Persönlichkeit mit ein, sondern auch ein außerordentlich sicheres Gespür für die richtige Gebärde und die angemessene Mimik.«

Edward O'Gorman faßte in der »New York Post« die Punkte zusammen: »Es war nicht so sehr die Verbindung von Zeit und Ort und den verschiedenen anderen glücklichen Zufällen, die Miss Varnays Auftreten so spektakulär machten, sondern die Tatsache, daß Miss Varnay trotz ihrer Unerfahrenheit die Stimme, die darstellerischen Fähigkeiten, das Selbstvertrauen und die Schulung hatte, um einen Sieg davonzutragen, der aller Ehren wert ist. Miss Varnay kann mit bloßem Dasitzen eine anmutige und signifikante dramatische Situation schaffen.«

Bemerkenswerterweise hatten sowohl die historischen Ereignisse im Pazifik wie mein erfolgreiches Debüt in der 39th Street einen gewaltigen Einfluß auf meine Zukunft. Am nächsten Vormittag hielt Präsident Roosevelt vor dem versammelten Kongreß seine berühmte Rede über den »Tag, der in Schande fortleben wird«, in der er Zustimmung für die Kriegserklärung an das japanische Kaiserreich forderte und bekam.

Wie erwartet, erklärte Japans Alliierter Deutschland den Vereinigten Staaten den Krieg und brachte damit selbst unsere Opernwelt in eine Zwangslage. Durch den Krieg an den europäischen Fronten mußten viele internationale Künstler und andere Angehörige des Stabs der Metropolitan sehr schwerwiegende Entscheidungen treffen. Niemand wußte, wie lange der Krieg dauern würde, aber jedem war klar, daß er sich entweder für eine sofortige Rückkehr nach Europa entscheiden müsse oder möglicherweise nie mehr in seine Heimat zurückkäme.

Lotte Lehmann und Friedrich Schorr hatten bereits den entscheidenden Schritt getan, allerdings hatten Madame Lehmann, die kein Blatt vor den Mund genommen hatte, und der Kantor Schorr nicht viele andere Möglichkeiten. Ezio Pinza, Lily Pons, Jarmila Novotná, Elisabeth Rethberg, Lauritz Melchior und viele andere fanden sich schnell von ihren geliebten Heimatländern isoliert und waren gezwungen, Staatsbürger eines anderen Landes zu werden.

Das war im Falle der zierlichen Lily Pons besonders schmerzlich, deren Papiere für die amerikanische Staatsbürgerschaft ausgerechnet

Kaum hatte ich die eine Rolle in der »Walküre« gesungen,
mußte ich mir für die nächste einen Flügelhelm aufsetzen.
Man nannte mich »die Sieben-Monats-Brünnhilde«.

an dem Tag kamen, an dem sie in der Titelrolle von Donizettis *La fille*
du régiment besetzt war. An der Stelle, an der sie »Salut à la France«
zu singen hatte, während sie die Trikolore ihres Vaterlandes schwang,
dessen Staatsbürgerschaft sie soeben aufgegeben hatte, waren ihre
Gefühle – wie sie später bekannte – in Aufruhr.

Die berühmten europäischen Sänger, die sich entschlossen hatten,
zu Hause auszuharren, waren für die Metropolitan nicht mehr verfügbar. Das war ein besonderes Problem im deutschen Fach, das die

meisten Sänger aus den nunmehr eingeschlossenen Nationen in Mitteleuropa und Skandinavien bezogen hatte.

Einige Monate vorher, am 14. April 1941, hatte Kirsten Flagstad endlich dem Drängen ihres Gatten, des Geschäftsmanns Henry Johansen, nachgegeben und war ins besetzte Norwegen zurückgekehrt, wo sie bis zum Ende des Krieges blieb und ihre häuslichen Pflichten erfüllte, was ihr – wie sie stets behauptete – wichtiger war als alles andere in ihrem Leben.

Von den anderen bedeutenden Brünnhilden saß Frida Leider in Berlin fest, Erna Schlüter in Hamburg, Helena Braun in München und Anny Konetzni in Wien.

Marjorie Lawrence, ihr australisches Pendant, war von der Kinderlähmung gefällt worden. Später kehrte diese tapfere Künstlerin in Inszenierungen, die ihrer Behinderung Rechnung trugen, auf die Bühne zurück, aber vorläufig waren der Met, was das schwere Wagnerfach betraf, Helen Traubel und meine Wenigkeit geblieben.

Sechs Tage später, am 12. Dezember, war Helen Traubel gezwungen, ihre zweite Brünnhilde abzusagen, und ich mußte *diese* schwierige Aufgabe ebenso kurzfristig übernehmen.

Mit einem großen Seufzer der Erleichterung glückte es mir im ersten Monat des neuen Jahres endlich, mein »offizielles« Debüt als Elsa in *Lohengrin* zu geben, und damit war meine Karriere nicht mehr aufzuhalten.

Traubel und ich freundeten uns an, und sie schien tatsächlich erleichtert, daß die Verantwortung für die hochdramatischen Rollen nicht nur auf ihren breiten Schultern ruhte. Wenn ich in den nächsten Spielzeiten Traubels Namen auf dem Aushang las, schaute ich bei unserem Hausmetzger vorbei, der ebenfalls Emigrant war und ironischerweise *Siegmund* Fellner hieß, und holte mir bei ihm ein Steak. Dann sorgte ich dafür, daß ich »für den Fall der Fälle« früh ins Bett kam.

Etwa ein Jahr nach dem schicksalhaften Samstag im Dezember schrieb der Kritiker und spätere Met-Chronist Irving Kolodin einen Artikel über mich, in dem er mir eine Reihe von Komplimenten machte und mir dann plötzlich eine Breitseite servierte, die ich nie mehr vergessen habe. Einer Sängerin in meinem zarten Alter, schrieb Kolodin, so viel gesangliche und musikalische Verantwortung aufzubürden, sei pure Torheit von seiten des Managements der Metropolitan. Und gewiß würde nach ein, zwei Jahren meine Stimme diesem extremen Verschleiß zum Opfer fallen.

In späteren Jahrzehnten, in denen sich die Intendanten vieler Opernhäuser in ihrer Besetzungspolitik nicht mehr im geringsten um das stimmliche Wohl der Sänger scherten, hätte sich diese Prophezeiung vermutlich erfüllt, doch die damalige Met war ein anderer Fall. Edward Johnson, der General Manager und Urheber meiner Karriere, war zu seiner Zeit ein vorzüglicher Tenor gewesen und verfügte über die entsprechende Erfahrung. Er sorgte dafür, daß ich nie mehr als ein rundes Dutzend Vorstellungen pro Spielzeit sang, einschließlich all der Abende, die ich von anderen Sopranen übernahm. Damals war ich überzeugt, daß er mich viel öfter singen lassen könnte, doch Reife und Erfahrung haben mich gelehrt, wie recht er hatte. Der wichtigste Faktor für mich und das Theater war jedoch bereits damals, daß ich wußte, wie ich mit meinen Mitteln umzugehen hatte.

Als ich mich einmal mit Erich Leinsdorf – kurz vor seinem Tod im Jahr 1993 – unterhielt, sagte er, daß mein Debüt eines der vielen Ereignisse in seiner musikalischen Laufbahn gewesen sei, die seine Theorie untermauerten, daß Alter nicht das entscheidende Kriterium für musikalische Kompetenz ist. Es gebe einige, sagte er, die die nötige Weisheit, eine Mahler-Symphonie zu dirigieren, bereits in jungen Jahren hätten, während andere, auf ihrem Gebiet durchaus kompetente Musiker nie so weit kämen.

Doch sei es, wie es sei, durch die Gnade der Musen stehe ich mehr als fünfundfünfzig Jahre später immer noch auf der Bühne. Jedesmal, wenn ich mich nach einer dieser »Wurzenrollen«, die Thelma Votipka so fabelhaft gestaltete, vor dem Vorhang verbeuge, lächle ich dankbar in mich hinein, daß diese schreckliche Prophezeiung sich nicht bewahrheitete.

Ja, ich bin noch da und lasse eine Generation von Zuhörern nach der anderen an dem teilhaben, was ich gelernt habe. Noch wichtiger scheint mir, daß der Stil des »totalen Theaters« von der Opernbühne Besitz ergriffen hat, der stimmliche, musikalische und gestalterische Werte zu einem Ganzen formt, das weit größer ist als die Summe der Einzelteile – auch wenn einige Regisseure inzwischen dazu neigen, über die Stränge zu schlagen.

Was mich betrifft, glaube ich, daß die Zeit reif ist, meine Geschichte mitzuteilen. Ich hoffe, daß mein Leserpublikum daran dieselbe Freude hat, die im Lauf der Jahrzehnte zahllose Opernbesucher bei meinen Auftritten empfanden.

ERSTER AKT

Das Familienmetier

ERSTE SZENE

»Ein Schimmer in seinem Auge«

Als meine Mutter und ich die Besprechungen dieser ersten Vorstellungen nochmals durchsahen, amüsierten wir uns über die Bemühungen einiger Kritiker, meine Herkunft genau zu lokalisieren. Da sie so überraschend, ohne vorhergehende Publicity, mit mir konfrontiert worden waren, waren sie unsicher, welche »nationalen Charakteristika« sie mir zuschreiben sollten.

Einige der Rezensenten meinten, ich sei skandinavischer Herkunft. Andere hielten mich für eine Ungarin. Beide Theorien sind zugleich richtig und falsch. Noch heute kommen Leute bei gesellschaftlichen Anlässen auf mich zu und sprechen mich entweder in einer der skandinavischen Sprachen oder auf ungarisch an, und in beiden Fällen muß ich leider passen.

Was also ist des Pudels Kern?

Als ich um 1948 zum ersten Mal mit Maestro Fritz Reiner arbeitete, erzählte er mir, daß er mich bereits gekannt habe, als ich noch ein »Schimmer« im Auge meines Vaters gewesen sei. Und reklamierte für sich, daß es mich, wäre er nicht gewesen, überhaupt nicht geben würde.

Reiner war am Anfang seiner Karriere, als er noch den ungarischen Vornamen Frigyes trug, als Dirigent und Korrepetitor an die gerade gegründete Budapester Népopera (Volksoper) verpflichtet worden. Das Haus sollte am 7. Dezember 1911 mit der Oper *Quo vadis* des französischen Komponisten Jean Nouguès eröffnet werden.

Eines Tages, so erzählte mir Reiner, kam ein junger Tenor namens Alexander Várnay zur ersten Probe für die Rolle des Kaisers Nero ins Theater. Als er den dunklen Zuschauerraum betrat, probte auf der Bühne gerade ein attraktiver Koloratursopran. Várnay fragte Reiner, wer diese schöne Frau sei, und der Dirigent sagte ihm, daß sie Mária Jávor heiße und die weibliche Hauptrolle der jungen Sklavin Eunice neben ihm in Nouguès' Oper singen werde. Der junge Tenor schaute Reiner sehr ernst an und sagte: »Sie wird meine Ehefrau sein.« Für seine zweiundzwanzig Jahre verfügte Alexander Várnay bereits über die Art von Selbstvertrauen, die auf Erfolg fußt.

Sein Leben war bisher unbeschwert und abenteuerlich gewesen, angefangen mit einer glücklichen Kindheit in einer jener faszinierenden Ecken der österreichisch-ungarischen Monarchie, die im Laufe einer langen und stürmischen Geschichte häufig den Herrn wechselten. Zur Zeit seiner Geburt am 11. September 1889 gehörte das Gebiet im Tal des Hernad zum ungarischen Teil der Monarchie. In dieser Periode von 1867 bis 1918 hieß seine Geburtsstadt auf deutsch Kaschau und auf ungarisch Kassa. Nach dem Ende des Ersten Weltkriegs fiel die Region durch den Frieden von Trianon 1921 an die Tschechoslowakei, und die Stadt wurde in Košice umbenannt. Aufgrund des 1. Wiener Schiedsspruchs vom November 1938 wurde sie Ungarn zurückgegeben und 1947 im Pariser Frieden wieder der Tschechoslowakei zugeschlagen. Heute ist sie die bedeutendste Stadt im östlichen Teil der inzwischen unabhängigen Slowakei.

Ich weiß kaum etwas über meine Großeltern väterlicherseits und womit sie ihren Lebensunterhalt bestritten. Ich weiß allerdings, daß sie eine beträchtliche Kinderschar produzierten. Mein Vater war der Älteste unter fünf Knaben und fünf Mädchen, und die ganze Familie betrieb mit großer Freude Hausmusik. Mein Großvater gründete sogar einen kleinen Familienchor, als die ersten Kinder in der Lage waren, Noten zu lesen, und dieser Chor bestand auch noch, als viele von ihnen bereits erwachsen waren. Das hielt die Familie zusammen und lehrte alle, zu einem gemeinsamen Ziel beizutragen, eine Qualität, auf die nach meiner festen Überzeugung auch ein solches Gemeinschaftsunternehmen wie eine Opernproduktion nicht verzichten kann.

Es steckte allerdings mehr in diesem Familienchor als bloße Gruppendynamik. Zusammen zu singen, gab ihnen Gelegenheit, ihre Wertschätzung für die Musik zu vertiefen, die sie in der Oper oder im Konzert gehört hatten.

Doch Musik war nur ein Aspekt der leidenschaftlichen Wißbegierde meines Vaters. Er war ebenso von allen anderen Gebieten des Theaters fasziniert, hatte eminentes Interesse an den Naturwissenschaften und liebte Sprachen. Die Gegend, in der man sozusagen rittlings auf dem geographischen Zaun sitzen konnte, der die verschiedenen Nationalitäten trennte, war ein fruchtbarer Boden für den Wissensdrang des jungen Alexander. Wie die meisten Kinder in multikulturellen Gemeinschaften beherrschte er bald beide Sprachen, die damals in Kassa gesprochen wurden. Neben der Muttersprache Ungarisch wurde in der Grundschule auch Deutsch gelehrt, die *lingua franca* der österreichisch-ungarischen Monarchie.

Anschließend schickten ihn seine Eltern auf zwei deutschsprachige Internate auf dem Gebiet des heutigen Tschechien, erst nach Königgrätz (heute Hradec Králové) in der Nähe von Prag, dann nach Lundenburg (heute Břeclav) an der Grenze von Mähren und Österreich. Sein eigener Wunsch wie der seiner Eltern war, sich auf eine Laufbahn als Mediziner vorzubereiten.

Im Internat lernte er nicht nur Latein und Griechisch, die er bald flüssig beherrschte, sondern beschäftigte sich auch etwas mit Hebräisch und Aramäisch, um tiefer in die Bibeltexte eindringen zu können.

Nach dem Abschluß der höheren Schule ging mein Vater zum Medizinstudium nach Wien. Nach drei Semestern wurde das Verlangen übermächtig, seine Liebe zur Musik und zum Theater in irgendeiner Form zum Beruf zu machen. Er wechselte von der Universität an das Konservatorium der Gesellschaft der Musikfreunde, wo er bei Professor Franz Haböck Gesangsstunden zu nehmen begann.

Als der zu seiner Zeit weltberühmte Komponist Karl Goldmark auf ihn aufmerksam wurde, war er von den musikalischen und gestalterischen Fähigkeiten des aufstrebenden jungen Tenors so beeindruckt, daß er meinen Vater unter seine Fittiche nahm, ihn finanziell unterstützte und seinen nicht unbeträchtlichen Einfluß spielen ließ, um dem jungen Künstler zu helfen.

Da ihm das Gesangsstudium allein nicht genügte, schrieb sich mein Vater auch in die Regieklasse von Professor Eduard Gärtner ein, einer Koryphäe auf diesem Gebiet. Später vertiefte er dieses Studium unter Professor Meisner, der regelmäßig an der Wiener Volksoper inszenierte. Gleichzeitig setzte er seine Gesangsausbildung bei dem legendären Heldentenor Hermann Winkelmann fort, der bei der Bayreuther Uraufführung die Titelrolle in *Parsifal* gesungen hatte, einem Werk, das mir Jahrzehnte später sehr viel bedeuten sollte.

34

Der prominente Dirigent Felix von Weingartner gab ihm den Rat, seine Opernkenntnisse in Frankreich und Italien zu erweitern, und besorgte ihm dafür sogar ein Stipendium der Wiener Hofoper.

In Paris studierte er bei dem legendären polnischen Tenor Jean de Reszke, einem der führenden Vertreter des »Goldenen Zeitalters des Gesangs« um die Jahrhundertwende. De Reszke hatte sich kurz zuvor von der Bühne verabschiedet und stand am Anfang einer Karriere als einer der überragendsten Gesangspädagogen Europas.

In Italien kam zu Alexanders Sprachen natürlich noch Italienisch hinzu, während er privaten Gesangsunterricht bei Maestro Leonetti nahm und daneben Vorstellungen in den Opernhäusern von Mailand und Florenz besuchte.

In Italien sang er auch dem Komponisten Ruggiero Leoncavallo vor, der ihn als eine echte Tenorentdeckung bezeichnete und sofort ein Empfehlungschreiben verfaßte – auf französisch, weil das für die verschiedenen Theater leichter zu verstehen war, denen er es auf Leoncavallos Rat vorlegen sollte.

Wenn ich die Entwicklung seiner Karriere betrachte, bin ich immer wieder erstaunt, wie viele selbstlose Menschen in hohen Positionen und erlauchte Institutionen ihm nicht nur wohlgesonnen waren, sondern auch aktiv seinen beruflichen Fortschritt förderten. In jenen Zeiten war das allerdings nicht die Ausnahme. Lauritz Melchiors drei Jahre dauernder Umstieg vom Bariton- ins Tenorfach, währenddessen er nach wie vor seine Gage von der Kopenhagener Oper bekam, ist dafür ein exemplarisches Beispiel. Wäre es nicht großartig, wenn mehr Gönner und Institutionen auch heute so viel für junge Künstler übrig hätten?

Nach seiner Rückkehr aus Italien begann Alexander Várnay eine Sängerlaufbahn, die sich nicht nur über das weiträumige Gebiet der österreichisch-ungarischen Monarchie, sondern auch auf die Nachbarländer erstreckte. Er gab sein Operndebüt an der Népopera in Budapest, kündigte jedoch seinen Vertrag nach ein paar Spielzeiten und ging nach Mährisch-Ostrau, dem heutigen Ostrava. Danach sang er in verschiedenen Städten im Deutschen Reich, die heute polnisch sind – in Posen (Poznań) und Breslau (Wrocław), in der Ostseestadt Danzig (Gdańsk) und in der Waldoper von Zoppot (Sopot) sowie im Wallfahrtsort Tschenstochau (Częstochowa) und in der polnischen Hauptstadt Warschau.

Im Altreich trat er an den Theatern in Kassel und Frankfurt am Main sowie an der Berliner Hofoper auf.

Von Beginn seiner Karriere an sang er ein breites Repertoire, das von den *lirico-spinto*-Rollen des Herzogs in *Rigoletto* und der Titelrolle in *Faust* über die dramatischen Partien des Turiddu in *Cavalleria rusticana*, Canio in *Pagliacci*, Eléazar in *La juive*, Don José in *Carmen* und Manrico in *Il trovatore* bis zu Heldentenor-Titelrollen in *Tannhäuser* und *Lohengrin* reichte.

Er hatte auch ein großes Konzertrepertoire mit Liedern von Schubert, Schumann und Brahms.

Die Sopranistin, die zu heiraten Alexander Várnay einen feierlichen Eid geschworen hatte, kam aus der Budapester Gegend. Mária Junghans wurde in Perjámos einen guten Monat nach meinem Vater geboren, am 15. Oktober 1889, um genau zu sein. Ihr Vater József Junghans war ein prominenter Richter, und ihre Mutter Anna hatte sich einst mit Opernplänen getragen, sich dann jedoch wegen der elterlichen Einwände, daß eine »ehrbare« Frau nur zu einer Karriere als Gattin und Mutter bestimmt sei, auf regelmäßige Aufführungen im örtlichen Kirchenchor beschränkt.

Mária wuchs in Rákosliget auf, zwölf Kilometer von der weltoffenen Hauptstadt Budapest entfernt, und wurde in eine Klosterschule geschickt. Sie war vom Leben der Nonnen derart beeindruckt, daß sie selbst Nonne werden wollte. Doch die Mutter Oberin riet ihr ab, der religiösen Berufung zu folgen, und meinte, das junge Mädchen sei dafür einfach zu »temperamentvoll«.

Aber die Nonnen bestärkten sie in der Entwicklung ihrer musikalischen Talente, die sie früh entfaltete. Bereits mit zehn Jahren sang sie Soli in Schulaufführungen und nahm außerdem als nicht eingeschriebene Schülerin Klavierstunden an der Königlichen Musikakademie.

Der Richter Junghans schätzte zwar Musik und Theater und billigte von Herzen das Interesse seiner Gattin an beiden Künsten, doch er war wie seine Schwiegereltern der Ansicht, daß sich für respektable Bürger der Kontakt mit dieser Welt auf den Besuch von Vorstellungen oder das Betreiben von Hausmusik wie in Alexander Várnays Familie zu beschränken habe. Allein der Gedanke, daß ein Mitglied seiner eigenen Familie einen seiner Meinung nach gefährlich unsicheren Beruf ergreifen könnte und sich überdies mit Leuten gemein machen müsse, die er für höchst unreputierlich hielt, war ihm ein Greuel. Kurz und gut, seine Auffassungen waren im Einklang mit der generellen Meinung, die das ehrbare Bürgertum seit dem alten Rom über das Theatervolk hatte, als die Bühne in erster Linie als Brutstätte der Prostitution betrachtet worden war.

Meine Eltern zur Zeit ihres Engagements an der Budapester Oper.

Deshalb mußte meine Großmutter den »Kirschbaum-Zwischenfall« vor ihm geheimhalten. Folgendes hatte sich ereignet: Im Garten stand ein Kirschbaum, in dessen Ästen die junge Mária besonders gerne saß und zu ihrem eigenen Vergnügen kleine Vokalisen vor sich hin trällerte.

Eines Nachmittags unternahm der musikalische Leiter des Budapester Doms, der gleichzeitig Professor am Franz-Liszt-Konservatorium in der Hauptstadt war, in Rákosliget einen Spaziergang und hörte das Mädchen zufällig singen. Er fragte sie auf der Stelle, ob er mit ihrem Vater oder ihrer Mutter sprechen könne.

Die Ungarn achten außerordentlich auf das Dekorum, und ich kann mir gut vorstellen, wie er seinen Besuch bei meiner Großmutter mit der üblichen Litanei übertriebener Liebenswürdigkeiten und Komplimente begann, bevor er zur Sache kam.

Der eigentliche Grund seines Besuchs, rückte der Professor endlich heraus, sei der außerordentliche Eindruck, den ihm die Stimme des Mädchens gemacht habe. Er sei davon überzeugt, daß sie als Sängerin eine große Zukunft haben würde und sobald wie möglich in den Genuß einer beruflichen Gesangsausbildung kommen sollte – wobei seine Anregung, sich um die Aufnahme im Franz-Liszt-Konservatorium in der nahen Hauptstadt zu bewerben, wohl besonders ins Gewicht fiel.

Meine Großmutter erkannte die einmalige Möglichkeit, ihre eigenen Theaterambitionen stellvertretend in der Person ihrer Tochter verwirklicht zu sehen, aber sie mußte eine List ersinnen, um ihren Gatten von der Richtigkeit dieses Schritts zu überzeugen. Sie erklärte also dem musikverständigen Richter, daß ein musikorientierter Studienplan der adäquate Weg sei, um einem jungen Mädchen aus besserer Familie den letzten Schliff zu geben, und brachte ihn feinfühlig so weit, daß er seine Einwilligung gab, Mária der Obhut zweier Tanten anzuvertrauen, die als Hofdamen der Budapester Hofhaltung angehörten. Diese Tanten würden darüber wachen, daß sie sich der angemessenen Etikette und Schicklichkeit befleißigen würde, die von einer jungen Dame ihres Standes während der Ausbildung am Konservatorium erwartet werden konnten.

Diese Überwachung, erzählte mir Mutter, beinhaltete auch einige recht strenge Auffassungen über das Benehmen des Publikums, die ich im übrigen völlig teile. Zum Beispiel: Häufig protzten Opern- und Konzertbesucher mit eleganten Spazierstöcken, die laut zu Boden polterten, wenn diese Dandys während der Aufführung eindösten. Wehe ihnen, wenn meine Tanten zufällig in der Nähe saßen – dann konnten sie sich auf ein böses Erwachen gefaßt machen! Das galt ebenso für all jene, die notorisch mit den Programmen raschelten oder hörbar miteinander tuschelten.

Doch gegenüber sich selbst waren meine Großtanten nicht immer so streng wie gegenüber anderen. Ihre große Schwäche waren die Besuche von Pferderennen, bei denen sie mit fast unfehlbarer Sicherheit auf die Verlierer zu setzen pflegten. Jedes Mal, wenn sie von einer dieser Eskapaden nach Hause kamen, ergingen sie sich in endlosen Tiraden über ihre Verluste und gelobten hoch und heilig, daß sie nie mehr an den Schauplatz ihrer Obsession zurückkehren würden. Dieser Schwur hielt gewöhnlich bis zum nächsten Rennen. Als meine Mutter mir das erzählte, gluckste sie stillvergnügt in sich hinein.

Diese Verwandten also hießen 1906 die siebzehnjährige Mária in Budapest willkommen. Sie muß sich im Liszt-Konservatorium wohlgefühlt haben wie ein Fisch im Wasser, denn sie wurde rasch eine seiner erfolgreichsten Schülerinnen. Bereits kurz nach ihrem Eintritt, noch vor Ende der Probezeit, wurde sie Vollstudentin und glänzte in allen Fächern – ironischerweise mit einer Ausnahme. Wenn ich mir ihre Zeugnisse anschaue, nehme ich mit Stolz zur Kenntnis, daß sie in fast jedem Fach die besten Noten hatte – außer in Italienisch. Darüber muß ich in Anbetracht der Wendung, die Mutters Leben später nahm, heute noch schmunzeln.

Im Lauf ihrer Ausbildung wurden meiner Mutter eine Reihe von Auszeichnungen zuteil. Eine davon war, daß sie bei Madame Abranyi Unterricht nehmen durfte, die damals als die größte Autorität unter den Gesangspädagogen des Liszt-Konservatoriums galt.

In Ungarn war es – wie bisweilen auch in Amerika – üblich, daß verheiratete Frauen einer öffentlichen Tätigkeit unter dem vollen Namen ihres Mannes nachgingen, so daß das Zeugnis meiner Mutter mit Abranyi Emilné unterschrieben ist (Frau Emil Abranyi), doch während ihrer Gesangskarriere war die Frau Professor unter ihrem Mädchennamen aufgetreten, der interessanterweise Rósza Várnay lautete.

Eine weitere besondere Ehre war, daß die begabte Studentin im März 1907 öffentlich auftreten durfte, bereits wenige Monate nach ihrer Aufnahme in die Schule. In dem Programm, das ansonsten von Schülern der Meisterklassen bestritten wurde, trug sie einige ungarische Kunstlieder und eine Liedergruppe von Umberto Giordano vor. Viele ihrer Kommilitoninnen mußten Jahre warten, bevor sie die Chance bekamen, vor Publikum aufzutreten.

Bei der Abschlußfeier 1910 erfuhr der Richter Junghans zu seiner Verblüffung, daß seine Tochter ihre Fächer nicht nur mit Glanz und Gloria absolviert, sondern auch noch das heißbegehrte Große Los eines Debüts in Budapest als Leonora in *Il trovatore* gezogen hatte, unter der Leitung jenes Frigyes Reiner, ihres Korrepetitors am Theater, der sie später mit ihrem künftigen Gatten bekanntmachte.

Kurz nach diesem Debüt trat sie als Gilda in *Rigoletto* auf, in einer Vorstellung, in der kein Geringerer als der große italienische Bariton Titta Ruffo die Titelrolle sang, sowie in Aufführungen mit so berühmten Gästen wie Selma Kurz und Alessandro Bonci.

Das frühe Debüt meiner Mutter an einem bedeutenden Opernhaus war nur eines der zahlreichen Phänomene, die sich in meinem eigenen Leben und meiner Karriere ein paar Jahrzehnte später wiederholen sollten.

Aufgrund all der Lorbeeren, mit denen seine Tochter überhäuft wurde, gab Richter Junghans schließlich nach und erlaubte ihr, sich einer musikalischen Laufbahn zu widmen. Doch bevor Márias Eltern ihren Segen zum Beginn der Theaterkarriere – unter dem mehr ungarisch klingenden Künstlernamen Jávor – erteilten, gaben sie ihr einen Leitspruch mit auf den Weg, der ihr als Motto für ihr ganzes Leben diente, den sie an mich weitergab und den ich meinerseits vielen meiner jüngeren Kolleginnen und Kollegen übermittelte. Sie sagten ihr: »Künstler sein ist kein Vorwand für Unarten.«

Als ich Jahrzehnte nach Mutters Debüt im Mai 1951 die Lady Macbeth beim Maggio Musicale in Florenz sang, nahm ich Kontakt mit Titta Ruffo auf, der sich in der »Stadt aller Städte« zur Ruhe gesetzt hatte. Er sagte mir, daß er sich an diesen *Rigoletto* mit großer Wärme erinnere, schenkte mir die Ehre seiner Anwesenheit bei einer meiner *Macbeth*-Vorstellungen und trug mir anschließend freundliche Grüße an seine ehemalige ungarische Gilda auf.

Als Alexander Várnay in Budapest ankam, hatte sich Mária Jávor trotz ihrer Jugend bereits im ersten Fach etabliert. Neben Gilda sang sie Hauptrollen wie die Philine in *Mignon* und die Olympia in *Les contes d'Hoffmann*, zu der bald die weiteren Frauenrollen Antonia, Giulietta und Stella kamen. In der nächsten Spielzeit sang sie wieder die Leonora in *Il trovatore*, übrigens eine der beiden Partien, die wir trotz unseres völlig verschiedenen Stimmtypus gemeinsam hatten. Die andere war die Desdemona in Verdis *Otello*. Als Nachwuchskraft in einem Repertoiretheater wurde die junge Sopranistin natürlich auch in einer Reihe von Nebenrollen eingesetzt, darunter als Stella in Wolf-Ferraris *I gioielli della Madonna*, aber auch als Frasquita in *Carmen*, einer der anspruchsvollsten »kleinen« Partien im gesamten Repertoire mit einer erklecklichen Anzahl exponierter hoher Noten.

Als die Proben für *Quo vadis* ihren Lauf nahmen, verlor Alexander Várnay keine Zeit, um seiner Partnerin den Hof zu machen. In jenen Zeiten bestand dieses Ritual hauptsächlich aus sehr züchtigen Besuchen zum Tee unter entsprechender Aufsicht. Untadeliges Benehmen und korrekte Kleidung waren dabei unabdingbar.

Selbstverständlich drehten sich die Gespräche hauptsächlich um Musik und Gesang. Während Mária voller Bewunderung zuhörte, ging Alexander auf und ab, dozierte über Oper und erörterte die verschiedenen Atemtechniken, die Sänger benutzten, wobei er seine Auffassung demonstrierte, wie ein Ton auf der Atemsäule federn müsse.

Einer dieser Besuche war Anlaß für eine außerordentlich peinliche Situation, als Alexander besonders tief Atem holte und seine Lungen so vollpumpte, daß einer der Knöpfe von seiner Weste absprang, womit er jählings in Gegenwart einer unbescholtenen jungen Dame unschicklich gekleidet war. Findig, wie er war, beauftragte Alexander Várnay umgehend einen Schneider, die Westenknöpfe mit derbem Metallfaden so festzunähen, daß die Besuche bei seiner Angebeteten nicht durch unvermutete Mißgeschicke beschnitten wurden und keinen Augenblick kürzer als die zugestandene Zeit dauerten.

Trotz all seines Selbstbewußtseins war das Objekt von Alexanders Attachement nicht einfach zu erobern. Die junge Dame hatte von ihren Tanten alle Tricks beim Courschneiden gelernt und war nicht willens, sich geschlagen zu geben, bevor sie sie sämtlich eingesetzt hatte.

Als ich viele Jahre später in den Vereinigten Staaten das mannbare Alter erreicht hatte, sagte meine Mutter, es sei an der Zeit, daß ich das Flirten lerne. Ich hatte keinen blassen Schimmer, wovon sie sprach, doch bald klärte sich, daß zwischen den hochentwickelten Ritualen in Mitteleuropa zu Beginn unseres Jahrhunderts und der amerikanischen Zwanglosigkeit im sogenannten Zeitalter der Aufrichtigkeit ein fundamentaler Unterschied bestand. Als ich so weit war, versuchte meine Mutter vergeblich, mir einzuschärfen, daß ich mich sowohl verführerisch wie neckisch-verschämt geben solle. Bei einem Mädchen, entschlossen zu sagen, was Sache war, stieß sie damit auf taube Ohren.

Abgesehen davon, daß sie das Spiel genoß, von meinem Vater umworben zu werden, gab es noch einen anderen Grund für die Sprödigkeit meiner Mutter. Wie ich ihren Erzählungen entnahm, war sie Befürworterin einer langen Brautwerbung. Im Gegensatz zu der völligen Freiheit, die junge Leute heutzutage haben, mußten sich die po-

Manche Menschen heiraten, um einen
Hausstand zu gründen. Meine Eltern
schlossen den Bund der Ehe,
um auf Achse zu gehen.

tentiellen Brautleute absolut sicher sein, daß sie die richtige Entscheidung trafen, und dafür mußte man sich Zeit nehmen. Diese Bedachtsamkeit findet sich vor allem in katholischen Ländern, wo die Ehe geschlossen wird, bis daß der Tod sie scheidet. Ich kannte einige italienische Kolleginnen, die sechs bis sieben Jahre verlobt waren, bevor sie den Bund fürs Leben schlossen.

Offensichtlich war Mutters einstudierte Zögerlichkeit mehr, als der leidenschaftliche Alexander ertragen konnte. Denn nachdem seine Werbung konkrete Form angenommen hatte, ohne daß sich daraus verbindliche Resultate ergaben, beschloß seine Mutter, Frau Junghans einen Besuch abzustatten. Sie sagte, daß ihr Sohn ein großes Bild seiner Angebeteten an der Wand hängen habe und jeden Tag Stunden mit herzzerreißend sehnsüchtigem Blick davor verbringe. Dann machte sie der Mutter meiner Mutter die schockierende Mitteilung, daß Alexander Várnay geschworen habe, sich das Leben zu nehmen, wenn Mária nicht einwillige, umgehend sein vor Gott und vor den Menschen angetrautes Weib zu werden.

Die Hochzeit fand am 20. Februar 1914 statt und war darüber hinaus der Anfang einer künstlerischen Partnerschaft, die das Ehepaar durch die weiten Bereiche seines umfassenden Repertoires und um die halbe Welt führte.

ZWEITE SZENE

Eine Wiege voller Veilchen

Das Jahr 1914 markierte nicht nur den Beginn der Ehe Alexander Várnays mit Maria Jávor, sondern auch das Ende ihrer Zugehörigkeit zum Ensemble der Népopera.

Am 28. Juni desselben Jahres wurden in Sarajevo, das einen überreichlichen Anteil an den Tragödien unseres Jahrhunderts hat, der österreichische Thronfolger Erzherzog Franz Ferdinand und seine morganatische Gemahlin von einem bosnischen Serbier ermordet. Das war der Auslöser für den Ersten Weltkrieg, der einen vergleichbaren Einfluß auf das Leben meiner Eltern hatte wie Pearl Harbor auf das meine.

Als der Krieg bald an allen Fronten wütete, wurden die beiden vom

Roten Kreuz für eine Tournee mit doppelter Zielsetzung verpflichtet. Mit ihren Konzerten in den Städten sammelten sie Geld zum guten Zweck. Außerdem sangen sie für verwundete Soldaten und plauderten nach den Auftritten mit ihnen. Für diese Wohltätigkeitsveranstaltungen, bei denen meine Eltern lediglich die Spesen erstattet bekamen, wurde ihnen eine offizielle Auszeichnung verliehen, und außerdem wurden sie während der Tournee mit Blumensträußen geradezu überschüttet.

Da Lebensmittel inzwischen rationiert waren, erkundigte sich meine praktische Mutter beim Roten Kreuz, ob sie statt der Blumenhuldigungen am Ende der Konzerte nicht Gebinde mit Früchten und Gemüse bekommen könnten, und die Organisation kam diesem Wunsch gerne nach. Auf diese Weise konnten sich die beiden jungen Sänger in einer Zeit des Opferbringens ausreichend mit Vitaminen versorgen.

Es war wohl ein wenig wie bei der U. S. O., der United Service Organization, die bis heute für das Entertainment der G. I.s sorgt und für die ich während des Zweiten Weltkriegs verschiedene Male sang. Diese Begegnung mit dem militärischen Leben vermittelte mir eine vage Vorstellung, wie die Bedingungen für meine Eltern auf diesen ausgedehnten Tourneen gewesen sein müssen.

Einmal trat ich vor einer großen Schar Soldaten auf und war tief bewegt über die Begeisterung, die sie für die Art von Musik aufbrachten, die ich ihnen zu präsentieren hatte. Vor dem Konzert fragte ich, wie es meine Gewohnheit ist, einen der Verantwortlichen, ob er mir Auskunft über die Zahl der Zuhörer geben könne. Zu wissen, vor wie vielen Leuten ich singe, hilft mir abzuschätzen, wieviel Stimme ich geben muß. Der gute Mann erklärte mir, ohne eine Miene zu verziehen, daß diese Information Verschlußsache sei, und daß er sie mir »aus Sicherheitsgründen« nicht geben könne. Ich bin bis heute nicht hinter die Pointe gekommen.

Wenn meine Eltern nicht für das Rote Kreuz sangen, traten sie an verschiedenen Opernhäusern im Bereich der Mittelmächte auf. Mutter fügte der Liste ihrer Triumphe Gastspiele in Frankfurt und Köln hinzu, während Vater allmählich mit seinem umfassenden Tenor-Repertoire und der Inbrunst, die er in alles investierte, der Opernwelt seinen Stempel aufdrückte.

Einmal alternierte er als Manrico in *Il trovatore* mit dem großen Leo Slezak. Sie waren gut befreundet und kamen beide aus der Peripherie der Monarchie, mein Vater aus der Slowakei und Slezak aus Mähren.

Sie waren überdies beide unersättlich in ihrem Verlangen nach herrlicher Musik, packendem Drama, Spaß und gutem Essen, wobei zumal das letztere sie später wieder zusammenführte.

Slezaks Humor schlug sich auch literarisch nieder. Er bescherte den Zeitgenossen und der Nachwelt vier hinreißend respektlose Memoirenbändchen. In einem beschrieb er den Überschwang meines Vaters auf der Bühne mit folgenden Worten: »Der gute feurige Várnay Alex identifizierte sich nicht selten mit seiner Rolle so innig, daß seine Partner zu befürchten hatten, es ginge ihnen wirklich an den Kragen. Soll er doch als Manrico einmal einen besonders arroganten Luna mit der Degenspitze bedenklich in gewissen Sphären gekitzelt haben. Er hatte wirklich Gold in der Kehle, und in den italienischen Partien ließ er es wie ein unendliches Goldband strömen. Es strömte, strömte und glitzerte, daß mancher Dirigent am liebsten eine Schere zur Hand genommen hätte, um den Stimmfaden zu durchschneiden. Hatte ihn seine Rolle gepackt, ging's mit ihm durch, und wie ich ihn kenne, hätte er am liebsten jeder leidenschaftlichen Stretta noch ein ganzes Siegesfinale angehängt.«

Slezak übertrieb nicht allzusehr. Mein Vater war offensichtlich als Opernsänger ein Heißsporn erster Ordnung, der nie in Verlegenheit um eine dramatische Gebärde war – oder eine schlagfertige Antwort.

Der sehr penible, strenge Fritz Reiner erzählte mir einmal, daß er es für notwendig erachtet hatte, meinen Vater in die Schranken zu weisen, weil dieser ein Zeichen aus dem Orchestergraben, einen unerlaubt prolongierten Ton sofort zu beenden, mißachtet hatte. Als Reiner ihn unwirsch fragte: »Warum haben Sie die Note so lange gehalten, Várnay?«, antwortete mein Vater unbekümmert: »Ich fühlte mich da oben so wohl, daß ich dort eigentlich Sommerurlaub machen wollte.«

Lange bevor das Fernsehen erfunden wurde, entwickelte Alexander Várnay bereits einen interessanten Vorläufer der Cue Card, des Spickzettels, von dem der Moderator seine Stichworte abliest.

Es geschah während einer Vorstellung von *Rigoletto*. Offensichtlich hatte er die Partie des Herzogs so lange nicht gesungen, daß er einen Großteil des Textes von – ausgerechnet! – »La donna é mobile« vergessen hatte, der wahrscheinlich berühmtesten Musiknummer, die Verdi jemals komponierte, und der ohne Zweifel bekanntesten Tenorarie im Repertoire. Statt hinter der Bühne einen hysterischen Anfall zu bekommen und dem unausweichlichen Hänger im vierten Akt entgegenzubangen, beschaffte sich Papa einen Satz Spielkarten und schrieb darauf den Text der Arie. In der Szene, in der der Herzog in der Taverne darauf wartet, mit dem Lockvogel Maddalena endlich zur Sache zu kommen, holte Vater einfach die Karten heraus und legte eine Patience, bei der er sich beiläufig die Stichworte von den Karten holte, ohne daß jemandem im Publikum die gerissene Masche auffiel.

Die Theaterdirektoren dürften es schwer gehabt haben, sich einen Reim auf meinen Vater zu machen. Nicht ohne Grund wird allgemein angenommen, daß Tenöre in ihren geistigen Fähigkeiten etwas beschränkt sind. Bei Alexander Várnay war das jedoch ganz und gar nicht der Fall, und seine beträchtliche Intelligenz muß in den Direktionsräumen nicht nur eines Theaters für ziemliche Verblüffung gesorgt haben.

Der Krieg zog sich in die Länge. Was als »ruhmreiches Abenteuer« begonnen hatte, kostete allmählich mehr Menschenleben, als die größten Pessimisten vorausgesagt hatten. Obwohl sich die Kriegsschauplätze noch außerhalb des Gebietes der Mittelmächte befanden, wendete sich das Blatt, und wer konnte wissen, wann die Alliierten die Grenzen überschreiten würden?

Inzwischen genoß meine Mutter einen Starstatus, der sie in alle Himmelsrichtungen führte. Ein Kritiker nannte sie eine zweite Adelina Patti, und ein anderer verglich ihr dramatisches Talent – zumal in Opern wie *La Traviata* – mit der großen Eleonora Duse.

Meine Eltern fragten sich allmählich, warum sie immer noch gleichsam im »Auge des Zyklons« lebten und arbeiteten, zumal mein Vater – was die Lage noch riskanter machte – nach wie vor im Einberufungsalter war. Warum sollten sie ihr Leben und ihre Zukunft für etwas gefährden, was nach ihren Begriffen auf den unbegründeten imperialen Ansprüchen der Habsburger Monarchie beruhte, die bereits ihre eigenen Völker und deren Nachbarn eines Großteils ihrer Identität beraubt hatte?

Im Bewußtsein, daß sie einen der international marktfähigsten Berufe ausübten, hielten sie die Zeit für reif, um sich und ihre Talente aus der Schußlinie zu bringen. Sie streckten ihre Fühler ins ferne Ausland aus. Buenos Aires bekundete Interesse. Bis zur Konkretisierung in Form von Verträgen beschlossen sie, sich in einem der neutralen skandinavischen Länder niederzulassen.

Im September 1916 gastierte meine Mutter in einer Galavorstellung im Königlichen Opernhaus in Stockholm in Anwesenheit von

König Gustav V. Adolf, Mitgliedern der königlichen Familie und der Regierung. Ihr schwedisches Debüt gab sie als Gilda in *Rigoletto*, derselben Rolle, in der sie bereits in Budapest brilliert hatte. Die übrige Besetzung war schwedisch, und die Maddalena sang die Mezzosopranistin Karin Branzell, mit der an der Met aufzutreten ich später das Vergnügen hatte.

Die Presse begrüßte María Jávor in Skandinavien mit der Andeutung, daß sie eines der Beutestücke sei, in deren Genuß Schweden durch seinen neutralen Status gekommen sei.

Um ganz ehrlich zu sein, waren die skandinavischen Kritiken nicht so enthusiastisch wie die, die Mutter in Mitteleuropa bekommen hatte. Einige waren, wie man so sagt, »durchwachsen«, wenn nicht ausgesprochen negativ. Mutters Zugriff war nicht die Art von Koloraturgesang, den man damals gewohnt war.

Gilda galt als unschuldiges armes Hascherl, und es wurde von ihr vogelhaftes Gezwitscher erwartet, das mit kindlicher Naivität gleichgesetzt wurde. Nur wenige erkannten, daß Gilda außerdem eine entschlossene junge Frau ist, die es wagt, sich gegen ihren despotischen Vater aufzulehnen und sich in einen Unbekannten zu verlieben. Darüber hinaus ist ihre Liebe so groß und ihr Mut so unbeugsam, daß sie unerschrocken, wenn auch etwas blauäugig, in den Tod geht, um das Leben des Geliebten zu retten, obwohl sie inzwischen weiß, daß er ein Schürzenjäger ist.

Jahrzehnte später, als dramatische Koloratursoprane wie Maria Callas und Joan Sutherland sich dieser Rollen annahmen, wurde die Auffassung meiner Mutter über Koloraturgesang endlich als die authentische Lesart begrüßt. Glücklicherweise konnte sie diese späte Genugtuung noch miterleben.

Einer der Stockholmer Kritiker, der gefürchtete Olof-Wilhelm Peterson-Berger, urteilte über den Gast aus Budapest äußerst wohlwollend, fand allerdings, daß *Rigoletto* ausgedient habe und das Publikum besser beraten wäre, seinen musikalischen Appetit an neueren Kompositionen zu stillen. Ich darf dazu bemerken, daß zu den bekannteren Komponisten im damaligen Schweden auch Olof-Wilhelm Peterson-Berger zählte. Während ich seine Meinung über *Rigoletto* keineswegs teile, hörte ich vor kurzem mit großem Vergnügen eine Aufnahme seiner Oper *Arnljot* im Haus meiner schwedischen Kollegen Helena Jungwirth und Clæs-Håkon Ahnsjö und muß gestehen, daß ich sie viel hörenswerter fand als so manches in der zeitgenössischen Musik, von dem wir heute heimgesucht werden.

Doch was immer auch die Kritiker über meine Mutter befinden zu müssen glaubten, das Publikum schloß sie in sein kollektives Herz. Einen Monat später gastierte sie als Königin Marguerite in *Les huguénots,* und abermals beehrte die königliche Familie die Vorstellung mit ihrer Anwesenheit.

Eineinhalb Jahre nach diesen Triumphen in der Stockholmer Oper nahm sich Mutter kurze Zeit von ihren zahlreichen Bühnenengagements frei und bescherte dem enthusiastischen Vater ein freudiges Ereignis.

Es geschah am 25. April 1918, und das freudige Ereignis war die Geburt ihres einzigen Kindes, meiner Wenigkeit. Wenn wir ihrem Zeugnis Glauben schenken wollen, gab ich anscheinend eine Art vokaler Geräusche von mir, die Opernsänger-Eltern sofort auf die Vermutung bringen, daß dies die ersten Anzeichen für ein weiteres Gesangstalent in der Familie sein könnten.

Aber mein Vater war von dem, was meine Eltern mein Staccato-Geschrei nannten, nicht halb so fasziniert wie von der Tatsache, daß sein langgehegter Wunschtraum, Vater einer Tochter zu werden, endlich in Erfüllung gegangen war. Er schaute tief in meine leicht violett getönten Augen und verkündete plötzlich: »Ibolyka«, was auf ungarisch »kleines Veilchen« heißt. Das Baby mit den Veilchenaugen hatte seinen stolzen Vater derart hingerissen, daß er mit seinem Gespür für effektvolle Auftritte eine weitere große Szene hinlegte. Er eilte zum nächsten Blumenstand mit herabgesetzten Preisen und kehrte mit einem Armvoll Blumen in allen Violett-Schattierungen zurück, die er mit weit ausholender Gebärde über mein Kinderbettchen streute, sehr zum Ärger der Säuglingsschwester.

Meine Eltern verewigten überdies Vaters ersten Augenschein, indem sie mir den Namen Ibolyka gaben, was ich später zu »Bonka« verkürzte, weil ich Schwierigkeiten mit der Aussprache hatte.

»Astrid« war ein nachträglicher Einfall. Da sie in Skandinavien mit Nachkommenschaft gesegnet worden waren, dachten sie, daß sie dem Gastland ihre Reverenz erweisen sollten, indem sie ihrer Tochter auch einen skandinavischen Namen gaben. Prinzessin Astrid von Schweden war bereits im Backfischalter so beliebt, daß meine höflichen ungarischen Eltern beschlossen, ihr und ihrem Land ihre Anerkennung zu zollen und mich nach ihr zu nennen.

Nach den Geboten der katholischen Kirche mußte ich jedoch auch den Namen einer christlichen Heiligen tragen, und weder Ibolyka noch Astrid erfüllten diese Bedingung. Also kam noch der Vorname

47

meiner Mutter auf die Liste, und deshalb ist mein voller Name Ibolyka Astrid Mária Várnay.

Freut mich, Ihre Bekanntschaft zu machen!

Später in Amerika hatte meine Lehrerin in der ersten Klasse in Brooklyn ebensolche Schwierigkeiten mit der Aussprache meines ersten Vornamens wie ich und anglisierte ihn kurzerhand zu Violet. – Daher die Verwirrung in der Reihe der Stehplätzler, als ich beschloß, meinen mittleren Vornamen für meinen Bühnennamen zu wählen.

Diese Kombination einer skandinavischen Vornamens mit einem ungarischen Nachnamen bringt es auch mit sich, daß den Leuten unklar ist, wo ich eigentlich herkomme. Die einfache Antwort ist, daß ich so bin wie die Kunst, die ich über ein halbes Jahrhundert ausübe: international.

DRITTE SZENE

Die Wiedergeburt einer Nation

Kurz nach meiner Geburt nahm das Angebot aus Buenos Aires greifbarere Formen an, und mein Vater fuhr nach Norwegen, um sich über die Möglichkeiten einer Passage von einem neutralen norwegischen Hafen nach Argentinien zu informieren. Doch in Norwegen wurde ihm wegen der damit verbundenen Risiken abgeraten. Die Versenkung einer Reihe von Passagier- und Handelsschiffen durch deutsche U-Boote hatte den Krieg bis auf den Atlantik hinausgetragen. Die Reise nach Südamerika mußte auf unbestimmte Zeit verschoben werden.

Während seines Aufenthalts in Kristiania besorgte sich mein Vater einen Auftritt in einem Varietéprogramm des *Théatre Moderne*. Soviel ich weiß, sang er ein paar Arien zwischen einem Jonglierakt und einer Seehund-Dressur, doch Papa mußte die Fahrtkosten zurück nach Stockholm bezahlen und konnte nicht allzu wählerisch sein.

Obendrein hatte er ein Baby zu ernähren. Und bald sollte er ein weiteres am Hals haben.

Der Direktor des *Théatre Moderne* war ein ungarischer Landsmann (mit britischem Paß) namens Benno Singer. Zu der Zeit, in der mein

Vater dort seinen Gastauftritt hatte, erfreute sich das Theater enormer Beliebtheit, und Herr Singer hatte genug Bares, um sich einen Wunschtraum zu erfüllen.

Einen oder zwei Tage nach dem Varieté-Ausflug meines Vaters bat ihn Benno Singer zu einem Gespräch. Er eröffnete Alexander Várnay, daß er sein Bühnen-Imperium um ein Musiktheater erweitern wolle und präsentierte ihm den innovativen Plan einer norwegischen *Opéra Comique*, mehr oder weniger in der Art des gleichnamigen Hauses in Paris. Singers Konzept war, mit volkstümlicheren Aufführungen von Operetten und dergleichen Profit zu machen und mit diesem Gewinn das Risiko anspruchsvollerer Opernproduktionen abzudecken. Er war der Meinung, daß das zukünftige Ensemble in beiden Genres eingesetzt werden sollte, um in den Operetten besseres gesangliches und musikalisches Niveau zu garantieren, wobei gleichzeitig die größere darstellerische Erfahrung und Spielfreude den Opernproduktionen zugute kommen würde.

Dieser Entwurf für ein Musiktheater mit dem gleichen Nachdruck auf szenische wie auf musikalische Gestaltung war genau das richtige für meinen Vater, und er beschloß, seine Südamerikapläne vorläufig ad acta zu legen und Benno Singer beim Aufbau seines Opern- und Operettentheaters zu helfen, dem ersten festen Haus dieser Art in der Geschichte Norwegens.

Dieses Theater sollte Papas anderes »Baby« werden.

Die Gründung eines neuen Musiktheaters war nur eine der vielen Formen, in denen die vor kurzem wiedergeborene Nation ihre Identität bekundete. Norwegen hatte sich 1905 auf friedliche Weise aus einer Reihe unfreiwilliger Allianzen mit Dänemark und Schweden gelöst und war erstmals seit dem Ende des 14. Jahrhunderts wieder ein eigenständiger Staat geworden. 1924 erhielt auch die Hauptstadt Oslo – 300 Jahre, nachdem sie nach dem dänischen König Christian IV. in Kristiania umbenannt worden war – ihren ursprünglichen Namen zurück.

Im Zuge des wiedererwachten Nationalbewußtseins sollte Benno Singers künftige Operncompagnie die großen Werke der Opernliteratur und eine stattliche Anzahl klassischer Operetten weitgehend in norwegischer Übersetzung aufführen, in vorwiegend norwegischen Besetzungen und mit einigen wenigen ausländischen Sängern, die vor allem aus den anderen skandinavischen Ländern kamen. Natürlich wurde Mutter eingeladen, dem Ensemble als führender Koloratursopran beizutreten.

49

Bevor die junge Familie Várnay nach Kristiania übersiedelte, traten meine Eltern noch ein letztes Mal in Stockholm auf und zwar in einer Galaaufführung von Beethovens *Neunter*, zu deren Solistenquartett auch die amerikanische Mezzosopranistin Mme Charles Cahier gehörte.

Mme Cahier sang später die Azucena in Kopenhagen, wo sie Lauritz Melchior ermutigte, vom Bariton- ins Tenorfach zu wechseln, und sogar ihren reichen Gatten überredete, zusammen mit dem englischen Schriftsteller Hugh Walpole seine Theatergage aufzustocken, so daß er sich in Berlin den letzten Schliff holen konnte.

In Norwegen beschloß Papa, seine Gesangskarriere im Alter von neunundzwanzig Jahren zu beenden, und widmete sich ganz der schwierigen Aufgabe, eine völlig neue Truppe aus dem Nichts aufzubauen, mit Solisten, Chor, Orchester und dem gesamten Stab, den ein Musiktheater für seine Funktionsfähigkeit benötigt. Während Herr Singer sich um die Verwaltung kümmerte und an den künstlerischen Entscheidungsprozessen mitwirkte, wurde Alexander Várnay Oberregisseur und künstlerischer Leiter der neuen Compagnie.

Die musikalische Leitung wurde zwei Dirigenten anvertraut, dem Norweger Leif Halvorsen, der in Paris und Berlin studiert hatte und kurze Zeit erster Geiger bei den Berliner Philharmonikern gewesen war, und dem Mailänder Komponisten-Dirigenten Piero Coppola, der das Opergewerbe als Korrepetitor an der Scala erlernt und seinen ersten großen Dirigierauftrag von keinem Geringeren als Giacomo Puccini erhalten hatte, der ihn die Aufführungen von *La fanciulla del West* in Florenz, Modena, Bologna und Brüssel dirigieren ließ. Maestro Coppolas Frau Lina wurde von der Compagnie für das lyrische Sopranfach verpflichtet.

Neben dem Opern- und Operettenbetrieb war auch eine Opernschule geplant, die Arne van Erpekum Sem führen sollte, ein früherer Heldentenor, der nach Engagements in Bremen, Wien, Stuttgart und München einige Zeit zuvor nach Norwegen zurückgekehrt war. In ebenjenem München begann ich 1987 am Opernstudio der Bayerischen Staatsoper zu unterrichten, womit meine Lebenskreise mit denen meiner Eltern ein weiteres Mal zusammenfielen.

Der Großreeder Christoffer Hannevig, der es aufgrund Norwegens neutraler Position auf den Weltmeeren zu enormem Wohlstand gebracht hatte, versprach, der Compagnie eine ansehnliche Summe zur Verfügung zu stellen, sobald er über das Geld, das er während der Kriegsjahre in den Vereinigten Staaten verdient hatte, nach Ablauf einer durch die amerikanische Regierung verhängten achtzehnmonatigen Sperrfrist verfügen würde. Er erwarb auch ein Grundstück, auf dem er einen großen Bürokomplex errichtete, in dessen unteren Etagen die neue Operncompagnie ihre Heimstatt finden sollte.

All dies bedeutete einen gewaltigen Wendepunkt im Leben meines Vaters. Er war immer ein Energiebündel gewesen, doch die zusätzliche Verantwortung, die er nun auf sich lud, verwandelte ihn in einen Dynamo. Er konnte aus der Fülle seiner sprachlichen und musikalischen Fähigkeiten und seiner Ausbildung und Erfahrung schöpfen – nebst einer großen Anzahl persönlicher Kontakte mit den Opernberühmtheiten der Zeit – und stampfte seine Truppe aus dem Boden.

Erling Krogh, einer der damaligen Sänger, beschwor diese Ära Ende der sechziger Jahre in einer Osloer Rundfunksendung zum fünfzigsten Jahrestag der Gründung der Compagnie. »Alexander Várnay«, sagte Krogh, »war ohne Zweifel die treibende Kraft, die Seele des Unternehmens. Der Mann, der letztlich alle Entscheidungen traf.«

In einem Zeitungsinterview beschrieb mein Vater die Anfangszeit als »sehr hart, zumal im ersten Jahr«: »Wir mußten alles selber machen, jedes einzelne Kostüm mußte genäht, jede Fußbekleidung maßgeschustert werden. Es war unmöglich, irgend etwas aus Werkstätten im Ausland zu bestellen, und hier in Norwegen war das ebenfalls nicht so einfach. Ich verbrachte jeden Tag zwei Stunden im Nähatelier, jeweils eine halbe Stunde in der Schusterwerkstatt und in der Schreinerei und so weiter.«

Als das frischgebackene Ensemble mit den Proben begann, war das Theatergebäude noch nicht bezugsfertig, also mußten andere große Räume für die Proben gesucht werden. Eine Weile fanden sie in einem Abfüllbetrieb für Mineralwasser statt, danach ging man sozusagen zu »härterem Stoff« über, und der Schauplatz wurde in die Frydelund-Brauerei verlegt. Daneben gab es Einzelproben in Privathäusern und Übungsstunden im Ausstellungsraum der Pianofabrik der Gebrüder Hals. All diese weit auseinander liegenden Orte mußten von meinem Vater terminiert werden, der in ganz Kristiania herumflitzte, um überall präsent zu sein.

Über die Vorbereitung von Vorstellungen hinaus trug er die volle Verantwortung für das Aushandeln und Aufsetzen von Verträgen, wobei ihm zugute kam, daß er das Norwegische inzwischen wie ein Einheimischer beherrschte. Er nahm auch das Vorsingen ab, führte selber die Korrespondenz mit den Gastsängern, buchte ihre Reise- und Hotelarrangements und machte womöglich auch noch sauber.

Doch er liebte seine Aufgabe. In seinen eigenen Worten: »Ich arbeitete Tag und Nacht so viele Stunden wie nur irgend möglich. Aber ich bekam für meine Anstrengungen so viel Freude zurück – zuallererst und vor allem die Freude, den künstlerischen Erfolg der Compagnie zu erleben, der sich in schöner Regelmäßigkeit wiederholte.«

Er mutete der Truppe fast das gleiche zu wie sich selbst. Einer aus dem Ensemble, Karl Johansen, erzählte viele Jahre später, daß mein Vater die Sänger nach der Vorstellung ermahnte: »Geht nicht saufen. Geht nach Hause und ins Bett. Und vergeßt nicht, morgen um 10 Uhr ist Probe!« Johansen fügte hinzu: »Und daran hielten wir uns auch – sehr häufig!«

Mein Vater war außerordentlich abergläubisch. Wie die heutigen Tennisspieler Boris Becker oder André Agassi rasierte er sich nicht mehr, sobald die Proben für eine neue Produktion begannen. Im Verlauf der Probenwochen erschien er im Theater mit Künstlermähne und immer längerem Bart. Am Morgen nach der Premiere wurden dann umgehend Bart und Haare geschnitten, die er mit der Produktion glücklicherweise nicht hatte lassen müssen. Vielleicht hatte das Sujet der ersten Opernaufführung im Repertoire der Compagnie damit etwas zu tun – *Samson et Dalila* von Camille Saint-Saëns.

Das einzige, was mein Vater während seiner gesamten Tätigkeit in Norwegen nicht tat, war erstaunlicherweise singen. Viele in der Compagnie kannten seinen Ruf als ausübender Künstler, doch in dem Rundfunkgespräch Ende der sechziger Jahre konnte sich keiner der Veteranen erinnern, ihn jemals auch nur eine einzige Note singen gehört zu haben. Offensichtlich fand er, daß das moderne Konzept der Arbeitsteilung die beste Chance bot, auch ein Familienleben zu führen. Während meine Mutter sich also ausgiebig des Koloratur-Repertoires annahm und ich die Familie nach Baby-Art strapazierte, war Papa damit beschäftigt, im Theater Mädchen für alles und Rettungsanker für alle zu sein.

Am 29. November 1918 kam endlich der große Tag. Mit der Galapremiere von *Samson et Dalila*, inszeniert von Alexander Várnay in den Dekorationen des berühmten norwegischen Bühnenmalers Jens Waldemar Wang, mit Maestro Piero Coppola am Pult und einer rein norwegischen Besetzung wurde das Theater offiziell eröffnet.

König Håkon VII., ein enger Verwandter von König Gustav V. von Schweden, der den Vorstellungen meiner Mutter in Stockholm beigewohnt hatte, war mit seiner Gemahlin, Königin Maud, der Schwester des englischen Königs George V., ebenso anwesend wie Mitglie-

Opera Comique.

Maskeballet.

Eric Jansson.   Kirsten Flagstad-Holl.   Maria Jávor.

*Während Mama und Kirsten Flagstad
in Un ballo in maschera sangen, ruhte ich friedlich
in einer Schublade von Kirstens Schminktisch.*

der der Regierung und der vornehmen Gesellschaft. Die Damen trugen ihre elegantesten Roben und kostbarsten Juwelen, die Herren
Frack mit einer Blume im Knopfloch. Viele hatten sich mit Monokel
geschmückt. Die Zahl der Exzellenzen, die mit Orden behängt waren,
lieferte den endgültigen Beweis, daß dies in der Tat der Höhepunkt
der gesellschaftlichen Saison Kristianias war.

Meine Mutter hatte ihren ersten Auftritt als Frau Fluth in Otto Ni-
colais *Die lustigen Weiber von Windsor*. Kurz danach sang sie ihre erste
Gilda in Norwegen, darauf Leonora in *Il trovatore*, Violetta in *La Traviata* und den Pagen Oscar in *Un ballo in maschera*. Nach dem ständigen Leben auf Achse genoß es Madame Jávor, daß sie mit ihrer Familie in Kristiania seßhaft geworden war und sich gleichermaßen an
ihrem beruflichen Erfolg wie an ihrer Mutterschaft erfreuen konnte.

Die doppelte Freude beinhaltete allerdings oft genug ein Dilemma,
denn sie stand sehr bald vor dem Problem: Wohin mit der Kleinen
während der Vorstellung? Eines Tages hatte sie eine tolle Idee: Warum nicht aus einer der unteren Schubladen des Schminktisches in ihrer Garderobe ein Kinderbettchen machen? Unglücklicherweise war

die unterste Lade ihres eigenen Schminktisches immer noch zu hoch, um nicht ein Sicherheitsrisiko darzustellen. Deshalb bündelte mich Mutter kurz vor Beginn einer Vorstellung von *Un ballo in maschera* und begab sich mit mir in die Nachbargarderobe, wo die Sopranistin, die als Amelia besetzt war, sich auf ihren Auftritt vorbereitete. Und tatsächlich hatte deren Schminktisch eine Lade, die so tief lag, daß ich mir, selbst wenn ich herausfallen sollte, keinen Schaden zufügen konnte. Also betteten mich die beiden Soprane für die Dauer der Vorstellung hinein.

Ich war damals noch ein Würmchen. Aber – das war meine erste Begegnung mit Kirsten Flagstad.

VIERTE SZENE

Von Erfolg zu Erfolg

Die Galavorstellung von *Samson et Dalila* zur Eröffnung des Theaters am 29. November 1918 wurde in einer norwegischen Übersetzung gesungen, die ein Parlamentsstenograph und Amateurgeiger verfaßt hatte, der in seiner Freizeit Gedichte schrieb. Sein Name war Michael Flagstad, und er war nur eines der Mitglieder einer großen Familie, die alle während der Lebensdauer der *Opéra Comique* eine nicht unbedeutende Rolle spielten.

Michaels Frau, geborene Marie Nielsen Johnsrud, war eine Bauerntochter, die sich früh zum musikalischen Wunderkind entwickelt hatte. Angeregt von ihrem Vater, der Musik als Liebhaberei betrieb, konnte sie Noten lesen, bevor sie das Lesen erlernte. Wenn Maries Vater Lars Nielsen Johnsrud nicht die Kühe molk oder bei Hochzeiten aufspielte, war er als Organist in der Kirche tätig. Eines Sonntags wurde er krank, und seine kleine Tochter nahm seinen Platz ohne Vorbereitung ein – und das im Alter von neun Jahren! Einige Jahre später wurde sie vom Staat als Kirchenorganistin angestellt.

Als die *Opéra Comique* gegründet wurde, stießen Herr und Frau Flagstad zur Truppe, nebst ihrem Sohn Ole, der Cellist im Orchester wurde, und ihrer Tochter Karen Marie, die kleine Rollen in der Oper und etwas größere in den Operetten sang. Ein weiterer Sohn, Lasse, war Pianist und Liedbegleiter und korrepetierte gelegentlich bei den

In Norwegen zog mein Vater die Fäden
mit Kirsten Flagstads Mutter am Piano.

Proben im Theater. Die Flagstads stellten darüber hinaus ihr Haus
für die Einzelproben zur Verfügung.

Ihre ältere Tochter Kirsten, geboren 1895, war anfangs noch nicht
mit von der Partie, denn sie studierte in Stockholm bei dem berühmten Gesangslehrer und Otolaryngologen Gillis Bratt. Sie hatte in
Norwegen bereits ihr Operndebüt als Nuri in *Tiefland* von Eugen
d'Albert gegeben, war dann jedoch nach Stockholm zurückgekehrt,
um ihr Gesangsstudium bei Dr. Bratt fortzusetzen. Als sie in den
Weihnachtsferien 1918 nach Hause kam, stellte sie fest, daß die *Opéra
Comique* eine Art Heimindustriebetrieb der Familie Flagstad geworden war. Während sich ihr Vater am Tisch im Eßzimmer mit der
Übersetzung des Librettos für eine kommende Produktion abplagte,
waren Frau Flagstad und Lasse in anderen Räumen fleißig mit wechselnden Gruppen von Gesangssolisten an der Arbeit, zu denen oft
auch Kirstens jüngere Schwester gehörte, während Ole im Keller die
komplizierteren Passagen seines Cello-Parts übte, den er demnächst
im Orchestergraben zu exekutieren hatte.

Auf das Drängen ihrer Eltern hin sang Kirsten meinem Vater und
dem Mitarbeiterstab des Opernhauses vor. Sie wurde auf der Stelle als
»Utilité« engagiert und begann mit einer kleinen Rolle in Wilhelm
Kienzls Rühr-Oper *Der Evangelimann*. Kurz danach stieg sie bereits

zur Jungfer Anna Reich in *Die lustigen Weiber von Windsor* auf. Kirsten sang weiter die Rollen der »Naiven« im lyrischen Fach wie die Micaëla und trat daneben regelmäßig in Operetten auf, in denen sie vorzüglich war. Sie war ein schmächtiges Ding mit riesengroßen Augen, natürlicher dramatischer Begabung und grundsolider Musikalität, die von lupenreiner Intonation und einem enzyklopädischen Gedächtnis gekrönt war. Vom allerersten Anfang an, pflegte Kirsten zu sagen, habe sie nie unter Lampenfieber gelitten, denn sie wußte immer, was sie machte, und war glücklich, wenn sie auf der Bühne stand. Diese Kombination aus technischer Beherrschung und der Lust am Auftreten gefiel meinem Vater außerordentlich, und er pflegte zu sagen: »Die Kirsten kann alles!«

Im Mai 1919 ging Kirsten, kurz nachdem sie die ungetreue Nedda in *Pagliacci* gesungen hatte, ihre erste Ehe mit Sigurd Hall ein, konnte ihn jedoch aus Pflichtgefühl gegenüber ihren Opernaufgaben bewegen, die Flitterwochen erst nach Ablauf der Spielzeit Ende Juni anzutreten. Im folgenden Jahr ließ sie sich für einige Zeit von den Bürden des Berufs entbinden und schenkte einer Tochter das Leben.

Offensichtlich war sie mit ihrer neuen Aufgabe der Mutterschaft so glücklich, daß sie nicht darauf brannte, ans Theater zurückzukehren. Doch für ihre Mutter kam das überhaupt nicht in Frage. Wie bei uns war bei den Flagstads Musik Familienmetier. Eines Tages fand Marie, daß sich ihre Tochter nun genug von der Geburt erholt habe, um ihre Opernarbeit wieder aufzunehmen, klemmte sich ein paar Klavierauszüge unter den Arm und marschierte in Kirstens Heim, um sie für die kommende Spielzeit wieder in stimmliche Hochform zu bringen.

Als Marie Flagstad hörte, was sich mit der Stimme ihrer Tochter ereignet hatte, wollte sie ihren Ohren nicht trauen. »Kirstens Stimme«, sagte sie später, »war praktisch doppelt so groß geworden.« Die Stimme hatte in der Tat eine ganz ungewöhnliche Metamorphose durchgemacht und sich völlig unerwartet von einem angenehmen lyrischen Sopran zu dem üppigen, leuchtenden Silberklang entwickelt, der bald Operngeschichte machen sollte. Zum Segen für ihre Zeitgenossen und die Nachwelt betrachtete Kirsten diese glückhafte Verwandlung nicht mit der Selbstzufriedenheit eines Lotteriegewinners. Sie besaß ganz im Gegenteil die Demut eines Menschen, dem eine herrliche Gabe verliehen worden ist und der sich bewußt ist, daß dieses Auserwähltsein außerordentliche Verantwortung mit sich bringt.

Ich vermute, daß ihre Herkunft aus einer musikalischen Sippe – nicht unähnlich der unseren – die Art und Weise bestimmte, in der sie mit ihren stimmlichen Mitteln während ihrer einzigartigen langen Karriere umging und sich die Frische und den wunderbaren Klang bis in ihre letzten Aufnahmen erhielt, noch kurz bevor sie 1962 an Knochenkrebs starb. Jeder, der diese Aufnahmen gehört hat, wird zugeben, daß die Schönheit der Stimme und die bruchlose Tongebung bis zum Ende untadelig geblieben sind.

Am 11. November 1918, knapp drei Wochen vor der Gala-Eröffnung der *Opéra Comique*, war der große Krieg zu Ende gegangen. Bald darauf traten eine Reihe hervorragender mitteleuropäischer Sänger mit Benno Singer und Alexander Várnay in Verbindung und avisierten ihnen, daß sie dieser relativ kleinen Compagnie in Kristiania als Gäste zur Verfügung stünden.

Vor kurzem erwähnte ich in einer Unterhaltung mit meinem Freund Holger Hagen, einem bekannten Schauspieler und Musiker, daß seine Tante Emmi Leisner, eine berühmte Altistin an der Berliner Staatsoper, in Kristiania als Azucena in *Il trovatore* gastiert hat. Als ich Holger fragte, was so viele prominente Sänger veranlaßt habe, die anstrengende Reise zu machen, erklärte er mir, daß sie sich in Anbetracht der drakonischen Rationierung der Lebensmittel im Nachkriegsdeutschland endlich wieder satt essen wollten.

Auch einige andere Sänger in dieser *Trovatore*-Produktion gehörten zur Crème de la Crème des mitteleuropäischen Opernlebens. Neben meiner Mutter und Mme Leisner trat der große Opern- und Liedersänger Heinrich Schlusnus als Conte di Luna auf, und zwei internationale Stars, Leo Slezak und Hermann Jadlowker, alternierten mit Tenören des Ensembles in der Rolle des Manrico. Das war die Welt, in der meine Eltern sich besonders wohl fühlten.

Die Proben für diese Aufführungen gestalteten sich oft ziemlich hitzig, denn mein temperamentvoller ungarischer Vater und der gleichermaßen streitbare Maestro Coppola fochten Positionskämpfe aus. Einmal war mein Vater mit Maestro Coppolas Tempi derart unzufrieden, daß er sich nonchalant hinter dem Dirigenten postierte und seinen eigenen Takt schlug, der dem, was vom Pult kam, zuwiderlief. Als der Maestro merkte, daß hier seine Autorität untergraben wurde, drehte er sich um und machte sich mit einem Schwall gepfefferter italienischer Schimpfworte Luft, was schließlich dazu führte, daß die beiden Herren handgreiflich wurden. Das dürfte Abwechslung in die ansonsten reservierte skandinavische Atmosphäre gebracht haben.

Übrigens war auch mein Vater kein Waisenknabe, was das Reper-

 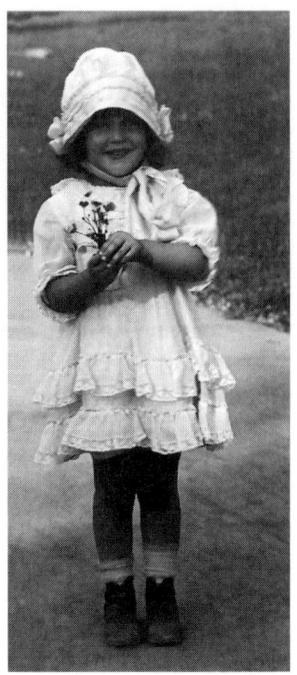

Bäume waren immer meine Freunde
August 1921.

Bereits mit vier eine kleine
Schauspielerin. Beim Blumen-
pflücken im Garten.

toire an Beschimpfungen auf italienisch betraf. Eines Tages stellte er fest, daß sich das angesehene italienische Verlagshaus G. Ricordi mit der Erteilung der Aufführungsrechte für eines seiner Werke ungebührlich Zeit ließ. Er setzte sich sofort hin und schrieb Ricordi – aus seiner umfassenden Kenntnis des Italienischen schöpfend, die er in Mailand und Florenz erworben hatte – einen vernichtenden Brief, dessen Ton ein Kommentator als »Gassenjungenjargon« bezeichnete. Die Bestätigung der Aufführungsrechte kam postwendend.

Zu meinen Erinnerungsstücken gehört eine silberne Tabatiere, die meinem Vater von den Mitgliedern der Compagnie überreicht wurde. Auf der Innenseite des Deckels befinden sich viele ihrer Namenszüge. Ganz oben steht »Puszikád«, der Kosename meines Vaters für meine Mutter, gefolgt von Arthur Nikisch, einem ungarischen Landsmann, der bereits vor der Jahrhundertwende Chefdirigent des Boston Symphony Orchestra gewesen war, seit einem Vierteljahrhundert das Leipziger Gewandhausorchester leitete und daneben als Nachfolger von Hans von Bülow die großen Konzerte des Berliner Philharmonischen Orchesters dirigierte. Nikisch war für eine Aufführung von Beethovens *Neunter* – mit meiner Mutter als Solosopran – nach Norwegen gekommen.

Um Mutter die Erledigung ihrer häuslichen Aufgaben zu erleichtern, erklärte sich Nikisch einverstanden, die Soloproben gemäß der norwegischen Tradition im Musikzimmer bei uns zu Hause abzuhalten. Bei einer dieser Proben stellte ich angeblich zum ersten Mal meine angehende musikalische Tüchtigkeit unter Beweis. Es ist mir erzählt worden, daß ich während einer Kaffeepause zum Flügel ging und mir das Hauptthema der Ode »An die Freude« zusammensuchte. Ich habe eine vage Erinnerung an diesen Vorfall, doch in meiner Vision klimpere ich nicht Beethoven, sondern Adolphe Adams *Bravour-Variation auf ein Thema von Mozart*, die meine Mutter häufig zu Hause sang. Und meiner Meinung nach war der Dirigent nicht Nikisch in Norwegen, sondern Ernst von Dohnányi während eines Besuches, den wir in Budapest machten.

Wo immer sich dieser Vorfall auch abspielte, ich weiß sicher, daß Dohnányi meinen Eltern sagte, daß viele Kinder ihre anfängliche musikalische Begabung verlieren, sobald sie sich für andere Dinge zu interessieren beginnen. Sollte ich mein angeborenes Talent jedoch behalten, fügte er hinzu, dann sage er mir eine vielversprechende musikalische Zukunft voraus.

Zu dieser Zeit waren meine Eltern mehr daran interessiert, mich bei Kinderschönheitswettbewerben anzumelden, wo ich im allgemeinen gewann. Das Preisgeld wurde dazu verwendet, mich mit Phantasiefummeln auszustatten, in die ich bereits im zartesten Alter vernarrt war.

Ein anderer illustrer Name auf der Zigarettendose ist der des Heldentenors Heinrich Knote, der zwischen der Münchner Oper und der Metropolitan hin und her pendelte. Auch die Mezzosopranistin Ottilie Metzger-Lattermann und der Baßbariton Theodor Lattermann, ein prominentes Sänger-Ehepaar, setzten bei ihrem Besuch in Norwegen ihren Namenszug auf die Tabatiere. Des weiteren finden sich die Namen von einheimischen Künstlern wie dem Baß Albert Westwang, der in Deutschland studiert hatte und dort auch mit großem Erfolg aufgetreten war, bevor er nach Norwegen zurückkehrte und Mitglied der *Comique* wurde. Westwang war auch Kirsten Flagstads erster Lehrer gewesen, bevor sie bei Dr. Bratt in Stockholm ihr Gesangsstudium fortsetzte.

*Kurzes Bad in Norwegen. Der Junge links im Bild scheint ein
angehender Kritiker zu sein.*

Der berühmteste Name auf der Dose ist gewiß Leo Slezak, der alte
Freund meines Vaters, der einige Male nach Kristiania kam, um hier
aufzutreten und sich an der reichhaltigen skandinavischen Futter-
krippe gütlich zu tun. In einem Band seiner Erinnerungen schwärmt
er von dem »Büfett mit den märchenhaftesten Delikatessen, wie man
es nur noch in alten Bilderbüchern findet«.

Einmal waren Slezak und mein Vater zu einem typischen skandinavischen Fest eingeladen, bei dem große Mengen ein- bis andert-
halbpfündiger Hummer serviert wurden, begleitet von ebensolchen
Quantitäten Aquavit. Kein Wunder, daß bei diesen Festen einige der
Gäste unter den Tisch fielen und sich ihrer Umgebung bis zum nächsten Morgen nicht mehr bewußt waren. Bei diesem speziellen Ereignis mußten mein Vater und Slezak feststellen, daß der Appetit der anderen zu erlahmen begann. Als die Kellner die gerade aufgetischten
Schüsseln mit Hummer wieder abtragen wollten, riefen beide mit der
größtmöglichen Resonanz ihrer Stentorstimmen: »Finger weg!« Sie
selbst konnten ihre Finger, oder vielmehr ihre Kiefer, nicht von den
Köstlichkeiten lassen und verputzten die Krustentiere – sehr zum Befremden der übrigen Anwesenden, mit Ausnahme von Frau Slezak,
die sich im Laufe der langen Jahre an der Seite ihres Gatten allmählich, wenn auch widerstrebend, mit seinen tolldreisten Eskapaden ab-

gefunden hatte. Schließlich hatte sie mit ihm auf 24-Stunden-Basis zu leben.

Slezak war nicht nur physisch ein Riese. Er war in jeder Beziehung überlebensgroß. Doch unbeschadet der Ausmaße seines Körpers und seiner Stimme ist er bis heute für seine gediegene Stimmführung in Erinnerung geblieben, zumal für die Kunst, dieses gewaltige Organ selbst in der äußersten Höhe in das zarteste Pianissimo zurückzunehmen. Seine Lieder-Aufnahmen geben davon beredtes Zeugnis.

Noch nachhaltiger sind allerdings seine zahllosen Possen im Gedächtnis. Man hätte ihn als den Till Eulenspiegel der großen Oper bezeichnen können. Die Streiche, die er seinen Kollegen spielte, sind in der Opernwelt Legende.

Seinem Sohn Walter »beichtete« er einen besonderen Schabernack: »Ein Bariton an der Düsseldorfer Oper hatte immer Wattepfropfen in den Ohren, um sich vor Erkältungen zu schützen. Er trug sie auch auf der Straße, wo immer er ging; bei Proben nahm er sie aus den Ohren heraus, legte sie sorgfältig aufs Klavier, und wenn die Probe beendet war, wurden sie zurück in die Ohren gesteckt. Dieser Bariton sang eines Abends den Propheten Jochanaan in Richard Strauss' Oper *Salome*. Knapp vor der Vorstellung gelang es mir, unbemerkt in den Requisitenraum zu schlüpfen. Und als der Pappmaché-Kopf des Propheten der Salome auf einer Silberplatte aus der Zisterne heraufgereicht wurde, trug er in jedem Ohr einen zehn Zentimeter langen weißen Wattestöpsel. Die arme Salome und das ganze Orchester bekamen Lachkrämpfe, und man mußte für einige Minuten den Vorhang fallen lassen. - Aber ich bin nicht erwischt worden.«

Die bekannteste Slezak-Anekdote, die von seiner eminenten Schlagfertigkeit zeugt, ist klassisch geworden. Als er sich in einer *Lohengrin*-Aufführung anschickte, für seinen ersten Auftritt in den von einem Schwan gezogenen Nachen zu steigen, fuhr der aufgrund eines Mißverständnisses der Bühnenarbeiter zu früh ab – ohne ihn. Seelenruhig drehte er sich um und fragte: »Wann geht der nächste Schwan?«

Ich betete Leo Slezak an und freute mich auf seine Besuche. Es war für mich als kleines Kind die größte Seligkeit, wenn ich auf seinem Mammutknie hopsen durfte, während er alberne Liedchen sang, die mich in unbändiges Gekicher ausbrechen ließen. Er war wirklich ein Fall für sich, auch wenn seine Blödeleien den Leuten, die mit ihm zu arbeiten hatten, manchmal auf die Nerven gingen, wie bei seinem letzten Auftreten in der *Opéra Comique*.

Zu diesem Zeitpunkt hatte die Leitung des Hauses ihre finanziellen Möglichkeiten überstrapaziert, und mußte Herrn Hannevig um das versprochene Betriebskapital angehen. Doch wie so häufig bei »Angels«, den privaten Geldgebern für Theaterproduktionen, entpuppte sich Hannevigs Zusage als Seifenblase. Das Vermögen, das nach einer achtzehnmonatigen Sperrfrist nach Norwegen transferiert werden sollte, war inzwischen von der amerikanischen Regierung beschlagnahmt worden. Die in Aussicht gestellte Summe würde der *Opéra Comique* also weder jetzt noch zu irgendeinem voraussehbaren Zeitpunkt zur Verfügung stehen. Die launischen Geschicke eines Großreeders hatten unseren Gesangspalast in ein Luftschloß verwandelt. Doch solange die Compagnie noch bestand, taten mein Vater und Singer alles nur Erdenkliche, um die Einkünfte zu erhöhen. Während alle auf ein Wunder warteten, wurden nach wie vor die bestmöglichen Vorstellungen geboten. Nach einigen Opern, die die Talente meiner Mutter ins rechte Licht setzten – darunter die zwei »Einseif«-Opern, *Il barbiere di Siviglia* und *Der Barbier von Bagdad*, mit ihr als Rosina respektive Margiana –, sang sie ihre erste Norma.

Da diese Produktionen ihre Unkosten nicht deckten, setzte Singer schnell eine Serie von Operetten an, in der Hoffnung, die Verluste wieder einzuspielen und mit einer Inszenierung von *Otello* Furore zu machen, in der die größten Trümpfe der Compagnie gemeinsam auf der Bühne standen: Leo Slezak in der Titelrolle und die inzwischen etablierte Kirsten Flagstad als Desdemona.

Da die Dienste meiner Mutter in dieser Oper nicht benötigt wurden, nahm sie ein Angebot der Vox Schallplattengesellschaft an, nach Berlin zu kommen und ihre Stimme mit einer Reihe von Arien auf Wachsplatte zu verewigen, Aufnahmen, die vor einigen Jahren in technisch verbesserter Form auf LP wiederveröffentlicht wurden.

Die Platte läßt eine reiche, warme Koloraturstimme mit Körper hören, ohne das blecherne Gezwitscher, das wir so oft mit dieser Form von Gesang verbinden. Ihre Läufe und Rouladen sind so präzise ausgeführt, daß eines der Stücke, Adolphe Adams *Bravour-Variation über ein Thema von Mozart*, einen Hörer entfernt an eine musikalische Schreibmaschine erinnerte.

Diese Definition ist nicht ganz fair, denn dieser Effekt hat vor allem mit der damaligen Aufnahmetechnik zu tun. Sänger, die in den ersten Jahrzehnten unseres Jahrhunderts Platten aufnahmen, mußten stimmlich und musikalisch so sattelfest sein, daß sie ein Musikstück in einem Durchgang ohne jede Unterbrechung abliefern konnten.

Die Walzen und frühen Wachsplatten waren ziemlich primitive Tonträger, die – abgesehen davon, daß nicht geschnitten werden konnte – auch den Klang eines vollen Orchesters und einen Großteil der musikalischen Feinheiten in der Interpretation eines Sängers nicht erfaßten. Das Ergebnis klang oft etwas mechanisch und war keine getreue Wiedergabe dessen, was dem Zuhörer im Theater geboten wurde.

Die Sänger mußten sozusagen ihre eigenen Toningenieure sein, bei leiseren Stellen näher an den Trichter herantreten und sich bei lauteren Tönen von ihm entfernen. Mutter mußte sogar darauf achten, bei einem interpolierten hohen H in der Nummer von Adam den Kopf zur Seite zu drehen, damit die Membran nicht platzte.

Bevor sie vor den Trichter traten, gingen die Sänger ihre Arien und mehrstimmigen Stücke mit Aufnahmespezialisten durch, die ihnen diese unverzichtbaren kleinen Kniffe beibrachten. Und als ob das noch nicht reichte, behielt eine Art Tonträger-Inspizient während der Aufzeichnung das Aufnahmewachs im Auge und sorgte dafür, daß die Sänger und Instrumentalisten die zur Verfügung stehende Zeit nicht überschritten. Sobald sich die Rille dem Ende näherte, gab er den Künstlern ein Zeichen, in einen höheren Gang zu schalten, damit das ganze Stück auf der Platte untergebracht werden konnte.

Das muß wohl bei dieser »Schreibmaschinen«-Aufnahme der Fall gewesen sein, in der Mutter ihre Sache bemerkenswert gut machte und trotz des unversehens forcierten Tempos keine Note der kunstvollen *fioritura* ausließ.

An dieser Stelle meiner Geschichte habe ich mit großer Herzlichkeit eines Freundes zu gedenken, der die Wiederveröffentlichung der Aufnahmen meiner Mutter und Hunderter bedeutender Operndokumente möglich machte. Der verstorbene Jürgen Grundheber war ein unersättlicher Sammler denkwürdiger Raritäten und umrundete den Erdball, um vokale Kostbarkeiten auszugraben. Jürgen begnügte sich nicht damit, sie in seinem privaten Tonarchiv zu genießen, sondern machte es sich zum Anliegen, sie nach Verbesserung ihrer Tonqualität der Öffentlichkeit zugänglich zu machen.

Viele Leute bezeichnen Jürgen und seine Kollegen als »Piraten«, aber ich halte das für falsch. Obwohl ich die letzte bin, die nicht mit Freuden einen fetten Tantiemen-Scheck in Empfang nimmt, bin ich der Meinung, daß der Kunst mehr damit gedient ist, wenn all die Dokumente greifbar sind, die sich als Zeugen früherer gesanglicher Größe erhalten haben. Viele meiner eigenen Vorstellungen wären der Nachwelt verlorengegangen, gäbe es nicht die engagierten, selbstlosen Bemühungen der Grundhebers dieser Welt. Gott habe ihn selig! Es war schließlich seinem Forscherdrang zu danken, daß ich mit vielen anderen in den Genuß des Künstlertums meiner Mutter gekommen bin.

Während Mutter den Himmel mit ihrem vokalen Feuerwerk illuminierte, hatte mein Vater in Norwegen mit den Artilleriegeschossen zu kämpfen, die zwischen Kirsten Flagstad und Leo Slezak hin und her flogen.

Ihre Stimmen paßten prächtig zusammen, doch Slezaks dauerndes Gealbere tötete Madame Flagstad bald den Nerv. Obwohl sie noch jung war, noch nicht dreißig, schätzte sie keine Späßchen. Bei einer Probe trieb es Slezak so bunt, daß sie sich auf dem Absatz umdrehte und ihn stehenließ. Eine Abordnung in Gestalt von Frau Slezak, bewaffnet mit einem Blumenstrauß und einer Schachtel ihrer Lieblingspralinen, mußte sie zurück auf die Bühne locken. Doch vorher ließ sich die Sängerin von Frau Slezak noch das feierliche Versprechen geben, ihrem Gatten die Leviten zu lesen, falls er wieder aus der Rolle fallen sollte. *Otello* ist schließlich eine tragische Oper, und sie hatte nicht die Absicht, von einem Pausenclown erwürgt zu werden.

Die *Otello*-Produktion war ein enormer Erfolg, doch er genügte nicht, um das Theater zu retten.

Slezaks verrückte Streiche ließen Kirsten Flagstad hastig den Rückzug antreten.

Drei ruhmreiche Jahre hatte die *Opéra Comique* in Kristiania einen künstlerischen Erfolg nach dem anderen gehabt und insgesamt die beachtliche Zahl von 26 Opern herausgebracht, jede in einer neuen Inszenierung. (Ich kann darum nur in bewundernder Erinnerung an diese Leistung schwelgen, wenn ich die Intendanten einiger großer Opernhäuser unter der enormen Belastung stöhnen höre, die ein Dutzend Premieren pro Spielzeit darstellt, von denen noch dazu mehr als die Hälfte eine Übernahme aus früheren Jahren ist.)

Am 1. September 1921 war schließlich der Zeitpunkt gekommen, an dem der Beginn der Vorstellung zum letzten Mal eingeläutet wurde. Es war eine Vorstellung der *Zauberflöte* in einer rein norwegischen Besetzung, bis auf meine Mutter als Königin der Nacht. Am Schluß gab es nicht enden wollende Ovationen. Das Publikum bejubelte die Sänger und den Dirigenten, und dann setzte ein Sprechchor ein, der das Erscheinen des Regisseurs Várnay forderte. Als er schließlich auf die Bühne kam, von seinen Kollegen auf ihren Schultern getragen, wurde ihm von dem Baß Magnus Andersen, dem Sarastro der

Kirsten Flagstad, Siezak og Ørner.

… Doch Ende gut, alles gut.

65

Aufführung, feierlich ein Lorbeerkranz aufs Haupt gesetzt. Dem Dirigenten Leif Halvorsen, dem Bühnenbildner Jens Wang und Kirstens Mutter Marie Flagstad wurden Blumengebinde überreicht, und das Publikum ließ sie dreimal hochleben. Schließlich empfing mein Vater dreimal drei Hochrufe. Wahrscheinlich zum ersten Mal in seinem Leben konnte dieser polyglotte Mann keine Worte mehr finden. Er ging an die Rampe und sagte nur: »På gjensyn – Auf Wiedersehen«, ein Versprechen, das er leider nicht einhalten konnte. Danach fand in einer nahe gelegenen Gaststätte ein Abschiedsfest statt, bei dem wohl jeder den letzten Anschluß in die Vorstädte verpaßte.

In einem gemeinsamen Interview nach der Schließung des Theaters äußerte Benno Singer seine Zweifel, ob Oper und Operette jemals eine Chance in Norwegen haben würden, während mein Vater bitter bemerkte, daß die Norweger möglicherweise für diese diffizile Kunstform noch nicht reif seien. Das Casino-Theater in Stortingsgaten, in dem drei Jahre lang Operngeschichte gemacht wurde, ist heute ein Kino.

Auf jeden Fall waren mein Vater und meine Mutter nun frei, um das Angebot von Buenos Aires anzunehmen, das der Anlaß gewesen war, warum sie überhaupt nach Skandinavien gekommen waren. Vor der Abfahrt gedachten meine Eltern eines historischen Ausspruchs des großen Violinvirtuosen Ole Bull aus dem 19. Jahrhundert, des »Paganini des Nordens«, der Edvard Grieg entdeckt und eine nicht unerhebliche Rolle beim Werdegang von Henrik Ibsen gespielt hatte. Bulls Wahlspruch war in einer Erinnerungs-Broschüre zitiert worden, die zum ersten Jahrestag der Compagnie erschien, in der allzu optimistischen Hoffnung, daß diesem Jahrestag noch viele folgen würden. »Die Bestimmung der Kunst«, hatte Ole Bull geschrieben, »ist es nicht zu trennen, sondern vielmehr zu vereinen.« Während seiner kurzen Amtszeit in Kristiania hat mein Vater dieses Diktum gewiß erfüllt.

Viele Jahre später schrieb Kirsten Flagstad über ihre Anfänge: »Meine Arbeit mit Alexander Várnay war eine entscheidende Etappe für mich. Von dem, was er mir beibrachte, konnte ich während meiner gesamten Karriere zehren.« Sie gelobte sich damals, meinem Vater für seine Freundschaft und seine Funktion als Mentor irgendwann in gebührender Form ihren Dank abzustatten. Und sie hielt ihr Versprechen. Von 1958 bis 1960 war sie Direktorin der norwegischen Nationaloper, die mehr oder weniger wieder da anfing, wo die *Opéra Comique* aufgehört hatte, und vorzügliche Vorstellungen mit einheimischen Sängern bot. Und viele Jahre, nachdem wir Norwegen verlassen hatten, war ich das Mitglied der Familie Várnay, dem das große Glück widerfuhr, in den Genuß von Mme Flagstads Geste dankbarer Erinnerung an meinen Vater zu kommen.

Zu neuen Ufern

Im Spätsommer 1947 sang ich unter Erich Kleiber den *Ring* im Teatro Colón in Buenos Aires. Nach der *Götterdämmerung* kamen zwei ältere Damen hinter die Bühne, pittoresk altmodisch gekleidet, ein wenig wie Josephine Hull und Jean Adair in dem köstlichen Film *Arsen und Spitzenhäubchen.* Sie erkundigten sich, ob ich mit jenem Alexander Várnay verwandt sei, der die argentinische Erstaufführung der *Zauberflöte* im Mai 1923 am Teatro Nuevo inszeniert hatte, mit seiner Frau als Königin der Nacht, und teilten mir darauf stolz mit, daß sie in dieser außerordentlich erfolgreichen Produktion im Chor gesungen hätten und die liebevollste Erinnerung an meine Eltern hegten.

Dieser *Zauberflöte* in italienischer Sprache waren Auftritte meiner Mutter bei zwei Operncompagnien in Buenos Aires vorausgegangen. Ihr argentinisches Debüt fand in *La Traviata* am Teatro Nuevo in der kurzen Stagione vor dem Karneval statt, die vom 1. Januar bis zum 22. Februar 1923 dauerte.

»La Prensa« vom 24. Januar bezeichnete sie als »norwegischen Sopran« und schrieb weiter: »Sie verfügt über eine außerordentlich schöne Stimme, die sie virtuos einsetzt, deutliche Artikulation und ausdrucksvolle darstellerische Gestaltung; sie war eine Violetta, die einer bedeutenderen Bühne würdig wäre. Sie hatte auf der Stelle wohlverdienten Erfolg und bekam vom Publikum warmherzigen Beifall.«

Dieselbe Zeitung schrieb über ihren Auftritt in *Il barbiere di Seviglia:* »Señora María Javor-Várnay erzielte als Rosina einen glänzenden persönlichen Erfolg.« Eine andere Zeitung fand, daß sie für die offizielle Stagione an das Colón hätte engagiert werden müssen.

Es erfüllt mich mit Befriedigung, daß ich dieses Versäumnis mit meinen *Ring*-Vorstellungen endlich bereinigen konnte. Doch lieferte ich zu Beginn unseres Aufenthalts in Argentinien bereits einen ersten Beitrag. Meine Stimme erschallte erstmals – obgleich nicht geplant – in einer dieser *Barbiere*-Aufführungen in einem Theater. Ich war eine so folgsame Fünfjährige, daß meine Eltern fanden, ich könne nach einer nachmittäglichen Siesta die Vorstellung von einem Logenplatz aus verfolgen – natürlich unter Aufsicht eines argentinischen Kindermädchens. Bis dahin hatten die Opern, in denen meine Mutter sang, Ähnlichkeit mit den Märchen gehabt, die mir vorgelesen wurden, doch die Rossini-Oper ist in jeder Hinsicht so realistisch, daß ein Kind große Mühe hat, zwischen Schein und Wirklichkeit zu unterscheiden. In der Szene der Gesangsstunde, in der der mißtrauisch gewordene Doktor Bartolo wild gestikuliert und gegenüber dem Grafen und Rosina handgreiflich zu werden droht, war ich so außer mir, daß ich mit den paar Brocken Spanisch, die ich rasch aufgeschnappt hatte, aus der Loge hinunterbrüllte: »¡No tocar mi madre!«, sehr zum Amüsement des Publikums und zum Schrecken meiner Mutter. Das war vorläufig das Ende meiner Theaterkarriere.

Maestro Feruccio Cattelani schätzte Mutter so, daß er auf seine Programme setzte: »*La Compañia Lirica Italiana*, unter besonderer Mitwirkung der berühmten Sopranistin Mária Javor-Várnay«. Ihr Name stand in großen Lettern sogar über der Besetzung der Opern, in denen sie gar nicht auftrat.

Nach dem Karneval übersiedelte die Compagnie für eine vierwöchige Stagione in das Teatro de la Opera, die meine Mutter mit der Titelrolle in *Lucia di Lammermoor* eröffnete, gefolgt von der Gilda in *Rigoletto*. Kurz nach Ende dieser Stagione meldeten die argentinischen Zeitungen, daß Mária Javor-Várnay einen Kontrakt für eine Reihe von Konzerten in Buenos Aires im nächsten Jahr unterzeichnet habe.

Die Compagnie gab anschließend acht weitere Vorstellungen im Teatro San Martín. In der ersten am 22. März sang meine Mutter die Violetta. Zwei Tage später sollte sie ihren Triumph als Lucia wiederholen, doch am 23. März kamen meine Eltern dahinter, daß sie einen dubiosen Vertrag unterschrieben hatten, den sie sofort kündigten – sehr zum Mißfallen des Publikums und der Presse, die fand, daß die neue Diva »schlecht beraten« gewesen sei, ihre Auftritte abzusagen.

Ich habe keine Ahnung, welche strittigen Punkte meine Eltern veranlaßten, den Vertrag mit der Compagnie zu brechen. Aber es wirft vielleicht ein Licht auf die Geschichte, daß ein weiterer ausländischer Gast, der italienische dramatische Tenor Fortunato De Angelis, in

Es scheint, daß ich diese Blumen verdient hatte.

derselben Stagione ebenfalls einige Auftritte als Otello und Andrea Chenier absagte, angeblich aus Krankheitsgründen. Wer weiß, was dahintersteckte.

Im Frühjahr hatte eine andere Compagnie unter der Leitung des Dirigenten Bruno Mari ihre Stagione im Teatro Nuevo, in deren Verlauf die bereits erwähnte argentinische Erstaufführung der *Zauberflöte* in der Inszenierung meines Vaters ihre Premiere erlebte. Neben der Königin der Nacht wiederholte meine Mutter ihre Erfolge als Lucia, Violetta und Rosina und sang außerdem die Elvira in Bellinis selten aufgeführter Oper *I puritani*.

Nachdem die Stagione am 27. Mai 1923 zu Ende gegangen war, war mein Vater der Ansicht, daß er nach den gemeinsamen Erfolgen in Südamerika seine Chancen auf dem amerikanischen Kontinent weiter erkunden sollte, und so machten wir auf der Rückreise nach Europa einen Umweg über New York.

Vater hatte von Kollegen wie Knote und Slezak so viel über die Opernszene in den Vereinigten Staaten gehört, daß er sich selbst von der Entwicklung überzeugen wollte. Und überdies dachte er, daß er während des kurzen Aufenthalts in New York auch etwas für die Karriere seiner Frau tun könne. Die Familie kam irgendwann im Spätherbst 1923 in der »Empire City« an und logierte in einem Hotel. Doch kaum hatten wir ausgepackt, nahm mein Vater einen Job als Regisseur am Manhattan Opera House an. Da es so aussah, als ob wir eine Weile bleiben würden, zogen meine Eltern in eine möblierte Wohnung ohne Fahrstuhl im dritten Stock in der West End Avenue 76 am Manhattan Beach in Brooklyn.

Als sich meine Familie in dieser festeren Bleibe eingelebt hatte, stattete mein Vater dem Management der Metropolitan Opera einen Besuch ab, mit ein paar Schallplatten meiner Mutter als erste Kostprobe. Die primitiven 78er Platten machten die Herren immerhin so neugierig, daß meine Mutter zum Vorsingen aufgefordert wurde. Danach mußten sie ihr leider mitteilen, daß sie sich zu einem ungeeigneten Zeitpunkt um ein Engagement an der Met beworben habe und es später noch einmal versuchen solle. Mitte der zwanziger Jahre war das Haus mehr als hinreichend mit vorzüglichen Koloratur- und lyrischen Sopranen versorgt. Amelita Galli-Curci war damals auf dem Zenit ihrer Kunst und teilte sich das diesbezügliche italienische Fach mit Lucrezia Bori und Queena Mario. Als Leonora in *Il trovatore* alternierten Rosa Ponselle, Elisabeth Rethberg und Florence Easton.

Nach dieser Enttäuschung begannen meine Eltern, über eine Rückkehr nach Europa nachzudenken, doch das Schicksal griff auf tragische Weise ein. Vater fühlte sich plötzlich krank. Unter diesen Umständen war an die lange Reise über den Ozean nicht zu denken. Vorläufig mußten wir also in Brooklyn bleiben.

Wie ich später herausfand, wohnten wir nicht allzuweit von der Gegend entfernt, in der Richard Tucker, Robert Merrill und Beverly Sills aufwuchsen. Offenbar ist etwas dran an der Theorie, daß eine Kindheit am Salzwasser der Entwicklung der Stimme förderlich ist.

In dieser Wohnung in Brooklyn ereilte uns der Schicksalsschlag. Meine Erinnerung an die schrecklichen Ereignisse beginnt mit den Blutspritzern, die ich eines Tages in der Badewanne entdeckte.

Vor einiger Zeit fragte ich Dr. Siegfried Hiemstra, einen befreundeten Arzt, nach seiner Meinung über das Krankheitsbild, und aus den wenigen Auskünften, die ich ihm geben konnte, kam er zu folgender Einschätzung: In seiner Jugend war mein Vater an einer Form von Diphterie erkrankt, die sich durch eine hämolytische Streptokokkeninfektion verschlimmerte und dann eine Glomerulo-Nephritis, eine der schwersten Formen der Nierenentzündung, nach sich zog. Die Krankheit schlummerte jahrelang und brach dann gewaltsam als Urämie aus, eine Nierenvergiftung, die vor der Einführung von Penicillin, Dialyse oder Nierentransplantation unweigerlich tödlich verlief.

Vaters Zustand verschlechterte sich so rapide, daß er ins Krankenhaus mußte. Doch er war fest entschlossen, da wieder herauszukommen, koste es, was es wolle. Eines Nachmittags läutete es. Meine Mutter und ich lehnten uns über die Brüstung im Treppenhaus, um zu schauen, wer da käme. Da sahen wir, wie mein Vater das Geländer umklammerte, während er sich die Stufen heraufquälte. Er hatte die unpersönliche Atmosphäre des Krankenhauses verlassen und wollte zu Hause im Kreis der Familie seinem Schicksal begegnen. Diesmal ging es nicht mehr so freundlich mit ihm um wie in der Vergangenheit.

Für diesen bemerkenswerten Mann, der auf der Bühne ein so fesselnder Gestalter gewesen war, an jedem Ort seines Schaffens einen beredten Beitrag zum künstlerischen Leben geleistet und einem Land sogar einen nicht unansehnlichen Beitrag zu seiner nationalen Identität geliefert hatte, für diesen sprachgewandten Erforscher und Erneuerer des Theaters, dessen Inszenierungen von Königen und Königinnen akklamiert worden waren, diesen inspirierenden Lehrer und Regisseur, zärtlichen Gatten und Vater fiel tausende Kilometer fern der Heimat der Vorhang über einem Leben voller Leistungen, die zu erbringen die meisten Menschen mehrere Leben nötig hätten.

Er starb in unserem Zuhause auf Zeit am 13. Juni 1924 im Alter von noch nicht fünfunddddreißig Jahren. In seinem letzten Delirium, so wurde mir gesagt, sang er noch unmittelbar vor seinem Tod. Er wurde in der Leichenhalle in einem offenen Sarg aufgebahrt. Ich war erst sechs, aber ich erinnere mich deutlich, wie tröstlich es war, sein Gesicht anzuschauen, auf dem ein heiteres Lächeln wie im Leben zu spielen schien. Meine Mutter gab mir eine Rose und sagte, ich solle sie auf seine Brust legen. Bis zum heutigen Tag, wann immer ich an jene kummervollen Zeiten zurückdenke, sehe ich dieses Lächeln vor mir, so wie in der Vision, die ich kurz danach hatte. Umgeben von einer Aura von Licht lächelte mein Vater mir zu und versicherte mir, ohne ein Wort zu sagen, daß sich alles zum Guten wenden werde – und so geschah es auch. Jahre später bestärkte mich diese Erinnerung in meinem festen Glauben, daß es ein Jenseits gibt und daß Menschen, die wir noch immer lieben und mit denen wir aus der Tiefe unseres Herzens sprechen, auf einer anderen Ebene weiterhin um uns sind, auch wenn sie körperlich von uns Abschied genommen haben. Es ist, als ob ihre physische Anwesenheit durch eine Nabelschnur purer Energie ersetzt worden wäre, die uns versorgt, wann immer wir sie nötig haben.

Einige Monate nach dem Tod meines Vaters fragte Mutter an der Metropolitan Opera wegen eines zweiten Vorsingens an. Am 28. November 1924 sang sie die zwei Arien aus *La Traviata*, und die Herren vermerkten auf der Laufkarte »schöne Stimme«. Sie sagten, daß sie ihre Qualität zu schätzen wüßten, und schlugen Mme Jávor vor, sich mit ihnen im Verlauf der Spielzeit wieder in Verbindung zu setzen – vielleicht für die eine oder andere kleinere Rolle wie die erste Rheintochter, eines der Blumenmädchen in Parsifal etc.

Wenn mir dieser Vorschlag gemacht worden wäre, wäre ich mit meiner unternehmungslustigen amerikanischen Einstellung in jeder Lage bestimmt weiter am Ball geblieben, doch Mutter klopfte niemals mehr an diese Tür, obgleich das wahrscheinlich ihr Leben verändert hätte. Wie viele andere europäische Künstler war sie der Ansicht, daß die sich wohl von selbst melden würden, wenn sie sie haben wollten. Sie empfand es als schlechten Stil, sich aufzudrängen. Das ist einer der Unterschiede zwischen der amerikanischen und der europäischen Art, Probleme anzupacken.

Ich fand auch nie heraus, was aus dem Vertrag für die Konzerte wurde, den meine Mutter für 1924 in Buenos Aires abgeschlossen hatte. Wahrscheinlich fühlte sie sich nicht in der Lage, die Reise mit einem Kind ohne die Unterstützung ihres Mannes anzutreten.

Ich habe mich oft gefragt, warum Mutter nicht einfach zu ihrer begüterten Familie in Europa zurückkehrte. Erst Jahrzehnte später stieß ich in London zufällig auf Michael Kordas Buch »Charmed Lives« über die Geschichte seiner ungarischen Familie, der Film-Dynastie Korda. Der Autor beschreibt darin die überstürzte Abreise vieler ungarischer Intellektueller aus ihrer Heimat, als das Land 1919 für einige Monate unter kommunistischer Herrschaft in eine Räterepublik umgewandelt wurde. Vielleicht war meine Mutter besorgt, daß dieses Regime wieder an die Macht kommen könnte, und beschloß, Ungarn bis auf weiteres zu meiden.

Doch darüber hinaus war meine Mutter eine Frau mit eisernem Willen, die auf ihre Weise ebenso erfinderisch wie ihr verstorbener Mann war und außerordentliche Befriedigung daraus schöpfte, sich Herausforderungen zu stellen, sie zu meistern und dabei ihre Würde zu bewahren. Ganz gleich, wie die Umstände waren, nie wäre ihr der Gedanke an Aufgeben gekommen.

Ich war noch zu jung, um den Ernst der Lage zu begreifen, und versuchte meine Mutter zu trösten, so gut ich es eben konnte, falls ich nicht gerade auf einem der vielen Bäume spielte, die sehr wohl in Brooklyn zu finden sind. Meine Passion, auf diese Bäume zu klettern, rief in meiner Mutter die Erinnerung an den Kirschbaum wach, der in ihrer eigenen Jugend von solcher Bedeutung gewesen war. Bäume haben auch in meinem Leben immer eine wichtige Rolle gespielt, und vielleicht werde ich eines Tages sogar unter einem begraben werden, aber damit habe ich es nicht eilig. In meiner derzeitigen Verfassung sitze ich lieber unter einem Kastanienbaum mit ausladenden Ästen, wenn es nicht gerade die Jahreszeit ist, in der die Kastanien einem auf den Kopf fallen. Wenn ich damals mit meinen Spielkameraden nicht zwischen den Bäumen herumflitzte, suchten wir nach Löchern in den Zäunen um die Sheepshead Bay, um mal kurz im Ozean zu baden, ohne Eintritt zu bezahlen, während meine Mutter sich daran machte, ein neues Leben in ihrem neuen Land in Angriff zu nehmen.

Wenn sie schon nicht an der Met singen konnte, so glaubte sie doch, daß es genug Publikum geben müsse, das andere Opernaufführungen erleben wollte. Das war ein klassisches europäisches Mißverständnis. In Europa macht sich ein Sänger mit echtem Talent, der erfahren muß, daß es im Ensemble eines großen Hauses wie etwa München keine Vakanz gibt, entweder nach Augsburg oder nach Nürnberg auf und singt dort vor. Früher oder später wird dieser Mensch voraussichtlich eine künstlerische Heimat finden. Das war in den Vereinigten Staaten in den zwanziger Jahren jedoch ganz und gar nicht der Fall. Abgesehen von kurzen Spielzeiten in sehr weit entfernten Städten wie Chicago und San Francisco bedeutete Oper die Metropolitan, und das war's dann auch. Es gab lediglich ad hoc zusammengestellte Produktionen an verschiedenen Orten der Stadt, die ziemlich improvisierten Charakter hatten. Manchmal rettete die Qualität des Gesangs die Vorstellung. Oft genug jedoch mußte man diese Truppen erst gesehen und gehört haben, um so etwas wirklich für möglich zu halten. Doch Mutter konnte es sich mit einem Kind nicht erlauben, wählerisch zu sein, und knüpfte Verbindungen mit diversen kleineren Compagnien an, die diese Kunstform einem weniger betuchten Publikum zugänglich machten.

Der imposanteste Impresario dieser Opernszene, in der nicht nur die Kartenpreise reduziert waren, war der erhabene Alfredo Salmaggi, ein selbsternannter italienischer Grandseigneur und Gebieter über eine Truppe, die in der Brooklyn Academy of Music oder im Downing Stadium auf Randall's Island im East River auftrat. Was immer auch die anderen Qualitäten von Salmaggi gewesen oder nicht gewesen sein mögen, jedenfalls war er ein famoser Geschäftsmann. Im Bewußtsein, daß die Stadt voll war von Italo-Amerikanern, die sich nach heimatlichen Klängen sehnten, sorgte er dafür, daß sie zu Hause oder am Arbeitsplatz – ob sie nun Kälber in einer industriellen Großmetzgerei zerlegten, an einem Obst- und Gemüsestand an der Bleecker Street verkauften, als Installateure malochten oder in einer Schneiderei im Textilviertel die Nadel führten – regelmäßig persönlich von seinen Kartenverkäufern besucht wurden. Mr. Salmaggi machte auch gute Geschäfte mit den Chormitgliedern, die jeweils eine Freikarte erhielten und diesen Aufschlag auf ihr Honorar mit bezahlten Karten für den Rest der Familie wieder mehr als wettmachten.

Salmaggis Vorstellungen waren wohl ziemlich schludrig zusammengeschustert, doch was ihnen an theatralischem Schliff fehlte, machten sie mit musikalischer Inbrunst wieder wett, und wenn jemand wie Maria Jávor mit ihrer europäisch geschulten Erfahrung auf der Bühne stand, bekam das Publikum – zumal wenn ihre Partner kompetente Künstler waren, die Salmaggi häufig aus Italien importierte – eine wirklich gute Vorstellung für sein Geld.

Kurz und gut, wäre da nicht ein ungewöhnlicher Zwischenfall gewesen, würde ich sagen: Hut ab vor Mr. Salmaggi. Bei einer Vorstellung, in der meine Mutter sang, trug ich einen ziemlich großen Schlapphut, wie es damals Mode war. Auf einmal merkte ich, wie ein Gentleman mich unter einem anderen großen Hut hervor anstarrte – es war Salmaggi, der generell sein außerordentlich langes, sorgsam gepflegtes Haar mit einem Borsalino oder Panamahut von gargantuesken Ausmaßen krönte. Meine Mutter meinte später, er sei vielleicht auf meine Kopfbedeckung eifersüchtig gewesen, die noch stattlicher war als seine. Also behalte ich trotz all meiner Bewunderung meinen Hut vor Mr. Salmaggi auf!

Er ergötzte das Publikum regelmäßig mit bombastischen Ansprachen vor dem Vorhang, bei denen er mit geschwellter Brust auf die Vorbühne eilte, um kommende Zugnummern in einem Kauderwelsch aus Italienisch und Englisch anzukündigen, das vom weitgehend aus Emigranten bestehenden Publikum wahrscheinlich besser verstanden wurde, als wenn er sich stur an die eine oder andere Sprache gehalten hätte.

Seine Begabung für gauklerische Übertreibung war außergewöhnlich. Einmal kündigte er wahrhaftig an, daß er demnächst in der einen oder anderen Oper als Hauptattraktion den Gastauftritt des »großen Caruso« zu bieten habe. Als ein Zwischenrufer auf den billigen Plätzen den »Sovrintendente« daran erinnerte, daß der große Enrico Caruso leider bereits 1921 gestorben sei, drapierte Salmaggi mit bedeutungsvoller Gebärde sein Cape neu und erwiderte: »Nicht *das* Caruso! *Giuseppe* Caruso, iste Cousin … iste äbbänso gutt!«

Während einer dieser Salmaggi-Stagioni hatte meine Mutter jenen Fortunato De Angelis zum Partner, der in Buenos Aires seine restlichen Vorstellungen am Teatro San Martín abgesagt hatte, als meine Mutter aus ihrem Vertrag ausgestiegen war. Obwohl er nicht die Gelegenheit gehabt habe, in Argentinien unter der Regie meines Vaters zu arbeiten, sagte er meiner Mutter, sei er doch ein großer Bewunderer seiner Kunst gewesen und habe seine Bekanntschaft als Gewinn betrachtet. Commendatore De Angelis bezeichnete sich als »Romano da Roma«, im Gegensatz zu all den Pseudo-Römern, die aus irgendwelchen Gegenden jenseits der sieben Hügel stammten.

Bald beschränkte sich die Partnerschaft zwischen meiner Mutter und ihrem Tenor nicht nur auf die Bühne, und eines Tages machte Mr. De Angelis meiner Mutter einen Heiratsantrag in einer Form, die mich bis heute rührt. Er gab ihr zu bedenken, daß das kleine Mädchen normaler und glücklicher aufwachsen würde, wenn es wieder zwei Eltern hätte.

Schließlich war er mir nicht fremd. Damals in Buenos Aires hatte mich meine Mutter oft im Büro meines Vaters abgesetzt, und Mr. De Angelis war manchmal auf Besuch gekommen. Wenn mein Vater bis über beide Ohren in der Arbeit steckte, fragte er De Angelis, ob es ihm etwas ausmachen würde, mit der »piccola bambina« spazierenzugehen. Für Mr. De Angelis, einen Witwer mit vier erwachsenen Kindern in Italien, war es ein Geschenk des Himmels, sich gelegentlich um ein kleines Gör kümmern zu dürfen. Italiener und Lateinamerikaner sind für ihren Familiensinn berühmt.

Er hatte all seine väterliche Zuneigung für mich nötig. Wie meine Mutter später erzählte, hatte ich mich durch meine Verpflanzung von Norwegen nach Argentinien und später Nordamerika zu einer Art phänomenalem Papagei entwickelt, plapperte mit allen Leuten in ihrer eigenen Sprache drauflos und zwitscherte jede Note, die meine Mutter je auf der Bühne gesungen hatte – das heißt, angeblich hatte ich ihr ganzes Repertoire drauf. Allerdings kann ich diese Fakten nicht verifizieren, und da stolze Mütter stolze Mütter sind, bitte ich, diese Information cum grano salis zu nehmen.

Da meine Mutter um meine Zuneigung für ihren Tenorpartner wußte, war die Sache abgemacht, und sie wurde am 6. Mai 1926 Mrs. Fortunato De Angelis. Ein knappes Jahr später, am 7. März 1927, wurde mein geliebter Halbbruder Fortunato Anthony (»Lucky«) De Angelis geboren. Kurz danach zog die Familie in ein italienisches Viertel in Jersey City an der anderen Seite des Hudson.

Daß die größer gewordene Familie in einer neuen Gegend ihren Wohnsitz nahm, hatte auf uns alle eine dramatische Auswirkung. Mein Stiefvater war ein gütiger und sanfter Mann, aber er war ebenso

*Mein geliebter Halbbruder »Lucky«
in seiner berühmten Tyrone-Power-
Imitation. Er meinte: »Wenn du
spielen kannst, kann ich es auch!«*

willensstark wie seine Frau, und einer der Punkte, über den es keine Diskussion gab, war das Diktat, daß in seinem Haus jeder Italienisch zu sprechen hatte. Sein Englisch war zwar für den üblichen Small talk ausreichend, aber sein Heim war seine Burg, und er dachte nicht daran, innerhalb des Burgfriedens etwas anderes als seine Muttersprache zu sprechen. Das bedeutete für meine Mutter, deren Leistungen in Italienisch der einzige Schönheitsfehler in den Zeugnissen des Konservatoriums gewesen waren, daß sie unversehens ihr Haus in einer zusätzlichen Sprache zu führen hatte, während sie mit uns Kindern weiter auf deutsch oder englisch umging.

Mein Bruder war etwas verdrossen über diesen Zwang, aber er hatte keine Wahl. Sein Papa kochte häufig und bereitete vorzügliche italienische Mahlzeiten zu, wobei ihm unsere Mutter auf dem Gebiet der ungarischen Küche nicht nachstand. Sobald es Essenszeit war, deklamierte Mr. De Angelis sein unabdingbares Statut: »Chi vuol mangiare in questa casa, deve parlare italiano – Wer in diesem Haus essen will, hat Italienisch zu sprechen.« Mein Bruder war ein besonderes Leckermaul. Wenn er bei Tisch keine Lust auf italienische Laute hatte, hielt er eben den Mund und bediente sich mit einer weiteren Portion himmlischer Pasta, die gerade aromatisch duftend aus der Küche gebracht wurde. Ich habe mich oft gefragt, was sich wohl ereignet hätte, wenn einer von uns bei diesen Gelegenheiten aufrührerisch in eine andere Sprache verfallen wäre – aber dieser Fall trat niemals ein. Das beweist, wie gesund unser Appetit damals war.

Jahre später, während des Zweiten Weltkriegs, kam Lucky auf Urlaub von der Kriegsmarine und verkündete, daß er während eines Hafenaufenthalts in Neapel herrlich gegessen hätte, weil er mit den Kellnern in den Restaurants fließend Italienisch sprechen konnte. Meine Mutter und ich schauten einander nur an.

Im Gegensatz zu meinem Bruder war für mich der Gedanke, daß ich meiner Palette eine weitere Sprache hinzufügen konnte, das reinste Vergnügen – ganz abgesehen von der Fertigkeit, die mir später auf und hinter der Bühne sehr zustatten kommen sollte.

Die Beherrschung des Italienischen und mein wachsendes Interesse an der Arbeit meiner Mutter und meines Stiefvaters auf dem Theater erwies sich während meiner Adoleszenz als nützlich für die ganze Familie. Soweit ich mich erinnern kann, drohte meinen Eltern eine finanzielle Einbuße durch die Absage einer *Trovatore*-Vorstellung, weil die Direktion der Truppe keine Sängerin finden konnte, die für 20 Dollar die winzige Rolle von Leonoras Vertrauter Ines singen wollte,

deren bescheidener Beitrag aus ein paar Stichworten für die Primadonna und dem Mitsingen in den Ensembles besteht. In jenen Tagen,
in denen ein Dutzend Eier allenfalls zwei Nickel kostete, schienen einem Teenager 20 Dollar ein ziemlicher Batzen. Darüber hinaus hatte
ich vom bloßen Zuhören, wenn meine Eltern die Hauptpartien sangen, die kurze Partie auswendig gelernt. Also bot ich mich an, die
Rolle zu übernehmen, womit ich nicht nur für mein eigenes Taschengeld sorgte, sondern auch die höheren Gagen meiner Eltern sicherte.
Ich beschloß, diese Rolle unter dem ziemlich hochtrabenden Pseud-
onym Ines Milani zu »geben«. In Anbetracht der Tatsache, daß ich zu
jener Zeit nicht einmal im Traum an eine Gesangsausbildung dachte,
bewerte ich diesen einmaligen Ausflug eher als Jux denn als Debüt.

Meine Sprachkenntnisse kamen mir ein Jahrzehnt später, im September 1946, abermals sehr zustatten, als ich zum ersten Mal an der
San Francisco Opera auftrat, einem exzellenten Opernhaus, das sich
durchaus an zweiter Stelle hinter der Met behaupten konnte. Der General Manager in San Francisco war damals der Dirigent Gaetano
Merola, dessen Beherrschung des Englischen mehr oder weniger dem
Standard anderer italienischer Operndirektoren der Zeit entsprach.
Der legendäre Giulio Gatti-Casazza etwa schaffte es, die Met zu
führen, obwohl er kaum ein Wort Englisch sprach. Sein polyglottes
Sekretariat hielt ihn über alles Wichtige auf dem laufenden und
reichte seine Mitteilungen auf dem Instanzenweg in der Sprache weiter, deren der Empfänger seinerseits mächtig war. Im Vergleich dazu
war Maestro Merolas Englisch sogar noch gut, allerdings verschö-
nerte er es mit einem ausgeprägten italienischen Akzent. Als ich in
sein Büro kam und seine englische Begrüßung im neapolitanischen
Dialekt erwiderte, fiel er beinahe vom Stuhl. Er konnte es nicht fassen, daß ein Sopran, den er in erster Linie für Wagner engagiert hatte,
auf sein »interessantes« Englisch in seinem heimatlichen Dialekt antwortete. Von da an bezeichnete er mich liebevoll als »scugnizz'«, nea-
politanisch für Gassenjunge, dasselbe Wort, das der italienischen
Wortwahl meines Vaters gegolten hatte, als er sich über Ricordi erzürnte. Die Interpretin der Brünnhilde und Isolde als Gassenjungen
zu titulieren, mochte von den erhabeneren Vertreterinnen des Fachs
als Herabwürdigung empfunden werden, doch ich fühlte mich durch
diese Vertraulichkeit geschmeichelt. Sie erwies sich überdies als sehr
nützlich, als ich entdeckte, daß freundschaftliche Beziehungen ein
Schmiermittel für den reibungslosen Verlauf von Gagenverhandlungen sind.

Das Leben in New York und New Jersey verlief für uns Kinder sorglos, trotz der vielen Einschränkungen, die meine Mutter und mein Stiefvater sich auferlegen mußten. Zweimal im Jahr, vor Ostern und vor Weihnachten, wurden wir bereits bei Morgengrauen aus dem Schlummer gerissen und zur Lower East Side von Manhattan gescheucht, um rechtzeitig zur Stelle zu sein, sobald die Händler ihre Kleiderläden aufmachten. Meine Mutter erinnerte sich noch aus europäischen Zeiten, daß viele jüdische Kaufleute es als schlechtes Vorzeichen betrachteten, wenn sie an den ersten Tageskunden nichts loswurden. Dieses Wissen gab ihrem Feilschen um den Preis für unsere Kleidung den entsprechenden Nachdruck. Mir war die Prozedur entsetzlich peinlich, doch Lucky interessierte es nicht die Bohne.

War das Leben in jenen Jahren schon schwierig genug gewesen, so brachte der Börsenkrach im November 1929 schließlich auch uns an den Rand des Ruins, denn seine verheerenden Auswirkungen trafen auch die Opernsänger. Die Erklärung ist sehr einfach: In schweren Zeiten sorgen sich die Menschen um die Grundbedürfnisse des Essens und Wohnens. Kultur und Unterhaltung gehören zu den ersten Posten, die vom Budget gestrichen werden.

Statt aus dem Fenster zu springen wie so viele Börsenmakler in diesen düsteren Tagen, hielten sich meine plötzlich verarmten Eltern über Wasser, indem sie strebsame Gesangsschüler annahmen, häufig mit katastrophalen Auswirkungen auf die Trommelfelle der Familie. – Bettler können nicht wählerisch sein.

Doch solange es bei uns zu Hause überhaupt Musik gab, egal, wie sie klang, gab es auch viel Freude – gesteigert durch meinen Status als Tochter eines echten *primo tenore* und einer *prima donna* im italoamerikanischen Teil der Stadt, in dem Opernsänger geradezu in den Himmel gehoben wurden.

Anfang der dreißiger Jahre sahen Lucky und ich ein neumodisches Gerät, das Radio genannt wurde. Wir setzten unseren Eltern zu, eines anzuschaffen, um uns die lästigen Hausaufgaben zu versüßen. Nach längerem Zögern gaben sie schließlich nach, als ich erwähnte, daß die Metropolitan Opera seit Weihnachten 1931 die Matineen übertrage. Wenn wir ein Radio hätten, könnten wir jeden Samstagnachmittag die Vorstellungen aus der Met anhören. Sobald wir uns daran gewöhnt hatten, daß es in unserem musikalischen Haushalt noch mehr Musikberieselung gab, trug dieser Einrichtungsgegenstand wesentlich zum häuslichen Frieden bei.

Zu meinen Pflichten gehörte es, Lebensmittel einzukaufen. Bei meiner Runde war es eine Wonne zu sehen, daß die bloße Erwähnung einer bevorstehenden Vorstellung unseren Hausmetzger in Jersey City veranlaßte, seinen Daumen von der Waage zu nehmen und den Einkäufen ein paar Gratis-Scheiben einer köstlichen Hausmacher-Salami hinzuzufügen, plus einer kleinen Extra-Wurst für die Botin, die ich an Ort und Stelle vertilgen konnte. Während der Metzger sein Bestes tat, über mich zwei Dienstplätze für den nächsten *Rigoletto* oder *Trovatore* zu organisieren, pfiff er oft »Questa o quella« oder eine andere Arie zwischen den Zähnen, während das Messer in seiner geübten Hand hin und her schnellte und eine papierdünne Salamischeibe nach der anderen abschnitt.

Dieser Metzger war nicht der einzige Opernliebhaber, mit dem meine Familie im Geschäft war. Bevor es Kühlschränke zu erschwinglichen Preisen zu kaufen gab, war es in den zwanziger Jahren überaus praktisch, einen sangesfreudigen Eismann an der Hand zu haben, der den *signori cantanti* für eine Gesangsstunde ein extragroßes Stück Eis für die Kühlbox lieferte. Mr. Giuseppe Cicciarelli, der betreffende Eismann, hatte einen gewaltigen Tenor – gut genug, um am 25. Oktober 1931 bei einem Vortragsabend herausgestellt zu werden, an dem laut Mr. und Mrs. De Angelis »die fortgeschrittensten Schüler ihres Gesangsstudios« mitwirkten.

Ich war damals dreizehn und trat ebenfalls auf, allerdings ohne meinen Schnabel aufzumachen. Ich begann den zweiten Teil des Programms mit einem Satz aus Beethovens Klaviersonate *Pathétique*.

Bald darauf gab es ein weiteres bedeutungsvolles Ereignis. Pietro Yon, einem ausgezeichneten Konzertorganisten, Komponisten und früheren musikalischen Direktor im Petersdom, der ein Freund der Familie war, fiel eines Nachmittags mein Interesse an der Oper auf, und er lud mich in seine Loge in die Met zu einer Aufführung von *Simon Boccanegra* ein, mit Lawrence Tibbett in der Titelrolle und einem wunderbaren tschechischen Sopran, der gebürtigen Deutsch-Böhmin Maria Müller, als Maria Boccanegra. Mme Müller hatte 1925 in derselben Rolle debütiert, die später meine Karriere startete, als Sieglinde in der *Walküre*. Sie war damals sechsundzwanzig. Zur Zeit des *Simon Boccanegra* war sie bereits vierunddreißig, aber immer noch eine faszinierend schöne Frau mit einer entsprechenden Stimme.

Daß ich Oper zum ersten Mal in diesem luxuriösen Ambiente erlebte, war fesselnd genug, doch die großartigen Stimmen der beiden Protagonisten machten die Sache noch aufregender. Während ich mich über die vergoldete Brüstung der Loge lehnte, um diese außer-

GRAND OPERA CONCERT
of
F. De Angelis, *Tenor*   Maria Varnay, *Soprano*
assisted by the most advanced students of their vocal studio in Jersey City, N. J.
at 711 Newark Avenue
to be held SUNDAY EVENING, OCTOBER 25, 1931, AT 8 P. M.
at Bergen Lyceum Auditorium   561 Bergen Avenue, Jersey City, N. J.

Miss Violet Varnay, *Pianist*

Mein erstes Konzert mit dreizehn – ich sang nicht eine Note!

gewöhnlich attraktive Sängerin zu bewundern, spürte ich dieselbe Erregung, die andere amerikanische Jugendliche in meinem Alter wohl bei Greta Garbo im Kino empfanden. Es war ein glanzvoller Abend, und ich war glücklich, daran teilzuhaben, wenn auch nur aus der Distanz. Während die Musik mich einhüllte, beschloß ich, daß Auftreten auch in meinem Leben eine wesentliche Rolle spielen würde – doch ich dachte dabei nicht an Singen. Mein Traum war es, Konzertpianistin zu werden.

Meine Mutter hörte sich in Jersey City nach einem Klavierlehrer um, mit dem man über die Kosten verhandeln konnte, und fand ihn in Gestalt von Mr. Ralph Ganci. Da wir nicht in der Lage waren, jede Stunde zu bezahlen, verdiente ich mir einen Teil des Unterrichts, indem ich für ihn nach der Schule Schreibarbeiten machte. Meine Zukunft schien festzustehen, doch das Schicksal hatte die Karten anders für mich gemischt, wie sich bald herausstellen sollte.

Amonasros Anmaßung

Es begann mit einer Auseinandersetzung. Ich war mit meiner Familie in eine Vorstellung von *Aida* gegangen (nicht an der Met) und war über etwas aufgebracht, was mir auf der Bühne aufgefallen war.

In der Triumphszene im zweiten Akt werden die Gefangenen dem ägyptischen König vorgeführt. Aida erkennt unter ihnen sofort ihren Vater, den äthiopischen König Amonasro, und platzt in ihrer Erregung sehr unklug heraus: »Mio padre! – Mein Vater!« Amonasro, der befürchten muß, entlarvt und höchstwahrscheinlich hingerichtet zu werden, flüstert ihr zu, sie dürfe ihn nicht verraten. Doch ihr Ausbruch war nicht zu überhören, und der ägyptische König möchte von diesem Gefangenen Näheres hören. Er fixiert ihn und fragt: »T'appressa ... Dunque tu sei? – Tritt näher. Also du bist ...?« Mit großer Geistesgegenwart antwortet Amonasro kurz und bündig: »Suo padre!«, was ja bereits bekannt ist, und holt darauf zu einer schlau erfundenen Geschichte aus, um seine Identität geheimzuhalten. Die knappe Antwort ist einer der spannendsten Augenblicke in der Opernliteratur, doch krampfhafte Gefallsucht machte alles kaputt. Offensichtlich stach den Bariton an diesem Abend der Hafer. Statt näherzutreten, beschloß er, aus den drei Noten eine Mini-Arie zu machen, und hielt die mittlere Note dieser *ad libitum*-Phrase unverschämt lange, während er prahlerisch auf die Vorbühne stolzierte, jeder Zoll der ichsüchtige Opernsänger und für kein Jota der gerissene äthiopische König.

Den ganzen Heimweg lang monierte ich diesen Moment völlig unbegründeter Protzerei, sehr zum Mißvergnügen meiner Mutter und meines Stiefvaters. Beide versuchten mir zu erklären, daß es von zweitrangiger Bedeutung und einer weiteren Diskussion nicht wert sei, wie dieser Mann sich in Positur gesetzt habe, solange er nur gut sang. Ich erlaubte mir, anderer Meinung zu sein. Bereits in diesem zarten Alter begriff ich die Kunst der Oper – wie mein Vater – als eine unverbrüchliche Einheit, die aus der Wechselbeziehung zwischen ihren musikalischen und gestalterischen Elementen lebendig wird, wenn beide mit vereinter Kraft das Drama vorwärtstreiben. Nach meiner Meinung gab es für diese Rampenpromenade des Baritons nicht die geringste Rechtfertigung, weder musikalisch noch darstellerisch. Nachdem ein Wort das andere gegeben hatte, war meine Mutter schließlich am Ende ihrer Geduld und fragte gnadenlos: »Schön, und wie hättest du es gemacht?«

Heute wüßte ich eine Antwort auf die Frage. Ich würde dem Bariton, der den Amonasro singt, sagen, daß er von mir aus den hohen Ton so lange halten könne, bis er platze, aber dabei keinesfalls über die Bühne gockeln dürfe. Ich würde anregen, daß er den anderen Äthiopiern und Aida nur mit seinem unmißverständlichen Blick mitteilen solle: »Mehr dürfen die Ägypter nicht über mich herauskriegen!« – kurz und gut, die Szene so zu spielen, wie sie der schillernde George London immer spielte. Damals brachte mich diese Frage in Verlegenheit. Ich hatte keine konkreten Vorschläge, und das Thema wurde für die Zukunft ad acta gelegt, für eine sehr ferne Zukunft.

Ich konnte nicht ahnen, daß ein eher zufälliges Ereignis Entwicklungen in Gang bringen würde, die mich dereinst in die Lage versetzen sollten, auf solche Fragen eine Antwort zu wissen.

Es war Mitte der dreißiger Jahre. Die Familie hatte die Depression überlebt und zog nach New York City zurück, in eine geräumige, großzügige Wohnung in der West 10th Street, einer der hübschesten Gegenden von Greenwich Village. Eine Zeitlang schien es, als ob wir ein Nest auf Dauer gefunden hätten, aber das war leider nicht der Fall. Mein Stiefvater war wie viele Tenöre auf und außerhalb der Bühne schrecklich eifersüchtig, und sein ständiger Argwohn führte zu immer häufigeren Reibereien mit meiner Mutter. Schließlich wuchs ihm die Doppelbelastung über den Kopf, seinen Beruf auszuüben und gleichzeitig überflüssigerweise ein wachsames Auge auf seine hingebungsvoll treue Gattin zu haben, und er entschloß sich, sich von uns zu trennen und in seine italienische Heimat zurückzukehren. Wir hörten nie wieder von ihm.

Meiner Mutter blieb nichts übrig, als mit uns in eine kleinere Wohnung in Manhattan in der Charles Street 25 zu übersiedeln, eine weitere Zwischenstation im mäandernden Verlauf meiner Jugend.

All diese Ereignisse bedeuteten für eine Heranwachsende eine immense Wirrsal. Die häuslichen Zwistigkeiten und darauf die unsichere Situation nach dem abrupten Weggang meines Stiefvaters hinterließen bei meinem Bruder und mir ihre Spuren. Jedoch ereignete sich, während wir in der Charles Street wohnten, ein glücklicher Zufall, der sich als Omen für unser künftiges Leben erwies. Ich blätterte eine der zahlreichen Tageszeitungen durch, die es in New York damals noch gab, und stieß auf ein Preisrätsel, für dessen richtige Lösung es eine Reihe wertvoller Preise gab, deren Gewinner durch Los bestimmt wurden. Etwa eine Woche darauf bekamen wir einen Brief mit der Mitteilung, daß ich die stolze Besitzerin eines Pianos geworden sei. Als Profis hatten wir unsere Zweifel, ob der Ton unseren Ansprüchen genügen würde. Wir waren angenehm überrascht.

In jenen unwirtlichen Zeiten bedeutete das, daß meine Mutter für ihren Unterricht nun kein Instrument mehr mieten mußte und daß ich zum Üben mein eigenes Piano hatte. Dieses Ereignis bestärkte mich in meinem Glauben an eine Art göttlicher Vorsehung, und ich betrachtete es als Fingerzeig, daß Musik ein Weg sei, den mein Leben nehmen könne, und daß es an mir liege, wie weit er mich bringen würde.

Die Freude an diesem hübschen Piano löste jedoch nicht ein anderes aktuelles Problem in meinem Leben. Die letzten paar Jahre hatte ich mich in der William L. Dickinson High School in Jersey City gut eingelebt und wollte den Abschluß unbedingt mit meinen Mitschülerinnen machen. Die Schulbehörde war bereit, eine Ausnahme zu machen, obwohl ich in einem anderen Bundesstaat lebte. Das bedeutete für mich, daß ich in aller Herrgottsfrühe aufstehen mußte, im Winter sogar vor Morgengrauen, und die Hudson Tube (den heutigen PATH-Zug) von Greenwich Village nach Jersey City und anschließend die Straßenbahn nehmen mußte – aber angesichts dessen, was sich in den letzten Wochen meines Abschlußjahres ereignete, war es ein Opfer, das sich gelohnt hat.

Zu meinen Lieblingsfächern in der High School gehörten Sprachen. Mit meinen Vorkenntnissen in Englisch, Deutsch und Italienisch, den ansehnlichen Brocken Ungarisch, die ich aus den Unterhaltungen meiner Mutter und ihrer Freunde aufgeschnappt hatte, und dem bißchen Spanisch, das mir von unserem kurzen Aufenthalt in Südamerika noch in Erinnerung geblieben war, konnte ich meinem Sprachenmenü bald auch Französisch hinzufügen. Der Französischlehrer M. Charles Malloyer war ein geborener Pädagoge, und die Lernmethode, die er uns beibrachte, war für meine spätere Karriere fast so wichtig wie das Französisch, das wir von ihm lernten. Dieses Training erwies sich zum Beispiel als sehr nützlich, als ich in meinen späten Sechzigern zum ersten Mal in meiner Karriere die Gräfin in *Pique Dame* auf russisch zu singen hatte.

M. Malloyer tauchte einige Jahre nach der High School wieder in meinem Leben auf, als er nach einer Wagner-Vorstellung in der Metropolitan hinter die Bühne kam, um mir zu gratulieren, und ich unversehens mit ihm auf deutsch zu plaudern begann, das er ebenso perfekt beherrschte wie Französisch.

In den Wochen vor dem Abschluß fand das »eher zufällige Ereignis« statt, das ich bereits ansprach. Während der Abschlußtermin näher und näher rückte, wollten meine Freundinnen und ich so viele Erwähnungen im Jahrbuch wie nur möglich ergattern. Aus irgendwelchen Gründen machte es auf künftige Arbeitgeber einen besseren Eindruck, wenn wir nachweisen konnten, daß wir etwa zwei Trimester im »Delta Lambda Law Club« belegt hatten, dessen begeistertes Mitglied ich war, oder ein Jahr lang den Vorraum, der hinunter in die Cafeteria führte, überwacht hatten – neben ähnlichen Beiträgen zur Förderung und zum Wohl der Schulgemeinschaft.

Die Schule hatte einen Gesangsklub, und ich dachte, daß es Spaß machen würde, da mitzusingen und obendrein noch eine Erwähnung im Jahrbuch einzuheimsen. Als ich mein Vorsingen vor Mr. Moritz E. Schwarz, dem musikalischen Leiter der Schule, beendet hatte, schaute er mich nachdenklich an und forderte mich auf, meine Mutter mitzubringen. Ich war offen gesagt erschrocken. Wenn ein Lehrer einen Erziehungsberechtigten ersuchte, in die Schule zu kommen, bedeutete das normalerweise eine disziplinarische Angelegenheit, und ich konnte mir nicht vorstellen, was ich ausgefressen haben sollte. Meine Mutter stand ebenfalls vor einem Rätsel, doch nichtsdestotrotz machten wir uns am nächsten Morgen gemeinsam nach Jersey City auf.

Mr. Schwarz kam gleich zur Sache und erklärte meiner Mutter, er habe sie hergebeten, weil er der Meinung sei, daß meine Stimme ausgebildet werden sollte, und gab ihr den Rat, einen Gesangslehrer für mich zu finden. Lächelnd erwiderte sie, daß sie selbst Sängerin und Gesangslehrerin sei, und daß eine Mutter sich immer bemühe, all ihr Wissen an ihr Kind weiterzugeben. Sie finde allerdings, daß meine Stimme für eine professionelle Ausbildung noch nicht die nötige Reife habe. Sie wolle also lieber warten, bis ich achtzehn oder neunzehn sei. Doch selbst dann müsse in Betracht gezogen werden, daß ich eine ziemlich kräftige Stimme habe, und sie halte es für verkehrt, kräftige Stimmen zu früh auszubilden. Mr. Schwarz widersprach – er glaube, daß ich sehr wohl reif sei. Ich habe oft darüber nachgedacht, daß ich, wenn Moritz E. Schwarz nicht gewesen wäre, heute vielleicht als Juristin praktizieren würde.

Auf unserem Heimweg fiel uns beiden ein, welche faszinierende Parallele sich zu dem Musikprofessor in Rákosliget ergab, der das Talent meiner Mutter erkannt hatte, als sie im Kirschbaum vor sich hin sang. Allerdings meinte sie, ich solle meine Hoffnungen auf keinen Fall zu hoch schrauben. Damals in Ungarn mit all seinen Operntheatern in der Provinz und zwei Häusern in Budapest war ein Gesangsstudium nicht nur Berufung, sondern ganz eindeutig auf den Beruf ausgerichtet gewesen. Es gab überall die Chance unterzukommen, und wenn der Stern eines Sängers wirklich aufging, wie im Fall meiner Mutter, dann brannte man in ganz Europa darauf, ebenfalls in den Genuß dieser Stimme zu kommen.

In Amerika sei alles ganz anders. Die wenigen Stellen auf dem Gebiet der klassischen Musik seien überwiegend durch Europäer mit Konservatoriumsausbildung besetzt, so wie sie eine genossen habe. Wenn ich also das Gefühl hätte, daß Singen mir Freude machen würde, wäre sie überglücklich, ihr Wissen und ihre Erfahrung an mich weiterzugeben. Doch beruhige es sie zutiefst, daß ich auf ihr Drängen hin in der Schule den Handelskurs belegt habe und dadurch – komme, was wolle – meinen Lebensunterhalt immer noch in einem Büro verdienen könne.

Mit dieser ermutigenden Absicherung in der Hinterhand begannen wir zu arbeiten. Bei all ihrer mütterlichen Zuneigung war Mutter eine anspruchsvolle Lehrerin. Eines der vielen Geschenke, die ich in diesem frühen Stadium von ihr empfing, vielleicht das größte überhaupt, war, daß sie über die unbestechlichsten Ohren verfügte, die mir zeit meines Lebens untergekommen sind. Mutter hatte den Instinkt und den Verstand zu begreifen, daß jede menschliche Stimme ihre eigene Individualität, ihre eigene Spannkraft und ihr eigenes Schicksal hat. Als wir miteinander zu arbeiten begannen, wurde uns beiden immer klarer, daß meine Stimme bereits größer, dunkler und schwerer war als ihre. Sie unternahm keinen Versuch, aus mir – wie es vielleicht andere Sängermütter getan hätten – eine zweite Mária Jávor zu machen.

Am Samstag, dem 29. Juni 1935 war der große Augenblick gekommen – die Verleihung der Diplome im Auditorium der William L. Dickinson High School. Ich saß mit den anderen aus der Abschlußklasse auf der Bühne und schaute zu, wie meine Freundin Melita Patrosio locker alle wissenschaftlichen Preise einheimste. Wir waren sehr stolz auf sie und auch ein wenig neidisch. Dann war es Zeit für den ersten musikalischen Teil des Programms, in dem ich doppelt vertreten war – mit einem kleinen Lied, das ich zu diesem Anlaß verfaßt hatte, und als Gesangssolistin. Plötzlich wurde ich schrecklich nervös und starrte hilfesuchend meine Mutter an, die in der zehnten Reihe saß. Ihr ermutigendes Lächeln bewahrte mich nicht davor, daß ich die erste Strophe meines Solos wiederholte, statt mit der zweiten fortzufahren. Und als ob das nicht genug war – was ich bislang für eine große Stimme gehalten hatte, war plötzlich nicht mehr da. Irgendwie kam ich durch mein Solo mit einer Tongebung, die ich für ziemlich unzulänglich hielt, um anschließend beim Einsatz des Chors versehentlich die Klangkraft zu entwickeln, die ich mit Hilfe meiner Mutter in die Kehle gekriegt hatte. Ich konnte selbst hören, daß meine Stimme nun plötzlich alle anderen übertönte.

Es war ein interessantes Beispiel, wie die Nerven eine Leistung in Mitleidenschaft ziehen können. Ein Phänomen, das sich mir tief einprägte, ich lernte, mit meiner Ängstlichkeit fertigzuwerden und das Selbstbewußtsein, das auf harter Arbeit und technischer Vorbereitung beruht, auf der Bühne einzubringen.

Zu den Imponderabilien der Gesangskunst zählt die Tatsache, daß

Als Solistin des Schulchors bei der
Abschlußfeier der Klasse von 1935 an der
William L. Dickinson High School.

Entspannung zwar notwendig ist, um Klangfülle zu entwickeln, daß aber *zu viel* Entspannung verhängnisvoll sein kann. Darum ist es von allergrößter Wichtigkeit, daß wir die Spannung, unter der wir natürlich stehen, in die Spannung umwandeln, die sich aus der szenischen Situation ergibt. Nichts kommt negativer über die Rampe als eine gleichgültige Einstellung, egal, um welche Art Darbietung es sich handelt. Für mich bedeutete das, Irritation in *Konzentration* umzusetzen.

Nach dem feierlichen Schulabschluß schob ich meine stimmliche Ausbildung auf und kehrte zum Klavier zurück. Es war nicht immer leicht, auf die Geselligkeit zu verzichten, die meine Freundinnen genossen, und statt dessen stundenlang zu üben, um mein Ziel zu erreichen. Irgendwann machte es mich unzufrieden, daß meine linke Hand nicht über die geforderte Beweglichkeit verfügte. Das setzte hinter die Wahrscheinlichkeit, daß ich jemals meinen eigenen Anforderungen als Konzertpianistin entsprechen könnte, ein ziemlich großes Fragezeichen. Meine Besorgnis über meine pianistischen Fähigkeiten wurde bedauerlicherweise von meinem ehrlichen Lehrer Mr. Ganci bestätigt.

Da die Zukunft also im Ungewissen lag, mußte ich ernsthaft über die Gegenwart nachdenken. Nach dem Schulabgang mußte ich irgendeine Stellung finden, um das Einkommen der Familie aufzubessern und eine Gegenleistung für den Beitrag meiner Mutter zu meinem Musikstudium zu erbringen. Meinen ersten Job trat ich als Stenotypistin in einem Großhandel für Jeansstoffe in der Franklin Street in Lower Manhattan an. Sie importierten die Stoffe aus Südamerika und setzten sie bei Einzelhändlern im ganzen Land ab. Das Gehalt betrug fürstliche 10 Dollar pro Woche, doch in einer Zeit, in der alles nur einen Bruchteil der heutigen Preise kostete, war es gar nicht so schlecht. Das behaupteten zumindest meine Arbeitgeber. Allerdings mußte ich das Fahrgeld selbst bezahlen, so daß mir nach Abzug der Unkosten nur ein Hungerlohn blieb. Gott sei Dank mußte ich wenigstens keine Steuern bezahlen.

Kurz nachdem ich dort angefangen hatte, entdeckten meine Chefs, daß ich Telefongespräche auf spanisch und italienisch führen konnte, und beglückwünschten mich zu meiner Sprachgewandtheit, die es ihnen ermöglichte, alles Wissenswerte aus ihren Kunden herauszubekommen. Ein weiterer kleiner Funke hatte gezündet.

Da diese Ganztagsarbeit mir zu wenig Zeit für meine Klavierübungen ließ, kündigte ich Weihnachten 1937 und bewarb mich um einen

Teilzeitjob im Kamin Book Shop an der Südseite des Central Park. Kamin's war ein kleiner, exklusiver Laden, der sich auf Erstausgaben von Ballettliteratur spezialisiert hatte. Mrs. Kamin sagte, sie habe mich den anderen Bewerberinnen wegen meines hochgradigen Intellekts vorgezogen – ich konnte Diaghilew richtig schreiben. Sie war in der Tat so beeindruckt, daß sie zu meinem Wochenlohn auch das Fahrgeld für die U-Bahn legte.

Auf dem Weg zur Arbeit kam ich jeden Tag hinter der Steinway Hall vorbei, einem großen Bürogebäude an der 57th Street, das der berühmten Klavierfirma gehörte. In den Etagen über den Ausstellungsräumen der Firma befanden sich Übungsräume, die aufstrebende Musiker und Sänger stundenweise mieten konnten. Diese kurze Strecke am Gebäude entlang konnte sich zur Plage auswachsen. Manche Töne, die aus den Fenstern drangen, klangen mehr nach Rindern, die geschlachtet werden, als nach Gesangsübungen. Ich erinnere mich, daß ich häufig zusammenzuckte.

Eines Tages war ich von der Krakeelerei aus diesem musikalischen Schlachthof so angewidert, daß ich meiner Mutter sagte, ich wolle wieder mit den Gesangsstunden anfangen, lediglich um mir zu beweisen, daß ich besser singen könne als viele von denen, die ich mir täglich anhören mußte. Das besiegelte mein Schicksal. Behutsam wechselte ich vom Klavier zum Gesang und begann ernsthaft darüber nachzudenken, Singen zu meinem Beruf zu machen.

Ich vergaß nie den anmaßenden Bariton, mit dem alles begonnen hatte. Viele Jahre später wurde mir von einem anderen Bariton berichtet, der in der Arena von Verona denselben Aufmerksamkeit heischenden Trick probiert und bekommen hatte, was ihm gebührte. Während er ostentativ von einer Seite der riesigen Bühne der Arena zur anderen stelzte, brüllte sich diese Inkarnation der Lackaffenschule des Deklamierens bei »Suo padre« die Seele aus dem Leib. Als er mit seinem Gebelfer endlich fertig war, rief jemand hoch oben von der Gradinata: »Chi? – Wer?« – Geschah ihm recht!

Die Grundlagen

Es war in den späten dreißiger Jahren. Ich hatte den Gesangsunterricht wie ein Schwamm aufgesogen. Von Übungen ging ich zu einfachen Liedern über und schließlich zu Opernarien. Mutters Methode, die sie von Madame Abranyi gelernt hatte, war fundamental und natürlich, und sie paßte sie meinem Stimmcharakter an.

Wie man eine Tonbildung von hoher Qualität entwickelt, ist nicht einfach zu beschreiben. Die Bemühung erinnert mich ein wenig an die Kontroverse über Pornographie in den sechziger Jahren. Während die Hüter der Moral sich über die schädliche Wirkung lasziver Literatur auf das moralische Mark der Nation entrüsteten, fühlte der Komiker George Jessel sich einmal zu der lakonischen Bemerkung animiert, er sei noch nie einer Frau begegnet, die durch ein Buch geschändet worden sei. Natürlich benutzte Jessel nicht das Wort «geschändet».

In Analogie dazu bin ich nie einem Sänger begegnet, der seinen Beruf ausschließlich aus einem Buch erlernt hatte. Sobald man eine angemessene Technik beherrscht, ist es allerdings nicht uninteressant, etwas über die Methoden unserer Vorgänger und Zeitgenossen zu lesen. So fand Licia Albanese, daß man überhaupt nicht auf die Bühne gehen sollte, wenn man sich während des Wartens in der Kulisse noch auf seine Gesangstechnik konzentrieren muß. Bevor man die Stimme professionell einsetzt, sollten die technischen Grundlagen größtenteils automatisch gesteuert werden. Das gilt natürlich nicht für die »heiklen Stellen«, etwa extrem hohe und tiefe Noten, schwierige Intervallsprünge und Verzierungen in schnellem Tempo. Dabei ist Konzentration auf die Technik unabdingbar.

Die Voraussetzungen für das Singen sind so schwierig zu erörtern, weil sich alles im menschlichen Körper abspielt. Ein Musikinstrument ist ein greifbarer Gegenstand. Wenn wir Klavier oder Geige spielen, können wir konkret spüren und sehen, was wir tun. Wenn wir singen lernen, trainieren wir eine Reihe willkürlicher Muskeln dazu, uns zu gehorchen.

Lassen Sie mich mit der Lehrmethode meiner Mutter beginnen: Singen ist Atmen, und richtig atmen zu lernen ist wie ein Ausflug zurück in die Kindheit. Wenn ein Baby geboren wird, zieht es den Atem ein und läßt dann einen Schrei los. Das ist der Anfang des Lebens.

Die Aufgabe, den Atem in die knochigen Hohlräume der »Maske« in unserem Gesicht zu leiten, wo die Resonanz am reichsten ist, ist nicht sehr viel anders, als Seidenpapier um einen Kamm zu wickeln und ein kleines Liedchen darauf zu blasen. Die Gesetze unserer Kunst sind zwar etwas sublimer, aber das Prinzip ist dasselbe.

Das Wichtigste bei der Entwicklung von Resonanz ist, dafür zu sorgen, daß sie sich über den ganzen Stimmumfang erstreckt. Um das zu lernen, mußte ich mit einfachen Übungen auf einem Ton beginnen, danach auf zwei und drei und schließlich auf fünf Tönen, wobei ich mich gleichmäßig durch alle Vokale – A, E, I, O, U – arbeitete, bis ich in der Lage war, eine ganze Oktave zu singen. Sobald die Stimme »sitzt«, also so plaziert ist, daß wir mit dem Klang, den wir entwickelt haben, arbeiten können, müssen wir diese richtige Methode den unterschiedlichsten Kompositionen anpassen – Übungen, Liedern und Arien.

Es ist einleuchtend, daß auch jede Sprache eine andere Anpassung verlangt, aber kein Sänger kann jemals fehlgehen, wenn er erst das Singen auf italienische Vokale erlernt. Die italienische Sprache ist an sich so wunderbar gebaut, daß jeder, der den Vorzug genießt, sie früh in seinem Leben zu erlernen, einen Vorsprung gegenüber Anderssprachigen hat. Ich hatte das Glück, als Heranwachsende abwechselnd Deutsch, Englisch und Italienisch zu sprechen. Der italienische Sprachduktus bildete die Grundlage für alles, was ich sang, zumal für das Wagner-Repertoire.

Natürlich hängt es vom Geschick des Lehrers ab, wie er diese Prinzipien mit der Fähigkeit des Schülers vereinbart, die Erklärungen und bildhaften Umschreibungen in gesangliche Realität umzusetzen. Im wesentlichen müssen die Schüler alles, was sie lernen, sowohl intuitiv wie mit dem Verstand erfassen und sich auf das unbestechliche Ohr des Lehrers verlassen, während sie sich selbst aufmerksam zuhören. Schließlich und endlich hängt alles vom akustischen Wahrnehmungsvermögen des Lehrers ab. Das ist eine Grauzone, in der zungenfertige Scharlatane mit Betonohren zum immerwährenden Schaden ihrer Schüler fröhliche Urständ feiern. Die Erfindung der Tonkassette gibt dem Schüler allerdings die Möglichkeit, seine Stimme so zu hören wie der Lehrer, das Gehörte zu besprechen und die Ratschläge schneller umzusetzen. Zu meinem Glück wußten die Menschen, die mich ausbildeten, nicht nur, worüber sie sprachen; sie wußten auch, was sie sich anhörten!

Die Arbeit mit meiner Mutter war kein Honiglecken. Sie bestand auf einer Gesangsstunde pro Tag als Minimum, nahm jedes Detail peinlich genau und ließ mich nicht weitermachen, bevor ich nicht eine auch noch so kleine Hürde zu ihrer Zufriedenheit genommen hatte. Diese Verfahrensweise kam mir in meiner jugendlichen Ungeduld, vorwärts zu kommen, ausgesprochen schleppend vor. Ich begriff damals nicht, daß sie in Wirklichkeit Zeit *sparte*. Hätte sie mir ein schnelleres Tempo gestattet, hätte sie im Endeffekt alle die Fehler wieder ausputzen müssen, die sich unvermeidlich einwurzeln, wenn man sich nicht sofort mit ihnen befaßt – aber das war nicht ihre Art zu arbeiten.

Als sie sich einmal auf einen Einkaufsbummel machte, packte ich die Gelegenheit beim Schopf, um meine Allwissenheit unter Beweis zu stellen, die ich durch das Hören von Sängern seit meiner Geburt gespeichert zu haben glaubte, und sang die ganze Partie der Tosca ohne Unterbrechung durch. Ich wollte beweisen, daß ich das Durchstehvermögen dafür hätte.

Als Mutter zurückkam, berichtete ich ihr glühend von dieser Großtat. Ermessen Sie meinen Verdruß, als sie mir, statt mich zu loben, prophezeite, daß ich die nächsten Tage heiser sein würde! Unnötig zu sagen, daß ihre Prophezeiung eintraf. Unerfahren wie ich war, hatte ich nicht in Erwägung gezogen, daß ich weder physisch noch stimmlich für ein so anstrengendes Unterfangen reif war. Aus Schaden klug geworden, sah ich ein, daß ich mich Mutters überlegenem Wissen fügen müsse.

Kurz danach kam mir eine Erkenntnis, für die andere ein ganzes Leben brauchen. Das Klavierspielen mochte wohl eine außerordentlich befriedigende Erfahrung gewesen sein, allerdings schien es mir mehr harte Arbeit als Genuß. Sobald jedoch die Grundlagen des Singens ein Teil meiner selbst geworden waren, wurde mir klar, daß ich dafür geboren war. Doch erwies sich mein Klavierstudium als sehr nützlich, als ich soweit war, Rollen zu studieren.

Je mehr ich über Singen und Oper lernte, desto größer wurde mein Heißhunger, Aufführungen auf höchstem Niveau zu erleben. Wir New Yorker hatten damals das besondere Privileg, für einen Fahrpreis von 5 Cents zu einem der größten Opernhäuser der Welt und für einen Dollar in den Zuschauerraum zu kommen. Ich gehörte bald zum festen Stamm der Stehplätzler. Ich versuchte immer, so früh wie möglich ins Theater zu kommen, um einen Platz in der vordersten Reihe mit freier Sicht auf die Bühne zu ergattern. Das prägte mich. Ich schaue bis heute, daß ich früh im Theater bin. Es ist eine Frage des Überblicks, egal, auf welcher Seite des Vorhangs ich mich befinde. Damals bedeutete das, daß ich stundenlang anstehen mußte, doch sobald sich der Vorhang über diesen Vorstellungen hob, waren alle Umstände vergessen, so hingerissen war ich von den künstlerischen Darbietungen auf der Bühne.

Einmal allerdings war ich so sehr mit anderen Dingen beschäftigt, daß ich erst in der letzten Minute ins Theater kam, zu einer Aufführung von *Il trovatore*, die ich unbedingt sehen wollte. Ich zahlte rasch meinen Dollar für die Karte und hetzte in den Zuschauerraum. Der Vorhang war bereits offen. Der Anblick der Soldaten auf der Bühne erinnerte mich entfernt an den Anfang des *Trovatore*, und während ich mir Gedanken über das so völlig andere Bühnenbild machte, setzte die Musik ein, und ich merkte blitzartig, daß ich nicht nur im letzten Augenblick gekommen, sondern auch in der falschen Oper war. Ich hatte mich im Datum geirrt. Doch ein Dollar war ein Dollar, und ich beschloß zu bleiben.

Als ich nach der Vorstellung heimkam, fragte Mutter, wie mir der *Trovatore* gefallen habe. Ich erwiderte untröstlich, daß ich nach all der Vorfreude eine schockierende Oper mit dem Titel *Salome* über mich habe ergehen lassen müssen, und daß es mir den Magen umgedreht habe, als der Sopran ein vom Rumpf getrenntes Haupt ansang. Ich muß ein so herzzerreißendes Klagelied angestimmt haben, daß meine Mutter sich bereit erklärte, mir für die nächste *Trovatore*-Aufführung eine Karte zu spendieren. – Später sah ich die Strauss-Oper mit anderen Augen.

Während das Gesangsniveau in der Met damals zum Besten zählte, was ich jemals gehört habe, war die darstellerische Qualität sehr unterschiedlich, obwohl niemand so enervierend herumstolzierte wie der bewußte Amonasro.

Unter den Sängerinnen gab es großartige Darstellerinnen wie Lucrezia Bori, Marjorie Lawrence, Lotte Lehmann, Jarmila Novotná, Bidù Sayão und Risë Stevens, deren Auffassung von der Einheit zwischen Gesang und Darstellung eine Inspiration für mich war. Sie ließen sich so sehr auf das große Drama ein, daß wir oft völlig vergaßen, daß sie sangen.

Gleichwohl fand ich die Männer im Ensemble noch überzeugender. Der große amerikanische Bariton Lawrence Tibbett verfügte über ein eindrucksvolles Bühnentemperament, und wenn er neben dem elektrisierenden Otello Giovanni Martinellis den Jago sang, stoben die Funken. Dazu der stimmliche und physische Sex-Appeal Ezio Pinzas und das blanke Vergnügen an seinem *Alter ego* Salvatore Baccaloni, dem unvergleichlichen Buffo – und alle Ingredienzien für packendes Musiktheater waren da. Darüber hinaus waren die Nebenrollen durchgehend mit erstrangigen, eigenschöpferischen Künstlern wie Alessio de Paolis, George Cehanovsky und Gerhard Pechner besetzt, deren bewundernswerter stimmlicher und darstellerischer Einsatz über Jahrzehnte nicht erlahmte. Ich lernte von den Fertigkeiten dieser Sänger unendlich viel, und doch fühlte ich instinktiv, daß immer noch irgend etwas fehlte, obwohl ich es damals nicht artikulieren konnte.

Später wurde mir bewußt, daß Oper ein Doppelwesen ist, bei dem die Darstellung der gesanglichen Meisterschaft den Lebenshauch einbläst. Natürlich hat das Singen den Vorrang. Jede Aufführung steht oder fällt damit, wie mittelmäßig die Darstellung auch sein mag. Den umgekehrten Fall gibt es nicht – Oper ohne gesangliches Niveau kann nicht Oper sein, egal, wie außerordentlich die szenische Gestaltung ist. Doch wie wunderbar ist es, wenn sich beides verbindet.

Ich glaube, daß damals in meinem Unterbewußtsein der Same gelegt wurde, dieses doppelte Ziel in meiner eigenen Karriere zu erreichen.

ACHTE SZENE

Eine bedeutsame Begegnung

Die Spannungen der frühen Depressionsjahre begannen unter der wohltätigen Regierung Franklin D. Roosevelts nachzulassen. Für uns bedeutete das, daß wieder mehr Menschen finanziell in der Lage waren, Gesangsstunden zu nehmen. So konnte Mutter, die inzwischen Mitte vierzig war, ihre eigenen Auftritte einschränken und sich mehr dem Unterricht widmen.

Eine ihrer Schülerinnen lud uns zu ihrer Geburtstagsparty zu sich nach Hause ein, und dort lernten wir einen kalifornischen Baß namens Douglas Beattie kennen. Er hatte einige Jahre in Italien gesungen und stand kurz vor seinem Debüt an der Metropolitan Opera als König in *Aida*.

Ich sagte ihm, daß ich ihn gerne singen hören würde, und er war so freundlich, mir eine Karte zu verschaffen. Er bekam nur noch einen Seitenplatz im Parkett, aber die Vorstellung war auch aus diesem Blickwinkel aufregend.

Als guterzogene junge Dame ging ich nach dem letzten Vorhang hinter die Bühne, um Mr. Beattie zu gratulieren und mich zu bedanken. Als ich ihm sagte, daß ich von seiner Leistung sehr beeindruckt sei, meinte er: »Nächste Woche habe ich eine viel interessantere Aufgabe – ich singe den Fafner, einen der Riesen in *Rheingold*.« Ich hatte *Rheingold* nie gesehen, und um ganz ehrlich zu sein, hatte ich nicht den blassesten Schimmer, was in aller Welt *Rheingold* war, außer der Name einer New Yorker Brauerei. Aber wenn er dachte, daß es sich lohne, wollte ich die Aufführung natürlich sehen. Es war meine allererste Begegnung mit Richard Wagner.

Ich hatte geglaubt, in einigen der italienischen Vorstellungen gute Darstellungen erlebt zu haben, doch *Das Rheingold* war im Vergleich dazu eine Offenbarung. Im Gegensatz zu vielen italienischen Opern mit ihrer formalistischen Einteilung in Arien, Duette und Ensembles liegt hier der Hauptakzent auf einem glaubwürdigen Diskurs zwischen den Personen der Handlung, und das fand ich unerhört fesselnd. *Das Rheingold* ist im wesentlichen eine Männeroper, und die Herren auf der Bühne an diesem Abend gehörten zu den Spitzen ihres Fachs, so daß ich – von der Dichte der Handlung förmlich aufgesogen – jedes Zeitgefühl verlor, während die pausenlosen vier Bilder majestätisch an mir vorüberzogen.

Das Niveau dieser Vorstellung und die Leistung von Mr. Beattie überzeugten mich. Ich fragte ihn, wer ihm bei der Vorbereitung seiner Rollen behilflich sei und ob er jemanden wüßte, bei dem ich diese Kunst der Interpretation erlernen könne. Mr. Beattie sagte, er arbeite mit einem gewissen Hermann Weigert, dem Chefkorrepetitor der Met für das deutsche Repertoire. Als ich heimkam, sagte ich zu meiner Mutter: »Ich glaube, daß ich vielleicht jemanden gefunden habe.« Wir merkten uns den Namen Weigert für die Zukunft vor.

Kurz darauf kam Kirsten Flagstad für ihre ersten Vorstellungen in der Spielzeit 1939/40 nach New York. Mutter rief sie wie jedes Jahr an, um sie in der Stadt willkommen zu heißen und einen Plausch zu vereinbaren. Im Verlauf des Telefongesprächs vertraute meine Mutter ihrer alten Freundin an, daß das Kleinkind in der Schublade des

Schminktischs inzwischen selbst für eine Opernlaufbahn gedrillt werde. Sie wüßte gerne Kirstens Meinung, wie es weitergehen solle, denn sie sei sich nicht sicher, ob sie gegenüber ihrer Tochter genügend Objektivität aufbringe. Mme Flagstad sagte, es würde sie freuen, sich meine Stimme anzuhören und uns mit ihrem Rat behilflich zu sein.

Als wir zu ihr kamen, erzählten die Damen einander erst alles, was sich in der Zwischenzeit ereignet hatte. Dann schnitt Mutter das Thema meiner gesanglichen Zukunft an. Sie meinte, ich hätte das Zeug zu einem jugendlich-dramatischen Sopran, etwa für die weniger schwergewichtigen Wagnerrollen, die wir die drei E nennen: Elsa in *Lohengrin*, Elisabeth in *Tannhäuser* und Eva in den *Meistersingern*. Sie habe mit mir bereits Aida, Leonora in *Il trovatore* und Desdemona erarbeitet, doch sie finde, daß mein Repertoire durch jemanden mit einer strengeren Hand erweitert werden müsse, jemanden, der von ihrer mütterlichen Zuneigung unbelastet und außerdem ein wirklicher Wagner-Experte sei.

Mme Flagstad, die ebenfalls eine Zeitlang von ihrer Mutter unterrichtet worden war, konnte zweifellos die Gedankengänge meiner Mutter nachvollziehen. Ohne lange nachzudenken, empfahl sie uns, Kontakt mit Maestro Hermann Weigert aufzunehmen – demselben Mann, den Mr. Beattie erwähnt hatte. Mr. Weigert, sagte sie uns, habe bereits bei ihrem Met-Vorsingen in Europa auf sie einen derartigen Eindruck gemacht, daß er gewiß für uns der richtige Mann wäre.

Darauf versanken die beiden wieder in Erinnerungen an die »guten alten Zeiten« an der *Opéra Comique*. Es gab so viel zu erzählen, daß ich keine Gelegenheit bekam, Madame Flagstad vorzusingen.

Etwa eine Woche später traf meine Mutter zufällig einen Dirigenten aus ihrem Bekanntenkreis, und er machte denselben Vorschlag. Es sah so aus, als ob alle Wege zu Weigert führten.

Mutter schrieb ihm einen Brief, in dem sie erwähnte, daß Madame Flagstad ihn uns empfohlen habe, und anfragte, ob er die Zeit erübrigen könne, sich meine Stimme anzuhören. Mit europäischer Gewissenhaftigkeit ging sie zum Postamt und gab den Brief per Einschreiben auf, damit er auch sicher ankäme.

Im Gegensatz zu den Einpaukern im Steinway-Gebäude, die ihre Begleitung für jeden heruntersdroschen, der sie für ihre Zeit bezahlte, war Hermann Weigert ein renommierter Opern-*Pädagoge*. Er nahm nur Schüler an, die ihren Beruf entweder bereits ausübten oder begründete Aussicht hatten, in absehbarer Zeit Berufssänger zu werden.

Es dauerte etwas, bis wir von ihm eine Antwort mit der Einladung in sein Studio bekamen. Später fanden wir heraus, daß er erst bei Madame Flagstad rückgefragt hatte, ob wir »legitimiert« wären. Sie versicherte ihm, daß wir es seien.

Fest entschlossen, dem Maestro mit der Größe meiner Stimme zu imponieren, wählte ich für den Anfang des Vorsingens Elisabeths Jubel-Arie aus *Tannhäuser*, »Dich, teure Halle, grüß ich wieder«. Er begleitete mich selbst am Klavier.

Als ich fertig war, schaute er hoch und fragte, ob ich auch etwas Ruhigeres mit langen weichen Legato-Phrasen auf Lager hätte. Offensichtlich überzeugte ihn mein Vortrag von Elsas Lied an die Lüfte aus dem zweiten Akt *Lohengrin* davon, daß ich nicht ausschließlich darauf fixiert war, mit meiner Lautstärke seine Fenster zum Zerspringen zu bringen, und er erklärte sich einverstanden, mich als Schülerin anzunehmen – unter einer strikten Bedingung: Für die Dauer unserer gemeinsamen Arbeit, die er auf mindestens drei Jahre ansetzte, habe ich mich darauf zu konzentrieren, das Repertoire zu erlernen. Das bedeutete, daß ich während dieser Zeit außer mit meiner Mutter und ihm nirgendwo singen durfte, und schloß automatisch eine Reihe von Gelegenheitsjobs aus, bei denen sich Gesangsstudenten ein paar Dollar in Kirchen, Synagogen und Konzertchören verdienen konnten oder sogar in kleinen Opern-Compagnien auftraten.

Weigert war unerbittlich – er fand, daß ich über wertvolles Material verfügte, aber noch eine Menge zu lernen hätte, bevor ich es voll einsetzen könnte. Nach seiner Meinung wäre es unvernünftig, mich zu verzetteln oder meine Stimme in diesem frühen Stadium sogar zu beschädigen. Meine Mutter pflichtete ihm voll und ganz bei.

Wer war dieser gütige, aber strenge Musiker, der eine so dominierende Rolle in meinem Leben spielen sollte?

Hermann O. Weigerts mittlerer Vorname wird in diesem Buch nicht verraten werden, denn er war ihm von Herzen zuwider, was so weit ging, daß er häufig allzu wißbegierigen Amerikanern verkündete, er sei teils irischer Abstammung, und sein Name laute eigentlich Hermann O'Weigert.

Er war am 20. Oktober 1890 als Sohn einer deutsch-jüdischen Familie in Breslau (dem heutigen polnischen Wrocław) geboren worden und begleitete bereits als Junge seine Schwester auf dem Klavier, die zu ihrem Vergnügen Gesang studierte. Seine pianistischen Fähigkeiten entwickelten sich so beeindruckend, daß seine Eltern ihn nach dem Abitur auf die Berliner Hochschule für Musik schickten. Kurz nach seiner Ankunft besuchte er ein Symphoniekonzert unter Arthur Nikisch und war so überwältigt, daß es von Stund an sein höchster Ehrgeiz war, Dirigent zu werden.

Der Weg zum Dirigentenpult war in jener Zeit klar vorgezeichnet. Im Gegensatz zu vielen heutigen Pultstars, die sich auf das verlassen, was sich als »angelesenes Wissen« definieren ließe, mußten Studenten der Dirigentenklasse in den ersten Jahrzehnten unseres Jahrhunderts ohne Ausnahme Klavier als weiteres Hauptfach belegen und waren verpflichtet, am Konservatorium Instrumental- und Gesangsklassen und Proben zu begleiten. Außerdem war es sehr erwünscht, daß sie selbst Gesangsunterricht nahmen, um die Grundlagen der Atemtechnik und der Tonbildung kennenzulernen. Die Dirigenten, die dieses anspruchsvolle Institut absolvierten, waren nicht nur vorzügliche Pianisten, sondern hatten sich auch mit allen Problemen des gesanglichen und instrumentalen Vortrags vertraut gemacht.

Als Weigert gerade im Begriff stand, seine Laufbahn als Musiker zu beginnen, kam der Erste Weltkrieg dazwischen, und er wurde eingezogen. Wegen seiner »Pianistenhände« kam er nicht zur regulären Truppe, sondern wurde einer Sanitätseinheit zugeteilt.

Während des Rußlandfeldzugs kam er an einem kalten Tag zufällig in eine Kirche und hoffte, sich durch den Anblick von Sakralkunst von den Kriegsschrecken abzulenken. Als er in einem Vorraum der Sakristei unversehens vor einem zertrümmerten Klavier stand, brach er in Tränen aus. Später sagte er, daß Krieg die schrecklichste Geißel der Menschheit sei, denn er zerstöre nicht nur menschliches Leben, sondern auch die das Leid lindernde Möglichkeit, Musik zu machen.

Nach dem Krieg begann er als Korrepetitor in Magdeburg und Lübeck und übte schließlich dieselbe Funktion an der Berliner Staatsoper aus – unter den Intendanten Max von Schillings, dem Komponisten von *Mona Lisa*, und Heinz Tietjen und den Generalmusikdirektoren Leo Blech und Erich Kleiber. Tietjen, der Regie führte und gelegentlich auch dirigierte, wurde schließlich der undurchschaubare Generalintendant der Preußischen Staatstheater in Berlin.

Die Korrepetitoren-Elite an der Staatsoper, zu der Weigert stieß, gehörte zu den größten Dirigentenbegabungen der kommenden Generation. Einer der künftigen *maestri* war ein Grieche namens Dimitri Mitropoulos, der später einen ausschlaggebenden Einfluß auf meine Karriere haben sollte. Auch Kurt Adler zählte dazu, der danach für viele Jahre Chordirektor der Metropolitan Opera wurde, sowie

Die bedeutsamste Begegnung in meinem Leben - Maestro Hermann Weigert.

sein ungarischer Kollege George Szell, dessen große Karriere bereits begonnen hatte.

Weigert, dessen Schwerpunkt zumal im pädagogischen Bereich lag, wurde nach wenigen Jahren zum Leiter der Studienklasse und darauf zum Kapellmeister ernannt. Neben seinen Verpflichtungen im Opernhaus erhielt er auch eine Professur an der Hochschule für Musik.

In den zwanziger Jahren entwickelte sich Berlin mehr und mehr zu einem Zentrum progressiver künstlerischer Theorien und Entwicklungen. Die ausgeprägteste war wohl die Bauhaus-Bewegung, die von der kleinen Stadt Dessau aus auch in der Hauptstadt mehr und mehr

Einfluß gewann. Am Bauhaus wirkten erstrangige Vertreter der bildenden Künste in einem breiten Spektrum von Architektur und Bühnenbild bis zu Töpferei und Webkunst, die einander gegenseitig befruchteten und inspirierten.

Sozusagen die musikdramatische Entsprechung zum Bauhaus war die Krolloper, die der Staatsoper seit 1924 als Dependance gedient hatte und 1927 ihr eigenständiges Konzept entwickeln konnte, dessen erklärtes Ziel es war, die Kunst der Oper mit neuen Augen zu sehen – nicht zuletzt, was den schludrigen Repertoire-Alltag betraf. Ihr künstlerischer Leiter war Otto Klemperer, dem als Dirigenten der Komponist Alexander Zemlinsky und Professor Fritz Zweig zur Seite standen. Zu den Regisseuren zählten Jürgen Fehling und Gustaf Gründgens, die erstmals dem Sprechtheater »untreu« wurden, um ihre berufliche Erfahrung mit der Inszenierung von Opern zu erweitern. Und natürlich bereicherte ihr schärferer Blick auch das Musiktheater. Als Bühnenbildner machten sich Caspar Neher, Teo Otto und Emil Preetorius einen Namen. Dazu kamen die Bauhaus-Künstler László Moholy-Nagy und Oskar Schlemmer und der Italiener Giorgio de Chirico. Das Ensemble bestand hauptsächlich aus jungen, teils von der Staatsoper ausgeliehenen Sängern, von denen einige bald international Karriere machten, wie der Prager lyrische Sopran Jarmila Novotná und der aus New England gebürtige Tenor Charles Kullmann, die dann beide für lange Jahre wertvolle Mitglieder der Metropolitan werden sollten.

Unbelastet von der sturen Verpflichtung gegenüber der »Tradition um der Tradition willen«, wie sie in vielen der »größeren« Häuser ihr Unwesen trieb, strebte die Krolloper eine Interaktion der Künste an, um den traditionellen Opern neue Bedeutung zu geben und ein sachkundiges Podium für die Einführung neuer Werke von Komponisten wie Paul Hindemith, Ernst Křenek, Darius Milhaud, Arnold Schönberg, Igor Strawinsky und Kurt Weill zu bieten.

Als den drei festen Dirigenten das Arbeitspensum zuviel wurde, holten sie Unterstützung von der Staatsoper. Zu den Kollegen gehörte auch Hermann Weigert, und seine Tätigkeit an der Krolloper hinterließ bei ihm einen unauslöschlichen Eindruck und beeinflußte seine Sicht auf das Musikdrama. Wach und aufnahmebereit setzte er diese Eindrücke in eigene Auffassungen und Arbeitsmethoden um, die schließlich eine bedeutende Rolle bei seinem Beitrag zu meiner musikalischen Karriere spielten. Und nicht nur zu meiner! Wie der *Opéra Comique* in Kristiania war auch der Krolloper leider nur ein kurzes Leben beschieden. Während ihr durchgreifendes Konzept von Opernkennern und Intellektuellen als notwendiges und gangbares Experiment begrüßt wurde, war sie rechtsgerichteten Politikern nicht minder ein Dorn im Auge als das Bauhaus und mußte 1931 nach nur vier Spielzeiten ihre Pforten schließen.

Nach dem Reichstagsbrand 1933 wurde das Haus unter dem neuen Kanzler Adolf Hitler als Behelfsparlament für die Abgeordneten requiriert. Seine rigide Ideologie und sein Rassenwahn ließen keinen Zweifel daran, daß er beabsichtigte, den Einfluß der »volksfremden Elemente« (zumal der jüdischen) auf allen Gebieten mit Stumpf und Stiel zu eliminieren, wobei mit der Reichskulturkammer ein Instrument der totalen Kontrolle geschaffen wurde, das die jüdischen Künstler zu Bürgern zweiter Klasse und ohne Berufsmöglichkeiten degradierte. Wie wir wissen, blieb es nicht dabei, aber bereits die Anfänge verlanlaßten Hunderte prominenter Deutscher, und nicht nur Juden, ihr Heil in der Flucht ins Ausland zu suchen.

Otto Klemperer und Fritz Zweig gelangten an die amerikanische Westküste, wo Klemperer Leiter des Los Angeles Philharmonic wurde und Zweig für die nächsten Jahrzehnte als Pädagoge arbeitete, aus dessen Schule Künstler wie Karan Armstrong, Marilyn Horne, Lawrence Foster und Henry Lewis kamen.

Im Rückblick bleibt es unbegreiflich, daß Berlin, das eben noch der Nährboden für viele neue und wichtige Strömungen auf nahezu allen Gebieten der Wissenschaft und Kunst gewesen war, schier übergangslos die Hauptstadt der primitivsten politischen Verbrecher der Neuzeit werden konnte. Auch Hermann Weigert sah die Flammenzeichen an der Wand. Er mußte sein Geburtsland verlassen, solange es noch relativ einfach war – aber wo sollte er hin? Einer der Sänger, mit denen er arbeitete, erzählte ihm, daß Johannesburg auf musikalischem Gebiet noch jungfräulich sei und geradezu darauf warte, daß jemand mit seinem Hintergrund endlich den Stein ins Rollen bringe. Südafrika stellte sich als sicherer und einträglicher Zufluchtsort dar, bis sich die dunklen Wolken über Deutschland verzogen hätten – wenn sie sich verziehen würden.

Hermann Weigert machte sich nichts vor. Hitler hatte sich nicht hochgeputscht, sondern war zum Reichskanzler gewählt worden und genoß überdies die uneingeschränkte Unterstützung der Industrie. Die Chance, daß er gestürzt würde, war also gleich null. Im Jahr 1934 ging Weigert mit seiner Frau, einer Ballettänzerin, und den zwei Kindern nach Südafrika. Es stellte sich allerdings schnell heraus, daß das

»jungfräuliche Territorium«, was die Oper betraf, eine unfruchtbare Wüstenei war. Um finanziell über die Runden zu kommen, mußten er Klavierstunden und seine Frau Ballettunterricht geben. Wie so oft, wenn Geld zum Problem wird, führte die Situation zu unüberbrückbaren Differenzen zwischen den Gatten. Die Ehe war nicht mehr aufrechtzuerhalten, und Hermann Weigert war sich im klaren, daß er sein Glück alleine und woanders suchen müsse. Er entschied sich für eine Rückkehr nach Europa, doch bevor er seinen Plan ausführen konnte, mußte er jeden Job annehmen, den er in Südafrika finden konnte, um seine Familie weiterhin zu unterstützen und Geld für die Passage nach Italien zu sparen.

Als er endlich dort ankam, machte er sich als erstes an die Scala in Mailand auf, wo ihm mitgeteilt wurde, daß im Augenblick leider keine Stelle frei sei. Doch würde man ihn gerne als Einspringer in Betracht ziehen und außerdem Nachrichten für ihn annehmen, bis er eine Bleibe gefunden habe. Niedergeschlagen ging er in sein Hotel zurück. Während er darüber nachgrübelte, wohin ihn sein Lebensschifflein treiben würde, läutete das Telefon. Das Betriebsbüro der Scala teilte ihm mit, daß sein ehemaliger Berliner Kollege George Szell sich nach einem Begleiter für ein Vorsingen erkundigt habe, das das Management der Metropolitan Opera in der Schweiz abhielt. Weigert nahm den nächsten Zug nach St. Moritz und begab sich in das Silvretta-Haus, ein Nobelhotel, in dem die Metropolitan häufig ihre europäischen Vorsingen abhielt. Die Ruhe und das majestätische Gebirgspanorama sagten den Besuchern aus New York besonders zu, und die Neutralität des Landes ermöglichte es, Künstler aus allen Teilen des in seinem Gleichgewicht gestörten Kontinents einzuladen.

Da Frida Leider beschlosssen hatte, ihrem jüdischen Mann in Deutschland zur Seite zu stehen und nicht mehr an die Met zurückzukehren, und Anny Konetzni nur für einen Teil der Spielzeit zur Verfügung stehen konnte, war die Met in einer Notlage, und der General Manager Giulio Gatti-Casazza und Artur Bodanzky, der Chefdirigent für das deutsche Repertoire, hielten Ausschau nach einem hochdramatischen Sopran, der die Lücke füllen könnte.

Der eine Sopran, den Weigert begleitete, war die bekannte Elisabeth Delius, der andere eine so gut wie unbekannte norwegische Sängerin, die Gatti-Casazza von Alexander Kipnis empfohlen worden war, der sie bei einem Gastspiel in Oslo zur Partnerin gehabt hatte. Ihr Name war Kirsten Flagstad. Eine Weile zögerten Gatti-Casazza und Dr. Bodanzky, welche der beiden hervorragenden Sängerinnen sie engagieren sollten, bis Rosina Galli, Gatti-Casazzas Frau und Primaballerina der Metropolitan, ihrem Mann klipp und klar erklärte, daß er ein Narr wäre, wenn er diese Norwegerin nicht sofort unter Vertrag nähme.

Währenddessen ging Maestro Bodanzky zum Flügel, um mit Weigert zu plaudern. Nachdem er sich einigermaßen kryptisch erkundigt hatte, ob er Skat spielen könne, bot er ihm ein Engagement an der Met an, sobald eine Stelle frei würde. Weigert legte das freundliche Angebot in der »Sie hören von uns«-Schublade seiner Erinnerung ab, teilte Bodanzky mit, daß er über die Scala zu erreichen sei und nahm die nächste Zugverbindung nach Mailand. Während der Zug über die Alpen gen Süden fuhr, konnte er nicht ahnen, daß ein Mitglied des musikalischen Mitarbeiterstabs der Metropolitan erkrankt war und Bodanzky sein Angebot ernst gemeint hatte. Das einzige Hindernis war, daß das Theater einen neuen Mitarbeiter erst verpflichten konnte, wenn der arbeitsunfähige Mann von seinem Vertrag zurückgetreten war.

Einige Tage danach rief das Betriebsbüro der Scala wieder an: Weigert solle sofort ins Theater kommen. Dort wurde ihm mitgeteilt: »Gratuliere, Sie sind engagiert!«, worauf er ungläubig fragte: »Wo?« Wie sich herausstellte, hatte der Musiker in New York inzwischen seinen Vertrag gekündigt, und das Management der Metropolitan hatte nach Mailand telegrafiert, daß Weigert sofort nach New York kommen solle.

Als er in Manhattan ankam, machte er sich, ohne erst sein Hotel aufzusuchen, sofort auf den Weg ins Opernhaus. Er stellte seine Reisetasche, sein einziges Gepäck, bei der Telefonistin an der 39th Street ab und bat sie, das Management über seine Ankunft zu informieren. Er wurde sofort in das Büro des General Managers geführt, und noch während der ersten Begrüßungsfloskeln läutete das Telefon auf Mr. Gattis Schreibtisch, und der General Manager der Metropolitan Opera übergab ihm beiläufig den Hörer.

Das war wahrhaftig etwas ganz anderes, als er aus Deutschland gewohnt war, wo der Stab der Lindenoper Tietjen kaum je zu Gesicht bekommen hatte. Hier in New York saß er bereits wenige Minuten nach seiner Ankunft im Büro des Chefs, der ihn sogar sein Telefon benutzen ließ!

Am anderen Ende der Leitung war Dr. Bodanzky. Weigert solle sofort zu ihm in die Wohnung kommen. Es handle sich um etwas Unaufschiebbares. Weigert erwiderte, daß er noch nicht einmal Zeit ge-

habt habe, sein Hotel aufzusuchen. »Wir werden das Hotel benach-
richtigen. Nehmen Sie ein Taxi und kommen Sie sofort hierher!«

Weigert tat, wie ihm befohlen. Nach einem kurzen Gespräch über
Material, das für eine neue Produktion umorchestriert werden mußte,
forderte der große Bodanzky den neuen Mann auf, Platz zu nehmen.
Es war an der Zeit für eine Skatrunde, die auch für die Emigranten aus
Deutschland ein Ritual geblieben war, wie der Five-o'clock tea für die
Londoner. Und so kam es, daß Hermann Weigert an seinem ersten
Tag in den Vereinigten Staaten mit Artur Bodanzky und Friedrich
Schorr bis kurz vor Mitternacht Skat spielte, wonach ihm endlich ge-
stattet wurde, seine Reisetasche zu nehmen und zu gehen. Er machte
an einem Hot-dog-Stand halt, bevor er ins Hotel fuhr und endlich zu
ein wenig Schlaf kam.

Weigert wurde zum Chefkorrepetitor des deutschen Repertoires an
der Metropolitan ernannt und unterstand direkt Bodanzky für die
Musikproben und sonstigen Vorbereitungen, die für die weltberühm-
ten Sänger in den deutschen Opern in New York jeweils nötig waren.

In sehr kurzer Zeit wurde der Name Hermann Weigert ein fester
Begriff in der Opernwelt. Alle, die ihre Kenntnisse – zumal in Wagneropern – aufpolieren wollten, wußten, daß es dafür keinen besseren
Mentor als Weigert gab, *falls* Mr. Weigert sie als Schüler akzeptierte
und in seiner übervollen Agenda Zeit erübrigen konnte, sie anzunehmen.

Er war um Schüler auf höchstem Niveau nicht verlegen. Und als
Kirsten Flagstad zum ersten Mal nach New York kam, war es Hermann Weigert, der sie vom Hafen abholte. Später war es zweifellos
auch Flagstads Einfluß, der Weigert überzeugte, daß ich seiner Aufmerksamkeit wert sei.

Daß sich all dies in meinem Leben so zusammenfügte, erinnerte
mich ein wenig an die Sonnenstrahlen auf dem Berggipfel, wie ihn die
Metropolitan Opera verkörperte, die damals allen Glanz der internationalen Gesangskunst wie in einem Brennpunkt vereinte.

Im Zentrum dieses Opern-Brennpunkts hatte einer der besten musikalischen Ratgeber die Zeit gefunden, ein einundzwanzigjähriges
Mädchen aus Greenwich Village zu unterrichten, das ein paar Straßen
weiter einem Halbtagsjob in einer Buchhandlung nachging. Das waren meine Empfindungen, als dieser hervorragende, imponierende
Gentleman mich zur ersten Stunde in seiner Wohnung empfing.
Ohne weitere Umstände machten wir uns an die Arbeit.

Die Geschichte hinter der Geschichte

Meine erste Unterrichtsstunde bei Maestro Weigert begann mit einer Überraschung. Er hatte mir den Auftrag gegeben, zwei Rollen vorzubereiten: Elsa in *Lohengrin* und Sieglinde in *Die Walküre*. Ich nahm an, daß er mich singen hören wollte.

Er empfing mich an der Tür, führte mich in sein Studio und ersuchte mich höflich, Platz zu nehmen. Ich war es nicht gewohnt, beim Unterricht zu sitzen, aber ich befolgte seine Anweisung. Er sah mich freundlich lächelnd an und sagte: »Nun also, Miss Varnay, was können Sie mir über Sieglinde erzählen? Wer ist sie? Wo kommt sie her? Wer sind die Menschen in ihrem Leben, und in welcher Beziehung steht sie zu ihnen?«

Ich begriff bald, daß diese sokratische Methode der Weg war, über den ich alle meine Partien zu erlernen haben würde. Erst vertieften wir uns in die Details der Gestalt und der anderen Figuren der Geschichte, wie sie im Text und in der Musik zum Ausdruck kommen. Wenn ich ein deutliches Bild davon hatte, wer ich war, was ich empfand und tat und warum, wurde ich schließlich aufgefordert, mein Wissen im Gesang auszudrücken.

Danach gingen wir noch mehr ins Detail. Zum Beispiel über die Instrumente im Orchester wie eine Stelle in den Hörnern, die Sieglinde anzeigt, daß ihr verabscheuungswürdiger Mann Hunding heimgekommen ist und sein Pferd in den Stall bringt. Ihre Reaktion auf der Bühne und der stimmliche Ausdruck werden von seiner unsichtbaren Aktion bestimmt, die das Orchester »meldet«. Diese einschneidenden Fragen, die zum Kern vordrangen, waren schier unerschöpflich. Ich arbeitete mit meinem Lehrer an den Lösungen und entwickelte langsam die Fähigkeit, eine andere Persönlichkeit anzunehmen und meine Aktionen und Reaktionen auf dem logischen Verhalten dieser Figur im Kontext des Geschehens aufzubauen. Kurz gesagt, lernte ich nicht bloß das Musikalische oder hakte lediglich die heiklen Stellen in der Partitur ab. Unter der Aufsicht dieses brillanten Pädagogen formte sich allmählich meine Einstellung zum Beruf des Opernsängers, der der meine werden sollte. Und es war der reinste Genuß!

Die erste Stunde in Hermann Weigerts Studio bedeutete eine Wasserscheide in meiner Entwicklung. Nachdem ich nun endlich wußte, was ich mit meinem Leben beginnen wollte, hörte ich mit dem Klavierunterricht auf, schraubte mein bescheidenes Privatleben bis auf weiteres noch mehr auf Sparflamme und richtete jede Facette meiner Existenz obsessiv auf die Verwirklichung des Ziels aus, das ich mir gesetzt hatte. Von nun an drehten sich meine Tage ausschließlich um Oper, abgesehen von nicht zu umgehenden Notwendigkeiten wie Essen, Schlafen und den U-Bahnfahrten.

Da ich angesichts des bescheidenen Einkommens meiner Mutter meinen Beitrag zum Haushaltsbudget leisten mußte, behielt ich meinen Teilzeitjob in Kamin's Buchhandlung und arbeitete dort fünf Abende in der Woche.

Bei Mr. Weigert hatte ich zweimal pro Woche jeweils eine Stunde Unterricht, den Rest der Zeit feilte ich mit meiner Mutter an meiner Gesangstechnik und am italienischen Repertoire oder bereitete das Material vor, das mir Mr. Weigert für die nächste Stunde aufgegeben hatte. Die Wochenenden fanden nur im Kalender statt und dienten weiterem Erlernen und Studieren der Rollen. Wenn es mir zu viel wurde, machte ich einen kurzen Spaziergang an der frischen Luft und kehrte danach sofort zu meiner Arbeit zurück.

Mutter verfocht die Ansicht, daß man nicht genug Rollen parat haben könne, auch ohne die Aussicht, sie irgendwo singen zu können. Ihre Devise war: »Es hat keinen Zweck, einen Laden aufzumachen, wenn man keine Ware hat.« Diese Methode gibt einem Sänger die optimale Möglichkeit, eine Partie sicher in die Kehle zu bekommen und die Interpretation danach Monate und manchmal Jahre reifen zu lassen. Wenn man sie dann wirklich zu singen hat, fällt die Belastung weg, sie im letzten Moment eintrichtern zu müssen. Und diese Gewißheit trägt wiederum entscheidend dazu bei, daß man einer bevorstehenden Vorstellung ruhiger entgegensehen kann.

Mit diesen Direktiven im Kopf war ich bei meinen Stunden bei Mr. Weigert immer wenigstens einen Akt voraus. Das bedeutete nicht nur, daß ich die Worte und Noten meiner Partie zu lernen hatte, sondern auch den Rest der Oper, die Szenen, in denen ich nicht auf der Bühne war. Nur so konnte ich in der Lage sein, den gesamten dramatischen Aufbau und meine Rolle darin zu begreifen.

Diese Vorbereitung half mir besonders am Anfang meiner Karriere. Die Isolde war dafür ein gutes Beispiel – ich arbeitete an dieser Partie fünf Jahre lang immer wieder, bevor ich sie zum ersten Mal zu singen hatte. Zu meinem Glück, kann ich nur sagen, denn bei meinem allerersten *Tristan* hatte ich ein weiteres Mal im letzten Augenblick für Helen Traubel einzuspringen.

Viele Sänger gehen unvorbereitet in eine Korrepetitionsstunde und erwarten, daß der Pianist ihnen die Worte und Noten in den Schädel hämmert. Sie erwarten überdies, daß ihnen der Begleiter die Texte der Opern übersetzt, über deren Aussage sie sich selbst kundig hätten machen müssen. Das war gewiß nicht meine Verfahrensweise, ganz abgesehen davon, daß Hermann Weigert so etwas keine Minute geduldet hätte. Er erwartete von seinen Schülern, daß sie buchstabengetreu waren und ihre Hausaufgaben *zu Hause* machten.

Glücklicherweise hatte ich von meinem Klavierlehrer Mr. Ganci eine solide Basis in Theorie und Harmonielehre erhalten und verfügte auch über genügend pianistisches Können, um die Themen und Harmonien zu erkennen, die ich für das Auswendiglernen nötig hatte. Zur Ergänzung meines Studiums zu Hause kaufte ich die Klavierauszüge doppelt und zerlegte einen davon in drei Teile. So konnte ich den jeweiligen Akt, mit dem ich gerade beschäftigt war, in die U-Bahn auf dem Weg zur Arbeit oder bei einem Spaziergang im Park mitnehmen, ohne den ganzen unhandlichen Band mit mir herumzuschleppen. Wenn ich mir über eine bestimmte Stelle – einen Notenwert oder eine Formulierung im Libretto – nicht hundertprozentig sicher war, konnte ich dieses Drittel aus der Tasche ziehen und nachschauen. Es erwies sich dabei als Segen, daß Wagner fast alle seine Opern dreiaktig komponiert hat.

Ich war immer auf die Sekunde pünktlich in Mr. Weigerts Studio, denn ich wollte nicht einen kostbaren Moment dessen missen, was mir seine Kenntnis, Weisheit und Inspiration vermittelten.

Meine Eltern und Mr. Weigert waren in europäischen Konservatorien ausgebildet worden. Fast alle amerikanischen Sänger zu jener Zeit waren im Verlauf ihres Studiums ebenfalls in den Genuß europäischer Ausbildung und Praxis gekommen. So hatte Risë Stevens, bevor sie an die Met kam, bereits fünf Jahre europäischer Erfahrung hinter sich. Sie war etwa am Salzburger Mozarteum von Marie Gutheil-Schoder in die Kunst der Darstellung des Octavian eingeweiht worden und an den Opernhäusern in Prag, Wien, Buenos Aires und beim Glyndebourne Festival in England aufgetreten. Die Metropolitan Opera wurde immer als Ziel betrachtet, nicht als Zwischenstation oder Sprungbrett.

Als ich 1939 mit dem Unterricht bei Mr. Weigert begann, wäre es unmöglich gewesen, sich musikalischen Schliff auf dem europäischen

Kontinent anzueignen, der eben in einen neuen vernichtenden Krieg gestürzt worden war. Auch war ich finanziell nicht in der Lage, eine vollständige musikalische Ausbildung an einer der wenigen amerikanischen Musikakademien oder Universitäten zu absolvieren, die ein solches Programm in ihrem Lehrplan hatten. Mein Konservatorium waren meine Mutter und Maestro Weigert. Im übrigen erhielt ich auch nie ein Stipendium.

Hermann Weigert war jedoch mehr als nur ein Ein-Mann-Konservatorium. Im Rückblick auf eine Karriere auf den höchsten Sprossen der Oper und die Zusammenarbeit mit den herausragendsten Dirigenten und Regisseuren dieses Jahrhunderts kann ich kategorisch erklären, daß mein Studium bei ihm die bereicherndste Erfahrung war, die ich in dem guten halben Jahrhundert meines Lebens mit der Musik gemacht habe. Als Mann von profunder Intelligenz und Kultiviertheit hatte er einen großen Teil seines Lebens darauf verwendet, sich in die *Geschichte hinter der Geschichte* zu vertiefen, in die Beweggründe für das Entstehen der musikalischen Meisterwerke, die ich durch ihn kennenlernte. Er hoffte, daß er eines Tages einen Extrakt seines angesammelten Wissens in einem Buch über Wagner zu Papier bringen könne, doch das war ihm leider nicht vergönnt.

Über seine genaue Kenntnis der Strukturen hinaus hatte Weigert auch alle anderen Aspekte dieser Meisterwerke erforscht – nicht nur die Werke selbst, sondern auch den Zeitgeist der jeweiligen historischen Epoche, in der sie spielten, und die Befindlichkeit des Komponisten während des Schaffensprozesses.

Sobald wir die Rolle und ihren unmittelbaren Umkreis genau definiert hatten, tauchten wir jedes Mal in den größeren Zusammenhang ein. Im Fall der Elsa in *Lohengrin* ist ein wichtiger Aspekt der historische Hintergrund der Handlung, die Zeit des frühen Mittelalters, als das Christentum im nördlicheren Europa noch eine verhältnismäßig junge Religion war, die mit den eingewurzelten alten Glaubensvorstellungen in Konkurrenz stand.

Als Elsa zum ersten Mal auftritt, ist ihr ein schrecklicher Tod bestimmt – auf dem Richtblock oder auf dem Scheiterhaufen, nach qualvollen seelischen, vielleicht sogar physischen Foltern. Die Erkenntnis, daß sie dieses Schicksal für ein Verbrechen erwartet, das sie nicht begangen hat, läßt sie in Furcht fast erstarren. Ohne Familie, Freunde oder politische Verbündete, die ihr zu Hilfe kommen könnten, ist ihre letzte verzweifelte Zuflucht das Gebet, in dem ihr die Vision eines Ritters in schimmernder Rüstung erscheint, der bereit ist, einen

Kampf um ihr Leben und ihren Namen auszufechten. Das ist der seelische und emotionale Zustand, in dem Elsa auf der Bühne erscheint, bevor sie ihren ersten schmerzlichen Seufzer vernehmen läßt: »Mein armer Bruder«, nicht Verteidigung, sondern Klage über ihren jüngeren Bruder, den Herzog Gottfried von Brabant, dessen mysteriöses Verschwinden zu einer Kette von Bezichtigungen gegen sie führte.

Die vorherrschenden Anschauungen jener Zeiten spielen in jeder Darstellung dieser Gestalt eine entscheidende Rolle. Der schlichte Glaube an eine übernatürliche Antwort auf ein aufrichtiges Gebet ist für die Konvention und die Literatur der Epoche unverzichtbar, ebenso der nagende Zweifel, der sich schließlich als Elsas Verderben erweist: Können wir sicher sein, daß das augenscheinliche Wunder in Wahrheit nicht unheilvolle Schwarze Magie ist, vorgegaukelt, um alle in Verdammnis zu stürzen?

Nachdem wir uns mit diesen historischen Quellen beschäftigt hatten, schöpfte Mr. Weigert aus seiner Kenntnis der Situation, in der sich Wagner befand, als er mit dem Text und der Musik seines kunstvollen Märchens schwanger ging. Mr. Weigert folgerte aus den Umständen, daß Wagner in *Lohengrin* möglicherweise einen verschlüsselten Hinweis auf eine sich gegenseitig bedingende Krise in seiner Kreativität und in seiner Ehe gegeben habe.

Als ihn zur Zeit des *Tannhäuser* seine Frau Minna drängte, die erprobte Formel einer deutschen Oper in italienischem Stil à la *Rienzi* nicht aufzugeben, muß Wagner sich höchstwahrscheinlich völlig demoralisiert gefühlt haben. Er war dabei, zu neuen Horizonten aufzubrechen, und das letzte, was er brauchen konnte, waren die Zweifel seiner Frau oder sogar ihre Mißbilligung. Trotzdem lag sie ihm weiter in den Ohren, daß er sich auf eine gefährliche Fährte begebe und daß sich das katastrophal auf die ohnehin desaströsen Finanzen auswirken würde. Gewissermaßen, soweit Weigerts Hypothese, versuchte Wagner, sie zu warnen, nicht vom Pfad des blinden Vertrauens in die Offenbarungen abzuweichen, die sich in seiner Vorstellung formten, da er sich andernfalls gezwungen sähe, sie zu verlassen – so wie Lohengrin Elsa ermahnt, in ihm ihren Heilsbringer zu erblicken, ohne weiter nach dem Geheimnis seiner Herkunft zu forschen.

Wagners unfehlbarer Instinkt für Wechselbeziehungen ermöglichte ihm, wie Weigert mir erklärte, die teils historische, teils der Sage entnommene Vorlage in einem kühnen Brückenschlag über Hunderte von Jahren seinen eigenen Intentionen in der Mitte des 19. Jahrhunderts dienstbar zu machen. Deshalb muß auch der historische und der biographische Hintergrund von Wagners Gestalten wesentlichen Einfluß auf die Art und Weise haben, wie sie begriffen und dargestellt werden. Das heißt, daß wir unsere Emotionen ebenfalls in diese früheren Zeiten zurückschweifen lassen müssen, um Elsa gerecht zu werden. Zusammengefaßt: Wenn wir die Tatsache akzeptieren können, daß Elsa und ihre Zeitgenossen an göttliche Gerechtigkeit und an Magie glauben, ist ihre emotionale Reaktion völlig klar und glaubhaft.

Die historischen Aspekte waren nur ein Teil dessen, was Hermann Weigert mir beibrachte. Er wies auch darauf hin, wie der Dichterkomponist den unterschwelligen Dialog zwischen den Worten und der Musik einsetzt, um die Situation auf mehreren Ebenen gleichzeitig deutlich zu machen. Sieglindes Reaktion auf das unsichtbare Pferd, das in den unsichtbaren Stall geführt wird, ist nur ein Beispiel. Daß sie sich vom ersten Moment an zu Siegmund, dem fremden Mann, hingezogen fühlt, ist aus der Art, wie sie ihm begegnet, nur zu vermuten, doch die Leitmotive im Orchester lassen den Hörer nicht darüber im Zweifel, was in ihrem Herzen vorgeht.

Je mehr ich von Hermann Weigert lernte, desto unersättlicher wurde ich, bis ich etwa nach einem Jahr eine Sperre hatte. Mein Lehrer hatte mir die Senta im *Fliegenden Holländer* aufgegeben, und ich hatte die größten Schwierigkeiten, die Musik im Kopf zu behalten. Ich nehme an, daß wir alle irgendwann Probleme damit haben, uns etwas einzuprägen. Es ist mir oft aufgefallen, daß mein Hirn, sobald ich meine geistige und emotionale Neugier aktivieren konnte, wie eine Wolfsfalle funktionierte. Wenn das nicht der Fall war, verwandelte es sich in ein Sieb. Ich entdeckte, daß ich viel spontaner auf Rollen mit komplexer musikalischer Struktur ansprang und bei den mehr schematisch angelegten echte Probleme bekam. Die Musik, die Senta zugeteilt ist, ist ein gutes Beispiel für den letzteren Fall.

Mr. Weigerts Reaktion auf mein Dilemma machte mich verdutzt. Statt mich mit seinen klugen Erklärungen zu überhäufen, wie ich es inzwischen von ihm gewöhnt war, teilte er mir lediglich trocken mit, daß er im Begriff sei, seine jährliche Sommerpause zu machen. Erst werde er an der San Francisco Opera arbeiten und danach einen Monat ausspannen. Wenn er im Spätherbst nach New York zurückkehre, erwarte er, daß ich die Rolle der Senta völlig drauf habe, ohne irgendwelche Ausflüchte, andernfalls sei er nicht bereit, zu einer nächsten Oper überzugehen. – So einfach lag der Fall.

Und als ob diese Rüge noch nicht genug war, war jener New Yorker Sommer einer der sengendsten seit Menschengedenken. Ich bereitete eimerweise Limonade zu, um mich wenigstens innerlich zu erfrischen, wenn ich draußen auf der Feuertreppe saß und mich mühsam durch Sentas Wiederholungen ackerte. Oft leistete mir meine Mutter Gesellschaft und soufflierte mir Text und Musik.

Allmählich erkannte ich ein logisches Schema hinter diesem vermeintlichen Einerlei und begriff, was Wagner damit ausdrückte – daß Sentas Zwangsvorstellung sich musikalisch als beharrlich wiederkehrender roter Faden manifestiert und ihre völlige Verstrickung in das Los des unbekannten Holländers symbolisiert. Nachdem ich das entdeckt hatte (hurra!), hatte ich mit Sentas Wiederholungszwang keine Schwierigkeiten mehr.

Wenn ich auch zum damaligen Zeitpunkt über Mr. Weigerts plötzliche Demonstration von Disziplin einigermaßen verblüfft war, bewies mir meine Entwicklung, wie recht er hatte. Er wußte genau, daß ich mir Sentas innere Logik niemals zu eigen machen würde, wenn ich sie nicht selbst fand. In gewisser Hinsicht war er auch während seiner Abwesenheit mein Lehrer, indem er mich zur Aufbietung aller Kräfte zwang, um diesen Weg zu gehen. Jeder kommt in prekäre Situationen, aus denen er sich nur mit verbissener Plackerei befreien kann, und je früher man damit beginnt, desto schneller hat man es hinter sich. Mein Ringen um das Verständnis für Senta half mir, die Basis für eine Gestaltung zu legen, die später als eine meiner wirkungsvollsten galt.

Als der Sommer vorbei war, stieß ich einen großen Seufzer der Erleichterung aus – Senta und ich standen für Mr. Weigerts Rückkehr bereit. Malen Sie sich meine Freude aus, als ich die Problemrolle makellos vortrug und erleben durfte, wie mein Lehrer befriedigt lächelte!

Kurz danach war zur Vorbereitung auf eine *Holländer*-Aufführung für Mme Flagstad eine musikalische Probe mit Mr. Weigert bei ihr zu Hause angesetzt. Sie bat meinen Lehrer, mich mitzubringen, damit sie mich endlich singen hören könne, und meinte, ich solle ruhig bleiben, während sie die Rolle der Senta durchging. Da der *Holländer* auf der Tagesordnung stand, schlug mein Lehrer vor, ich solle ihr die Arie der Senta vorsingen. Als ich geendet hatte, gratulierte sie mir zu meiner Arbeit und wandte sich dann ihrem Pensum zu. Als sie zu der Arie kam, übersprang sie sie einfach und ging zur nächsten Szene mit Erik über.

Jahre später bot sie mir bei einer anderen, öffentlichen Gelegenheit großzügig ihren Platz im Rampenlicht an.

Langsam und mit äußerster Sorgfalt gingen wir von den lyrischeren Rollen zu den die Stimme stärker beanspruchenden wie Brünnhilde und Isolde über. Außerdem hatte ich mir inzwischen nicht nur die Worte und die Musik einzuprägen, sondern auch die Tempi, die die verschiedenen Dirigenten an bestimmten Stellen der Opern wahrscheinlich nehmen würden.

Einer der vielen mnemotechnischen Tricks, die ich anwandte, um für diese Unterschiede in der Auslegung gewappnet zu sein, war, einen Braten in die Röhre zu schieben und dann die Schlußszene Brünnhildes aus *Götterdämmerung* zu singen. Ein schnelles Tempo ergab ein Roastbeef, das innen noch blutig war, während die gemächlichere Auslegung eines anderen Dirigenten die richtige Zeit für eine rosa gebratene Lammkeule war. Ich sollte hier allerdings hinzufügen, daß ich damals noch nicht Hans Knappertsbusch begegnet war.

Ich machte so gute Fortschritte, daß ich allmählich Mr. Weigert mehr Fragen stellte als er mir. Als wir bei der Kundry in *Parsifal* angelangt waren, fragte ich so viel, daß er bekannte, er müsse sein Gedächtnis erst in seiner Fachbibliothek auffrischen.

Einige Monate später sahen wir uns vor einem neuen Problem. Das Studium, das er auf drei Jahre veranschlagt hatte, war im wesentlichen nach der Hälfte der Zeit abgeschlossen. In dieser kurzen Zeitspanne von achtzehn Monaten hatte ich in meinem unermüdlichen Lerneifer fast das gesamte Wagner-Repertoire auf Dauer in meinem Kopf gespeichert; so solide, daß sogar mein Pädagoge Mr. Weigert einigermaßen im Zweifel war, wo wir noch weitermachen könnten.

Ein Mann von geringeren Qualitäten hätte sich wahrscheinlich durchgemogelt und die restlichen achtzehn Monate mit einer gehobenen Beschäftigungstherapie gefüllt, bevor eine Entscheidung fällig wurde. Hermann Weigert war jedoch viel zu professionell und erfahren, um seine und meine Zeit zu verschwenden. Er wußte, daß er und ich auf eine Erzader gestoßen waren, doch er wollte sich noch vergewissern, ob er nicht die Objektivität verloren habe, die so entscheidend für einen Beschluß über die Zukunft war. Zum Glück für alle Betroffenen hatte Hermann Weigert sowohl die Demut wie das untrügliche Gespür, einen seiner hervorragendsten Altersgenossen und ältesten Freunde um eine ehrliche Beurteilung zu bitten.

Etwas zum Lachen

Mr. Weigert wählte, um eine objektive Meinung zu hören, einen Kollegen aus alten Berliner Zeiten, der sich als Dirigent inzwischen auch in den Vereinigten Staaten einen Namen machte, einen Mann von vollendeter musikalischer Meisterschaft, wenn auch etwas trocken. »Erwarten Sie also nicht, daß er allzu viel vom Ausdruck versteht«, erklärte mir Mr. Weigert.

Es handelte sich um George Szell, dem Hermann Weigert die Einladung in die Schweiz als Begleiter für Flagstad und damit indirekt sein Engagement in New York zu danken hatte.

Mr. Szell hatte vor kurzem sein amerikanisches Debüt mit einem Konzert in der Hollywood Bowl gegeben und danach als Wohnsitz New York gewählt, wo er bald an der Met dirigieren sollte.

Mr. Weigert setzte sich mit ihm in Verbindung, und Mr. Szell erklärte sich gerne bereit, mich anzuhören. Bei meinem Leben kann ich mich nicht erinnern, was ich ihm vorsang. Jedenfalls berieten sich die beiden Herren anschließend in einer Ecke.

Mr. Szell gefiel meine Stimme, und er war von meiner Musikalität beeindruckt. Darum machte er den Vorschlag: »Warum läßt du sie nicht Edward Johnson vorsingen? Sie sollte noch von einem anderen Stimmexperten beurteilt werden. Und bestimmt hat Mr. Johnson die eine oder andere Idee, welche Rollen sie noch studieren könnte.«

Edward Johnson war ein ausgezeichneter kanadischer Tenor, der dreizehn Spielzeiten an der Metropolitan gesungen hatte, bevor er gefragt wurde, ob er die Bühne nicht mit dem Büro des General Manager vertauschen wolle, als Gatti-Casazzas designierter Nachfolger Herbert Witherspoon im Sommer 1935 plötzlich gestorben war.

Meine Reaktion auf Mr. Szells Vorschlag war: Würde sich jemand in Mr. Johnsons hoher Position wirklich die Zeit nehmen, sich eine blutige Anfängerin anzuhören – *lediglich zur Information!* ? Mr. Weigert erwiderte: »Warum nicht?« und betonte, daß er eine außerordentlich hohe Meinung von Mr. Johnsons Urteil über Sänger und Singen habe, so wie er George Szell als absolute Autorität in musikalischen Fragen betrachte. Natürlich sei Mr. Johnson überaus beschäftigt, aber fragen koste ja nichts.

Zu diesem Zeitpunkt in der Geschichte der Metropolitan war das amerikanische Kontingent an Sängern ziemlich dürftig und schrumpfte weiter. Mr. Johnson hoffte das zu ändern. Mr. Weigert dachte also, daß er, wenn ihm das Gehörte gefiele, vielleicht für Miss Varnay eine bescheidene Position in der Compagnie finden würde.

Ich wurde aufgefordert, am 10. Juli 1940 im »Ladies' Parlor« vorzusingen, einem kleinen Salon, in dem erst einmal vorsortiert wurde, um die gesangliche Spreu vom Weizen zu trennen.

Ich erschien zur vorgegebenen Zeit, hielt kurz die Luft an, als ich den General Manager erblickte, und sang ihm dann ein, zwei Arien vor. Ich weiß nicht mehr genau, was es war, aber offenbar machte ich einen guten Eindruck auf ihn. Mr. Johnson nahm eine dieser Karten, auf denen in der Met die Eindrücke über jedes Vorsingen vermerkt werden, und schrieb darauf: »Gutes Material, exzellentes Deutsch und Italienisch, musikalisch, sollte im Auge behalten werden (E. J.).« Darauf bat er mich, einen kurzen Brief mit meinem Lebenslauf und meinem Repertoire an sein Büro zu schicken. Mein Brief lautete:

»Sehr geehrter Mr. Johnson,
hiermit darf ich Ihnen die Daten mitteilen, um die Sie mich liebenswürdigerweise nach dem Vorsingen am Mittwoch, dem 10. Juli 1940, ersucht haben.

Name:	Violet Varnay
Alter:	22
Geboren:	Stockholm, Schweden (ungarische Abstammung)
Ausbildung:	Grundschule und High School (abgeschlossen), musikalischer Privatunterricht (8 Jahre Klavier)
Sprachen:	Englisch, Deutsch, Italienisch, Französisch, Ungarisch

Gesangsunterricht durch meine Mutter.
Repertoirestudium bei Maestro Hermann Weigert.

Repertoire
Deutsch:

Holländer	Senta
Lohengrin	Elsa
Tannhäuser	Elisabeth
Meistersinger	Eva
Walküre	Sieglinde
Walküre	Brünnhilde
Siegfried	Brünnhilde
Götterdämmerung	Brünnhilde

Tristan & Isolde	Isolde (in Vorbereitung)
Götterdämmerung	Dritte Norn und Gutrune
Italienisch:	
Aida	Aida
Otello	Desdemona
Cavalleria Rusticana	Santuzza
Forza del Destino	Leonora

Weitere Partien in Vorbereitung.

In aufrichtiger Dankbarkeit
und mit vorzüglicher Hochachtung
Violet Varnay«

Die unmittelbare Reaktion, als dieser Brief auf Mr. Johnsons Schreibtisch landete, war ungezügelte Heiterkeit. Der General Manager dachte, daß Weigert ihn als Opfer für irgendeinen Schabernack ausersehen habe, denn Weigert stand in dem Ruf, ein ausgeschlafener Spaßvogel zu sein, wenn es um geistreiche Witzeleien ging. Allerdings hatte er bislang keinen Spaß verstanden, wenn es um musikalische Angelegenheiten ging. Konnte diese Schülerin von Weigert wirklich dreizehn der schwierigsten Sopranrollen bereits im jugendlichen Alter von 22 Jahren draufhaben? Und welches waren die anderen »Partien«, die sie in Vorbereitung hatte? Die ganze Geschichte war ziemlich unvorstellbar, aber Mr. Johnson dachte – wie er mir viele Jahre später eingestand –, dieses Vorsingen gäbe etwas zum Lachen und wäre gerade richtig, um sich an einem ansonsten trüben Novembernachmittag die Zeit zu vertreiben. Auf jeden Fall schien es ihm hochinteressant, die Behauptung in ihre Bestandteile zu zerlegen.

Ich wurde also ein paar Monate später für ein zweites Vorsingen am 8. November 1940 eingeladen, diesmal in einem großen Probensaal im obersten Geschoß des Gebäudes, der sogenannten roof stage. In der Zwischenzeit hatte mein Brief in den Direktionsbüros die Runde gemacht. Zwei von Mr. Johnsons engsten Mitarbeitern, Frank St. Leger, stellvertretender Kapellmeister und Leiter des künstlerischen Betriebsbüros, und Earl E. Lewis, der stellvertretende General Manager, der diesen Posten seit Beginn der Gatti-Ära innehatte, wollten sich diesen Spaß ebenfalls auf keinen Fall entgehen lassen. Da die Mehrzahl der in meinem Brief aufgelisteten Rollen Wagnerpartien waren, wurde natürlich auch Erich Leinsdorf, der neue Chefdirigent für das deutsche Repertoire, dazugebeten.

Normalerweise nahm eine der unteren Chargen des künstlerischen Stabs ein erstes Vorsingen auf Engagement ab, aber dieser Fall war zu schön, um wahr zu sein, und alle aus den oberen Etagen wollten bei diesem Vergnügen dabeisein. Mr. Johnson und seine Elitetruppe dachten, daß sie mit der anmaßenden jungen Dame kurzen Prozeß machen könnten, die behauptete, daß sie all diese schwierigen Rollen im Kopf und in der Kehle habe.

Maestro Weigert setzte sich ans Piano, und wir warteten beide auf die ersten Direktiven. Mr. Johnson schlug vor, mit Brünnhildes Schlußszene aus *Götterdämmerung* zu beginnen. Denn das war nun wirklich die Probe aufs Exempel. Danach ging es weiter mit dem Examinieren sämtlicher Rollen, die ich bei meiner Mutter und Mr. Weigert studiert hatte. Ich wurde aufgefordert, Stichproben aus den Opern auf meiner Liste abzuliefern.

Ganz allmählich verwandelten sich die Mienen meiner erlauchten Zuhörerschaft von einem »Das wollen wir doch mal hören!« in einen Ausdruck, der entfernt unerwartetes und etwas verunsichertes Wohlgefallen signalisierte.

Zwei Stunden lang, mit einigen kurzen Unterbrechungen, wurde ich auf Herz und Nieren geprüft. Die Gentlemen, die sich versammelt hatten, um mich verächtlich abzutun, hörten immer noch aufmerksam zu. Ihr Skeptizismus verwandelte sich in aufrichtige Bewunderung, wie ich ihren Mienen entnehmen konnte.

Nach einem kurzen Konklave gingen alle Stabsmitglieder zurück in ihre Büros. Darauf lächelte mich Mr. Johnson warmherzig an und sagte, er hätte sich überzeugt, daß ich all die Rollen auf meiner Liste musikalisch gemeistert habe, und daß er von der Qualität meines Gesangs aufs angenehmste überrascht sei. Trotzdem müsse er erst noch testen, ob meine Stimme auch tragfähig genug sei, um ein Haus mit 3 465 Plätzen zu füllen.

Das zweite Vorsingen war mir endlos erschienen, doch das letzte am 22. Mai 1941 auf der Bühne war kurz und schmerzlos. Ich sang zwei Arien, darunter Isoldes *Liebestod*, und endete mit Brünnhildes Schlachtruf aus dem zweiten Akt der *Walküre*.

Als ich mit den »Hojotoho«-Rufen begann, widerhallte ein enormer Donnerschlag im ganzen Haus, und eines der klassischen Gewitter von New York City rüttelte an allen Fenstern. Ich dachte mir: »Ich fühle mich wirklich wie das Wotanskind« und machte mit größtem Vergnügen mit meinem Schlachtruf weiter, während mich das himmlische Schlagzeug begleitete. Mr. Johnson sagte, er habe genug gehört, holte seinen Füller aus dem Jackett und schrieb auf meine Laufkarte: »Engagieren«. Später vertraute er Mr. Weigert an: »Ich weiß nicht, was zum Teufel ich mit dem Mädchen anfangen soll, aber ich muß sie im Haus haben.«

Mr. Johnson traf mich dann hinter der Bühne und fragte mich liebenswürdig: »Und wer ist jetzt mein Ansprechpartner?« Ich verstand nur Bahnhof. Glücklicherweise informierte mich Mr. Weigert mit einem vernehmlichen *Aparte:* »Er bietet Ihnen einen Vertrag an.« Ich hatte den Eindruck, daß sich der Boden unter mir auftue. Schließlich waren wir ursprünglich nur gekommen, um eine berufene Meinung zu hören. Bevor ich diese kolossale Entwicklung noch richtig begriffen hatte, hörte ich Mr. Johnson sagen, daß er für einen der Topagenten im New Yorker Musik-Business sorgen werde, um meine Verträge auszuhandeln: André Mertens, einen charmanten und eleganten Herrn europäischer Herkunft vom angesehenen Columbia Artists Management.

Bei unserem ersten Treffen teilte mir Mr. Mertens mit, daß er von jedem neuen Künstler in seinem Stall erst einmal Background-Informationen brauche. Er sagte auch, daß er mit meinem Namen nicht sehr glücklich sei. »Violet Varnay« klinge ihm zu konstruiert. Ich nannte ihm meine verschiedenen Vornamen und erklärte ihm ihre Herkunft. Mr. Mertens meinte, daß wir sie vergessen könnten. »Wie würde Ihnen eine andere Alliteration gefallen, zum Beispiel ›Virginia‹ Varnay.« Ich dachte eine Minute nach und sagte, daß die Namen nicht zueinander paßten. Ich kannte inzwischen den Hang der New Yorker Kritiker zu Wortspielen. Sie konnten sich, wenn ich einige meiner dramatischen Vorstellungen in die Tat umsetzte, bemüßigt fühlen, mich »Virginia Ham« (Virginia Ham ist ein Markenschinken, Ham bedeutet jedoch auch Schmierenkomödiant) zu nennen. Wir einigten uns schließlich auf meinen mittleren Namen Astrid.

Es wird so viel über die Korruptheit von Agenten erzählt, und vieles davon ist leider wahr, deshalb lassen Sie mich kurz innehalten, um Mr. Mertens für seine Großzügigkeit mein Kompliment zu machen.

Kurz nach meinem Debüt informierte er mich, daß der Nightclub »The Starlight Room« in Manhattan von mir gehört habe und sehr interessiert sei, mich zu engagieren. Ich solle in dem piekfeinen Etablissement für die Stammgäste Songs wie »Dark Eyes« singen. Das Management der Metropolitan wollte nichts davon hören. Entweder große Oper oder populäre Musik – in ihren Augen war beides unvereinbar.

Es ist nicht uninteressant, daß der Gedanke an das Auftreten in einem Nightclub 1941 für die Met genauso anstößig war, wie es der Gedanke, daß meine Mutter Bühnenkünstlerin werden könnte, 1906 für meinen Großvater gewesen war. *Plus ça change, plus c'est la même chose!* Mr. Mertens mußte sich dem Gebot der Operndirektion beugen. Es blieb für ihn also im Augenblick nichts zu tun, als für mich einen Dreijahresvertrag mit der Met auszuhandeln, gestaffelt in eine Anfangsgage von 75 Dollar pro Woche im ersten Jahr, 98 Dollar im zweiten und 122 Dollar 50 im dritten Jahr. Unter diesen Umständen, sagte er, sei er es seiner Ehre schuldig, auf die Provision für den Met-Vertrag zu verzichten. In den ersten drei Jahren meiner Karriere kassierte also einer der renommiertesten Agenten im Business seine Provision lediglich für die Konzerte, die er für mich buchte!

Auch mit einem unterzeichneten Met-Kontrakt war ich mir völlig im klaren, daß die Verantwortung nun noch größer war. Und natürlich waren auch meine Mutter und Mr. Weigert überglücklich. Doch die Arbeit mit ihnen ging wie gewohnt weiter, wenn nicht noch intensiver als bisher. Denn ES WAR DAS FAMILIENMETIER!

Als die Spielzeit in diesem Herbst begann, lebte ich praktisch im Theater. Ich machte es mir zur Pflicht, so vielen Proben wie nur möglich beizuwohnen, auch wenn sie nicht mein Fach betrafen. Ich erhielt außerdem die Genehmigung, Vorstellungen aus der Kulisse zu verfolgen, um zu hören, wie das Orchester aus dieser Perspektive klang.

Natürlich schaute ich mir auch weiter Opern vom Stehplatz aus an. Inzwischen hatte ich mit einigen Stehplatzbesucherinnen Freundschaft geschlossen, aber ich sah keinen Grund dafür, zu erwähnen, daß sie mich eines Tages auf der Bühne erleben würden, was Ginny Ahrens' Verblüffung nach der ersten *Walküre*-Vorstellung erklärt.

Mutter dagegen ließ es sich nicht nehmen, einer Freundin die gute Nachricht mitzuteilen, worauf diese Freundin postwendend einen Glückwunschbrief schickte, der mit einer Erinnerung an meinen Vater begann.

»Ich werde ihm immer dankbar sein. Und ich wünsche Dir für Deine Zukunft, daß Du jemanden findest, der Dir so hilft, wie Dein Vater mir geholfen hat.

Ich wußte, daß Du mir durch das Erbe, das Du von Deiner Mutter und Deinem Vater erhalten hast, als Persönlichkeit und als Sängerin viel zu bieten haben würdest.

Also, Violet, ich kann nur sagen, daß die Institution, die Dich unter Vertrag genommen hat, es nie bereuen wird.

Du hast eine außerordentliche Stimme; Deine große Musikalität und Dein Arbeitseifer werden Dich sehr weit bringen. Daß Du bei Deiner Mutter und Hermann Weigert in so guten Händen bist, ist eine zusätzliche Garantie dafür. Ich weiß, was ich Weigert zu danken habe. Ohne ihn hätte ich in diesem Land nie das erreicht, was ich bin.«

Der Brief war mit »Kirsten Flagstad« unterschrieben.

Am Samstag, dem 3. Februar 1951 hatte ich die einmalige Chance, in einer Radio-Matinee an der Met Sieglinde neben Mme Flagstads Brünnhilde zu singen. Es war die erste von nur zwei Vorstellungen, in denen wir gemeinsam auftraten.

In den langen Jahren meiner Karriere habe ich mit einem leibhaftigen »Who's Who« von Operngrößen gesungen, von Lauritz Melchior über Risë Stevens, George London, Birgit Nilsson, Hans Hotter, Martha Mödl bis zu Plácido Domingo, um nur ein paar zu erwähnen. Dennoch verkörpert unsere liebe alte Familienfreundin wegen der gefühlsbetonten Bindung und mehr noch wegen der olympischen Überlegenheit in allem, was sie tat, die Krönung meiner Kollegenliste.

Während ich glücklich praktisches Opernwissen hortete, machten sich Mr. Johnson und sein Managementstab ernste Sorgen. Die Nachrichten vom Krieg in Europa wurden mit jedem Tag beunruhigender. Und obwohl die Wahrscheinlichkeit einer amerikanischen Beteiligung an dieser Konfrontation nach wie vor sehr gering schien, war Mr. Johnson nichtsdestoweniger in der schwierigen Lage, eine Spielzeit planen zu müssen, ohne weiterhin über viele Künstler verfügen zu können, die die Compagnie früher aus Europa geholt hatte.

Aufgrund dieses Problems bat Mr. Johnson seinen Kompagnon Edward Ziegler, an Mr. Weigert zu schreiben. In seinem Brief vom 2. Juli 1941 erkundigte er sich: »Können Sie mir mitteilen, ob sie in der Brünnhilde im *Ring* sattelfest ist, und ob Sie glauben, daß die Stimme soviel Körper hat, um diese Opern auf der Bühne ›durchzuhalten‹?«

Mein Lehrer antwortete am nächsten Tag: »Miss Varnay ist musikalisch und gesanglich in allen Partien ihres Repertoires sattelfest. Nach meiner persönlichen Meinung hat sie trotz ihrer Jugend auch das Durchhaltevermögen für Vorstellungen.«

Daraufhin wurde mir mitgeteilt, daß ich mein Debüt an der Metropolitan Anfang 1942 geben würde, nicht in einer Nebenrolle, wie wir erwartet hatten, sondern als Elsa in *Lohengrin*. Unser Becher war übervoll!

Als ich meine Operationsbasis aus der Buchhandlung in das Opernhaus verlegte, fielen mir unwillkürlich Ähnlichkeiten zwischen den beiden Jobs auf. Wie bei Kamin's hatte ich meinen festen Zeitplan mit Korrepetitionsstunden und den Sitzungen im »Laboratorium«, wo Dr. Lothar Wallerstein uns junge Sänger in die technischen Vertracktheiten des Musiktheaters einführte. Und wie bei meinem Job in der Buchhandlung fuhr ich nach wie vor mit der U-Bahn zur Arbeit, allerdings konnte ich den Schnellzug nun eine Station früher verlassen – nicht mehr in der 57th Street, sondern am Times Square.

Und so geschah es, daß ich an einem frostigen Vormittag Anfang Dezember meinen *Lohengrin*-Auszug einpackte, mich gegen die Kälte einmummte und einem Tag entgegenfuhr, von dem ich dachte, er würde eine weitere Routine-Korrepetition mit Maestro Leinsdorf bringen.

ZWEITER AKT

Die frühe Karriere

ERSTE SZENE

Walhall am Hudson

Während des Zweiten Weltkriegs hatte die Metropolitan das Glück, einen Hauptgewinn mit einigen der größten Sänger und Dirigenten gezogen zu haben, die – direkt oder indirekt von den perversen Rassengesetzen in Deutschland und den besetzten Ländern betroffen – in den Vereinigten Staaten lebten. Mit Sternen wie in meiner Debüt-Besetzung: Melchior, Schorr, Traubel, Thorborg und Kipnis; weiteren europäischen Künstlern wie Karin Branzell, Irene Jessner, Lotte Lehmann, Elisabeth Rethberg, Emanuel List und Herbert Janssen; und begabten amerikanischen Sängern wie Rose Bampton, Margaret Harshaw, Emery Darcy und Julius Huehn auf der Bühne war New York überreich an Göttern und Göttinnen, Heroen und Heroinen, die es für die kommenden Jahre zu einem wahrhaften »Walhall am Hudson« machten.

Dazu konnten wir als weiteren Aktivposten eine Parade wahrhaft himmlischer Wagnerdirigenten aufweisen. Kein Wunder, denn die meisten von ihnen waren Juden und hatten bei Nacht und Nebel nach Amerika flüchten müssen, um ihr Leben zu retten. Doch es gab auch andere wie Fritz Busch, die mit der »Kultur« von Hitler und Goebbels nichts zu schaffen haben wollten.

Interessanterweise war nur eine Handvoll wirklich großer Dirigenten wie Clemens Krauss, Hans Knappertsbusch und Wilhelm Furtwängler in Mitteleuropa geblieben. Hingegen hatten wir allein in New York City neben dem bereits erwähnten Fritz Busch *nur für das deutsche Repertoire* Pultgrößen wie Paul Breisach, Erich Leinsdorf, Fritz Reiner, William Steinberg, Fritz Stiedry, George Szell und Bruno Walter.

Ich hatte die Ehre, unter all diesen Dirigenten zu singen – bis auf einen. Die Ausnahme war Dr. Bruno Walter, der sehr früh in meiner Karriere mit dem Wunsch an mich herantrat, ihm die Arie der Leonore »Abscheulicher, wo eilst du hin?« aus *Fidelio* vorzusingen. Ich war geschmeichelt, daß er mich hören wollte, und als ich meine Sache offenbar gut gemacht hatte, bemerkte er: »Es ist für Sie an der Zeit, diese Partie zu singen.« Ich sagte, daß ich bei allem Respekt anderer Meinung sei.

Ich erklärte ihm, daß ich zwar mit der Arie keine Probleme habe, mir aber im großen Quartett im zweiten Akt, nachdem Leonore Pizarro mit einer Pistole bedroht hat, gesanglich noch immer nicht sicher sei. Der letzte Teil des Quartetts war beim damaligen Stand meiner Stimmentwicklung nach wie vor zu schwierig, um ihn wirklich zu meistern.

Er sagte, daß er von mir enttäuscht sei, und das war's dann.

Viel später erwarb ich mir die Leichtigkeit und Sicherheit, um diese prekären Stellen in den Griff zu bekommen, und sang darauf im Lauf meiner Karriere oft die Leonore, doch nie unter Dr. Walter.

Ein weiterer Titan dieser Epoche spielte ebenfalls mit dem Gedanken, mich vielleicht für ein anderes Werk von Beethoven zu engagieren. Der Dirigent war Arturo Toscanini, und das Werk war die *Neunte Symphonie*. Für den Maestro war ein Vorsingen arrangiert worden, bei dem er sich einige Soprane anhören konnte, die für den Solopart im letzten Satz in Frage kamen.

Als ich vorsang, hörte er aufmerksam zu, doch als ich fertig war, blieb er einfach im Zuschauerraum sitzen und unterhielt sich mit Bruno Zirato, einem der Manager der New York Philharmonic Symphony Society. Als ich von Mr. Zirato von unten ein ruhiges »Danke« vernahm, verließ ich die Bühne.

Später informierte mich Mr. Zirato fast entschuldigend, daß der Maestro bedaure, jedoch das Gefühl habe, daß meine Stimme für diese Musik zu groß sei. Ich war doch etwas verwundert, daß der Maestro nicht einige dynamische Schattierungen mit mir ausprobiert hatte. Zu jener Zeit war mein Qualitäts-Pianissimo ein Begriff.

Später nahm er die *Neunte* mit der Riesenstimme von Eileen Farrell auf. – Kein Kommentar!

Ich arbeitete also nie mit Dr. Walter oder Maestro Toscanini zusammen, doch die großartigen Dirigenten, unter denen ich sang, gehörten zum selben Klub, und ihre Assistenten waren ebenfalls exzellente Musiker.

Der Musikstab für das deutsche Repertoire der Metropolitan unter der Leitung von Hermann Weigert verfügte über eine nicht minder vorzügliche Zahl erstklassiger Kräfte, die unsere Vorstellungen musikalisch auf Hochglanz brachten. Diese Gruppe umfaßte mindestens ein halbes Dutzend Könner, die später vorzügliche Dirigenten wurden. Bereits damals wußten sie sich in musikalischen Fragen gegenüber den Ranghöheren zu behaupten.

Bei einem dieser kleinen Vorfälle bewies Hermann Weigert seine spitzbübischen Fähigkeiten, die in Edward Johnson den Verdacht hatten keimen lassen, er mache sich einen Spaß mit ihm, als er mich dem Management präsentierte. Während einer *Siegfried*-Probe kam der ziemlich selbstherrliche Dr. Fritz Stiedry mit dem Ausdruck tiefster Selbstzufriedenheit aus dem Orchestergraben und sagte eingebildet: »Weigert, haben Sie sie gehört? Sie haben mir auf den leisesten Wink pariert!« – »Warum sollten sie das nicht tun?« antwortete Mr. Weigert lakonisch. »Dafür werden sie schließlich bezahlt.«

Die Regie zu jenen Zeiten war, soweit ich sie in Erinnerung habe, ziemlich rudimentär und bestand hauptsächlich aus der Regelung des Verkehrs. Das war natürlich für das Ensemblespiel alles andere als hilfreich. Den wenigen Sängern mit Theaterblut wurde gestattet, »sich auszuleben«, während die große Mehrheit einfach zu der Stelle ging, die ihnen vom Regisseur zugewiesen wurde, dort würdevoll stehenblieb und gut sang.

Helen Traubel war wahrscheinlich der Prototyp der statuarischen Schule der Operndarstellung, doch wenn sie ihre unvergleichlich schöne Stimme strömen ließ, wurde das Publikum für das, was es vielleicht schauspielerisch entbehren mußte, reichlich entschädigt. Ihr Repertoire bestand fast ausschließlich aus Wagner, spät in ihrer Karriere sang sie noch die Marschallin im *Rosenkavalier*. Zu ihrer Reputation als Sängerin kam noch eine zweite Karriere als *Mystery*-Autorin. Ihr Roman »Metropolitan Opera Murders« ist wahrscheinlich der beste in diesem Genre.

Zu meinen Kolleginnen zählten auch Kerstin Thorborg und Karin Branzell, die sich das Mezzofach bei Wagner teilten, beide Schwedinnen, aber äußerst gegensätzlich.

Madame Thorborg sagte einmal, sie habe ihren Mann, den Regisseur Gustav Bergman, geheiratet, weil er ein so fabelhafter Koch sei.

Sie war keine Kostverächterin, aber nicht übergewichtig. An ihrer Seite hatte man das Gefühl, neben einer schlanken, stabilen Säule zu stehen. Ihre Musikalität war mehr als stabil. Bereits in der Mitte ihrer Karriere war sie in über 70 großen und kleineren Rollen aufgetreten.

Karin Branzell hatte die Maddalena neben meiner Mutter als Gilda in Stockholm am 29. September 1916 gesungen, noch vor meiner Geburt. Wir standen in der Metropolitan häufig zusammen auf der Bühne, bevor sie sich 1944 zurückzog. Obwohl sie damals in ihren Fünfzigern war, war sie immer noch eine schöne, fast aufreizende Frau. In einer *Aida*-Vorstellung, in der Madame Branzell eine besonders verführerische Amneris neben einer ziemlich vollschlanken Sängerin in der Titelrolle gestaltete, fragte ich mich, ob der Tenor nicht einen Knick in der Pupille habe.

Madame Branzell war eine sehr seriöse Künstlerin, doch in Proben erfreute sie uns oft mit ihrem überraschend skatologischen Humor, der oft frischen Wind in die gefährlich dünne Luft brachte, die durch das gegenseitige Sichhochschaukeln all dieser mitteleuropäischen Doktoren und Professoren entstand, die unsere Proben beaufsichtigten. Einmal debattierte eine Gruppe dieser überhochmetzten Akademiker über irgendein ästhetisches Kardinalproblem in einer Terminologie, der praktisch niemand folgen konnte (am allerwenigsten sie selbst), als Mme Branzell vom stillen Örtchen zurückkehrte und – ohne auch nur ein Jota ihrer angeborenen Grandezza zu verlieren – gelassen und ohne jemanden im besondern zu meinen verkündete: »Ein gutes großes Geschäft kann, wenn man's nötig hat, befriedigender sein als mittelprächtiger Beischlaf.«

Dieser Humor reichte indes nicht aus, um kritische Rezensionen auf die leichte Schulter zu nehmen. Manchmal gingen ihr richtig die Nerven durch, sogar wenn es Kollegen waren, die unverdientermaßen eine ungünstige Besprechung bekommen hatten. Ihr Mann löste das Problem, indem er die Kritiken der Spielzeit sammelte und zu einem Bündel zusammenrollte, das bis zum Sommer in einer speziellen Schublade ruhte. Erst dann konnte sie ihrem Ärger Luft machen, ohne daß Gefahr für ihre wertvollen Stimmbänder bestand.

Die Umstände von Karin Branzells Abschied von der Bühne zeugten nicht von großem Taktgefühl des Managements. Sie wurde in einer beiläufigen Erklärung auf einer Party darüber informiert, daß sie für keine weiteren Vorstellungen angesetzt würde. Sie können sich ihren Verdruß ausmalen, weniger über die Entlassung als darüber, daß sie ihr in aller Öffentlichkeit mitgeteilt worden war.

Immerhin hatte sie eine kleine Genugtuung, als ich am 15. März 1945 erstmals die Rolle der Ortrud in *Lohengrin* übernahm. Bei einer Anprobe in der Kostümabteilung stellte ich fest, daß die Ortrud-Kostüme der Metropolitan für mich nicht in Frage kamen, und rief Mutters Freundin von früher an, ob sie so liebenswürdig wäre, mir ihre eigenen Kostüme zu leihen. Sie gab bereitwillig ihre Zustimmung, unter der Bedingung, daß sie für die Vorstellung einen Platz in der ersten Reihe bekomme. Wenn sie schon nicht singe, dann wolle sie wenigstens das Vergnügen haben, ihre Kostüme über die Bühne paradieren zu sehen. Natürlich war es mir eine Ehre, die Karten für sie und ihren Mann zu besorgen.

Die Damen, mit denen ich mich in die leichteren dramatischen Rollen teilte, waren alle entweder auf dem Weg nach oben oder standen kurz vor dem Abschluß ihrer Karriere.

Rose Bampton gehörte dem Ensemble seit 1932 an und hatte ihr Debüt mit dreiundzwanzig gegeben. In den ersten vier, fünf Jahren hatte sie Mezzopartien gesungen und hatte dann ins Sopranfach gewechselt. Ihre erste New Yorker Sieglinde sang sie wenige Tage nach meiner, während ich an diesem Freitag, dem 12. Dezember 1941, als Brünnhilde für Helen Traubel einsprang.

Miss Bampton gehörte der Compagnie an, bis sie sich 1950 zur Ruhe setzte. Ich hatte die Freude, mit ihr einige Vorstellungen in den Kombinationen Brünnhilde–Sieglinde und Elsa–Ortrud an der Met und auf Tournee zu absolvieren. Sie war eine Allround-Künstlerin, eine außerordentlich schöne Frau mit einer prachtvollen Stimme und spielte herrlich. Es war eine Freude, mit ihr aufzutreten.

Eine ebenso erstklassige Darstellerin war Regina Resnik, die ihr Met-Debüt mit zweiundzwanzig als Leonora in *Il trovatore* gab, am dritten Jahrestag meines eigenen Debüts, am 6. Dezember 1944, um genau zu sein. Nachdem sie einer Reihe von Sopranpartien unverwechselbare Gestalt gegeben hatte – einschließlich Bruno Walters *Fidelio*, für den ich mich noch nicht reif fühlte –, beschloß Regina, die Tonleiter ein paar Stufen nach unten zu steigen und einer der vorzüglichsten Mezzos unserer Zeit zu werden.

Lotte Lehmann, deren Indisposition mich 1941 auf die Bühne katapultiert hatte, war damals bereits vierzig Jahre im Beruf. Sie blieb noch weitere vier Spielzeiten, bevor sie sich 1945 von der Bühne zurückzog. Sie war eine wunderbare, warmherzige Frau, deren Intelligenz und musikalische Meisterschaft heute Legende sind.

Sie war unter Bruno Walters Stabführung in Europa und in den

Vereinigten Staaten eine sehr erfolgreiche Leonore in *Fidelio* gewesen, hatte die Partie aber vor einiger Zeit abgegeben. Als sie hörte, daß mich Dr. Walter dafür in Betracht zog, bot sie sich an, mir bei der Vorbereitung zu helfen. Ich erinnere mich, daß ich mir damals gelobte, später einmal jüngeren Kolleginnen ebenso großzügig wie sie meinen Rat und meine Erfahrung anzubieten, falls mir eine ebenso lange Karriere wie die ihre vergönnt sein sollte.

Ich habe dieses Gelöbnis gehalten.

Im Gegensatz zu Madame Lehmanns unkomplizierter Menschlichkeit schwelgte ihre PR-Agentin stellvertretend in versnobtem Dünkel. Im Frühjahr 1942 sah ich mich Auge in Auge mit dieser frostigen Frau, die es offenbar für ihre Aufgabe hielt, mich an die Umstände zu erinnern, die zu meinem Einspringen für Madame Lehmann geführt hatten, und mit hochnäsiger Miene hinzufügte, daß Madame sich außerordentlich gut bei Stimme fühle und in der nächsten *Walküre*-Vorstellung in Boston selbst die Sieglinde singen werde. Ich erwiderte ihr ruhig, daß mir ein Stein vom Herzen falle, da ich in derselben Vorstellung die Brünnhilde zu singen habe. – Das Schweigen, das meiner Mitteilung folgte, war ohrenbetäubend.

Irene Jessner starb vor kurzem in ihrer Wahlheimat Toronto. Ihre sechzehn Spielzeiten an der Metropolitan von 1936 bis 1952 waren die Krönung einer Karriere, die sie 1930 in Europa begonnen hatte.

Sie übersiedelte nach Kanada, um am Edward Johnson Conservatory zu unterrichten, wo sie einige der besten Sängerinnen ausbildete, die dieses Land jemals hervorbrachte, einschließlich meiner lieben Freundinnen Teresa Stratas, Lilian Sukis und Jeannette Zarou. Ihre Unterrichtsmethode basierte auf ihrer eigenen exzellenten Gesangskunst, mit der sie das Publikum bei jedem Auftreten verwöhnte, aber was ihre Darstellung betraf, blieb sie immer die *sehr* vornehme Irene Jessner, eine achtbare Dame mittleren Alters.

Als sie eines Abends in *Lohengrin* auf den Söller trat, um als Elsa den Lüften ihr Glück anzuvertrauen, saß ich als Ortrud neben Herbert Janssens Telramund zu Füßen des Turms. Janssen war ein Witzbold, und als er zu der würdevollen Madame Jessner hochschaute, konnte er der Versuchung nicht widerstehen, mir zuzuflüstern: »Ach, die Frau Kommerzienrat.«

Herbert Janssen und seine Frau Erna wurden gute Freunde von mir und schließlich Freunde in der Not, als einige Jahre später eine schwierige Zeit kam.

Wenn irgendeine Karriere von der Notwendigkeit, Europa zu ver-

Die legendäre Helen Keller besuchte mich in meiner
Garderobe in der Pause einer »Simon Boccanegra«-Vorstellung,
um an meiner Musik mit ihrem Tastsinn teilzuhaben.
Normalerweise lasse ich zwischen den Akten niemanden
hinter die Bühne, doch das war eine sehr große Ehre.

lassen, in Mitleidenschaft gezogen wurde, dann die von Herbert Janssen, der sich nicht dazu durchringen konnte, im durch Hitler ver-
seuchten Deutschland zu bleiben. Er war ein ausgezeichneter lyri-
scher Bariton, doch an der Metropolitan mußte er, weil es an anderen
qualifizierten deutschen Baritonen mangelte, das Heldenbaritonfach
singen, für das er weder die stimmlichen Farben noch das Temperament hatte. Wann immer er die Gelegenheit hatte, eine der ihm ad-
äquaten Rollen im Wagner-Repertoire zu singen, war er unübertreff-
lich. Sein schmelzend schönes Lied an den Abendstern als Wolfram
im dritten Akt *Tannhäuser* stahl jedem Tenor außer Melchior bereits
im voraus die Show.

Ein Kritiker definierte einmal Lauritz Melchior als den zweitbesten
Tenor des 20. Jahrhunderts, wobei er die höchste Ehre dem unsterb-

lichen Enrico Caruso vorbehielt. Ehrlich gesagt, ist das für mich eine typisch amerikanische Sicht, in der Äpfel und Birnen verglichen werden, um völlig überflüssigerweise einen »Ersten« zu ermitteln. Ich würde dafür plädieren, daß Melchior der größte Tenor war, der jemals Wagner sang, und Caruso der größte italienische Tenor.

Melchiors Herz war so groß wie seine Stimme. Von meiner allerersten Vorstellung an nahm er mich unter seine Fittiche, aber durchaus nicht im Sinn einer Romanze. Es stand außer Zweifel, wem seine Liebe galt. Wo Melchior war, durfte auch seine Frau »Kleinchen« nicht fehlen.

»Kleinchen« Melchior war eine geborene Maria Anna Katharina Hacker und hatte in Filmen unter dem Namen Anny Hacker gespielt. Sie hatten sich im Garten von Melchiors Jagdhütte in der Nähe von Berlin unter den bizarrsten Umständen kennengelernt, unter denen ein Paar zusammenkommen kann. Eines Nachmittags spannte Melchior in seinem Garten aus, während Kleinchen sich ein paar hundert Meter über ihm in einem Flugzeug anschickte, im Rahmen einer Filmrolle mit dem Fallschirm abzuspringen. Sie war eine sehr mutige Schauspielerin und führte alle ihre Stunts selber aus. Offenbar war der Sprung nicht so genau kalkuliert, wie die Produzenten sich das vorgestellt hatten, denn Kleinchen landete nicht an der festgelegten Stelle, sondern mitten in Melchiors Garten. Der Tenor und die Schauspielerin betrachteten das als Wink des Himmels und heirateten kurz darauf. Von da an waren sie unzertrennlich.

Falls Kleinchen darunter litt, daß sie erst auf ihre Schauspielkarriere verzichtet hatte, um nur noch Ehefrau zu sein, und später – als Deutschland Dänemark besetzt und den Vereinigten Staaten den Krieg erklärt hatte – auch noch ihre Nationalität aufgeben mußte, um in Amerika zu bleiben, deutete sie das nie auch nur an. Lauritz Melchior war ihr Leben. Kleinchen handelte seine Verträge aus, erledigte seine Korrespondenz und kümmerte sich um alles, was mit seinem Beruf zusammenhing. Sie hatte sogar die wenig beneidenswerte Aufgabe, dafür zu sorgen, daß ihr Gatte seine tägliche Diät einhielt.

Sie war eine gute Geschäftsfrau und vermehrte Melchiors Gage an der Metropolitan beträchtlich, indem sie für ihn Auftritte in Hollywoodfilmen (zwei davon in den »Schwimmopern« von Esther Williams), bei Radiostationen und auf dem Konzertpodium arrangierte. Sie besserte auch meine erheblich geringere Gage auf, indem sie mich einlud, mit ihrem Mann gemeinsam in Konzerten aufzutreten.

Einmal war Melchior wegen eines bereits abgeschlossenen lukrativen Engagements verhindert, in einer *Parsifal*-Vorstellung der Metropolitan zu singen. Er wurde durch seinen jüngeren Kollegen Emery Darcy ersetzt, der meistens kleinere Rollen wie den Froh im *Rheingold* oder den Melot neben Melchiors Tristan sang. Ich war in dieser Vorstellung die Kundry und erinnere mich, wie überrascht ich war, als während einer Probe Melchiors imposante Gestalt auf der Bühne auftauchte. Er ging mit Darcy geduldig die ganze Partie durch und machte ihn auf alle möglichen Fallstricke aufmerksam. Man muß ein großer Künstler sein, und das in mehr als einer Hinsicht, um solche Großmut zu zeigen (siehe Lotte Lehmann).

Trotz unseres häufigen gemeinsamen Auftretens behielten wir anfangs das formelle europäische »Miss Varnay« und »Mr. Melchior« bei – bis zu einer weiteren rührenden Demonstration seiner Großzügigkeit. Seit meiner allerersten *Walküre*-Vorstellung schüttelte Melchior jedesmal betrübt sein Haupt, wenn er mein Sieglinde-Kostüm sah, ein Kleid aus Sackleinen, garniert mit einem Leopardenfell. »Wo«, pflegte Melchior zu fragen, ohne jemand im besondern zu meinen, »wo konnte jemand im alten Germanien einen Leoparden vor seinen Speer kriegen?«

Ich pflichtete ihm bei, aber ich konnte wenig daran ändern, zumindest dachte ich das, denn »Anfänger« können schlecht Forderungen stellen, und ich war eine Anfängerin.

Am 20. Februar 1947 war ich für meine erste New Yorker Brünnhilde in *Siegfried* angesetzt. Obwohl Brünnhilde erst in der Schlußszene drankommt, hat sie vom ersten Ton an eine höllisch schwere Musik zu meistern, einschließlich ein paar hoher C, und das, nachdem sie schier eine Ewigkeit auf einem Felsen liegen und darauf warten mußte, daß Siegfried sie erweckt. Viele Opernbesucher denken, daß Brünnhilde frisch auf die Bühne kommt, während Siegfried durch die Unbilden von zweieinhalb Wagnerakten erschöpft ist. Dazu kann ich ihnen etwas erzählen! Als ich endlich mit dem Singen begann, war ich so müde wie der Tenor, weil ich den ganzen Tag damit zugebracht hatte, meine Nerven zu beruhigen.

Etwa einen Tag vor dieser Vorstellung sagten die Melchiors, sie würden gerne unsere erste Partnerschaft im *Siegfried* feiern, und luden mich ein, nach der Aufführung in ihr Apartment im Ansonia Hotel zu kommen.

Ich zögerte, die Einladung anzunehmen, denn ich befürchtete, daß es alles andere als eine Feier werden könnte, wenn meine Brünnhilde enttäuschend ausfallen sollte. Doch Mr. Melchior war überaus verständnisvoll. Er überlasse es mir – wenn ich mit meiner Arbeit zufrieden sei, sei ich herzlich zu einem Imbiß willkommen. Falls nicht, werde kein Wort mehr darüber verloren.

Zum Glück war der *Siegfried* ein nachhaltiger Erfolg, und das war auch die Party. Nach typisch skandinavischer Art machte der »kleine Imbiß«, zu dem wir eingeladen worden waren, den Eindruck, als ob er von einem Zehntonner geliefert worden wäre. Doch Wagner macht hungrig, und ich griff herzhaft zu.

Nachdem er sich erst durch das Büffet gekostet hatte, forderte Mr. Melchior mich zeremoniell auf, ein kleines Glas zu heben, um auf den Abend zu trinken. Er unterrichtete mich, daß das Getränk traditionell in einem Zug geleert würde. Ich befolgte seine Anweisung, kippte den Inhalt des kleinen Glases runter, worauf sofort Feuer durch meine Adern rann. – Es war Aquavit, unter Eingeweihten als dänisches Dynamit bekannt. Während ich darauf wartete, daß meine Kehle sich wieder erholte, kam Melchior mit einem spitzbübischen Grinsen wie die Cheshire-Katze in »Alice im Wunderland« auf mich zu, gab mir einen leichten Klaps auf die Schulter und sagte: »Jetzt kannst du mich duzen!«

Nachdem ich so in seinen innersten Freundeskreis aufgenommen war, überreichte Lauritz mir ein Geschenk, ein Stück prachtvolles sandbeiges Rehleder für mein Sieglinde-Kostüm. Lauritz war begeisterter Jäger und hatte das Reh selbst zur Strecke gebracht. Unsere Freundschaft gedieh. Die Zeit verstrich, und das Leopardenfell wurde zum Gegenstand amüsierter Erinnerung.

Melchior gab mir häufig happenweise nützliche Ratschläge, die ausnahmslos wie eine Zauberformel wirkten. Typisch dafür war der Abend, an dem ich kurzfristig für Madame Traubel als Isolde einspringen mußte. Es war meine allererste Isolde, eine Rolle, die im Lauf meiner Karriere sehr viel für mich bedeuten sollte. Melchior mußte etwas gespürt haben, denn er ließ es sich nicht nehmen, vor Beginn des ersten Aktes auf die Bühne zu kommen, um mir »toi, toi, toi!« zu wünschen. Übergangslos sagte er mir: »Halt deine Stimme im Zaum wie ein kleines Pferd. Halt die Zügel fest in der Hand. Laß es laufen, wenn die Strecke übersichtlich ist, und zieh die Zügel an, wenn es durchgehen will.« Mit einem kleinen Augenzwinkern fügte er hinzu: »Um den Rest werde ich mich kümmern.«

Unvermittelt schaute er auf meine Hände, und ich konnte in seinen Augen lesen, daß er sich über etwas ärgerte. Er drehte sich um und schrie nach Kleinchen. Als sie angelaufen kam, sagte er ihr, daß die

Kostümabteilung vergessen hätte, mich mit Ringen auszustatten. »Isolde ist eine Prinzessin!« donnerte er. »Eine Prinzessin trägt *immer* Ringe!« Darauf schickte er Kleinchen in seine Garderobe, um die Kassette mit seinem Bühnenschmuck zu holen. Ich konnte mir nicht vorstellen, was er vorhatte – ein Ring, der auf seinen massigen Finger paßte, würde wahrscheinlich zwei von meinen fassen, mit Zwischenraum, oder allenfalls ersatzweise als Armband dienen können. Doch zum Glück waren es verstellbare Bühnenringe, und so stand ich herausgeputzt mit dem Schmuck meines Partners auf der Bühne. Ohne diesen Accessoires magische Kräfte zuschreiben zu wollen, half seine Aufmerksamkeit sicher, mein Selbstvertrauen in einer Partie zu heben, die bis dahin meine schwierigste war.

Von Anfang an fühlte ich mich zu Vollblut-Charakteren wie Isolde hingezogen, die meine spezielle Begabung mehr forderten als einige der Naiven, die ich bis dahin gesungen hatte. Da ich irgendwie das Gefühl hatte, daß die Isolde eine Peripetie in meiner Bühnendarstellung sein würde, versuchte ich sie hinauszuschieben, bis ich sicher war, für die Auseinandersetzung mit ihrer Vielschichtigkeit genügend gewappnet zu sein. Die Partie hatte mich ständig beschäftigt. Sie spielte sogar eine bedeutsame Rolle in den vielen Interviews nach meinem Debüt Ende 1941.

Die dramatischen Umstände dieses Debüts hatten Zeitungsreporter aus allen Ecken der Stadt mobilisiert, und meine Agentur Columbia Artists verfügte über eine brillante junge PR-Dame namens Alix Williamson, die wußte, daß man die journalistische Ernte einfahren mußte, solange die Sonne über meiner Karriere schien. Innerhalb weniger Wochen wurden die Leser der vielen New Yorker Zeitungen mit Material über mich überschwemmt – von Schnappschüssen, auf denen ich mich über einen Obststand in Greenwich Village beugte, über eine elegante Porträtaufnahme als Elisabeth in *Tannhäuser*, die eine volle Seite des Modemagazins »Mademoiselle« schmückte, bis zu Home-Storys, in denen ich neben dem Piano stand, das ich beim Kreuzworträtsel-Preisausschreiben gewonnen hatte, und eine heikle musikalische Stelle mit meiner Mutter durchging, die offen gestanden ihre Rückkehr ins Rampenlicht nicht minder genoß als ich meine erste Begegnung mit dieser Welt.

Ein anderes Foto zeigte mich am Schminktisch in meiner Garderobe in der Metropolitan, wobei der Doppelrahmen mit den Flagstad-Fotos, die mein Talisman waren, deutlich ins Bild gerückt war.

In vielen Interviews hoben die Reporter das kolossale Glück eines

Mein Debütfoto: mit meinem Talisman in der Garderobe.

erfolgreichen Met-Debüts in so jugendlichem Alter hervor und fragten mich, ob es überhaupt noch etwas gebe, was ich mir erhoffe. Ich hob immer zwei Rollen hervor: Kundry und besonders Isolde.

Ich war an diesen Partien so brennend interessiert, daß ich jede Gelegenheit nutzte, bei den Proben zu diesen Opern dabei zu sein, gleichgültig, wer sang.

Auf dem Wochenplan sah ich, daß der furchteinflößende Sir Thomas Beecham auf der »roof stage« eine Orchesterprobe für eine *Tristan*-Vorstellung abgehalten würde. In aller Form bat ich um Erlaubnis, seiner Probe beiwohnen zu dürfen, um ein Gespür für die orchestrale Struktur zu bekommen. Ich dürfe dabei sein, wurde mir gesagt, wenn ich glaube, dem Orkan von Sir Thomas' Zorn standhalten zu können, falls ihm jemand unabsichtlich eine Laus in den Pelz setze.

Die Geschichten über Beechams ätzenden Witz sind im Lauf der Jahre Legende geworden. Ich bekam einige aus erster Hand mit. Einmal unterbrach Beecham und brachte einen der virtuosen Bläser, dessen Bemühungen er etwas glanzlos fand, aus dem Takt, indem er zu dem Mann am Nebenpult sagte: »Ich glaube, Ihr Kollege ist eingeschlafen. Ich denke, daß es ihn wiederbeleben würde, wenn Sie ihm einen kleinen Rippenstoß geben.«

Ein anderes Mal hatte ein bekannter Tenor in einer Probe bei der Arie »Celeste Aida« gravierende Intonationsprobleme. Sein ständiges Zutiefsingen ging dem Orchester auf die Nerven, und als es unruhig wurde, erbot sich der Konzertmeister höflich, dem unglücklichen Sänger die korrekte Tonhöhe vorzugeben. »Nicht nötig«, setzte Beecham drauf, »bald wird er eine Oktave tiefer sein, und dann sind wir alle wieder zusammen.«

Die *Tristan*-Probe begann mit einer Explosion von Beechams Feuerwerk, bei der das Management ganz klein wurde. Damals war es üblich, daß der General Manager einen prominenten Dirigenten persönlich zu seiner ersten Orchesterprobe begleitete. Als Mr. Johnson bekanntgab, daß Sir Thomas so freundlich sei, für einen erkrankten Kollegen einzuspringen, applaudierte das Orchester dem Dirigenten. Doch kaum hatte Sir Thomas die Partitur aufgeschlagen, als er einige massive Striche entdeckte, die von einem früheren Dirigenten verbrochen worden waren, höchstwahrscheinlich von Dr. Bodanzky, der dafür berüchtigt war, daß er aus den Wagneropern ganze Szenen herausstrich.

Beecham machte nicht das geringste Geheimnis aus seinem Mißfallen über diese Amputationen, die er in seinem unüberhörbaren Lancashire-Akzent als »Vandalismus« geißelte. Als er einen Strich nach dem anderen wieder aufmachte, stellte ich mir vor, wie Mr. Johnson sich bei dem Gedanken zusammenkrümmte, daß er den Bühnenarbeitern, Beleuchtern und dem übrigen technischen Personal Überstunden bezahlen müsse, falls die Vorstellung bis nach Mitternacht dauerte. Aber wer wollte sich schon mit einem so vernichtenden Gegner wie Sir Thomas anlegen?

Während die Probe weiterging, verfolgte ich die Musik mit dem Klavierauszug auf meinem Schoß und meine Augen auf Sir Thomas' Stab gerichtet. Ohne es kaum selbst zu bemerken, begann ich Isoldes Part leise zur Orchesterbegleitung zu markieren, in der Annahme, daß niemand mich hören könne. Doch ich hatte nicht mit Sir Thomas' scharfen Ohren gerechnet. Als das Orchester das erste Mal Pause machte, drehte sich Sir Thomas um, lächelte mich an und sagte: »Meine Werteste, ohne Zweifel können Sie Ihre Rolle.« Erst dachte ich, das sei die moderate Einleitung zu einer klassischen Beechamschen Schimpfkanonade, aber es steckte nicht mehr dahinter als die freundliche Anerkennung durch einen großen alten Herrn.

Diese Erfahrung brachte mir zwei Erkenntnisse: erstens, daß mein Pianissimo tragfähig war, und zweitens, daß Beecham, wenn ich ihm höflich und mit Respekt begegnete, die Verbeugung erwiderte.

Im Lauf der Zeit achtete ich nicht mehr darauf, was die Leute über ihn erzählten, und grüßte ihn herzlich, wenn wir uns auf dem Gang begegneten. Er erwiderte den Gruß immer mit einem freundlichen Nicken.

Einige Monate nach der *Tristan*-Probe wurde mir der Sopranpart in einer Konzertmesse angeboten, und ich konnte niemanden finden, der das Werk gut genug kannte, um mir zu- oder abzuraten. Nicht einmal Mr. Weigert hatte jemals etwas mit dieser Komposition zu tun gehabt, was für ihn ziemlich ungewöhnlich war.

Irgend jemand wußte, daß Beecham die Messe in England dirigiert hatte, meinte jedoch, ich solle ihn nicht behelligen, denn er stecke mitten in den Proben und sei für alles unzugänglich, was ihn aus dem Konzept bringe. Ich ignorierte diesen Rat, ging während einer Pro-benpause in den dunklen Zuschauerraum und fragte Sir Thomas gleichmütig, ob er etwas Zeit für mich erübrigen könne. Ich hatte mich in die Höhle des Löwen gewagt und sah mich einem liebens-würdigen und kenntnisreichen Lamm gegenüber.

Ich muß ihm wohl gefallen haben.

Als ich die Messe zur Sprache brachte, sagte er ohne Umschweife, daß er sie für meine Stimme als nicht geeignet betrachte. Es war ein freundlicher Meinungsaustausch ohne das Vitriol, für das er bekannt war.

Es war nicht das erste und nicht das letzte Mal, daß ich mit einem furchteinflößenden Zeitgenossen konfrontiert war. Ich begegnete diesen Menschen immer höflich, aber entschieden, was gewöhnlich die Luft umgehend reinigte.

Ich erlebte diese Situation in des Wortes voller Bedeutung hand-greiflich, als ich erstmals die Gutrune in *Götterdämmerung* neben dem übermächtigen Hagen von Alexander Kipnis sang. Im Gegensatz zu vielen unserer anderen Kollegen verband Mr. Kipnis seine gewaltige Baßstimme mit einer beängstigenden schauspielerischen Begabung, wobei er manchmal über die Stränge schlug und seine Partner – ab-sichtlich oder unabsichtlich – in die »neutrale Ecke« manövrierte.

In dieser Produktion der *Götterdämmerung* saß Gutrune mit ihrem Bruder Gunther und ihrem Halbbruder Hagen an einem Tisch und lauschte Hagens rühmender Mär von den Taten eines Helden namens Siegfried, der in dramaturgischer Verkürzung, während noch über ihn berichtet wird, auf seiner Rheinfahrt in seinem Kahn gerade an der Burg der Gibichungen vorbeikommt. Diesen Siegfried hat Hagen als Gatten Gutrunes im Sinn.

Es ist nur allzu begreiflich, daß Gutrune, vom Zauber der Erzählung erfaßt, sich über den Tisch beugt, um von Hagen weiteres über die tapferen Taten zu erfahren, die diesen Siegfried zu einem solchen Helden machten.

Kipnis sah, daß ich meine Hände beim Vorbeugen auf den Tisch stützte, wie der Regisseur es arrangiert hatte. Als er fortfuhr, Siegfrieds Größe zu preisen, umklammerte er mit seiner dem Zuschauerraum zugewandten Hand meine beiden Hände und hielt mich im Schraubstock, während er mit der anderen bombastisch gestikulierte.

Als wir das nächste Mal in *Götterdämmerung* sangen, setzte ich ihn matt, indem ich nur eine Hand auf den Tisch stützte. Als er wieder seine Pranke auf mich legte, klammerte ich mich einfach mit meiner freien Hand an seiner fest und beschränkte damit seine Bewegungsfreiheit erheblich. Sein Blick sprach Bände. »Du hast dazugelernt«, schien er zu sagen. Von da an erlaubte er sich keinen Unfug mehr mit mir.

Der Fall Friedrich Schorr war etwas komplizierter. Kollegen hatten mich gewarnt, daß er ein extrem nervöser und schwieriger Mann sei, der nicht die geringste Geduld für das aufbringe, was für ihn Unzulänglichkeiten von Anfängern waren.

Jahre nach dem Vorfall, über den ich berichten möchte, traf ich ihn auf einer Party und war, nachdem ich ihm meine Version erzählt hatte, entzückt zu hören, daß es sich nur um eine jener unverantwortlichen Verleumdungen gehandelt hatte, wie sie in viel zu vielen Opernhäusern ihr Unwesen treiben. Mr. Schorr versicherte mir im Gegenteil, daß er jüngeren Kollegen immer sehr gewogen gewesen sei und alles getan habe, um ihnen Mut zu machen, daß er aber ein ziemlich wortkarger Mensch sei, was oft als Abweisung mißverstanden wurde.

Der Fall, um den es ging, war meine allererste Brünnhilde. Nach dem, was ich über Mr. Schorr gehört hatte, achtete ich penibel darauf, bloß nichts zu tun, was den großen Bariton verärgern könnte.

Im letzten Akt der *Walküre* gibt es eine lange Auseinandersetzung zwischen Wotan und Brünnhilde, in der sie schließlich den zornflammenden Vater davon überzeugen kann, daß sie zwar seinen Befehl mißachtet, doch in seinem Sinn gehandelt hat. Wotans von ihm selbst aufgestelltes Gesetz zwingt ihn, seine Tochter zu bestrafen, doch gibt er ihrem Flehen nach, sie nicht durch den ersten Mann, der sie findet, entehren zu lassen. Er mildert die Strenge der Bestrafung, indem er einen Ring magischen Feuers um sie legt, den nur ein Held durchdringen kann, der ihrer wert ist. In einem zutiefst bewegenden Moment erkennt Wotan, daß er von einer Tochter scheidet, die in Wahrheit sein besseres Ich ist, und streckt seine Arme aus, um zärtlich Abschied von ihr zu nehmen, bevor er sie mit dem Feuer umgibt.

Um bloß keinen darstellerischen Fehler zu machen, lief ich in meiner allzugroßen Beflissenheit einige Takte vor der entsprechenden Musik auf Wotan zu. Statt der traditionellen Umarmung zischte Mr. Schorr zwischen den Zähnen: »Zu früh!« Geistesgegenwärtig fiel ich vor ihm auf die Knie, und während das Publikum bewundernd den Atem anhielt, machte sich Mr. Schorr die allgemeine Ergriffenheit zunutze, zog mich zu sich hoch und schloß mich sanft in seine Arme. – Es wurde eine äußerst rührende Szene. Als er mich zum Schlaf gebettet hatte, schaute er mich, bevor er zu seinem schmerzlichen *Abschied* anhob, noch einmal mit dem Ausdruck wärmsten Lobes an und flüsterte fast unhörbar: »Du wirst was!«

Als der unaufhaltsame stimmliche Abstieg auch ihm selbst immer klarer wurde, bat Mr. Schorr, seinen Namen ohne Aufhebens aus der Besetzungsliste der nächsten Spielzeit zu entfernen. Mr. Johnson wollte einen so herausragenden Künstler nicht ohne entsprechende Verabschiedung gehen lassen und schlug ihm vor, seine Karriere mit einem allerletzten *Ring*-Zyklus zu beenden. Mr. Schorr willigte widerstrebend ein, und ein Zwischenfall in der *Siegfried*-Vorstellung bei Wotans letztem Auftritt bestätigte seine Bedenken auf beinahe metaphysische Weise.

Wotan stellt sich, als Wanderer verkleidet, der Konfrontation mit seinem Enkel, der das seinem Vater verliehene Schwert mutwillig erprobt und den mystischen Speer zerschlägt, der die Runen der Macht des Gottes trägt. Natürlich trug Mr. Schorr einen präparierten Speer, der in zwei Teile zerbricht, wenn Siegfried ihn zum entsprechenden Leitmotiv mit seinem Schwert zerhaut. Unglücklicherweise fiel der Speer bereits vor der vorgesehenen Stelle auseinander, und Mr. Schorr mußte einige Partiturseiten weitersingen und danach die beiden Hälften aufsammeln. Das verschaffte ihm einen ungünstigen Abgang, und Zeugen hörten ihn fassungslos vor sich hin murmeln. Die erschütterten und betrübten Zuschauer entboten dem so sehr geachteten und geehrten Mann ihr stummes Adieu. Zu seiner Ehre rettete Mr. Schorr die sentimentale Situation mit einer überaus leutseligen Ansprache vor dem Vorhang, bei der er erst die Anfangsworte der Ansprache des Hans Sachs auf der Festwiese zitierte: »Euch macht ihr's leicht, mir macht ihr's schwer«, und dann einen Toast auf seine Wahlheimat, die ihm das Leben gerettet hatte, mit den Worten des Konsuls Sharpless aus *Madama Butterfly* ausbrachte: »America forever!«

Dieses Ereignis zeigte mir deutlich, daß Karrieren, die vielversprechend beginnen, trauerumflort enden können. Doch ich, noch am Anfang meiner Laufbahn, war nichtsdestoweniger entschlossen, sie nicht so enden zu lassen.

Bündnisse

In ihrer Autobiographie »The Flagstad Manuscript« erzählt Kirsten Flagstad eine aufschlußreiche Geschichte über ihre Begegnung mit Charlie Chaplin in einem Lift. Aus Respekt vor seiner Privatsphäre drehte sie ihm sofort den Rücken zu, obwohl sie herzlich gerne ein paar Worte mit ihm gesprochen hätte. Flagstad bemerkt dazu, daß sie sich wünschte, in ihrem Privatleben ebenso behandelt zu werden.

Mir geht es nicht anders. Wir Sänger widmen den größten Teil unseres Lebens den Auftritten vor unserem Publikum. Ich bin der Meinung, daß der Sänger, sobald der Vorhang fällt, ein Recht auf sein eigenes Leben hat. Das ist der Grund, warum ich es unpassend fände, mein persönliches Leben in einem Buch über meine künstlerische Karriere an die große Glocke zu hängen. Ein Kapitel in meinem Privatleben allerdings läßt meine Arbeit als Künstlerin in deutlicherem Licht erscheinen. Deshalb möchte ich ein wenig innehalten und meine Leser an der Geschichte zweier bedeutsamer Bündnisse in meinem Leben teilhaben lassen.

Als ich begann, an der Metropolitan zu arbeiten, beschlossen meine Mutter und ich, daß wir beide unser eigenes Territorium haben wollten. Ich hatte Ruhe und Frieden nötig, um mich auf meine Vorstellungen vorzubereiten, und sie brauchte für ihre Gesangsstunden eine

Atmosphäre, in der sie nicht auf jemanden Rücksicht nehmen mußte. Wir teilten also unseren Haushalt von der Charles Street in zwei getrennte Wohnungen in der Christopher Street auf, die nicht allzuweit auseinanderlagen. Mutter und Lucky zogen in eine etwas kleinere Wohnung um, und ich nahm mir ein möbliertes Einzimmerapartment.

Natürlich sahen wir einander regelmäßig, wegen des Zusammengehörigkeitsgefühls und wegen des Gesangsunterrichts. Während ich weiter meinen Teil zum Budget meiner Mutter beisteuerte, kam ich auch weiter in den Genuß ihres gesanglichen und musikalischen Wissens.

Mit meiner Anfängergage am Opernhaus blieb mir nach Abzug meiner eigenen Unkosten und des Beitrags zum Haushalt meiner Mutter nur eine äußerst bescheidene Summe, so daß es schwierig war, meine Stunden bei Mr. Weigert zu bezahlen. Ich schilderte ihm meine mißliche Lage und sagte ihm, daß ich mir nur eine Stunde pro Woche leisten könne. Darauf bot er mir großzügig an, mir die zweite auf Kredit zu geben, den ich zurückzahlen könne, sobald meine finanzielle Situation sich gebessert habe.

Einige Zeit darauf, als ich wieder einmal zum Unterricht bei ihm erschien, bemerkte er, daß ich besonders vergnügt aussähe. Ich erwiderte, daß ich mich wirklich herrlich fühle. Ich bin bis heute eine große Kinogängerin, zumal wenn es sich um Komödien handelt, und an jenem Tag hatte ich mir vor der Stunde einen Danny-Kaye-Film angeschaut, der mich noch immer innerlich zum Glucksen brachte. Mr. Weigert gestand, daß auch er ein großer Fan amerikanischer Komiker wie Danny Kaye, Will Rogers oder die Marx Brothers sei, wobei es allerdings seinen Genuß schmälere, daß er nicht so wie ich mit dem Englischen aufgewachsen sei. Darüber hinaus verkehrten die meisten Mitglieder der deutschen Abteilung an der Met miteinander auf deutsch, so daß er wenig Gelegenheit hatte, die Idiome der amerikanischen Umgangssprache zu erlernen.

Dadurch kam mir der Gedanke, daß ich ihn für seine Großzügigkeit durch gemeinsame Kinobesuche entschädigen und ihm die Pointen, die ihm entgangen waren, erklären könne. Außerdem war es ein verlockender Gedanke, mit ihm anschließend das Gesehene zu diskutieren.

Einige Filme später begannen wir festzustellen, daß wir uns privat ebenso gut verstanden wie beruflich, aber es blieb nach wie vor eine strikt berufliche Beziehung mit der angenehmen Nebenbeschäftigung gelegentlicher Kinobesuche, bei denen wir uns meistens scheckig lachten.

Eines Nachmittags, als er mich wie immer mit europäischer Höflichkeit nach meinem Befinden fragte, gestand ich ihm, daß mich ein ärgerliches Telefongespräch am Vormittag aus der Fassung gebracht habe und mir noch immer nicht aus dem Kopf gehe. Mr. Weigert meinte, ich solle ihm davon erzählen. Ich sagte, daß mich ein junger Mann, mit dem ich bereits eine Zeitlang befreundet sei, mit dem Vorschlag überfallen habe, »das alles« aufzugeben und jeden Morgen für ihn *ham and eggs* zu braten. Bei allem Respekt vor der amerikanischen Institution *ham and eggs* fühlte ich mich durch den Vorschlag des jungen Mannes beleidigt, seine Gefühle damit zu belohnen, daß ich alles für ihn opferte, wofür ich Jahre gearbeitet hatte. Davon abgesehen, hatten seine Worte einen gewissen manipulativen Unterton, den ich herzlich verabscheute.

Mr. Weigert dachte ein wenig darüber nach und sagte dann: »Das klingt mir nach einem Heiratsantrag.« Dann schaute er mich mit gespannter Aufmerksamkeit an und sagte: »So etwas würden Sie doch nicht tun, oder?« Zum ersten Mal wurde mir wirklich bewußt, wie persönlich Mr. Weigert sich in meinem Leben engagierte. Eine erfolgreiche Karriere, an der er bedeutenden Anteil hatte, zugunsten eines Hausmütterchendaseins auf banalster Ebene aufzugeben, wäre aus seiner Sicht auch ein Schlag in *sein* Gesicht gewesen.

Die Einstellung des *ham and eggs*-Burschen war in jener Zeit die vorherrschende Meinung. All die Filme über »Karrieremädchen« und unzählige Schlager suggerierten, daß jede Frau sich insgeheim nichts sehnlicher wünsche, als ihr Eigenleben aufzugeben und sich »ihrem Mann« unterzuordnen.

Natürlich hatte ich mir ein Eheleben mit Heim und Kindern vorgestellt, aber ich sah keinen Grund, warum ich das nicht mit meinem Beruf kombinieren könne, so wie es viele meiner Kolleginnen erfolgreich taten.

Mr. Weigert war der gleichen Meinung. Sein vornehmes Verständnis für meine Gefühle markierte den Beginn einer engeren Freundschaft, in deren Verlauf wir beide zu dem Schluß kamen, daß es Beziehungen gibt, die man nicht einfach auflösen kann.

»... und Lieb' ist nimmermehr der Narr der Zeit« – um eine Zeile aus dem herrlichen Shakespeare-Sonett »Marriage of true minds« zu zitieren – galt auch für unseren Bund, und nach eingehender Prüfung beschlossen wir, ihn auch vor dem Gesetz zu schließen.

Nicht alle hielten das für eine besonders gute Idee. Es wurde unterstellt, daß einer von uns oder alle beide die Pygmalion-Galathea-Kombination ausnutzen wollten, um im Schlepptau des anderen zu höherem Opernruhm zu kommen.

Nichts wäre weiter von der Wahrheit entfernt gewesen, denn wir waren zu jener Zeit beide außerordentlich erfolgreich.

Andere wiederum waren der Meinung, daß unsere Ehe wegen des Altersunterschieds zum Scheitern verurteilt sei. Das war ein Risiko, auf das wir es beide mehr als bereitwillig ankommen ließen.

Keiner von uns beiden hat es jemals bedauert.

Meine turbulente Kindheit, in der ich von einem Land ins andere mitgeschleppt wurde, der Tod meines Vaters, die Witwenschaft meiner Mutter und die Probleme, die sich daraus ergaben, hatten mir bereits in frühem Alter eine Menge Verantwortung aufgebürdet. Als Teenager konnte ich Heimsuchung genauso spüren, wie ein Hund spürt, daß jemand im Haus krank ist, und ich wußte ebenso, was ich unternehmen mußte, um sie zu lindern. Zu den normalen lästigen Pflichten, wie Einkäufe und Besorgungen zu erledigen, gehörte auch die weit unangenehmere Aufgabe, bei Leuten, denen wir Geld schuldeten – wie etwa der Telefongesellschaft -, die Runde zu machen und sie zu bitten, den Betrag zu stunden.

All das hatte mich vor der Zeit reif gemacht, und als Folge davon fand ich verwandte Seelen größtenteils unter Menschen, die älter waren als ich. Ich fand es nicht im geringsten deplaziert, einen Mann zu heiraten, der fast dreißig Jahre älter war als ich, und auch Hermann hatte keinerlei Bedenken, sich auf diese neue Phase in unserem gemeinsamen Leben einzulassen.

Wir ergänzten einander, wir waren gerne zusammen, und wir hatten dieselbe Art Humor.

Da Hermann jüdischen Glaubens war und ich römisch-katholisch, mußten wir auf eine kirchliche Zeremonie verzichten und wurden durch einen Friedensrichter im nahen Connecticut getraut. Am 19. Mai 1944, einem wunderschönen Frühlingstag, wurde ich im »Muskatnuß-Staat« Mrs. Hermann O. Weigert.

Eines allerdings vermißte ich bei der Trauung. Wie Douglas Beattie mich beruflich mit Mr. Weigert zusammengebracht hatte, so hatte sich unsere Zuneigung füreinander über unser Faible für Danny Kayes Virtuosität entzündet. Wenn es wie in einem Hollywoodtraum zugegangen wäre, hätte er der Brautführer sein müssen.

Wir begannen uns nach einem Heim umzusehen. Als wir uns im Theater umhörten, ob jemand eine Wohnung in Manhattan wisse, die wir mieten könnten, erfuhr Hermann von Nicola Moscona, daß er gerade sein Apartment in der West 110th Street aufgebe. Als er uns erzählte, daß die Wohnung drei gutgeschnittene Zimmer mit Blick auf den Hudson River, eine Küche mit einem geräumigen Kühlschrank und großzügig dimensionierte Abstellkammern habe, wußten wir, daß wir das Richtige gefunden hatten.

Unser neues Heim an der Ecke des Riverside Drive wurde zum Treffpunkt für unsere Freunde. Die meisten waren Hermanns Freunde, Emigranten aus Mitteleuropa wie er selbst, Ärzte und Anwälte, doch ebenso Sänger, Musiker und ihre Angehörigen wie Herbert und Erna Janssen. Sie waren alle hochgebildet und verfügten über herrlichen Humor, und so gab es oft heiße Diskussionen, oder wir bogen uns vor Lachen. Diese Zusammenkünfte waren für mein Leben bedeutsam, denn sie erweiterten meinen deutschen Wortschatz, und die Intellektuellen vom alten Kontinent eröffneten mir Horizonte über die Grenzen des Metropolitan Opera House hinaus.

Es gibt so viele Opernsänger, deren Interessen sehr begrenzt sind. Das Leben außerhalb der Bühne oder des Probenzimmers interessiert sie nicht. Ich finde es bedauerlich, daß sie, nachdem sie auf ihrem Gebiet einen gewissen Rang erreicht haben, sich gewissermaßen unter eine Käseglocke zurückziehen.

Natürlich interessierten sich Hermanns und meine Freunde für Oper, aber sie waren auch sattelfest, was symphonische Musik und Sprechtheater betraf, und hatten politische, geschäftliche und wissenschaftliche Interessen.

Diese Erweiterung meines Bewußtseins trug wesentlich zu meiner Einstellung gegenüber der Vorbereitung von Rollen bei, und das kommt mir noch heute bei meinem Unterricht im Opernstudio zugute. Ich habe mich auf der Suche nach der Wahrhaftigkeit jeder Rolle, die ich darstellte, immer bemüht, den Ursprung beziehungsweise die Quellen aufzuspüren. Diese aufregenden Fahndungen führten mich in Bibliotheken, Kunstgalerien, auf die Hügel von Mykenä, in die großen Städte vieler Länder und ihr Hinterland und in einem Fall in die Küche eines italienischen Restaurants, doch diese Geschichten müssen so lange warten, bis sie an der Reihe sind.

Unsere eigene Küche, die wir von dem Athener Baß Moscona übernommen hatten, war ein besonderer Anziehungspunkt für einen unserer Freunde, der ebenfalls aus Athen stammte.

Jedesmal, wenn Dimitri Mitropoulos zu Besuch kam, begrüßte er uns flüchtig an der Wohnungstür und begab sich schnurstracks zum Herd, um festzustellen, was auf dem Speiseplan stand. Topfgucken ist eine alte hellenische Tradition, doch das Geklapper, das Maestro Mitropoulos aus »Tradition« oft genug veranstaltete, machte mich immer wieder dafür dankbar, daß zu meinen Kochkünsten nicht die Herstellung eines Soufflés gehörte. Zu meinem Glück war unser Gast ein Epikureer, dessen kulinarische Vorlieben ebenso eklektisch waren wie sein musikalischer Geschmack. Er hatte denselben Genuß an einem schmackhaften Gericht weißer Bohnen wie an einer Austernplatte. Es hing alles von seiner Stimmung ab.

Maestro Mitropoulos gehörte zu den Gästen, die die Auszeichnung genossen, den Ehrenplatz an unserem kleinen Tisch in der Küche einzunehmen. Viele Abende plauderten wir beim Essen mit ihm, während er die märchenhafte Aussicht auf die schimmernden Lichter über dem Hudson genoß und mit dem Rücken an der Spüle lehnte.

Neben meinem Bündnis mit Hermann Weigert gab es noch eine weitere Allianz, die zu jener Zeit eine bedeutende Rolle für mich spielte.

Ich weiß nicht, mit welchem Paß meine Familie in die Vereinigten Staaten einreiste, wahrscheinlich mit einem österreichisch-ungarischen. Zum Zeitpunkt unserer Ankunft hatten beide Eltern die ungarische Nationalität, doch Ungarn war während ihrer Abwesenheit ein eigener Staat geworden, und der Geburtsort meines Vaters war inzwischen Teil der neugegründeten Tschechoslowakei. Doch egal, welche Nationalität wir bei unserer Ankunft hatten, wir mußten die amerikanische Staatsbürgerschaft annehmen, wenn wir bleiben wollten.

Nach dem Schulabschluß beantragte ich die Einbürgerung und bekam eine Vorladung in das Einwanderungszentrum auf Ellis Island, nicht weit von Manhattan. Ich kann mich gut an das unbehagliche Gefühl erinnern, daß die Behörden womöglich irgendeinen Grund finden könnten, weshalb ich nicht im Land bleiben dürfe.

Die Voraussetzungen waren: Vertrautheit mit der englischen Sprache und den Landesgebräuchen, keine Infektionskrankheiten oder Sucht, keine Eintragungen im Strafregister, keine Mitgliedschaft bei einer extremistischen Gruppierung und keine Umstände, die einen Anspruch auf Sozialhilfe wahrscheinlich machten.

Meine Ängste waren unbegründet, weil ich alle Anforderungen erfüllte, und mein Antrag auf Einbürgerung konnte routinemäßig bearbeitet werden. Fünf Jahre später wurde ich entsprechend den damaligen gesetzlichen Vorschriften Bürgerin der Vereinigten Staaten von Amerika. Das genaue Datum war der 15. März 1943, und ich wurde mit einer Verpflichtung in die amerikanische Familie aufgenommen, mit der ich bereits einige Jahre zuvor Bekanntschaft gemacht hatte, nämlich: Steuern zu zahlen. Damals war der 15. März jeweils der letzte Termin, um die Steuererklärung einzureichen.

Obwohl er wesentlich kürzer als ich im Land war, hatte Hermann Weigert die Staatsbürgerschaft bereits vor mir erhalten, Anfang Dezember 1941, wenige Tage vor meinem Debüt. Dieser reibungslose Übergang von einer Nationalität in die andere wurde nicht allen unseren künstlerischen Kollegen gewährt. Viele erfüllten die Voraussetzungen nicht und mußten nach Europa in eine ungewisse Zukunft zurückkehren. Selbst der große Ezio Pinza mußte die Ängste und die Demütigung einer Haft über sich ergehen lassen, weil er fälschlich der Spionage für die Italiener bezichtigt worden war, die damals an der Seite der Deutschen gegen die Vereinigten Staaten kämpften. Wie Mr. Pinza in seiner Autobiographie, die den schlichten Titel »Ezio Pinza« trägt, berichtet, hoffte ein anderer Sänger, daß er einige von Pinzas Rollen erben könne, wenn er den großen Künstler mit erfundenen Beschuldigungen aus dem Weg schaffte. Doch in diesem Fall funktionierte es nicht, und der erfolglose Denunziant endete schließlich an Trunksucht.

Vielleicht weil diese Katastrophe nur mit knapper Not hatte abgewendet werden können, war Mr. Pinzas alte Köchin so erpicht darauf, sich naturalisieren zu lassen. Sie war im Haushalt ein unverzichtbares Inventarstück, da die Zubereitung köstlicher Mahlzeiten für viele Italiener zu den Grundpfeilern häuslichen Glücks gehört. Ihr einziges Problem war, daß das Einbürgerungsverfahren zumindest Grundkenntnisse im Englischen und eine gewisse Vertrautheit mit der amerikanischen Geschichte und Staatsform verlangte. Bis zu diesem Zeitpunkt war die gute Frau mit der italienischen Sprache und den Rezepten für eine Fülle schmackhafter Gerichte über die Runden gekommen, was jeden bei Tische glücklich machte, aber den Einbürgerungsrichter nicht die Bohne interessierte. Immerhin gelang es den Pinzas, ihr einen englisch-italienischen Mischmasch einzutrichtern, und ein Freund der Familie wußte es zu arrangieren, daß sie vor einem Richter zu erscheinen hatte, dessen Familie ebenfalls aus Italien eingewandert war, und der ihr deshalb im heimatlichen Idiom soufflieren konnte, falls alle Stricke reißen sollten. Im Interesse von Pinzas gastronomischem Wohlbefinden legte der Freund dem Richter besonders ans Herz, glimpflich mit der Kandidatin umzugehen. Der gutwillige Richter versprach, daß er sie nur das Allerwesentlichste fragen werde.

Der Tag der Anhörung kam, und die Köchin, gestärkt von den Segenswünschen der gesamten Pinza-Familie, stand nervös dem Richter gegenüber. Erst fragte er sie nach ihrem Namen, »il suo nome«, was sie natürlich mit Glanz und Gloria beantwortete. Dann fragte sie der Richter über die Regierung der Vereinigten Staaten aus. Sobald sie von Seiner Ehren darauf gestoßen worden war, daß »chief executive« im Grunde dasselbe sei wie »capo del governo«, war sie in der Lage, den betreffenden Gentleman als »il Presidente Rusa-a-vella« auszumachen. Das war wirklich ganz nah dran. Darauf fragte der Richter wegen der Legislative nach – »la legislatura ...«

»Ma, certo«, erwiderte die Haushälterin, »iste die Haus vonne degli representativi ...« Abermals den Nagel auf den Kopf getroffen!

Doch Amerika, erklärte der Richter, habe ein legislatorisches Zweikammersystem, was bei der Ärmsten einen panischen Gesichtsausdruck hervorrief. Freundlich versuchte ihr der Richter auf die Sprünge zu helfen: Wenn das House of Representatives das Lower House des Kongresses sei, was sei dann das Upper House? Die Haushälterin dachte einige Sekunden konzentriert nach: »Die Oppa Haus? Die Oppa Haus?« Dann erhellte ein strahlendes Lächeln der Erkenntnis ihr Gesicht. »Ma sicuro – die Oppa Haus, die iste auffe Broadway, anne Straß trentanove. Iste da, wenna Signor Pinza singen auf die teatro.«

Ich bin nicht sicher, ob das zitierte Garn nicht aus einer Spinnstube stammt, aber es ist einfach zu schön, um den Faden in diesem Buch nicht aufzugreifen. – Und wie ich Amerika kenne, wäre ich nicht im geringsten überrascht, wenn einer der Nachkommen dieser Braven gegenwärtig ein ehrenwertes Mitglied einer der beiden Kammern des Kongresses wäre.

Abhängige und unabhängige Frauen

Es scheint ein ungeschriebenes Gesetz zu geben, daß Opernsängern, die Senkrechtstarter sind, wie ich es war, eine Schonfrist von zwei, drei Jahren eingeräumt wird, in der sie gehätschelt und als potentieller Gewinn für die Kunstform hochgelobt werden. – Danach ziehen die Kritiker ihre Samthandschuhe aus.

Statt uns daran zu stoßen, was die Kritiker über meine Arbeit schrieben, stimmten meine Mutter, Maestro Weigert und ich darin überein, daß wohlbegründete negative Urteile durchaus ernstzunehmen seien.

Da mehr als ein Dutzend New Yorker Zeitungen und Zeitschriften gleichzeitig über die Metropolitan Opera berichteten und das Spektrum kritischer Meinungen entsprechend breit war, hatten wir unsere Mühe abzuschätzen, wem wir Glauben schenken sollten. Wissen, Werdegang, Erfahrung und Geschmack jedes Kritikers mußten bilanziert werden.

Nach unserer Meinung gab es nur wenige, die qualifiziert waren, uns Ratschläge zu erteilen – zuvörderst Noël Straus und Olin Downes von der »New York Times«, John Rosenfield vom »Morning Star« in Dallas, Virgil Thompson von der New Yorker »Herald Tribune« und Harold Rosenthal vom Londoner »OPERA Magazine«, der häufiger Gast in den Vereinigten Staaten war. Einige andere füllten die Bandbreite zwischen inkompetent und skrupellos. Ein wichtiger Kritiker war wirklich und wahrhaftig gleichzeitig Gesangslehrer und legte in seinen Kritiken die Elle nach den prominenten Divas an, die entweder Stunden bei ihm nahmen oder ihre Konzertroben bei dem exzellenten Modeschöpfer kauften, mit dem er zusammenlebte. – Es lohnte sich – die Gewänder waren wirklich wundervoll!

Sicher, ich war jung, und mein Körper und meine Stimme entwickelten sich ständig weiter. (Kein Sänger ist jemals perfekt und ganz gewiß nicht am Anfang seiner Karriere.) Trotz der sparsam dosierten Auftritte forderten die Wagnerrollen, die ich ausschließlich sang, schließlich ihren Tribut von meiner Unreife, und meine Stimme wurde unausgeglichen.

Das Hauptproblem war, daß die Stimme sich vergrößert hatte. Die

Tiefe und die Mittellage waren etwas dunkler geworden, und als Resultat war mein Timbre nicht mehr ausgeglichen. Manchmal wurden die Spitzentöne über dem hohen B als »schrill« bezeichnet – ein sehr ambivalenter Begriff, denn die Italiener zum Beispiel mögen hohe Töne mit durchdringender Strahlkraft, während die Deutschen eine »runde« Stimme bevorzugen. Außerdem hatten die Pfeiler, die mein Gesangsgebäude stützten – die Muskeln und Sehnen in der Kehle – nicht mit meinem stimmlichen Reifungsprozeß Schritt gehalten, so daß ich in eine Krise geriet.

Eine Krise?

Im Laufe einer Gesangskarriere kommt jeder mindestens einmal in eine Krise. Wer das leugnet, hat entweder ein Wunder erlebt oder erzählt die Unwahrheit.

Da sich der menschliche Körper – aus welchen Gründen auch immer – das ganze Leben hindurch verändert, ist naturgemäß auch der Gesangsapparat davon betroffen. Darüber hinaus hinterläßt auch jede Umwälzung auf emotionalem Gebiet ihre Spuren. Kurz gesagt: Der Unterschied zwischen Sängern und Nicht-Sängern besteht darin, daß Nicht-Sänger einen Körper mit zwei Stimmbändern in der Kehle haben, während Sänger zwei Stimmbänder besitzen, die von allen Seiten von einem Körper umgeben sind. Das ist der Grund, warum wir Sänger latente Hypochonder sind.

Doch im Ernst: Die Erfahrung hat gelehrt, daß die Stimme in ständigem Wandel ist, bis der Sänger das Alter von etwa fünfunddreißig Jahren erreicht hat. Dann setzt sie sich und wird breiter. Das ist der Grund, warum potentielle Wagnersänger ihre Karriere fast immer mit italienischen Rollen im Spinto- und im dramatischen Fach beginnen, dann zu den jugendlich-dramatischen Wagnerrollen übergehen und schließlich um die Vierzig reif für die hochdramatischen Partien sind. Das ist der übliche Vorgang.

In meinem Fall war allerdings die Karriere sozusagen vom Schwanz her aufgezäumt – ein Phänomen für sich. Kein Wunder, daß ich früh eine Krise durchmachte.

Heute würden mich die durchaus lösbaren Probleme, denen ich mich ab der Mitte der vierziger Jahre gegenübersah, möglicherweise mein Engagement oder zumindest meine Reputation kosten, doch damals hatten die Leute mehr Zeit und mehr Geduld. Außerdem hatte das Management der Metropolitan so viel Vertrauen in meine Fähigkeiten investiert, daß man entschlossen war, mir über alle Schwierigkeiten hinwegzuhelfen, die noch auftreten konnten.

Als eine besonders vernichtende Kritik meine Fassung schwer erschüttert hatte, bat ich um einen Termin bei Mr. Johnson, um die Situation zu besprechen. Mr. Johnson erzählte mir eine Geschichte aus seiner eigenen Karriere, die ich immer in Erinnerung behalten werde. Er sagte mir, daß er das Singen beinahe aufgegeben habe, als ein Rezensent eine einzeilige Kritik über ihn geschrieben hatte, und zwar: »Ein kanadischer Tenor namens Edward Johnson wurde engagiert, um den Dick Johnson in Puccinis *La fanciulla del West* zu singen ... WARUM?«

Meine negative Kritik füllte immerhin einen ganzen Absatz, in dem mein Spiel und meine Auffassung gelobt, jedoch ein gerüttelt Maß meiner gesanglichen Leistung beklagt wurde.

Daß Mr. Johnson den Vergleich mit seinem eigenen Verriß zog, hob meine Stimmung. Er schlug mir außerdem vor, einen weiteren Gesangslehrer zu konsultieren, um nichts unversucht zu lassen. Es wäre doch denkbar, daß ich mein bisheriges Wissen erweitern und das Problem lösen könne.

Die betreffende Adresse, die er mir nannte, war ein exzellenter Pianist, der gerne über Singen *sprach*, obwohl er nie selbst gesungen hatte. Meine erste Reaktion war absolute Skepsis. Es widerstrebte mir, die Verantwortung für meine Stimme einer unbekannten Größe anzuvertrauen, wo mich doch der Unterricht bei meiner Mutter auf die Bühne der Metropolitan gebracht hatte.

Meine Mutter teilte meine Meinung nicht. Obwohl sie davon überzeugt war, daß sich die Probleme im Lauf der Zeit von selbst lösen würden, fand sie es diplomatisch, Mr. Johnsons Rat zu beherzigen. Allerdings bestand sie darauf, daß ich mir einen Lehrer nehme, der mehr war als nur ein Pianist, mit anderen Worten: jemand, der die menschliche Stimme liebte und verstand. Sie schlug mir vor, einen Kurs bei einem früheren Wagnertenor der Metropolitan zu nehmen, der nach seinem Abschied 1941, wenige Monate vor meinem Debüt, Gesangslehrer geworden war.

Sein Name war Paul Althouse. Er bildete einige große Sänger aus, und in den folgenden Jahren sang ich oft mit zwei der berühmtesten: mit dem Sopran Eleanor Steber und dem Tenor Richard Tucker.

Als ich Edward Johnson diese Alternative mitteilte, war er sofort einverstanden.

Diese Unterrichtsstunden hatten es in sich! Die Stimme von Mr. Althouse war noch immer in guter Verfassung, und oft unterrichtete er mich, indem er mir ein gutes Beispiel gab, das heißt, daß er etwa zu

Dieses Foto ist nicht arrangiert. Das Logo der American Airlines korrespondierte rein zufällig mit Brünnhildes Federhelm. Trotzdem war es ein Vorzeichen für kommende Höhenflüge - Met-Tour 1950.

meiner Sieglinde den Siegmund sang. Er war der Auffassung, daß Unterricht durch Vormachen eine gute Methode sei.

Ich persönlich tendiere mehr zur analytischen Methode und will genau wissen, warum und wie etwas gemacht wird. Das ist auch der Weg, wie ich heute junge Leute unterrichte. Ich versuche, all die Vorgänge, die sich im Kehlkopf abspielen, in Worte zu fassen, statt etwas vorzumachen. Das schließt von vornherein die Neigung aus zu kopieren und zwingt den Schüler, mit dem Verstand und nicht aufs Geratewohl zu arbeiten.

Im Studio von Mr. Althouse lernte ich eine junge Musikerin kennen, die eine meiner liebsten Freundinnen wurde. Lys Bert, eine deutsche Emigrantin, wollte unbedingt Berufssängerin werden und ließ sich deshalb auf den Handel ein, einen ganzen Tag am Klavier zu begleiten, um dafür eine Gesangsstunde bei dem geizigen Mr. Althouse zu bekommen.

Lys Bert verband schließlich ihre Gesangskenntnisse und ihr brillantes Klavierspiel und wurde eine der besten Korrepetitorinnen auf zwei Kontinenten und die kompetente musikalische Assistentin von Kurt Weill, der am Broadway Triumphe feierte.

Ein paar Jahre nach unserer ersten Begegnung begleitete Lys die Proben zu Weills amerikanischer Volksoper *Street Scene* und verliebte sich in einen der Sänger, den sie dann heiratete. Ihr Mann Randolph Symonette hatte als Heldenbariton eine lange und erfolgreiche Karriere in den Vereinigten Staaten und in Europa.

Als ich in Deutschland und den umliegenden Ländern zu singen begann, war Lys und Randolph Symonettes Wohnung in Düsseldorf viele Jahre mein »zweiter Wohnsitz«, und ihre Freundschaft half mir über manche Hürden in der neuen Umgebung.

Heute ist Lys Symonette Vorstandsmitglied und Nachlaßverwalterin bei der Kurt Weill Foundation for Music in New York und reist durch die Welt, um für die Musik des Meisters zu werben. Das gibt uns von Zeit zu Zeit Gelegenheit, uns zu sehen und über alte Zeiten zu reden.

Während ich meine stimmlichen Probleme ausbügelte, wurde ich mir einer Entwicklung bewußt, die nicht vorauszusehen gewesen war. Eine innere Dynamik brachte mich ganz allmählich auf Abstand zu den Wagnerschen »Unschuldslämmern«.

Die große Chance ergab sich durch die Planung der Met-Spielzeiten in den späten vierziger Jahren. Neben den abhängigen Frauen wie

Elsa und Elisabeth, die mehr reagieren als agieren, wurde ich mit den unabhängigeren Charakteren wie Ortrud, Isolde und Kundry besetzt, die ihr Schicksal zum großen Teil selbst in die Hand nehmen.

Während ich noch weiter die jugendlich-dramatischen Partien sang, erwiesen sich die neuen Aufgaben als geeigneter für die Veränderung, die meine Stimme durchmachte. Außerdem boten sie viel mehr die Möglichkeit, meinen angeborenen Theaterinstinkt und die analytische Methodik einzusetzen, mit der ich mir die dramatische Gestaltung erarbeitete.

Lassen Sie mich ein Beispiel für die dialektische Spannung zwischen den zwei Kategorien von Wagners Heldinnen geben: Elsa und Ortrud in *Lohengrin*. Elsa braucht jemanden, der sie rettet, denn sie ist nicht unabhängig genug, um sich selbst zu retten. Ortrud, ihre Nemesis, ruht dagegen in sich und benutzt ihre scharfe Intelligenz, um Herrin der Lage zu werden. Es ist etwas Männliches in Ortruds unbeirrter Hingabe an ihre Religion und an den Kampf um ihre territorialen Ansprüche, aber sie verfügt ohne Zweifel über genügend weibliche Anziehungskraft, um den im Grunde biederen Telramund zu verleiten, mit ihr gemeinsame Sache zu machen.

Ich halte es für falsch, Ortrud ausschließlich als Zauberin darzustellen. Diese Interpretation geht völlig an der *inneren* Wahrheit dieser Gestalt vorbei. Ortrud ist ihrem Glauben nicht weniger verpflichtet als Lohengrin dem seinen, und die *Magie*, die sie ausübt, ist integraler Bestandteil ihrer Frömmigkeit. Ortrud ist die letzte aus einem Fürstengeschlecht, das einmal das Land regierte. Sie ist entschlossen, das ihr rechtmäßig zustehende Territorium zurückzugewinnen und die angestammte Religion wiedereinzusetzen.

Ich sehe sie als stolze und selbständige Vertreterin des weiblichen Geschlechts, das im frühen Mittelalter nur wenige Rechte hatte und seine Ansprüche nicht selbst geltend machen, geschweige denn mit der Waffe erkämpfen konnte. Deshalb braucht sie einen physisch starken Mann, den sie mit ihrer überlegenen Intelligenz und erotischen Ausstrahlung dominieren und zu Taten antreiben kann – in der Hoffnung, ihr Fürstenhaus und die althergebrachte Religion wieder in altem Glanz erstrahlen zu lassen. Alles, was sie tut, ist völlig vertretbar – bis auf eine Ausnahme: ihr Versuch, menschliches Leben zu vernichten. Damit legt sie den Keim zu ihrer eigenen Vernichtung.

Für mich behandelt die Oper *Lohengrin* die Konfrontation zwischen zwei Weltanschauungen: Christentum (Lohengrin) gegen Heidentum (Ortrud); und zwei Daseinszuständen: Abhängigkeit (Elsa) gegen

Unabhängigkeit (abermals Ortrud). Diese Konflikte müssen herausgearbeitet werden. Ich denke, daß mein Rollenporträt der Ortrud aufgrund der Aufrichtigkeit meiner Charakterisierung ihre Antriebskräfte deutlich machte. Kurz gesagt: Ich glaubte als Ortrud an mich.

Ein Interviewer sagte mir einmal, daß meine Ortrud im ersten Akt einen unauslöschlichen Eindruck auf das Publikum gemacht habe, weil sie, obwohl sie kaum etwas zu singen habe, dennoch ständig präsent gewesen sei. Er wollte wissen, wie ich es anstellte, diesen Eindruck zu erwecken.

Ich antwortete ihm: »Ich höre dem, was die anderen sagen, ganz einfach so zu, als ob ich alles zum ersten Mal hören würde, und reagiere dann darauf im Sinne dieser Gestalt.« Das klingt ziemlich einfach, doch die Konzentration darauf fordert einem nicht weniger ab als das Singen. Es wurde mir gesagt, daß ich einen Energiestrom ausstrahle, der sich auf das Publikum übertrage. Das ist der Unterschied zwischen einer Sängerin und einer singenden Darstellerin.

Isolde ist häufig als überkompliziert beschrieben worden. Ich frage mich, warum? Ich finde sie überhaupt nicht kompliziert. Ich sehe sie vielmehr als ganz feminin, natürlich und leicht begreifbar. Es erstaunte mich immer wieder, wie gut Richard Wagner die Vielschichtigkeit der weiblichen Psyche verstand und zum Ausdruck brachte. Man könnte fast sagen, daß er ein starkes weibliches Element in sich hatte. Inzwischen ist es wissenschaftlich erwiesen, daß jeder Mensch männliche und weibliche Komponenten in sich trägt. Richard Wagner muß von beiden eine beträchtliche Menge mitbekommen haben.

Isolde ist in der Lage, in jeder Situation die Initiative zu ergreifen, ohne Rücksicht darauf, wozu diese Entschlossenheit führen wird. Obwohl sie völlig in ihrer Liebe zu Tristan aufgeht, ist sie ihm keinesfalls hörig. Ihre Beziehung basiert nicht auf Abhängigkeit, diese Liebe ist vielmehr ein Imperativ, der sich kühn über alle gesellschaftlichen Schranken hinwegsetzt.

Bevor ich die Partie für mich festlegte, folgte ich meinem Grundsatz und betrieb ausgedehnte Nachforschungen über diese archetypische mittelalterliche Sage, von der es verschiedene Varianten gibt. Die Hauptquelle ist das höfische Epos von Gottfried von Straßburg, das zum großen Teil auf dem Gedicht des Anglonormannen Thomas of Brittany basiert.

In allen seinen Werken paßte Richard Wagner das Kernmaterial jedoch seiner jeweiligen eigenen Situation an. Wie sehr wir uns also auch mit den Quellen beschäftigen, was an sich bereits faszinierend ist, müssen wir letztlich immer zu Wagners Text zurückkehren.

Warum tauchte ich dann überhaupt so tief in diese keltischen, höfischen und Volkssagen ein? Weil die Kenntnis der Konventionen der Zeit, in der sie entstanden, im Kontext mit Wagners Veränderungen, durch die er das Sagenmaterial mit seinen eigenen Motivationen in Einklang brachte, mich seine »Selbststilisierung« verstehen und schließlich nachzustellen lehrten.

Jede Bühnengestalt ist wie ein Handschuh – man streift ihn über, aber darin steckt die eigene Hand. Der Handschuh allerdings läßt sich nicht verändern. Was ich mit dieser Metapher sagen will: Jeder Librettist oder Komponist darf eine alte Geschichte mit Elementen aus seiner eigenen Biographie anreichern, aber damit hört es dann auf. Der Schöpfer jedes Meisterwerks bleibt sein Schöpfer, und der Nachschöpfer oder Interpret dieses Werks auf der Bühne hat nicht das Recht, die Intention des Originals zu verdrehen.

Was ist nicht alles in den sogenannten Liebestrank hineingeheimnist worden, der für den Kern der Geschichte keine Rolle spielt. Auch wenn die beiden aus dem goldenen Kelch lediglich einen Schluck Wasser getrunken hätten, wären sie der Versuchung erlegen, einander ihre Liebe zu gestehen, eine Liebe, die lange vor dem Aufgehen des Vorhangs begonnen hat.

Nicht umsonst ist dies das zentrale Thema des Vorspiels. Brangänes Trank dient höchstens dazu, ihre Gefühle zu verstärken, und die Gefühle besorgen den Rest. Also sehen wir abermals, daß Isolde nicht das Opfer von Zauberei ist, sondern Herrin über ihr Schicksal.

Unmittelbar bevor sie Tristan den Kelch reicht, gibt sie ihm die Möglichkeit, sich selbst Rechenschaft abzulegen. Seine Antwort ist so dunkel, daß nur wenige Interpreten sich jemals die Mühe machten, darüber nachzudenken. Seine Worte sind: »Des Schweigens Herrin heißt mich schweigen: fass' ich, was sie verschwieg [das heißt: daß sie mich liebt], verschweig' ich, was sie nicht faßt [daß ich sie liebe].«

Seine Ehre gebietet ihm, seine Gefühle nicht zu offenbaren, denn er ist nicht mehr Herr der Lage.

Anders Isolde. Obwohl sie seine rätselhafte Erklärung falsch auffaßt und unterstellt, daß er den Schicksalstrank verweigern will, akzeptiert sie sein Zögern nicht, und ihre Entschlossenheit besiegelt beider Schicksal. Daß sie die Entscheidung erzwingt, ist ein beredtes Beispiel dafür, wie Isolde ihr Geschick selbst in die Hände nimmt und damit das gesamte Geschehen bestimmt.

Eine unabhängigere Frau kann ich mir schwerlich vorstellen. Und je weiter ich mit dem Studium dieser Rolle kam, desto deutlicher wurde mir, daß diese Gestalten in Zukunft den Gravitationspunkt meines Opernschaffens bilden würden.

Als ich mir die Rollen aus Wagners Reifezeit erarbeitete, fühlte ich mich zu dem komplizierten Charakter seiner letzten Frauengestalt hingezogen, Kundry in *Parsifal*, einer Figur, die ich gleichermaßen für abhängig und unabhängig halte, mit dem Nachdruck auf letzterem.

Die Trias der Kundry-Gestalt, die ihren Ursprung in so vielen verschiedenen sagenhaften, mythischen und biblischen Quellen hat, ist die bei weitem vielschichtigste. Sie vereinigt in sich die biblische Herodias, den keltischen Todesdämon Gundryggia, den sagenumwobenen Ewigen Juden in weiblicher Form ebenso wie die charakteristischen Züge der Maria Magdalena, wenn sie etwa Parsifals Füße wäscht und mit ihrem Haar trocknet.

Kundry ist ein Amalgam all dieser unterschiedlichen Vorlagen, von Wagner hauptsächlich zusammengebraut, um seine Erfahrungen mit der veränderlichen Natur des Weibes zu manifestieren, wie er sie gegen Ende seines Lebens begriff. Diese Divergenz der Charakterzüge in einem einzigen Wesen, wobei immer der innere Zusammenhang der Gestalt gewahrt werden muß, macht die Darstellung der Kundry zu einer faszinierenden Herausforderung und beschäftigte mich den größeren Teil meiner Karriere.

Kundry und der fliegende Holländer haben denselben Sagenursprung – beide sind Abkömmlinge Ahasvers. Beide haben Gott gelästert – der frevelhafte Holländer, der sich bei widrigem Wind vermaß, ein sturmumtostes Kap zu umfahren, auch wenn er dafür bis in alle Ewigkeit segeln müsse; und Kundry, die angesichts des Gekreuzigten lachte.

Ihre Schuld ist ihre Strafe. Der Holländer muß endlos die Meere befahren und kann Frieden im Tod erst dann finden, wenn die selbstlose Treue einer Frau ihn erlöst.

Kundry ist die Summe einer Reihe verschiedenartiger Reinkarnationen. In *Parsifal* begegnen wir ihrer letzten Materialisation. Ihre Sexualität – ohne Liebe oder auch nur einen Funken Zuneigung – ist wie eine Rauschdroge. Je mehr Kundry ihrem Trieb nachgibt, um so mehr verlangt es sie danach. Parsifals unerwartete Abweisung treibt sie zu solcher Raserei, daß ihre psychischen Prozesse die Zusammenhänge verlieren. Schließlich verwirren sich ihre Empfindungen und Erinnerungen derart, daß sie glaubt, Parsifal sei Er, den sie verlachte. Sie fleht ihn an, sich mit ihr zu »vereinen« und sie dadurch zu »entsündigen«. Parsifals Weigerung treibt sie in die Wut des Wahnsinns. Es ist wie Drogenentzug, in dem der Süchtige durch die Hölle geht, bis das Gift Körper und Seele verlassen hat.

Um den Fall noch komplizierter zu machen, ist Kundry eine gespaltene Persönlichkeit, deren jeweilige Verkörperung, in der sie gefangen ist, nichts von der anderen weiß. Obwohl ihr im ersten Akt nicht bewußt ist, daß sie an der Verführung Amfortas' schuld war, steht sie dennoch unter dem inneren Zwang zu büßen, wie die Pilger, die an geheiligten Orten die Stufen auf den Knien hinauf und hinunter rutschen. Und für alle Dienste, die sie erbringt, weist sie jede Äußerung von Dankbarkeit von sich: »Ich helfe nie.« Der Grund dafür liegt in ihrer Überzeugung, daß Dankbarkeit den Wert ihrer Hilfe aufheben und damit die Selbstlosigkeit ihrer Handlungen beeinträchtigen würde. Es ist eine äußerst verneinende Haltung gegenüber einer der Kardinaltugenden.

Die Verführerin Kundry, die auf Klingsors Beschwörung hin erscheint, offenbart eine bestrickende Macht, der sich wenige Männer entziehen können: Sie beschwört die Erinnerung an Parsifals Mutter. Das Wachrufen der Sehnsucht nach mütterlicher Zuwendung, besonders bei einem, der der Mutterliebe beraubt wurde, sorgt unfehlbar dafür, daß das Opfer nicht auf der Hut ist und nur noch Schritt um Schritt manipuliert zu werden braucht. In Parsifals Fall paralysiert sie ihn, indem sie die Reue darüber anfacht, daß er seine sich sorgende und bangende Mutter verließ. Mit der Behauptung, daß sie ihn lediglich beschirmen und ihm Ersatz für die Liebe seiner Mutter bieten wolle, plant sie in Wahrheit, Parsifal zu vernichten, so wie sie einst Amfortas heimsuchte. Doch der vermeintlich kleine pseudomütterliche Kuß, den sie ihm darbringt, ist in Wirklichkeit mit sinnlichem Gift beladen. Das läßt mich an die Schlange in der Schöpfungsgeschichte denken.

Warum Richard Wagner Sexualität in dieser weiblichen Spielart des Ewigen Juden einsetzte, ist wohl ein Rätsel. Ich kann nur vermuten, daß Männer allgemein anfällig für Verführung sind, allein aufgrund ihrer starken sexuellen Komponente. Man denke nur an den Sturz so vieler Männer, die bewußt von Frauen zerstört wurden, entweder aus eigenem Antrieb oder im Dienste von anderen. Judith und Holofernes, Dalila und Samson – um nur zwei Beispiele zu nennen.

Parsifals Reaktion ist gewiß alles andere als das, worauf Kundry gefaßt war. Amfortas' Tragödie wird ihm augenblicklich klar, und mit diesem Bewußtsein kommt die Weisheit. Kundry versucht immer dringlicher, ihn zu bezwingen, doch vergeblich. Als ihre Leidenschaft unerwidert bleibt, nimmt sie ihre Zuflucht zu Verwünschungen, während ihr inneres Feuer rapide erlischt.

Gegen Ende dieses Aufzuges muß die Sängerin den äußersten Grad an darstellerischem Einsatz erreichen. Es muß so aussehen, als ob sie völlig außer sich geraten sei, während sie sich gleichzeitig ständig in Schach halten muß, um Gesangslinie und Stimmführung nicht zu gefährden. – Was für eine Aufgabe!

Kundry fällt danach in einen Tiefschlaf, der eine Art Koma ist und viele Jahre dauert, um an einem Karfreitag wieder zu erwachen, dem Tag, an dem ihre Erlösung naht.

Manchmal kommt mir der Gedanke, daß ich mir viel erspart hätte, wenn ich nicht in die Hintergründe und den Kern dieser Figur getaucht wäre und sie einfach nur gesungen hätte. Doch ein solcher Weg wäre für mich völlig unbefriedigend geblieben.

Diese unabhängigen Bühnengestalten verkörperten genau die Art von Herausforderung, die ich suchte. Dazu gehörte gründliches Nachdenken und Studieren, doch es gab mir tausendfache Befriedigung und blieb im Grunde eine nie endende Suche, denn obwohl meine Grundhaltung immer dieselbe blieb, forderte jede neue Produktion mit anderen Partnern eine von neuem überdachte Reihe von Reaktionen.

Was ich zu erzählen habe, sollte allerdings nicht als gründliche Analyse dieser drei Schlüsselrollen aufgefaßt werden. Solche Erkenntnisse können nur ein Konzept sein, auf dem man aufbaut. Es gibt eine Unzahl von Quellen bei Wagner selbst, dazu die Analysen zahlloser Wissenschaftler und Schriftsteller, die alle versuchen, den Komponisten und seine Werke zu erklären, seine Suche quer durch die literarischen Mythen und seinen persönlichen Gebrauch von religiösen und politischen Weltanschauungen. Ich habe nicht den Ehrgeiz, mich in die Nachfolge dieser hochqualifizierten Autoren einzureihen. Meine Absicht ist, meinen Lesern eine ungefähre Vorstellung davon zu geben, was letztlich zu meiner gesanglichen und darstellerischen Umsetzung führte, in meinem Bemühen, die Worte und die Musik so zu verstehen, daß daraus glaubhafte menschliche Wesen wurden.

Der Vater der Oper des 20. Jahrhunderts

Der *V. E. Day* am 8. Mai 1945 bedeutete das Ende des Zweiten Welt-kriegs in Europa und damit auch das Ende der »Kontinentalsperre« für das amerikanische Opernleben. Das Metropolitan Opera House konnte wieder über die gesamte Weltelite der Opernsänger verfügen, und ich hatte das Glück, mit vielen von ihnen auf der Bühne zu stehen, speziell mit zwei Heldentenören, die nach New York gekommen waren, um Melchior – der praktisch das gesamte schwere Wagnerfach ganz allein gesungen hatte – von dieser Herkulesarbeit zu entlasten.

Der in Österreich gestrandete Max Lorenz und sein schwedisches Pendant Set Svanholm bedeuteten für die Metropolitan noch zusätz-lichen Gewinn. Beide waren Experten für Richard Strauss, dessen Opern Melchior niemals angefaßt hatte.

Die Strauss-Interpretation hatte ihre Tücken, mit denen wir uns bei Wagner nicht herumschlagen mußten. Da Wagner 1883 gestorben war und es in der Musikwelt von 1945 keinen Ohrenzeugen mehr gab, konnte sich auch niemand mehr als Gralshüter aufspielen. Richard Strauss hingegen lebte noch, und einige Dirigenten und Regisseure an der Met hatten ihm in Europa zumindest einmal die Hand ge-schüttelt. Das führte zu einer Reihe äußerst hitziger Dispute über die musikalische Auslegung der Werke von Strauss, und nicht wenige Besserwisser schworen Stein und Bein, daß ihr Tempo und ihre Auf-fassung voll mit den Wünschen des Komponisten übereinstimme, während die Gegenseite nicht minder fanatisch *ihre* Sicht verteidigte.

Während einer dieser endlosen Diskussionen stieß Hermann Wei-gert einen erschöpften Seufzer aus und machte eine jener Bemerkun-gen, die seinen Ruf an der Metropolitan als Spötter vom Dienst wach-hielten: »Zu schade, daß Strauss nicht anwesend ist, um sich zu ver-teidigen!«

Natürlich war Strauss durchaus »anwesend«. Obwohl bereits in den Achtzigern, war er noch sehr lebendig und musikalisch aktiv, doch seit 1939 auf der anderen Seite der Front und damit für uns nicht mehr er-reichbar gewesen. Viele zeitgenössische Kommentatoren fanden es schändlich, seine Werke überhaupt aufzuführen, weil er sich ihrer Meinung nach auf Gedeih und Verderb mit dem Dritten Reich eingelassen hatte. Es würde den Rahmen meiner Memoiren sprengen, den Fall Richard Strauss in allen Details abzuwägen, doch ich finde es fair, einiges klarzustellen.

Diese Agitatoren machten viel Aufhebens von Strauss' Bereitwilligkeit, sich 1933 zum Präsidenten der Reichsmusikkammer berufen zu lassen, einer Unterabteilung der Reichskulturkammer, mit der Goebbels erfolgreich das gesamte deutsche Kulturleben unter Kontrolle bekam. Die wirklichen Gründe für die Übernahme dieses Amtes hatten mehr mit der Bewahrung der musikalischen Kultur im allgemeinen und dem Urheberrechtsschutz der Komponisten und Textdichter im besonderen zu tun.

Seine Verbindung mit dieser Organisation fand im Kielwasser des Debakels um eine seiner Opern ihr jähes Ende. Das Werk war *Die schweigsame Frau* auf ein Libretto des österreichischen jüdischen Dichters Stefan Zweig, und der Anlaß war, daß Strauss trotz offizieller Mißbilligung darauf bestand, Zweigs Namen im Programm abzudrucken. Als Geste der Anerkennung der Bedeutung des Komponisten hatte Hitler der Dresdener Uraufführung ursprünglich selbst beiwohnen wollen, doch als er erfuhr, daß Strauss in der Frage der Namensnennung unnachgiebig geblieben war, blies er seinen Besuch ab, angeblich weil der Flug von Hamburg wegen schlechter Wetterbedingungen nicht stattfinden konnte.

In einem Brief, den Strauss am 17. Juni 1935 – eine Woche vor der Premiere – an Zweig schrieb, faßte er seine Haltung gegenüber dieser pseudo-nationalistischen Borniertheit mit typisch bairischer Unverblümtheit zusammen: »Daß ich den Präsidenten der Reichsmusikkammer mime? Um Gutes zu tun und größeres Unglück zu verhüten. Einfach aus künstlerischem Pflichtbewußtsein.« Um dann fortzufahren: »Für mich gibt es nur zwei Kategorien Menschen; solche, die Talent haben und solche, die keins haben, und für mich existiert das Volk erst in dem Moment, wo es Publikum wird. Ob dasselbe aus Chinesen, Oberbayern, Neuseeländern oder Berlinern besteht, ist mir ganz gleichgültig, wenn die Leute nur den vollen Kassenpreis bezahlt haben.«

Der Brief wurde von der Gestapo abgefangen und erreichte seinen Empfänger nie, doch der Affront gegen den »völkischen Gedanken« beschleunigte Strauss' »Rücktritt«, der am 14. Juli desselben Jahres bekanntgegeben wurde.

Während der restlichen Jahre des Dritten Reichs konzentrierte sich der Komponist weiter auf seine Musik und war ein Meister im Ignorieren alles dessen, was sich um ihn herum ereignete. Als er im Januar 1944 aufgefordert wurde, Evakuierte und Bombengeschädigte in seiner 19-Zimmer-Villa in Garmisch aufzunehmen, lehnte er kategorisch ab. Wie aus einem Rundschreiben des Leiters der Reichskanzlei, Martin Bormann, hervorgeht, war ihm vorgehalten worden, daß in diesen Zeiten jeder Opfer bringen müsse, worauf er antwortete, daß seinetwegen kein Soldat zu kämpfen brauche. Bormann ließ daraufhin kurzerhand Zimmer beschlagnahmen und verlangte wutschäumend, daß jeder Parteigenosse die Beziehungen zu »diesem Manne« sofort abzubrechen habe.

Strauss' apolitische Natur, die an Naivität grenzte, offenbarte sich wahrscheinlich am deutlichsten in einem Vorfall, der sich Anfang der vierziger Jahre ereignete und den sein Enkel Dr. Christian Strauss erzählte.

Wie Dr. Strauss berichtete, war seine jüdische Urgroßmutter mütterlicherseits, Paula Neumann, in das Konzentrationslager Theresienstadt deportiert worden. Richard Strauss hing so an seiner Schwiegertochter Alice, geborene von Grab-Hermannswörth, die als seine Sekretärin in musikalischen Angelegenheiten fungierte und die Mutter seiner beiden geliebten Enkelsöhne war, daß er eine Fahrt von Wien nach Dresden zum Anlaß nahm, um dem Konzentrationslager einen Besuch abzustatten und sich an Ort und Stelle vom Wohlergehen ihrer Großmutter zu überzeugen. Als er mit seinem Chauffeur vorfuhr, ging er lässig zum Tor und forderte die SS-Wachen auf, Frau Neumann darüber zu informieren, daß der Schwiegervater ihrer Enkelin auf Besuch gekommen sei. Die Wachen starrten ihn an wie einen Verrückten, doch Strauss blieb hartnäckig und machte sie darauf aufmerksam, daß er eine bedeutende Persönlichkeit in der Welt der Kunst sei und sehr wohl das Recht habe, eine angeheiratete enge Verwandte zu besuchen. Schließlich schafften es die SS-Männer, ihn hinwegzukomplimentieren.

Kurze Zeit später erhielt die Familie aus Theresienstadt ein kleines Paket mit ein paar persönlichen Habseligkeiten, einem kleinen Gemälde und einigen Kleidungsstücken, den wenigen Dingen, die Frau Neumann in das Lager hatte mitnehmen dürfen. Ein beigefügtes Schreiben teilte mit, daß sie einer Krankheit erlegen sei.

Frau Neumann blieb nicht das einzige Opfer. Insgesamt kamen sechsundzwanzig Verwandte von Alice Strauss in den Konzentrationslagern um.

Was die Authentizität bei der Strauss-Interpretation betraf, war die ganze Haarspalterei an der Met über stilistische Feinheiten letztlich ein Streit um des Kaisers Bart. Strauss war ein alter Theaterpraktiker, der im Garmischer Telefonbuch unter der Berufsbezeichnung Kapellmeister firmierte. Als solcher war er sich der vielfältigen Interpretationsmöglichkeiten seiner Werke bewußt und begrüßte neue Ideen als Selbstverständlichkeit, besonders wenn Purismus am falschen Fleck ihn um die Tantiemen gebracht hätte. Strauss' Einstellung wird wohl am besten durch eine Erinnerung meines Kollegen Hans Hotter veranschaulicht, der mit ihm auf der Opernbühne und auf dem Konzertpodium zusammengearbeitet hatte.

Bei einer Probe zu einer Oper, die der Komponist dirigierte, haute Hotter bei einem Ton fürchterlich daneben. Hans ist selbst ein vorzüglicher Musiker, und sobald das Orchester Pause machte, entschuldigte er sich beim Komponisten submissest für seinen Fehler. Unerschüttert erwiderte Strauss: »Des ham S' so überzeugt gsunga, da muaß i mi verkomponiert ham.«

Obwohl diese liberale Einstellung gegenüber der Aufführung seiner Werke typisch für Strauss war, hatte Fritz Reiner, der *Salome* an der Met dirigierte, eine völlig entgegengesetzte Einstellung und bestand darauf, daß kein Jota von den Angaben in der Partitur abgewichen wurde.

Obgleich Reiner eine bedeutsame Rolle in meiner Vergangenheit gespielt hatte, indem er meine Eltern in Budapest einander vorgestellt hatte, stand ich nicht etwa unter seiner Protektion. Es dauerte nach meinem Debüt vielmehr noch sieben Jahre, bis er mich für einen Auftritt in Pittsburgh engagierte, wo er Chefdirigent war. Später sagte er mir, er habe nicht den Eindruck erwecken wollen, daß er mit der Tochter seiner alten Freunde Vetternwirtschaft treibe.

Danach holte er mich für ein Freiluftkonzert mit den New Yorker Philharmonikern im Lewisohn Stadium in Upper Manhattan im Juni 1949.

Da auf dem Programm auch Salomes Schlußgesang stand, empfahl mir meine PR-Beraterin Alix Williamson, mir zu diesem Anlaß ein entsprechendes Gewand machen zu lassen, und gab mir – um zwei Fliegen mit einer Klappe zu schlagen – den Rat, als Schneider den Lebensgefährten des bewußten Kritikers zu nehmen, weil mir das zumindest eine gute Besprechung sichern würde, egal, wie ich sang.

Ich war an jenem Abend glänzend in Form und Maestro Reiner ebenfalls. Die Kritiken waren hymnisch.

159

Noël Straus schrieb in der »New York Times«: »Am Schluß dieser fulminanten Vorführung überlegenen Künstlertums, mit der sie einen formidablen Erfolg erzielte, gab es für die Sängerin Bravorufe.«

Robert Bagar stand ihm im »World Telegram« nicht nach: »Hier ist eine Stimme von großer Kraft und Schönheit – den einen Augenblick zärtlich streichelnd und im nächsten brutal fordernd, so wie man sich die Stimme Salomes wünscht.«

Miles Kastendieck bemerkte im »Brooklyn Eagle«: »Sie triumphierte in der Schlußszene und darf sich damit zu Recht unter die wenigen einreihen, die diese Rolle mit Auszeichnung gesungen haben.«

Die für gewöhnlich säuerliche Harriet Johnson notierte in der »Post«: »Der Höhepunkt des Abends war Miss Varnays Gesang in der Schlußszene, der vokalen Glanz mit beeindruckender Gestaltung verband.«

Douglas Watt kommentierte in den New Yorker »News«: »Obendrein war Miss Varnay superb.«

Jerome D. Bohm reihte sich in der »New York Herald Tribune« in den Jubelchor ein: »Der Abend gehörte Miss Varnay ...«

Lediglich der unvermeidliche Irving Kolodin konnte sich einmal mehr nur zu einer lauwarmen Kritik aufraffen.

Übrigens paßte das meergrüne Gewand mit einem Unterkleid aus Silberlamé und einer riesigen, provozierend blutroten Samtschleife an einer Seite perfekt zur Rolle der Salome.

Vor diesem Konzert hatte ich die Partie im Sommer 1948 allerdings bereits zweimal in einer Bühnenproduktion an der Cincinnati Opera gesungen und war nur eine Woche nach dem Konzert von 1949 für zwei Wiederaufnahme-Vorstellungen angesetzt. Zwei weitere Aufführungen waren für den kommenden November in New Orleans geplant.

Offensichtlich hatte ich in der Zwischenzeit meinen einstigen jugendlichen Abscheu vor der Handlung der Oper bezwungen und wurde mehr und mehr von der effektvollen musikalischen und dramatischen Behandlung des biblischen Stoffes fasziniert.

Als die Kritiken über das Konzert im Lewisohn Stadium erschienen, war die Strauss-Oper wieder im Repertoire der Metropolitan, aber nicht mit mir.

Ljuba Welitsch war engagiert worden, um am 4. Februar 1949 ihre international gefeierte Salome an der Metropolitan zu präsentieren. Verpflichtungen in Wien machten es ihr jedoch unmöglich, alle Proben mit dem Ensemble mitzumachen. Ich war freundlich ersucht worden, die Januar-Proben bis zu ihrer Ankunft zu übernehmen. Ich dachte darüber nach und fand, daß es klug sei, mich loyal zu zeigen. Erstens bot mir das die hervorragende Gelegenheit, die Partie noch einmal gründlich zu überprüfen, und außerdem bekam die Metropolitan eine Vorstellung von meiner Interpretation.

Ljuba Welitsch mit ihrem leuchtend roten Haar, ihrer sinnlichen Stimme und ihrem angeborenen Bühnentemperament wurde anerkennend mit dem Beinamen »bulgarische Bombe« bedacht, einer Bezeichnung, die ebenso für ihr extravagantes Auftreten außerhalb der Bühne gelten konnte.

Typisch dafür ist die Geschichte über ihren ersten Aufenthalt in New York. Sie wurde am Flugplatz von einem jungen Regieassistenten der Met abgeholt, der sie ins Hotel begleiten sollte. Ohne sich über die Usancen der Diva informiert zu haben, gab er dem Taxifahrer den Auftrag, eine Rundfahrt zu machen, und verschaffte ihr den Genuß einer ungefragten Fremdenführung durch Manhattan. Nachdem sie eine halbe Stunde einen Vortrag über die diversen Wahrzeichen der Stadt – Gebäude, Museen, Statuen, Denkmäler etc. – erhalten hatte, wandte sich die »Bulgarian bombshell« ihrem Cicerone mit einem erschöpften Lächeln zu und rief aus: »Junger Mann, Sie dürfen mir glauben, daß ich nur wegen drei Dingen nach New York gekommen bin – Musik, Money und Männer.« – Der Rest war Schweigen. (Wow!)

Für die Rolle der Salome brachte Ljuba Welitsch noch ein besonderes Attribut ein, das damals häufig als nicht entscheidend angesehen wurde. Sie tanzte den Tanz der sieben Schleier selbst! Wie erstaunlich das auch für heutige Opernbesucher sein mag, die ein und dieselbe Salome von Anfang bis Ende der Vorstellung sehen – damals gab es nur wenige Soprane, die bereit und in der Lage waren, den Tanz zu exekutieren, ohne sich zu blamieren. Normalerweise ging es so vonstatten: Sobald die Zeit für den Tanz gekommen war, und die Diva für den Umzug auf der Bühne ohnehin durch ihre Dienerinnen der Sicht entzogen war, entschwebte statt ihrer eine Solotänzerin der Gruppe, die naturgemäß weit weniger als die Hälfte der Sopranistin wog, absolvierte den Tanz und verkrümelte sich dann in die Kulisse, während Madame Sowieso die Vorstellung zu Ende sang. (Es muß Herodes und das Publikum völlig rammdösig gemacht haben.)

Auf so etwas ließ sich Ljuba Welitsch natürlich nicht ein.

Auch ich war das Problem bereits vor meiner ersten Salome in Cincinnati angegangen.

Einer von Hermanns Freunden aus Berliner Tagen, Kurt Adler, der Chorleiter der Metropolitan, war mit unserer Primaballerina Irene Hawthorne verheiratet, die auch als Choreographin sehr verdienstvoll war. Irene erklärte sich bereit, mit mir zu arbeiten. Wir begannen im Januar 1948, und ich prägte mir die Choreographie mit derselben Akribie ein wie den gesanglichen Teil der Rolle.

Trotz meines Zutrauens in Irenes untadeligen Geschmack setzte mir Hermann den Floh ins Ohr, ich müsse sichergehen, daß der Tanz zwar sinnlich und erotisch sei, aber nicht etwa ungewollt die Grenze zur Vulgarität überschreite. »Wir möchten doch beide nicht, daß du eine Show abziehst wie die Mädchen bei Minsky's«, sagte er in Anspielung auf eine Kette von Burlesque Theatres, in denen gutbezahlte Stripperinnen aufreizend ihre Hüllen fallen ließen, während die »Gentlemen« im Publikum sie mit so vornehmen Aufforderungen wie »Ausziehen!« animierten.

Das Problem war bloß, daß es damals für New Yorker kaum möglich war, sich über diese Kunst Kenntnis zu verschaffen, denn sie war während des Zweiten Weltkriegs aus der Stadt verbannt worden. Bürgermeister Fiorello H. La Guardia war der Ansicht gewesen, daß diese Art Entertainment die Moral der jungen Soldaten negativ beeinflussen könne, die aus allen Teilen der Vereinigten Staaten via New York an die europäischen Kriegsschauplätze verfrachtet wurden. Unser »Blümchen« Fiorello hatte befürchtet, daß ihnen solche Darbietungen ein falsches Bild von der Stadt geben könnten, auf die der Ehrenwerte so stolz war.

Auf einer unserer Konzertreisen entdeckten Hermann und ich jedoch in einer Stadt, in der wir auftraten, einen solchen Striptease-Schuppen und beschlossen, an unserem freien Abend ein wenig *Salome*-Forschung zu betreiben. Wir schlichen in das Theater, gaben uns alle Mühe, so unauffällig wie nur möglich zu wirken, schlüpften in die erste Reihe und konzentrierten uns auf die Darbietungen der Tänzerinnen. Es fiel mir auf, daß sie alle die Tendenz hatten, an der Rampe entlang von einer Seite des Proszeniumsrahmens zur anderen zu spazieren, und sich dabei meist so aufreizender Requisiten wie überdimensionaler Luftballons oder überladener Fächer aus Straußenfedern bedienten, um das Publikum hinzuhalten. Ich nahm mir definitiv vor, *diese* choreographische Variante im Opernhaus nicht abzuziehen.

Ein paar Wochen später besuchten wir in San Francisco, wo wir beide an der Herbst-Spielzeit beteiligt waren, eine Vorstellung von

La Traviata mit einem unserer Lieblingssoprane, Licia Albanese, in der Titelrolle. Als Madame Albanese, die wie immer fabelhaft aussah und prächtig sang, im ersten Akt mit Violettas Bravourarie »Sempre libera« anhob, begann sie an der Rampe der Cinerama-breiten Bühne nach demselben Schema – wenngleich ohne Vulgarität – hin und her zu wandern, wie wir es vor kurzem in jenem Burlesque Theatre gesehen hatten. Um die Duplizität noch lächerlicher zu machen, wedelte Madame Albanese dazu auch noch mit einem kunstvoll gearbeiteten Straußenfächer.

Ich lief langsam rot an wie eine Bete und versuchte mein aufsteigendes Kichern zu unterdrücken, zumal Hermann die Situation schamlos ausnützte und mir mutwillig zuraunte: »Ausziehen!« Beinahe hätte ich die Vorstellung vorzeitig verlassen müssen.

Durch Irenes Betreuung, meine Vorstellungen in Cincinnati und die lehrreichen Intermezzi im Striptease-Laden und an der San Francisco Opera aufgepäppelt, war ich hervorragend darauf vorbereitet, Madame Welitschs *Salome*-Proben an der Metropolitan zu übernehmen. Alles verlief zur Zufriedenheit, bis ich ungefähr drei Wochen später Maestro Reiner erklärte, ich müsse ein paar Tage pausieren, weil ich am 22. Januar 1949 die Isolde zu singen habe.

Ich weiß nicht, ob diese kurze Unterbrechung der Grund war, daß er plötzlich seltsam und unnötig mäklig wurde, als ich für die *Salome*-Proben wieder zur Verfügung stand.

Maestro Reiner war ein vorzüglicher Pianist, und wenn ihn die Lust überkam, übernahm er die Klavierbegleitung selbst. Bei einer dieser Sitzungen fügte er ein paar falsche Töne ein, die er außerdem in einem eigenartigen, der Komposition zuwiderlaufenden Rhythmus spielte. Ich mußte mir die größte Mühe geben, um gegen seine schräge Begleitung anzusingen. Dann brach er ab, schaute mich mit saurer Miene an und bemerkte: »Aha, Sie beherrschen also die Partie?« Mir fehlten die Worte, und ich konnte nur stammeln: »Wird das nicht von mir erwartet?« Es dämmerte mir, daß er diese falschen Töne in seine Begleitung einfügt hatte, um mir eine Falle zu stellen und sich, falls ich hineinstolpere, als Herr und Meister aufzuspielen. Ich fragte mich, ob er vielleicht versuchte, mich gefügig zu machen, oder sich lediglich als Mittelpunkt der Schöpfung aufspielen wollte, wie es die Art vieler Dirigenten ist. Er war mit dieser Tour an die falsche Adresse geraten. Ich war für solche Machtspiele einfach zu gut vorbereitet.

Die Wiederaufnahme ging in die Endproben, und Ljuba Welitsch war immer noch nicht da. Das hieß, daß ich auch die Kostümprobe mit Klavier zu absolvieren hatte.

Salome auf der Bühne der Metropolitan war für uns alle Neuland, und ich war ganz hingerissen, daß ich die Partie hier singen durfte, auch wenn es nur auf einer Probe war, doch meine Begeisterung wurde augenblicklich niedergewalzt. Ich hatte kaum den Mund aufgemacht und die erste Phrase – »Ich will nicht bleiben. Ich kann nicht bleiben« – gesungen, als Reiner unterbrach und mich brüsk korrigierte.

Nach dem Ende der Probe kam Max Lorenz zu mir und sagte, daß er zufällig hinter der Bühne in der Partitur gelesen habe, als Reiner seine Bemerkung machte. Er versicherte mir, daß ich die Stelle korrekt gesungen habe und daß der Dirigent dummes Zeug rede.

Nichtsdestotrotz war ich – gewappnet mit dem hervorragenden Echo auf das Stadium-Konzert und der Erfahrung in den szenischen Aufführungen in Cincinnati und New Orleans – startklar, meine erste Salome an der Metropolitan am 26. Januar 1950 mit Maestro Reiner am Pult anzugehen.

Es war für mich eine doppelte Ehre, denn *Salome* gehörte zu den Opern der Spielzeit, deren öffentliche Generalprobe den Mitgliedern der Metropolitan Opera Guild vorbehalten war, einem exklusiven Klub von Opernfreunden, die zum großen Teil außerordentlich fachkundig waren.

Einige Tage vor dieser Generalprobe ging ich an Papa Senzs Kabäuschen hinter der Bühne vorüber und sah, daß er mit jemandem plauderte. Ich begrüßte Papa und wollte bereits weitergehen, als ich eine Spätzündung hatte. War es denn die Möglichkeit ...? Es war – mein Filmidol Danny Kaye.

Vertraut mit seinen genialen Parodien auf die klassische Musikszene mußte ich ihn einfach fragen: »Was führt Sie her, Mr. Kaye? Haben Sie vor, die Oper zu versauen?« Ohne einen Augenblick zu zögern, schoß er zurück: »Die Oper ist genug versaut, aber leider nicht auf professionelle Weise.« Danny Kayes nonchalante Respektlosigkeit gegenüber den Abgöttern setzte mich jedesmal in Erstaunen, aber was er sich an diesem Nachmittag leistete, war einer der größten Tapferkeitsbeweise, die ich jemals selbst miterlebte.

Er folgte mir in die Probe, erkannte Fritz Reiner am Klavier, faßte dem äußerst strengen Herrn zärtlich unters Kinn und sang schmachtend: »Kille, kille« – direkt in eines der großen, in Stein gehauenen Gesichter der Musik, während das gesamte Ensemble zuschaute. Daß

Reiner nicht verhindern konnte, daß der Schatten eines Lächelns über sein Gesicht huschte, gibt Zeugnis von Danny Kayes unwiderstehlicher persönlicher Ausstrahlungskraft.

Darauf kam wieder der Ernst des Lebens, und wir gingen die Oper immer wieder durch, bis sie den Hochglanz hatte, der das konstante Gütesiegel einer Fritz-Reiner-Vorstellung war.

Bei einer der ersten Bühnenproben mit Orchester ging Reiners Mäkelei allerdings daneben. Glücklicherweise war ich nicht persönlich davon betroffen.

Es ging um die Szene, in der die fünf Juden hitzig und aus vollem Hals über theologische Spitzfindigkeiten debattieren. Die scheinbare Konfusion in der Musik ist in Wirklichkeit ein Geniestreich des Komponisten, der für den Streit, bei dem sie sich ständig ins Wort fallen, eine harmonisch und rhythmisch hochkomplizierte musikalische Form wählte. Diese Szene ist teuflisch schwer zu erlernen und noch mühsamer mit der szenischen Aktion zu koordinieren. Sie muß immer und überall am meisten geprobt werden, bis sie den vier Tenören und dem Baß zur zweiten Natur wird. Doch sogar dann muß diese Szene vor jeder Vorstellung von neuem aufpoliert werden.

Reiner tat, was jeder andere Dirigent auch getan hätte. Er probte die Szene mit den Juden unermüdlich so lange, bis er mit der musikalischen Genauigkeit zufrieden war.

Das unentwegte Wiederholen begann den Orchestermusikern auf die Nerven zu gehen, die im Interesse der Sänger mitmachen mußten und, obwohl es nicht ihr Problem war, »instrumentalisiert« wurden. Reiners Taktik war es, die Ungeduld des Orchesters als Waffe gegen die angeblich schnöden Sänger zu benutzen. Er blickte über seine »grausamen kleinen Brillengläser«, wie sein Schüler Leonard Bernstein sie bezeichnete, unheilvoll auf die Bühne und protestierte mit froschähnlichem Quaken, daß er sich um ein riesiges Orchester kümmern müsse und nicht die Zeit habe, den Sängern ihre Rollen vorzukauen.

Umgekehrt stellte er dasselbe mit dem Orchester an, wenn er mit dessen Leistung nicht zufrieden war, und nörgelte, daß er eine volle Bühne im Griff behalten müsse und deshalb erwarte, daß die Herren im Orchestergraben etwas mehr Eigenverantwortung aufbrächten.

So ging es also während der Szene mit den Juden hin und her. Reiner wiederholte, bis er schließlich überzeugt war, daß die Sänger wußten, was sie taten. Darauf verlangte er eine allerletzte Wiederholung, um sicher zu sein, daß sie das letzte Mal nicht bloß Dusel gehabt hatten. Als auch dieser Vortrag so lupenrein war wie der vorige, warf er den Sängern einen seiner seltenen Blicke der Billigung zu, stieß einen großen Seufzer der Erleichterung aus und sagte: »Das war einwandfrei. Die Juden können nach Hause gehen.« – Worauf drei Viertel der Orchestermusiker aufstanden und begannen, ihre Instrumente einzupacken.

Es muß zu Reiners Ehre gesagt werden, daß er genauso wie wir über diese kleine Entkrampfungseinlage amüsiert war.

Gestatten Sie mir, dieser Geschichte noch eine kleine Fußnote anzufügen. Im Lauf der Jahre habe ich Radio- und Fernsehinterviews mit Sängerinnen der Salome gehört, von denen nicht wenige behaupteten, daß sie mit einer nicht zu beziffernden Anzahl von Dirigenten diese Episode erlebt hätten. So leid es mir tut, ihnen den Spaß zu verderben oder ihre Fans zu enttäuschen, muß ich darauf bestehen, daß ich der Sopran war, der diese Pointe erlebte, und Reiner der Dirigent!

Als die öffentliche Generalprobe am 24. Januar begann, war es natürlich aus mit dem Geblödel.

Kurz vor meinem Auftritt ging ich zum Inspizientenpult und schaute mir nochmals meine erste Phrase an, die Mr. Reiner im vergangenen Jahr moniert hatte. – Doppelt genäht hält besser!

Ich kam auf die Bühne und begann zu singen, worauf Reiner herrisch abklopfte und heraufrief: »Sie haben schon wieder zu spät eingesetzt!« Offensichtlich war er in dem Mißverständnis befangen, daß sich mein angeblicher Fehler in meinem Gedächnis festgesetzt hätte. Auf jeden Fall sah es so aus, als ob er ein ganzes Jahr nur gewartet hätte, um sich wie ein hungriger Habicht darauf zu stürzen. Wie Sie sich vorstellen können, demoralisierte mich diese Rüge in aller Öffentlichkeit. Ich weiß bis heute nicht, ob er es absichtlich tat, um meine Belastungsfähigkeit zu testen, oder wirklich meinte, einen Fehler gehört zu haben.

Ich brauchte einige Partiturseiten, um mich zusammenzureißen. Was immer Maestro Reiner auch im Sinn hatte, er bewirkte damit jedenfalls das Gegenteil. Denn die Verärgerung erhöhte meine Spannung derart, daß ich dem geladenen Publikum von *aficionados* die Vorstellung meines Lebens gab.

Glücklicherweise wurden die Generalprobe und die Vorstellung enthusiastisch aufgenommen, und Reiner und ich kooperierten freundschaftlich, als die Oper bei der jährlichen Metropolitan-Tournee zwei Jahre später wiederholt wurde.

Er korrigierte mich nie wieder coram publico.

Auf unserer rastlosen Suche nach Opernwissen und untadeligem Geschmack mußten Hermann und ich einfach noch ein Striptease-Lokal besuchen, diesmal in Paris – immerhin! Ermessen Sie unsere Verblüffung, als die meisten der Damen, die über die Bühne tänzelten, praktisch schon im Ruhestand zu sein schienen! Als ich ungläubig diese Wollust simulierenden Madamen anstarrte, sagte Hermann, wie immer nicht um einen Seitenhieb verlegen: »Mach dir keine Gedanken, es sind einfach Hausfrauen, die sich ein Zubrot für Weihnachtsgeschenke verdienen.«

Wer ist Salome wirklich?

Ich schätze sie auf fünfzehn, sechzehn, in heißem Klima entwickeln sich Reife und Sinnlichkeit sehr früh. Sie ist außerdem eine Prinzessin und gewohnt zu bekommen, was sie will. Sie hat das Treiben und die Ausschweifungen am Hof des Tetrarchen bereits mehr als satt. Die Stimme Jochanaans dagegen fasziniert sie, und als sie ihn zu Gesicht bekommt, ist sie beklommen, denn er ist das völlige Gegenteil von allen Männern, denen sie bisher begegnet ist.

Als der Täufer ihre Annäherungsversuche zurückweist, wird sie bockig wie ein Kind, das um jeden Preis seinen Bonbon haben will. Dieses Quengeln verwandelt sich allmählich in Rachsucht. Ihr übersteigertes Begehren macht sie unfähig, zwischem Geheiligtem und Profanem zu unterscheiden, und diese Verwirrung wird ihr zum Verhängnis, lange bevor sie unter den Schilden von Herodes' Soldaten zerschmettert wird.

Es ist eine bekannte medizinische Tatsache, daß manche junge Mädchen in hohem Grade körperlich erotisierbar sind, was sich zur Zwangsvorstellung auswachsen kann, wie bei der Kaiserin Messalina, die in der römischen Geschichte ein rundes Jahrzehnt nach den *Salome*-Ereignissen auftauchte.

Ljuba Welitsch verfügte in ihrer Charakterisierung ganz ohne Zweifel über dieses Moment, ihre Salome war zwar extrem aufreizend, doch nie billig oder gewöhnlich.

Meine Stimme, mein Stil und meine Auffassung waren von der von Madame Welitsch völlig verschieden, doch ich glaube, daß auch ich zum Ausdruck brachte, daß an Salome mehr gesündigt wird, als sie selbst sündigt.

Wobei wir nicht vergessen dürfen, daß Oscar Wilde diese Salome erschuf, der wir in Strauss' Oper begegnen. Im Neuen Testament (Matthäus 14. 1-13; Markus 6. 22-28) wird sie lediglich als die namenlose Tochter der Herodias erwähnt, die anläßlich Herodes' Geburtstag tanzt. Es ist ihre Mutter, die die Enthauptung des Propheten verlangt – und zwar aus politischen Gründen.

Ich besitze den Brief meiner guten Freundin Gitta Kastner-Kanein, die eine führende Numismatikerin war und mir mitteilte, daß die historische Salome ihren Onkel Aristobul von Chalkis, König von Antiochien, heiratete. Es wurde eine Münze geprägt mit ihrem Porträt auf der einen und dem ihres Gatten auf der anderen Seite. Dr. Josef Rosen, Direktor der Baseler Münzsammlung, bestätigte meiner Freundin, daß es sich dabei um die biblische Salome handelt. Das zeigt wieder einmal, wie das Leben einer historischen Person von den Launen der Literatur verändert werden kann.

Deshalb ist unser Bezugspunkt letztlich Wilde und nicht die Evangelisten Matthäus und Markus.

Während Strauss' Salome pubertär-sinnlich ist, ist die Titelrolle in seiner *Elektra* das Gegenteil: eine erwachsene Frau, unbeirrbar und ohne Interesse an sich selbst gleichsam rituell auf Vergeltung fixiert.

Ich hatte das Glück, die Rolle zum ersten Mal mit jemandem zu erproben, der mit den originalen Quellen vertraut war.

Im Jahr 1937 war unser Freund Dimitri Mitropoulos in die Vereinigten Staaten eingeladen worden, um 1938 die musikalische Leitung des Minneapolis Symphony Orchestra zu übernehmen. Zwischen 1945 und 1947 hatte ich das Vergnügen, mit ihm verschiedentlich in Konzerten aufzutreten. 1949 übernahm er von Artur Rodzinski die Leitung des New York Philharmonic Orchestra.

Bevor er nach New York kam, hatte er 1948 angefragt, ob ich Interesse an einer konzertanten Aufführung von *Elektra* hätte, die er im nächsten Jahr mit den New Yorkern machen wolle. Er gebe mir die Möglichkeit, die Rolle ein ganzes Jahr zu studieren und den Vertrag erst abzuschließen, wenn ich meinte, daß ich ihr gewachsen sei. Falls nicht, werde er mir dann nicht böse sein. Das gab mir den Frieden und die Ruhe, eine Partie von wahrhaft epischen Ausmaßen in meinem eigenen Tempo in mich aufzusaugen.

Nach Ablauf der reichlich bemessenen Zeit war es mir eine Freude, Maestro Mitropoulos mitteilen zu können, daß es mir eine Ehre sein würde, die Rolle unter seiner Leitung 1949 zu singen.

Er war nur eine Fahrstunde von den Ausgrabungen der Burg von Mykene auf dem Peloponnes aufgewachsen und auch mit der Geschichte in ihren vielen Fassungen vertraut, zumal den *Grabspenderinnen* in der *Orestie*-Trilogie des Aischylos und den beiden *Elektra-*

Tragödien von Sophokles und Euripides, die er in Altgriechisch studiert hatte. Dadurch war er aufs beste gerüstet, all das zu erhärten, was Hermann mir über das Wertesystem im archaischen Griechenland beigebracht hatte. Hermann hatte mich auch bereits darauf hingewiesen, wie Hugo von Hofmannsthal den antiken Sagenstoff in seiner Tragödie umgedeutet und welche Änderungen und Hinzufügungen Strauss für die Komposition des Dramas gewünscht hatte.

Hofmannsthal beschäftigte das Motiv der Fortpflanzung außerordentlich, und er benutzte die Gestalt von Elektras jüngerer Schwester Chrysothemis, die in den griechischen Quellen eine untergeordnete Rolle spielt, als Ideenträgerin für seine eigene Auffassung von Liebe, weiblichen Tugenden und ehelicher Pflichterfüllung. Während Elektra von dem Verlangen nach gerechter Rache verzehrt wird, kann sich Chrysothemis keine größere Erfüllung vorstellen, als Kinder zu gebären, auch wenn der Vater nur ein Bauer wäre – ein Gedanke, der die alten Griechen wohl mit Schauder erfüllt hätte!

Strauss erfreute sich während der Arbeit an *Elektra* noch seines *Salome*-Triumphs und des Rufs eines »bösen Buben der Opernbühne«, den ihm diese Oper eingebracht hatte. Einige der Freiheiten, die Hofmannsthal und er sich gegenüber den Vorlagen »mutwillig« herausgenommen hatten, wurden damals von Puristen moniert, aber sie waren ohne Zweifel außerordentlich effektvoll.

Nur wenige Jahre danach wurde der »Neutöner« mit dem *Rosenkavalier* zum »Vater der Oper des 20. Jahrhunderts«, und das ist er für mich bis heute geblieben.

Unser Erfolg mit den drei Konzerten der New Yorker Philharmoniker unter Mitropoulos am 22., 23. und 25. Dezember 1949 brachte vermutlich das Management der Metropolitan auf die Idee, die Oper wieder in den Spielplan aufzunehmen, da sie nun über eine Sängerin verfügten, die der Rolle gewachsen war.

Für mich war die Herausforderung einer Elektra auf der Bühne ein willkommener Ruf zu den Waffen. Allerdings hatten mir die Konzerte eine wertvolle Lektion erteilt, die entscheidend für die Terminabsprachen war. Die drei philharmonischen Konzerte waren – auch ohne zusätzliche szenische Anstrengung – zu dicht aufeinander gefolgt, um dazwischen aufzutanken. Für eine Bühnenproduktion mit vollem darstellerischem Einsatz kam eine solche Planung nicht in Frage. Trotz des Drängens des Managements der Metropolitan mußte ich zwischen den Vorstellungen wenigstens vier Ruhetage haben, die Aufführungstage nicht mitgerechnet. Wenn ich also am

Strauss' »Elektra«: eine der Hauptstützen meiner Karriere.

Montag eine Vorstellung hatte, dann konnte die nächste erst am Samstag darauf stattfinden. Damit lag ich immer noch einen Tag vor dem Schema, das Strauss selbst bei den Erfolgsserien nach der Uraufführung für vertretbar gehalten hatte.

Möge dies jungen Sängern mit habgierigen Agenten als Anschauungsunterricht dienen!

Die *Elektra* an der Metropolitan war für Februar 1952 geplant. Dr. Fritz Reiner hatte die musikalische Leitung, und die Besetzung umfaßte Walburga Wegner als Chrysothemis, die Altistin und großartige Gesangsdarstellerin Elisabeth Höngen als Klytämnestra, Set Svanholm als Aegisth und Hans Hotter als Orest, alles europäische Sänger, die mit ihren Rollen völlig vertraut waren, zumal Hotter, der – wie ich bereits erwähnte – eng mit dem Komponisten zusammengearbeitet hatte.

Die meisten Nebenrollen waren mit Künstlern besetzt, die sich auf ihrem Gebiet ebenfalls verdient gemacht hatten. Alois Pernerstorfer, ein Inventarstück der Wiener Staatsoper, von der Met für die Spielzeit unter anderem als Pogner und Klingsor verpflichtet, war sich nicht zu schade, den alten Diener zu singen, der nur zwei Sätze, aber später im stummen Erkennen Orests eine wichtige Funktion hat. Lucine Amara und Jean Madeira sangen Klytämnestras vertraute Dienerinnen. (Jean Madeira wurde in den folgenden Jahren in den Vereinigten Staaten und in Europa selbst eine der besten Klytämnestras.)

Der Regisseur war Dr. Herbert Graf, Sohn des berühmten Wiener Musikkritikers Dr. Max Graf. Obwohl Graf also in der Wiener Musiktradition aufgewachsen war, fand ich, ehrlich gesagt, daß sein Konzept doch recht glatt war und wenig mit dem Tiefgang der Partie zu tun hatte, so, wie ich sie von Hermann und Mitropoulos gelernt hatte. Ich mußte mir die Anregungen also von woanders holen, aus Robert von Ranke-Graves' »Griechischer Mythologie«, bei Edith Hamilton und anderen Experten der frühen Antike.

Unsere *Elektra*-Produktion war die erste seit 1938, als die Titelrolle von der ungarischen Hochdramatischen Rosa Pauly gesungen wurde. Kurz vor der Premiere erschien in »Opera News«, dem Wochenmagazin der Metropolitan Opera Guild, ein Brief von Madame Pauly aus Jerusalem mit einer überaus gütigen Nachricht an mich: »Bitte übermitteln Sie Mme Varnay Grüße und Segenswünsche für *Elektra* von mir, die ich diese seltsame Rolle liebte und darin Erfüllung fand.«

Im Lauf der Jahrzehnte habe ich zwei Hauptrollen in *Elektra* gesungen, erst die Titelrolle und später Klytämnestra, und wie Madame Pauly fand auch ich darin meine Erfüllung – in beiden Partien.

Während der Vorbereitungen für *Elektra* kam mir die große australische Tragödin Dame Judith Anderson in den Sinn, die 1947 am Broadway mit ihrer Maßstäbe setzenden Gestaltung der *Medea* des Euripides Furore gemacht hatte. Hermann und ich hatten die große Freude gehabt, diese Vorstellung später in San Francisco zu erleben. Danach nahm uns unser gemeinsamer Freund Francis Robinson hinter die Bühne mit, um dem Star zu gratulieren.

Dame Judith hatte mit einem atemberaubenden Effekt begonnen: In der Mitte der Bühne brütet die niedergeschmetterte Heldin darüber, daß Jason sie verlassen hat und welche fürchterliche Rache für diesen Verrat sie nehmen will – nicht anders als Elektra, in der alles abgestorben ist, bis auf den Gedanken, an ihrer Mutter und deren Buhlen Vergeltung zu üben.

Ein verblüffendes Charakteristikum dieser Szene war, wie Dame Judith ihre lange schwarze Perücke einsetzte. Sie beugte sich in ihrer Verzweiflung so weit nach vorne, daß das Haar ihr Gesicht verdeckte. Zum geeigneten Zeitpunkt schleuderte sie sich geradezu in das dramatische Geschehen und wirbelte ihren Kopf unter heftigem Stöhnen herum, so daß ihr Haar zum Zeichen, daß sie ihren Beschluß gefaßt hatte, dramatisch aus ihrem Gesicht flog.

Das war ein außerordentlich wirkungsvoller Effekt, den ich in meinem Gedächtnis katalogisierte, um ihn mir irgendwann einmal »auszuborgen«. Ich glaube wie jede Darstellerin, die sich selbst gegenüber wirklich aufrichtig ist, an den Wahrheitsgehalt der alten Redensart: »Nachahmung ist die ehrlichste Form von Schmeichelei.«

Natürlich konnte ich Dame Judiths Gebärde nicht einfach abkupfern, dazu unterscheidet sich der Handlungsablauf in *Elektra* zu sehr von dem in *Medea*.

Bei meinem ersten Auftritt als Elektra lief ich mit dem Rücken zum Publikum über die Bühne, so daß mein Gesicht nicht zu sehen war. Ich hätte irgendwer sein können. Für den zweiten Auftritt ließ ich einen Teil der Haarsträhnen über mein Gesicht fallen, und unmittelbar vor »Allein!«, dem Beginn von Elektras monumentalem Monolog, hob ich den Kopf in stummem Schmerz und ließ Elektras gepeinigten Ausdruck sehen.

Diese geborgte Gebärde – nebst einigen Details, die auf meinem eigenen Mist gewachsen waren – trug wesentlich zum Erfolg meiner Elektra-Darstellung bei, und bald hatte ich vergessen, woher ich sie hatte, bis ich urplötzlich wieder darin erinnert wurde, als ich erfuhr, daß Dame Judith mit Francis Robinson im Publikum sitze und nach der Vorstellung in die Garderobe kommen würde, um mir Guten Abend zu sagen. Bei dem Gedanken, dieser großen Frau wieder zu begegnen, kam ich mir richtig klein vor.

Dame Judith war jedoch überaus liebenswürdig, schüttelte mir herzlich die Hand, zollte mir ein Kompliment nach dem anderen über meine Durchdringung der Rolle und meinte, ich solle mich darin bloß nicht beirren lassen. Nach einer kurzen Fachsimpelei über die Themen, die zwei Bühnenkünstlerinnen aus verschiedenen Sparten eben so austauschen, nahm Dame Judith Abschied und wünschte mir alles Gute für künftige Vorstellungen, und ich erwiderte die guten Wünsche.

Bereits in der Tür, hielt sie plötzlich inne, schaute auf die Perücke, die ich immer noch aufhatte, lächelte mich an, nahm eine Strähne in die Hand, wickelte sie nachdenklich um den Finger und erkundigte sich liebenswürdig: »Medea?«

Ich konnte lediglich zurücklächeln.

Bredouillen und Probleme

Im Laufe meiner langen Karriere habe ich mehr als einmal darüber nachgedacht, was geworden wäre, wenn Amerika am Tag nach meinem Debüt nicht in den Krieg eingetreten wäre. Das wahrscheinlichste Szenario ist, daß ich vermutlich eine der »verdienten Kräfte« an der Met geworden wäre, zweite Besetzung für das deutsche und italienische Repertoire, und gelegentlich selbst eine Vorstellung hätte singen dürfen, um mich viele Jahre später zur Ruhe zu setzen. Oder vielleicht hätte ich mich über den Ozean nach Deutschland oder Italien gewagt. Wer kann das schon wissen?

Statt dessen bereitete mir das Schicksal einen anderen Weg, doch so außerordentlich meine Chancen oft auch waren, mußte ich dafür doch einige Opfer bringen.

Wahrscheinlich das schwerste war, daß ich ausreichend mit der deutschen Oper zu tun hatte und deshalb selten die Chance bekam, so viel italienisches Repertoire zu singen, wie ich es mir am Anfang meiner Karriere erträumt hatte. Später kamen einige italienische Rollen, aber nie genug, um meinen Hunger danach zu stillen. Bis heute bedaure ich, daß ich nie die Gelegenheit zu einer Tosca, Donna Anna, Donna Elvira oder Giorgetta in *Il tabarro* bekam.

Während meiner zweiten Karriere hätte ich mich mit Wonne auf die Azucena in *Il trovatore* und die Marcellina in *Le nozze di Figaro* gestürzt, aber sie waren mir nicht bestimmt.

An der Metropolitan bekam ich drei italienische Partien, eine davon mit drei der berühmtesten Vertreter dieses Fachs. Die Oper war Verdis *Simon Boccanegra*, in der ich die Freude hatte, die Maria Boccanegra neben dem Tenor Richard Tucker, dem Bariton Leonard Warren und dem Baß Mihály Székely zu singen.

Meine zweite italienische Rolle war die Telea in Gian Carlo Menottis *The Island God*. Wenn ich mich an das prachtvolle Liebesduett

173

mit Raoul Jobin erinnere und an den Hilferuf vieler Theater nach Werken lebender Komponisten denke, wünsche ich mir, daß diese Oper dem Repertoire wiedergewonnen wird.

Ich war auch die zweite Besetzung für die legendäre Zinka Milanov als Santuzza in *Cavalleria rusticana*.

Madame Milanov war vor allem wegen ihres herrlichen Gesangs Legende, aber auch wegen ihres unverblümten Charakters ein Born für zahllose Anekdoten. Ein drastisches Beispiel dafür war ihr erklärter Widerwille, den Namen Ljuba Welitsch in den Mund zu nehmen.

Eines Nachmittags plauderte ich mit Winnie Short in der Telefonzentrale und benutzte die Gelegenheit, um einige Höhepunkte einer *Don Giovanni*-Vorstellung zu genießen, die wir über die Haussprechanlage hören konnten. Plötzlich flog die Tür auf, und herein rauschte Zinka Milanov, die nach einer Abwesenheit von zwei oder drei Jahren an das Haus zurückgekehrt war. Ohne auch nur Guten Tag zu sagen, fragte sie gebieterisch: »Was fürr Oper? Und werr steht auf Biehne?« Pikiert darüber, daß sie es versäumt hatte, uns zu grüßen, zählte ich langsam und niederträchtig die männlichen Sänger der Vorstellung auf, während ich insgeheim über ihre Ungeduld frohlockte. Schließlich unterbrach sie mich zornig: »Var-*nay!* Werr singt? Ist *sie,* die Rotschädlerte?« Ich fand nie heraus, was sich zwischen ihr und Welitsch abgespielt hatte, und eigentlich ist das auch ziemlich belanglos.

Zum Ausgleich endete meine nächste Begegnung mit Madame Milanov mehr als freundschaftlich.

Es war an der Metropolitan ein Standardverfahren, daß sich Sänger in derselben Stimmkategorie bei Vorstellungen ihrer Kollegen zum Einspringen bereithalten mußten, falls jemand indisponiert wurde. Sobald ich offiziell als »Cover« für Mme Milanovs Santuzza eingeteilt war, machte ich, was ich mit jeder neuen Rolle tat: Ich sah mir so viele Vorstellungen wie nur möglich aus dem Zuschauerraum und hinter der Bühne an.

Eines Abends stand ich in der Kulisse plötzlich einer zornbebenden Primadonna vis-à-vis. Sie starrte mich mit einem Blick an, der Wolfram zum Schmelzen hätte bringen können, und forschte mich aus: »Var-*nay,* waas tusst du hierr?« Gott sei Dank hatte ich meine sieben Sinne beisammen und sagte wie aus der Pistole geschossen in demütigem Ton: »Madame, ich lerne.« Auf diese unerwartete Erwiderung hin, die sie als Tribut an ihre Person interpretierte, wurde die stahlharte Milanov honigsüß und gurrte: »Daas ist gutt!«, bevor sie auf die Bühne walzte.

Als sie nach ihrem Duett mit Alfio abging, hielt sie inne und machte mich huldvoll auf einen tückischen Tisch in der Mitte aufmerksam, an dem man sich leicht stoßen konnte: »Nurr fier die Fall, daß du mußt *ieber*nemmen von mirr!« Ich erwiderte liebenswürdig: »Ich danke Ihnen, Madame.«

Bedauerlicherweise waren *Boccanegra*, *The Island God* und *Cavalleria* meine einzigen italienischen Aufgaben in New York, aber in anderen Städten lagen die Dinge anders, wenn auch häufig etwas peinvoll.

Viele kleinere Kommunen hatten sogenannte Operncompagnien, deren Vorstellungen schludrig improvisiert waren und in denen Genosse Zufall eine ebenso bedeutsame Rolle spielte wie die Soprane und Tenöre in den Hauptpartien.

San Francisco, Cincinnati und Chicago waren drei große Ausnahmen. Die Spielzeiten waren zwar wesentlich kürzer als an der Metropolitan, doch die Produktionen waren von vorzüglicher Qualität und konnten viele der besten Sänger der Welt aufbieten, von denen einige aus dem einen oder anderen Grund nicht auf der Besetzungsliste der Met standen.

Chicago war das einzige Opernhaus unter der Leitung einer Frau, aber was für einer Frau!

Carol Fox war in Chicago geboren und ein großer Baseball-Fan. Sie wußte so viel über die durchschnittliche Schlagleistung und die Rekorde der Werfer der Cubs und der White Sox wie über die Knackpunkte einer Opernproduktion, was heißt, daß ihr Wissen auf beiden Gebieten enzyklopädisch war. Sie gehörte außerdem zu der Sorte Frauen, die sich auch vom hartnäckigsten Dirigenten und der temperamentvollsten Primadonna nicht niederbrüllen ließen. Sie hatte eine herrliche Art, ganz ruhig zu sagen: »Ein Opernhaus kann nur *eine* Person führen, und in Chicago bin das zufällig *ich*.« Worauf mancher Löwe und manche Löwin Pfötchen gaben.

Carol Fox war indirekt für eine der sonderbarsten Geschichten verantwortlich, die mir auf der Opernbühne passierten, und die ein herrliches Nachspiel am Bühneneingang hatte.

Nach einer *Parsifal*-Vorstellung in New York kam Carol Fox hinter die Bühne und fragte mich, ob ich Interesse daran hätte, das Sopranfach eine Zeitlang zu schwänzen und für zwei Vorstellungen die Mezzo-Rolle der Amneris in einer *Aida*-Produktion in Chicago zu singen. Um mir den Vorschlag schmackhafter zu machen, behauptete sie, daß sie meine Stimme für eine der wenigen halte, die es mit den gesanglichen Qualitäten ihrer Aida – Renata Tebaldi – und der dramatischen Intensität des Amonasro – Tito Gobbi – aufnehmen könnten. Ich war anfangs eher abgeneigt, denn ich fühlte mich in der Titelrolle mehr zu Hause, aber Carol Fox verfügte über große Überzeugungskraft.

Während der Generalprobe der *Aida* setzte es sich Renata Tebaldi aus einem unerfindlichen Grund in ihr hübsches Köpfchen, an mir die »Kipnis-Tour« auszuprobieren, und versuchte dauernd, mich an die Wand zu spielen. Im Duett vor dem Triumph-Akt begann sie peu à peu vom Regiekonzept abzuweichen und manövrierte mich in eine Ecke, um ihren eigenen Aktionsradius auszuweiten. Aufgrund der Erfahrung, die ich bereits mit einigen hochqualifizierten Rampentigern hatte sammeln dürfen, befreite ich mich ziemlich dynamisch aus der »neutralen Ecke«, von Aida mit weit aufgerissenen Augen bestaunt. Am Ende der Probe, als wir uns voneinander verabschiedeten, lächelte Renata Tebaldi und sagte: »Tu sei una leonessa – Du bist eine Löwin!«

Von da an war sie eine fabelhafte Kollegin, und wenn wir Gelegenheit hatten, in unseren gemeinsamen Szenen aufeinanderzuprallen, dann stoben die Funken auch von der Bühne.

Bei der Premiere mußte meine Improvisationskunst allerdings einen Härtetest bestehen.

In der Pause nach dem Nil-Akt fiel niemandem auf, daß die Haussprechanlage, die die Bühne mit den anderen Teilen des Hauses in Kontakt hält, urplötzlich beschlossen hatte, nicht mehr mitzuspielen. Das hatte im vierten Akt fürchterliche Folgen. Als ich meinen kurzen Monolog vor der Gerichtsszene begann, fiel mir die große Unruhe hinter der Bühne auf, wildes Durcheinandergestikulieren im klassischen italienischen Stil, mit der unmißverständlichen Atmosphäre einer bevorstehenden Katastrophe.

Die Katastrophe manifestierte sich, als auf mein Gebot: »Guardie, Radamès qui venga – Wachen! Radames komme!« Doro Antonioli nicht erschien ... Inzwischen war in den Kulissen eine Art gedämpftes Pandämonium ausgebrochen, in dem jeder versuchte, den Grund herauszufinden, warum sich der Tenor unentschuldigt verkrümelt hatte.

Unterdessen hypnotisierten mich die verzweifelten Augen von Maestro Tullio Serafin, der irgendwie zu glauben schien, daß ich ihm pantomimische Tips geben könne, wie die Vorstellung ohne ein ziemlich wichtiges Rädchen im Getriebe der Oper weitergehen solle. Ohne aus der Rolle zu fallen, blickte ich voll melodramatischem Verlangen in die Seitengasse, »mich fragend, wann Radames wohl erscheinen möge«. Maestro Serafin schnappte meinen hilflosen Hinweis auf und gab dem Schlagzeuger mit großer italienischer Geistesgegenwart ein Zeichen, einen gedämpften Trommelwirbel zu veranstalten, so lange, bis sich das Rätsel von selbst lösen würde. Ich beschloß, das unheilvolle Getrommel als Einsatz zu benutzen, um unruhig umherzustreifen, wobei ich immer wieder einen sehnsüchtigen Blick in die Richtung warf, die – wie ich hoffte – als das ägyptische Pendant zum Gefängnisblock B durchgehen könne.

Bei einem dieser Blicke hinter die Szene hörte ich jemanden auf italienisch sagen: »Geh hinauf und hol ihn!« Offensichtlich war irgendwer endlich draufgekommen, was mit der Haussprechanlage los war, und der Abendregisseur persönlich stürmte die Treppe hinauf zur Garderobe des Tenors. Er brachte Antonioli behutsam nach unten, um ihn nicht in Panik zu versetzen, was ihm eventuell die Stimme hätte verschlagen können, während der Rest seiner Kollegen weiterhin hektisch gestikulierte wie die Blutsverwandten bei einer sizilianischen Massenbeisetzung.

Sobald ich Signor Antonioli in der Kulisse sah, schritt ich zum Orchestergraben und warf dem Maestro einen bohrenden Sarah-Bernhardt-Blick zu, in der Hoffnung, daß er kapieren würde. Und in der Tat – als Antonioli die Bühne betrat, konnten wir weitermachen.

Vor der nächsten Vorstellung hatten es die Elektriker geschafft, den Fehler zu orten, und alles lief reibungslos.

Als ich das Theater an diesem Abend verließ, erleichtert, daß meine Improvisations-Dienste nicht nochmals in Anspruch genommen worden waren, wurde ich von einer entzückenden Dame der Chicagoer Gesellschaft am Schlafittchen gepackt – einem von diesen ältlichen Schätzchen –, die ein überdimensionales, erhaben schwankendes Orchideen-Bukett an ihrem Busen trug.

Die Lady erklärte stolz, daß sie beide Vorstellungen besucht und meine Leistung sehr genossen habe – was mich freute –, doch sei sie ein wenig beunruhigt, wie sie sich ausdrückte, »daß diese wundervolle Szene im vierten Akt gestrichen wurde, in der Sie wie eine gefangene Tigerin hin und her laufen«.

Ich hatte nicht das Herz, ihr zu sagen, was wirklich geschehen war. Und kehrte unverzüglich wieder zur Rolle der Aida zurück.

Häufig hatte ich allerdings den Wunsch, die »gefangene Tigerin« wäre meine einzige Begegnung mit dem Reich der Tiere gewesen.

Es gibt ein altes Theatersprichwort, das besagt, daß man nie mit

Tieren oder Kindern auf der Bühne stehen soll. Während sie einen mit ihrer Unberechenbarkeit auspowern, stehlen sie einem immer die Schau, es sei denn, man gehört zu den ausgefuchstesten Bühnendarstellern. Fragen Sie nur irgendeine Sopranistin, die sich ihre Blessuren im Kampf mit einem süßen, aber aufsässigen Fratz geholt hat, der im zweiten und dritten Akt von *Madama Butterfly* nach Belieben auf die Bühne kommt und wieder wegläuft!

Ein anderes Malheur mit Kindern hatte der diktatorische Dr. Leopold Sachse, der den Knabenchor für den ersten Akt *Carmen* probte und den Bengeln auf ihre jungen Seelen band, daß er in dieser Produktion die höchste und einzige Autorität in allen dramatischen Fragen sei, und daß sie alles haargenau so machen müßten, wie er es ihnen vormache. Bedauerlicherweise hatte Dr. Sachse eine leichte Gehstörung, und sein fanatisches Beharren auf bedingungslosem Gehorsam führte dazu, daß rund fünfzig Kinder im exakten Rhythmus mit der martialischen Musik auf die Bühne humpelten.

Tiere sind noch schlimmer, aber die Leute können es einfach nicht lassen, sie in Opern auf die Bühne zu bringen. Ich hatte mein Teil an diesem Ringen mit Rössern in Wagners *Ring* zu tragen. Einmal beschloß Dr. Otto Erhardt, um die Authentizität zu heben, eine abgehalfterte Stute in die Produktion einzubringen, die Grane, den Hengst ohne Furcht und Tadel, verkörpern sollte. Dr. Erhardt verbürgte sich, daß die klapprige Mähre unter allen Umständen ruhig bleiben werde.

Die bedauernswerte Kreatur ging jedoch vor der Generalprobe in den großen Pferch im Pferdehimmel ein. Das Management sorgte daraufhin für Ersatz in Gestalt eines dressierten Hengstes.

Hermann zeigte mir, wie ich mich dem Hottehü nähern müsse, um mich mit ihm anzufreunden. Als ich ihn auf die Bühne führte, folgte er mir beherzt und sah so ungemein stattlich und stimmig aus, daß ich mich zu fragen begann, ob mein Widerwille, mit Viehzeug aufzutreten, nicht doch ein wenig überzogen sei.

Dann kam die Katastrophe.

Dobbin checkte die Lage und konnte nichts Interessantes entdecken. Da war das Publikum, das ihn wie gewohnt bewunderte. Und da war das Orchester, um seine Kapriolen mit der passenden Musik zu begleiten. Dann sah er den Dirigenten, hielt ihn wohl für den Stallmeister im Zirkus und drehte dem Maestro seine Kruppe zu, was, wie ich hoffe, kein Werturteil war. Ich hatte die größte Mühe, ihn in die Ausgangsposition zurückzubringen, indem ich während des Singens mein Kreuz in seine Flanke stemmte. Ich habe nicht die leiseste Vorstellung, wie ich den letzten Teil von Brünnhildes Schlußgesang schaffte. Freunde sagten mir, daß ich die am längsten ausgehaltenen hohen Töne sang, die sie jemals von mir gehört hätten. – Kein Wunder!

Richard Tucker war noch schlimmer dran, als er in *Boris Godunow* auf einem mächtigen Schlachtroß angeritten kam. Sobald sein Pferd sah, wie der Dirigent für einen Auftakt beide Arme hob, stieg es und drohte, den Tenor in hohem Bogen abzuwerfen. Während Tucker sich um sein Leben festklammerte, knobelte der Maestro eine Technik aus, in der er dem Orchester mit Seitwärtsbewegungen Anweisungen geben konnte, und das Geschehen beruhigte sich so weit, daß es entfernt an den Normalzustand erinnerte. – Es kann allerdings auch sein, daß Richard das Pferd mit der Mitteilung für sich gewann, daß er früher einmal Kürschner gewesen sei.

Die Kartentischszene in *La Traviata* bekam eine unvermutet heitere Note, als die Sopranistin ihren Auftritt als zutiefst niedergeschlagene Violetta machte und erst jetzt bemerkte, daß ein weißes Kätzchen auf der langen Schleppe eingedöst war, die sie hinter ihrer schwarzsamtenen Abendrobe her schleifte. Zum Glück schlief das Kätzchen während der Szene selig weiter und kam dadurch nicht in Versuchung, sich am allgemeinen Gesang zu beteiligen.

Dieses Glück hatte Nicola Moscona einige Jahre später leider nicht, als er in einer *Faust*-Vorstellung in der Cincinnati Opera das Opfer des wohl komischsten Zwischenfalls mit einem Tier wurde.

Wie *aficionados* wissen, ist die Cincinnati Opera ein Freilichttheater mitten im städtischen Zoo, und das bringt einen ganzen Sack Probleme mit sich. Kurz nachdem der Betrieb aufgenommen wurde, fanden die Wärter heraus, daß einer der Orang-Utans ein derartiger Musikfreund war, daß er sein Essen nicht anrührte, solange sie erklang. Statt den Fütterungsplan umzustellen, verfügten die Zoo-Behörden, die schließlich *Beamte* sind, daß die Proben um zwölf Uhr mittags unterbrochen werden müßten. Eine Sirene ertönte zum Zeichen, daß wir zu pausieren hatten, damit der Primat im Einklang mit seiner biologischen Uhr seine Banane bekommen konnte. Nachdem er sie gemampft hatte, durften wir weitermachen.

Mehr als einmal waren unsere behaarten und gefiederten Freunde so von der Musik bewegt, daß sie in den Gesang einstimmten, selbstredend in ihrer eigenen Tonart. Manchmal schlossen sie sich sogar den Sängern auf der Bühne an, egal, ob ihr Auftritt in der Partitur vorgesehen war oder nicht.

Nicola Moscona klimperte als Mephisto in *Faust* unter Margarethes Fenster auf seiner Mandolinen-Attrappe und sang seine spöttische Serenade, deren Strophen mit rhythmischem Lachen enden, dessen »Ha-ha-ha-ha« vom hohen G zur selben musikalischen Figur eine Oktave tiefer springt und noch eine Oktave tiefer schließlich in eine Lachkaskade mündet. Nicola hatte gerade mit seinen letzten Glucksern begonnen, als eine Ente auf die Bühne watschelte und ihr »quack-quack-quack-quack« rhythmisch ungemein präzise zu seinem »ha-ha-ha-ha« erschallen ließ.

Bis heute kann ich die Serenade nicht mehr hören, ohne sofort an die Ente zu denken.

Nicht alle unsere Tournee-Probleme betrafen Tiere oder Kinder. Die chronische Improvisationsnot führte oft zu brandgefährlichen Situationen auf der Bühne.

Im krassen Gegensatz zur Metropolitan Opera, die auch auf Tournee akribische szenische Sorgfalt walten ließ, gab es in Texas eine Compagnie, die unsere Dienste von Fall zu Fall für Produktionen in Anspruch nahm, welche in Form eines Pauschalarrangements von demselben Mann in Szene gesetzt wurden, der auch die Kostüme verlieh. Da dieser Gentleman Italiener war und die Überlieferung kannte, verliefen seine Arrangements meist ohne größere Pannen, solange er sich an das italienische Standardrepertoire hielt. Doch bei dem zu schildernden Ereignis war die angesetzte Oper *Lohengrin*, ein Werk, mit dem er bestenfalls flüchtig vertraut war.

Das Problem tat sich bei der Generalprobe auf, als der Tenor, der den Lohengrin sang, daran Anstoß nahm, daß der Brautchor noch immer auf der Bühne herumstand, während er bereits kundtat, daß das süße Lied verhalle. Da es dem Tenor nicht gelang, eine für beide kompatible Sprache zu finden, um sich mit dem Täter dieser *mise en scène* auseinanderzusetzten, griff ich ein und erklärte dem *regista* auf italienisch, daß der Chor das Ende des Hochzeitsmarschs hinter der Bühne singen müsse.

Der Regisseur war über diesen Wunsch ziemlich verblüfft. »Unde wie sie sollen sähen die Maestro?«, wollte er wissen. Wir schafften es, ihn davon zu überzeugen, daß sie im Takt bleiben könnten, wenn der Pianist der Compagnie auf eine Leiter hinter einer der Kulissenwände klettere, durch ein Loch in der Leinwand den Dirigenten beobachte und seinen Schlag an die abziehenden Chormitglieder weitergebe.

Der Abend kam, ich schaute verzückt auf meinen frisch angetrauten Gatten, wurde jedoch jäh aus meinen Träumereien gerissen, als der Regisseur so laut, daß es in Oklahoma zu hören sein mußte, flüsterte: »Unda jetza großes gehen weck unda alles nähmen mit!« Einer der gefügigen Choristen hielt es für Ehrensache, sich mit Lohengrins Schwert zu bedienen, das der Held später noch dringend nötig hatte, um sich gegen den ruchlosen Telramund zu verteidigen. Ich versperrte ihm rasch den Weg und nahm ihm die Waffe für weiteren Gebrauch wieder ab. – Was ein Sopran alles wissen muß!

Ein Schwert spielte auch eine wichtige Rolle bei einem anderen Beinahe-Mißgeschick in Mexiko, wo die überwältigende Dynamik eines entschlossenen Tenors auf die Absichten eines unnachgiebigen Dirigenten prallte.

Der Tenor war Kurt Baum, zu jener Zeit Inhaber einiger der besten hohen Töne im Business, und der Streitpunkt war das traditionell interpolierte hohe C am Ende von Manricos Stretta »Di quella pira« in *Il trovatore*, die Mr. Baum immer in der korrekten Tonart C-Dur sang. Es ist ebenso der Brauch, daß der Tenor das hohe C – vorausgesetzt, daß er überhaupt darüber gebietet – so lange wie nur irgend möglich aushält, worauf durchweg das Haus in einen Beifallsorkan ausbricht.

Bei diesem Anlaß dirigierte der penible Jean-Paul Morel, der zwar bereit war, die Interpolation zu sanktionieren, aber nichtsdestoweniger erwartete, daß die Note nicht länger gehalten würde als in Verdis Partitur angegeben. Baum beharrte darauf, daß das Publikum, und zumal in lateinamerikanischen Ländern, sensationelle gesangliche Effekte erwarte, um darüber in Ekstase geraten zu können. Oper, erklärte er, sei für sie wie ein Stierkampf ohne das Gemuhe. Nach einer fruchtlosen Diskussion über das Thema beschloß Maestro Morel, die Angelegenheit in seine eigenen sensiblen Hände zu nehmen, und instruierte den Inspizienten unmißverständlich, den Vorhang bei der entsprechenden Zäsur vor Baum zusammenschlagen zu lassen.

Als der Abend der Vorstellung kam, war Baums oberes Register in optimaler Verfassung. Das erste hohe C erschallte, und das Publikum wartete, sichtlich auf die Folter gespannt, auf das zweite, das das volle Orchester und den Männerchor übertönen muß. Als Baum zu einem Schluß-C ansetzte, das selbst die Rückseite des Zuschauerraums hätte durchdringen können, bemerkte ich, daß sich der Vorhang rasch zu schließen begann. Während ich als Leonora dastand und mit innerlichem Händeringen einen Riesenskandal voraussah, zeigte Baum eine

Erfindungsgabe, die bei den Fachgrößen in diesem Stimmbereich nicht gerade alltäglich ist. Er riß sein Schwert aus der Scheide, stieß es à la Errol Flynn zwischen die beiden Hälften des sich schließenden Vorhangs, stürmte heldenhaft auf die Vorbühne und hielt den hohen Ton, als ob es um sein Leben ginge, worauf ihm das Publikum frenetisch zu Füßen lag. Die Ovation brachte uns beinahe Überstunden ein. Als Maestro Morel vor dem letzten Akt sein Pult erklomm, zischte das Haus ihn aus und stellte unter Beweis, daß das Publikum in Lateinamerika sich nicht an der Nase herumführen läßt.

Jener »Sie singen, wir besorgen den Rest«-Regisseur, der uns bereits so viele Ungelegenheiten mit seiner *Lohengrin*-Produktion bereitet hatte, tauchte auch weiterhin an verschiedenen Punkten meiner amerikanischen Karriere auf, und wo sein »Rent-an-Opera«-Unternehmen auftauchte, folgte die Katastrophe auf dem Fuß.

In Mexico City teilte ich die Garderobe mit einer wunderbaren Kollegin und erstklassigen Mezzosopranistin namens Winifred Heidt, die die Laura neben meiner Gioconda in der gleichnamigen Oper sang. Als wir die uns zur Verfügung gestellten Kostüme anzogen, entdeckte Winifred zu ihrem Schrecken, daß sich die Rückseite ihres Kleides an der Stelle, wo es durch die Haken und Ösen zusammengehalten wird, im Zustand weit fortgeschrittener Auflösung befand. Ich hatte, wenn wir auf Tournee gingen, für den Fall der Fälle immer Sicherheitsnadeln in meinem Gepäck und verbrachte die meiste Zeit vor der Vorstellung damit, Winifred in ihrem Gewand festzupinnen und ihren Umhang über die Sicherheitsnadeln zu drapieren.

Als sie sich bereitmachte, in diesem provisorischen Aufzug auf die Bühne zu gehen, schaute sie mich klagend an und sagte: »Bitte gib acht, daß du mir nicht auf die Schleppe trittst«, worauf ich erwiderte: »Sag das dem Tenor.«

Am 19. Februar 1950 hatten wir in San Antonio, Texas, eine Vorstellung von *Tristan und Isolde*, für die der bewußte angsterregende Gentleman auch die gesamte Dekoration geliefert hatte, einschließlich einer ziemlich überproportionierten Palme, die der *Liebesnacht* im zweiten Akt eine angestaubt schwüle Note verlieh.

Bevor Sie mir nun weglaufen und zu Ihren Geographiebüchern stürzen, lassen Sie mich Ihnen bitte versichern, daß die Küste von Cornwall vom Golfstrom erwärmt wird und daß dort *in der Tat* Palmen wachsen, obwohl ich den heimlichen Verdacht habe, daß jenes Requisit ein Auslaufmodell aus einer sehr, sehr alten Produktion von *Thaïs* war.

Jedenfalls machten Max Lorenz als Tristan und ich als seine Isolde uns bereit, uns unter diesem guten Stück in die Ekstasen unseres Liebesduetts zu stürzen. Als Max sein »O, sink hernieder« anstimmte, beschloß der Baum, diese Anrufung wörtlich zu nehmen, und begann, sich sacht aus seiner Verankerung zu lösen. Was war dagegen zu unternehmen? Max und ich einigten uns sehr rasch darauf, daß der, der gerade nicht zu singen hatte, den sich neigenden Baum mit seinem Rücken zu stützen habe. So schafften wir uns durch das ganze Liebesduett, ohne unter dem sperrigen Ding begraben zu werden.

Als anschließend König Marke seinen sehr langen Monolog hielt, versuchte ich verzweifelt, eine Lösung für den Augenblick zu finden, in dem Tristan von Melot die tödliche Wunde empfängt, und ich an seine Seite stürze …

Zum Glück für uns alle war die Brangäne des Abends die reaktionsschnelle Blanche Thebom, die offenbar von ihrem Ausguck auf dem Wachtturm beobachtet hatte, wie wir uns als menschliche Stützpfeiler abrackerten. Kurz bevor ich zu Tristan zu laufen hatte, gab ich Blanche, die inzwischen vom Turm gestiegen war, um mir beizustehen, ein verzweifeltes Signal mit den Augen und flüsterte: »Der Baum, halt den Baum fest!« – Gottlob hielt sie durch.

Konzertante Verpflichtungen und Liederabende waren berechenbarer und weit weniger zermürbend. Die Logistik beschränkte sich darauf, zur festgesetzten Zeit an den festgesetzten Ort zu gelangen, gut vorbereitet, gut bei Stimme und mit einem gut sitzenden Gewand. Der Rest war einzig und allein Musizieren.

Allerdings auch nicht immer. Früh in meiner Karriere folgte ich dem Beispiel vieler meiner Kollegen und beteiligte mich mit Feuereifer an kriegsbedingten Aktionen, trat vor Soldaten auf und sang in Werbekampagnen für Kriegsanleihen. Aufgrund der immensen Ausgaben, die Amerikas Teilnahme am Krieg gefordert hatte, wurden in den Jahren nach der Kapitulation der Achsenmächte 1945 weiterhin Wohltätigkeitsveranstaltungen abgehalten. Natürlich wurde von uns allen erwartet, daß wir zu diesen Anlässen um Gottes Lohn auftraten und auch noch unsere anderen Kosten selbst übernahmen, wie den Begleiter und den Friseur. Es galt auch als selbstverständlich, daß wir in unseren elegantesten Roben auftraten.

Angesichts all dieser Ausgaben aus der eigenen Tasche und meines bescheidenen wöchentlichen Einkommens an der Met hielt ich es für finanziell unvertretbar, das übliche Taxi zu einer Wohltätigkeitsgala am 5. März 1946 im Madison Square Garden zu nehmen, bei der die geliebte Präsidentenwitwe Mrs. Eleanor Roosevelt die Hauptrednerin war.

In der Halle angekommen, warf ich mich in Schale und wartete mit meinem Begleiter Wolfgang Martin hinter der Bühne, bis wir an der Reihe waren. Mrs. Roosevelt begab sich ans Rednerpult und hielt dort so lange durch, daß der größere Teil des anschließenden Programms kurzerhand gestrichen wurde – darunter auch mein Beitrag.

Nachdem ich wieder in meine Alltagskleidung geschlüpft und mit der U-Bahn nach Hause gefahren war, schrieb ich in das Notizbuch meiner Auftritte die knappe Notiz: »Kam wegen Mrs. Roosevelts langer Ansprache nicht dran – zahlte W. Martin trotzdem $ 25.«

Fünfundzwanzig Dollar waren damals eine Menge Geld. – Wohltätigkeit hin und her, er nahm sie.

Das war mein einziger öffentlicher Auftritt, der wegen Weitschweifigkeit nicht stattfinden konnte.

Einige meiner europäischen Freunde neigen dazu, die Soloabende zu bekritteln, die Hermann und ich in der amerikanischen Provinz gaben, aber sie machen sich nicht bewußt, daß dies für viele Zuhörer dort die einzige direkte Begegnung mit einem leibhaftigen Opernsänger ist und daß sie Musik erwarten, für die dieser Sänger besonders berühmt ist – also neben Kunstliedern auch Arien.

Obwohl ich es persönlich vorziehe, bei Liederabenden keine Opernausschnitte zu singen, habe ich nicht das geringste gegen ein populäres Programm, in dem der Sänger seine ganze Bandbreite vorführt und Arien mit Kunstliedern, Balladen und selbst volkstümlicher Musik mischt. Das ist in der amerikanischen Provinz eine *conditio sine qua non* und macht das Publikum glücklich und zufrieden.

Ich biederte mich bei dem Publikum nicht an, ich kam ihm nur auf halbem Wege entgegen.

Zumal in den großen Städten bleibt im Konzertkalender noch genügend Raum für die großen Künstler, die sich mit viel Kenntnis und Einfühlungsvermögen auf ein konkretes Repertoire wie das romantische deutsche Lied oder das französische Chanson spezialisiert haben. Diese handverlesenen Sänger sollte man natürlich nicht damit behelligen, von ihrem vorgezeichneten künstlerischen Pfad abzuirren. Und außerdem: Könnten wir uns vorstellen, daß sich Dietrich Fischer-Dieskau oder Gérard Souzay bei den Kniffligkeiten von »Oh, Susannah!« eine Stimmbandverschlingung holen? Nein, sie sollen nur bei Schubert, Fauré etc. bleiben!

Nach unseren amerikanischen Recitals gab es häufig einen Empfang im Haus einer Dame der örtlichen Gesellschaft, wo sich der Small talk vorwiegend um den unvermeidlichen Teller mit standardisiertem Chicken à la King drehte. Von den Künstlern wurde erwartet, daß sie daran teilnahmen.

Das war an sich eine liebenswürdige gastliche Geste, allerdings sahen wir uns oft mit der Bitte konfrontiert, doch noch ein paar Lieder für die Gäste zu singen. Offen gesagt, halte ich das für eine Zumutung, denn ein Sänger, der anderthalb Stunden auf dem Podium gestanden hat, hat danach Anspruch auf ein wenig Entspannung. Außerdem ist Singen die einzige Ware, die wir zu verkaufen haben. Ich kann mir nicht vorstellen, daß jemand einen Chirurgen bittet, auf einer Party eine Operation durchzuführen.

Einige dieser Gastgeberinnen waren äußerst übelnehmerisch, wenn ihre Pläne für ein zusätzliches Hauskonzert schiefgingen. Einmal erfuhr ich bei meiner Rückkehr nach New York von einer Tournee von meiner Agentur, daß eine hinterwäldlerische Witwe von Stand sich bitter beschwert habe, wie »unkooperativ« ich mich gegenüber ihren Gästen verhalten hätte. Nachdem ich die Situation geschildert hatte, war mein Agent über die Unverschämtheit dieser Dame so wütend, daß er sich weigerte, weiterhin Sänger in ihre Stadt zu schicken. »Soll sie doch selber singen«, bemerkte er lakonisch.

Doch kommt Zeit, kommt Rat. Ich fand bald heraus, daß eine Einladung *vor* einem Konzert für gewöhnlich aufrichtig gemeint war, und nahm sie immer an. Einladungen, die *nach* einem Konzert ausgesprochen wurden, lehnte ich jedoch mit der Schlußfolgerung ab, daß sich die Gastgeberin erst ein Urteil über die Qualität des Künstlers hatte bilden wollen, bevor sie sich festlegte.

Es gab jedoch auch schöne und bedeutungsvolle Begegnungen. Mir wird immer noch warm ums Herz, wenn ich an das junge Mädchen denke, das nach einem Liederabend irgendwo in den Bergen von Kentucky für ein Autogramm hinter die Bühne kam. Sie sagte, sie habe mich am Radio gehört und ihr Taschengeld gespart, um eine ihrer Lieblingssängerinnen persönlich zu erleben. Es sei ein besonderes Ereignis für sie. Sie sei nicht nur das erste Mal bei einem Live-Konzert; es sei auch das erste Mal in ihrem Leben – sie dürfte etwa siebzehn gewesen sein -, daß sie anderes Schuhwerk als Sandalen trage. »Meine neuen Schuhe«, fügte sie rührend hinzu, »haben nicht gedrückt, als Sie gesungen haben.«

Es war Anfang der fünfziger Jahre, und das Leben war schön. An der

Metropolitan hatte ich Aufgaben, die gleichermaßen fordernd und dankbar waren. Daneben war mein Terminkalender voll mit Gastspielen, die mich in alle Teile der Vereinigten Staaten führten, und meine internationale Karriere begann Gestalt anzunehmen.

Ich hatte allen Grund, für den Verlauf, den mein Leben nahm, dankbar zu sein. Für mich gab es keine dunkle Wolke am Himmel.

Dann kam auf einer unserer Konzerttourneen am 2. Dezember 1951 in Waco, Texas, der Schicksalsschlag.

Sechste Szene

»'nen Mustang nehmen«

Meine Position an der Met war fest etabliert, das dachte ich zumindest, und wir hatten unsere ersten europäischen Erfolge hinter uns. Zusammen mit Hermann war ich auch häufiger Gast der San Francisco Opera Company, wo viele Künstler der Metropolitan sangen, um die Herbstsaison zwischen den Sommerfestivals und der Eröffnung der New Yorker Spielzeit zu Winterbeginn zu überbrücken.

Unsere Agentur hatte uns einige Konzerte und Liederabende für den Hin- und Rückweg gebucht, und da wir beide begeisterte Autofahrer waren, wechselten wir uns am Lenkrad ab. Erst fuhren wir die halbe Strecke nach Kalifornien mit einem Mietwagen, flogen darauf das letzte Stück an die Westküste und mieteten anschließend wieder ein Auto, um die amerikanische Landschaft auf der Rückfahrt in unserem eigenen Tempo zu genießen.

Die Saison in San Francisco im Oktober schloß Kundry in *Parsifal* und Leonore in *Fidelio* ein, daneben zwischen den Vorstellungen einige Konzerte in Kalifornien und am Ende die Aufführung beider Opern in Los Angeles. Nach der letzten *Parsifal*-Matinee am 28. Oktober begannen wir, uns gemächlich auf den Rückweg nach Osten zu machen, und fuhren, wie es uns gerade einfiel, kreuz und quer durch die Vereinigten Staaten.

In Albuquerque, New Mexico, lernten wir einen äußerst bemerkenswerten Mann kennen. Es war ein indianischer Maler namens White Horse, und, ehrlich gesagt, fand ich bei unserer ersten Begegnung, daß sich sein Aussehen und Benehmen kaum von dem eines durchschnittlichen Bleichgesichts unterschied. White Horse sagte uns, daß er ein großer Opernfreund sei und meine Auftritte genieße. Als Reverenz wolle er ein indianisches Lied für mich singen. Sobald er seine Gitarre nahm, ereignete sich die unglaublichste Verwandlung. Er wurde übergangslos zu einem indianischen Krieger alter Zeiten.

Es gibt also in vielen Berufen und Schichten Menschen, sagte ich mir, die die Fähigkeit haben, sich von einer Person in eine andere zu verwandeln, so, wie es mein ständiges Bestreben auf der Bühne ist. Ich werde das Gesicht dieses Mannes nie vergessen!

Es war der 1. November. Da unser nächster Auftritt erst am 7. November in Iowa City stattfinden sollte, nahmen wir uns vor, so viel wie möglich zu sehen und den Südwesten erst am 5. zu verlassen, um einen Tag vor dem Konzert rechtzeitig in Iowa anzukommen. Am 2. November befanden wir uns irgendwo in New Mexico, fuhren langsam durch die pittoreske Landschaft und genossen die Aussicht, als plötzlich ein Verkehrspolizist neben uns auftauchte und uns an den Straßenrand dirigierte. Der Polizist sagte, daß wir uns keiner Verkehrsübertretung schuldig gemacht hätten. Vielmehr habe unsere Agentur dem San Antonio Symphony Orchestra den Namen des Autoverleihs durchgegeben, der seinerseits die Autobahnpolizei über unsere Autonummer informierte, damit sie uns »irgendwo zwischen San Francisco und Iowa« aufstöbern könne.

Der Beamte erklärte uns, daß Helen Traubel an einer Virusinfektion erkrankt sei und nicht auftreten könne. Das Orchester-Management lasse uns mitteilen, daß es uns auf Händen tragen würde, wenn ich in der Lage sei, für sie einzuspringen. Sogar in den weiten Ebenen des Far West passierte es mir also, daß ich einer Musikorganisation aus der Patsche helfen mußte.

Als die Orchesterleitung gesagt hatte, daß sie uns »auf Händen tragen« würde, hatte sie es ernst gemeint. Eine der Damen des Komitees, Mrs. Edgar Tobin, machte sich mit ihrem Sohn Robert von San Antonio in ihrem eigenen Privatflugzeug auf, um uns abzuholen und nach Texas für das Konzert einzufliegen.

Es war kein Problem, den Abend für Traubel zu übernehmen, denn ich kannte ihr Repertoire wie meine Westentasche. Nach dem Konzert sorgte die gütige Mrs. Tobin dafür, daß Hermann und ich nach Albuquerque zurückgeflogen wurden, wo wir unser Auto abholten und unsere Überlandfahrt fortsetzten.

Ich muß bekennen, daß mich beim Verlassen Albuquerques eine gewisse Genugtuung überkam, als ich an die Leute daheim in New York dachte, die ihre eingemotteten Winterwollsachen herausholen und sich zum ersten Mal in dieser Jahreszeit in Galoschen zwängen mußten, während wir munter durch den goldenen Sonnenschein kutschierten.

Nach Iowa City hatten wir noch sechs weitere Konzerttermine, die mit einem Liederabend in Greensboro, North Carolina, endeten. Darauf fuhren wir wieder Richtung Westen nach Waco, Texas. Die stechende Sommerhitze war abgeflaut, wir hatten also ideales Wetter auf der Fahrt zu unserem Bestimmungsort und machten immer wieder halt, um uns an der üppigen Schönheit der Natur und den bezaubernden Städtchen und Dörfern an unserer Route zu weiden.

Die letzte Etappe vor Waco hatten wir für den 2. Dezember festgesetzt, um wie gewöhnlich einen Tag vor unserem Konzert anzukommen. Ich bestand immer darauf, wenigstens einen Tag früher am Ort zu sein, um mich im Hotel einzurichten, die Akustik des Saals zu testen und vor der Vorstellung gut auszuschlafen.

Als wir uns der Stadt näherten, saß Hermann am Steuer. Das Wetter im Herzen von Texas war traumhaft. Ich genoß die Fahrt auf dem Beifahrersitz, als Hermann mir sagte, daß er sich nicht wohl fühle und nicht glaube, daß er weiterfahren könne. Ich übernahm das Steuer, und Hermann verfiel in Schweigen. Durch dieses Schweigen hindurch konnte ich jedoch spüren, daß es ihm ganz und gar nicht gut ging.

Als wir am Ziel ankamen und im Hotel eingecheckt hatten, legte er sich sofort aufs Bett und bat mich, einen Arzt zu rufen, da sein Puls sehr langsam sei. Der ortsansässige Arzt diagnostizierte eine instabile Angina pectoris, die gewöhnlich einen bedrohlichen Herzinfarkt verursacht. Offenbar hatte ihn die Tatsache, daß er sich in seinem Stoizismus ruhig verhalten und nicht falsches Wohlbefinden vorgespiegelt hatte, während es ihm ziemlich schlecht ging, vor einer ernsteren Attacke bewahrt.

Glücklicherweise hatte der Anfall den hinteren Herzmuskel betroffen, was nicht so lebensbedrohend war wie andere Formen von Infarkt. Das Ausbleiben einer lebensbedrohlichen Situation ist eine weitere Erklärung dafür, daß er so ruhig blieb. Trotzdem sagte der Arzt, er müsse sofort ins Krankenhaus – und das auf unbestimmte Zeit. Wir regelten seine Aufnahme in das Providence Hospital in Waco.

Mein erster Impuls war, alles abzusagen und an der Seite meines Mannes zu bleiben, doch Hermann bestand darauf, daß ich die Tournee fortsetze. Der Arzt pflichtete ihm bei und meinte, daß es ihm enormen moralischen Auftrieb geben würde, wenn ich mein Programm nicht unterbräche. Er sagte, daß Hermann mit dem Wissen, daß alles seinen gewohnten Gang gehe, bereitwilliger der ärztlichen Auskunft Glauben schenken würde, daß sein Zustand nicht allzu ernst sei. Wenn ich jedoch alles absagte, würde mein Mann vermutlich denken, daß der Engel des Todes bereits hinter ihm stehe.

Ich versprach also, meinen Verpflichtungen nachzukommen, was zwar schön und gut war, aber wer würde mich bei dem Vortragsabend am nächsten Tag begleiten?

Ich schilderte mein Problem der Vorsitzenden des örtlichen Komitees, die sofort eine Lösung wußte. Sie schlug mir vor, mich mit einem Professor der Southern Methodist University in Dallas namens Paul Velucci in Verbindung zu setzen, dem Dirigenten des dortigen Symphonieorchesters. Ich war angenehm überrascht, als ich entdeckte, daß Hermann und ich Mr. Velucci sogar kannten. Da wir nur den Tag vor dem Konzert zur Verfügung hatten, mußten wir uns mit Hochdruck in die Vorbereitung stürzen, doch bei einer rasch anberaumten Probe erwies sich, daß er den musikalischen Anforderungen mehr als gewachsen war. Er machte im Konzert seine Sache sogar so vortrefflich, daß ich ihn bat, meinen letzten Liederabend des Jahres in Corsicana, auf halbem Weg am Highway zwischen Waco und Dallas, ebenfalls zu begleiten.

Als ich nach Waco zurückkam, sah ich zum Glück ein Haus gegenüber dem Krankenhaus mit dem Schild »Zimmer zu vermieten«. Der Gedanke, das Hotel mit dieser Unterkunft zu vertauschen, sagte mir von der Lage her zu, und ich verlegte meine Operationsbasis aus der unpersönlichen Atmosphäre des Hotels in ein kleines Zimmer mit Bad im Haus dieser Dame. Es war alles andere als das Nonplusultra an Luxus. Wenn geheizt werden mußte, was selten nötig war, geschah das in einem bauchigen Ofen, der mich an die Dachkammer in *La Bohème* erinnerte. Aber es machte meine regelmäßigen Besuche im Krankenhaus so unkompliziert wie möglich, und die Vermieterin war hilfsbereit und eine Stütze in meiner kritischen Lage.

Am 14. Dezember fuhr ich nach Dallas für die Vorbereitungen zu einem nachmittäglichen Verdi-Konzert am 16., in dem ich unter der Leitung von Walter Hendl Arien aus *Macbeth*, *Il trovatore* und *Un ballo in maschera* sang.

Zur selben Zeit, als das Konzert in Texas begann, rief der Mann von Helen Traubel in New York das Betriebsbüro der Metropolitan an und teilte mit, daß Mme Traubel von ihrer Virusinfektion noch nicht genesen sei und nach wie vor Fieber habe. Ihr Arzt bezweifle sehr, ob sie die Brünnhilde in der *Götterdämmerung* am nächsten Abend werde singen können. Da ich das einzige andere Ensemblemitglied war, das die Partie bereits auf der Bühne gesungen hatte, setzte sich das Betriebsbüro mit meiner Agentur in Verbindung, die es von meiner gegenwärtigen Situation in Texas in Kenntnis setzte.

Max Rudolf, der stellvertretende Manager des Theaters, rief im Providence Hospital an und erkundigte sich bei Hermann, ob ich verfügbar sei. Hermann sagte Dr. Rudolf, daß ich im Adolphus Hotel in Dallas wohne, im Augenblick allerdings im Begriff stünde, auf die Bühne zu gehen.

Während der Konzertpause gab mir jemand die Mitteilung der Metropolitan weiter, daß ich sofort nach New York kommen solle, um Mme Traubel zu ersetzen.

Meine erste Reaktion auf den Hilferuf war, daß ich nach dem Konzert sofort Hermanns behandelnden Arzt anrief und ihn um seine Meinung fragte. Der Arzt gab mir spontan den Rat: »Tun Sie's. Sie machen Mr. Weigert damit sehr glücklich.« Darauf verband er mich mit Hermann, der die Anfrage begeistert unterstützte.

Irgendwie mußte ich also mitten im Winter von Dallas nach New York kommen. Es war vor Beginn des Jet-Zeitalters, aber auch damals gab es ein paar Flugverbindungen, um die 2 300 Kilometer von Texas nach New York zu überbrücken. Ich rief am Flughafen an und erfuhr, daß für einen Flug der American Airlines nach New York noch ein Platz frei sei, daß das Flugzeug aber erst um zwei Uhr morgens von Dallas starten werde.

Inzwischen gestalteten sich die Dinge an der Met immer hektischer. Da Zweifel bestanden, ob ich kommen würde, war Margaret Harshaw ins Theater zitiert worden, um die Brünnhilde mit Maestro Fritz Stiedry durchzugehen, eine Partie, die sie noch nie irgendwo gesungen hatte. Ich hatte zumindest ein halbes Dutzend *Götterdämmerungen* hinter mir, wenn auch nicht an der Metropolitan. Und als ob das nicht bereits riskant genug war, wechselte Margaret zu dieser Zeit gerade vom Mezzo in das Fach des dramatischen Soprans über. In dieser Vorstellung der *Götterdämmerung* war sie gleich zweimal vertreten, in der Sopranrolle der dritten Norn und in der Mezzopartie der Waltraute.

Nun begann ein strategisches Quiproquo: Wenn Margaret Harshaw die Brünnhilde übernehmen müsse, dann müsse Herta Glaz als Waltraute einspringen, aber Mme Glaz war bereits als Floßhilde besetzt, eine der Rheintöchter im dritten Akt. Während man nach einer

Sängerin für die Floßhilde fahndete, wurde Thelma Votipka in Reserve gehalten, um die dritte Norn von Miss Harshaw zu übernehmen, falls ich nicht rechtzeitig einträfe.

Der Rest der erlesenen Besetzung – Set Svanholm als Siegfried, Paul Schöffler als Gunther, Regina Resnik als Gutrune, Gerhard Pechner als Alberich, Dezső Ernster als Hagen, Jean Madeira und Margaret Roggero als erste und zweite Norn, Paula Lenchner und Lucine Amara als die Rheintöchter Woglinde und Wellgunde und Emery Darcy und Osie Hawkins als Gunthers Mannen im dritten Akt – saß wie auf Nadeln in der Erwartung, mit wem sie an diesem Abend das Vergnügen haben würden. Wenn *sie* nervös waren, dann waren Dr. Herbert Graf und Dr. Fritz Stiedry, der Regisseur und der Dirigent der Vorstellung, an der Grenze zur Hysterie.

Der einzige Künstler, der inmitten des Chaos einen klaren Kopf behielt, war Rusty, der Rappe. Eine Zeitung wußte zu melden, daß er »seinem bevorstehenden Auftritt als Grane relativ gelassen entgegensehe«, was den Reporter zu der geistreichen Frage animierte, warum ich mich überhaupt mit Fluggesellschaften aufhielte, wo doch das magische Streitroß den Transport hätte erledigen können. In typischem New-Yorkerisch meinte die Zeitung, ich solle doch »'nen Mustang nehmen«.

Ich weiß nicht, wie ich die Stunden zwischen dem Nachmittagskonzert und dem geplanten Abflug totschlug. Ich kann mich allerdings erinnern, daß ich beim Einsteigen in das Flugzeug so nervös war, daß ich für den langen Flug eine Beruhigungstablette nahm – in dem Bewußtsein, daß mir vor der Vorstellung keine anständige Nachtruhe vergönnt sein würde. Ich erinnere mich, daß ich wegdriftete und bei meinem Erwachen eine Stunde später feststellte, daß das Flugzeug noch immer auf dem Flugfeld in Dallas stand und auf die Starterlaubnis wartete. Das Wetter unterwegs war offenbar stürmisch geworden. Glücklicherweise konnten wir irgendwann in der Nacht doch starten, aber auf halbem Weg nach New York mußte der Pilot William Cherry in Memphis notlanden, um zu überprüfen, ob das Triebwerk den Rest der Strecke durchhalten würde.

Wir verbrachten die Nacht und einen beträchtlichen Teil des Vormittags schlecht und recht im Flugzeug auf dem Flugfeld von Memphis. Ab und zu widerfuhr mir die Gnade einzunicken. Endlich flogen wir gegen Mittag weiter zum La Guardia Airport, wo wir um 15 Uhr 40 landeten.

Ich nahm den Flughafenbus nach Manhattan und hielt auf dem

Zentral-Terminal ein Taxi an, das mich nach Hause brachte. Als ich meine Wohnung an der West 110th Street betrat, läutete das Telefon im Wohnzimmer wie verrückt. Ich hatte keine Zeit abzuheben. Ich war zu beschäftigt, zwei Eier zu kochen, den unfehlbaren Bedarf an Schminke, Seife, Handtuch und Papiertaschentüchern zusammenzuraffen und zur U-Bahn zu spurten, denn es war Stoßzeit im Zentrum von Manhattan, und man wußte nie, ob man nicht in einem Stau steckenblieb.

Später erfuhr ich, daß der Anruf von der Metropolitan gekommen war. Sie wollten wissen, ob ich heil angekommen sei. Sie hätten auch die Fluggesellschaft anrufen können. Sie hätten an diesem kalten Nachmittag auch jemanden nach Queens schicken können, um mich abzuholen, aber anscheinend zogen sie es vor, ihre Panik in der Behaglichkeit ihrer gut geheizten Büros auszuleben. Sie waren offensichtlich auch mit dem Herausgeben von Pressemitteilungen überbeschäftigt, um aus dieser irregulären Situation soviel Publicity wie nur möglich herauszuschinden.

Wäre Edward Johnson noch General Manager gewesen, hätte er mich sehr wahrscheinlich persönlich von La Guardia abgeholt. Auf jeden Fall hätte er jemanden beauftragt, sich zu überzeugen, daß ich auch gut angekommen sei. Doch Mr. Johnson war am Ende der Spielzeit 1949/50 aus seinem Amt geschieden. Sein Nachfolger, ein schmallippiger Wiener Zuchtmeister namens Rudolf Bing, hielt das Wohlbefinden der Sänger offenbar für nebensächlich. Hauptsache, sie lieferten gute Vorstellungen.

Aus Gründen, die er wohl selbst am besten kannte, betrachtete er ganz offensichtlich einen großen Teil des deutschen Repertoires und speziell die Opern von Wagner und die Leute, die darin auftraten, im Vergleich zu anderen Aufgaben des Theaters als eine Quantité négligeable.

Bereits nach wenigen Monaten an der Metropolitan schaffte er es, durch sein Schwanken bei den Vertragsverhandlungen mit der Hauptstütze des Wagner-Repertoires Lauritz Melchior und Kleinchen so zu verärgern, daß sie ihm ein Ultimatum präsentierten: Entweder komme es bis zu einem bestimmten Termin zu einer Einigung, oder er müsse den umgehenden Abschied Melchiors in Kauf nehmen.

Vielleicht war die Haltung der Melchiors etwas indelikat, doch ein Künstler von seinem Format hatte das Recht, von Zeit zu Zeit etwas undiplomatisch zu sein. Er bedeutete jedenfalls so viel für das Theater, daß er eine bessere Behandlung verdient hätte. Mr. Bing allerdings ignorierte sein Ultimatum und begann ihn schriftlich zu verleumden, als er seine Drohung wahrgemacht hatte, das Haus zu verlassen.

Jahrzehnte später häufte Martin Mayer, der Ghostwriter von Bings Memoiren, auf Bings kränkende Kommentare in einem eigenen Buch noch weitere Verleumdungen. Er unterstellte, daß Melchior ein schlampiger Künstler mit lascher Probendisziplin gewesen sei und außerdem einen Hang zu Streichen gehabt hätte, die mehr irritierten als amüsierten.

Da ich mit Lauritz Melchior in praktisch jeder Oper seines Repertoires an der Metropolitan zusammengearbeitet habe, möchte ich hiermit zu Protokoll geben, daß ich niemals Zeugin eines solchen Benehmens war, das Bing und Mayer so beklagenswert fanden. Im Gegenteil – keine Sopranistin könnte sich einen professionelleren und rücksichtsvolleren Tenor als Bühnenpartner wünschen!

Offenbar hatte Mr. Bing ähnliche Probleme schließlich auch mit Helen Traubel, doch wie er in seinen Memoiren anklingen läßt, konnte er seinem Verlangen, sie aus der Compagnie hinauszuekeln, nicht nachgeben, denn es war eine andere Sache, sich einer populären gebürtigen Amerikanerin zu entledigen, obwohl er über ihre Auftritte im Fernsehen und die Auswirkung auf die »Würde« *seines* Theaters erbost war.

Heute ist es eine bekannte Tatsache, daß Künstler, die in den Medien auftreten, zumal im eigenen Land deutlich machen, daß »Oper« nicht von weggetretenen Ästheten gemacht wird, wie wir das oft in Karikaturen zu sehen bekommen.

Mr. Bing schien den Eindruck zu haben, daß das Gelächter, das Helen Traubel im Fernsehen mit Jimmy Durante einheimste, und das ansteckende schallende Lachen, das sie selbst immer wieder losließ, der Sache der Oper irgendwie schadeten, während sie damit in Wirklichkeit mehr Kunden an die Kasse lockte, als das künstliche Gezicke des Managements für sich in Anspruch nehmen konnte. Auf jeden Fall waren Traubel und Melchior »lediglich« Wagnersänger und damit augenscheinlich Bings besonderer Rücksichtnahme unwert.

Es war diese Atmosphäre der Geringschätzung des Wagner-Repertoires, die an diesem 17. Dezember im Theater herrschte.

Ich war vor der Vorstellung so überreizt, daß ich meine Garderobe abschloß, um mich zu beruhigen, zu schminken, ein wenig einzusingen, das Kostüm anzuziehen und generell meine mentalen und emotionalen Reserven für die bevorstehende Aufgabe zu mobilisieren.

Als Dr. Stiedry klopfte, um die Rolle zu besprechen, rief ich durch die Tür, daß ich dazu jetzt nicht in der Lage sei, woraufhin er muffig von dannen schritt und etwas über Primadonnen-Gehabe murmelte. Er hatte offenbar keine Ahnung, was ich durchgemacht hatte.

Als ich auf die Bühne kam, hatte Mr. Bing immerhin den Anstand, mir dafür zu danken, daß ich so kurzfristig einsprang, und Max Rudolf meinte, daß er sich den ganzen Vormittag über Gedanken gemacht habe, ob das Wetter eine Landung erlaube. Es lag mir auf der Zunge, Dr. Rudolf zu fragen, warum mich niemand abgeholt habe, doch das letzte, was ich vor einer *Götterdämmerung* brauchen konnte, war ein Temperamentsausbruch. Die Devise meiner Familie: »Künstler sein ist kein Vorwand für Unarten« kam mir dabei sehr zustatten.

Professionelle Disziplin über alles!

Merkwürdigerweise erkundigte sich keiner der beiden Gentlemen nach dem Gesundheitszustand meines Mannes, der immerhin bereits fast zwei Jahrzehnte lang eine der Hauptstützen des musikalischen Stabs des Theaters war.

Manchmal kann die Tatsache, daß man kurz vor dem Explodieren ist, den entscheidenden Adrenalinstoß für eine Leistung geben, die man eigentlich kaum aufbringen könnte. Freunde, die meine Brünnhilde an diesem Abend erlebten, sagten mir später, daß meine Stimme noch nie eine solche Durchschlagskraft gehabt hätte. Demnach muß es nicht unbedingt aus dem Wald herausschallen, wie man in ihn hineinruft – jedenfalls nicht bei einer Hochdramatischen.

Als ich mit der Schlußszene fertig war, mich vor dem Vorhang verbeugt hatte und in meine Garderobe zurückgekehrt war, fühlte ich mich plötzlich völlig leer. Abgesehen von den gewohnten guten Geistern, meiner Garderobiere Jenny Cervini und der Assistentin von Papa Senz, die für die Perücke zuständig war, beide warmherzig und über Hermann und mich besorgt, war niemand in der Garderobe außer mir und dem kleinen, rot leuchtenden »Exit«-Kästchen über der Tür.

Ein paar Minuten später stieg mein Stimmungsbarometer, als sacht an die Tür geklopft wurde. Edward Johnson war aus Toronto, wo er inzwischen die Opernschule am örtlichen Konservatorium leitete, auf Besuch nach New York gekommen und zufällig in der Vorstellung gewesen. Und nun war er so freundlich, mir auf einen Sprung Hello zu sagen. Als er mich umarmte, waren seine ersten Worte: »Wie geht es Hermann?«

Abgesehen von diesem außerordentlich aufmerksamen Besuch ließ sich kein Mitglied der amtierenden Direktion blicken, um mir dafür Dank auszusprechen, daß ich die Vorstellung gerettet hatte – oder irgend etwas anderes in der Art.

Als ich schließlich meine Garderobe verließ, standen draußen Paula Lenchner, die die Woglinde gesungen hatte, und unser gemeinsamer Freund John Clark, die geduldig darauf gewartet hatten, mich im Taxi nach Hause zu bringen. Ich werde nie diese liebevolle Geste vergessen, die meinen Glauben in die fundamentalsten Gesetze des menschlichen Anstands wiederherstellte!

Als ich endlich im Bett lag – besorgt, wie Hermanns Tag verlaufen war, den ich zu so später Stunde in Waco nicht mehr anrufen konnte –, kam ich durch das hochnäsige Verhalten des neuen Managements doch ins Grübeln. Schließlich lag da in Waco ein kranker Mann, und ich hatte nicht einmal die Gewißheit, ob ich ihn bei meiner Rückkehr noch am Leben finden würde. Ich grübelte über die vielen positiven Dinge nach, die sich für mich außerhalb von New York beruflich ergeben hatten. Und das Resultat dieser Betrachtung war mein fester Entschluß, meine Tätigkeit an der Metropolitan in den kommenden Spielzeiten einzuschränken. Ich erinnere mich, daß ich mir immer wieder sagte: »So behandelt man keine Frau – so behandelt man überhaupt keinen Menschen!«

Zu allem Übel wurde am nächsten Morgen kurz nach dem Start in La Guardia den Passagieren mitgeteilt, daß zwischen hier und Texas ein Schneesturm wüte, und die einzige Möglichkeit, um unser Ziel zu erreichen, eine Zwischenlandung in Chicago sei, was ebenfalls herzlich wenig zur Beruhigung meiner Nerven beitrug.

Als ich endlich wieder in Waco war und Hermann mich anstrahlte, war der Schneesturm vergessen, und der Sonnenschein kehrte wieder in mein Herz ein.

Kurz danach setzte ich mich mit unserem Hausarzt Dr. Alfred Roseno, einem europäischen Freund Hermanns, in Verbindung, und er arrangierte mit seinen Kollegen in Texas, daß Hermann in ein Krankenhaus in New York überführt werden konnte.

Obwohl Hermanns Zustand sich allmählich besserte, gab Dr. Roseno ihm den dringenden Rat, seine Aktivität zu drosseln. Er müsse langsamer gehen, langsamer essen, länger schlafen, etwas weniger Unterricht geben und vorübergehend seine Tätigkeit am Theater aufgeben.

Ich fragte mich, wie ich weiter so häufig auftreten könnte, wie Hermann und auch ich es wollten, und dabei trotzdem ein wachsames Auge während seines Genesungsprozesses auf ihn zu haben. Eines

Tages läutete es an der Tür, und draußen stand in voller Lebensgröße Erna Janssen, die Frau des Baritons, mit einem gewinnenden Lächeln auf ihrem Gesicht und erkundigte sich, ob sie irgend etwas für uns tun könne. Sie erklärte, daß sie in der alten Heimat diplomierte Krankenschwester gewesen sei und daß ihr die Idee gefiele, ihren alten Beruf wieder auszuüben und sich dabei um einen lieben Freund kümmern zu können.

Mit typisch mitteleuropäischer Tüchtigkeit hatte sie sich bereits über den Spielplan informiert und eine Liste meiner Termine aufgestellt. Erna teilte mir klipp und klar mit, daß ich selbstverständlich alle diese Termine einhalten müsse, und versicherte mir, daß Hermann bei ihr in den allerbesten Händen sein würde.

In den darauffolgenden Wochen half sie immer wieder aus, oft mit Herbert im Schlepptau, um für zusätzliche Gesellschaft und eine humorvolle Atmosphäre zu sorgen. Die Großzügigkeit, die die Janssens uns gegenüber an den Tag legten, verwandelte eine bereits solide Freundschaft in ein Band fürs Leben.

Am Ende dieses Jahres nahm Hermann in etwas reduzierter Form seinen Unterricht wieder auf, während ich an das Theater für meine letzte Vorstellung des Jahres zurückkehrte, eine Bombenaufführung von *Cavalleria rusticana*, in der ich mit dem gutaussehenden und mit einer Riesenstimme ausgestatteten italienischen Tenor Mario Del Monaco auf der Bühne stand.

Del Monaco war als Kavalier ebenso groß wie als Künstler. Kurz vor Vorstellungsbeginn schaute er herein, wünschte mir alles Gute und erkundigte sich, ob ich genügend Atem für lange Phrasen habe. Er erklärte, daß er die hohen Töne am Ende des Duetts Santuzza-Turiddu gern lange aushalte, sich diese Freiheit jedoch nur nehme, wenn er sicher sei, daß der Sopran mithalten könne. Mit belustigtem Blick sagte ich: »Das fragen Sie eine Wagnersängerin?« – »Ma certo! Naturalmente!« leistete er Abbitte.

Wir hielten diese hohen Noten geradezu unanständig lange aus – *all'Italiana* –, worauf die Italiener im Publikum in Verzückung gerieten.

Am nächsten Tag erwies mir »Il Progresso Italo-Americano«, New Yorks italienische Zeitung, die hohe Ehre zu schreiben, daß es kein italienischer Sopran besser hätte machen können.

Als Hermanns Willenskraft auf seinem Weg zur Genesung allmählich die Oberhand gewann, konnte ich merken, wie seine alte Energie zurückkehrte.

Diese Energie würde eine Stütze für uns beide sein, nun, da unser musikalischer Weg uns immer weiter in die Ferne führte.

Auf internationalem Kurs

Die Öffnung Europas nach dem Krieg wurde bald zur Straße in beiden Richtungen. Während Amerikas wenige Opernhäuser wieder Künstler von der anderen Seite des Atlantiks verpflichten konnten, begannen die vielen Theater in Deutschland, begabte amerikanische Künstler zu engagieren. Viele von ihnen pendelten während ihrer ganzen Karriere über den Ozean, während andere – wie Teresa Stich-Randall in Wien, Lawrence Winters in Hamburg, Grace Hoffman in Stuttgart, Jess Thomas und das Sänger-Ehepaar Claire Watson und David Thaw in München und Jess Walters in London – den größten Teil ihres künstlerischen Lebens an europäischen Häusern verbrachten.

In den frühen fünfziger Jahren gehörte ich noch zu den Pendlern. Das erste Angebot, das ich aus der Alten Welt erhalten hatte, war vom Royal Opera House Covent Garden in London gekommen, wo ich im November 1948 mein Debüt gab.

Natürlich hatten wir in Amerika über die Verwüstungen durch die deutsche Luftwaffe gehört, die die britische Hauptstadt heimgesucht hatten, aber keine Schilderung hätte mich auf den Anblick vorbereiten können, der sich mir bei meiner Ankunft bot.

Die Londoner Stadtverwaltung hatte vom Flugplatz ins Zentrum eine Art potjomkinschen Korridor geschaffen, indem sie entlang der Hauptverkehrsstraße Trümmer und Schutt hatte wegräumen lassen, also war der erste Eindruck nicht so bedrückend. Doch sobald ich mich in der Stadt umzusehen begann, zerriß es mir angesichts der Umstände, unter denen die Menschen leben mußten, fast das Herz.

Das Theater hatte für Hermann und mich ein Zimmer im alten Waldorf Hotel reserviert. Die Lage machte es uns möglich, Covent Garden zu Fuß zu erreichen, ohne The Strand überqueren zu müssen, was bei Nebel eine riskante Angelegenheit sein konnte.

Nicht nur, daß viele Gebäude kaum bewohnbar waren, es fehlte auch hinten und vorne am Notwendigsten, Lebensmittel waren rationiert, wovon auch wir Ausländer in unseren Hotels betroffen waren. Für Hotelgäste konnten zwar Ausnahmen gemacht werden, aber nur unter bestimmten Bedingungen. Wenn jemand zum Beispiel ein Steak wollte, konnte er das bekommen, vorausgesetzt es gab einen Zimmer-Service, doch auf der Speisekarte war es nicht vertreten. Das hätte eine Vorratshaltung bedingt, die nicht möglich war, denn es gab zu jener Zeit in England zu wenig Fleisch. Dementsprechend hatte dieses Stück Rindfleisch seinen Preis, und dieser Preis konnte astronomisch sein!

Einmal bestellte ich mir zum Frühstück Würstchen und bekam sie auch – bloß: sie schmeckten nach Sägespänen, weil sie zum größten Teil aus Fleischersatz bestanden.

Ab und zu pilgerten wir nach Soho nördlich vom Picadilly Circus, wo einige der Spezialitätenrestaurants etwas einfallsreicher mit dem Mangel fertig wurden als die gewöhnlichen englischen Speiselokale.

Im Theater selbst war es vielen Mitgliedern des Stabs entsetzlich peinlich, daß nicht in jeder Sängergarderobe ein Piano stand oder andere Annehmlichkeiten, die andernorts selbstverständlich waren.

Ein Vorfall bei einer Vorstellung veranschaulicht auf betrübliche Weise, in welcher Notlage die Londoner damals waren. Ich besaß einen hauchdünnen Seidenschal, den ich im zweiten Akt von *Tristan und Isolde* benutzte, um Tristan zu signalisieren, daß die Luft rein sei.

Es war in allen Produktionen selbstverständlich, daß ich diesen Schal in meinem Entzücken, den Geliebten zu sehen, einfach in die Luft warf, und daß die Garderobiere ihn nach dem Fallen des Vorhangs für mich wieder aufspürte. In der Londoner Aufführung mußte mir die Garderobiere zu ihrem großen Kummer mitteilen, daß mein wunderschöner Schal, den jeder auf und hinter der Bühne so bewundert hatte, spurlos verschwunden sei. Ich sah ihn nie wieder und kann nur hoffen, daß ihn die Person, die ihn sich aneignete, auch wirklich nötig hatte.

Noch Jahre nach diesem Vorfall konnte man in vielen alltäglichen Details noch immer die Spuren entdecken, die der Krieg hinterlassen hatte, zum Beispiel auf der Toilette, wo es das übliche gewachste Klopapier gab, das von auswärtigen Besuchern häufig als schwer zu handhaben empfunden wurde. Obendrein trug dieses Papier im Theater den stolzen Aufdruck: »Eigentum seiner Majestät des Königs«, was doch einige vor die Frage stellte, ob wir beim Gebrauch Diebstahl oder gar Majestätsbeleidigung begingen.

Ich konnte der Versuchung nicht widerstehen, einige Stücke dieses Wachspapiers zu entwenden und an Freunde zu schicken – als Beleg dafür, daß der Krieg das Volk zwar arm gemacht hatte, doch daß aus Loyalität gegenüber dem Königshaus immer noch Geld da war, das Wappen des Monarchen auf sein »Eigentum« zu setzen.

Nichtsdestotrotz behauptete sich die traditionelle Londoner Überlebenskunst, und die Menschen ertrugen die Entbehrungen mit ihrem unerschütterlichen Humor.

Darüber hinaus erstreckte sich die charakterliche Größe der Londoner auch auf Bürger der besiegten Achsenmächte, die sich nicht in politische Aktivitäten im Dritten Reich verstrickt hatten.

Daraus ergab sich meine erste Begegnung mit Hans Hotter. Er hatte sich während der Nazizeit politisch unauffällig verhalten. Obwohl er eine der prominentesten Erscheinungen im deutschen Musikleben während des Kriegs gewesen war, entdeckte er nach dem Krieg, daß seine rasche Entnazifizierung offenbar *seiner* Art von Humor zu danken war.

Am Beginn seiner Karriere in den dreißiger Jahren hatte Hans an einem »Kostproben«-Abend teilgenommen, in dem das Deutsche Theater in Prag die Ensemblemitglieder dem Publikum vorstellte. Hans ist ein geborener Imitator, und seine Begabung, jeden nachzumachen, mit dem er jemals zusammengearbeitet hat, ist Legende. Sein Beitrag für den fraglichen Abend war eine umwerfende Hitler-Parodie, die das Publikum mit tumultuarischen Lachsalven begleitete.

Ein paar Tage später wurde er zur Deutschen Botschaft zitiert, wo man ihm mitteilte, daß »diese Art von unpatriotischem Verhalten« nicht geduldet würde und zu strengen disziplinarischen Maßnahmen führen könne. Der Vorfall wurde außerdem in seiner Gestapo-Akte registriert.

Als nach dem Krieg das amerikanische CIC die Gestapo-Protokolle »befreite«, fand sich die unehrenhafte Erwähnung von Hans' Hitler-Parodie, und dieses Beweisstück mag geholfen haben, daß ihm der Weg auf die Opernbühnen der Welt sofort offenstand.

Der Rest dieser *Walküre*-Besetzung war auch ziemlich international: Neben Hotter als Wotan war Set Svanholm der Siegmund, eine Rolle, die er auch in New York sang, und die Fricka übernahm die englische Mezzosopranistin Edith Coates.

Unser Dirigent, der gebürtige Österreicher Karl Rankl, ein weiterer Kollege Hermanns aus den Zeiten der Krolloper, genoß den großen Respekt aller. Wie die meisten Dirigenten, die ihre Karriere in Mitteleuropa begonnen hatten, verlangte er unbedingten Gehorsam und erhielt ihn auch.

Bei einer Gelegenheit erlaubte ich mir allerdings die Freiheit, über eine musikalische Frage mit ihm nicht einer Meinung zu sein. Hans Hotter und ich sangen in einer Orchesterprobe den dritten Akt *Walküre*, und immer wieder kam einer dieser kleinen Hilfsdirigenten Marke Beckmesser mit einem Klavierauszug auf die Bühne und wies darauf hin, daß diese und jene Passage gestrichen sei, wobei er jedes Mal erklärte, daß dies die Stellen seien, denen Kirsten Flagstad – regelmäßiger Gast am Haus – immer »entsagt« habe, wie er sich ausdrückte. Diese Vorgehensweise konnte einen doch etwas aus der Fassung bringen, und ich hätte es zweckmäßiger gefunden, wenn der Mann sich vor der Orchesterprobe mit mir zusammengesetzt hätte, um über die Striche zu sprechen. Aber offenbar war die Direktion der Meinung gewesen, daß man mit dem Verzicht auf diese Besprechung Zeit sparen könne.

Wir kamen zu der wunderbaren Phrase, die mit den Worten beginnt: »Der diese Liebe mir ins Herz gehaucht ...«, und wieder wieselte der kleine Mann heran, um mir zu sagen, daß Mme Flagstad auch dieser Passage entsagt habe. Ich wollte sie unbedingt singen, unterbrach abrupt, als er mir den Strich ansagen wollte, und sagte kategorisch: »Das ist ausgeschlossen!«

Natürlich blieb meine Reaktion Maestro Rankl unten im Orchestergraben nicht verborgen, und er klopfte sofort ab und fragte mich, was los sei. Ich erklärte ihm höflich, daß ich eben gehört hätte, daß Mme Flagstad dieser Phrase entsagt habe, doch daß mir sehr daran liege, sie zu singen. Ich muß mich wohl mit etwas mehr Nachdruck geäußert haben, als es meine englischen Kollegen zu tun pflegten, denn Rankl schlug mir vor, die Angelegenheit nach der Probe privat zu diskutieren. Ich antwortete »Natürlich!«, und wir gingen weiter. In unserem kurzen Gespräch unter vier Augen machte ich ihm klar, daß es – obwohl Madame Flagstad nach wie vor mein Idol sei – bestimmte Dinge gebe, die *ich* lieber auf meine Art mache, und Maestro Rankl war so freundlich, mir das zuzugestehen.

Unsere Meinungsverschiedenheit muß auf die anderen Sänger einen größeren Eindruck gemacht haben, als sie es meiner Meinung nach verdiente. Tatsächlich lief ich ein paar Tage später Constance Shacklock im Gang über den Weg, und sie fragte mich unvermittelt: »Ich habe da läuten hören, daß Sie irgendeinen Krach mit Rankl haben?!« Ich explizierte ihr, daß Profis häufig Differenzen haben, und daß die Fähigkeit, sie zu beseitigen, ein Maßstab für den Grad ihres Professionalismus sei. Damit war das Gerücht entschärft, und wir machten uns mit frischem Eifer an die Arbeit.

Zur Feier meines siebzigsten Geburtstags am 25. April 1988 baten meine Freunde zu meiner großen Überraschung einige meiner Kollegen, zu diesem Anlaß ihre Erinnerungen an unsere Zusammenarbeit für ein kleines Tonband beizusteuern. Als Hans Hotter auf der Aufnahme an der Reihe war, sagte er, daß diese *Walküre* unsere erste Begegnung gewesen sei, und daß ihn die Entschiedenheit meiner Reaktion und meine Angriffslust überrascht habe, mit der ich mich mit dem Chefdirigenten anlegte, was in Deutschland undenkbar gewesen wäre.

Nach meiner ersten Saison in London vergingen einige Jahre, bevor ich wieder eingeladen wurde, denn die meisten europäischen Theater, selbst die größten und renommiertesten, verfügten in der Nachkriegszeit nur über sehr knappe Budgets und mußten sozusagen einen Pool bilden, wenn sie Künstler aus Übersee verpflichten wollten.

Als ich Angebote vom Maggio Musicale in Florenz und den wiedererstandenen Bayreuther Festspielen bekam, lud mich Covent Garden ein, die Periode zwischen dem Engagement in Italien und dem Beginn des Festspielsommers in Deutschland mit Vorstellungen von *Siegfried*, *Il trovatore*, *Die Walküre*, *Aida* und *Salome* in London zu überbrücken, was ich gerne annahm.

Das Engagement in Florenz hatte sich über einige Umwege ergeben. Nach den konzertanten Aufführungen von *Elektra* in der Carnegie Hall in der Weihnachtssaison 1949 wollte Dimitri Mitropoulos, daß ich die Rolle in einer Bühnenproduktion in Florenz singe, doch eine plötzliche Blinddarmoperation kam dazwischen, und so konnte ich den Vertrag nicht erfüllen.

Nachdem ich den Maggio Musicale hatte absagen müssen, hätte ich gern erreicht, daß die Produktion zu einem späteren Termin noch einmal angesetzt würde. Da das nicht möglich war, fragten sie an, ob ich statt dessen die Lady Macbeth in einer Inszenierung von Gustaf Gründgens singen wolle, von dessen Regiearbeit an der Krolloper und an der Berliner Staatsoper Hermann mir erzählt hatte. Gründgens war mir auch durch die deutschen Filme ein Begriff, die Hermann und ich uns regelmäßig im Thalia Theatre in der Nähe unserer Wohnung in Manhattan ansahen. In vielen dieser Filme war er der

Star, in anderen führte er Regie, und in nicht wenigen war er sowohl Regisseur wie Hauptdarsteller.

Die Tatsache, daß Maestro Vittorio Gui die Vorstellungen dirigieren würde, machte die Sache für mich noch faszinierender, und die Kirsche auf der Sahnetorte war das Datum der ersten Vorstellung – der 6. Mai 1951. Seit meinem Debüt an der Metropolitan an einem 6. Dezember tauchte die Zahl sechs häufig in meinem Leben auf, und schon in dieser frühen Phase hatte sie sich als meine Glückszahl erwiesen.

Nach den konventionellen Produktionen an der Metropolitan und Covent Garden, nebst einigen zusammengeschusterten Geschichten, die ich an den kleineren Theatern der westlichen Hemisphäre ausstehen mußte, war diese gründlich durchdachte Inszenierung in Florenz eine wahre Offenbarung – eben jene Einheit von Drama und Musik, von der ich Jahre geträumt hatte, doch inzwischen zu der betrüblichen Einsicht gekommen war, daß sie wahrscheinlich nie völlig erreichbar sein würde. In Florenz ereignete sich das alles und war in der Tat der unbestrittenen Kunsthauptstadt der Welt würdig, in der es stattfand.

Wir kamen abends in Florenz an, doch es war uns abgeraten worden, ab dem späten Nachmittag Spaziergänge zu unternehmen, da der Nebel, der vom Arno aufsteigt, nicht gut für die Stimme sei. Also teilten wir dem Theater lediglich mit, daß wir da seien, und verbrachten einen ruhigen Abend in unserem Hotel.

Nachdem wir am nächsten Vormittag einen Bummel durch die prachtvolle toskanische Hauptstadt gemacht hatten, wurde uns eine weitere künstlerische Überraschung geboten, als wir ins Theater kamen.

Es war gerade eine Probe zu Robert Schumanns selten aufgeführter *Genoveva* im Gange. Kaum daß wir uns in den Zuschauerraum gesetzt hatten, um ein wenig von der Probe mitzubekommen, stürmte ein Wirbelwind von Frau auf die Bühne und nahm völlig von ihr Besitz. Sobald sie zu singen begann, fuhr ich meine Antennen aus, und es lief mir kalt den Rücken hinunter: Das war wahrhaftig eine Operntragödin reinsten Wassers!

Ihr Name war Martha Mödl. Ich erinnere mich, daß ich im Verlauf ihrer Probe zu Hermann sagte: »Das ist Kunst!«

Kurz nach diesem beglückenden Erlebnis stellte Hermann mich Gründgens vor. Ich bot ihm meine Hand, doch statt sie zu ergreifen, machte er eine zeremonielle Verbeugung und deutete einen Handkuß

Bei meiner Arbeit mit Gustaf Gründgens in Florenz wurde mein Traum
vom Gesamtkunstwerk lebendige Wirklichkeit.

an, während er etwas auf deutsch murmelte. Ich erwiderte: »Es ist mir
eine Freude, Sie kennenzulernen.« Gründgens' Augen leuchteten auf,
und er rief aus: »Ein Weihnachtsgeschenk!« Darauf erklärte er seine
überglückliche Reaktion.

Als er erfahren habe, daß er mit mir arbeiten werde, sei er auf der
Stelle nach London geflogen, um mit seinem Schauspielerfreund
Adolf Wohlbrück, der seine Filmkarriere in der Emigration in Eng-

land unter dem Namen Anton Walbrook erfolgreich fortgesetzt hatte, sein eingerostetes Englisch aufzupolieren, damit er sich einer Person verständlich machen könnte, die er Wohlbrück als »eine amerikanische Bestie« beschrieben habe.

Nachdem das Sprachproblem beseitigt war, begründeten wir sehr bald eine langdauernde künstlerische und persönliche Freundschaft, aber ich ließ ihn die Bemerkung über die »Bestie« nicht vergessen. Für den Rest seines Lebens bekam er zu jeder seiner Premieren ein Telegramm von mir, unterzeichnet: »Die amerikanische Bestie«.

Mit Gründgens zu arbeiten, eröffnete mir neue Horizonte.

Nachdem ich fast ein Jahrzehnt mit Regisseuren zu tun gehabt hatte, von denen es die meisten uns überließen, wie wir spielten (oder auch nicht), war hier ein Mann, der nicht nur jede Motivation aus allen Blickwinkeln erklärte, sondern – wenn nötig – die Szene auch vorspielte und dabei praktisch jede Figur *wurde*, die er darstellte. Das gab uns eine Fülle von Nuancen, auf denen wir aufbauen konnten, und provozierte in uns auch ein enormes kreatives Feedback.

Obendrein hatte er eine Weigertsche Art, unsere Gedanken so zu beflügeln, daß wir uns die Figur zu eigen machten. Einmal erklärte er Iwan Petroff, der die Titelrolle sang, wie er auf die Erscheinung von Banquos Geist in der Bankettszene reagieren solle, verwandelte sich darauf von einem Augenblick zum anderen in Macbeth, stürzte in einem Anfall von Wahnsinn den Tisch um – und war danach ebenso unvermittelt wieder Gustaf Gründgens und erklärte, was er eben getan hatte.

Unsere Zusammenarbeit war von großem gegenseitigem Respekt gekennzeichnet, trotz einer kleinen Verständigungspanne gleich zu Beginn. Bei ihrem ersten Auftritt liest Lady Macbeth einen Brief ihres Gemahls, in dem er ihr mitteilt, daß er die Nachfolge des Thans von Cawdor angetreten habe, wie es die Hexen prophezeit hatten. Als ein Diener meldet, daß Macbeth bald mit König Duncan und seinem Gefolge im Schloß eintreffen werde, wollte Gründgens, daß ich mich in einen Stuhl werfen und in Gedanken an den Thron schwelgen solle, der bald der meine sein würde.

Ich sang die ganze Arie, machte in der Caballetta, was er verlangt hatte, und seine Reaktion war weniger als null. Ich war durch sein völliges Schweigen so außer Fassung, daß ich, den Tränen nahe, ins Hotel ging und Hermann erklärte, daß ich entweder so schlecht sei, daß Gründgens mich nicht zur Kenntnis nehme, oder aber ... was weiß ich! Ich war zu sehr von meinem Gefühl überwältigt, als daß ich vernünftig hätte denken können. Wie gewöhnlich nahm Hermann die Sache in die Hand und rief Gründgens an: »Meine Frau ist in Tränen aufgelöst – was ist passiert?« Gründgens sagte ihm, daß er mit meiner Darstellung so vollkommen zufrieden gewesen sei, daß es nichts zu ändern gegeben habe.

Gründgens hatte auch ein bemerkenswertes choreographisches Gespür für szenische Geometrie. In der Schlafwandelszene wollte er, daß ich von einer Ecke im Hintergrund der Bühne in einer schnurgeraden Diagonale auf die gegenüberliegende Ecke des Bühnenportals zugehen solle. Die Bühne war völlig leer, bis auf drei riesige, tiefliegende Bogenfenster im Hintergrund, mit cremefarbenen, durchscheinenden Vorhängen. Hinter jedem Alkoven kauerte ein Bühnenarbeiter, der die Vorhänge rhythmisch bewegte, als ob sie im Lufthauch wehten. Ich glitt in meinem somnambulen Gang in einem fließenden weißen Gewand über die Bühne, in der Hand eine brennende Kerze, an meiner Seite den Arzt und die Kammerfrau. An einer entsprechenden Stelle der Musik ließ ich die Kerze sinken, als ob sie mir aus der Hand zu fallen drohe, und die Kammerfrau fing sie auf. Das war der Beginn meiner Arie.

Die Szene wurde immer wieder bis ins kleinste Detail geprobt. Trotzdem mußte ich, um das Gefühl des Schlafwandelns zu bekommen, meinen Gang auf der Hinterbühne beginnen. Gründgens stellte an dem Punkt einen Posten auf, der dafür zu sorgen hatte, daß ich nicht gestört wurde, während ich mich allmählich in meinen düsteren, trancehaften Zustand versetzte.

Während er, was die szenische Geometrie betraf, die große Linie im Auge behielt, verwendete er auch sehr viel Aufmerksamkeit auf jedes kleine Detail der Handbewegungen und Blicke. Selbstredend fühlte ich mich in dieser intensiv durchdachten, tief erfühlten Art der Regie mehr zu Hause als jemals zuvor. Der Austausch von Ideen und Eingebungen zwischen uns war wie ein elektrisches Kraftfeld.

Obendrein hatte Gründgens sogar selbst drei Kostüme für die Rolle entworfen. Er überließ in dieser Produktion nichts dem Zufall, und das war meiner Art, etwas anzugehen, sehr ähnlich.

Gott sei Dank konnten wir diese Zusammenarbeit rund zehn Jahre später in Düsseldorf wiederholen. Ich fragte ihn, ob wir dieselbe Fassung der Schlafwandelszene machen würden, und er warf mir einen verschwörerischen Blick zu und flüsterte: »Niemals Geschäftsgeheimnisse verraten.«

Als Covent Garden herauskriegte, daß ich in Italien für eine italienische Oper engagiert worden war, fanden sie offensichtlich, daß auch sie mich für italienische Opern verpflichten könnten.

Meine zweite Saison in London im Jahr 1951 fand zu einem Zeitpunkt statt, als das Theater von seiner vorherigen Politik abging, alle Opern in englischer Sprache – oft in ziemlich geschraubten Übersetzungen – aufzuführen, und den neuen internationalen Charakter des Hauses durch die Einführung der Originalsprache unterstrich.

Die Mehrzahl der deutschen Opern wurde bereits auf deutsch gesungen, doch die italienischen Vorstellungen gestalteten sich bisweilen etwas internationaler, als es den Komponisten vorgeschwebt hatte.

In der *Trovatore*-Aufführung sangen Walter Midgely und Edith Coates Manrico und Azucena auf englisch, ich sang Leonora auf italienisch, und unser amerikanischer Bariton Jess Walters paßte sich als Luna an, indem er zwischen beiden Sprachen wechselte, je nachdem, mit wem er gerade sang.

In *Aida* wurde es noch internationaler: Edith Coates sang Amneris auf englisch, Hans Hopf brachte den Radames auf deutsch (übrigens mein erster gemeinsamer Auftritt mit ihm), ich sang die Titelrolle auf italienisch, und Jess Walters wiederholte als Amonasro seinen »Doppelpaß«, um jedem gefällig zu sein, mit dem er gerade auf der Bühne stand.

Die Londoner Saison fügte sich perfekt zwischen den Maggio Musicale und den Beginn einer der fruchtbarsten Verbindungen meines Lebens ein, meiner Arbeit bei den Bayreuther Festspielen, die wie ein Phönix aus der Asche des Zweiten Weltkriegs stiegen, wobei die Wiedergeburt völlig anders war als alle früheren Festspiele auf dem Grünen Hügel.

Die Saat der Verleumdung

Die Bayreuther Festspiele wurden auf meine Arbeit unter anderem durch die Empfehlung unserer Familienfreundin Kirsten Flagstad aufmerksam, die zu diesem Zeitpunkt gerade ihre Karriere einschränkte. Die Londoner Saison von 1951 brachte ihren Abschied von der Wagnerbühne. Es war auch das zweite und letzte Mal, daß wir gemeinsam auftraten.

Das Datum war der 31. Mai, und sie hatte gegenüber dem Management von Covent Garden für diese letzte Vorstellung aus dem *Ring* zwei Wünsche geäußert: Sie wollte am Schluß ihrer Wagnerkarriere noch einmal Sieglinde singen (ihre erste in London) und hatte, wie ich einige Jahre später herausfand, mich als Brünnhilde verlangt.

Ihre Gründe, für diese Vorstellung London zu wählen und nicht New York oder Oslo, lagen für jeden auf der Hand, der über das Unrecht Bescheid wußte, das diese große Künstlerin in Amerika und Norwegen während der letzten Jahre hatte erdulden müssen. Das Unverständlichste daran war, daß diese Behandlung einem so grundlegend anständigen und völlig apolitischen Menschen wie Flagstad widerfuhr, deren größter Wunsch neben Heim und Familie es war, unbehindert Musik machen zu dürfen. Da sie aus einem Land kam, in dem darstellende Künstler nicht wie woanders als Zelebritäten herumgereicht werden, wollte sie keinerlei Publicity außer auf musikalischem Gebiet und schon gar nicht, daß ihr Privatleben von der Presse breitgetreten wurde. Wie sich erwies, wurden diese Wünsche nicht respektiert.

Als 1939 in Europa der Krieg ausbrach, war wahrscheinlich kein Sänger in den Vereinigten Staaten so hin und her gerissen wie Kirsten Flagstad. Nach ihrer kurzen, glücklosen Ehe mit Sigurd Hall hatte sie in Henry Johansen ihre große Liebe gefunden, einem Mann, der eine Art skandinavisches Multi-Konglomerat war, mit Geschäftsinteressen auf den verschiedensten Gebieten, hauptsächlich Bauholz, Hotel-Management und Import von Weinen und Spirituosen. Henry Johansen war für die Karriere seiner Frau eine enorme Stütze und verzichtete schweren Herzens auf die Gesellschaft der angebeteten Frau, wenn deren Karriere eine längere Trennung erforderte.

Zu Beginn der vierziger Jahre stand sie gleichwohl vor eine Reihe äußerst schmerzlicher Entscheidungen. Sie konnte es kaum erwarten, nach der regulären Spielzeit an der Met nach Norwegen zu ihrem Mann zurückzukehren. Doch inzwischen hatte sich ihre Tochter Else Hall, die gerade dem Teenageralter entwachsen war, in einen Amerikaner namens Arthur Dusenberry verliebt und wollte ihn heiraten und mit ihm in den Vereinigten Staaten bleiben. Obwohl sie den Verlobten ihrer Tochter mochte, hatte Kirsten die Hoffnung gehegt, daß die ganze Familie wieder in Norwegen vereint sein würde. Als klar wurde, daß dies nicht im Buch des Schicksals vorgezeichnet war, begann sie sich mit dem Gedanken zu tragen, allein nach Skandinavien zu reisen.

Anfangs schrieb ihr Henry Johansen, daß sie in ihrer Entscheidung völlig frei sei. Wenn sie in New York bleiben wolle, bis sich die politischen Turbulenzen beruhigt hätten, würde er auf sie warten. Doch seine allzu optimistischen Prognosen wurden von den Ereignissen hinweggefegt. Im Tournee-Zug der Metropolitan nach Cleveland, am Ende ihrer vorletzten Spielzeit vor dem Kriegseintritt Amerikas, warnten Lauritz und Kleinchen sie, daß die Deutschen im Begriff stünden, Norwegen und Melchiors Heimatland Dänemark anzugreifen und zu besetzen. Die Melchiors hatten beschlossen, den Krieg in Amerika zu überdauern, und drängten Flagstad, dasselbe zu tun. Am nächsten Bahnhof sprang Melchior aus dem Zug, um eine Zeitung zu kaufen. Als er zurückkam, war sein Gesichtsausdruck ernst: Norwegen und Dänemark befanden sich mit Deutschland im Krieg.

Als sie in Cleveland ausstiegen, fanden sie auf dem Bahnsteig Kerstin Thorborg und ihren Mann Gustav Bergman hemmungslos weinend vor. Obwohl ihr Vaterland Schweden neutral bleiben durfte, waren ihre Gefühle für ihre skandinavischen Landsleute so stark, daß sie beide in Tränen aufgelöst waren.

Eine Zeitlang stand es auf des Messers Schneide, ob Flagstad überhaupt durch die Fronten gelangen könnte, um nach Hause zurückzukehren, und je gefährlicher die Lage wurde, desto dringender bat Henry Johansen seine Frau, jede Anstrengung zu unternehmen, um heimzukommen, bevor alles noch schlimmer wurde. Fast überall, wo sie hinkam, fand sie ein Telegramm von ihm vor, in dem er sie anflehte zurückzukehren, bevor es zu spät sei.

Das Buchen einer Überfahrt und die Anträge für die nötigen Visa, um aus den Vereinigten Staaten nach Norwegen zu kommen, war ein langwieriges und kompliziertes Verfahren. Um die Zeit zu überbrücken, in der all diese Hindernisse beseitigt werden mußten, gab Flagstad eine Reihe von Recitals und symphonischen Auftritten zur Unterstützung des norwegischen Hilfsfonds.

Bei einem dieser Anlässe in New York geriet sie mit dem örtlichen Komitee aneinander. Die norwegische Gemeinde war der Auffassung, daß sie mit ihrem Einfluß für die Reduzierung der üblichen Eintrittspreise sorgen solle, so daß auch die weniger begüterten Norweger dem Konzert beiwohnen könnten. Flagstad war nicht einverstanden. Sie fand, daß es die Aufgabe dieses Konzerts sei, so viel Geld wie möglich für ihre norwegische Heimat zusammenzubringen, und nicht bloß jene Norweger zu unterhalten, die zufällig sicher in New York saßen. Während sie und ihre Agentur für die Höhe der Eintrittspreise einen Kompromiß suchten, erhielt sie eine weitere Mitteilung, daß das Komitee das Recht für sich fordere, ihr Programm zu genehmigen oder Änderungen vorzunehmen. Ich kann aus vollem Herzen ihre Empörung darüber würdigen, daß sich irgendwer in die Freiheit ihrer künstlerischen Entscheidungen einmischte, und sehr gut ihren betrübten Entschluß verstehen, unter diesen Umständen das Konzert abzusagen.

Die Zeit zerrann ihr und ebenso ihre Widerstandskraft. Der doppelte Druck der Überarbeitung und der Sorgen um ihr Heim und ihre Familie forderte auch physisch seinen Tribut, und Kirsten Flagstad mußte feststellen, daß sie an einer leichten Form von Anämie litt. Doch die zähe Norwegerin ließ sich davon nicht abhalten, ihren vertraglichen Verpflichtungen nachzukommen. Bei einem Konzert in Washington besiegelte eine prekäre protokollarische Situation, auf die sie absolut keinen Einfluß und von der sie nicht die geringste Kenntnis hatte, ihr Schicksal.

Kurz vor Beginn des Konzerts nahm der norwegische Botschafter in den Vereinigten Staaten, Wilhelm Morgenstierne, seinen Platz im Zuschauerraum ein und entdeckte, daß der Geschäftsträger des Dritten Reichs in der Nebenloge saß. Aus irgendeinem unverständlichen Grund kam Morgenstierne zu dem Schluß, daß der deutsche Diplomat von Flagstad dort postiert worden war, als eine Geste ihrer Zustimmung für das, was die Deutschen Norwegen antaten. Das war ein völlig aberwitziger Gedankengang!

Morgenstierne hegte gegen Flagstad immer noch einen Groll wegen eines vermeintlichen Affronts bei einem früheren Konzert 1938 in Washington, von dem er den Eindruck zurückbehalten hatte, daß sie ihm auf sein Portepee getreten sei. Flagstad hatte jenes Konzert absolviert, obwohl sie unter einer sehr starken Erkältung litt. Während sie auch unter optimalen Umständen nur ungern gesellschaftlichen Umgang mit ihrem Publikum über sich ergehen ließ, ging sie an diesem Abend noch strikter beiläufigen Konversationen aus dem Weg, die ihre angegriffene Gesundheit noch mehr hätten schwächen können. Unmittelbar bevor sie auf die Bühne ging, erhielt sie die Mitteilung, daß Herr Morgenstierne die Absicht habe, ihr in der Pause in ihrer Garderobe einen Besuch abzustatten, ein Ansinnen, das jedem, der auch nur die geringste Ahnung von den Bedingungen eines musikalischen Auftritts hat, nicht einmal im Traum einfallen würde.

Offenbar beschädigten Flagstads damalige Weigerung, ihn zu empfangen, und die Verstimmung über die Anwesenheit des deutschen Diplomaten in dem späteren Konzert sein Ego so sehr, daß er peu à peu begann, die Saat der Verleumdung auszustreuen, die eine geringere Frau ins Wanken gebracht hätte. Doch Kirsten Flagstad gehörte nicht zu denen, die dem Unmut von Kleingeistern zum Opfer fallen.

Schließlich war ihre Passage nach Hause gebucht, und sie machte sich auf die Reise. Sie war dabei gezwungen, in Berlin Zwischenstation zu machen, um ein schwedisches Visum abzuholen, eine unumgängliche Prozedur, die von ihrer Agentur arrangiert worden war. In Berlin mußte sie endlose bürokratische Schikanen über sich ergehen lassen. Sie brauchte ein Visum, um nach Deutschland einzureisen, ein Durchreisevisum für Schweden und sogar ein Visum, um ihr eigenes Land zu betreten, obwohl sie im Besitz eines gültigen norwegischen Passes war.

Als sie endlich zu Hause ankam, beschloß sie, Norwegen nicht mehr zu verlassen, solange der Krieg weiter wütete. All diese Mühsal war zu viel für sie gewesen, und sie wollte einfach nur in Ruhe und Frieden mit ihrem Mann, ihrer Mutter, ihren Brüdern und ihrer Schwester und deren Familienzuwachs zusammensein.

Einige Monate nach ihrer Rückkehr nach Norwegen wandte sich eine ihrer Stieftöchter mit der Bitte an sie, den Vater dazu zu bewegen, einen naiven Fehltritt zu bereinigen, den er in der Hoffnung getan hatte, seine finanziellen Interessen zu schützen. Es hatte sich ergeben, daß er der »Nasjonal Samling« beigetreten war, einer faschistischen Bewegung unter dem Vorsitz von Vidkun Quisling, der als gewöhnlicher, wenn auch äußerst reaktionärer politischer Führer begonnen und sich am 9. April 1940 selbst zum Ministerpräsidenten ernannt hatte. Als die freiheitsliebenden Norweger seiner Ideologie nicht folgen wollten, übergab er am 15. April, nur sechs Tage später, die Verwaltung des Landes den deutschen Behörden. Nachdem Quislings landesverräterische Machenschaften jedem, der Augen im Kopf hatte, schon lange offenbar waren, fand Johansens Tochter, daß es für ihren Vater höchste Zeit sei, aus der Politik auszusteigen. Sie überzeugte Flagstad mit ihren Argumenten, und sie besprachen die Situation in aller Ausführlichkeit mit Herrn Johansen. Schließlich sah er ihren Standpunkt ein und fuhr umgehend vom Landsitz der Familie in Kristiansand an der Südspitze Norwegens in die Hauptstadt, um seinen Austritt einzureichen.

Anfang Februar 1945, nur drei Monate vor der Befreiung Norwegens, wurde Henry Johansen ins Hauptquartier der Gestapo vorgeladen und verhört, zusammen mit sechzehn anderen Männern, die anschließend hingerichtet wurden. Johansen konnte es kaum fassen, daß man ihn laufen ließ, zumal einer seiner Söhne, Henry jr., ein Widerstandskämpfer war. Johansen hatte 1944 all seine Verbindungen spielen lassen müssen, um seinen Sohn an einem Zufluchtsort in Schweden in Sicherheit zu bringen.

Während der letzten Kriegsjahre nahm Kirsten Flagstad zwei Angebote für kurze Auftritte in der Schweiz an, doch die erneuten bürokratischen Schikanen, denen sie beim Durchqueren des deutschen Territoriums auf dem Weg nach Zürich ausgesetzt war, veranlaßten sie, ein drittes Angebot abzulehnen.

Am 13. Mai 1945, fünf Tage nach der Befreiung Norwegens, waren die Johansens in ihrem Garten, als plötzlich ein Polizeikordon aufmarschierte und Henry Johansen verhaftete. Später wurde ihr klar, daß ihr Mann, wäre er mit einer gewöhnlichen Hausfrau verheiratet gewesen, sich lediglich einer Routine-Überprüfung hätte unterziehen müssen, und daß seine Rückkehr zur Familie nur eine Frage von Stunden oder Tagen gewesen wäre. Wie die Dinge jedoch lagen, war dieser reiche und einflußreiche Mann der Gatte der vermutlich gefeiertsten Norwegerin in der ganzen Welt, und jeder witterte die Chance, in die Schlagzeilen zu kommen.

Um die Sache noch schlimmer zu machen, wurde der Fall einem Staatsanwalt namens Ingolf Sundför übertragen, der Jahre zuvor einen Zivilprozeß gegen eine von Johansens Gesellschaften verloren hatte und nach Rache dürstete. Seiner Anklagetaktik wurde durch Reporte Vorschub geleistet, mit denen Morgenstierne die Regierung von seinem Thron in Washington gefüttert hatte. Da er ganz offensichtlich noch immer unter eingebildeten Wunden litt, verfaßte er munter eine lächerliche Verleumdung nach der anderen. So behauptete er, daß Flagstads schwierige Rückkehr nach Norwegen mit einem deutschen Paß möglich gemacht worden wäre, und daß sie sich mit einer Anzahl von Nazigrößen getroffen habe und für sie aufgetreten sei. Das war alles erstunken und erlogen, doch niemand wollte einer Opernsängerin auch nur ein Wort gegen einen vermeintlich so vorzüglichen Diplomaten glauben.

Der Fall kam nie zur Verhandlung. Henry Johansen bekam im Gefängnis Lungenkrebs und starb im folgenden Jahr, am 23. Juni 1946, in einem Krankenhaus in Oslo, ohne seine Frau wiedergesehen zu haben. Obwohl sie einander regelmäßig geschrieben hatten, wollte er nicht, daß sie ihn in dieser Lage besuchte.

Durch diesen schmerzlichen Verlust wurde Flagstad bewußt, daß die Befriedigung, die Schönheit großer Musik anderen zu vermitteln, eine der tröstlichsten Erfahrungen ist, die das Schicksal einem Künstler gewähren kann. Und so beschloß sie, wieder »auf Achse« zu gehen. Außerdem sehnte sie sich danach, in die Vereinigten Staaten zurückzukehren, um ihre Tochter und ihren Schwiegersohn zu besuchen und endlich ihren kleinen Enkel zu sehen.

Als Flagstad den Antrag stellte, aus Norwegen auszureisen, tat Sundför alles, was in seiner Macht stand, um ihr Steine in den Weg zu legen. Er blockierte ihre Konten, gab ihr den flegelhaften Tip, doch ihre Juwelen zu versetzen, und bewilligte ihr schließlich nur so viel Geld, daß sie an die schwedische Grenze gelangen konnte, wo ihr Stiefsohn, der ehemalige Widerstandskämpfer, sie mit seiner Familie abholte und ihr die Weiterreise ermöglichte.

Auch die Erlaubnis, in die Vereinigten Staaten einzureisen, bekam sie nicht sofort, denn Morgenstierne war noch immer mit seiner Schlammschlacht auf Diplomatenart zugange, doch schließlich wurde dieser schuldlosen Frau, *die nie wegen irgend etwas öffentlich angeklagt worden war*, im März 1947 gestattet, wieder den Boden der Vereinigten Staaten zu betreten.

Nach einer Wiedersehensfeier mit ihrer Familie und ihrem Begleiter und guten Freund Edwin McArthur nahm sie ihre Rückkehr auf das Konzertpodium in Angriff, aber die Lügen und Verleumdungen über ihre angeblichen Aktivitäten während des Kriegs waren ihr vorausgeeilt.

Ihre erste Begegnung mit Demonstranten hatte Anfang April des Jahres in Boston stattgefunden, doch das Publikum hieß sie warmherzig willkommen. Als sie und McArthur für das nächste Recital am 20.

April 1947 vor der New Yorker Carnegie Hall ankamen, wimmelte es in allen Straßen um das Konzertgebäude von Demonstranten, die gegen etwas protestierten, was nie stattgefunden hatte. Abermals hätte eine geringere Persönlichkeit kehrtgemacht und ihren Auftritt abgesagt. Nicht so Flagstad.

Hermann und ich fuhren früh zum Konzert, sahen die Demonstranten und waren natürlich über Flagstads mögliche Reaktion auf diese Protestaktion zutiefst besorgt. Wir wußten nicht, daß sich ähnliches bereits in Boston abgespielt hatte.

Als Madame Flagstad die Bühne betrat, wurde sie vom Publikum mit einer *standing ovation* empfangen. Ich wußte, daß eine leichte Röte auf ihrem Dekolleté verriet, daß sie innerlich aufgewühlt war, und bemerkte, daß der tumultuöse Beifall auch diesmal diesen Effekt hatte. Meine Wahrnehmung bestätigte sich, als die ersten beiden Lieder ziemlich zittrig klangen. Doch als sie sich gefaßt hatte, wuchs sie stimmlich sogar über sich selbst hinaus, und der Abend endete in einem rauschenden Triumph.

Wir gingen hinter die Bühne, um sie zu umarmen und ihr zu gratulieren. Hermann und ich waren durch dieses Erlebnis so aus dem Häuschen, daß wir einige Blocks zu Fuß gingen, um den Abend auf unserem Heimweg zu besprechen.

Nach wenigen Wochen berührte diese Rufmordkampagne auch unser Leben. Ein ehemaliger Steptänzer im Tingeltangel ohne Erfahrung oder Ausbildung im Journalismus namens Walter Winchell hatte sich angemaßt, Nachrichtenreporter in New York City zu werden. Sein journalistischer Tatendrang erstreckte sich allerdings in erster Linie darauf, die Auflagenhöhe der Gazetten zu steigern und die Einschaltquote seiner Radiosendung zu erhöhen, ein Ziel, demgegenüber die öde Aufgabe, die Wahrheit zu berichten, in den Hintergrund trat. »Webster's New Biographical Dictionary« von 1983 definiert ihn als »bekannt für Gossensprache, Tratsch und tendenziöse Berichterstattung«. Zu allem Übel tat er sich auch noch mit den Verfechtern eines Komitees für unamerikanische Umtriebe und einem Senator aus Wisconsin namens Joseph R. McCarthy zusammen.

Winchells Büro fragte bei Hermann an, ob sie einen Schlattenschammes für Vorrecherchen über Kirsten Flagstad bei ihrem früheren Korrepetitor an der Met und guten Freund Mr. Weigert vorbeischicken könnten. Hermann ahnte nichts Böses und erklärte sich einverstanden. Als Winchells Mann in unsere Wohnung kam, war ich zufällig in der Küche neben dem Musikzimmer, wo das Interview

Während der Zeit der Verleumdungen behielt
Kirsten Flagstad ihre Würde und die Reinheit ihres Gemüts.

stattfand, und konnte die Unterhaltung deutlich hören. Sehr schnell stellte sich heraus, daß die Informationen, die der Kerl aus Hermann herausbekommen wollte, lediglich dazu dienen sollten, Flagstads Ruf zu zerstören. Nachdem er eine Stunde lang fruchtlos Suggestivfragen wie: »Was waren ihre politischen Verbindungen?« – »War Flagstad Antisemitin?« – »Hat sie für Hitler gesungen?« gestellt hatte, stand der Reporter auf und meinte, daß dies nicht die Sorte Informationen sei, für die man ihn hergeschickt habe. Er sagte sogar freiheraus, daß Hermann ihm nicht im geringsten von Nutzen gewesen sei.

Offensichtlich war nicht jedermann so loyal gegenüber Flagstad wie Hermann. Bald waren Winchells Angriffe gegen sie nicht die einzigen, die die Zeitungen und die Ätherwellen besudelten. Natürlich tat Flagstad alles Menschenmögliche, um ihre Reputation vor diesem Rufmord zu retten, aber niemand schien daran interessiert, ihre Dementis abzudrucken.

Am 17. Juni 1947 veröffentlichte die Osloer Zeitung »Aftenposten« einen Aufruf, der von einer Gruppe prominenter norwegischer Künstler unterzeichnet war und in dem beklagt wurde, daß jene Künstler, die wegen ihres Verhaltens während der Besetzung nach dem Krieg für geraume Zeit aus dem Verkehr gezogen worden waren, inzwischen längst wieder arbeiten durften, während die völlig unbegründeten Verleumdungen gegen Kirsten Flagstad unvermindert anhielten. Die Unterzeichner appellierten an ihre norwegischen Landsleute, diesen »Versuchen, den Namen und die Reputation von Kirsten Flagstad zu untergraben«, endlich ein Ende zu machen.

War New York schon schwierig gewesen, Philadelphia, die »Stadt der brüderlichen Liebe«, grenzte an eine Katastrophe. Während die New Yorker Demonstranten vor der Carnegie Hall geblieben waren, hatte diesmal jemand, angeblich ein irregeleiteter pennsylvanischer Millionär, ein großes Kartenkontingent aufgekauft und seine Leute in der Academy of Music in Philadelphia auf verschiedene strategische Punkte verteilt, um die Künstlerin anzubuhen und auszupfeifen.

Als Flagstad in Philadelphia ankam, wurde sie von dem äußerst besorgten Edwin McArthur abgeholt, der ihr sagte, daß ein Polizeibataillon abkommandiert worden sei, um sie vor gewalttätigen Übergriffen zu schützen.

Die Gruppe gekaufter Rowdies tat alles, um Flagstads Konzert zu sprengen, doch offenbar hatten sie die Anweisung, die Musik nicht zu stören. Als sie erkannte, daß sie ungestört singen konnte, war Flagstad stark genug, den Sturm von Gebuhe und Gepfeife zu überstehen, doch die skandierten »Na-ZI!«-Chöre von verschiedenen Stellen des Saales trafen sie tief.

In Philadelphia kam es zum letzten Mal zur Zurschaustellung offener Feindseligkeit gegen sie in den USA, doch die Wunden taten weh. Obwohl sie schließlich an die Metropolitan zurückkehrte und eine Reihe herrlicher Vorstellungen sowohl im New Yorker Haus wie auf Tournee sang, fühlte sie sich in den Vereinigten Staaten begreiflicherweise nie mehr wirklich wohl.

In Großbritannien mit seinem Nationalgefühl für Anstand und Fair play lagen die Dinge anders. Sie war nach wie vor in Covent Garden herzlich willkommen und wurde bei ihren Konzerten im ganzen Königreich enthusiastisch empfangen.

In London stellte eine Gruppe unabhängiger jüdischer Philanthropen eine Untersuchung über ihr Verhalten im Krieg an. Als sie sich davon überzeugt hatten, daß all die Geschichten über sie nichts als läppische Verleumdungen schlagzeilengeiler Politiker und Journalisten waren, luden sie sie ein, ein Galakonzert zur Unterstützung jüdischer Kriegswaisen zu geben.

Jeder, der in der britischen jüdischen Gemeinschaft Rang und Namen hatte, Würdenträger aus Kultur und Politik, Rabbiner, jüdische Parlamentsmitglieder – alle waren sie anwesend und hießen Kirsten Flagstad mit offenen Armen willkommen, voller Dankbarkeit für ihren besonderen musikalischen Beitrag zur Unterstützung dieser achtenswerten Aktion.

Aufgrund dieser vielen Beweise von Herzlichkeit war es nicht überraschend, daß sie ihre Wagnerkarriere auf der Bühne des Royal Opera House beenden wollte.

Am Ende des zweiten Akts dieser *Walküre*-Vorstellung am 31. Mai 1951, als ich mich mit ihr und den anderen Protagonisten – Edith Coates als Fricka, Sigurd Björling als Wotan, Gottlob Frick als Hunding und Set Svanholm als Siegmund – vor dem Vorhang verbeugte, gab sie mir plötzlich ein Zeichen, nahm mich bei der Hand und führte mich zur Mitte der Rampe für eine Verbeugung mit ihr allein. Auf einmal war sie nicht mehr an meiner Seite, ließ mich auf dem Platz stehen, den sie soeben geräumt hatte und fügte sich wieder in die Reihe der anderen ein. Auf wunderbar symbolische Weise schien sie mir sagen zu wollen: »Übernimm du!«

Für mich war dieser heilige Auftrag einer großherzigen Frau wie ein Ritterschlag.

Ihr Interesse an meiner Karriere ging indes weit über symbolische Gesten hinaus. Einige Jahre später erzählte sie einem ihrer Biographen, Torstein Gunnarson: »Wieland Wagner kam 1950 in Salzburg auf mich zu und fragte mich, ob ich in Bayreuth auftreten würde. Ich sagte, daß ich beabsichtige, mich zurückzuziehen, und daß es jüngere Sängerinnen gebe, die ihre Chance bekommen sollten. Bei dieser Gelegenheit erwähnte ich besonders Astrid Varnay, von der ich sehr begeistert war, und sie hat dort sehr viel gesungen.«

Und so war es mein Opernidol Kirsten Flagstad, die Freundin unserer Familie, die das Räderwerk in Gang setzte, das mich schließlich 1951 zur Wiedereröffnung der Festspiele nach Bayreuth brachte.

Der üble Geruch der Verleumdung verflog allmählich, und Flagstad konnte ihre letzten Jahre geehrt und respektiert in ihrem geliebten Norwegen verbringen.

Wäre an dieser Frau, die der internationalen Musikwelt so viel zu geben hatte, nicht solches Unrecht begangen worden, hätte ihr Erdendasein wahrscheinlich erheblich länger gedauert. Ihre Ärzte waren der Auffassung, daß der Knochenkrebs, an dem sie allzu früh starb, durch die mentale und emotionale Zerreißprobe, der sie ausgesetzt war, ausgelöst und gefördert worden sei.

Am 12. Juli 1995, anläßlich ihres hundertsten Geburtstags, hielten die Norweger eine gewaltige Feier zu Ehren von Kirsten Flagstad ab.

NEUNTE SZENE

»Hier gilt's der Kunst«

Als unser Zug durch saftige Äcker von Nürnberg Richtung Norden zuckelte, konnte ich kaum glauben, daß diese freundliche Provinz so bedeutende Festspiele beherbergte, die Künstler und Besucher aus der ganzen Welt zu dem Theater auf dem Hügel hatten strömen lassen. Als Gemeinwesen ist Bayreuth einer der »unterwältigendsten« Orte. Die kleine Stadt im Regierungsbezirk Oberfranken im Norden von Bayern ist bestenfalls malerisch. Es gibt keine architektonische Pracht wie in anderen Festspielstädten: Berlin, Edinburgh, Florenz, München, Wien; keinen großen Dom und kein prunkvolles Palais wie in Salzburg und keine herrliche Natur wie in Aix-en-Provence oder Bregenz. Hermann und ich verglichen Bayreuth mit dem Hof von Dornröschen, der Winterschlaf hält und irgendwann Anfang Juni zu einer aufblühenden Metropole erwacht.

Bayreuth wäre nicht viel mehr als ein Punkt auf der Landkarte, wenn nicht der zweiundzwanzigjährige Richard Wagner auf seiner Reise von Karlsbad nach Nürnberg im Juli 1835 hier haltgemacht und sich in das Städtchen verliebt hätte. Jahrzehnte später, Anfang der siebziger Jahre des 19. Jahrhunderts, kehrte Wagner auf Einladung der Bürgerschaft nach Bayreuth zurück. Ihm wurde kostenlos der Grund und Boden auf einem majestätischen Hügel am Stadtrand zur Verfügung gestellt, wo er seinen Traum von einem großen Festspielhaus verwirklichen konnte, das entsprechend seinen wohldurchdachten Plänen besonders konstruiert und ausschließlich der Aufführung seiner eigenen Werke gewidmet war – das einzige Opertheater dieser Art auf der ganzen Welt.

Das Festspielhaus öffnete am 13. August 1876 seine Pforten mit einer Aufführung von *Das Rheingold*, die den ersten vollständigen *Ring*-Zyklus einleitete. Camille Saint-Saëns, Anton Rubinstein, Edvard Grieg, Peter Iljitsch Tschaikowskij und Charles Gounod waren unter den musikalischen Berühmtheiten im Publikum. Während diese eminenten Herren wohl unterschiedlicher Meinung über die Meriten der Musik waren, die sie zu hören bekamen, rühmten sie alle die Eigenschaften dieses ungewöhnlichen Theaters.

Seit jenem bedeutsamen ersten Abend konnte sich mehr als ein Jahrhundert lang eine Generation nach der anderen davon überzeugen, wie genial Wagners Vorstellungen von der Bauweise eines Opernhauses waren. Die Kombination eines Orchestergrabens, der mit massivem Holz, Sperrholz und Wellblech überdeckt und mit Stoff ausgeschlagen ist, und einer Gebäudestruktur aus Fichtenholz mit ansteigendem Zuschauerraum verschaffte dem Haus eine unglaublich gut berechnete akustische Balance, die es Sängern und Musikern ermöglicht, Wagners Forderungen an Wort und Musik vollkommener gerecht zu werden als in irgendeinem anderen Theater. Das bedeutet jedoch keinesfalls, daß die Sänger nicht das volle Volumen ihrer Stimmen einsetzen müssen, wo es erforderlich ist. Das großartige Phänomen ist vielmehr die Tatache, daß die allerzartesten Stellen im ganzen Zuschauerraum tragen, was es für das Publikum einfacher macht, dem Zusammenhang des Dramas zu folgen. Auf diese Weise machte sich Wagner die Architektur untertan, um seinen lebenslangen Traum vom Musikdrama der Verwirklichung einen Schritt näher zu bringen.

Bedauerlicherweise negierte seine Witwe Cosima, die die Fäden der Festspiele nach dem Tod des Komponisten im Jahre 1883 bis zu ihrem eigenen Ableben 1930, also fast fünfzig Jahre später, eisern im Griff hielt, den dringenden Appell ihres verstorbenen Gatten zur ständigen Neubewertung und Erneuerung im Umgang mit seinen Werken. Für Cosima war Bayreuth ein Reliquienschrein, und die geltenden Regeln mußten mit geradezu religiösem Fanatismus gehütet werden.

Vielleicht die beste Illustration ihrer Haltung ist der Anlaß, warum Leo Slezak, einer der herausragendsten Wagnertenöre seiner Generation, nie in Bayreuth sang.

Als er vorsang, beschloß er, wie er später erzählte, die Akustik erst einmal mit etwas Einfacherem als den Werken des Meisters zu testen. Sobald er sich aus vollem Hals in den Vortrag von »Hüll dich in Tand nur« stürzte, beschuldigte ihn die erzürnte Cosima, die heilige Stätte zu entweihen und gab Anweisung, daß er nie mehr die Schwelle des Tempels überschreiten dürfe.

Zu meiner Zeit trugen dann Kollegen und Kolleginnen beim Vorsingen alles vor, was jemals das Licht der Opernsonne erblickt hatte.

Cosimas einziger Sohn Siegfried überlebte seine Mutter nur um wenige Monate. Die Nachfolge ging darauf an seine Witwe, die Engländerin Winifred Williams. Ihr Ziel war es, aus Bayreuth einen Tempel germanischer Kultur und nationalistischer Philosophie zu machen, was die Festspiele zu einem idealen Forum für die erstarkende nationalsozialistische Bewegung werden ließ, die schließlich vom Staat Besitz ergriff.

In den Jahren ab 1933 wurde Wagners Musik im allgemeinen und Bayreuth im besonderen immer mehr mit dem Nationalsozialismus und dem Dritten Reich gleichgesetzt, so daß viele Menschen bis heute ihre Schwierigkeiten haben, Wagners Opern von dem Subtext jener Epoche zu trennen.

Die Festspiele wurden noch bis 1944 abgehalten, als schon längst regelmäßige Bombenangriffe auf Deutschland stattfanden. Während dieser Periode war Bayreuth eine solche Gralsburg des Nazismus geworden, daß nach Kriegsende von den Besatzungsmächten erwogen wurde, das Festspielhaus der Familie nicht zurückzugeben und überhaupt einer anderen Bestimmung zuzuführen.

Es kursiert die Legende, daß das Gebäude durch die rasche Entscheidung eines musikliebenden Offiziers des U. S. Air Corps, das Bayreuther Festspielhaus von der Liste der Ziele bei den amerikanischen Bombeneinsätzen zu streichen, vor der Zerstörung bewahrt blieb. Ich fragte Wolfgang Wagner, ob sich diese Geschichte erhärten lasse, und er versicherte mir, daß kein Wort daran wahr sei, meinte jedoch, ich solle sie nur in meine Memoiren einfügen, denn sie klinge gut.

Ungeachtet dieser Fehlinformation blieb dem Haus dennoch das Schicksal fast aller übrigen Opernhäuser in Deutschland erspart. Es überstand den Krieg fast unbeschädigt, wodurch sich eben die Frage stellen konnte, was mit dem Gebäude und den Festspielen zu geschehen habe.

Nach Kriegsende funktionierten die amerikanischen Streitkräfte das Festspielhaus eine Zeitlang in ein Zentrum für die Truppenbetreuung um, wo unter der Devise »Anything goes« – so der Titel eines Bunten Abends – die G. I.s zur großen Empörung von Winifred Wagner mit den örtlichen Fräuleins tanzten.

Zum Glück für die Zukunft der Wagnerpflege beschlossen schließlich die Behörden der ersten Nachkriegszeit, Siegfrieds und Winifreds Söhne Wieland und Wolfgang Wagner mit der Leitung der Festspiele zu betrauen, aus dem einfachen Grund, weil keiner von beiden direkt mit der früheren Durchführung der Festspiele zu tun gehabt hatte.

Dieser eher willkürliche Entschluß sollte musikalische Theatergeschichte machen!

Beide Enkel brannten darauf, das ausdrückliche Gebot ihres Großvaters: »Kinder, schafft Neues!« wahrzumachen, und waren überdies fest entschlossen, seine Werke von den alten Zöpfen und dem politischen Odium zu befreien, das sie durch die heroische Sichtweise während des Dritten Reichs angenommen hatten.

Um diesen neuen Zugang zur Aufführung der Werke ihres Großvaters zu unterstreichen, hängten sie einen Aufruf an alle im Theater Beschäftigten ans Schwarze Brett. Unter Benutzung eines Zitats aus dem Libretto der *Meistersinger* stand da zu lesen: »Im Interesse einer reibungslosen Durchführung der Festspiele bitten wir von Gesprächen und Debatten politischer Art auf dem Festspielhügel freundlichst absehen zu wollen. ›Hier gilt's der Kunst.‹«

Die Brüder Wagner begannen sich nach Künstlern umzusehen, die ihrem neuen Weg in der Behandlung der Opern zugänglich waren. Das war einer der Gründe, warum sie keine Mühe scheuten, sich so eingehend wie möglich über viele Künstler zu informieren, die ihnen unbekannt waren, einschließlich meiner Person.

Trotz der ersten Empfehlung, die 1950 während des Gesprächs zwischen Wieland und Kirsten Flagstad gegeben worden war, wollten sich die Brüder Wagner selbst überzeugen, ob ich der Sopran sei, nach dem sie Ausschau hielten. Deshalb ersuchten sie mich noch im selben Jahr, zu einem Vorsingen für die Eröffnungsfestspiele 1951 nach Deutschland zu fliegen. Ich mußte ablehnen. Ich hatte einen vollen Terminkalender, und eingegangene Verpflichtungen haben immer den Vorrang.

Ich schlug vor, daß jemand von ihnen eine der *Macbeth*-Vorstellungen beim Maggio Musicale in Florenz besuchen solle. Wieland Wagner sagte zu, doch auch er war unabkömmlich.

Da die Festspiele immer näherrückten, beschlossen die Wagners, weitere Informationen über mich zu sammeln. Unter den 28 namhaften Sängern und Dirigenten, die Wieland und Wolfgang zu Rate zogen, war auch ein junger Bariton von der Wiener Staatsoper, dessen

Arbeit mich ungeheuer beeindruckt hatte, weil ich spürte, daß er in seinem Streben nach der Symbiose von Gesang und Darstellung mit mir auf einer Wellenlänge lag.

Sein Name war George London.

Als die Wagners die positiven Berichte von Flagstad, London und den übrigen zusammenhatten, entschlossen sie sich, auf ein Vorsingen zu verzichten und es mit mir zu riskieren. Damit war ich die einzige aus meiner Generation, die für die Festspiele ohne Vorsingen unter Vertrag genommen wurde.

Weder Hermann noch ich hegten die leisesten Bedenken über das, was wir dort vorfinden würden. Der Krieg war vorbei, und wir waren Künstler, die keine politischen Zwecke verfolgten. Mehr noch, wir hatten beide einen beträchtlichen Teil unseres Lebens der Darstellung der Werke Richard Wagners geweiht, und das hatte uns nun nach Bayreuth gebracht.

Als wir ins Theater kamen und den Anschlag sahen, in dem die Mitarbeiter gebeten wurden, die Politik aus dem Spiel zu lassen, wußten wir, daß wir am richtigen Ort angekommen waren. Offensichtlich sahen die übrigen das auch so, denn meines Wissens sprach niemand über die Vergangenheit des Hauses. Wir waren da, um die Zukunft der Festspiele aufzubauen.

Wir fuhren in einem richtigen Bummelzug nach Bayreuth. Kurz nachdem wir Nürnberg verlassen hatten, ging ich ein wenig hinaus in den Gang und bemerkte, daß im Nebenabteil eine Dame und ein ziemlich korpulenter Herr saßen. Als ich wieder ins Abteil kam, sagte ich Hermann, daß ich während meines Ausflugs ein kleines Ratespiel betrieben habe und vermute, daß der Herr einer der Sänger für kleinere Rollen sei, und die Dame vermutlich seine Ehefrau.

Tatsächlich spielte der Herr das gleiche Ratespiel über uns. Er sagte seiner Begleiterin, daß er im Nebenabteil zwei Leute gesehen habe, die ein Ehepaar sein könnten. Und er mutmaßte: »Also, sie sieht so aus, als ob sie eine der Walküren sein könnte.«

Als wir uns in unserem ziemlich bescheidenen Hotel eingerichtet hatten, gaben wir Nachricht, daß wir angekommen seien, und gingen dann den berühmten Grünen Hügel hinauf, um einen ersten Eindruck vom Festspielhaus zu bekommen. Oben angelangt, bemerkten wir zwei männliche Gestalten, die schnell durch den Bühneneingang verschwanden, als wir uns näherten. Ich fand bald heraus, daß dies die Brüder Wagner waren. Da sie wußten, daß ich im Anmarsch war, verschanzten sie sich erst einmal, um mich in Ruhe in Augenschein nehmen zu können. Später sagte mir Wieland, daß sie einen Seufzer der Erleichterung ausgestoßen hätten, als sie feststellten, daß ich nicht die klassische Hochdramatische Marke Übergröße war und nicht wie ein Schlachtschiff bei einem Kriegsmanöver angedampft kam.

Bei meiner ersten Bühnenprobe wurde ich dem korpulenten Herrn aus dem Zug vorgestellt. Es war Wilhelm Pitz, der lange Jahre der Chorleiter werden sollte. Er und seine Frau schlossen eine dauerhafte Freundschaft mit Hermann und mir.

Wilhelm sagte mir später, daß es ihm die Sprache verschlagen habe, als er entdeckte, daß die junge Frau, die er für »eine der Walküren« gehalten habe, in Wirklichkeit die Oberwalküre Brünnhilde sang.

Pitz ist leider aus dieser Welt gegangen, doch seine Witwe Erna blieb den Festspielen bis zu ihrem eigenen Ableben 1996 als führendes Mitglied der Verwaltung treu.

Einer der wichtigsten Faktoren bei der Wiedergeburt der Festspiele war für die Wagners das Bemühen um musikalische Integrität. Für die *Ring*-Zyklen hatten sie zwei der berühmtesten Dirigenten der Zeit verpflichtet, Hans Knappertsbusch und Herbert von Karajan. Bald kamen Joseph Keilberth, Rudolf Kempe und Clemens Krauss dazu, was mich einmal zu der Bemerkung veranlaßte, daß das Vorrecht, in Bayreuth zu dirigieren, offenbar davon abhänge, daß man einen Nachnamen trägt, der mit dem Buchstaben »K« beginnt.

Gewisse Kritiker haben Knappertsbusch den Vorwurf gemacht, daß er bei Wagners Musik schleppe. Ich halte diesen Vorwurf für ganz offenkundig unfair. Knappertsbusch wählte breite – nicht langsame – Tempi, um all die faszinierenden Einzelheiten dieser komplizierten Partituren zum Klingen zu bringen, ganz zu schweigen von der deutlichen Aussprache, die durch dieses Tempo möglich war.

Betreffend Knappertsbusch gab mir mein Tenorkollege Günther Treptow einen ausgesprochen guten Rat. Er sagte, daß man sehr tief Atem holen müsse, weil man nie wissen könne, wie weit er seine endlosen Arme ausbreiten würde, die von einer Seite des Orchesters zur anderen zu reichen schienen. Er pflegte mit einem Crescendo am Pult sitzend zu beginnen, um sich dann, wenn man glaubte, daß er auf dem Kamm der musikalischen Woge angekommen sei, nach und nach zu seiner vollen Größe aufzurichten, die beachtlich war, wodurch das Crescendo ebenfalls immer weiter wuchs, bis man feststellte, daß man sich bereits jenseits der Grenze befand, die man seiner eigenen Kapa-

Hermann sagte über den einzigartigen
Chordirektor Wilhelm Pitz:
»Er dirigiert seine Chöre nicht, er hypnotisiert sie.«

zität zugetraut hatte. Nach einer Knappertsbusch-Vorstellung hatte ich oft Muskelkater im Brustkorbbereich. Es war jedoch ein Bonus damit verbunden, denn ich entdeckte bald, daß das Fassungsvermögen meiner Lungen zunahm.

Jemand fragte ihn einmal, warum er nicht dem zeitgemäßen Trend folge und aus dem Gedächtnis dirigiere, worauf Knappertsbusch mit der für ihn typischen Unverblümtheit erwiderte: »Weil ich Noten lesen kann.« Dieser Auskunft ungeachtet war er der Meinung, daß es einen beruhigenden Effekt auf die Sänger habe, wenn sie wußten, daß er sich für den Fall, daß wir schmissen, immer auf die Partitur beziehen könne. Wenn sich echte Schwierigkeiten ergaben, reagierte er sofort, half einem über die musikalischen Hürden und legte uns einen weichen musikalischen Teppich, auf dem wir uns weiterbewegen konnten.

Karajans Teppich andererseits hatte eine modernere Textur. Während er weniger samten als der von Knappertsbusch war, hatte er andererseits etwas von Plüsch. Karajans Schlag konnte manchmal verwirrend sein. Während der Aufschlag und der erste Einsatz immer deutlich waren, so daß man wenigstens wußte, wo die »Eins« war, begann er danach oft, mit geschlossenen Augen Kreise in die Luft zu zeichnen. Er genoß und zelebrierte die Musik, manchmal allzusehr zu seiner eigenen Lust. Diese verzinkte Schlagtechnik und ihre Auswirkung auf unseren Vortrag brachten mich schließlich in einen Konflikt mit ihm, der für ziemlich lange Zeit bedauerliche Folgen für unsere Beziehung hatte.

Unter den Solisten war Kollegialität an der Tagesordnung. Martha Mödl und ich teilten uns zum Beispiel oft in Rollen. Zwei Jahre sang Martha in der *Walküre* erst die Sieglinde, und ich die Brünnhilde. Im nächsten Zyklus wechselten wir die Rollen. Dieses Prinzip galt auch

Schabernack bei einer »Lohengrin«-Probe: Joseph Keilberth
und ich schlichen uns in den Chor und trieben Wilhelm Pitz
mit unserem Falschsingen zum Wahnsinn.

für Gutrune und die dritte Norn. Wenn eine krank wurde, übernahm die andere, ohne Aufhebens davon zu machen. »Hier gilt's der Kunst« verhinderte nicht nur das nutzlose Eindringen der Politik in unsere Arbeit, sondern verbot auch alle Primadonnen-Allüren in unserer fruchtbaren Zusammenarbeit.

Der Brennpunkt unserer Tätigkeit in Bayreuth waren Wielands revolutionäre Inszenierungen. In einer Zeit wie der heutigen, in der jeder versucht, den anderen mit seinem Revoluzzertum zu übertrumpfen, sagte Christa Ludwig, daß Wieland Wagner der extremste aller Revolutionäre dieses Jahrhunderts war und außerdem der sängerfreundlichste aus dieser Zunft.

Das Grundkonzept aller Inszenierungen Wielands war, daß er seine umfassende Kenntnis der Werke seines Großvaters, die Sensibilität eines visuellen Künstlers, die souveräne Beherrschung der Bühnentechnik und das feine Gespür für zwischenmenschliche Beziehungen dazu einsetzte, alles überflüssige Drum und Dran von den Opern abzukratzen und zum Kern vorzudringen. Dieser Kern war nach seiner Auffassung das menschliche Element.

Sein jüngerer Bruder Wolfgang, der sich aufopfernd die anstrengende Verantwortung für die Lösung der täglich anfallenden Probleme der Festspiele aufbürdete, was er in einem sehr persönlichen, zupackenden Stil erledigte, steuerte mit ruhiger Würde und umfassendem Wissen ebenfalls eine Reihe von Inszenierungen bei.

Für mich war die bezeichnendste ein *Ring*, für den Wolfgang Wagner eine riesige Scheibe entwickelt hatte, die sich in immer wieder neue Halbkreise spaltete, um die verschiedenen Schauplätze ohne ablenkende Oberflächlichkeiten der Dekoration anzudeuten.

Es ist nur fair, hier zu erwähnen, daß einiges an dieser szenischen Sparsamkeit in Wielands wie in Wolfgangs Inszenierungen seinen Grund in der Begrenztheit des Festspielbudgets hatte. In der Tat sangen die meisten von uns für eine wesentlich geringere Gage, als wir sie an anderen Theatern fordern konnten, doch die Erfahrung war es wert, und die internationale Publicity nicht minder!

Der Einfallsreichtum dieser beiden brillanten Brüder machte die finanziellen Engpässe mehr als wett. Ich kann mich an mein erstes Brünnhilde-Kostüm in *Siegfried* erinnern, das aus dem Rupfen gemacht war, aus dem Kartoffelsäcke hergestellt werden, doch das Kleidungsstück war so schön gestaltet, daß es gar nicht besser zur Inszenierung hätte passen können.

Als ich meinen ersten Bayreuther *Siegfried* in diesem Kostüm sang,

Die Brünnhilde markierte 1951 den Neubeginn
des Nachkriegs-Bayreuth.

brach ich unwissentlich mit einer ehernen Tradition, als ich mich, den Anweisungen folgend, als erste in der Geschichte Bayreuths allein verbeugte. John Rosenfield beschrieb das Ereignis in der »Morning News« von Dallas so: »Am Ende von *Siegfried,* in dem sie die gewaltige Musik der erwachenden Brünnhilde gesungen hatte, brachte ihr das Publikum Ovationen dar, indem es immer wieder ihren Namen rief. Wieland Wagner schob sie buchstäblich auf die Bühne, um den Applaus alleine in Empfang zu nehmen.« Als mir dieser Beifallssturm entgegenrauschte, fragte ich mich doch, wie Cosima wohl darauf reagiert hätte, daß sich ihr Enkel die Freiheit herausnahm, mit Traditionen zu brechen, die sie als in Granit gehauen betrachtet hatte.

Nicht alle mochten Wielands und Wolfgangs neue, herausfordernde Deutung. Mary Ellis Peltz, viele Jahre die Archivarin der Metropolitan Opera und eine überaus kenntnisreiche Expertin auf dem Gebiet der Oper, war nicht beeindruckt. Nach ihrer Rückkehr aus

»Brünnhildes Erwachen« in
Wolfgang Wagners »Ring«-Inszenierung.

Probe für »Götterdämmerung« mit Wolfgang Wagner:
Wir verleihen der Produktion Profil.

Bayreuth berichtete sie einer Radio-Zuhörerschaft in New York scharfzüngig: »Wieland Wagner hat lediglich das Licht ausgeschaltet.«

Doch natürlich benutzten Wieland und Wolfgang dieses Wechselspiel zwischen dem menschlichen Element und dem häufig leeren Ambiente, in dem sich die Gestalten bewegten, ebenso wie die Wechselwirkung zwischen Licht und Dunkel für Deutungen, die viel tiefgründiger waren, als ein Buchstabenglaube sie hätte bieten können.

Ich erkannte, daß das, was einmal nur ein Traum tief in meiner Einbildung gewesen war, ein Traum von der Integration von Musik und Drama, so wie sie Wagner beabsichtigt hatte, nun im Theater des Komponisten auf dem Grünen Hügel lebendige Wirklichkeit geworden war.

Als er aufgefordert wurde, seine Philosophie des Inszenierens preiszugeben, gab Wieland dem zynischen Reporter eine bedeutungsvolle Antwort, die auch ein ansehnliches Kompliment für mich war: »Wozu brauche ich einen Baum auf der Bühne, wenn ich Astrid Varnay habe?«

ZEHNTE SZENE

Pendeln über den Ozean

Während der ersten Bayreuther Festspielsaison sicherten sich Wieland und Wolfgang Wagner übereinstimmend die Mitarbeit eines Wagnerexperten, der eigentlich nur mal kurz hatte vorbeischauen wollen. Es war Hermann Weigert, und alles begann mit Unterhaltungen zwischen ihm und Wieland.

Im Verlauf dieser Gespräche erkannte Wieland bald, daß Hermanns profundes Wissen über Richard Wagners Opern aus einem völlig anderen Blickwinkel als sein eigener kam. Er sah das als Gewinn für seine Auffassung, und was als Gedankenaustausch zweier Männer über ein Thema, das ihnen am Herzen lag, angefangen hatte, nahm Einfluß auf die Probenarbeit. Das führte dazu, daß Hermann dem Stab in dieser Saison als allgemeiner fachmännischer Berater beitrat und 1952 unter dem Titel *Musikalischer Assistent und Studienleiter* zurückkehrte. Diese Zusammenarbeit mit den Brüdern Wagner war von Beginn an eine ertragreiche Kombination. Während das Wissen

Beim Empfang nach der Bayreuther »Lohengrin«-Premiere.
Hermann war inzwischen ein Inventarstück
des Bayreuther musikalischen Stabs.

ler Wagners enzyklopädisch war, ließ sich Hermanns Weisheit und
Geschmack, was Wagner betraf, eher als talmudisch beschreiben. Die
Mischung war unschlagbar!

Hermanns Einsatz und Gefühl für Humor machten auf Hans
Knappertsbusch einen positiven Eindruck. Als der Maestro entdeckte, daß Hermann auch Skat spielen konnte, wurde er mit einem
Schlag unentbehrlich. Die Skatspieler trafen sich im allgemeinen am
frühen Nachmittag oder zwischen den Proben. Hermann gesellte sich
zu ihnen, wenn er dazu eingeladen wurde, doch nur, wenn ich ander-
weitig beschäftigt war.

Die Herren frönten in Bayreuth zur Entspannung dem Skatspiel, doch ich ergriff vor den gesalzenen Sprüchen am Kartentisch bald die Flucht.

Eines Tages übermannte mich die Neugier, und ich fragte, ob ich als Zuschauerin an einem Spiel teilnehmen könne. Knappertsbusch warnte mich – der Umgangston am Spieltisch sei bisweilen ein wenig gesalzen. Doch ich war entschlossen, mir eine genauere Kenntnis von diesem Spiel anzueignen, das meinem Mann und seinen Freunden so viel bedeutete. Kaum hatte die Runde begonnen, mußte ich bereits feststellen, daß »gesalzen« die schiere Untertreibung war. Knappertsbusch legte beim Skat dieselbe Leidenschaft an den Tag, die er am Pult hatte, und wenn sich das Kartenglück wendete, knurrte dieser sonst so höfliche Musiker regelmäßig erregte Obszönitäten vor sich hin. Nach fünf Minuten mit diesen Rittern der Kartenrunde hatte sich nicht nur meine Kenntnis der vulgäreren Seiten der deutschen Sprache erweitert, auch das Bild, das ich mir von dem überlebensgroßen Maestro Knappertsbusch gemacht hatte, rundete sich ab. Kurz gesagt, er war ein Musiker mit der Seele eines Philosophen und der Empfindsamkeit eines Poeten, der bei Gelegenheit den Jargon eines Bierkutschers an den Tag legte. Nach sieben Minuten seiner Schimpfkanonade – auf den Schlag genau – stellte ich fest, daß ich abwechselnd errötete und erbleichte, und machte einen hastigen Abgang. Schließlich mußte ich ja nicht *alle* Passionen meines Gatten teilen!

Professor Hans Knappertsbusch war berühmt für seine heftige Abneigung gegen ausufernde Proben. Sein Wissen und seine Erfahrung kamen ihm dabei zustatten, und er war es gewohnt, mit kompetenten

Profis zu arbeiten, so daß er seine Probensitzungen auf die Problem-stellen beschränkte und den Rest den Assistenten überließ.

Er war für den ersten *Ring*-Zyklus verpflichtet worden und Karajan für den zweiten. Gleichwohl war Karajan mit dem Großteil der Proben betraut. Das war für die Sänger schrecklich, denn sie mußten sich dauernd von Karajans beschleunigten Probentempi auf die breiteren Zeitmaße von Knappertsbusch umstellen und dann wieder auf Karajan im zweiten Zyklus.

Mit einem weiteren Vertrag für die Festspiele 1952 in der Tasche fuhren Hermann und ich nach West-Berlin, wo ich vor unserer Rückkehr in die Vereinigten Staaten zwei Vorstellungen an der Städtischen Oper in ihrem Ausweichquartier im Theater des Westens sang.

Die Städtische Oper, das vormalige Deutsche Opernhaus, dessen Ensemble mit Künstlern der nunmehr in Ost-Berlin liegenden Staatsoper aufgestockt worden war, kehrte später an den alten Standplatz in der Bismarckstraße, Ecke Richard-Wagner-Straße zurück und heißt seither Deutsche Oper Berlin.

Es war mein erstes Auftreten in einem deutschen Repertoiretheater. Ich hatte bis zum Ende der ersten Bayreuther Festspiele 1951 warten müssen, denn ich hatte ein Abkommen mit den Wagners, das ihnen das Recht sicherte, meine deutsche Karriere einzuleiten.

Wir näherten uns dem Ort, in dem Hermanns musikalische Erziehung und frühe Karriere stattgefunden hatte, mit sehr gemischten Gefühlen – einem Vorgefühl, das zum Schock wurde, als wir sahen, in welchem Zustand sich die Stadt mehr als sechs Jahre nach Kriegsende noch immer befand. Wenn London verwüstet gewesen war, so war Berlin nahezu ausradiert! Da so viele Männer im Krieg gefallen oder noch immer in russischer Kriegsgefangenschaft waren, hatten es die Frauen auf sich genommen, den Schutt wegzuräumen, wo einmal Gebäude gestanden hatten, damit der Wiederaufbau in Gang kommen konnte. Wo wir auch gingen, sahen wir Berge von Ziegelsteinen, die diese »Trümmerfrauen« aufgestapelt hatten. Hermann wollte nicht glauben, daß dies die Stadt war, in der er einst sein Glück gemacht hatte. Er schüttelte immer wieder den Kopf und sagte wie gelähmt: »Das ist nicht die Stadt, die ich einmal gekannt habe.« Sie war so entstellt, daß nichts ihn an frühere Zeiten erinnerte.

Auf dem Weg ins Theater zu einer Probe bemerkte ich zufällig zwei Herren, die uns entgegenkamen, machte Hermann auf sie aufmerksam und meinte, daß sie wie Künstler aussähen, worauf er lachend antwortete: »Kein Wunder. Das sind Leo Blech und Peter Anders.« Sobald sie Hermann erkannten, fielen die drei einander in die Arme wie bei einem Klassentreffen.

Am 6. September sang ich Isolde und am 8. Brünnhilde in *Die Walküre*, beide dirigiert von Ferenc Fricsay in Inszenierungen von Heinz Tietjen, der bis 1944 Generalintendant der Staatsoper gewesen war.

Die Sieglinde, die ich im zweiten und dritten Akt dieser *Walküre* in meinen Armen hielt, war niemand anders als Maria Müller, für die ich mich voller Bewunderung 1932 über die Brüstung von Pietro Yons Loge gebeugt hatte, als ich erst vierzehn war! Zum Zeitpunkt dieser gemeinsamen Vorstellung war Maria Müller 53, aber immer noch so fesselnd in Erscheinung und Stimme wie neunzehn Jahre zuvor.

Die Vorstellungen waren ein großer Erfolg.

Ein paar Leute, die Hermann gekannt hatte, besuchten die Aufführungen und trafen ihn im Zuschauerraum. Diese Wiedersehen halfen ihm, die Kluft zwischen der Vergangenheit und der Gegenwart zu überbrücken.

Die Berliner Intendanz bot mir weitere Vorstellungen für 1952 an, doch da meine Agentur meinen Terminkalender für dieses Jahr bereits vollgebucht hatte, konnte ich nur eine weitere Isolde im nächsten September anbieten.

Darauf kehrten wir in die Staaten zurück und setzten unsere musikalische Tätigkeit mit Opernaufführungen in San Francisco und Los Angeles fort, gefolgt von jener schicksalhaften Konzerttournee.

Hermanns Herzattacke am 2. Dezember 1951 hatte unseren schönen Plan, gemeinsam zu den Festspielen von 1952 nach Bayreuth zurückzukehren, in Frage gestellt. Natürlich wollte ich, daß er mit mir reiste, und wußte, wie sehr er den Gedankenaustausch mit dieser Elite von Musikerkollegen genoß, doch wir waren uns nicht sicher, ob er die lange Reise riskieren könne. Schließlich faßte ich für uns beide einen Entschluß. Ich erklärte ihm, daß es keinen Zweck habe, über etwas zu diskutieren, das wir beide wollten, und traf Vorbereitungen, daß wir so geruhsam und bequem wie möglich nach Bayreuth gelangen konnten.

Dr. Roseno hatte uns gesagt, daß eine Flugreise wegen der Veränderung des Luftdrucks beim Start und bei der Landung nicht in Frage käme, also buchte ich für uns beide eine Passage auf einem Passagierschiff ohne Klassentrennung der Holland-Amerika-Linie – rechtzeitig genug vor Beginn der Festspiele. Die angenehme Atmosphäre an Bord und die gesunde Seeluft taten uns beiden unwahrscheinlich gut, und wir trafen in Europa entspannt und bereit für neue Erfahrungen ein.

232

Nachdem wir einige der großartigen Kunstsammlungen in den Niederlanden besichtigt hatten, fuhren wir gemächlich mit dem Zug durch die europäische Landschaft Richtung Bayreuth.

Hermanns Arbeit bei den Bayreuther Festspielen gab ihm neue Energie, und sein guter Rat erwies sich als nützlich, als während der Saison von 1952 eine leidige Krise eintrat.

Ich war für zwei *Ring*-Zyklen unter der Stabführung von Joseph Keilberth verpflichtet und für die Isolde an der Seite des gutaussehenden, dunkel timbrierten Ramón Vinay in einer Neuinszenierung des *Tristan*, die Herbert von Karajan dirigierte.

War Karajans Schlag in der *Ring*-Produktion etwas verwirrend gewesen, so war er nun während der *Liebesnacht* im zweiten Akt *Tristan* ausgesprochen irritierend. Während Vinay und ich hinten auf der Bühne versuchten, das Tempo zu dechiffrieren, schloß Karajan im Orchestergraben immer wieder die Augen und pinselte ohne klare

Ramón Vinay und ich hatten unsere Probleme mit dem »Tristan«-Dirigenten Herbert von Karajan.

rhythmische Struktur, an die wir uns halten konnten, Wolken in die Luft. Im Bemühen, zusammenzubleiben – wenigstens wir Sänger –, hielten Vinay und ich schlicht Händchen, und wer gerade nicht sang, schlug mit dem Daumen sanft den Takt auf den Handrücken des anderen. Doch selbst diese Zeichensprache hatte ihre Grenzen.

Bei einer Probe wurde all das mystische Gewaber vom Dirigentenpult zu viel für Vinays heißes lateinamerikanisches Blut, und er stürmte verzweifelt von der Bühne. Hermann wurde abgeordnet, um den wutschäumenden Vinay zu beruhigen und zu überreden, auf die Bühne zurückzukehren. Er berichtete später, daß er all seine ohnehin nicht allzu bescheidenen diplomatischen Fähigkeiten habe einsetzen müssen, um diese Aufgabe zu meistern.

Was mich selbst betraf, bemühte ich mich redlich, aus dem, was der Maestro machte, schlau zu werden – einschließlich einer Reihe vergeblicher Versuche, unsere Probleme mit ihm direkt zu besprechen – und absolvierte darauf Karajans *Tristan*-Serie, so gut es eben möglich war.

Als wir wieder in New York waren, beriet ich mich mit Hermann, wie ich in Zukunft einer solchen mißlichen Lage aus dem Weg gehen könne. Hermann entschied, daß ich einen Brief an die Wagners schreiben und mein Problem so taktvoll wie möglich schildern solle. Ich schrieb, daß ich mich angesichts der Umstände bei allem Respekt für den Dirigenten nicht in der Lage fühle, den Opern aufgrund Herrn von Karajans gelegentlich enigmatischen Dirigierstils gerecht zu werden, und deshalb bitte, bei der Besetzung eines Werks, das seiner Obhut in Bayreuth anvertraut würde, nicht berücksichtigt zu werden.

Offenbar hatten auch einige andere Leute ähnliche Schwierigkeiten mit Karajan, und deshalb war es für mich nicht überraschend, daß die Festspielleitung die Beziehungen zu ihm abbrach. Er kehrte nie mehr nach Bayreuth zurück. Wer immer auch ebenfalls Probleme mit ihm gehabt hatte, Karajan nahm meine Beschwerde jedenfalls persönlich und weigerte sich nach dieser Angelegenheit zwölf Jahre lang, irgend etwas mit mir zu tun zu haben.

Nach der Bayreuther Saison und der einzelnen Vorstellung von *Tristan* am 8. September in Berlin ging es weiter nach München, wo ich im Prinzregententheater acht Vorstellungen sang. Sie umfaßten *Fidelio*, *Tristan*, *Tannhäuser* und *Holländer* sowie zwei Werke des berühmtesten Komponisten der bayerischen Hauptstadt, Richard Strauss: *Salome* und *Rosenkavalier*. Im Theater bekamen diese Vorstellungen den freundlichen Spitznamen »Die Varnay-Gastspielwoche«.

Heute kann ich ruhig aufdecken, daß ich meine erste Marschallin in der Vaterstadt des Komponisten aufgrund einer kleinen Täuschung sang, die die Nachwelt mir hoffentlich vergeben wird. Meine bisherige Erfahrung mit dieser Oper hatte sich auf ein paar Bühnenproben beschränkt, die ich für Lotte Lehmann gemacht hatte, doch als München anfragte, ob ich die Oper singen wolle, war es mir eine Wonne einzuwilligen. Damals war ich mir über das besondere Band zwischen der Stadt und dem Komponisten nicht im klaren.

Meine *Rosenkavalier*-Vorstellung war ein glücklicher Zufall, denn nach meiner Rückkehr in die Vereinigten Staaten war ich an der Metropolitan für ein gutes Dutzend Marschallinnen eingesetzt, davon sieben hintereinander.

Hermann fühlte sich in München sehr zu Hause, sowohl was die Stadt selbst wie die Qualität der Bayerischen Staatsoper betraf. Er war von der musikalischen und inszenatorischen Integrität beeindruckt und nicht minder von der großen Tradition dieses Instituts, das viele wichtige Opern uraufgeführt hatte, einschließlich der *Meistersinger* und des *Tristan*. Er hoffe, sagte er, daß wir eines Tages in der Lage wären, uns in München niederzulassen und es zum Stützpunkt für unsere künstlerische Tätigkeit zu machen – ein Wunsch, den ich unterstützte.

Unsere Erfahrungen in Europa warfen für uns ein anderes Licht auf das Operngeschehen in den Vereinigten Staaten. Während Amerika

1952 bei meinem ersten Aufenthalt in München:
Die Frauentürme, das Wahrzeichen der Stadt,
hatten den Krieg überstanden, doch das traditionsreiche
Nationaltheater lag fast völlig in Trümmern.

noch immer in den Genuß der ziemlich schwerfälligen Produktionen von Anno dazumal kam, fabelhaft im Gesanglichen und auf langer Tradition fußend, doch arm an Phantasie, betrieben die europäischen Theater aktiv die Neubewertung und Neueinstudierung des festen Repertoires und produzierten außerdem eine Reihe interessanter neuer Werke, um ihre Ensembles herauszufordern.

Darüber hinaus war Rudolf Bings ziemlich tyrannischer Zugriff auf die Tätigkeit eines General Manager durchaus nicht nach dem Geschmack vieler Leute, mich selbst eingeschlossen. Dazu kam, daß ich nun von überall Angebote mit Abendgagen bekam, während ich an der Met nach wie vor für eine Wochengage arbeitete.

Ein anderer höchst verdrießlicher Umstand in meiner Beziehung zur Met war die Tatsache, daß das Management (obwohl ich italienische Oper in Italien gesungen hatte, in San Francisco, Chicago, Kanada und Mexiko plus England und Deutschland) meine Dienste für etwas anderes als das Wagner- und Strauss-Repertoire immer noch ungern in Anspruch nahm – abgesehen von den *Boccanegra*- und *Island God*-Produktionen, die beide längst abgesetzt waren, und einer Handvoll Santuzzas, für die ich ursprünglich die Vertreterin von Mme Milanov gewesen war.

Es wurde immer deutlicher, daß dringend Karriere-Entscheidungen gefällt werden mußten.

Vielleicht würde die Einladung zur Eröffnung der Saison des New York Philharmonic als Gastsolistin in einem Konzert zur Feier von Tullio Serafins 50. Dirigentenjubiläum in der Carnegie Hall meinen Ruf als Sängerin des italienischen Fachs in der Stadt New York begründen ...? Stellen Sie sich meinen Schreck vor, als Maestro Serafin mir sagte, daß er Wagner immer habe dirigieren wollen und mich leidenschaftlich gern zum *Liebestod* begleiten würde!!! – So spielt das Leben!

Am 31. Mai 1953 kehrte ich nach München zurück, um an der Bayerischen Staatsoper unter Rudolf Kempe die Isolde neben August Seider als Tristan zu singen.

Alles verlief reibungslos bis zum Schluß der Oper, als ich mit dem *Liebestod* begann und entdeckte, daß das gedämpfte Schnarchen, das ich zu hören glaubte, in der Tat ... ein gedämpftes Schnarchen war. Herr Seider hatte sich in seiner ruhenden Lage als der eben verschiedene Tristan so behaglich gefühlt, daß er einfach eingeschlafen war.

In einer solchen Situation ist es schwer, einen klaren Kopf zu behalten und weiter zu singen, während dein Hirn wie rasend tickt und nach einem Ausweg sucht, der die Katastrophe verhindern kann. Ich wußte, daß ich Seider wecken mußte, aber wenn ich ihn zu unsanft berührte, schreckte er vermutlich mit einem lauten Geröchel hoch, das durch das ganze Haus tönen und kolossales Gelächter hervorrufen würde, unmittelbar vor dem feierlichen Ausklang dieser zutiefst ernsten Oper. Und das ging einfach nicht!

Als das Orchester und ich eine Forte-Passage begannen, beugte ich mich zu ihm hinunter und versetzte ihm einen sanften Rippenstoß, der das Röcheln, das er beim Aufwachen von sich gab, so dezent hielt, daß es sozusagen in der Familie auf unserer Seite der Rampe blieb.

Herr Seider sagte mir später, daß dies die dritte große Partie gewesen sei, die er innerhalb einer Woche habe singen müssen, abgesehen von dem gespickten Probenplan, und daß das einfach zu viel für ihn gewesen sei. Er sei so fertig gewesen, daß er es mit aller Anstrengung nicht habe verhindern können, in ein kurzes Nickerchen wegzudösen.

Chuzpe bei der Arbeit: Ich sang nicht nur meine allererste Marschallin
in Strauss' Vaterstadt München; im Zuschauerraum saß auch noch
Dr. Franz Strauss, der Sohn des Komponisten.
Im Hintergrund tut Hermann, als ob er nicht dazugehörte.

Die große Freude für Mr. und Mrs. Weigert war 1953 Hermanns Rückkehr an das Dirigentenpult für eine Reihe von Rundfunkaufnahmen, die unsere erste Zusammenarbeit zwischen Dirigent und Solistin waren.

Am 17. Juni 1953, kurz vor Beginn der Bayreuther Festspiele, dirigierte Hermann in München auch eine deutschsprachige Aufführung des *Troubadour* mit mir als Leonora.

Anschließend nahmen wir eine vollständige Rundfunkproduktion von *Salome* auf, mit zwei der größten Interpreten der anderen Hauptrollen, Margarete Klose aus Berlin als Herodias und dem Wiener Julius Patzak als Herodes.

Patzak verlor in seiner Aussprache des Deutschen nie den beschwingten Wiener Tonfall, den er so einschmeichelnd wie einen Wiener Walzer einfärben konnte oder so unterschwellig bedrohlich wie die Stimme seines Landsmannes Peter Lorre in einem Horrorfilm. Als Herodes hatte er reichlich Gelegenheit, von beidem Gebrauch zu machen.

Der Rest der Besetzung wies Hans Braun als Jochanaan, Hertha Töpper als Pagen und Hans Hopf als Narraboth auf sowie weitere erste Sänger der Bayerischen Staatsoper in allen Nebenrollen.

Am 5. Oktober 1953 machte Hermann eine wunderbare Aufnahme für den Österreichischen Rundfunk mit George London und mir im Duett Amonasro-Aida aus dem dritten Akt. Die Kombination von Georges überragender Leistung und dem ORF-Symphonieorchester, das Hermann zu fiebrigem Elan hochpeitschen konnte, lieferte ein wahres Monument in der Geschichte der Opernaufnahmen.

Viele Jahre später wurde George von einer schrecklichen Krankheit gefällt, an der er schließlich starb, und die Geldmittel, die seine Familie für seine Pflege aufbringen mußte, wurden gefährlich knapp. Ich gehörte zu den Künstlern, die gebeten wurden, ihre Aufnahmerechte für eine Sonderveröffentlichung zur Verfügung zu stellen, um Geld für seine medizinische Betreuung zu sammeln. Ich fühlte mich geehrt, auf diese Weise helfen zu können, und freute mich, daß dieses herrliche Beispiel von Georges Künstlertum in seiner vollsten Blüte – wenn auch unter diesen schmerzlichen Umständen – einem breiten Publikum zugänglich gemacht werden konnte.

In der Bayreuther Saison von 1953 wurde zusätzlicher Gebrauch von Hermanns Talenten gemacht, als meine Kollegin an der Metropolitan Eleanor Steber zur Sängerschar stieß, um eine strahlende Elsa in

Als Eleanor Steber, Hermann und ich, drei Amerikaner in Bayreuth, Winifred Wagner, der selbsternannten »letzten Anhängerin des Nationalsozialismus«, vorgestellt wurden, machten wir einen großen Bogen um die Politik. Hier galt's auch der Kunst.

Wolfgang Wagners Neuinszenierung des *Lohengrin* zur Eröffnung der Festspiele zu singen.

Eleanor war in erster Linie als Mozartsängerin und im italienischen Repertoire beschäftigt gewesen, und so wurde Hermann mit der Aufgabe betraut, ihre Interpretation dieser deutschen Oper auf den idiomatischen Stand der übrigen Besetzung zu bringen. Der Erfolg von Eleanors Arbeit mit ihm und dem Dirigenten Joseph Keilberth ist auf einer kommerziellen Aufnahme dokumentiert, die auf CD wiederveröffentlicht wurde.

Meine Tage als »Ausputzer« waren noch immer nicht zu Ende, nicht einmal in Bayreuth. Entsprechend der Festspieltradition teilte ich die Rolle der Isolde in dieser Saison mit Martha Mödl. Am 5. August wurde Martha am Tag der Vorstellung krank, und ich sprang im letzten Moment für sie ein.

Es gab 1953 zwei *Ring*-Zyklen. Der erste wurde mit Martha Mödl als Brünnhilde von Joseph Keilberth dirigiert. Der zweite *Ring*, in dem ich die Partie sang, stand unter der Leitung von Clemens Krauss. Dieser *Ring* und der *Parsifal* in diesem Jahr waren seine einzigen Dirigate in Bayreuth.

Während der Klavierproben mit Maestro Krauss hatte ich ein sehr seltsames Erlebnis mit ihm. Als wir mit der Arbeit an *Siegfried* begannen, hielt Krauss es für tunlich, mir sein Konzept zu erklären, bevor ich anfing zu singen. Nach einigen Minuten seines Vortrags fand ich es an der Zeit, eine Bemerkung einzuwerfen, nämlich: daß ich es vorziehen würde, ihm die Rolle erst vorzusingen und dann seinen Kommentaren über mein Tun zu lauschen. Ich werde die Entgeisterung in seinem Gesicht nie vergessen, mit der er auf meinen Vorschlag reagierte. Doch dann willigte er ein, und ich sang die Rolle für ihn durch. Wenn ich mich recht erinnere, gratulierte er mir zu meiner Interpretation und besprach danach nur einige Tempoänderungen. Später hörte ich von einem Kollegen, Krauss habe zu dem Begleiter gesagt: »Ganz schön frech, die Frau, aber sie weiß, was sie macht.«

Wenn ich gedacht hatte, daß Leinsdorf und Karajan alle Geschwindigkeitsrekorde in der Wagner-Interpretation gebrochen hatten, dann wurden sie beide von Krauss übertroffen – Chapeau! Dieses Gerase war am Anfang des dritten Aktes *Walküre* besonders evident. Krauss wollte das schnelle Tempo, um Brünnhildes besorgte Hast zu illustrieren, Sieglinde in Sicherheit zu bringen, bevor Wotan sie einholen konnte. Er trieb das Orchester in eine Hektik, die wiederum mich dazu zwang, diese Szene atemlos abzuliefern.

Am Tag der Aufführung wartete ein Päckchen von einem meiner begeistertsten Fans in meiner Garderobe. Auf einer beigefügten Karte stand: »Als Hilfe, um ihn einzuholen.« Die Schachtel enthielt ein Spielzeug-Feuerwehrauto!

Für den Tag nach der *Götterdämmerung* waren Hermann und ich von Herrn und Frau Hermann Uhde zu einem vegetarischen Mittagessen auf dem Land eingeladen worden, damit ich mich – wie wir hofften – vom *Ring* erholen konnte. Während wir die angenehme Gesellschaft genossen, fuhren drei Autos vor, und aus einem sprang Wolfgang Wagner und teilte mir mit, daß Martha Mödl nach dem ersten Akt des *Tristan* einen Kollaps erlitten hatte. Ohne zu zögern sagte ich: »Also los.« Sie fragten mich, in welchem Auto ich ins Theater fahren wolle, und ich sagte, daß Wolfgangs Auto wohl das sicherste sei, denn er hätte am meisten zu verlieren, wenn wir es nicht schafften.

Als ich in die Garderobe kam, fand ich Martha in sehr schlechter Verfassung. Trotz ihres Zustands entschuldigte sie sich, daß ich so kurzfristig für sie einspringen müsse. Ich beruhigte sie und sagte ihr, daß sie sich um mich keine Gedanken zu machen brauche, sondern schauen solle, daß sie wieder zu Kräften komme.

Ich sang dann den zweiten und dritten Akt zur zeitweisen Begleitung von roten Paprikaschoten und grünen Gurken.

Wie die Bilanz zeigt, erholte sich Martha nicht nur, ihre Karriere dauert bis heute an. Auch noch nach ihrem 80. Geburtstag bleibt Martha Mödl das Synonym für die unvergleichliche Darstellung von Charakterrollen in ganz Europa. – Mit voller Kraft voraus!

Zu meinen Auftritten im Herbst 1953 gehörte auch eine Vorstellungsserie in Berlin, einschließlich einer Aufführung des *Rosenkavalier*. Nach den Schlußvorhängen bekam ich eine Mitteilung, daß Walter Felsenstein im Haus gewesen sei, aber nach Ende der Vorstellung sofort wieder nach Ost-Berlin habe zurückkehren müssen. Er wollte mich dennoch wissen lassen, daß er von meiner Lesart der Marschallin überwältigt gewesen sei, denn das sei etwas ganz anderes gewesen als das übliche sacharinsüße Getue, das man in dieser Oper so häufig zu sehen und zu hören kriege. Für ihn sei es eine glaubhafte Darstellung verwundbarer Menschlichkeit im ersten Akt gewesen und ungekünstelt noble Würde im letzten Akt.

Die Aussage war deutlich: Er teilte mir auf die netteste Weise mit, daß er mit mir arbeiten wolle, aber es kam nie dazu. Ich hätte nur allzu gerne mit Walter Felsenstein zusammengearbeitet, dessen Ideen über das Musiktheater meinen eigenen auf fast jeder Ebene entsprachen, doch die Ost-West-Spannungen standen dem leider im Wege.

Zurück in den Staaten, nahm ich eine Ausgabe des »New York Sunday Times Magazine« zur Hand und entdeckte, daß mir der höchste Ritterschlag zuteil geworden war. Im Reader's Guide von Sam Lake war ein Kreuzworträtsel, in dem die Lösung lautete: »Miss Varnay of the Met«. – Wenn das keine Auszeichnung ist!

Als ich Ende 1953 an die Metropolitan zurückkehrte, war meine erste Vorstellung die Dresdner Version des *Tannhäuser*, in der ich als »Libero« für Elisabeth und Venus zuständig war. Meine Venus hatte als Hauptattraktion ein gefährlich tief ausgeschnittenes Gewand, was mich doch einigermaßen besorgt machte, daß ich, wenn ich tief Atem holte, urplötzlich mehr von meiner Anatomie enthüllen könnte, als die sehr züchtigen Ladies des New Yorker Publikums zu sehen bekommen wollten, vor allem diejenigen, die nicht mit entsprechenden Proportionen gesegnet waren.

Die Titelrolle in dieser Produktion sang Ramón Vinay, und der Dirigent war George Szell. Dr. Szells häufig sehr schnelle Tempi erforderten, daß ich diese raschen, tiefen Atemzüge nehmen mußte, über die ich mir bereits beim Anprobieren meines Kostüms Sorgen gemacht hatte. Also traf ich mit Ramón ein Abkommen, daß er sich für den Fall der Katastrophe vor mich stellen solle, damit ich die Dinge entsprechend den allgemein geltenden Normen neu ordnen könne. Mit seinem üblichen lateinamerikanischen Charme meinte Señor Vinay: »Soll ich dich mit meinem Rücken abdecken ...« und fuhr mit mutwilligem Grinsen fort: »... oder hättest du lieber, daß ich mit dem Rücken zum Publikum stehe?«

Nach einer zweiten *Tannhäuser*-Vorstellung entdeckte ich, daß Rudolf Bing sich in einer *Walküre*, die für den 4. Februar 1954 angesetzt war, einen Beitrag zu einer »kreativen Besetzungspolitik« genehmigt hatte. Während ich zu meiner Debütrolle als Sieglinde zurückkehrte, hatte er doch wahrhaftig den Bariton Hans Hotter, den berühmtesten Wotan der Welt, zu der viel kleineren Baßpartie des Hunding degradiert. Am 13. Februar wurde diese Vorstellung als Samstag-Matinee mit derselben Besetzung in denselben Rollen wiederholt, was bedeutete, daß Hotter im Radio als Nebenrollen-Sänger in einer Oper präsentiert wurde, in der ihn der Rest der Welt in der Hauptrolle gefeiert hatte!

Zehn Tage später, am 23., sang Hotter den Wotan neben meiner Brünnhilde und kehrte am 17. März zum Hunding zurück. Das ging über meinen Verstand!

Mir selbst gefiel der gelegentliche Ausflug zurück zur Sieglinde, die ich im Sommer 1954 alternierend mit Martha Mödl auch in Bayreuth singen sollte, doch Hotter als Hunding fehlzubesetzen, war entweder eine beabsichtigte Brüskierung oder pure Inkompetenz der Geschäftsleitung.

Das bizarre Spiel des musikalischen Stühlevertauschens ärgerte mich noch Jahrzehnte danach, doch ich war mir nicht sicher, welches Bings Gedankengänge gewesen waren. Darum rief ich Hans Hotter am 15. August 1994 an, vierzig Jahre nach den Vorfällen, und er erzählte mir die ganze Story.

Hans hatte sein Debüt an der Metropolitan am 9. November 1950 in der Titelrolle des *Fliegenden Holländer* gegeben, in einer Premiere, in der ich meine allererste Senta sang. In den darauffolgenden Spielzeiten bis 1954 sang Hotter eine ganze Reihe von Hauptrollen, die seinem überlegenen künstlerischen Niveau entsprachen. Kurz nach den Vorstellungen als Hunding, als neue Verträge für die nächste Spielzeit ausgehandelt werden mußten, teilte Bing Hotter frisch von der Leber weg mit, daß er ihn nur noch in kleineren Rollen sähe, in denen er sich nach Bings Meinung selbst überträfe. Nach meiner Meinung übertraf Hans sich selbst in allem, was er nur anpackte, aber er hatte eine Reputation zu verteidigen. Als sein Agent Alfred Diez keinen Finger rührte, um den strittigen Punkt zugunsten Hotters zu klären, entschloß er sich, sich von der Met zu trennen.

Jahre später begegnete Hotter Bing auf der Münchner Maximilian-straße, kurz vor dem Nationaltheater. Bing meinte, daß man das Vergangene ruhen lassen solle, und bot Hotter an, an die Metropolitan zurückzukehren. Hotter war durchaus bereit, das Kriegsbeil zu begraben, aber er wollte zuvor wissen, welche Rollen Bing ihm denn anzubieten habe. Als Bing wie eine tibetanische Gebetsmühle wiederholte, daß Hotter sich auf die »prachtvollen« kleineren Rollen konzentrieren solle, konnte Hotter diese Offerte lediglich als Brüskierung betrachten.

Es war ein typisches Friedensangebot à la Bing: die andere Seite die Zugeständnisse machen zu lassen. Darum mußte das New Yorker Publikum einen der dominierendsten Künstler entbehren, der jemals das Fach des Heldenbaritons sang. Nachdem ich inzwischen über die Details jener Situation von 1954 informiert bin, erkenne ich, daß der Eindruck richtig war, den ich über das neue Management der Metropolitan gewann, als mir bei meiner halsbrecherischen Rückkehr zur Rettung der *Götterdämmerung*-Vorstellung 1951 eine derartige Woge von Apathie entgegenschlug.

Gott sei Dank gab es Europa!

Als Hermanns Gesundheitszustand sich zusehends besserte, nahm er auch mehr und mehr Dirigieraufträge an. Im Frühsommer 1954 machten wir einige Rundfunkaufnahmen meines Liederabend-Repertoires mit Hermann am Flügel.

Dann ging es in München weiter mit einer Arien-Platte für die Deutsche Grammophon, die besonders wegen der Tatsache bemerkenswert war, daß wir ein paar italienische Arien zweimal aufnahmen, einmal auf deutsch für den einheimischen Markt und ein zweites Mal im originalen Italienisch für den internationalen Vertrieb.

Bei dem gegenwärtigen Schwerpunkt auf der Originalsprache wäre ein solches Projekt heutzutage schwerlich vorstellbar.

Zwischen dem 2. und 5. Juni nahmen wir mit dem Symphonieorchester des Bayerischen Rundfunks Brünnhildes Schlußszene aus *Götterdämmerung* auf. Diese Interpretation bekam in Paris den *Grand Prix du Disque*.

Danach dirigierte Hermann am 10. und 13. Juni in Braunschweig zwei überaus erfolgreiche Vorstellungen des *Troubadour* in deutscher Sprache. Anschließend fuhren wir gemächlich mit dem Auto nach Bayreuth.

Am 23. Juli 1954 sang ich in Bayreuth die Ortrud neben einem neuen Sopran aus Stockholm als Elsa. Sie war nur ein paar Wochen jünger als ich, hatte ihre internationale Karriere ein paar Jahre zuvor mit Mozart in Glyndebourne begonnen und war an den Bayreuther Festspielen im Vorjahr erstmals in einer Aufführung von Beethovens *Neunter* unter Paul Hindemith beteiligt gewesen. Ihr Name war Birgit Nilsson.

In den *Walküre*-Vorstellungen dieser Saison war Birgit Nilsson im dritten Akt als meine jüngere Schwester Ortlinde besetzt. Die Zuteilung dieser Partie beleidigte nicht im geringsten Birgits Ego und hatte auch keinen negativen Einfluß auf ihren späteren selbstbewußten Geschäftssinn, mit dem sie ihre Karriere steuerte, und lieferte überdies dem Walküren-Ensemble einige durchschlagende hohe Töne.

Nach Aufnahmeterminen in den Rundfunkhäusern in Köln und München und *Tristan*-Vorstellungen in Hannover und Bielefeld kehrten Hermann und ich auf der »Île de France« bequem in die Vereinigten Staaten zurück.

In unserem Metier nehmen wir uns fast jedes Jahr einen runden Monat frei. 1955 ergab sich diese Pause im April.

Eines Tages, als wir in unserem New Yorker Heim ausspannten, fühlte sich Hermann plötzlich schrecklich unwohl und erlitt im Bett einen Kollaps. Er war offensichtlich von einer weiteren Herzattacke getroffen worden, die diesmal gravierend war.

Für einen Augenblick stand ich völlig hilflos da, wollte den Arzt rufen und wagte gleichzeitig nicht, von Hermanns Seite zu weichen. Glücklicherweise läutete es an der Wohnungstür, und unsere Zugehfrau brachte Wäsche, die sie gebügelt hatte. Es war nicht der Tag, an dem sie sonst zu uns kam. Sie erkannte sofort den Ernst der Lage und rannte hinunter, um einen Arzt zu holen, der im Erdgeschoß wohnte.

Während der Arzt Hermann erste Hilfe leistete, rief ich Dr. Roseno an, der sofort veranlaßte, daß Hermann ins Krankenhaus kam. Er verfügte außerdem, daß der Patient rund um die Uhr unter Beobachtung stehen müsse. Da ich wußte, daß ernsthaft erkrankte Menschen Schwierigkeiten haben, sich in Sprachen mitzuteilen, die sie erst als Erwachsene erlernt haben, sorgte ich dafür, daß sich eine Gruppe deutschsprechender Krankenschwestern um ihn kümmerte.

Eine Zeitlang stand die Situation auf Messers Schneide. Etwa eine Woche später fiel er in ein Koma. Am 12. April 1955 läutete morgens um 7 Uhr das Telefon. Der Chefarzt der kardiologischen Abteilung des Krankenhauses rief persönlich an, um mir mitzuteilen, daß Mr. Weigert im Schlaf sanft hinübergegangen sei.

Dr. Roseno und andere liebe Freunde halfen mir bei den notwendigen Vorkehrungen.

Es ist merkwürdig, was einem Menschen in einem solchen Moment durch den Kopf geht. Während ich das Nötige in die Wege leitete, erinnerte ich mich an ein Gespräch, das wir am Anfang unserer Ehe geführt hatten. Ich hatte Hermann daran erinnert, daß ich ihm noch 500 Dollar an Raten für die Stunden schulde, die ich vor Beginn meiner Karriere bei ihm genommen hatte.

Er hatte gesagt, daß ich das Geld jemandem geben solle, der es nötig hätte. Insgeheim gelobte ich mir, daß ich seine Güte eines Tages in Form von Stunden an würdige Nachwuchssänger weitergeben würde. Es ist eine Schuld, die ich seither mit Zinsen zurückgezahlt habe.

Hermanns Urne wurde neben der meines Vaters auf dem Fresh Pond Cemetery außerhalb New Yorks beigesetzt. Mein Vater und mein Mann hatten beide die Hoffnung gehegt, eines Tages nach Europa zurückzukehren und ihre Karrieren im Herzen der Musikwelt wiederaufzunehmen. Als ich ihren sterblichen Resten Lebewohl sagte, gelobte ich mir, dieses Ziel zu erreichen – um ihret- und um meinetwillen.

Als ich die Bruchstücke meines Lebens wieder zusammensetzte, dachte ich über die Worte des Arztes in Texas nach, als Hermann das erste Mal erkrankt war. Er hatte mir gesagt, daß es, um Hermanns Mut nicht sinken zu lassen, das beste sei, wenn ich wie gewohnt weitersänge.

Nun, da Hermann nicht mehr war, brauchte ich selbst die Fortsetzung meiner Arbeit. Wie mir Karin Branzell um diese Zeit sagte: »Arbeit heilt.« Ich spürte außerdem die Berufung, die Weisheit, die mir durch diesen liebenden Berater vermittelt worden war, so gut wie möglich zu erweitern und sie dann weiterzugeben.

Ich schloß die Wohnung bis auf weiteres ab und flog Anfang Mai nach Deutschland zu vier Opernvorstellungen und zwei Konzertauftritten, bevor die Proben in Bayreuth begannen.

Mein erster Termin war *Elektra* am 27. Mai 1955 in Wiesbaden.

DRITTER AKT

Ich verzweige mich

ERSTE SZENE

»Allein? Nein!«

Das Schicksal gewährte mir im Schmerz über meinen Verlust eine Reihe von Segnungen, die mir halfen, den Abgrund zu überwinden. Vielleicht der größte Segen war, daß ich fast augenblicklich Engagements in Europa hatte, die mit der *Elektra*-Vorstellung am 27. Mai in Wiesbaden begannen.

Im Vergleich zu den Großstädten Europas ist Wiesbaden, was Ausdehnung und Einwohnerzahl betrifft, eher bescheiden. Sein Klima und die schöne Umgebung haben es eher zu einer Kommune für Ruheständler werden lassen als zu einer Metropole, und es liegt so nahe bei der Großstadt Frankfurt wie die Vorstadt Westchester bei New York. Inzwischen gibt es öffentliche Nahverkehrsmittel zwischen den beiden deutschen Städten.

Daß es in einer Stadt dieser Größe ein hervorragendes Theater mit einem ausgezeichneten Opernensemble gibt, ist einer der Hauptunterschiede in der Einstellung zu den darstellenden Künsten zwischen den Vereinigten Staaten und Deutschland. Als Hauptstadt von Hessen und beliebter Urlaubsort mit einer begüterten Einwohnerschaft ist Wiesbaden immer stolz darauf gewesen, seinen Bürgern und den Besuchern Schauspiel und Oper von Rang zu bieten, und das Theater wird sowohl vom Staat wie von der Stadt hoch subventioniert.

Die Proben mit meinen Kollegen und dem Gastdirigenten George Sebastian liefen gut an, und um ehrlich zu sein, wußte ich meinen Status als prominenter Gast der Stadt und des Opernhauses zu schätzen.

Dennoch hätte mich die erste Vorstellung in dieser neuen Phase meines Lebens in eine Krise stürzen können, wenn es nicht einen weiteren Segen gegeben hätte, der durchaus nicht zufällig war: die geradezu unheimliche Voraussicht zweier meiner teuersten Freunde.

Valerie Wagner und ich standen uns seit unseren Stehplatzzeiten nahe, und sie war regelmäßige Besucherin meiner Vorstellungen seit dem Tag, an dem sie sich »für Lehmann angestellt und Varnay bekommen hatte«. Als sie Si Glazer heiratete, machte sie auch aus ihm kurzerhand einen Opernfreund, und die beiden waren gerngesehene Mitglieder meines engsten Kreises.

Einige Tage vor Beginn der *Elektra*-Proben in Wiesbaden erhielt ich ein Telegramm aus den Vereinigten Staaten. Erfreut darüber, daß sich drüben jemand vermutlich die Mühe gemacht hatte, mir gute Wünsche zu übersenden, öffnete ich das Telegramm. Der Text war kurz, doch es war eine der wichtigsten Botschaften, die ich jemals erhielt. Sie lautete: »Allein? Nein! Wir sind bei Dir. Valerie und Si.«

Dreitausend Meilen entfernt hatten diese mitfühlenden Freunde sich bewußt gemacht, daß meine Rolle mit dem Wort »Allein« beginnt, und gespürt, daß nach allem, was ich in den letzten Wochen durchgemacht hatte, dieses eine Wort am Beginn einer langen und fordernden Oper mich emotional abtrudeln lassen könnte. Und in der Tat war ich mir, als ich auf die Bühne ging, um meine Partie mit der Klage um den Vater zu beginnen, dankbar bewußt, daß Freunde wie Valerie und Si immer da sein und mir den Mut geben würden weiterzumachen.

Si ist nicht mehr unter uns, doch meine Freundschaft mit Valerie ist nach über fünfzig Jahren immer noch so frisch wie bei unserer ersten Begegnung.

Die Engagements der folgenden Wochen waren ein weiteres Beispiel dafür, wie sorgsam Hermann mein berufliches Leben von Anfang an begleitet hatte. Am Beginn meiner europäischen Karriere hatte er sich mit der Agentur Felix Ballhausen in München zusammengetan, und von da an hatten sie mich gemeinsam hervorragend betreut. Diese Betreuung hielt nach Hermanns Tod an.

Felix Ballhausen erwies sich später als einer der gerissensten Verhandlungspartner im Business, und bald stellte ich fest, daß sein Beispiel bei mir Schule machte.

Eines Sommers bot er mir ein Konzert weit hinten in Belgien an. Da ich mich unbedingt von einer anstrengenden Spielzeit erholen wollte, war ich nicht auf ein weiteres Engagement scharf. Nachdem beide Seiten entsprechend lange um den heißen Brei herumgeredet hatten, beschloß ich, einem alten Theaterprinzip folgend, mehr Geld zu verlangen, als sie meiner Meinung nach zahlen konnten. Wenn sie ablehnten, war ich aus dem Schneider. Wenn sie einverstanden waren, würde es sich lohnen, einen Teil meiner Sommerferien zu opfern. Stellen Sie sich meine Verblüffung vor, als die Belgier auf meine Bedingungen eingingen, worauf ich Ballhausen mitteilte, daß ich mit dem Konzert einverstanden sei, doch nur unter der Bedingung, daß sie auch noch die Reise- und Hotelspesen etc. übernehmen würden. Abermals hoffte ich auf ihre Ablehnung. Als Ballhausen zurückrief und bestätigte, daß sie alle meine Bedingungen akzeptiert hatten, blieb mir nichts anderes übrig, als endgültig zuzusagen.

Ganz beiläufig entschlüpfte Ballhausen darauf die Bemerkung: »Astrid, Liebes, komm bei mir arbeiten! Du bist genau so ein Gauner wie ich!«

Nach *Elektra* in Wiesbaden hatte die Agentur Ballhausen verschiedene Vorstellungen und Konzerte in Städten von der Größenordnung Wiesbadens arrangiert, und beinahe alle verfügten sowohl über den Ehrgeiz als auch über die Mittel, um Opern von der Dimension aufzuführen, auf die ich spezialisiert war.

Darüber hinaus boten all diese Theater mit ihren festen Ensembles Opern-, Operetten- und Schauspielvorstellungen mindestens zehn Monate pro Jahr. Im Vergleich dazu lief die längste Opernspielzeit in den Vereinigten Staaten, die der Metropolitan, gewöhnlich vom Eröffnungsabend irgendwann im November bis zur letzten Vorstellung auf Tournee Mitte Mai.

Zu dem Vorteil, den eine lange Spielzeit bot, gaben die deutschen Theater außerdem vielversprechenden Künstlern die Chance, ihre Schwingen zu erproben, bevor sie sich in die Stratosphäre des Opern-Olymps wagten.

Sie verschafften auch zahlosen Sängern und Musikern, denen eine große Karriere nicht in die Wiege gelegt war, die Möglichkeit, ihren Beruf auf einer Ebene auszuüben, die ihren Fähigkeiten entsprach, wobei diese Künstler ihre Erfahrung, die sie im Laufe langer Jahre sammelten, wieder ihren jüngeren Kollegen zugute kommen lassen konnten.

Der Vorteil eines festen Ensembles war außerdem, daß jeder immer zur Verfügung stand, daß also alle Produktionen mit peinlicher Genauigkeit in Szene gesetzt werden konnten und genügend Zeit war, um jedes Problem auszubügeln, das sich während der Vorbereitung ergab.

Das war zweifellos ein Klima, in dem musikalische Integrität und gestalterische Phantasie gedeihen konnten. Durch ganzjährige Verträge hatten die Sänger die Gewißheit, daß sie ihre Miete bezahlen konnten. Darüber hinaus kannten sie ihren Platz in der »Mannschaft« und konnten ihre gesanglichen und darstellerischen Talente nach ihrem eigenen Rhythmus entwickeln. Das erklärt, warum es mir viel Freude bereitete, auf dieser Seite des Ozeans neben hoffnungsvollen jungen Künstlern zu gastieren, von denen ich einige später an größeren Häusern begrüßen konnte.

Am 30. Mai 1955 sang ich in Braunschweig die Brünnhilde in der *Walküre* und am 2. Juni meine erste Lady Macbeth in deutscher Sprache.

Am 5. Juni folgte die Kundry in *Parsifal* in Bielefeld und am 10. eine Isolde in Wuppertal. Anschließend kamen zwei Orchesterkonzerte mit einem Wagnerprogramm, das erste am 12. Juni in Oberhausen und das zweite am 14. Juni in Kaiserslautern. Dann war es Zeit, zum Bayreuther Festspielensemble von 1955 zu stoßen.

Bei meinen Gastspielen an kleineren Häusern fiel mir immer wieder auf, daß die jüngeren Kollegen des Ensembles uns »alten Hasen«, die vorwiegend an großen Häusern auftraten, fast unterwürfig begegneten. Obwohl diese respektvolle Ehrerbietung oft schmeichelhaft war, konnte sie die Verständigung doch etwas peinlich machen.

Ich kann mich an eine musikalische Probe von *Fidelio* erinnern, bei der jeder irgendwie eingeschüchtert war. Sie schienen besorgt, daß ihre Arbeit nicht meine Anerkennung finden könnte, ohne daß mich irgendwer dazu beauftragt hatte, sie zu beurteilen. Um die Atmosphäre von diesem Gezitter zu reinigen, das ich zu Beginn unserer gemeinsamen Proben deutlich spüren konnte, beschloß ich, einen absichtlichen musikalischen Patzer zu machen, der die gesamte Besetzung in sprachloses Staunen stürzte. Nachdem ich mich für den Ausrutscher entschuldigt hatte, bemerkte ich, daß sich die Atmosphäre völlig entspannt hatte. Das gab mir die Möglichkeit, den Regisseur zu bitten, sein Konzept mit mir durchzugehen, damit ich mich entsprechend anpassen könne. Ich fügte hinzu, daß auf diese Weise die paar Abweichungen, die ich speziell einfügen wollte, früh genug diskutiert werden könnten. Als allen deutlich wurde, daß auch ich nur auf tönernen Füßen stand, erlaubten sie mir, von dem Piedestal herunterzusteigen, auf das sie mich gehoben hatten, und mit ihnen im Geiste der Kameradschaft zu arbeiten.

Die Nachricht über diesen Vorfall verbreitete sich wie ein Lauffeuer in den anderen Theatern, und es wurde mir berichtet, es sei den Leuten da und dort versichert worden, daß sie sich bei einem Gastspiel der Varnay nicht unbehaglich zu fühlen brauchten. Die Dame, hieß es, rausche nicht als Primadonna an.

Am 22. Juli 1955 wirkte ich bei der Eröffnungsvorstellung der Bayreuther Festspiele in einer Partie mit, von der ich einst gedacht hatte, daß ich sie nicht erlernen könnte: als Senta im *Fliegenden Holländer*.

Als ich mit Wolfgang Wagner an der Inszenierung arbeitete, mußte ich unwillkürlich über Hermanns Dezidiertheit nachdenken, mit der er mich meinen eigenen Zugang zu der Figur finden ließ, ohne mir einfache Wegweiser aufzustellen.

Die Zusammenarbeit mit Hermann Uhde, der bereits der Telramund neben meiner Ortrud in *Lohengrin* gewesen war, war eine erfreuliche Wiederbegegnung. Im Gegensatz zu seinen meisten Baritonkollegen, majestätischen, massiven Männern, war Uhde hochgewachsen, aber schlank, was ihm eine ideale Kombination von Gesang und Darstellung ermöglichte. Zu seiner stabilen, maskulinen Stimme mit ihrer Mischung aus Wärme und Durchschlagskraft war er auch noch grundmusikalisch, und man konnte sich darauf verlassen, daß er seine darstellerische Intelligenz unverwechselbar in jede Rolle einbrachte, die er porträtierte.

Darüber hinaus konnte ich mich mit Uhde in zwei Sprachen, Deutsch und Englisch, verständigen, die er beide perfekt beherrschte. Das kam von Zeit zu Zeit sehr gelegen, zumal er auch im amerikanischen Slang up to date war, den ich gern benutzte, weil es mir häufig ermöglicht, eine ganze Menge in wenigen wohlerwogenen Worten auszudrücken. Hermann Uhde war in Norddeutschland aufgewachsen und hatte mit seiner amerikanischen Mutter, die ursprünglich zum Gesangsstudium dorthin gekommen war, Englisch gesprochen. Das amerikanische Idiom hatte er sich in den letzten Kriegsjahren während einer kurzen Internierung in einem Kriegsgefangenenlager außerhalb von Chicago angeeignet.

Wie traurig, daß seine Karriere so früh enden mußte, als er, erst einundfünfzigjährig, in Kopenhagen auf der Bühne einem Herzinfarkt erlag.

Der Erik in diesem *Holländer* war Wolfgang Windgassen. Windgassen war kein stimmlicher Koloß wie Melchior, doch er machte das, was ihm an Stimmkraft fehlte, für mich durch Stimmschönheit, bemerkenswerte darstellerische Begabung und hochgradige Musikalität wett, die, wie auch bei mir, Kennzeichen eines »Familienmetiers« waren. Das machte ihn während seiner ganzen Karriere zu einem Stützpfeiler vieler Theater.

Zwischen Windgassens und meiner Biographie gab es viele Parallelen. Beide waren wir die Kinder eines dramatischen Tenors und einer Koloratursopranistin. Seine Mutter Vally van Osten war eine Schwester der berühmten Eva von der Osten, dem ersten Octavian in der Uraufführung des *Rosenkavalier*. Wolfgangs Großeltern mütterlicherseits waren beide bekannte Schauspieler gewesen.

So wie ich meinen Vater früh verloren hatte, starb Wolfgangs Mutter 1923, als er neun war, an einer Tetanusvergiftung infolge einer Kratzwunde am Bein. Und wie bei meinem Vater hätte ihr Leben gerettet werden können, wenn es damals bereits Penizillin gegeben hätte. Ich war Gesangsschülerin meiner Mutter, Windgassen hatte seinen Beruf bei seinem Vater erlernt, einem bekannten dramatischen Tenor aus Norddeutschland, der nach seinem Abschied von der Bühne lange Jahre eine Professur an der Musikhochschule seiner zweiten Heimatstadt Stuttgart innehatte.

Professor Fritz Windgassen besuchte Bayreuth häufig und stieg im Hotel Reichsadler ab, wo mein Mann und ich anfangs gewohnt hatten. Wir scharten uns zum Mittag- und Abendessen oder nach den Proben um einen langen Tisch, der zwölf Personen Platz bot. Papa Windgassen präsidierte am Kopfende dieser Tafel, die immer für uns reserviert war.

Als Windgassen senior mit achtzig Jahren im April 1963 starb, hinterließ er bei uns allen eine tiefe Lücke. Für lange Zeit blieb Papas Stuhl leer. Erst ein rundes Jahr später nahm Wolfgang wie selbstverständlich den Platz seines Vaters am Kopfende der Tafel ein.

Ich kann mich erinnern, daß Hans Hotter einmal vor der Mitte des Tisches saß, an beiden Seiten von einem Schwarm von mindestens zehn attraktiven jungen Damen flankiert. Es sah aus, als ob Wotan mit den Walküren außerhalb der Bühne tagte! Ich bin sicher, daß er sich richtig zu Hause fühlte, und er hatte ein Recht darauf. Für mich gab es nie einen vollendeteren Wotan.

Seine Stimme hatte die Fähigkeit, eine Phrase in ein Kaleidoskop verschiedener Ausdrucksschattierungen zu verwandeln. Er konnte auch stürmisch machtvoll singen, ohne jemals die Schönheit des Tons zu verlieren. Er war der größte Vertreter des Legato-Singens, den es jemals in Wagners Opern gegeben hat. Ich nehme an, daß diese Qualität das Ergebnis jahrelangen Liedgesangs war, in dem er ebenfalls Meister war.

Seine Begabung auf allen Tasteninstrumenten hatte seine außergewöhnlich hohe Musikalität geprägt. Und was die Darstellung betraf: Er hatte sie nicht nötig. Er *war* jede Gestalt, die er sang, in jeder Faser seines Seins.

Privat war und ist er ein äußerst angenehmer Kollege und Freund mit ansteckendem Humor. Jede seiner Anekdoten ist ein Juwel.

Ich erinnere mich gut an eine lustige Geschichte aus den Bayreuther Anfängen, die durch die Art, wie Hans sich in die jeweilige Person verwandelte, noch sprühender wurde. Da wir diese Personen kannten, war seine Verwandlung doppelt unheimlich.

Die Anekdote, die er herrlich in seinen Memoiren erzählt, dreht sich um einen Vortrag, den er in Zürich besuchte. Der Redner war Paul Hindemith, der sich bei dieser Gelegenheit nicht nur als der bedeutende Komponist, Bratschenvirtuose und Dirigent, den die Welt kannte, sondern obendrein als hervorragender Musikologe und Philosoph entpuppte. Das einzige Problem bei seinen Ausführungen war laut Hotter, daß Hindemith so gelehrt und auf so vielen Gebieten des menschlichen Denkens und des schöpferischen Geistes beschlagen war, daß sein Vortrag die wenigen Zuhörer, die an seiner Weisheit teilhaben wollten, größtenteils vor ein Rätsel stellte.

Als er mit seinen Ausführungen schließlich am Ende war, wandte sich Hindemith leutselig an das Publikum und erkundigte sich, ob er noch Fragen beantworten könne. Nach ein, zwei ziemlich belanglosen Fragen, die sich anhörten, als ob die Fragesteller den größeren Teil des Vortrags darüber nachgedacht hätten, wohin sie nachher auf ein Käsefondue gehen sollten, schoß in der Mitte des Saals ein sehr langer Arm hoch, und Hindemith machte als dessen Besitzer Dr. Otto Klemperer aus, dessen akademischer Hintergrund und scharfe Intelligenz der des Vortragenden ebenbürtig waren.

Mit einem Lächeln freudiger Erwartung fragte Hindemith Dr. Klemperer, was er denn wissen wolle, worauf sich der weise Dirigent lakonisch erkundigte: »Wo ist hier die Herrentoilette?«

Einmal hatte ich nach dem Mittagessen mit Hotter ein Brainstorming. Er hatte den Wotan mit anderen Brünnhilden in anderen Theatern gesungen und ich die Brünnhilde mit anderen Wotans. Wir hielten es für notwendig, unsere Erfahrungen auszutauschen und abzuklären, wer was wo und wann auf der Bayreuther Bühne zu tun habe. Um sicher zu sein, daß alles auch seine Ordnung habe, baten wir Wieland um eine kurze Verständigungsprobe, damit wir all das Diskutierte koordinieren konnten, aber Wieland war mit einer neuen Inszenierung beschäftigt und entwand sich uns immer wieder mit der Vertröstung auf »irgendwann später«. Als die erste *Walküre*-Vorstellung gefährlich näherrückte, fand ich es höchste Zeit, um mit härteren Bandagen zu kommen. Als ich Wieland Wagner das nächste Mal im Theater sah, nagelte ich ihn fest und sagte ihm in aller Deutlichkeit, daß Bayreuth, wenn es der Tradition minderer Theater folge und Vorstellungen nicht entsprechend probe, aller Voraussicht nach zu einer »Edelschmiere« herabsinken würde – eine Vokabel, die ich mit voller Absicht gewählt hatte, um meine Meinung unmißverständlich klarzumachen. Ohne ein Wort zu sagen, warf er mir einen dieser Wieland-Wagner-Blicke von der Seite zu, der ankündigte, daß eiligst eine Probe angesetzt werden würde.

Proben konnten in jenen frühen Jahren manchmal eine unangenehme Aufgabe sein, denn es gab keinen Lautsprecherkontakt zwischen dem Pult des Regisseurs im Zuschauerraum und der Bühne. Das bedeutete für den Regisseur, daß er für seine Erklärungen immer hin und her laufen mußte.

Während der Saison von 1954, als Martha Mödl und ich uns die Rollen von Sieglinde und Brünnhilde teilten, saß ich im Zuschauerraum in der Nähe von Wieland Wagner und beobachtete ihn, wie er Marthas Sieglinde auf Herz und Nieren prüfte. Wieland rannte wie üblich zwischen der Bühne, wo er mit Martha arbeitete, und der zwanzigsten Reihe, wo ich saß, hin und her. Er muß in jenen Tagen ziemlich viel Gewicht verloren haben. An einer Stelle beugte er sich zu mir und murmelte etwas wie: »Warum bewegt sich Mödl in Zeitlupe?« Ich konnte ihm im Augenblick keine Antwort geben, weil ich es selbst nicht wußte, doch ich nahm mir vor, es so rasch wie möglich herauszubekommen, auch in meinem eigenen Interesse.

Ich ging hinter die Bühne und stellte fest, daß sie ihren Auftritt über eine Treppe von sechs oder sieben unregelmäßigen Stufen an der Rückseite der Dekoration machen mußte.

Martha war immer sehr kurzsichtig, und selbst bei voller Beleuchtung hätte sie vermutlich Schwierigkeiten mit diesen Stufen gehabt. Nachdem ich mir das Problem eine Weile überlegt hatte, wurde mir klar, daß es für mich wahrscheinlich ebenfalls lästig sein würde, diese

Stufen im Halbdunkel zu erklettern, trieb den Chef der Theaterschreinerei auf und fragte ihn, ob sich die Treppe durch eine Rampe ersetzen ließe. Er vermaß die Fläche und sagte, daß das kein Problem sei. Ich bat ihn darauf um einen Kostenvoranschlag für die Änderung. Bewaffnet mit den Fakten präsentierte ich den Brüdern Wagner meinen Vorschlag. Nachdem sich Wolfgang mit der Ausgabe einverstanden erklärt hatte, ging Wieland sofort auf die Bühne und probierte die Stufen selbst aus. Er muß mit meinem Vorschlag zufrieden gewesen sein, denn bei der nächsten Probe war die Rampe bereits an Ort und Stelle.

Das war ein typisches Beispiel dafür, daß Wieland – wie visionär seine Inszenierungen auch waren –, darauf achtete, daß die Bühnenbilder immer sängerfreundlich waren. Das kam ihm ebenso entgegen wie uns. Er wollte auf der Bühne Gesichter sehen und nicht Leute, die angestrengt auf ihre Füße schauten.

Wieland hatte eine Vorliebe für eine ansteigende Bühnenfläche und setzte sie in seinen Bühnenbildern häufig ein, aber genauso legte er Wert auf den Gesang. Aus diesem Grund testete er jedes Mal den Neigungswinkel. Da er selbst leichte Gleichgewichtsstörungen hatte, wußte er, daß, wenn *er* damit keine Schwierigkeiten hatte, *wir* die Bühne ganz bestimmt in den Griff kriegen würden.

Seine Aufmerksamkeit endete nicht am Bühnenrand. In einem der ersten Festspieljahre waren einige Herren des Ensembles so groß, daß man sie schon als Riesen bezeichnen konnte. Unglücklicherweise war der innere Bühneneingang so niedrig, daß sie sich bücken mußten, um durchzukommen. Als er beobachtete, wie einige dieser großwüchsigen Männer dabei praktisch in die Knie gingen, rief Wieland Wagner aus: »Kein Sänger in meinem Ensemble soll seinen Kopf neigen müssen, außer auf der Bühne!« und ließ die Tür prompt höher machen.

Er reagierte so rücksichtsvoll auf die Bedürfnisse und Empfindlichkeiten anderer Menschen, daß er einmal ein Inszenierungsdetail lieferte, das nur für eine einzige Person sichtbar war. Doch diese Person war kein Geringerer als Professor Hans Knappertsbusch. Wieland der leidenschaftliche Revolutionär, und Hans Knappertsbusch, der eingefleischte Traditionalist, hätten gar nicht gegensätzlicher sein können, doch ihr Bewußtsein der Sachkenntnis des anderen und ihr tiefer gegenseitiger Respekt verwandelten oft einen fast unvermeidlichen frontalen Zusammenstoß in ein anrührendes Beispiel von Verständnis und Rücksichtnahme.

Wieland war ein begabter Maler mit hochgradigem Interesse an der Wirkung von Licht und Schatten auf Stimmung und Atmosphäre. Er entwarf seine Bühnenbilder immer selbst und verfügte über umfassende Kenntnisse in der Beleuchtungstechnik.

In Verbindung mit seinem ästhetischen Grundkonzept, die Opern seines Großvaters von unnötiger oberflächlicher Theatralik zu befreien, ersetzte er bisweilen mythologische Erscheinungen wie den Drachen in *Siegfried* und die Taube in *Parsifal* durch symbolische Lichteffekte, die nach seiner Auffassung die tiefere Bedeutung dieser Elemente unterstrichen, ohne sie allzu wörtlich zu nehmen.

Ich war immer eine unverbesserliche Romantikerin, wie ein Kind, das möchte, daß seine Märchen immer weiterleben. Und deshalb ziehe ich in *Siegfried* einen *echten* Drachen vor, doch da Brünnhilde im zweiten Akt nicht dran ist, wenn Fafner seine Drachen-Inkarnation auf die Bühne hievt, hat mich nie jemand um meine Meinung gefragt.

Als es um die heilige Taube in *Parsifal* ging, war Professor Knappertsbusch der Meinung, daß sie ein unverzichtbarer Bestandteil der Oper sei, während Wieland sie als leblosen, ausgestopften Vogel betrachtete und die reale Erscheinung der symbolischen Taube durch einen wirkungsvollen Lichteffekt ersetzte.

Als die Inszenierung Gestalt anzunehmen begann, setzte Knappertsbusch Wieland weiter wegen der Taube zu. Sie gehöre dazu, behauptete er hitzköpfig, und es gäbe kein elektrisches Brimborium, das sie jemals ersetzen könne. Statt den leicht entzündlichen Zorn des Dirigenten auf sich zu laden, entschloß sich Wieland zu einem Kompromiß, der sowohl Knappertsbusch wie ihn selbst befriedigte.

Eines Nachmittags wurde ein großes Hinweisschild vor dem Theater angebracht, das kundtat, daß niemand, der nicht zur Bühnentechnik gehöre, den Bühnentrakt betreten dürfe. Wir kannten alle Wielands Vorliebe, technische Proben ungestört abzuhalten, und deshalb wunderte sich auch niemand darüber, daß er an diesem Nachmittag hinter geschlossenen Türen arbeiten wollte. Hätten wir allerdings gewußt, was da drinnen vorging, wären einige von uns doch gerne bei einer Aktion Zaungäste gewesen, deren Ergebnis das Publikum nie zu sehen bekommen würde.

In der Tat hängten Wieland und ausgesuchte Mitglieder seiner Mannschaft eine künstliche Taube auf der Bühne auf und tüftelten für die Stelle, an der sie sich laut Partitur herabzusenken hat, eine Position aus, in der der Vogel in Knappertsbuschs Gesichtsfeld geriet, aber für alle anderen *unsichtbar* blieb! Den Gerüchten zufolge beorderte Wieland das größte Mitglied der Crew zum Dirigentenpult und einen anderen Mann in die erste Reihe im Zuschauerraum. Als die Taube so hing, daß der Bühnenarbeiter, dessen Gardemaß es mit dem des Maestro aufnehmen konnte, den Vogel sehen konnte, der Mann in der ersten Reihe jedoch nicht, wußten sie, daß sie es geschafft hatten.

In der betreffenden Vorstellung lächelte Professor Knappertsbusch das Lächeln des Siegers, als er die Taube über dem Gralstempel schweben sah, und es kam ihm nicht in den Sinn, daß er das Opfer einer Täuschung sein könnte. Als er sich anschließend rühmte, Wieland dazu gebracht zu haben, der Taube wieder ihren gebührenden Platz einzuräumen, soll seine Frau ihm angeblich gesagt haben, daß sie nirgendwo eine Taube gesehen habe, worauf er verächtlich schnaubte: »Ihr blöden Weiber seht sowieso nichts!«

Ich frage mich, ob ihm jemals jemand erzählte, was wirklich stattgefunden hatte.

Für die Bayreuther Festspiele von 1955 hatte ich ein Häuschen gemietet und entspannte mich gerade in der Badewanne, als meine Haushälterin an die Tür klopfte und mir mitteilte, daß ein Herr mich zu sehen wünsche. Ich schlüpfte schnell in etwas Passendes, ging hinunter und begrüßte Dr. Hermann Juch, den designierten Intendanten des Düsseldorfer Opernhauses.

Dr. Juch teilte mir mit, daß das Theater in Düsseldorf gegenwärtig restauriert und bei seiner Amtsübernahme in der übernächsten Spielzeit in »Deutsche Oper am Rhein« umbenannt würde. Das Ensemble habe dann die Häuser in Düsseldorf und im nahegelegenen Duisburg zu bespielen. Er fragte mich, ob ich daran interessiert sei, seine erste Spielzeit mit der Titelrolle in *Elektra* zu eröffnen und anschließend in dieser reichen Stadt als festes Ensemblemitglied zu bleiben.

Nach meinen Erfahrungen mit der Metropolitan hatte ich meine begründeten Bedenken, mich auf *Dauer* an irgendein Opernhaus zu binden, aber ich konnte Dr. Juch immerhin sagen, daß ich mehr als glücklich wäre, das Haus zu eröffnen, und daß ich für eine Reihe von Gastauftritten zur Verfügung stehe, vorausgesetzt, daß sie mir früh genug bekanntgegeben würden.

Als ich in die Vereinigten Staaten zurückkehrte, wurde mir klar, daß ich mit der Metropolitan reinen Tisch machen mußte. Während mir die europäischen Häuser ansehnliche Abendgagen boten, hielt die Metropolitan nach wie vor an einer Wochengage fest, was sie außerdem in die Lage versetzte, mich im Notfall für andere Sängerinnen einspringen zu lassen.

Als ich mich mit Mr. Bing traf, war er wie gewöhnlich die Höflichkeit selbst, teilte mir jedoch mit, daß er – abgesehen von einigen *Parsifal*-Vorstellungen während der Osterwoche, für die ich bereits angesetzt war – nicht gewillt sei, mir für die nächsten Spielzeiten weitere feste Zusagen zu machen. Darauf schlug er mir vor, doch ein Sabbatjahr einzulegen und meine Einstellung gegenüber der Metropolitan neu zu überdenken. Ein wahrhaft erbärmliches Angebot nach vierzehn Jahren an diesem Haus!

Noch während er mich mit dieser glatten Unverschämtheit einzuseifen versuchte, schoß mir eine Reihe von Gedanken durch den Kopf. Ich dachte an den Arzt in Waco, der mir gesagt hatte, es sei das beste für Hermann, wenn ich weitersinge. Ich erinnerte mich meines halsbrecherischen Winterflugs durch den Schneesturm von Texas nach New York, um die *Götterdämmerung*-Vorstellung zu retten. Ich dachte an die merkwürdige Art, wie Bing Hans Hotter behandelt hatte. Und ich wurde mir plötzlich bewußt, daß ich Dr. Juchs Düsseldorfer Vertragsangebot in der Tasche hatte.

Ich teilte Mr. Bing mit, daß ich sein Angebot annehme, was bedeutete, daß mein Name noch ein weiteres Jahr auf der Ensembleliste geführt wurde. Er war einverstanden und bat mich, das Management der Metropolitan über meine Aktivitäten auf dem laufenden zu halten. Zutiefst befriedigt über den Entschluß, den ich soeben für mich gefaßt hatte, antwortete ich ihm ruhig: »Darüber werden Sie sich aus den Zeitungen informieren können.«

Es sollte nach diesen letzten zwei Kundrys achtzehn Jahre dauern, bis ich wieder an die Metropolitan Opera zurückkehrte.

Das Hochplateau

Kurz vor diesen letzten Kundry-Vorstellungen in New York hatte ich ein Engagement in Chicago, wo ich – wie bereits erwähnt – die Amneris neben Tebaldis Aida sang und bei der Uraufführung einer neuen Oper von Raffaelo de Banfield auf ein Libretto von Tennessee Williams mitwirkte, das auf dem Stück *Lord Byron's Love Letter* aus Williams' Einakter-Sammlung *Twenty-Seven Wagons Full of Cotton* basierte.

Wir hatten gehofft, daß Mr. Williams, den ich immer als Amerikas ersten dramatischen Dichter betrachtet habe, mit uns gemeinsam an diesem Stück arbeiten werde, der ersten Vertonung eines seiner Werke. Falls er aber wirklich in der Nähe war, bekamen wir Sänger das jedenfalls nicht mit.

Doch es machte mir genug Freude, mit der erstklassigen amerikanischen Sopranistin Gertrude Ribla, die die andere Hauptrolle – meine Enkelin Ariadne – sang, und dem ausgezeichneten italo-amerikanischen Dirigenten Nicola Rescigno zusammenzuarbeiten. Wir waren alle drei New Yorker und kamen prächtig miteinander und mit Mr. de Banfield aus, einem in England geborenen italienischen Aristokraten, der zu Williams' farbenprächtigem Drama eine einfühlsam beschwörende Partitur geschrieben hatte.

In der Oper, einer effektvollen Variante des immer wiederkehrenden Themas des Autors über zwei Menschen, die in einer zerstörerischen Beziehung zueinander eingekerkert sind, stellte ich eine alte Dame in New Orleans dar, die sich damit durchs Leben frettet, daß sie Touristen einen Liebesbrief des großen englischen Dichters George Gordon Lord Byron an eine nicht näher genannte junge Dame zeigt.

Die alte Dame sitzt in einem Rollstuhl und wird hinten und vorne von ihrer Enkelin bedient. Am Ende, als sie sieht, daß Ariadne den Brief versehentlich fallen läßt, die Versicherung für ihren Lebensunterhalt, erregt sie sich so, daß sie – sich vergessend – aus dem Rollstuhl aufsteht und offenbart, daß die Behinderung nur vorgetäuscht war, ein Betrug, der Ariadne des Rechts auf ein eigenes Leben beraubt hat.

Wie in vielen anderen Stücken von Williams ist die Täuschung allerdings ins Auge gegangen. Die Arglist, die es ermöglichte, die Enkelin all die Jahre auszubeuten, hat auch die Großmutter an einen Rollstuhl gefesselt, auf den sie nie angewiesen war.

Lord Byron's Love Letter war musikalisch und darstellerisch eine Herausforderung erster Ordnung, nicht zuletzt, weil ich mit siebenunddreißig eine starrsinnige alte Frau über die Achtzig porträtieren mußte. Andere Soprane wären vielleicht über das Ansinnen, eine Frau dieses Baujahrs zu spielen, entrüstet gewesen, doch ich hatte niemals Ego-Probleme mit Figuren, die nichts mit meiner eigenen Identität zu tun haben. Und wie der Fall lag, war diese Charakterisierung der Vorbote kommender Aufgaben.

Raffaelo de Banfield komponierte später eine Oper nach einem anderen Stück von Williams, *Orpheus steigt herab*, und Lee Hoiby vertonte *Summer and Smoke*, und meines Wissens sind das die einzigen drei Opernversionen von Williams' Werken.

Falls es der Laune des Zeitgeschmacks jemals gefallen sollte, daß Musik wieder von Leuten komponiert wird, die keine Angst vor Melodien oder in diesem Fall vor »Popularität« haben, sollten künftige Komponisten ihr Augenmerk auf die großen Williams-Klassiker richten, speziell auf *Die Glasmenagerie* und *Die Katze auf dem heißen Blechdach*, beides Stücke, die förmlich nach musikalischer Umsetzung schreien.

Ich habe mich oft gefragt, warum so viele Romane und Theaterstücke, die ein absoluter Gewinn für die Opernbühne wären, der Aufmerksamkeit der zeitgenössischen Komponisten entgangen sind. Glücklicherweise schwingen Pendel bekanntlich dahin zurück, wo sie gestartet sind, und vielleicht gibt es irgendwo auf der Welt einen angehenden Komponisten mit der Seele eines Mozart, Verdi oder Gershwin, der nur auf die Gelegenheit wartet, *singbare, hörenswerte* Musik auf einen großen literarischen Text zu komponieren.

Vor einigen Jahren gab es ein Broadway-Musical, das auf Jean Giraudoux' *Die Irre von Chaillot* basierte. Ein wahrer Jammer, daß daraus nicht jemand wie Poulenc eine Oper gemacht hat! Was für ein Klassiker hätte das werden können und was für eine glorreiche Chance für drei inspirierte singende Darstellerinnen, die ein wenig Urlaub von Verdis Heldinnen hätten machen können! Wie gerne hätte ich die Hauptrolle gesungen!

Nach der Arbeit in Chicago pendelte ich rasch wieder nach Europa für drei Isolden am Gran Teatro del Liceo in Barcelona, die mein

New Yorker Agent Marks Levine für mich arrangiert hatte und für die sorgfältige Abmachungen ausgetüftelt werden mußten, bevor ich New York verließ.

Fünfzig Prozent der Gage für diese Termine im Januar mußten vor dem 30. September 1955 auf einer New Yorker Bank deponiert werden, die andere Hälfte wurde uns anteilig vor jeder Vorstellung ausbezahlt. Das war noch ein relativ zivilisiertes Verfahren im Gegensatz zu den Erfahrungen, die viele Sänger regelmäßig mit den aus dem Boden gestampften Compagnien in den beiden Amerikas machen mußten.

Sie saßen häufig nach dem ersten Akt in ihrer Garderobe und weigerten sich, im zweiten Akt aufzutreten, bevor sie nicht ihre Gage erhalten hatten. Vor Gründung der American Guild of Musical Artists war der Impresario durchaus imstande, die Stadt mit den Kasseneinnahmen vor dem Schlußvorhang zu verlassen.

Auch wenn die Gagen vor Beginn der Vorstellung ausbezahlt wurden, war das Geld bisweilen in der unbeaufsichtigten Garderobe nicht sicher.

In meiner Kindheit fungierte ich für meine Mutter und einige Kolleginnen häufig als »die Bank«. Vor Beginn der Vorstellung ging ich in die Garderoben, um mitzuhelfen, die Damen in ihre Kostüme zu schnüren und ihnen die hohen Knöpfstiefelchen zu schließen. Sobald ich mit dieser Aufgabe fertig war, pinnten sie an der Innenseite meines Kleidchens Stoffsäckchen fest, damit ihr Geld in sicherer Verwahrung war, während sie auf der Bühne standen.

Offensichtlich hatten die Katalanen nicht die beste Reputation, was finanzielle Vertrauenswürdigkeit betraf, und so hatte Marks in weiser Voraussicht diese Transaktionen in die Wege geleitet, und wir mußten uns zur Bewachung unserer Einnahmen nicht der Dienste kleiner Gören bedienen.

Am 16. März 1956 machte ich in einer Vorstellung der Philadelphia Grand Opera Co. meinen Entschluß wahr, zur Titelrolle in *Aida* zurückzukehren. Was das Publikum nicht wußte, war, daß ich auch die Stimme der Priesterin in der Tempelszene zu singen hatte, um dem Management in Philadelphia die Kosten für einen zweiten Sopran zu sparen. Das war in den kleineren Compagnien durchaus üblich.

Danach kamen die beiden letzten Kundrys an der Metropolitan.

Da ich nicht gerne Brücken hinter mir abbreche, machte ich aus meinem Abschied vom Theater und von der Stadt keine Zeremonie. Ich sperrte lediglich meine Wohnung, die ich weiter behielt, hinter

Einspringerin Kundry 1961: Eigentlich schaute ich nur
vorbei, um die Kombination George London, Jess Thomas
und Hans Hotter in »Parsifal« zu bewundern, und mußte
den Rest der Vorstellung von Irene Dalis übernehmen.

mir zu, verabschiedete mich von einigen Freunden und verließ New York ohne Aufhebens.

Meine Rückkehr nach Europa wurde in demselben Theater in Wiesbaden eingeleitet, in dem ich im vorigen Jahr das »Allein? Nein!«-Telegramm erhalten hatte. Diesmal sang ich die Isolde. Es war schön, wieder in meiner zweiten Heimat zu sein.

Danach ging es an die Grand Opéra in Paris, wo ich mein französisches Debüt mit drei Isolden unter der musikalischen Leitung von Hans Knappertsbusch hatte.

Als Frau Marion Knappertsbusch feststellte, daß ich allein in Paris war, fragte sie mich, wie ich meine Zeit zwischen den Vorstellungen verbringe. Ich sagte ihr, daß ich mir die Köstlichkeiten der Pariser

Küche zu Gemüte führe. Darauf bat sie mich, mit ihnen gemeinsam zu Mittag zu essen. Vielleicht würde meine Begeisterung für die französische Küche den nicht gerade mit Appetit gesegneten Herrn Professor dazu bewegen, zur Abwechslung ausreichend Nahrung zu sich zu nehmen.

Eines Nachmittags überredete ich den Maestro zur Bestellung einer *Omelette aux fines herbes*. Nachdem er die Hälfte davon verzehrt hatte, schaute er mich plötzlich an und fragte unumwunden, in welchem Jahr ich geboren sei. Als ich sagte »1918«, veränderte sich der Ausdruck seiner Augen, und es wurde mir augenblicklich bewußt, daß seine Tochter Anita nur ein Jahr jünger als ich gewesen war.

Er hatte außerordentlich an ihr gehangen, und als sie in noch jungen Jahren starb, traf ihn ihr Tod so sehr, daß er ein ganzes Jahr nicht dirigieren konnte.

Ich wußte bereits, daß Knappertsbusch mich wegen meiner Musikalität und Zuverlässigkeit mochte. Nun schienen er und seine Frau elterliche Gefühle für mich zu hegen. Irgendwie adoptierten sie mich stillschweigend. Von da an nannte er mich »meine Primaballerina«.

In der Schweiz begann für mich mit zwei Kundrys Mitte Juni eine lange und glückliche Verbindung mit dem Züricher Opernhaus.

Eine Woche später markierte ein Auftritt in Mainz als Leonore in *Fidelio* einen bedeutsamen Moment in meinem Leben, der nur am Rande mit der Vorstellung zu tun hatte.

Als ich im zweiten Akt meine Pistole zog und dem schlimmen Pizarro herausfordernd entgegenschleuderte: »Töt erst sein Weib!«, durchbohrte ich mit meinen Blicken einen Mann, der einer meiner engsten Freunde werden sollte – Randolph Symonette.

Randolph war ein ehemaliger Schüler von Paul Althouse und hatte auch einmal meinem Mann vorgesungen. Damals hatte Hermann seinen Gesang gerühmt und ihm vorgeschlagen, an der Partie des Kurwenal zu arbeiten. Seither hatte ich ihn aus den Augen verloren.

Nun war er also wieder da, verheiratet mit meiner lieben Freundin Lys Bert und in Lys' Vaterstadt Mainz engagiert. Die massive Gestalt dieses Heldenbaritons, eines kräftigen Bahamaers, der ursprünglich Kapitän zur See gewesen war, war ein ziemlicher Kontrast zur zierlichen Lys. Das Paar erinnerte mich an Melchior und sein Kleinchen, nur eine halbe Oktave tiefer, im Baritonformat.

Lys und Randy erzählten mir, daß sie ganz nach Deutschland übergesiedelt seien und daß Randy nach seinem Engagement in Mainz gerade im Begriff stehe, an die Deutsche Oper am Rhein zu wechseln.

Das war vielleicht eine Überraschung, als ich ihnen sagte, daß ich ebenfalls nach Düsseldorf käme!

In Düsseldorf begründeten sie mit ihrem kleinen Sohn Victor ihren Hausstand in der Bunsenstraße 10 und stellten mir ihr Heim zur Verfügung, wann immer ich kam. In den folgenden Jahren sang ich in Düsseldorf viele Vorstellungen und schlief zwar im Hotel, doch die Wohnung in der Bunsenstraße wurde mein Zuhause. Die herzerfrischende und manchmal verrückte Zeit mit den Symonettes gehört zu meinen glücklichsten Erinnerungen an vergangene Zeiten. Bis heute melde ich mich bei Lys und Randy als »die Untermieterin aus der Bunsenstraße«.

In vielerlei Hinsicht könnte meine sechste Bayreuther Saison von 1956 als einer der höchsten Gipfel in meiner Karriere bezeichnet werden.

Bei diesen Festspielen arbeitete ich zum ersten Mal auf der Bühne mit George London zusammen, der neben meiner Senta die Titelrolle im *Holländer* sang.

In Wielands »Ring« alternierten
Martha Mödl und ich in den Rollen.
Dieses Foto zeigt mich als Gutrune
mit Wolfgang Windgassen
als Siegfried in »Götterdämmerung«.

Für mich stellt George Londons Deutung dieses tragischen Helden eine der tiefgründigsten Manifestationen der symbiotischen Einheit zwischen Interpret und Rolle in der Geschichte Bayreuths dar. Mit seinem heldischen Wuchs, seiner physischen Energie, der dunklen, expressiven Stimme, die er mit enormer Flexibilität einsetzte, der Tiefe seines Ausdrucks und dem Feuer, das in seinem Inneren loderte, erreichte er seinen eigenen Gipfelpunkt. Kurz: George London war der personifizierte Holländer.

Alle diese Qualitäten beschworen darstellerische Reaktionen, und so wurde auch meine Interpretation der Senta glutvoller als sonst.

Meine Partner in den *Ring*-Zyklen aus Anlaß des 80. Jahrestages der Eröffnung der Festspiele waren eine Art Vereinte Nationen berühmter Opernsänger. Die Besetzung umfaßte unter anderen Gré Brouwenstijn und Arnold van Mill aus den Niederlanden, Maria von Ilosvay aus Budapest, Georgine von Milinkovič aus Prag, Paula Lenchner und Jean Madeira aus den Vereinigten Staaten und die deutschen Sänger Josef Greindl, Hans Hotter, Paul Kuen, Gustav Neidlinger, Hermann Uhde und Wolfgang Windgassen – abermals mit Joseph Keilberth und Hans Knappertsbusch am Pult. Wäre es nicht herrlich, wenn die Nationen der Welt miteinander so auskommen würden, wie wir das in Bayreuth schafften!

In diesem *Ring* alternierten Martha Mödl und ich als Brünnhilde und dritte Norn.

In der letzten *Götterdämmerung* der Saison kam ich in die Situation, meinen ersten und einzigen Auftritt als Verwandlungskünstlerin absolvieren zu müssen. Martha Mödl war kurz vor der Vorstellung, in der sie als dritte Norn besetzt war, indisponiert geworden, und die Festspielleitung fragte mich vorsichtig, ob ich für sie übernehmen würde. Ich bekam einen Gazeschleier, um meinen Kopf und mein Gesicht zu bedecken, nebst einem Umhang mit Druckknöpfen an der Rückseite, um mein Brünnhilde-Kostüm zu verbergen.

Nachdem ich mit der Nornenszene fertig war, mußte ich im Schummerlicht für den Kostümwechsel im Eiltempo eine Treppe hinunterlaufen. Während die Friseuse vorsichtig den Gazeschleier entfernte und meine Perücke richtete, riß Wolfgang Windgassen – er, der Herrlichste von allen! – die Druckknöpfe meines Umhangs auf. Und schon mußte ich die Treppe wieder hinaufhasten, mit Windgassen im Schlepptau, um mit »Zu neuen Taten, teurer Helde« zu beginnen.

Ich absolvierte die Vorstellung ohne Probleme, bis auf die zwei, drei letzten Minuten meines Schlußgesangs, als ich die Anstrengung meiner »erweiterten« Aufgabe zu spüren begann. Doch war ich noch immer in der Lage, mich zusammenzureißen, indem ich besonders tief Atem holte und mich bewußt entspannte, wenn irgendwelche Nerven rebellisch wurden.

Die Tarnung funktionierte so gut, daß nur wenige Leute den Wechsel bemerkten. Ich aber hoffte, diese *tour de force* nie mehr wiederholen zu müssen.

Während der Festspiele dieses Sommers trat ein junger Pianist namens Heinrich Bender an mich heran, der zu dieser Zeit als Begleiter und Dirigent in dem kleinen, aber renommierten Theater im nahegelegenen Coburg beschäftigt war. Er sagte mir, daß er von einer Rundfunkübertragung des *Siegfried* aus Bayreuth, in der ich die Brünnhilde sang, so beeindruckt gewesen sei, daß er sich für den Fall einer Vakanz sofort um eine Stelle im musikalischen Stab beworben habe. Er war für die Festspiele von 1955 angenommen worden und blieb Bayreuth für die nächsten vier Jahre erhalten.

Bender sagte mir, er finde es bedauerlich, daß ich seit dem Tod von Hermann Weigert keine Liederabende mehr gäbe, und ich erwiderte ihm, daß ich noch keine Zeit gehabt hätte, einen so guten Begleiter zu suchen, wie mein Mann es gewesen war. Darauf teilte er mir mit, daß er Liederabende von Hans Hotter und Josef Greindl begleitet habe, und fragte, ob wir nicht einige Lieder zusammen durchgehen könnten.

Das Ergebnis dieser Begegnung war, daß wir schließlich mehrere Jahre miteinander auftraten, mit Bender bei Liederabenden am Flügel und bei Konzerten am Pult. Diese Konzerte schlossen Auftritte mit dem Orchestre Pasdeloup und dem ORTF in Paris sowie einen großen Wagnerabend in Triest ein.

Ramón Vinays Spaßvogel-Reaktion auf meine Wahl Benders war: »Varnay schnappt sich immer meine besten Begleiter.«

Heute ist Heinrich Bender Staatskapellmeister an der Bayerischen Staatsoper und Direktor des Opernstudios, in dem ich das Fach Gesangliche Darstellung unterrichte.

Nach den Bayreuther Festspielen fuhr ich Ende August nach Düsseldorf zum Probenbeginn für die *Elektra*-Vorstellungen, die offiziell die erste Spielzeit im renovierten Haus an der Heinrich-Heine-Allee eröffnen sollten.

Lys Symonette wußte, wann ich in Düsseldorf ankommen würde, dachte jedoch, daß ich vor lauter Verpflichtungen vermutlich erst in einigen Tagen vorbeischauen würde. Kaum angekommen, checkte ich jedoch schnell im Hotel ein, rief noch im Mantel bei den Symo-nettes an und erkundigte mich: »Macht es euch was aus, wenn ich vor-beikomme?« Dann sprang ich in ein Taxi und fuhr zu ihnen.

Während einem dieser ersten Besuche begann der kleine Victor mich »Tante Varnay« zu nennen – ein Ehrenname, den er noch fast vierzig Jahre später als Erwachsener und etablierter Dirigent benutzt.

Ich erfuhr außerdem zu meiner großen Freude, daß Randolph in den Strauss-Aufführungen meinen Bruder Orest singen würde. Seine riesige, reich getönte Stimme und seine eindrucksvolle Bühnener-scheinung machten ihn für die folgenden Jahre zu einem wertvollen Aktivposten für die Deutsche Oper am Rhein, wo er die ganze Skala vom hohen Bariton zu Baßrollen durchlief.

Zwischen den Proben in Düsseldorf überquerte ich den Rhein und fuhr für eine Brünnhilde in *Walküre* nach Aachen. Ich war dem dorti-gen Opernhaus von Wilhelm Pitz empfohlen worden, der neben sei-ner Tätigkeit in Bayreuth während der regulären Spielzeit dort Chor-direktor war. Außerdem pendelte er von seinem Standplatz Aachen nach London, wo er den vorzüglichen, von ihm aufgebauten und ge-formten Philharmonia Chorus dirigierte.

Pitz war als Chorleiter so phänomenal, daß Hermann einmal das Kompliment prägte: »Er dirigiert sie nicht, er hypnotisiert sie.«

Mein Auftritt in diesem relativ kleinen Haus fand unter der Leitung des Chefdirigenten Wolfgang Sawallisch statt, mit dem mich später eine lange Zusammenarbeit verbinden sollte.

Die Düsseldorfer *Elektra* wurde wie in New York von Dr. Herbert Graf inszeniert und von dem besonders anspruchsvollen Prof. Dr. Karl Böhm dirigiert, einem häufig »grantelnden« Grazer Dr. jur., der die Partitur wie ein Gesetz behandelte, dem auf den Buchstaben ge-nau Folge geleistet werden mußte.

Dr. Böhm war ganz außergewöhnlich stolz auf seinen Professor eh-renhalber, so stolz, daß er ausgesprochen giftig werden konnte, wenn Leute es verabsäumten, ihn nach mitteleuropäischer Gepflogenheit gebührend mit »Herr Professor« anzureden.

Einmal geschah es, daß einer der vielen jungen amerikanischen Künstler, die damals ihre Karriere in Europa begannen, sich der Be-deutung solcher Titel in deutschsprachigen Theatern nicht bewußt war und den Dirigenten mit »Herr Böhm« anredete, was der Ameri-kaner für den Gipfel der Höflichkeit hielt. Böhm reagierte darauf mit beißendem Sarkasmus in seinem steirischen Idiom: »Nennen'S mi glei' Karli!«

Karl Böhm setzte sein umfassendes Wissen besonders für die Werke von Richard Strauss ein, dessen Sachwalter er bereits zu Lebzeiten des Meisters gewesen war. Immerhin hatte er unter der Aufsicht des Komponisten während seiner Amtszeit als Generalmusikdirektor in Dresden die Uraufführungen von *Die schweigsame Frau* und *Daphne* dirigiert.

Es verstand sich von selbst, daß Böhm nicht die geringste Geduld mit Leuten hatte, die nicht so akribisch vorbereitet waren wie er selbst. Ich gehörte zu den Glücklichen, die ihre Hausaufgaben ordentlich machten, und fiel deshalb niemals Dr. Böhms Zorn zum Opfer. Schließlich hatte ich die Elektra mit drei anderen Strauss-Experten studiert – erst mit Hermann Weigert, der mit mir das volle Jahr arbeitete, das mir von dem zweiten Experten, Dimitri Mitropoulos, als Vorbereitung für die konzertante Aufführung bewilligt worden war. Dann kam die Bühnenproduktion mit Fritz Reiner, der dem musikalischen Stab in Dresden angehört hatte, als Böhm und Strauss die erwähnten Premieren vorbereiteten.

Mit diesem Fundament konnte man mich um drei Uhr früh wecken, und ich wußte die Rolle im Schlaf.

Die Düsseldorfer *Elektra* war etwa meine siebente Vorstellung dieser Oper, also brachten mir Dr. Böhms Einsichten, so richtig sie auch waren, keine neuen Erkenntnisse. Es gab auch nicht die geringste Diskussion über die traditionellen Striche, auf denen Hermann bestanden hatte, denn diese Zäsuren wurden überall gemacht, auch von Strauss selbst, der dafür bekannt war, daß er alles guthieß, was für eine reibungslose Aufführung sorgte.

Karl Böhm muß meine Arbeit ebenso respektiert haben wie ich seine, denn diese *Elektra* war die erste zahlreicher Begegnungen, die erst mit seinem letzten Dirigat im Alter von fünfundachtzig Jahren, kurz vor seinem Tod, ihr Ende fanden.

So wie sie begonnen hatte, endete unsere Zusammenarbeit mit *Elektra*, diesmal für einen Fernsehfilm mit Leonie Rysanek in der Titelrolle und mir als ihrer Mutter Klytämnestra.

Im Verlauf der Düsseldorfer Proben wurde ich Zeugin von Böhms geladener Reaktion auf eine ganze Reihe von Dingen. Er konnte es nicht ausstehen, wenn Sänger in einer Position waren, in der sie ihn nicht wenigstens aus dem Augenwinkel beobachten konnten, was unseren Aktionsradius oft beträchtlich einschränkte. Wenn irgendwer eine solche Position einnahm, änderte er sofort das Tempo. Ich habe keine Ahnung, ob er das aus Gereiztheit tat, um ein Exempel zu statuieren, oder ganz unbewußt, weil es ihn nervös machte, wenn nicht auf ihn geschaut wurde. Jedenfalls konnte man in neun von zehn Fällen mit dieser Reaktion rechnen.

Jahre später drückte er mir schließlich seine Bewunderung für meine Fähigkeit aus, im Tempo zu bleiben, egal, was ich auf der Bühne anstellte, und fragte mich rundweg, ob ich ein Geheimnis hätte. Meine Antwort war einfach: »Ich zähle«, was der Wahrheit entspricht. Wenn man nicht zählt und den Dirigenten anglotzen muß, nur um den Takt zu halten, fällt man unfehlbar aus der Rolle, und das ist mir im Interesse einer wirkungsvollen Aufführung ein Greuel.

Böhm legte außerdem größten Wert auf absolute Pünktlichkeit und konnte richtig ätzend werden, wenn jemand auf der Bühne oder im Orchestergraben nicht zur rechten Zeit kam. Ich erlebte diesen seinen Charakterzug aus erster Hand im Falle einer jungen Sängerin, die mit der kurzen, aber wichtigen Rolle der fünften Dienerin betraut war. Sie hatte eine wirklich prachtvolle Stimme, aber sie kam zu fast jeder Probe zu spät. Jeder bat sie kniefällig, den leicht erregbaren Dirigenten nicht zu einem Ausbruch zu reizen und sich etwas mehr um Pünktlichkeit zu bemühen, aber vergeblich. Sie besaß sogar die Unverfrorenheit, bei der Hauptprobe zu spät anzutanzen.

Ich war bei diesen *Elektra*-Bühnenproben immer sehr früh im Theater, nicht nur aus künstlerischen Gründen, sondern weil bittere Erfahrung mich gelehrt hatte, daß Bühnenarbeiter beim Festnageln des Bodenbelags sehr schlampig sein können. Es versteht sich von selbst, daß sich ein Sänger an einer losen Zwecke sehr wehtun kann, wenn er entweder barfuß ist oder – wie ich in dieser Produktion – Schlappen mit sehr dünnen Sohlen trägt.

Ich hatte dem Theater einmal gesagt, daß ich für jede lose Zwecke, die ich fand, eine deutsche Mark haben wolle, und die Herren stimmten lachend zu, weil sie dachten, daß ich maßlos übertreibe. Am nächsten Tag entfernte ich vor Probenbeginn tatsächlich über 80 Reißnägel von der Bühne. Als ich ins Betriebsbüro marschierte, drohend meinen Sack mit Zwecken schwang und mein Geld verlangte, wußten sie, daß ich es ernst meinte. Das hatte den Kauf eines Magneten zur Folge, aber auch diesem Gerät entgingen immer noch ein paar Zwecken.

Nachdem ich vor dieser Hauptprobe einige restliche Reißnägel entfernt hatte, überreichte ich sie dem Inspizienten, ließ mich dann für einen Augenblick auf dem Felsenstück vor dem Atridenpalast nieder und beobachtete, wie sich der Orchestergraben langsam mit Musikern füllte, rechtzeitig, wie es sich gehörte.

Böhm kam an, begrüßte mich und begab sich dann an sein Pult. Als der Vorhang sich schloß, verließ ich die Bühne, um mich auf meinen ersten Auftritt vorzubereiten, und entdeckte, daß nur vier Dienerinnen und die Aufseherin zu ihrer Anfangsszene an mir vorbeigingen. Die fünfte fehlte noch, und der Inspizient und sein Team schnappten bei ihren Versuchen, sie über die Haussprechanlage oder leibhaftig aufzuspüren, beinahe über.

Böhm begann mit der Probe. Der Vorhang öffnete sich zu dem imposanten Agamemnon-Thema. Der Dirigent klopfte ab, legte seinen Taktstock aufs Pult und fragte in den Raum: »Und wo ist die fünfte Dienerin heute?« Es antwortete ihm lange Totenstille im ganzen Haus. Wir konnten spüren, wie die Luft vor nervöser Vorahnung vibrierte. Als die Delinquentin schließlich auf der Bühne erschien, bekam sie volle Ladung aus allen Rohren. Böhm machte sie vor der gesamten Besetzung, dem Orchester und dem Bühnenpersonal so fertig, daß sie in keinen Schuh mehr paßte.

Im Lauf seiner Beschimpfung bemerkte er beißend: »Wenn die Protagonistin eine halbe Stunde vorher auf der Bühne sein kann, dann müßte das doch erst recht einem kleinen Licht wie Ihnen möglich sein.« Dann – ohne eine Antwort abzuwarten – ließ er den Vorhang wieder schließen und begann die Probe von vorn.

Irgendwie schaffte es die Dame, bei der Premiere rechtzeitig auf der Bühne zu sein (jemand muß sie von zu Hause abgeholt haben), so daß die Galavorstellung zur Eröffnung ohne Verspätung beginnen konnte.

Kurz danach nahm sie jedoch ihre alte Gewohnheit wieder an, sehr zur Belästigung aller übrigen. Offensichtlich hatte Böhms öffentliche Anprangerung keinen bleibenden Eindruck auf sie gemacht, und das ist schade, denn sie sang und spielte wirklich wundervoll.

Ungeachtet dieser unzuverlässigen jungen Dame war die Galaeröffnung der Deutschen Oper am Rhein in ihrem restaurierten Haus am 29. September 1956 ein großer Erfolg.

Neben Randolph Symonette als Orest konnte die Besetzung mit drei Gästen aus Wien aufwarten. Elisabeth Höngen, mit der ich bereits an der Metropolitan aufgetreten war, war die Klytämnestra und Rudolf Lustig der Aegisth. Die Chrysothemis wurde brillant von Hilde Zadek gespielt und gesungen, einer aus Polen gebürtigen israelischen Sopranistin, die in Jerusalem bei jener Rosa Pauly studiert hatte, die an der Met meine Vorgängerin als Elektra gewesen war und mir die sehr bewegende Botschaft übermittelt hatte, als ich die Partie in New York zum ersten Mal sang.

Diese Vorstellung begründete eine dauerhafte Tradition exzellenter Opernaufführungen in Düsseldorf, eine Tradition, in der ich zu meinem Stolz eine Rolle spielte, oder vielmehr viele Rollen, und damit die Stadt am Rhein für die nächsten 35 Jahre zu einer meiner verschiedenen künstlerischen Heimstätten machte, während ich weiter quer über den Globus meine Kreise zog.

DRITTE SZENE

Die Bewahrung des dramatischen Feuers

Als ich meine freiberufliche Tätigkeit in Europa begann, glich mein künstlerisches Leben außerhalb Bayreuths ein wenig einer Achterbahn, die auf der Qualitätsskala rauf und runter fährt.

Einige der besten Häuser – zum Beispiel Berlin, Paris, Düsseldorf, Zürich, München, Mailand, Wien und Covent Garden – hatten große Ensembles, und es wurde wochenlang geprobt. Obwohl ich in diesen Theatern als Gast auftrat, konnte ich gewöhnlich auf das solide Fundament einer wohldurchdachten Inszenierung bauen und auf eine Phalanx von Kollegen, die mir wie erfahrene Sportler die Bälle zuwarfen, egal, wie viel Zeit wir hatten, um uns auf unsere gemeinsame Arbeit vorzubereiten.

Ich gastierte jedoch auch an kleineren Theatern, in denen das Niveau der künstlerischen Vorbereitung schwankte. Überraschenderweise lieferten einige bessere Ergebnisse als viele der größeren Häuser, so daß es eine Freude war, dort aufzutreten. In anderen Theatern dieser Kategorie ließ aber die Qualität häufig sehr zu wünschen übrig – entweder aus Budgetgründen oder wegen des Zeitdrucks. Dann lag es an mir, ohne ausreichende Proben den Ball in der Luft zu halten.

Ganz am Anfang waren es die Gründlichkeit meiner Vorbereitung und mein Instinkt gewesen, die meine Bühnengestalten lebendig hielten. Das kann zwar eine Karriere in Gang bringen, trägt einen jedoch nicht sehr lange.

Trotz aller Vorbereitung hängt es vom Wechselspiel mit den Partnern ab, ob es gelingt, eine Figur mit menschlichen Zügen auf die Bühne zu stellen.

Meine Faustregel war immer, daß eine Rolle erst dann deutlich

Gestalt annimmt, wenn man mindestens sechs Vorstellungen gesungen hat. Dieses halbe Dutzend Aufführungen ist die Phase, in der man sich seinen Weg in das Werk als Einheit und den eigenen essentiellen Beitrag zu dieser Einheit erst suchen muß. Sobald man diese ersten sechs Vorstellungen in den Knochen hat, kann einen – so lange die Gesundheit und die Geistesgegenwart erhalten bleiben und auch die Nerven mitmachen – relativ wenig erschüttern, während man an der Weiterentwicklung und Verfeinerung der jeweiligen Darstellung feilt. Wenn man neben diesen Voraussetzungen außerdem über ein gerüttelt Maß an anhaltender intellektueller Neugier verfügt, ist man auf dem richtigen Weg, die eigene Auffassung dem Publikum zu vermitteln.

Instinkt nährt das Gefühl, und Intellekt leitet es.

Sobald die Rolle »sitzt«, kann man beginnen, mit ihr zu experimentieren. Wenn man sicher ist, daß der gefährliche hohe Ton auch wirklich kommen wird, kann man einige der tiefer liegenden Passagen variieren oder ein deutlicheres Crescendo oder Diminuendo entwickeln, um die entsprechende Stelle zu unterstreichen.

Nach demselben Prinzip ging ich an die darstellerische Gestaltung. Statt stur am Grundkonzept zu kleben, leistete ich mir in meinem Spiel kleine spontane, doch immer logische Varianten, um die Figur frisch zu erhalten. Das ist besonders wichtig, wenn man innerhalb eines kurzen Zeitraums eine lange Vorstellungsserie in derselben Rolle zu absolvieren hat.

Oft genug waren diese Änderungen das Ergebnis der Kommentare aufmerksamer Freunde oder Kollegen, denen aufgefallen war, daß ich zum Beispiel mit meinen Augen oder sogar mit meinem Ellbogen eine Nuance gesetzt hatte.

Wenn sie allerdings *demonstrierten*, was ich ihrer Meinung nach getan hatte, und versuchten, das zu imitieren, erwies sich diese Veräußerlichung eines Prozesses, der sich um der Glaubwürdigkeit willen im Inneren abspielen muß, als tödlich.

Hans Hotter erzählte mir einmal, daß auch er ab und zu mit diesem Problem konfrontiert sei. Als Beispiel führte er eine majestätische Gebärde an, die er offensichtlich mit seinem Wotansmantel gemacht hatte. Sobald der enthusiastische Zuschauer versuchte, diese Gebärde nachzumachen, stellte Hans fest, daß diese Aktion für immer aus seinem emotionalen Gedächtnis getilgt war – und damit auch die Möglichkeit, die Geste jemals wieder auf diese Weise zu wiederholen.

Auch ich versuchte, mir mechanisch eine Geste zurückzuerobern, die ursprünglich Teil eines Überlegungsprozesses gewesen war, aber es funktionierte nicht. Ich mußte sie durch eine andere, ebenso logische Aktion ersetzen, die meiner inneren Motivation entsprach.

Das hielt meine Freunde im Publikum in Spannung, wie ich eine Rolle am jeweiligen Abend gestalten würde.

Der Nachäff-Effekt kann auch verheerende Auswirkungen haben, wenn Regisseure sich bemüßigt fühlen, sich durch eine Rolle zu spielen, und darauf an die Sänger das Ansinnen stellen, jede ihrer Bewegungen wie eine Puppe zu reproduzieren.

Man muß ein so genialer Darsteller wie Gustaf Gründgens sein, um eine Aktion so vorzuspielen, daß sie einem nicht das Gefühl von »Machen Sie es nach« vermittelt, sondern von »Mach es dir zu eigen«. Gründgens hielt es für die beste Methode, jeden Darsteller dazu zu ermutigen, sich auf seine Individualität zu verlassen. Das bedeutete, daß sechs verschiedene Sänger in einer Gründgens-Inszenierung dieselbe Rolle auf sechs verschiedene, logische Arten interpretierten.

Die peripheren Aspekte einer Darstellung brachten mich nie aus der Fassung. Auch wenn ich von Theater zu Theater wanderte, änderten die Bühnenbilder, Kostüme und alles andere Drum und Dran nichts an der Tatsache, daß jede Bühne auf der Welt aus Brettern besteht, und wenn man die betreten hat, hat man überall den nämlichen Boden unter den Füßen.

Diese musikalisch-dramatische Flexibilität kam mir einmal an der Deutschen Oper am Rhein sehr zustatten, und zwar in einer deutschsprachigen Produktion von *Cavalleria rusticana*, die, wie an diesem Institut üblich, sowohl in Düsseldorf wie in Duisburg Premiere hatte. In Düsseldorf sangen alle deutsch.

In Duisburg gab es jedoch einen vorzüglichen katalanischen Tenor namens Francisco Lázaro, der für den Turiddu engagiert worden war. Obwohl er die deutsche Sprache relativ gut beherrschte, war seine Aussprache beim Singen seiner Gesangstechnik eher hinderlich. Nach einigen Proben beschloß die Intendanz, ihn den Turiddu in der italienischen Originalsprache singen zu lassen.

Ich hatte die Santuzza nach wie vor in beiden Sprachen im Kopf und schaltete, als ich Lázaro-Turiddu auf dem Dorfplatz abfing, für unser Duett einfach vom Deutschen ins Italienische um – sehr zur Freude des Publikums.

Da der Bariton in dieser Vorstellung, Fabio Giongo, ein gebürtiger Mailänder war, nahm ich an, daß ich auch mit ihm auf italienisch weitermachen könne. Können Sie sich vorstellen, wie verdutzt ich war, als er auf meine Phrase »Ah, il signore vi manda, compar Alfio« erwiderte: »Sag, wie weit ist die Messe?«, statt »A che punto é la messa?«, wie ich es eigentlich von ihm erwartet hatte? Leicht stotternd schaltete ich in den vorherigen Gang um und war wieder auf der nördlichen Seite der Alpen. Nach Ende der Vorstellung fragte ich Giongo, was mit seinem Italienisch geschehen sei. Er lächelte verlegen und gestand, daß er den Alfio nie anders als auf deutsch gesungen habe. Ich hielt es nicht für möglich!

Nebensächlichkeiten können eine wichtige Rolle bei der optischen Gestaltung einer Rolle spielen.

Die Kostüme, die die Wagners für uns in Bayreuth entwarfen – ohne Zweifel die schönste Bühnenkleidung, die ich jemals trug –, überhöhten ohne Ausnahme sowohl meine Darstellung wie meine Eitelkeit.

Eine von Wielands brillanten Lösungen war ein Untergewand mit Ärmeln unter einem ärmellosen Oberkleid. Dadurch konnte man einen oder auch beide Arme heben, ohne daß das ganze Gewand hochrutschte. Außerdem half es mir, mich auf der Bühne besser zu »verwurzeln«.

Beide Wagners bestanden auch darauf, daß jedes Kostüm mit Schuhen und Strümpfen in der passenden Farbe versehen wurde.

Die Schuhe wurden für uns extra in der Schusterwerkstatt der Bayreuther Festspiele angefertigt, und wenn eine Produktion abgelaufen war, kaufte ich häufig einige Paare, um sie auf anderen Bühnen zu tragen, weil sie so bequem waren.

Ich möchte fast annehmen, daß Birgit Nilsson an die Bayreuther Kostümabteilung dachte, als sie einer Kollegin, die sie wegen der Interpretation der Isolde um Rat fragte, spontan in ihrer unnachahmlichen skandinavischen Sprachmelodie antwortete: »Ährschtens brauchst du ein Paar bequäme Schühe!« – Das ist kein Schreib- oder Setzfehler – so hat Birgit es ausgesprochen!

Natürlich liegt, wenn man an verschiedenen Theatern singt, die größte Schwierigkeit nicht in den Nebenumständen, sondern in den Regieabweichungen von einer Inszenierung zur anderen. In jenen Zeiten hatten wir das Glück, daß neun von zehn Produktionen, in denen wir zu tun hatten, einen Sinn ergaben. Im Fall des letzten Zehntels hatte ich, wenn der Regisseur mir eine bestimmte Aktion abverlangte, keine Bedenken, ihn nach dem Warum zu fragen. Entweder konnte er mir einen plausiblen Grund für seinen Regieeinfall präsentieren, oder wir fanden einen machbaren Kompromiß.

Das nämliche Prinzip gilt übrigens für die musikalische Zusammenarbeit mit Dirigenten.

Sobald eine Produktion festgelegt war und immer wieder aufgeführt wurde, machten es sich viele meiner Kollegen und Kolleginnen darin häuslich wie in einem vertrauten und Sicherheit schenkenden Ritual. *Ich brauchte mehr!*
Wenn ich am selben Ort bleiben und dieselbe Vorstellung mit denselben Leuten in derselben Dekoration für längere Zeit wiederholen mußte, war bald ein Sättigungsgrad erreicht, der die Rolle schal machte, wenn ich nicht diese kleinen Experimente und Varianten einfügte, die ich oben erwähnt habe.

Der Einsatz anderer Kollegen, die ebenfalls auf der Suche nach Weiterentwicklung waren, lieferte oft einen wichtigen Beitrag zu meinen eigenen Variationsmöglichkeiten.

Der verstorbene Gerhard Stolze, einer der profiliertesten Charaktertenöre, war dafür ein gutes Beispiel. Irgendwann hatte er sich eine Krankheit zugezogen, die ähnliche Symptome wie Kinderlähmung aufwies, so daß er – auch wenn keine Stolze-Vorstellung jemals unter dem bei ihm üblichen hohen Niveau blieb – an manchen Tagen einfach weniger widerstandsfähig war. An diesen Tagen tat sich Stolze mit langen Phrasen schwer und mußte das, was er an diesem Abend nicht bewältigte, anders kompensieren. Doch sein erfinderischer Geist arbeitete immer auf vollen Touren, und alle auf der Bühne und im Zuschauerraum konnten bei jedem seiner Auftritte neue Differenzierungen erleben.

Wenn ich die Herodias neben seinem Herodes sang, spürte ich immer sofort, in welcher Verfassung er war. Wenn er im Vollbesitz seiner stimmlichen Möglichkeiten war, bedeutete das für mich den Freibrief, mich mit voller Kraft voraus in unser Ehegezänk zu stürzen. An den Tagen, an denen er unpäßlich war, legte ich mir plausible Motivationen zurecht, um leiser zu treten und meine Charakterisierung der seinen anzupassen. Mit seinen Indispositionen quasi im Bunde, entdeckte ich Elemente in meiner eigenen Darstellung, die möglicherweise nie zum Vorschein gekommen wären, wenn Stolze immer in Topform gewesen wäre. Schließlich ist darstellerische Aktion immer mit Reaktion verbunden.

Ein Künstler wie Max Lorenz fügte zu dieser Gleichung noch eine dritte Komponente hinzu – die Mutualität. Mit ihm zu spielen, erzeugte ein ständiges Feedback. Obwohl er aus der alten Schule kam,

Drei Gesichter der Ortrud

dachte er nicht im geringsten altmodisch, und sein Eingehen auf meine Art der Darstellung ließ ihn die Grenze zwischen meiner und seiner Generation überschreiten.

Ich versuchte, einige der Einsichten, die ich aus meiner Arbeit mit Max Lorenz gewonnen hatte, bei anderen Tenören anzuwenden – doch es funktionierte nicht immer. Dennoch ließ sich vieles, was Lorenz in mir zum Vorschein gebracht hatte, durchaus auch mit Wolfgang Windgassen praktizieren, dessen Intelligenz der seines Vorgängers ebenbürtig war, auch wenn er seine Rollen ganz anders anpackte. Ich konnte in Wolfgangs Augen immer sehen, wenn er etwas Neues in sich aufgenommen hatte, und auch er reagierte unfehlbar in gleicher Form auf meine Impulse.

Wenn Ramón Vinay mit Wolfgang Windgassen alternierte, verlangte dieser vehemente Umstieg die Anpassung an die sehr unterschiedlichen Interpretationen zweier Künstler, die sowohl geographisch wie intellektuell aus einem diametral entgegengesetzten Milieu stammten, und das faszinierte mich ganz besonders.

Ramóns lateinamerikanisches Temperament entlud sich in schnellen Reaktionen und Bewegungen, während Wolfgangs teutonisches Erbe seine Körpersprache bedächtiger machte, ganz gleich, wie schnell er sich bewegte. Kurz, Ramóns Kennzeichen war der Instinkt, Wolfgangs Arbeit wurde von seinem Verstand dominiert.

Es war in jener Zeit wesentlich einfacher, unsere Darstellung bei den Vorbereitungen für eine Premiere aufeinander abzustimmen, denn das Konzept, mit dem unsere Regisseure ankamen, war immer Ausgangspunkt und nie fixiertes Ziel. In der Zusammenarbeit, in der wir eine Inszenierung schufen, entstand durch den Beitrag aller allmählich etwas, das erheblich mehr beinhaltete als die Summe seiner Teile. Wenn unser Regisseur in der Lage war, sein Konzept auf begreifliche Weise mitzuteilen und es im Einklang mit unseren künstlerischen Persönlichkeiten zu entwickeln, war das Ergebnis eine solide Struktur, die unbegrenzte Weiterentwicklung vertrug. Und so konnten wir ohne Schwierigkeit Wagners Gebot befolgen: »Kinder, schafft Neues!«

Hier dem Leser zur Veranschaulichung ein paar Beispiele:

In Düsseldorf inszenierte Jean-Pierre Ponnelle einen sehr romantischen *Tristan* und wollte Isolde im ersten Akt als zutiefst liebende Frau, die bis zur Selbstentäußerung versucht, Tristans Gründe für sein Verhalten ihr gegenüber zu begreifen. Ponnelle unterstrich seine Vorstellung, indem er mich in sattes Grün kleidete, darüber lange Haarflechten in warmem irischem Rot.

Das war für mich ein akzeptables Konzept, obwohl es die Gestalt weiblicher und weicher gewichtete, als es meine Isolde in den vorhergehenden Produktionen gewesen war. In jenen Inszenierungen war sie eine Frau von stoischer Würde gewesen, die ihre Ehre in den Staub getreten sah und, zutiefst gekränkt, nur auf das eine Ziel fixiert war, Tristan mit gleicher Münze heimzuzahlen.

Jede dieser Konzeptionen ändert natürlich die Art, wie sie ihre Genugtuung fordert.

In meinen verschiedenen Verkörperungen der Ortrud waren die Kontraste noch größer. Im ersten Bayreuther *Lohengrin* von 1953 war Ortrud als eine Frau von altem Adel konzipiert, deren Gegenwart im ersten Akt sehr kraftvoll war, und die keine Zeit verlor, im zweiten Akt ihre überlegene Intelligenz und Schläue gegenüber Telramund auszuspielen. Das wurde durch ihr Äußeres anschaulich zum Ausdruck gebracht: eine strenge Perücke mit langem schwarzem Haar und ein dunkles Kostüm, um ihre finstere Härte zu unterstreichen.

In einer zweiten Bayreuther Interpretation trug Ortud einen kultischen, kegelförmigen Haaraufbau, der mit einer Art Krone geschmückt war. Das führte sie als entschlossene heidnische Hohepriesterin ein, die vor nichts zurückschreckt, um den Primat ihrer Weltanschauung auf heimischer Erde geltend zu machen.

In Wien trug ich eine Königskrone über einer schulterlangen schwarzen Perücke, die mehr Ortruds weltliche Macht über das Reich als ihre geistige Dominanz betonte.

Professor Rudolf Hartmann wich völlig von der traditionellen Sicht auf Ortrud ab. In seiner Inszenierung war sie eine aufreizende Blonde mit dem Nachdruck auf erotischer Anziehungskraft, mit der sie Telramund bis zur völligen Unterwerfung umgarnt.

Ich genoß es, die Ortrud zur Abwechslung als große Verführerin zu gestalten. Von Kundry wird *erwartet*, daß sie aufreizend ist – aber Ortrud? Da kommt Freude auf!

Diese Beispiele demonstrieren, daß die unterschiedlichen Auffassungen verschiedener Inszenierungen wirkungsvoll sein können, falls der Regisseur so professionell ist, die Wechselbeziehung nicht nur zwischen den Figuren, sondern auch zwischen allen äußerlichen Elementen herauszuarbeiten, ohne dabei den inneren Kern anzutasten.

Wenn alles zu einem gemeinsamen Ziel beiträgt, dann ereignet sich *Theater*!

Diese gegenseitige Befruchtung wird häufig vereitelt, wenn es sich ein Regisseur in den Kopf setzt, seine Auffassung von einem Werk auf einer außertheatralischen Prämisse aufzubauen, die von der Besetzung kaum verstanden wird, geschweige denn in dramatische Wirklichkeit umgesetzt werden kann.

Ein Beispiel: Als Professor Kurt Horres ans Münchner Nationaltheater kam, um Werner Egks musikalische Version von Henrik Ibsens epischem Drama *Peer Gynt* zu inszenieren, demonstrierte er uns weder, was er von uns verlangte, noch faßte er seine Anweisungen in konkrete Worte, sondern zog es vor, in Gleichnissen zu reden, und erwartete – das nehme ich wenigstens an –, daß wir seine Absichten *verstehen* würden. Irgendwie gelang es den erfahrenen Schauspielern unter uns, all dieses Wortgeklingel in glaubwürdige Interpretationen umzusetzen, doch nicht wenige standen mit verlorenem Blick herum, als ob ihnen seine weit hergeholten Analogien in einer esoterischen Geheimsprache übermittelt worden seien, deren Sinn sie aus der nicht existenten Körpersprache des Regisseurs erschließen sollten.

Die ganze Erfahrung lehrte mich, daß ein Werk, so kompliziert und vielschichtig es auch sein mag – und das ist bei *Peer Gynt* ganz ohne Zweifel der Fall, mit oder ohne Egks Musik –, lediglich eingenebelt wird, wenn man in Rätseln darüber spricht. Es ist weitaus richtiger, der Logik des Urhebers in seiner Verwendung von Symbolen und Bildern nachzuspüren, als zu versuchen, ihn mit neuen Symbolismen auszustechen.

Das höchste Geheimnis, das jede Aufführung zum Leben bringt, geht auf Aristoteles und sein Theatergesetz der »Illusion des ersten Mals« zurück. Wenn man sich die Fähigkeit erhält, immer wieder wirklich aufmerksam zuzuhören und die Worte jedesmal wie beim ersten Mal auf sich wirken zu lassen, wird es einem gelingen, auch der eigenen Darstellung stets von neuem Leben einzuhauchen. Und man wird auch nie in den klassischen Theaterfehler verfallen, den manche Opernsänger, vor allem Anfänger, so gerne begehen – zu reagieren, bevor die Phrase des Partners beendet ist. Dieses Rezept gilt für alle Gelegenheiten – ohne Rücksicht auf die Reaktion des Publikums.

Ich ließ meine Arbeit nie von Publikumsreaktionen beeinflussen, ob sie nun positiv, negativ oder gleichgültig waren. Wenn die Zuschauer spürbar mit dem einverstanden waren, was wir machten, war das zwar sehr schön, aber nicht ausschlaggebend. An jenen Abenden, an denen sie auf ihren Händen saßen, aus welchen Gründen auch immer – vielleicht hatten sie einen schweren Tag im Büro oder einen Streit zu Hause gehabt –, schien unter uns allen die unausgesprochene Vereinbarung zu gelten, daß wir die Vorstellung für uns selbst zu spielen hatten und daraus die nämliche Befriedigung schöpfen konnten wie vor einem Publikum, das wir in wilden Enthusiasmus trieben.

Ich legte es sogar darauf an, einem lauwarmen Publikum einen Extra-Adrenalinstoß zu verpassen. Manchmal funktioniert das, manchmal nicht – aber das ist nicht unser Problem auf der Bühne. Wir haben dafür zu sorgen, daß die Vorstellung geregelt abläuft, wie immer auch die Stimmung auf der anderen Seite des Orchestergrabens sein mag.

Einer der Gründe, warum ein Publikum sich die Mühe macht, eine Vorstellung im Theater zu besuchen, statt sich die technische Perfektion einer Aufnahme zu Gemüte zu führen, ist diese Erwartungshaltung, daß sich etwas Spontanes ereignen könne. Eine Aufnahme bleibt immer gleich, während eine Live-Vorstellung alle Möglichkeiten in sich birgt.

Manchmal trägt eine kritische Situation, derer sich die Zuschauer nicht bewußt sind, dazu bei, der Gestaltung einer Rolle eine weitere künstlerische Dimension hinzuzufügen. Bei einem derartigen Anlaß war ich die Nutznießerin eines Akts der Klugheit, der aus der Fülle der Erfahrung geboren wurde.

Die Vorstellung war *Otello* in Mexico City, und ich sang die Desdemona neben dem Mohren von Ramón Vinay, der ohne Frage einer der größten Interpreten dieser Rolle war. Und doch fügte er bei jeder Vorstellung etwas hinzu, nahm zurück, verfeinerte die Nuancen und reagierte auf alle Bühnensituationen, die sich ergeben konnte, *innerhalb der Rolle*. Das war der Grund, warum viele Leute ihn immer wieder in dieser Partie erleben wollten, die er jedesmal tiefer auslotete.

Nachdem ich im Schlußakt vom Helden nach allen Regeln der Kunst erwürgt worden war, landete ich sterbend sehr unsanft auf meinem Arm. Da ich – um ein weiteres Shakespeare-Zitat zu bemühen – bereits den Drang des Ird'schen abgeschüttelt hatte, war es mir nicht möglich, glaubwürdig tot zu sein und mir gleichzeitig meine Lage erträglicher zu machen. Immerhin gelang es mir, Vinay zuzuflüstern: »Ramón, mein Arm!« Seine Reaktion war einfach genial. Ganz behutsam zog er meinen Arm unter mir hervor und baute ihn in sein Spiel ein, drückte ihn an seine gramgeschüttelte Brust, betrachtete ihn in seiner regungslosen Schlaffheit und gebrauchte ihn sozusagen stellvertretend für den Rest von mir.

Es war ein unglaublich anrührender Moment – sogar für mich. Er rief mir auf der Stelle Lothar Wallersteins nachdrückliche Ermahnung im Theaterlaboratorium der Metropolitan wieder ins Gedächtnis, nie die Geistesgegenwart zu verlieren. Kurz, indem er seine gesamte Erfahrung in dieser kritischen Situation einbrachte, schuf sich Vinay durch Zufall eine Ausdrucksform, die seiner bereits beredten Darstellung eine weitere Nuance hinzufügte.

Es ist dieses unbewußte Zusammenspiel von Verstand und Gefühl in einer unvermutet auftauchenden Situation, das uns hilft, das dramatische Feuer zu bewahren.

VIERTE SZENE

»Sag mir, wo mein Mantel ist!«

Nachdem ich Witwe geworden war und nach vierzehn Jahren meinen festen Vertrag mit der Metropolitan Opera beendet hatte, schwand mein Interesse an häuslichem Glück rapide. Da ich in einer Musikerfamilie geboren und aufgewachsen war, betrachtete ich es immer als die Quintessenz des Lebens, unterwegs zu sein.

Während viele Sänger behaupten, daß sie selten mehr als ein Hotelzimmer, eine gelegentlich für kurze Zeit angemietete Wohnung und das Innere des jeweiligen Opernhauses zu sehen bekommen, machte ich es mir zum Prinzip, in vielen Städten, in denen ich auftrat, noch einige Tage anzuhängen. Auf diese Weise konnte ich nach dem Abschluß meiner Vorstellungen Museen und historische Stätten besuchen und mir nicht zuletzt interessante Theatervorstellungen anschauen.

Mein Nomadendasein hatte außerdem gewisse Vorteile, die in einer häuslichen Situation nicht geboten waren. Auf dem Höhepunkt meiner Karriere fand ich es herrlich, daß die Theater meine Post sammelten, die europäischen Restaurants (besonders die italienischen) für meine Mahlzeiten sorgten und das Hotelpersonal meine Haushaltspflichten erledigte. Ich brauchte die Freiheit, überall dort zu sein, wo das Leben pulsierte, und diesem Bedürfnis ist es ausgesprochen abträglich, wenn man häuslich oder beruflich gebunden ist. Niemals – vom ersten Tag in Europa bis heute – habe ich wieder mit irgendeinem Theater einen Jahresvertrag abgeschlossen.

In den frühen Jahren war die Deutsche Oper am Rhein mein Zentrum, wo mir Dr. Juch für das erste Jahr 36 Abende garantierte, was sich in den folgenden Spielzeiten mehr oder weniger – abhängig vom Repertoire – in derselben Größenordnung hielt. Außerdem umfaßte jede Spielzeit Gastauftritte in Berlin, Hamburg, München und Stuttgart sowie regelmäßige Auftritte in der Schweiz und häufige Abstecher nach Frankreich und Italien.

Irgendwann begannen entlang diesem Nomadenpfad rätselhafte Zeichen aufzutauchen, und ich wurde mir allmählich bewußt, daß ich meine Prioritäten neu setzen mußte.

Das erste dieser Vorzeichen war eine Kleinigkeit. Ich war wie gewöhnlich unterwegs und stellte an einem kalten Tag plötzlich fest, daß ich meinen Nerzmantel nicht mithatte. Schlimmer noch, ich hatte absolut keine Ahnung, wo ich ihn zurückgelassen hatte. Ich begann, darüber nachzudenken, ob es vielleicht nicht doch besser wäre, einen Ort zu haben, wo ich all meine Habe unterbringen könnte – nur wo?

Zweites Omen: Im Zusammenhang mit Berlin gab es immer Gedöns. Um in diese »Inselstadt« mit der Bahn zu gelangen, mußte man Stunden an einer der Grenzstationen zur DDR verbringen, wo irgendein Funktionär uns mit endlosen bürokratischen Schikanen zuschüttete und besonders lästig wurde, wenn ein Transitreisender einen amerikanischen Paß präsentierte. Deshalb wurde mir von Anfang an geraten, nach Berlin zu fliegen. Der Haken an diesem Arrangement war allerdings, daß jedermann aus der Bundesrepublik ohne Personalausweis oder Reisepaß in Berlin einfliegen konnte, doch daß man, wenn man Berlin mit dem Flugzeug wieder verlassen wollte, irgendein Dokument vorweisen mußte.

Als ich mich einmal in die Abflug-Lounge begab, hatte ich andere Dinge im Kopf und spazierte in Gedanken am Pult des Beamten vorbei. Als er mich stoppte und meinen Paß sehen wollte, fragte ich ihn ziemlich verblüfft: »Ist das hier nicht Deutschland?« Der besagte Beamte warf mir einen Blick zu, als ob er fragen wollte, ob ich noch alle Tassen im Schrank hätte.

Mein Gefühl sagte mir nach diesem Vorfall, daß ich die befestigte Stadt von meiner Liste der für einen Wohnsitz in Frage kommenden Städte zu streichen habe.

Während all meiner Reisen war bei mir immer Hermanns spontane Reaktion auf München hängengeblieben. Auch wenn es im Zweiten Weltkrieg schwer zerstört worden war, erkannten wir beide das kulturelle Leben unter der Verwüstung. Darüber hinaus sah er in meinem Erfolg beim Münchner Publikum ein Indiz, wie gut meine Art der Interpretation mit dem musikalischen und darstellerischen Stil der Bayerischen Staatsoper harmonierte. Diese zwei Faktoren hatten zu seinem Vorschlag geführt, München neben unserem New Yorker Heimathafen als zweiten Wohnsitz zu nehmen.

Mit Hermanns Tod war natürlich der Gedanke, mich irgendwo niederzulassen, gegenüber der Entwicklung meiner musikalischen Karriere zweitrangig geworden. Dennoch: Jedes Mal, wenn ich beruflich in München zu tun hatte, stellte ich fest, daß mich die Stadt nach wie vor interessierte.

Dann übernahm – als weitere Vorahnung der Dinge, die da kommen würden – Professor Joseph Keilberth, unter dessen Leitung ich in Bayreuth und München gesungen hatte, ab der Spielzeit 1959/60 die heißbegehrte Position des Bayerischen Generalmusikdirektors.

Kurz nach seiner Berufung lud er mich ein, eine der ersten Vorstellungen in seinem neuen Amt zu singen, die am 20. September 1959 stattfinden sollte. Die Rolle war die Isolde, mit der ich 1952 mein Debüt in München gegeben hatte, damals unter der musikalischen Leitung von Rudolf Kempe. Die Partie blieb die folgenden Jahre meine »Visitenkarte« in einer Reihe von Theatern auf drei Kontinenten.

Obwohl es mir eine Freude war, Professor Keilberths erste Spielzeit als Münchner GMD mit einzuleiten, war ich dennoch nicht bereit, sein Angebot anzunehmen, bis gewisse finanzielle Hürden zwischen dem Theater und mir aus dem Weg geräumt waren. Im Gegensatz zu vielen Kollegen, die liebenswürdig in die andere Richtung schauen, wenn Verträge ausgehandelt werden, hatte ich immer eine sehr realistische Einstellung zum Thema Musik und Geld, auch wenn ich meine Agenten die Verhandlungen führen ließ. Schließlich wende ich einen großen Teil meines Lebens und mein eigenes schwerverdientes Geld auf, um mir die Fähigkeiten anzueignen, die ich zu verkaufen habe, und erwarte für meine Bemühungen eine Gegenleistung, die meinem Marktwert angemessen ist.

Davon abgesehen hat mich mein voller Einsatz bei den geschäftlichen Aspekten meiner Karriere davor bewahrt, von habgierigen Agenten in die Vergessenheit »gemanagt« zu werden.

Ich sehe keinen Konflikt zwischen dieser meiner Haltung und der höchsten künstlerischen Integrität, zu der ich fähig bin.

Zur Illustration: Fritz Reiner bat mich einmal, ihm einen beträchtlichen Rabatt auf meine übliche Gage zu geben. Als ich mich sträubte, fragte er mich vorwurfsvoll: »Wo sind Ihre Ideale?« Ich antwortete ihm, daß meine Ideale mit der Ouvertüre begännen und mit der letzten Verbeugung vor dem Vorhang endeten; der Rest ist Business mit einem großen »B«.

Mein Problem mit der Bayerischen Staatsoper hing mit dem Umstand zusammen, daß ich einige Jahre nicht am Münchner Haus aufgetreten war, weil sich andere Theater früher gemeldet hatten. Als es zu neuen Verhandlungen kam, ging das Theater davon aus, daß ich mit derselben Gage einverstanden sei, die ich früher erhalten hatte. Inzwischen hatte sich jedoch mein Preis pro Vorstellung erhöht – wie die Lebenshaltungskosten auch. Professor Keilberth intervenierte zu meinen Gunsten und argumentierte, daß die starrköpfige Haltung der vorgesetzten Behörde seine künstlerischen Bemühungen behindere. Er genoß solches Ansehen, daß das Kultusministerium nachgab und die angebotenen Vertragsbedingungen korrigiert wurden.

Dann konnte es ans Musikmachen gehen.

Irgendwann kam mir wieder Hermanns Bemerkung über die Stadt in den Sinn, und ich war der Ansicht, daß es der Vorzeichen nun genug gewesen waren. Bald fand ich eine Wohnung in München und zog vor Beginn der Spielzeit 1959/60 ein.

Ich habe diesen Schritt nie bereut.

Das bedeutete jedoch keine Änderung in meinem Gast-Status. Im Lauf der Jahrzehnte haben mich die Leute oft als regulären Posten im Inventar des Theaters betrachtet, doch das bin ich nicht. Nichtsdestotrotz führt es mich nach wie vor im Regal und macht regelmäßig von meinen Diensten Gebrauch – sowohl auf der Bühne wie hinter den Kulissen.

Mit einer Einwohnerzahl von über einer Million war München nie eine der großen Weltmetropolen, obwohl die örtliche Handelskammer das Gegenteil behauptet. Jedoch haben die wohltätigen und kunstliebenden Wittelsbacher und die liberale Haltung der Bürgerschaft – im Gegensatz zu der oft prüden, kleinbürgerlichen Einstellung, die auf dem bayrischen Land herrscht – dafür gesorgt, daß in dieser Stadt Kunst, Musik, Architektur, Theater und Film immer blühen konnten.

Auf dem Gebiet der Musik zog München von Beginn große Begabungen an. Der südniederländische Renaissancekomponist Orlando di Lasso diente von 1557 bis zu seinem Tod im Sommer 1594 den bayerischen Herzögen als Hofkapellmeister. Wolfgang Amadeus Mozart wurde eingeladen, hier 1781 die erste bedeutende Oper seiner Reifezeit, *Idomeneo re di Creta*, zu komponieren und vorzubereiten. Vier von Richard Wagners Meisterwerken – *Das Rheingold, Die*

Walküre, Tristan und Isolde und *Die Meistersinger von Nürnberg* – wurden in der zweiten Hälfte des 19. Jahrhunderts am Münchner Hof- und Nationaltheater uraufgeführt. München nahm sich liebevoll der Werke von vier bedeutenden deutschen Komponisten des 20. Jahrhunderts an, die alle gebürtige Bayern waren: Richard Strauss, Hans Pfitzner, Carl Orff und Werner Egk – was Strauss betraf allerdings nach einigen Anlaufschwierigkeiten, über die der Komponist in seinem Briefwechsel mit Hofmannsthal beredt Klage führte. An der Oper zählten zu Professor Keilberths Vorgängern als Generalmusikdirektor historische Namen wie Hermann Levi, Felix Mottl, Bruno Walter, Hans Knappertsbusch, Clemens Krauss, Georg Solti, Rudolf Kempe und Ferenc Fricsay.

Ein interessantes Streiflicht auf Münchens musikalische Geschichte bietet die Popmusik. Im »Musicland«-Tonstudio im Arabellahaus hat eine Reihe der größten Rockstars Aufnahmen gemacht. In der Stadt entstand der berühmte *Munich disco sound*, und zwei weltbekannte amerikanische Rocksängerinnen, Donna Summer und Jennifer Rush, begannen hier ihre Karriere.

Bis heute ist München ein wichtiges kommerzielles Musikzentrum. Einige Medienkonzerne haben hier ebenso ihre Zentrale wie führende Musikagenturen. Bezeichnenderweise wählt eine beträchtliche Zahl internationaler Opernstars München und seine Umgebung als ständigen Wohnsitz.

Das Nationaltheater im Herzen der Stadt wurde 1943 bei einem Bombenangriff der Alliierten zerstört, und das Institut war gezwungen, in eines der luxuriösesten Ausweichquartiere in der Operngeschichte zu ziehen.

Das Prinzregententheater war 1901 als Haus für Wagneropern eröffnet worden und hatte bis 1939 jeden Sommer »Gegenfestspiele« zu Bayreuth veranstaltet. Sogar seine Architektur folgte dem Muster des Bayreuther Festspielhauses, und die Akustik war entsprechend vorzüglich, obwohl der Orchestergraben im Gegensatz zu Bayreuth nicht überdeckt war.

Die Lage des Prinzregententheaters inmitten der ausgesprochen »guten« Gegend Bogenhausen, in der viele Ensemblemitglieder auch wohnten, machte das Ausweichquartier noch attraktiver. Und so konnten viele der Sänger, die auf den Bühnen der Welt gefragt waren, hier zu Fuß ins Theater gehen.

Das gleiche galt für das übrige künstlerische Personal. Die Dirigenten und Regisseure lebten und arbeiteten alle in München. Es kam selten vor, daß eine Vorstellung von jemandem von außerhalb dirigiert oder gar auf ein halbes Dutzend Dirigenten verteilt wurde, von denen jeder seine eigene Auffassung hatte, wie es heute so häufig der Fall ist.

In den späten fünfziger und frühen sechziger Jahren umfaßte das feste Ensemble der Bayerischen Staatsoper an die 125 Sänger. Das bedeutete, daß die Theaterleitung fast jede Rolle – oft auch zwei- und dreifach – aus den eigenen Reihen besetzen und mit diesen Kräften eine Produktion von Anfang bis Ende proben konnte.

Zusammenfassend: Die Bayerische Staatsoper war in jener Zeit eine Art autarker Opern-Ozeandampfer, voll ausgerüstet mit künstlerischen Überlebenssystemen, mit einem eingespielten Team von Offizieren und Mannschaft und damit in der Lage, das Publikum in den nächtlichen Anlaufhäfen mit Musik zu versorgen.

Welch ein bemerkenswerter Kontrast zu demselben Institut heute, dessen festes Ensemble auf rund zwei dürftige Dutzend Solisten geschrumpft ist, von denen die meisten ausschließlich in Nebenrollen eingesetzt werden! Alle anderen, einschließlich vieler Dirigenten und aller Regisseure, werden von auswärts bezogen.

Meine Arbeit mit Joseph Keilberth war eine Quelle ruhiger Inspiration. Ich weiß nicht, ob das eine persönliche Erfahrung ist, oder ob sie sich verallgemeinern läßt, aber ich reagiere immer instinktiv auf einen Dirigenten. Ich spüre sofort, ob er ein Gefühl für die Stimme hat oder nicht.

Keilberth war ein »musician's musician«, der sowohl begleitete wie führte, das heißt, er *verstand* etwas vom Singen. Ob intellektuell oder intuitiv, ist nicht von Belang. Entscheidend war, daß er Stimmen liebte. Und wenn ein Mensch etwas liebt, dann wird es ein Teil von ihm.

Wenn ich unter seiner Stabführung sang, hatte ich immer das Gefühl, von der Musik getragen zu werden. Es war, als ob dich dein Vater im Arm hält, und in vieler Hinsicht waren wir alle wie seine Kinder, und sein treffender Humor machte die Arbeit noch erfreulicher.

Wunder über Wunder, Keilberth war auch zu Selbstkritik fähig!

Einige Jahre, bevor er Generalmusikdirektor in München wurde, dirigierte er eine Serie von *Lohengrin*-Vorstellungen in Bayreuth. Die Festspiele hatten einen Vertrag mit einer Plattenfirma, die die Aufführungen mitschnitt und die beste auf LP herausbringen wollte.

Nach den ersten beiden Vorstellungen hatten die Tontechniker den Eindruck, daß etwas mit Keilberths Dirigat an bestimmten Stellen nicht ganz stimme. Sie mutmaßten, daß er vielleicht zu vorsichtig sei, weil er wußte, daß die Aufführung aufgenommen würde. Was immer auch das Problem war, den Vorstellungen fehlte jedenfalls der Elan, den wir von ihm gewohnt waren.

Hermann wurde gebeten, seine sprichwörtliche Diplomatie auch an Keilberth zu erproben, und das gelang ihm auch, indem er beiläufig vorschlug, der Herr Professor solle sich doch einige Ausschnitte der Aufnahmen anhören. Nachdem er sich die Bänder eine Zeitlang zu Gemüte gezogen hatte, erhob sich Keilberth stumm von seinem Stuhl, nahm seinen Hut, setzte ihn auf und verließ die Tonregie.

Die nächste *Lohengrin*-Vorstellung hob wirklich ab. Sie war nicht wesentlich schneller, aber intensiver und erheblich konzentrierter.

In dieser Atmosphäre, in der der Wille eines Dirigenten als unabdingbar gilt, muß man wirklich ein Großer sein, um die Notwendigkeit einer Änderung einzugestehen und sie dann auch wirklich durchzuführen. Keilberth war so ein Großer, und ich hatte das untrügliche Gefühl, daß unser beiderseitiges künstlerisches Entgegenkommen eine feste Basis für unsere Zusammenarbeit war.

Rudolf Hartmann, der Bayerische Staatsindentant, war ein Regisseur von hohen Graden, der sehr viel selbst inszenierte und sich hausväterlich um die anderen Regisseure und ihren Stab kümmerte.

Professor Hartmann hatte Richard Strauss gut gekannt und viele der Opern des Meisters inszeniert, einige in enger Zusammenarbeit mit dem Komponisten. Es gab sicher keinen Regisseur, der das Strauss-Repertoire besser kannte. Es war ihm ein Anliegen, so viele Strauss-Opern wie möglich im Spielplan zu haben, und das unter optimalen Bedingungen und in voller Werktreue.

Später schrieb er ein maßgebliches Buch über die Opern von Strauss, das bis heute ein Standardwerk geblieben ist.

Hartmann brachte in seine Arbeit weit mehr als nur die Tradition ein. Seine häufigen Innovationen und sein pointierter Einsatz von Symbolik förderten das Verständnis des Publikums für ein Werk – ohne daß die ursprüngliche Aussage mit aller Gewalt pervertiert und jedermann mit einer aufgezwungenen »persönlichen Sicht« auf das Werk schockiert wurde.

Ich kann mich erinnern, daß ich eine Inszenierung von *Don Carlos* erlebte, in der Helmut Jürgens' suggestives Bühnenbild für König Philipps große Arie, »Sie hat mich nie geliebt!«, von einem riesigen Kruzifix beherrscht wurde, das diagonal über dem Schreibtisch des

Königs hing – und in der Weiterführung über seinen Gedanken. Die Botschaft war deutlich: In der Inquisitionszeit war die christliche Religion Vorwand für einige der entsetzlichsten Greueltaten, die die Menschheit jemals erlebte.

Der Terror dieser Zeiten setzt sich bis heute in vielerlei Gestalt fort. Hartmann und sein Bühnenbildner nahmen gewissermaßen das Leiden des Königs und die Agonie des Gekreuzigten zum Anlaß, um zu fragen: »Wie oft muß ich noch gekreuzigt werden?« Ein tiefsinniger Einfall, der typisch für Hartmann war.

Über seine eigenen Inszenierungen hinaus stand er allen Mitgliedern des Ensembles praktisch die ganze Spielzeit über zur Verfügung. Es kam in seinem beruflichen Leben sehr selten vor, daß er sein Stammhaus verließ, um irgendwo anders zu inszenieren, und seine fest umrissene künstlerische Sicht gab der Arbeit im Theater eine klare Richtung und Kontinuität. Angesichts der geradezu häuslichen Atmosphäre im Theater, des künstlerischen Konzepts von Rudolf Hartmann, Joseph Keilberth und ihren Mitarbeitern sowie der zusätzlichen Attraktion, regelmäßig mit Hans Knappertsbusch auf seinem Terrain zu arbeiten, hatte ich das Gefühl, daß ich mir die Art von Familie angeschafft hatte, die ein reifer Erwachsener nötig hat.

Die Bayerische Staatsoper war für mich in dieser Phase meiner Karriere keine »Kinderstube«, in der ich mit allem versorgt wurde, sondern ein Ort, an den ich für einige Zeit zurückkehren, wo ich künstlerischen Kontakt mit den »Familienmitgliedern« aufnehmen konnte und mich immer willkommen fühlte.

Endlich hatte ich meine geographische Mitte gefunden.

Ach, übrigens: Schließlich fand sich auch mein Nerzmantel wieder. Er hing im Schrank in der Diele der Symonettes in Düsseldorf.

Drei Brünnhilden im Angebot

In den frühen fünfziger Jahren plauderte ich einmal während des Mittagessens mit Kammersänger Fritz Windgassen. Ich erwähnte eine *Tristan*-Probe in Berlin, in der mein Partner und ich zu einer Kaffeepause in die Kantine gingen und überrascht waren, dort einen be-

*Die drei Brünnhilden tauschen 1996 bei einer vom Fernsehen aufgenommenen
Zusammenkunft mit dem Intendanten des Münchner Gärtnerplatztheaters,
Klaus Schulz, alte Geschichten aus. Wir sind alle noch gut in Schuß.*

kannten Tristan beim Skat mit seinen Freunden anzutreffen. Ich
fand, daß das doch höchst ungewöhnlich sei, doch Windgassen senior
sagte mir, daß es zu seiner Zeit durchaus normal war, daß *zwei* Tristans in der Kantine Karten spielten, während der dritte die Partie auf
der Bühne sang. Sie warteten nicht darauf, eventuell für ihren Kollegen einspringen zu müssen, falls er nicht weitersingen konnte – sie
hatten zufällig einen freien Abend und Lust, ihn im Theater zu verbringen.

Wenn heutzutage ein guter Tristan indisponiert ist, müssen die
Theater häufig genug hysterisch den gesamten Kontinent abgrasen,
um einen Ersatz in derselben Kategorie zu finden, und sich häufig mit
der zweiten oder dritten Garnitur zufriedengeben, wenn sie überhaupt einen auftreiben können. Ich kann mich nicht entsinnen, daß
ich jemals auf der Bühne die Brünnhilde sang, während es sich zwei
andere Brünnhilden in der Kantine gutgehen ließen. Ich habe allerdings angenehme Erinnerungen an zwei Altersgenossinnen der Spit-
zenklasse, die im wesentlichen das nämliche Repertoire wie ich sangen.

Bis heute leben Martha Mödl und Birgit Nilsson in der Erinnerung
als zwei der außerordentlichsten Künstlerinnen, die jemals das Wag-

ner-Repertoire gesungen haben. Und in der Tat werden diese beiden Künstlerinnen der abgedroschenen Phrase gerecht: »... bereits zu Lebzeiten ein Denkmal«.

Hiermit möchte ich eine Würdigung ihres Künstlertums auf der Bühne zu Protokoll geben und etwas von dem Vergnügen übermitteln, das wir zwischen den Vorstellungen miteinander hatten.

Es ist vielleicht nicht uninteressant zu erwähnen, daß es außer dem »harten Kern« von Isolde, Brünnhilde und ein, zwei anderen Heroinen sehr wenige Wagnerpartien gab, die wir alle drei sangen.

Sobald ich die jugendlich dramatischen Rollen wie Elsa, Eva und Elisabeth Anfang der fünfziger Jahre aufgegeben hatte, kehrte ich nie wieder zu ihnen zurück. Martha Mödl, die vom Mezzo zum hochdramatischen Sopran überwechselte, sang sie überhaupt nicht. Birgit Nilsson andererseits wechselte im Lauf ihrer Karriere mühelos zwischen den jugendlich dramatischen und den hochdramatischen Wagnerpartien, doch sang sie meines Wissens niemals die Kundry, die Martha und ich uns in Bayreuth teilten. Und keine von beiden widmete sich der Ortrud, die sich als meine spezielle Domäne erwies.

Die Verschiedenartigkeit unseres Repertoires gab uns Gelegenheit, von Zeit zu Zeit miteinander zu singen, vor allem in Bayreuth, wo wir viele Jahre gemeinsam auftraten.

Birgit Nilsson hat sich vor einigen Jahren von der Bühne zurückgezogen und ist nach Stockholm zurückgekehrt.

Interessanterweise wurden wir beide im Abstand von weniger als drei Wochen im selben Jahr 1918 im selben Land Schweden geboren: ich, wie vermeldet, am 25. April in Stockholm und Birgit am 17. Mai auf einem Bauernhof in der Nähe von Karup im südwestlichen Schonen.

Martha und ich leben beide in München, was bedeutet, daß wir einander etwas häufiger sehen, doch auch nicht allzuoft, da wir beide nach wie vor ein volles Programm haben.

Viele Opernbesucher betrachten Wagner-Heroinen als Vertreterinnen heiligen Ernstes ohne erkennbares Gefühl für Humor. Die folgende Geschichte beweist, wie ich glaube, das Gegenteil.

Martha und ich liefen uns auf Bayreuths kleiner Einkaufsmeile zufällig vor einem Spielzeuggeschäft über den Weg, das auf dem Gehsteig Dreiräder ausgestellt hatte.

Da wir beide vom Einkaufsbummel müde Füße hatten, kamen uns die Dreiräder wie gerufen, um uns ein wenig auszuruhen. Bald stach uns der Hafer, und wir führten vor den amüsierten Passanten eine Art alternativen Walkürenritt auf. Ein Zuschauer war zufällig Siegfried

Martha Mödl und ich üben für den dritten Akt der »Walküre«

Lauterwasser, der fabelhafte Festspielfotograf, und so wurde das Ereignis für die Nachwelt festgehalten.

Was wohl Cosima über diese würdelose Zurschaustellung gedacht hätte?!

Natürlich erstreckte sich unsere Beziehung auf weit mehr als bloßes Herumalbern. Unser Beruf erforderte eine Menge intensive Arbeit, in die wir uns beide ganz gehörig hineinhängten.

Martha war immer ein Bühnenvollblut, mit angeborenem Instinkt für den dramatischen Augenblick. Wenn ich mich daneben betrachte, gingen wir an eine Rolle völlig unterschiedlich heran. Ich baue meine Gestalten Schicht für Schicht auf und zügle meine natürlichen Instinkte durch die analytische Blaupause, die ich entwickle. Martha scheint dagegen ihre unheimliche Fähigkeit zu unerschöpflicher emotionaler Intensität unmittelbar in ihre Rollenporträts einzubringen. Das Ergebnis ihres Zugangs ist eine nicht korrumpierbare Echtheit der Charakterisierung und ein profundes Identifikationsvermögen mit den Empfindungen der Figur, was durch eine warme, reiche Stimme von verschwenderischer Fülle in der tieferen Lage verstärkt wurde – ein Verweis auf ihren Anfang als Mezzosopran.

Die Wärme ihrer Stimme ist jedoch auch deutlicher Ausdruck ihrer warmherzigen, offenen Menschlichkeit, die allem, was sie singt, überschwengliche Großzügigkeit verleiht.

Ich halte immer einen bestimmten Prozentsatz meiner emotionalen Energie in Reserve, da ich fürchte, sonst die Kontrolle zu verlieren. Das ist ein Sicherheitsventil, auf das meine Mutter besonderen Nachdruck legte. Martha Mödl katapultiert sich in eine Rolle und schont sich in ihrer gestalterischen Inbrunst keinen Augenblick.

Wenn Martha Mödls Darstellungsweise der Ausdruck ihrer inneren Lebensenergie ist, und meine Strategie als eine Kombination von Instinkt und Analyse beschrieben werden kann, so ging Birgit Nilsson dieselben Herausforderungen fast durchweg mit der vollen Entfaltung der Strahlkraft ihrer Stimme an, besonders mit den außerordentlich kräftigen hohen Tönen, bei denen keine ihrer Generation mit ihr konkurrieren konnte.

Während es das Schicksal mit sich brachte, daß ich bereits mit Anfang zwanzig an der Metropolitan Hauptrollen sang, begann Birgit ihre Karriere als Wagnersängerin etwa acht Jahre nach meinem Debüt, nachdem sie den üblichen europäischen Studiengang am Königlichen Konservatorium in Stockholm durchlaufen und danach eine Reihe anderer Partien gesungen hatte.

Sobald sie ihre schwedische Heimat verlassen hatte und plötzlich auf der internationalen Szene erschien, schoß ihre Karriere kometenhaft in die Höhe, gekrönt von ihrem wohlverdienten Erfolg an der Wiener Staatsoper, die sie über Jahre dominierte.

Nilssons Ausnahmestellung in Wien zeugte nebenbei bemerkt sowohl von ihrer unbestreitbaren vokalen Brillanz wie von einem Geschäftssinn, der dem des ausgepichten Kapitalisten Herbert von Karajan ebenbürtig war, dem damaligen Alleinherrscher an diesem österreichischen Prestigetheater.

In einem Porträt, das das »New Yorker«-Magazin vor einigen Jahren veröffentlichte, erzählt Birgit die Geschichte von einem Kampf im Schwergewicht in Karajans Büro, wo sie wie gewöhnlich ihre Gagenverhandlungen selbst führte, weil sie etwas finanziell so Entscheidendes wie ihre Gage an der Wiener Staatsoper nicht dem Verhandlungsgeschick »bloßer« Agenten überlassen wollte. Als der Meinungsaustausch zwischen ihr und Karajan allmählich die Dimension verbaler Faustschläge anzunehmen begann, riß plötzlich die Schnur von Birgits Halskette, und die Perlen hüpften in allen Richtungen über den Teppich. Karajan rief Mitglieder seiner Entourage herbei und ließ sie die Perlen einsammeln. Während sie auf den Knien herumrutschten, konnte sich der Maestro nicht die sarkastische Bemerkung verkneifen, daß sie keine einzige übersehen dürften. Schließlich seien das zweifellos die unbezahlbaren Naturperlen, die die Sängerin mit ihren ansehnlichen Gagen an der Mailänder Scala erstanden habe. Birgit antwortete wie aus der Pistole geschossen, daß es sich lediglich um billige Imitationen handle, die sie sich vom Hungerlohn in Wien gekauft habe.

Offensichtlich kamen sie dann doch zu einer Einigung.

Eine Begegnung, die wir beide in der österreichischen Hauptstadt hatten, pointiert die herzliche Art unserer Beziehung.

Ich war in der Stadt, um eine Reihe von *Lohengrin*-Vorstellungen zu singen, und Birgit war für die Titelrolle in *Turandot* gekommen. Eines Nachmittags trafen wir uns zufällig in der Philharmonikergasse hinter dem Theater, und da wir beide Zeit hatten, beschlossen wir spontan, zum Mittagessen in das Hotel Sacher einzufallen. Während wir uns genußvoll dem Essen widmeten, schlug Birgit beiläufig vor, daß wir unsere Unterhaltung doch am nächsten Abend vor der *Turandot*-Vorstellung in ihrer Garderobe fortsetzen könnten.

Ich konnte nicht glauben, daß jemand vor einer so strapaziösen Partie Besucher sehen wollte, doch sie wischte meine Bedenken vom Tisch und sagte, es seien bloß ein paar hohe C, und sobald sie diese Schmettertöne durch das Haus habe schallen lassen, sei der Rest des Abends nur noch ein Spaziergang. Außerdem – fügte sie hinzu – sei *Turandot* ganz erheblich kürzer als fast alle Wagnerrollen, die sie zu singen habe. Nachdem mir feierlich versichert worden war, daß das, was andere Soprane als den Gipfel der Schwierigkeit betrachteten, für die speziellen Talente Birgit Nilssons nur ein Kinderspiel sei, versprach ich ihr, nach meiner Probe vorbeizuschauen und ihr ein paar Minuten Gesellschaft zu leisten.

An diesem Abend entdeckte ich, daß sich Birgit beim Anbringen der reichverzierten Accessoires, die traditionell zur Rolle der chinesischen Prinzessin gehören, helfen ließ. Die kunstvoll geschmückte Perücke, die langen Fingernägel und was dergleichen noch mehr war forderten ihre Zeit, fast eine ganze Stunde, vor ihrem ersten kurzen stummen Auftritt im ersten Akt.

Die Unterhaltung während dieser Prozedur drehte sich um eine von Birgits größten Leidenschaften: nein, nicht um Oper oder Konzert, auch nicht um Finanzielles, sondern vielmehr um die Auktionen von Orientteppichen, die sie bei ihren Aufenthalten in Wien regelmäßig besuchte. Während sie eine besonders hübsche Brücke beschrieb, nach der es sie im Augenblick heftig gelüstete, und darauf achtete, ihre Sprechstimme so gedämpft wie möglich einzusetzen, flog die Tür plötzlich auf, und herein schwirrte der Operndirektor Egon Hilpert zu seinem regelmäßigen Besuch vor der Vorstellung.

Dr. Hilpert war so vollauf beschäftigt, mit Madame Nilsson die üblichen Spiegelfechtereien zu betreiben, daß ihm gar nicht auffiel, daß sich auch andere im Raum befanden. Erst als er gehen wollte, entdeckte er mich unversehens in der Ecke und stieß einen schrillen Schrei äußerster Verblüffung aus. Während Birgit und ich verdutzte Blicke tauschten, hörten wir ihn den Gang hinunterrauschen und mit seinem Diskant ausrufen: »Zwei *Hochdramatische* in einer Garderobe – und in *meinem Theater*!«

Die Geschichte machte die Runde, wobei jeder auf typisch wienerische Manier seine eigenen Ausschmückungen hinzufügte.

Wenn ich die oft bizarren Erzählungen über Rivalität auf der Opernbühne höre, die sich meist um Koloratursoprane und Tenöre drehen, frage ich mich, warum es so wenige solcher Histörchen in unserem Stimmfach gibt.

In den mehr als fünfzig Jahren meiner Karriere sah ich mich nie mit dieser Art eines hinterhältigen Konkurrenzkampfs konfrontiert, der die Sänger des italienischen Fachs so häufig auf Schritt und Tritt begleitet. Ich weiß nicht, warum das so ist, doch vielleicht hat es damit zu tun, daß unsere Musik härtere Arbeit und mehr Zeitaufwand als manche der anderen Kompositionen erfordert, wodurch wir Wagnersänger weder Zeit und Energie aufbringen können noch den Hang haben, uns auf solche kindischen Rivalitäten einzulassen.

Persönlich gefällt mir der Gedanke, daß große Stimmen und große Herzen harmonieren.

Es zeugt von der Weisheit Wieland und Wolfgang Wagners, daß sie uns alle drei mehr oder weniger gleichzeitig bei den Festspielen beschäftigten, wobei jede von uns ihren speziellen Beitrag zu ihrem und zu unserem Erfolg lieferte.

Vielleicht läßt sich der beste Vergleich unserer unterschiedlichen Qualitäten aus Stellen in einer Partie ziehen, die wir alle sangen: die Brünnhilde in *Götterdämmerung*.

Birgits phänomenale hohe Töne, ihre Würde und tiefe Empfindsamkeit waren in den Szenen romantischer Leidenschaft überlegen, wie im großen Duett des Vorspiels und am Schluß des letzten Akts. Man könnte sagen, daß meine Stärke in der Intensität der dramatischen Szenen lag, besonders bei dem leidenschaftlichen Eid im zweiten Akt. Doch keine konnte die Tiefe von Marthas »Ruhe, du Gott!« gegen Ende des Schlußgesangs erreichen, der majestätisch das Ende der epischen Tragödie und die Morgendämmerung einer neuen Zeit ankündigt, in der eine höhere Ethik herrschen wird. Summa summarum: Alle drei schufen wir Rollenporträts, die hauptsächlich unser Eigen waren.

Weder Martha noch ich hätten die Turandot angerührt, mit der Birgit Operngeschichte machte.

Martha Mödls Kundry in Bayreuth ging eine geradezu mystische Union mit dieser facettenreichen Gestalt ein, der keine andere jemals gleichkam.

Was mich betrifft, denke ich, daß die Rolle, die meinen Beitrag zur Opernbühne am besten definierte, die Ortrud war.

Oder – war es *Elektra*?

SECHSTE SZENE

Den Riß kitten

An einem meiner seltenen faulen Nachmittage läutete das Telefon. Es meldete sich Walter Legge, der damals bereits legendäre Plattenproduzent, ein gewiefter Geschäftsmann, der seine Finger in einer stattlichen Reihe musikalischer Sahnetöpfe hatte und mir nun eine ziemlich rätselhafte Frage stellte: Er wolle sich erkundigen, ob ich bereit sei, das Vergangene ruhen zu lassen.

Als ich ihn ersuchte, sich etwas konkreter auszudrücken, erfuhr ich, daß Herbert von Karajan, mit dem er eine äußerst profitable Verbindung unterhielt, die Salzburger Festspiele von 1964 mit einer Neuinszenierung von Strauss' *Elektra* eröffnen wolle und daß ich für die Titelpartie ernsthaft in Erwägung gezogen würde. Der Grund seines Anrufs sei die Erkundigung, ob ich bereit sei, wieder mit Maestro von Karajan zusammenzuarbeiten.

Die Frage versetzte mich ehrlich gesagt doch etwas in Erstaunen. Ich gehöre nicht zu denen, die nachtragend sind, und schon gar nicht, was künstlerische Meinungsverschiedenheiten betrifft. Es war Karajan gewesen, der unsere Probleme in Bayreuth als persönliche Beleidigung aufgefaßt und mich jahrelang an der Wiener Staatsoper auf die schwarze Liste gesetzt hatte. Wenn also jemand das Vergangene vergangen sein lassen mußte, dann war es Karajan und nicht ich.

Ich hatte immer großen Respekt vor Walter Legge gehabt, der die Kunst des Kommerzes mit erschöpfender musikalischer Kenntnis und einem Geschmack von höchsten Graden vereinte, und war geneigt, mich auf seinen Rat fast blindlings zu verlassen. Doch was Karajan betraf, war das eine andere Sache. Deshalb wollte ich als erstes wissen, ob dieser Besetzungsvorschlag Mr. Legges Idee gewesen sei, wie er durchschimmern zu lassen schien, oder ob Karajan ihn lediglich gebeten habe, die Lage zu sondieren.

Legge versicherte mir, daß sie diese Entscheidung sorgfältig gemeinsam erwogen hätten und sich beide einig gewesen seien, daß ich – wie er es schmeichelhaft darstellte – die optimale Besetzung für die Rolle sei.

Es gäbe nur eine Bedingung, sagte er mir, bevor er auflegte: Karajan sei nicht gewillt, vergangene Differenzen zu diskutieren. Das schien mir vernünftig.

Das Angebot eines Debüts in Salzburg, in einer meiner besten Rollen, mit den Wiener Philharmonikern im Orchestergraben, war sowohl künstlerisch wie finanziell verführerisch, und ich fand es vernünftig, das Problem Karajan zu überdenken.

Dagegen sprach das Schreckgespenst, das durch meine Überlegungen spukte: daß ich mir wieder meinen eigenen Rhythmus in die Handfläche würde klopfen müssen, während der Maestro in der Aureole seines eigenen Scheinwerfers am Pult stand und mystischen (und für uns gewöhnliche Sterbliche nicht nachvollziehbaren) Kontakt mit den Sphären aufnahm, wie bei unserer Zusammenarbeit am Bayreuther *Tristan*.

Auf der Habenseite war es Schnee von gestern, daß sein seltsam okkultes Unterfangen, eine Vorstellung zusammenzuhalten, den Mitwirkenden so auf den Geist gegangen war.

Sein damaliges meditatives Posieren war Anlaß zu wenigstens einer – möglicherweise apokryphen – Anekdote gewesen, die eine Vorstellung vor dem nüchternen Publikum der Mailänder Scala betraf. Nach der Überlieferung tauchte Karajan aus den unteren Regionen auf, erklomm in feierlichem Ernst das Pult und versank, nachdem er den tumultuösen Applaus des Hauses in Empfang genommen hatte, mit geschlossenen Augen und das Haupt fast unter seinen ausdrucksvollen Händen begraben, in eine tiefe und schier endlose Kontemplation.

Der große Mann wurde schließlich aus seiner Trance von der Stimme eines wohlwollenden Gönners wachgerüttelt, die von den oberen Rängen herunterschallte: »Coraggio, maestro, coraggio!«

Zur Zeit des Salzburger Angebots waren mir allerdings in jüngster Zeit keinerlei Klagen über ein derartiges Verhalten zu Ohren gekommen, und auch die Wiener Aufführungen, die ich am Radio gehört hatte, waren mir nicht eigenartig erschienen. Offenbar mußte er gefunden haben, wonach er in seiner Trance gelauscht hatte, und war damit der Welt zurückgegeben.

Was mich betraf, hatte ich seit meiner ersten amerikanischen Elektra die Partie quer durch Europa gesungen, einschließlich der Eröffnungspremiere der letzten Münchner Festspiele, die im Prinzregententheater stattfanden. Die Produktion war ein außerordentlicher Erfolg gewesen und wurde in das wiederaufgebaute Nationaltheater übernommen, in das das Institut im Herbst 1963 zurückkehrte. Im

Die Eröffnungspremiere bei den letzten Münchner
Opernfestspielen im Prinzregententheater
war »Elektra« mit mir in der Titelrolle.

Nationaltheater wurde mir darauf die Ehre zuteil, die Titelrolle in *Elektra* anläßlich des 100. Geburtstags des Komponisten in einer Galavorstellung am 11. Juni 1964 zu singen.

Wenn ich das Angebot aus Salzburg annehmen würde, so ging es mir durch den Kopf, wäre die Premiere meine vierzigste Bühnen-Elektra, die konzertanten Aufführungen nicht mitgezählt. Wenn ich so weit gekommen war, warum sollte nicht auch Karajan seine Entwicklung gehabt haben?

Es gab eine weitere, noch maßgeblichere Überlegung zugunsten dieses Projekts. Bei unserer ersten Zusammenarbeit war Herr von Karajan ein »Bediensteter« der Bayreuther Festspiele gewesen, nicht anders als ich. Das ist für jeden Sänger eine völlig normale Situation, aber ich bin mehr als einem Dirigenten oder Regisseur begegnet, den es irritierte, Anweisungen entgegennehmen zu müssen, während er einwandfrei funktionierte, wenn er sein eigener Herr war.

Ein Beispiel für diese Blockierung war Jacques Karpo, der Intendant der Marseiller Oper, der am eigenen Haus eine vorzügliche Produktion nach der anderen inszenierte, aber kaum je an anderen Häusern arbeitete. Als ich ihn nach dem Grund fragte, behauptete er, daß er sich nicht entfalten könne, wenn seine Leistung von der endgültigen Billigung eines anderen Theaterdirektors abhängig sei. Wenn er das letzte Wort habe, fühle er sich bei der Arbeit wohl und sei durchaus nicht abgeneigt, sich Vorschläge von anderen anzuhören. Ich muß hinzufügen, daß es besonders einfach war, mit ihm zu arbeiten, und daß er ein hervorragender Künstler war, der leider viel zu jung starb.

Um diese Machtbefugnis ging es wohl auch bei Karajan, der nun Herrscher über die Wiener Staatsoper und die Salzburger Festspiele war und sich außerdem sein eigenes Medien-Imperium aufzubauen begann.

Nachdem ich das alles reiflich erwogen hatte, entschloß ich mich, Karajans Angebot in dem Geist anzunehmen, in dem es mir gemacht worden war, und das Meine zu tun, um den Riß zu kitten, der uns künstlerisch über zehn Jahre getrennt hatte. Ich teilte Mr. Legge mein Einverständnis mit und bat ihn um weitere verfahrenstechnische Details.

Er sagte mir, daß erst die finanzielle Seite mit meinem Agenten geklärt werden müsse. Außerdem bitte mich Maestro von Karajan, zu einem bestimmten Termin nach Wien zu kommen und im Vorzimmer seines Büros in der Wiener Staatsoper auf ihn zu warten, wo er mich nach einer Probe treffen werde.

297

Ich nahm an, daß er diese Begegnung wünschte, um die Rolle mit mir durchzugehen, denn er stand wie viele seiner Kollegen in dem Ruf, mit jedem Solisten die Rolle zu überprüfen, gleichgültig, wie oft sie der Sänger bereits gesungen hatte, um sicherzugehen, daß es keine unüberwindlichen konzeptuellen Meinungsverschiedenheiten gäbe.

Ich kann das durchaus verstehen. Kein Dirigent erlebt gerne unerfreuliche Überraschungen zu Beginn der Proben, und ein Sänger ebensowenig.

Ich fuhr am Tag vor unserer Verabredung von München nach Wien und stieg auf eigene Kosten im Hotel Sacher ab. Dann verbrachte ich einen angenehmen Abend, delektierte mich an der vorzüglichen Küche des Hotels und ging früh zu Bett, um meine Reserven für das Treffen am folgenden Tag aufzutanken.

Es war ein wunderschöner, sonniger Tag, als ich über die Straße und hinauf in den Flügel zu den Direktionsbüros ging. Da saß ich dann, las Theaterzeitschriften und wartete auf die Ankunft des Maestro.

Es dauerte ziemlich lange, bis er endlich auf der Bildfläche erschien, wie üblich im Rollkragenpullover, die Jacke lässig über eine Schulter gehängt.

Übrigens trug er die Rollkragenpullover nicht, um ein bestimmtes Image zu kreieren, wie gemeinhin angenommen wurde, sondern weil er an chronischer Schleimbeutelentzündung litt, einer für Dirigenten nicht untypischen Krankheit, und deshalb Hals und Schultern warmhalten mußte.

Für einen Augenblick stand er am anderen Ende des Korridors und machte keine Anstalten, auf mich zuzukommen. Statt mich in protokollarischen Erwägungen zu verlieren, beschloß ich aufzustehen und ihm auf halbem Weg entgegenzukommen, worauf wir einander die Hand gaben und Liebenswürdigkeiten mit den üblichen Fragen nach der Gesundheit und dem Befinden des anderen austauschten.

Dann gingen wir in ein Zimmer und setzten uns. Karajan ging die allgemeinen Details über Proben und Vorstellungen durch, die ich ordnungsgemäß notierte – und das war es dann. Ohne die Oper überhaupt nur zu erwähnen, entschuldigte sich Karajan daraufhin und zog sich in sein Allerheiligstes zurück, während ich ins Hotel ging, packte und nach München zurückfuhr.

Und so hatte eine einseitig heraufbeschworene Pattsituation nach zehn Jahren ihr Ende gefunden.

Unterdessen waren die Vertragsverhandlungen im Gange. Ich hatte meinem Agenten gesagt, daß ich auf der höchsten Sologage be stehe, die zur Zeit in Salzburg gezahlt würde, was ein Herumdrucksen der Festspielleitung zur Folge hatte, aber ich blieb hart. Es war mir klar, daß ich mit dieser Oper wahrscheinlich das einzige Mal in Salzburg auftreten würde, und ich wollte für meine Dienste entsprechend entlohnt werden. Sobald die geschäftliche Seite zu meiner Zufriedenheit geklärt war, begann ich, mich auf meinen Aufenthalt in Salzburg zu freuen.

Als ich mitten im Sommer in der Stadt ankam, wurde ich von dem sprichwörtlichen »Schnürlregen« begrüßt, der sich jedesmal wie ein Sargtuch über die Schönheit dieser eindrucksvollen Stadt legt.

Die Proben mit Karajan, der die Oper inszenierte und dirigierte und deutlich nicht bereit war, auch nur ein Jota seiner Autorität an andere abzugeben, waren für alle Beteiligten ein Erlebnis.

Neben mir umfaßte die Besetzung Martha Mödl, die nach vielen Jahren als dramatischer Sopran ins Mezzofach zurückgekehrt war, in der Rolle meiner Mutter, Hildegard Hillebrecht als junge Chrysothemis, Eberhard Waechter als noblen Orest und James King als attraktiven Aegisth.

Nach Salzburger Gepflogenheit waren auch alle Nebenrollen mit erstrangigen Sängern besetzt. Tugomir Franc, ein führender Baß der Wiener Staatsoper, war Orests Pfleger, der amerikanische lyrische Tenor Richard van Vrooman der junge Diener, und das Kontingent von Klytämnestras Dienerinnen am Anfang der Oper bestand aus erstklassigen internationalen Sängerinnen: der walisischen Altistin Helen Watts, dem schwedischen Mezzo Margarete Sjöstedt, dem kroatischen Mezzo Cvetka Ahlin, Lisa Otto von der Deutschen Oper Berlin, der mit einer wunderbaren Stimme gesegneten slowakischen Sopranistin Lucia Popp in der Schlüsselrolle der fünften Dienerin und schließlich der deutsch-amerikanischen Sopranistin Judith Hellwig als Aufseherin.

Wenn es um Besetzung ging, wurde bei Maestro von Karajan ganz sicher nicht geknausert. Das war echte Spitzenqualität auf der ganzen Linie!

Seit ich die Rolle der Elektra mit Dimitri Mitropoulos im Konzert gesungen hatte, hatte ich meine Interpretation immer wieder einem Sublimierungsprozeß unterzogen und auch die Ruinen des alten Mykene besucht, in dem die Geschichte angeblich stattgefunden hatte. Dort gab ich mich intensiv der warmen Brise hin, die durch die karge, trockene Vegetation über den ewigen Sandflächen des einsamen Plateaus strich, wo noch immer das ursprüngliche Löwentor des Atridenpalastes steht. Neben der Burg, in einigem Abstand von den Ruinen, gibt es einen Grabhügel, der das Grab des Agamemnon genannt wird. In diesem Hügel fanden Archäologen ein Skelett in sitzender Stellung, einer Bestattungsart, die nach ihren Erkenntnissen nur hochgestellten Persönlichkeiten wie Königen vorbehalten war.

Als ich dem Flüstern der Lüfte lauschte, wurde ich gleichsam in die Zeit jener tragischen Ereignisse zurückversetzt. Von diesem Augenblick an wußte ich, daß dieses Gefühl ein untrennbarer Bestandteil meiner Interpretation sein würde. Wann immer ich Elektras Verlassenheit darstellte, mußte ich vor den ersten Tönen nur die Empfindung zurückrufen, die ich bei meinem Besuch in Mykene gehabt hatte.

Ich war also, als ich die Salzburger Proben begann, bereits tief in die archaischen griechischen Bräuche und die österreichisch-deutsche Fin-de-siècle-Stimmung der Oper eingetaucht, doch wie immer nach wie vor bereit und begierig, meinem Bild der Elektra neue Schichten hinzuzufügen. Zum Glück war Karajans einst so selbstherrliche Haltung so weit gereift, daß er einen am künstlerischen Entscheidungsprozeß teilhaben ließ, was unsere Diskussionen ausgesprochen ergiebig machte.

Zum Beispiel holte er sich einen Grundgedanken aus den *Grabspenderinnen*, dem zweiten Teil der *Oresteia*-Trilogie des Aischylos, der ältesten bekannten Quelle über den Atriden-Stoff und außerdem eines der ersten Theaterstücke, die jemals geschrieben wurden.

In Aischylos' Version kommt Elektra mit den trauernden *Choëphoroi* regelmäßig an das Grab ihres Vaters, um Trankopfer zu bringen und eine Locke auf die Grabstätte zu legen – eine symbolische Geste, mit der sie dem ermordeten Vater ihre weibliche Schönheit zum Opfer bringt.

Bevor wir mit den Proben begannen, fragte mich Karajan, ob ich mich mit dem Gedanken einer kurzhaarigen Elektra anfreunden könne, und begründete seinen Wunsch mit einem Konzept, das ich nachvollziehen konnte. Wir stimmten beide überein, daß Elektras kurzgeschorenes Haar ihr Aufgehen in ihrer Mission unterstreicht und der Stelle »Mein Haar war solches Haar, vor dem die Männer zittern« eine zusätzliche schmerzvolle Bedeutung gibt. Sie hat ihre Schönheit zerstört, um die einst so lüsternen Augen der Männer von sich fernzuhalten.

Für mich war das auch ein Symbol für Elektras andere Opfer wie die Verweigerung der Mutterschaft, Hofmannsthals Umdeutung eines

Motivs aus der urspünglichen Version, in der Elektra als Akt bewußter Erniedrigung gezwungen wird, einen Bauern zu heiraten.

Über seine Interpretation des Dramas hinaus hatte Karajans Behandlung der Partitur die besondere Qualität, die wir mit seiner
Opernarbeit assoziieren. Durch seine jahrzehntelange Beschäftigung
mit symphonischer Musik nahm er auch Oper sehr symphonisch. Das
Wechselspiel zwischen Stimmen und Instrumenten war eine besondere Passion Karajans. Er wußte, daß ich auf seine Auslegung so ansprach, daß er meine Stimme zuweilen rein instrumental einsetzen
konnte.

Seine Neigung, die Musik zu sublimieren und die feinsten Nuancen
herauszuholen (was in seinen späten Jahren zur Obzession wurde),
führte zwischen uns zu einem bestimmten Zeitpunkt zu einer Meinungsverschiedenheit.

Es gab ein, zwei Phrasen, die ich mit scharfem Sarkasmus singen
wollte, wenn ich auf meine Mutter anspielte oder Chrysothemis für
ihre aus meiner Sicht egoistische Nabelschau verhöhnte, die der vor
uns liegenden edlen Aufgabe schadete. Dieser Tonfall ging Karajan
gegen den Strich, und er wollte mich weniger sarkastisch haben, weil
mein Hohn nach seinem Empfinden an Vulgarität grenzte.

Ich war nicht seiner Meinung und bin es bis heute nicht. Elektra
zerpflückt praktisch den Nimbus ihrer Mutter, wenn sie ihre Verachtung über die Verkommenheit der älteren Frau und Aegisths aus sich
herausschleudert – wobei sie den letzteren herabsetzend den Buhlen
ihrer Mutter nennt und sich fast durchgehend weigert, seinen Namen
in den Mund zu nehmen.

Ich sehe keinen Grund, mich an diesen Stellen zurückzuhalten, und
mein Gefühl für Ästhetik würde mir nie erlauben, die Rolle bis zur
Vulgarität zu überziehen. Ich fand, daß Karajan da allzu zart besaitet
war.

Trotzdem blieb er unnachgiebig, und statt das Kind mit dem Bad
auszuschütten, entschloß ich mich, einen Kompromiß zu suchen, der
uns beide glücklich machte, und für mich dabei möglicherweise eine
Darstellungsvariante zu finden, die sich unter bestimmten Umständen als nützlich erweisen konnte. Ich dämpfte den schroffen Sarkasmus, unterspielte, was Karajan als »Vulgarität« betrachtete, und
brachte meine Verachtung in Phrasen wie »Tochter meiner Mutter«
mit subtilem, herbem Zynismus zum Ausdruck.

Mit dem größten aller Eliteorchester, den Wiener Philharmonikern, zu singen, war ein unvergeßliches Erlebnis. Diese Musiker kön-

nen einen Glanz hervorzuzaubern, wie wenn die Sonne über einem der kristallenen Seen des Salzkammerguts aufsteigt und die ständig wechselnden Farben der Wasseroberfläche tanzen läßt. Kurz, alle Mitwirkenden waren Profis von höchsten Graden. Trotz all dieser Fachmannschaft hatte Karajan jedoch eine merkwürdige Probenmethode, die sich auf meine Arbeit schädlich auswirkte.

Um während der Bühnenproben »unsere Stimmen zu schonen«, ließ Karajan uns zum Band einer kommerziellen Aufnahme agieren, die mit anderen Sängern gemacht worden war. Der Sopran, der meine Rolle sang, machte verschiedene musikalische Fehler, die sich allmählich in mein Gedächtnis einzuschleichen drohten und mich schließlich so durcheinandergebracht hätten, daß ich diese Fehler in meine eigene Interpretation übernommen hätte.

Zum Glück konnte ich den Maestro davon überzeugen, daß ich über genügend Routine verfügte, um bei den Proben so zu »markieren«, daß ich meine stimmlichen Reserven nicht erschöpfte, und schaffte es, daß er das Band nicht mehr einsetzte, wenn ich an der Reihe war.

Schließlich kam die Generalprobe.

Als ich in meine Garderobe kam, sah ich einen riesigen Strauß prachtvoller langstieliger roter Rosen auf dem Tisch stehen. An dem Strauß war ein Kuvert befestigt, das ich aus Aberglauben nicht vor dem Ende der Probe öffnen wollte. (Jeder alter Theaterhase läßt bis zum Schlußvorhang die Post liegen, um nicht zu riskieren, daß die Beschäftigung mit unerwarteten Nachrichten die Vorstellung schmeißen könnte.)

Meine Garderobiere, die mein Zögern bemerkte, meinte, ich könne in diesem speziellen Fall dem Umschlag ruhig aufmachen. Das tat ich dann auch und fand eine Botschaft von Karajan, in der er mir für die wunderbare gemeinsame Probenarbeit dankte und mich einlud, zur Wiederaufnahme der *Elektra* bei den folgenden Festspielen wiederzukommen.

In Anbetracht der Tatsache, daß die Produktion noch nicht einmal Premiere gehabt hatte, fand ich das eine ganz ungewöhnlich huldvolle Geste des Maestro. Für mich war damit jeder Rest dessen beseitigt, was einmal zwischen uns gestanden hatte. Rote Rosen sind überdies die Blumen, die ein mitteleuropäischer Mann als Angebinde üblicherweise nur der Frau seines Herzens vorbehält. Obwohl unsere Beziehung rein beruflich war, ließ mich die Symbolik dieser Geste nicht kalt.

Als ich nach einer sehr befriedigenden Generalprobe in mein Hotel zurückkehrte, bekam ich einen Anruf aus München.

Herbert List, der an der Bayerischen Staatsoper eine doppelte Funktion als Leiter des Betriebsbüros und Regisseur innehatte, war am Telefon. Er wünschte mir charmant allen denkbaren Erfolg für meine Salzburger Premiere am 11. August. Im gleichen Atemzug empfahl er mir, in der Vorstellung ein wenig die Stimme zu schonen, denn er brauche mich, um als Elektra für die indisponierte Inge Borkh am 14. August im Nationaltheater einzuspringen – nur drei Tage nach der Salzburger Premiere und drei Tage vor der nächsten Salzburger Vorstellung am 17. August.

Ich muß bekennen, daß diese Anfrage seinem chevaleresken »Toi, toi, toi!« für mein allererstes Auftreten bei den Salzburger Festspielen doch etwas den Schmelz nahm. Als ich an den enormen Streß dachte, der da auf mich zukam, war ich einen Moment versucht, mich auf meinen Gaststatus an der Münchner Oper zu berufen und abzulehnen, doch als Mitglied einer Theaterfamilie nahm ich das eiserne Gesetz »The show must go on« gebührend ernst. Schließlich hätte Inge Borkh dasselbe für mich getan.

Es versteht sich von selbst, daß ich in Salzburg meine Stimme *nicht* schonte, ebensowenig wie das Publikum nach der Vorstellung, das vor Begeisterung völlig aus dem Häuschen war.

Im nächsten Jahr bekam ich am Ende der letzten Vorstellung der Wiederaufnahme eine schöne Bestätigung: Maestro von Karajan teilte uns mit, daß er diese *Elektra* für einen solchen Höhepunkt in seiner künstlerischen Karriere halte und daß sie ihn emotional derart aufgewühlt habe, daß er diese Oper nie wieder dirigieren werde.

Das war für uns alle zweifellos schmeichelhaft, doch ich muß gestehen, daß ich seine Erklärung damals nicht ganz für bare Münze nahm. Ich glaubte doch, daß er früher oder später eine inspirierende Sopranistin finden würde, deren Qualität ihn dazu verführen könnte, seine Entscheidung zu revidieren.

Doch er dirigierte *Elektra* niemals wieder.

Die Salzburger Festspiele brachten 1992 den inzwischen historischen Mitschnitt einer ORF-Übertragung der *Elektra*-Premiere heraus, und auch ich wurde gebeten, meine Tantiemen-Ansprüche zur Unterstützung der Festspiele herunterzuschrauben. Der Mitschnitt erschien in einer Serie von Aufführungen der Salzburger Festspiele, die unter dem Titel »Festspieldokumente« veröffentlicht wurden.

Wenn ich auch gerne etwas für die Institution tat und nichts dage-
gen habe, daß ein Teil der Einkünfte dem gegenwärtigen Kurs der
Festspiele zugute kommt, hoffe ich doch vor allem, daß gerade diese
Aufnahme als Beispiel dafür dient, was große Festspiele sein können,
wenn das Wesentlichste, nämlich die Partitur, die Grundlage für die
Produktion ist.

Obwohl es für uns beide Anlaß zur Befriedigung war, daß wir endlich den Riß gekittet hatten, der in Bayreuth entstanden war, führte
das Schicksal Karajan und mich nie wieder zusammen.

Siebente Szene

Die Würze des Lebens

In meinen Anfangsjahren an der Metropolitan rührten Sopran- und
Tenorstars wie Traubel und Melchior nichts außer Wagner an, was
vom Management sehr unterstützt wurde, das die Künstler der einzelnen Sparten auseinanderhalten wollte.

Für mich war Abwechslung nicht nur die Würze des Lebens. Ich
hatte auch das Gefühl, daß ich nach jedem Ausflug in andere Sphären
jedesmal mit neuen Einsichten zu Wagners Musik zurückkehrte.

Meine wichtigste Nicht-Wagnerrolle war die Leonore in Ludwig
van Beethovens *Fidelio*, die ich im Lauf von 15 Jahren 57mal sang, angefangen bei meinem ersten Auftritt am 19. Oktober 1951 in San
Francisco bis zu meiner letzten *Fidelio*-Vorstellung in München am
25. Oktober 1966.

Die einzige Oper des großen Beethoven mit ihrem tiefen Bekennt-
nis zu Menschlichkeit und Gerechtigkeit und ihrem geradlinigen dramatischen Stil – fast ohne Beiwerk an gesanglichen Ausschmückungen und Bühneneffekten – wies den Weg zu einer völlig neuen Ausdrucksform in der Oper.

Heute neigt man dazu, das Libretto des *Fidelio* zu diskreditieren, es
abgedroschen und unglaubwürdig zu finden, besonders in der Zeichnung der Hauptfigur, deren Verkleidung als junger Mann so überzeugend ist, daß Marzelline, die Tochter des Kerkermeisters, sich in
»ihn« vernarrt und ihr Vater Rocco sich nichts lieber wünscht, als
seine Tochter dem tüchtigen »Jüngling« zur Frau zu geben. Wenn

man es jedoch im Rahmen seiner Entstehungszeit betrachtet, gewinnt dieses Element Plausibilität. Der untergeordnete Status der Frauen war in der Gesellschaft vor dem 20. Jahrhundert so fest eingewurzelt, daß sie sich oft als Männer maskieren mußten, um ihre Träume zu verwirklichen. Man denke nur an die vielen Frauengestalten Shakespeares, die sich als Männer verkleiden. Im 19. Jahrhundert verbargen sich große Autorinnen wie George Sand und George Eliot hinter männlichen Schriftstellernamen, um nicht in der von Männern beherrschten literarischen Welt abgelehnt zu werden.

Fanny Mendelssohn-Hensel, die von ihrem gesellschaftlich akzeptierten Vater strikt daran gehindert wurde, »aus der Art zu schlagen«, indem sie ihre Kompositionen drucken ließ, veröffentlichte einige Werke unter dem Namen ihres bekannten jüngeren Bruders Felix Mendelssohn-Bartholdy.

In der Theater- und Opernliteratur des 19. Jahrhunderts findet sich die Rolle einer Frau, die sich als Knabe oder Mann ausgibt, um sich vor Gefahren zu schützen, in einer ganzen Reihe von Werken. Man denke an Gilda im vierten Akt *Rigoletto* oder die gehetzte Leonora im zweiten Akt von *La forza del destino*, um nur zwei Beispiele zu nennen.

Und obwohl das Publikum natürlich weiß, daß eine Frau die Rolle des Fidelio singt, sind Libretto und Musik so angelegt, daß der Augenblick vor der Arie »Abscheulicher, wo eilst du hin?«, als die Heldin ihre wahre Identität offenbart, eine erschütternde Enthüllung ist – vorausgesetzt, die Partie wird richtig dargestellt – und eine der nachhaltigsten dramatischen Entwicklungen in der Geschichte der Oper markiert.

Über die ergreifende Würdigung weiblicher Erfindungsgabe hinaus war jedoch das, was mich im *Fidelio* am meisten berührte, die universelle Hingabe der Figur an die Sache der Menschlichkeit. Im zweiten Akt steigt Leonore in ein unterirdisches Verließ, in das ein totalitärer Despot unschuldige politische Gefangene geworfen hat. Sie will ihren Gatten retten, falls wirklich er der geheimnisvolle Gefangene ist, der hier in völliger Isolation dem Hungertod nahe ist. Doch der Schein der Laterne ist so trüb, daß sie seine Züge nicht erkennen kann, und so überträgt sie ihren Jammer über die Not des Gatten auf alle Menschen in solcher Bedrängnis.

In diesem Augenblick tiefsten Mitgefühls offenbart sich ihre fundamentale Zivilcourage im Angesicht von Unrecht und Willkür, und sie erklärt in sich ständig steigernder Wiederholung: »Wer du auch seist, ich will dich retten!«

Immer wenn ich diese Phrase sang, fühlte ich mich Leonore auf besondere Weise verbunden, die über ihr persönliches Ziel hinaus einen selbstlosen Beitrag zur Erlösung der Menschheit von den Fesseln der Unterdrückung liefern will.

Die politische Botschaft des *Fidelio* machte ihn zur idealen Oper für feierliche Anlässe wie die Wiedereröffnung vieler mitteleuropäischer Opernhäuser, die im Krieg zerstört worden waren. So auch 1955 für die Eröffnungsvorstellung der wiederaufgebauten Wiener Staatsoper, in der Martha Mödl die Titelrolle sang und Karl Böhm dirigierte.

Kurz nachdem das Münchner Nationaltheater im November 1963 den Betrieb wieder aufgenommen hatte, hatte ich die Freude, die Titelrolle in einer Vorstellung zu singen, mit der Hans Knappertsbusch seine Rückkehr an das Haus beging.

Die bewegende Ovation, die er bei seinem Erscheinen im Orchestergraben erhielt, war so stürmisch, daß viele von uns auf der Bühne einige Minuten brauchten, um sich wieder in den Griff zu bekommen, bevor wir uns diesen breiten Phrasen stellten, die sein Markenzeichen geworden waren.

Der Stil und die Aussage des *Fidelio* bereiteten den Weg für die Werke Richard Wagners einige Jahrzehnte später, wobei eine vielseitige Künstlerin ein wesentliches Bindeglied in der Interpretation der beiden großen Komponisten bildete.

Wilhelmine Schröder-Devrient, die 1822 im Theater an der Wien im ungewöhnlichen Alter von achtzehn Jahren ihre erste Leonore gesungen hatte, wurde danach Mitglied der Hofoper in Dresden, wo sie drei große Wagner-Rollen prägte, alle unter der Leitung des Komponisten: erst den Adriano in *Rienzi* im Jahr 1842; darauf 1843 die Senta im *Holländer* und schließlich die Venus in *Tannhäuser*, die sie bei der Uraufführung 1845 sang. Schröder-Devrient war sowohl für die Intensität ihrer Darstellung wie für ihre gesangliche Bravour berühmt. Ihre Fähigkeiten als Operndarstellerin auf allen Gebieten veranlaßten Wagner sogar, ihr seine Abhandlung »Über Schauspieler und Sänger« in tiefer Dankbarkeit zu widmen – mit der Feststellung, daß ihm ihre Meisterschaft im gesamten Bereich der Operndarstellung, dramatisch wie musikalisch, neue kreative Aspekte eröffnet habe.

Diese besonderen Talente Schröder-Devrients bedeuteten für die Opernbühne einen solchen Einschnitt, daß sie uns immer noch als Vorbild für die Interpretation der Leonore wie der Wagneropern überhaupt dient, für die sie eine der frühesten und bedeutsamsten Inspirationen war.

So wie mich das Merkmal der Selbstaufopferung reizte, das den Rollen des Fidelio, der Elisabeth und der Senta eigen ist, übten auch die Frauen mit finsterer Veranlagung eine gewisse Anziehung auf mich aus, weil sie an meine Einbildungskraft intensive Anforderungen stellten.

Da ich wußte, daß Wagners »Dames sans merci« auf Ortrud in *Lohengrin* und Kundry im zweiten Akt *Parsifal* beschränkt waren, mußte ich mich anderen Komponisten zuwenden, um mein Opernschurkentum in Szene setzen zu können.

Lady Macbeth war eine meiner Favoritinnen. Nach den ersten Vorstellungen 1951 beim *Maggio musicale* in Florenz sang ich sie weiter an anderen Häusern, besonders an der Deutschen Oper am Rhein.

Anja Silja und ich in »Lohengrin« – gut,
daß Richard Wagner beschloß, diese Szene zu streichen.

Meine Vorliebe, die dunklen Seiten des menschlichen Charakters zu porträtieren, nahm allmählich solche Dimensionen an, daß sich Menschen vor einer ersten privaten Begegnung fragten, ob ich das nämliche finstere Wesen sei, das sie auf der Bühne erlebt hatten. Wenn wir uns dann kennenlernten, mußte ich gewöhnlich die Bedenken mit ein paar gutgewählten Anekdoten zerstreuen.

Die Böses verheißende Qualität meiner Bühnenpersönlichkeit wurde mir anschaulich klargemacht, als ich Wolfgang Wagners Kindern im Erwachsenenalter begegnete. Sie gestanden mir, meine Ortrud habe in ihrer Kindheit so streng auf sie gewirkt, daß sie Angst gehabt hätten, hinter der Bühne in meine Nähe zu kommen. Ich hatte Wolfgang damals gedrängt, seine Nachkommenschaft von den Proben fernzuhalten, aber offensichtlich hatte er mir nicht geglaubt.

Eine erste Abkehr vom traditionellen Sopranrepertoire war die hintergründige Figur der Herodias in *Salome*, die ich erstmals am 13. Dezember 1962 an der Deutschen Oper Berlin sang, mitten in meiner Karriere als dramatischer Sopran.

Damals war das eine ziemlich gewagte Besetzung, da mich das Publikum mehr mit Rollen wie Isolde und Brünnhilde in Verbindung brachte, aber wie sich schließlich herausstellte, rechtfertigten die Umstände Wieland Wagners Entscheidung, daß ich die Richtige für sein Konzept sei.

Wieland hatte einen gertenschlanken Sopran namens Anja Silja engagiert, die aufgrund ihrer Jugend über eine Qualität verfügte, die nach seinem Empfinden der Darstellung bestimmter Wagnerrollen neue Dimensionen erschließen konnte. Anja war keine Unbekannte für mich, denn wir hatten bereits in Bayreuth unsere Kräfte vereint, wo ihre Darstellung der Elsa, die meinen eigenen Vorstellungen von der Rolle nicht unähnlich war, einen Kontrapunkt zu meiner Ortrud formte.

Wieland stellte sich die Herodias als die große, allgegenwärtige Mutterfigur vor, die von ihrem Auftritt bis zum Ende der Oper als beherrschende Kraft der Handlung auf der Bühne steht. Er brauchte eine starke Persönlichkeit, die für eine unheilschwangere Stimmung sorgte, wie ein schwarzer Schatten, der auf die Bühne fällt, auch wenn sie nicht im Zentrum des Geschehens stand.

Der Gedanke, von der Titelrolle, die ich letztmals 1952 gesungen hatte – fast zehn Jahre vor Wielands Angebot – zur Rolle der Herodias zu wechseln, interessierte mich unter verschiedenen Aspekten.

Erstens waren zwei hervorragende Salomes auf der Bildfläche erschienen, die beide die Voraussetzung eines kindlichen Aussehens hatten und außerdem in der Lage waren, sich mit den vokalen Tücken der Partitur zu arrangieren. Die eine war Anja Silja, die andere Felicia Weathers, mit der ich später sang.

Andererseits waren die Sängerinnen, die sich für die Darstellung der Herodias eigneten, äußerst rar, und der Gedanke, ein neues Fach auszuprobieren, das sich schließlich vielleicht als marktfähig erweisen konnte, interessierte mich ebenfalls.

Bis dahin war die Herodias generell mit einem Mezzo besetzt worden, um für den nötigen Kontrast zu dem dramatischen Sopran in der Titelrolle zu sorgen. Die Herodias hat allerdings eine Reihe hoher

Als Jokaste in der Stuttgarter
Uraufführung von Carl Orffs »Ödipus
der Tyrann«, der auch in München
Premiere hatte. Ich mußte fast so viele
hohe C wie Turandot singen – und
Dialog sprechen.

309

Passagen, die für einen Mezzo nicht problemlos zu meistern sind. Als nun ein neuer Typ Salome mit lyrischerem Klang auftauchte, ergab es einen Sinn, einen hochdramatischen Sopran als Herodias zu besetzen.

Ich wog das Für und Wider von Wielands Angebot ab und beriet mich mit verschiedenen Profis, auf deren Urteil ich mich verlassen konnte. Alle fanden die Idee ausgezeichnet.

Schließlich willigte ich ein, die Rolle in Berlin zu singen und damit meiner Theaterpersönlichkeit eine weitere Facette hinzuzufügen.

Viele Opernaufführungen sind im Hinblick darauf konzipiert, die Talente eines bestimmten Sängers hervorzuheben. In Wieland Wagners *Salome* aber war es bei allem Nachdruck, der auf die einzelnen Charaktere gelegt wurde, die riesige Zisterne in der Mitte der Bühne, die die Inszenierung völlig beherrschte. Aller Aufmerksamkeit war auf diese Zisterne fixiert und den Einfluß, den der darin gefangene Johannes der Täufer – positiv oder negativ – auf alle anderen hat.

Die Zisterne war der Drehpunkt der ganzen Handlung, der Mittelpunkt der Erde. Wenn wir in dieser Oper das ursprüngliche Element eines christlichen Gleichnisses akzeptieren, was ich ganz sicher tue, dann war das die logische dramatische Gewichtung.

Meine Arbeit an der Herodias half mir, einen zusätzlichen Aspekt meiner Theaterpersönlichkeit zu entdecken, der bis heute seine Gültigkeit behalten hat. Man muß mir nur die richtige künstlerische Karotte vor die Nase halten, und ich laufe hinter ihr her.

Die weitaus faszinierendsten Abstecher, die ich in dieser Zeit vom gebahnten Pfad der Wagnermusik machte, galten neuen Werken.

Für einen experimentierfreudigen Menschen wie mich war es ein aufregendes Vordringen in jungfräuliches Terrain, daß ich an der Uraufführung eines brandneuen Werks wie Carl Orffs Version der altgriechischen Tragödie *Ödipus der Tyrann* des Sophokles teilhaben konnte oder an der frühen Ausdeutung einer neuen Komposition, wie beim *Besuch der alten Dame*, Gottfried von Einems Fassung eines Klassikers des 20. Jahrhunderts von Friedrich Dürrenmatt.

Keine antike Sage hat wahrscheinlich bei der Entstehung des modernen Zeitgeists eine so archetypische Rolle gespielt wie die Geschichte vom König Ödipus, die von so bedeutenden zeitgenössischen Denkern wie Sigmund Freud, Jean Cocteau und André Gide interpretiert und von Ruggiero Leoncavallo, Georges Enesco, Igor Strawinsky und Carl Orff komponiert wurde.

Als die Uraufführung von Orffs auf Friedrich Hölderlins deutscher Nachdichtung basierenden Version für den 11. Dezember 1959 am Staatstheater Stuttgart geplant wurde, bekam ich neben Gerhard Stolze in der Titelrolle die Partie der Jokaste angeboten.

Anfangs fühlte ich mich etwas unbehaglich bei der Frage, ob ich der Rolle gerecht werden könne. Es war eines der Spätwerke des Komponisten, in dem er auf die Melodienfreudigkeit früherer Stücke wie *Carmina burana* zugunsten eines strengen, deklamatorischen Stils verzichtete, der fast so viel Gesprochenes wie Gesungenes enthielt.

Gerhard Stolze war vor seiner Tenorkarriere Schauspieler gewesen, und außerdem war Deutsch seine Muttersprache. Obwohl ich praktisch mein ganzes Leben lang Deutsch gesprochen hatte und in meinen Gesangsrollen gewiß keine Ausspracheprobleme hatte, war ich in diesem Fall etwas unschlüssig: Ich hatte ein gut Teil des klassischen Hölderlin-Textes zu deklamieren, mit meinem leichten Akzent, der zwar schwer zu orten, aber deutlich kein genuines Deutsch ist, dann in Gesang in einer ungewöhnlich heiklen Tessitura mit drei hohen C überzugehen und schließlich einen qualvollen Schrei auszustoßen, der Jokastes Selbstmord hinter der Bühne anzeigt. Das gab zu denken.

Der Gemeinplatz, daß Gott denen hilft, die sich selbst helfen, ist mir beruflich immer gut zustatten gekommen, und das war auch bei diesem Werk der Fall.

Letztlich veranlaßte mich Günther Rennerts Bemerkung, daß mein Akzent Jokastes Sprechstimme eine interessante Farbe geben würde, das Angebot anzunehmen.

In unseren Rollen mußten wir von reinem Sprechen zu melodischem Gesang und dann wieder zu Passagen wechseln, in denen wir alle Worte auf einem einzigen Ton skandierten, was unserer Deklamation im Gegensatz zur Vorwärtsbewegung in den Rezitativen Mozarts und Rossinis den Anschein gab, als ob wir auf der Stelle verharrten.

Es war unsere Aufgabe, das Interesse des Publikums wachzuhalten, indem wir den Worten dieselbe Intensität und Ausdrucksvielfalt wie in einer alltäglichen Unterhaltung gaben.

Die Anwesenheit des Komponisten mit seinem kultivierten, doch würzigen Sinn für Humor war überaus angenehm. Als echter Bayer mit rustikalem Elan und beiden Beinen auf der Erde war Orff das pure Gegenteil vom Klischee des weggetretenen schöpferischen Künstlers. Offenbar hatte er großes Vertrauen in Rennert und den Dirigenten

Ferdinand Leitner, denn er mischte sich nie nachdrücklich in unsere Vorbereitungen ein.

Einmal tauchte er in einem Probenzimmer auf, und wir hofften, daß er uns einige Beispiele für die von ihm gewünschten Tempi geben werde. Als er sich ans Klavier setzte, spielte er jedoch die Stellen so rasch, daß wir dachten, er wolle uns eine Kostprobe pianistischer Virtuosität geben. Er schien nicht besonders bekümmert, als wir in den Proben das langsamere Tempo beibehielten, an das wir uns gewöhnt hatten.

Orffs Musik war im Lauf der Jahre Anlaß zu erheblichen Kontroversen. Manche finden sie primitiv, andere rühmen ihre rhythmische Vitalität und erfrischende Direktheit in einer Zeit, in der die Zuhörer oft einen akademischen Grad in höherer Mathematik besitzen müssen, um sich auf manche zu Gehör gebrachte Kompositionen einen Reim machen zu können. Es ist in diesem Zusammenhang nicht uninteressant festzustellen, daß viele von Orffs Verächtern inzwischen im Staub der Archive verschwunden sind, während seine attraktiven Werke so frisch und vital wie eh und je sind und nach wie vor das Publikum auf der ganzen Welt erfreuen.

Eine Orffsche Komposition, der Anfangs- und Schlußchor »O fortuna!« aus den *Carmina burana*, ist sogar in den Mainstream der zeitgenössischen Kultur eingegangen – als Background-Musik zu einem erfolgreichen Werbespot. Gewiß eine etwas sonderbare Ehre, aber eine, die vom unbestreitbar zwingenden Stil des Komponisten zeugt.

Als wahrscheinlich größte Anerkennung unserer Produktion wurde das Stuttgarter Ensemble eingeladen, diese deutschsprachige Version eines Grundpfeilers der altgriechischen Tragödie im Theater des Herodes Atticus am Fuß der Akropolis in Athen zu geben.

Wir waren etwas ängstlich, diesen Mythos sozusagen an der Wiege der europäischen Kultur aufzuführen und *in deutscher Sprache*, doch das Publikum, das jedes Wort des Originaltexts kannte, geriet über unseren Vortrag in einen geradezu dionysischen Rausch.

Stolze und ich sangen unsere Partien in einer weiteren Inszenierung in Orffs Heimatstadt München, wo wir mit ähnlichem Enthusiasmus aufgenommen wurden.

Der Besuch der alten Dame zählt zu den Kernstücken des 20. Jahrhunderts. Diese makabre Geschichte über unerbittliche Rache und menschliche Korrumpierbarkeit hat eine Reihe namhafter Produktionen erlebt mit so unterschiedlichen Hauptdarstellerinnen wie Therese Giehse in München, Lynn Fontanne am Broadway und im Londoner West End und Ingrid Bergman in einer leider ziemlich verwässerten Filmversion.

Wie *Ödipus* in München genoß der Start der Opernfassung mit zwei fast gleichzeitigen Produktionen quasi Heimrecht, als Verbeugung der jeweiligen »Vaterstädte« vor dem Komponisten respektive Dramatiker – die allerdings zufällig gar nicht weit voneinander entfernt geboren wurden, von Einem in Bern und Dürrenmatt in Konolfingen, einem kleinen Dorf ein paar Kilometer südöstlich der schweizerischen Hauptstadt.

Von Einem war mit seiner Familie jedoch bereits als Kind nach Österreich gekommen und hatte sich seinen Namen als österreichischer Komponist gemacht. Die Wiener Staatsoper hob sein Werk aus der Taufe, so wie seine vorhergehenden Bühnenwerke *Dantons Tod* auf das Drama von Büchner und *Der Prozeß* nach Kafka bei den Salzburger Festspielen uraufgeführt worden waren.

Die Wiener Uraufführung fand im Mai 1971 statt, mit Christa Ludwig in der Titelrolle in einer Inszenierung von Otto Schenk.

Vier Monate später, am 5. September 1971, war am Opernhaus Zürich Premiere, in einer Inszenierung von Harry Buckwitz, einem sachkundigen deutschen Regisseur, der grenzüberschreitend sowohl im Schauspiel wie in der Oper tätig war.

Buckwitz hatte einen vitalen Instinkt für szenische Lösungen, doch kam unserer Züricher Produktion außerdem die regelmäßige Anwesenheit des Dramatikers bei den Proben zugute.

»Der Besuch der alten Dame« in Zürich - das einzige Mal, daß mein Gesicht eine Dollarnote zierte, und das auf dem Zwischenvorhang. George Washington mußte weichen.

Friedrich Dürrenmatt war ein weiser und gewitzter Mann mit einer gründlichen Kenntnis des Theaters, wovon sein langer Katalog kontroverser Stücke wie seine theoretischen Schriften über Theaterthemen zeugen. Sein bemerkenswertes Stück mit seinen gesellschaftlichen und politischen Allegorien ist in einem beißend satirischen Stil geschrieben, der an Expressionismus grenzt. Es legt die Schwächen engstirniger Kleinstädter bloß und stellt jedem Publikum anheim, am Ende seine eigenen moralischen Prioritäten zu überprüfen.

Für diese vielschichtige Geschichte wählte von Einem einen eklektischen musikalischen Stil, der ihm den Zorn gewisser Kritiker und den Vorwurf des Plagiats einbrachte. (Die maliziösen Wiener kalauerten schon in den fünfziger Jahren: »Die Musik ist nicht von Einem, sondern von mehreren.«) So etwas kommt bei jedem Komponisten vor, der nicht wie Mozart mit völlig neuer Musik geboren wurde, die sich in seinem Gehirn formt, doch selbst Mozart trug keine Bedenken, sich gelegentlich für ein musikalisches Thema bei Johann Christian Bach, Carl Friedrich Abel oder Franz Joseph Haydn zu bedienen, und es war seine Behandlung des thematischen Materials, die seine Meisterschaft ausmachte.

Was Gottfried von Einem betrifft, hatte er für seine Partitur nicht bewußt Material von anderen entwendet und ärgerte sich verständlicherweise über diese Unterstellung. Von Einems Musik war gewiß nicht das, was wir heute unter »modern« verstehen. Sie war in ihrer Struktur ziemlich melodisch mit genau der richtigen Anzahl hinzugefügter Kreuze und B's, um sie weniger einschmeichelnd und mehr zeitgenössisch klingen zu lassen. Das wichtigste war jedoch, daß die Musik die individuellen Charaktere und die Steigerung der dramatischen Spannung herausarbeitete, und das ist immer das Kennzeichen für eine handwerklich solide gearbeitete Partitur.

Lange bevor die Proben in Zürich begannen, beschloß ich, nach Wien zu fahren, um mich über Schenks und Frau Ludwigs Interpretation der Rolle zu informieren und zu schauen, ob ich nicht den einen oder anderen Einfall in meine eigene Darstellung einbauen könnte.

Claire Zachanassian, die alte Dame, ist infolge der teilweisen Amputation eines Armes und eines Beines schwerbehindert. In der Wiener Produktion wurde dieses Gebrechen so überbetont, daß das Problem der Fortbewegung die Claire meiner Meinung nach weniger gefährlich machte, als sie im Text gezeichnet ist. Bei all meiner Bewunderung für Christa Ludwigs Arbeit fand ich, daß sie hier etwas irregeleitet wurde.

Der große Schweizer Dramatiker Friedrich Dürrenmatt erläuterte mir den vielschichtigen Charakter der Claire Zachanassian in Gottfried von Einems Opernversion seines Stücks »Der Besuch der alten Dame« (die einzige Rolle in meinem Repertoire, in der ich Zigarren rauchte).

Aber vielleicht hatte ich selbst etwas bei meiner Vorbereitung übersehen?

Als ich mich mit meinem Problem an Dürrenmatt wandte, bestätigte er mir, daß Claire als eine der reichsten Frauen der Welt gewiß die besten Orthopäden konsultiert habe, um sich die vorzüglichsten Prothesen anpassen zu lassen. Darüber hinaus richte sie mit ihrem ausgeprägten Gefühl für persönliche Würde all ihr Trachten darauf, so gesetzt wie nur möglich zu wirken, so daß ihr Gebrechen immer nur in den Augenblicken zum Vorschein kommt, in denen ihr Rachedurst die Oberhand über ihre rigide Selbstkontrolle gewinnt. Nach seiner Meinung könne ich nur so seinen Grundgedanken zum Ausdruck bringen, daß – wenn auch ihr Körper weitgehend zerstört ist – die wahre Zerstörung in ihrem Inneren steckt, nämlich in ihrer zielstrebigen Hingabe an ihren finsteren Plan.

Nachdem beide Produktionen Premiere gehabt hatten, spielten die Protagonisten der zwei Besetzungen Bäumchen-wechsle-dich, Christa Ludwig stieg in die Züricher Inszenierung ein und ich in die Wiener.

Vor meiner ersten Wiener Vorstellung bat ich Otto Schenk um eine Probe, um ein, zwei Punkte in seinem Konzept zu klären. Nach ziemlich langem Drängen war er schließlich widerstrebend bereit, die

Zeit von einer anderen Inszenierung, mit der er gerade beschäftigt war, abzuknapsen und sich mit mir zu treffen. Als es endlich dazu kam, teilte er mir lediglich mit, ich solle häufig mit meinem Bein und meinem Arm schlenkern, um das Gebrechen zu unterstreichen, und ansonsten eine unergründlich versteinerte Miene bewahren. Das stimmte nun gar nicht mit Dürrenmatts Version überein, in der Claire die Kleinstädter erst einmal mit ihrem Luxus blendet und dann bei einem Bankett zu ihren Ehren ihr wahres Gesicht zeigt.

Die Claire Zachanassian zu spielen und zu singen, war mir ein besonderes Vergnügen, denn das Werk bot eine echte Möglichkeit, meine Liebe zum Sprechtheater und seinem eminenten Beitrag zur Kunst der Oper zu manifestieren.

Wenn ich es mir recht überlege, hat sich die Geschichte unserer Kunstform immer durch den Austausch von Ideen und Impulsen zwischen den schöpferischen und den ausführenden Künstlern ausgezeichnet.

Der Gedanke, eine Oper für die speziellen Talente ungewöhnlich begabter Singdarsteller zu schreiben, ist fast völlig außer Gebrauch gekommen, denn nun gilt die Aufmerksamkeit akademisch orientierten Strukturen und Kombinationen. Ich halte das für bedauerlich, und obwohl ich mit Sicherheit nicht mehr die Chance haben werde, bei einem neuen Werk eines Komponisten Geburtshelferin sein zu dürfen, würde mir der Gedanke gefallen, daß künftige Generationen von Komponisten und Librettisten sich von den Talenten der beteiligten Bühnenkünstler anregen lassen.

ACHTE SZENE

Über den Rubicon

Ende der fünfziger Jahre begann der inzwischen verstorbene Decca-Produzent John Culshaw mit dem gigantischen Projekt einer ersten Studioaufnahme des gesamten *Ring* unter Georg Solti.

Mr. Culshaw erinnert sich in seinem Buch »Ring Resounding«, daß er für die Rolle der Waltraute an mich herangetreten sei und daß ich aus Gründen, die er nie verstanden habe, sein freundliches Angebot ablehnte.

Ich finde es an der Zeit, diesen Punkt zu klären. Zur Zeit der *Götterdämmerung*-Aufnahme war ich auf dem Höhepunkt meiner Soprankarriere und hielt es für einen ungeschickten taktischen Zug, eine Mezzorolle wie die Waltraute anzunehmen, zumal in einem Medium von der Dauerhaftigkeit eines Tonträgers, denn Agenten und Theater hätten daraus falsche Schlüsse ziehen können. Nach Rücksprache mit meinem eigenen Agenten, der mir den Rat gab, mich nicht verfrüht in dieses Repertoire zu wagen, sah ich mich leider gezwungen, der Decca abzusagen.

Zu dumm, daß das Angebot zu früh kam ...

Kurz vor seinem tragischem Tod 1966 – im Alter von erst neunundvierzig Jahren – hatte mir Wieland Wagner vorgeschlagen, die Fricka in einem neuen *Ring*-Zyklus zu singen, der bereits im Stadium der Planung war. Doch sein Tod kam dazwischen, und die Produktion kam nie zustande.

Mein Vertrauen in Wielands richtige Einschätzung meiner Fähigkeiten war so stark, daß ich für ihn die Partie gesungen hätte – in dem Bewußtsein, nach Belieben wieder zu meinen anderen Rollen zurückkehren zu können.

Also blieb ich bei meinen Brünnhilden und Elektras et cetera.

Anfang der siebziger Jahre bemerkte ich eine allmähliche Veränderung, die meine Gesangstechnik in Mitleidenschaft zog. Während meine Stimme in der Tiefe und in der Mittellage an Leuchtkraft gewonnen hatte, begann ich allmählich die Mühelosigkeit zu verlieren, mit der ich früher die Extremhöhe gemeistert hatte. Das ist bei Berufssängern ein allgemeines Phänomen, eine natürliche Entwicklung, mit der sich jeder von uns früher oder später konfrontiert sieht. Die menschliche Stimme hat eine gewisse Ähnlichkeit mit Wein. Kein Wein wird mit der Zeit leichter, er setzt sich, wird schwerer und bekommt mehr Körper und eine Fülle, die er in seiner Jugend nicht hatte.

So wie sich die Stimme im Lauf der Jahre ändert, wird auch die Flexibilität der Kehlkopf- und Thorax-Muskulatur vom Älterwerden betroffen. Leider gibt es keine strikten Regeln, um diese Entwicklung in den Griff zu bekommen. Bei manchen Sängern tritt diese Veränderung relativ früh ein, bei anderen kommt sie später. Wir können das Unausweichliche eine Zeitlang hinausschieben, indem wir erst einmal eine Pause einlegen und dann unsere Gesangstechnik wieder aufbauen. Wenn es innerhalb von zwei Jahren nicht gelingt, die früheren stimmlichen Fähigkeiten zurückzugewinnen, ist die Veränderung unwiderruflich, und es wird unumgänglich, ernsthaft über die Zukunft nachzudenken.

Dem Sänger stehen in dieser Situation verschiedene Wege offen: Zum ersten, so hart das auch klingen mag, könnte es das klügste sein, den Abschied von der Bühne zu erwägen. Zweitens finden viele Sänger ihren Platz, indem sie ihr Wissen an aufstrebende junge Künstler weitergeben. Drittens ist ein Repertoirewechsel in eine tiefere Stimmlage möglich, wenn die Stimme und die Darstellerpersönlichkeit sich für die neuen Rollen eignen.

Schließlich kann man auch das Glück haben, eine begrenzte Fristverlängerung in der derzeitigen Karriere zu erwirken. Soprane und Tenöre im italienischen und französischen Repertoire sind zum Beispiel dafür bekannt, daß sie ihr Bühnendasein auf kleinerer Flamme fortsetzen, indem sie die Musik mit den exponiertesten hohen Noten um einen halben oder ganzen Ton nach unten transponieren.

Da gibt es etwa eine Aufnahme, in der 40 Tenöre die Stretta »Die quella pira« aus *Il trovatore* singen, und es ist nicht ohne Reiz zu hören, wie sie abhängig von der Sicherheit ihres hohen C die Tonleiter hinauf- und herunterklettern.

Dieses Verfahren ist jedoch bei Wagners Werken praktisch undurchführbar (mit Ausnahme vielleicht von Brünnhildes Schlachtruf im zweiten Akt der *Walküre*). Die komplexe musikalische Kontinuität des Wagnerschen Kompositionsstils verbietet jegliches willkürliche Transponieren, weil es den harmonischen Fluß unterbrechen würde.

Als mich die Metropolitan Mitte der vierziger Jahre mit der Partie der Ortrud betraute, fühlte ich mich in der Extremhöhe derart wohl, daß ich mir mit einem meiner *Lohengrin*-Dirigenten, Dr. Paul Breisach, am Tag vor unserer Vorstellung einen kleinen Scherz erlaubte.

Es hatte im italienischen Repertoire einige Transpositionen in eine tiefere Tonart gegeben, und der musikalische Stab war besorgt, daß dieser Trend sich zu einer Epidemie auswachsen könne. Ich schlug aus dieser Besorgtheit Kapital, rief Dr. Breisach an und bat ihn, so nett zu sein und Ortruds Fluch im zweiten Akt zu transponieren. Er klang so, als ob er seinen Ohren nicht traue, bis ich ihm mitteilte, daß ich diese Stelle einen Halbton *höher* wolle.

Schön, daß er den Gag kapierte.

Als es in meiner Karriere Anfang der siebziger Jahre unumgänglich wurde, Entscheidungen zu treffen, war ich bereits einige Jahre zwischen dem Standard-Repertoire des dramatischen Soprans und einigen Rollen »gependelt«, in die sich die stimmstärkeren Soprane und die Mezzosoprane teilen. Diese letzteren Rollen begannen mich mehr und mehr zu reizen, hauptsächlich wegen ihrer darstellerischen Möglichkeiten. Meinen ersten Vorgeschmack auf diesen Übergang hatte ich, wie erwähnt, bereits 1962 mit der Herodias bekommen, einer jener Partien, die gleichermaßen effizient von einem Sopran wie von einem Mezzo gesungen werden können. Das gilt ebenso für Kundry und Ortrud.

Am 24. Mai 1963 hatte ich die Ehre, zur Bayerischen Kammersängerin ernannt zu werden. Der Titel war von den Fürsten einst jenen Sängern verliehen worden, deren Verdienste am Theater und konstante Qualität sie dazu privilegierten, vor dem Adel *in camera* aufzutreten, das heißt zu offiziellen Anlässen bei Hofe. Auch nach der Abschaffung der Monarchie in Bayern blieb die Institution des *Kammersängers* als Ausdruck der Dankbarkeit und Anerkennung erhalten.

Leider hat dieser Titel in einigen Fällen auch den Nebeneffekt, daß man damit in die Gemeinschaft der Opernsenioren eingeführt wird – eine Art erster Schritt in die Vergessenheit. Da ich einige meiner rühmlichsten Vorstellungen im Sopranfach noch vor mir hatte (die Salzburger *Elektra* war erst 1964), war Vergessenwerden nichts, worüber ich mir Sorgen zu machen brauchte.

Allmählich bekam ich mehr und mehr Angebote, meine gestalterische Palette um Charakterrollen zu erweitern, um Rollen also, die größere Betonung auf die *Charakterzeichnung* reiferer Gestalten legen.

Eine davon war die Küsterin Burjovka in Leoš Janáčeks mährischer Volksoper *Jenufa*, eine klassische Zwischenfachrolle mit einigen heiklen hohen Noten, von denen viele jenseits des gewöhnlichen Mezzobereichs liegen.

Die Aufführungsgeschichte der *Jenufa* belegt, daß diese Rolle von einer Reihe von Sopranen gesungen wurde: Madame Svobodova, die die Küsterin erstmals in Prag sang, war ein Sopran, ebenso Martha Fuchs, eine ehemalige Altistin, die, als sie die Partie in Berlin kreierte, bereits mit der Isolde und der Brünnhilde begonnen hatte. In New York war Margarete Matzenauer, die ständig zwischen Sopranrollen wie der *Figaro*-Gräfin, Venus und Kundry und Mezzopartien wie Dalila wechselte, die Küsterin neben Maria Jeritza in der Titelrolle.

Bevor ich eingeladen wurde, die Küsterin in London unter Rafael

Kubelik zu singen – nach meiner Meinung die oberste Autorität in allen Werken des tschechischen Repertoires –, hatte die australische Sopranistin Sylvia Fisher, deren Kundry und Isolde in Covent Garden bereits legendär waren, die Partie an diesem Haus gesungen.

Die Mutter in Humperdincks *Hänsel und Gretel* ist ein weiteres gutes Beispiel für eine *Kammersängerin*-Rolle. Sie wird gewöhnlich einer ehemaligen Isolde anvertraut, die dieser mütterlichen Gestalt Gewicht verleiht – oft in mehr als einer Hinsicht.

Als ich am 5. Dezember 1968 in München meine erste Mutter in *Hänsel und Gretel* sang, im selben Jahr wie meine erste Küsterin in London, absolvierte ich das exponierte hohe H in dieser Rolle mit der nämlichen Leichtigkeit wie die Brünnhilde zwei Abende später in Düsseldorf.

Nach den vielen Jahren sehr ernster, sehr erwachsener Oper war es ein Vergnügen, zum ersten Mal in meinem Leben große und kleine Kinder zu unterhalten. Ihre spontane Reaktion auf jeden unserer Schritte auf der Bühne gab mir neuen Antrieb.

Als ich langsam ins Charakterfach wechselte, lernte ich allmählich zu schätzen, welch eine wunderbare Zukunft für mich in diesen Rollen lag, und der Gedanke, daß ich eines Tages meiner Sopankarriere Lebewohl sagen müsse, nahm einen beinahe erfreulichen Aspekt an.

Von der Kundry hatte ich mich bereits am 1. November 1967 verabschiedet. Am 12. Juli 1969 sang ich meine letzte *Siegfried*-Brünnhilde und nahm am 10. Dezember desselben Jahres schweren Herzens Abschied von der Elektra. Düsseldorf erlebte meine letzte Brünnhilde in der *Walküre* am 15. November 1970. Meine letzte *Götterdämmerung*-Brünnhilde fand am 7. Februar des folgenden Jahres in Stuttgart statt.

Das Jahr 1970 bescherte mir auch einen faszinierenden Repertoire-Zugewinn in Gestalt der Leokadja Begbick, der unzweideutigen Bordellbesitzerin in der Oper *Aufstieg und Fall der Stadt Mahagonny* von Kurt Weill und Bertolt Brecht, die am 8. Dezember in Düsseldorf Premiere hatte.

Zwei Monate später, am 13. Februar 1972, kam eine weitere »crossover«-Charakterpartie mit eminenten stimmlichen und musikalischen Anforderungen dazu: die Amme in Richard Strauss' mystischer Oper *Die Frau ohne Schatten* in einer Neuinszenierung am Münchner Nationaltheater.

Das ist eine unerbittlich schwierige Partie, in der es die Sängerin unter anderem mit zwei dramatischen Sopranen aufzunehmen hat deren Stimmen über eine Orchestrierung vom Umfang eines ganzen Industrieparks tragen müssen.

Vielleicht war es der Erfolg der Amme, die ich in München und Nürnberg insgesamt zweiundzwanzigmal sang, der indirekt das Ereignis auslöste, das schließlich mein Sängerleben unwiderruflich in eine neue Richtung führte.

Es begann recht harmlos.

Ich arbeitete gerade in Wien und wartete auf dem Gang vor dem Betriebsbüro auf einen Regieassistenten, der eine meiner Proben auf einen anderen Termin legen sollte. Während ich wartete, kam Dr. Egon Seefehlner auf mich zu, der stellvertretende Direktor des Hauses. Er machte mir die für ihn höchst erfreuliche Mitteilung, daß er zum Intendanten der Deutschen Oper Berlin ernannt worden war.

Er sagte, daß er ohnehin mit mir habe reden wollen, um mir zur Eröffnung seiner ersten Berliner Spielzeit die Klytämnestra in *Elektra* mit Ursula Schröder-Feinen in der Titelrolle anzubieten.

Meine spontane Antwort war: »Ich wüßte nicht, was dagegenspricht.«

Dieser scheinbar spontane Entschluß war, wie immer in meiner Karriere, nicht das Ergebnis einer Laune des Augenblicks, sondern das Resultat ernsthafter Überlegungen. Als ich die Titelrolle nicht mehr sang, begann ich die Klytämnestra zu studieren – für den Fall der Fälle. Als ich sicher war, daß ich den Erfordernissen der Partie gerecht werden könne, wartete ich nur noch auf die – wie ich hoffte – unausbleibliche Einladung. Als Dr. Seefehlner sein Angebot machte, war der erwartete Schritt getan.

Indem ich die Rolle der Klytämnestra akzeptierte, überschritt ich meinen eigenen Opern-Rubicon und machte einen unwiderruflichen Schritt, der mit keiner der anderen bisherigen Charakterrollen verbunden war, Rollen, die es mir über viele Jahre erlaubt hatten, meine künstlerischen »Grenzüberschreitungen« zu genießen.

Während die Herodias, die Küsterin, die Begbick und die Amme Rollen waren, die gleichermaßen den Talenten eines Mezzo wie eines Soprans entgegenkamen, war die Klytämnestra für einen Kontra-Alt geschrieben worden, sogar für die Frau, die für ihre Generation während einer der längsten Gesangskarrieren (59 Jahre) in der Musikgeschichte den Stimmtypus des Kontra-Alts definiert hatte: Ernestine Schumann-Heink.

Nachdem ich »ja« gesagt hatte, wollte ich die Abmachung auch gleich besiegeln und fragte Dr. Seefehlner, für wann er die Premiere eingeplant habe. Er antwortete, daß die erste Vorstellung am 12. September 1972 stattfinden werde. Einen Augenblick schaute er mich an, und ich ihn. Darauf sagte ich, daß ich mir konkrete Daten nur sehr schwer merken könne, und bat ihn, so freundlich zu sein und mir die Einzelheiten aufzuschreiben. Er nahm einen Zettel, kritzelte darauf: »12. September 1972, Klytämnestra« und setzte automatisch seine Unterschrift darunter. Ich dankte ihm aufrichtigst, versicherte ihm, daß wir uns einigen würden und steckte den Zettel in meine Handtasche. Kurz darauf zeigte ich Dr. Seefehlners Notiz meinem Agenten und fragte ihn: »Ist das gleichbedeutend mit einem Vertrag?« Er bejahte und begann mit den Verhandlungen.

Und so kam die Sache zustande.

Die Deutsche Oper Berlin war seit meinem ersten Auftritt am 6. September 1951 oft der Schauplatz meiner Premieren gewesen.

Die aufgeschlossene Haltung des Publikums in dieser Stadt und der hohe professionelle Standard des Theaters – plus der entsprechenden Probenzeit, um Dinge auch wirklich ausprobieren zu können –, boten mir die optimalen Umstände für einen ersten Versuch in dieser radikal neuen Rolle, der schließlich zu einer neuen Karriere führte.

Die künstlerische Equipe, die mit dieser Produktion betraut war, hatte wie meist an diesem Haus internationalen Zuschnitt. Neben Frau Schröder-Feinen und mir umfaßte die Besetzung den schwedischen Sopran Catarina Ligendza als Chrysothemis und José van Dam aus Brüssel als Orest, in einer Inszenierung des hervorragenden Bühnen-, Film- und Fernsehschauspielers Ernst Schröder, unter der musikalischen Leitung des in Paris geborenen amerikanischen Dirigenten Lorin Maazel.

Während der Jahre, die ich inzwischen als meine »zweite Karriere« betrachte, habe ich nie vorgegeben, ein Mezzo oder Alt zu sein, trotz der Tatsache, daß ich von nun an Partien sang, die im allgemeinen diesen Stimmfächern zugeordnet werden.

Ich verlagerte zwar meinen stimmlichen Schwerpunkt einige Töne nach unten, doch ich sang mit derselben Sopranstimme weiter, die ich in all meinen anderen Rollen eingesetzt hatte, und versuchte nicht, meine Stimme mit irgendwelchen künstlichen Tricks über ihre natürliche Klangfarbe hinaus einzudunkeln, die bereits bei meiner ersten Sieglinde 1941 ein dunkleres Timbre als die normalen dramatischen Soprane gehabt hatte. Der Umstieg von einem reinen Sopran-Repertoire zu dieser zweiten Karriere war ein organischer Prozeß gewesen

*Die Klytämnestra in einer großartigen Produktion
von Ernst Schröder in Berlin war meine erste
und schönste Version der Rolle.*

und hatte fast ein Jahrzehnt gedauert, so daß meine Stimme in der
Lage war, jede Note der Klytämnestra mühelos und mit Selbstvertrauen auszuführen.

Einige Tage vor der Premiere bat mich Betriebsdirektor Siegfried
Müssig, sofort ins Theater zu kommen. In seinem Büro teilte er mir
mit, daß Frau Schröder-Feinen indisponiert sei, und daß es in den
Sternen stehe, ob sie singen könne. Wie üblich sei bereits der halbe
Kontinent abgegrast worden. Doch während sich eine ganz gute Aus-
wahl von Klytämnestras habe auftreiben lassen, sei keine Sängerin,
die der Titelrolle gerecht werden könne, an diesem Abend frei.

Das Ersuchen war klar: Könne ich die Rolle der Mutter einer anderen Sängerin überlassen und nach dreijähriger Pause die Titelpartie übernehmen?

Ich konnte diese Frage wirklich nicht auf der Stelle beantworten und bat um einige Stunden Bedenkzeit. Ich kehrte ins Hotel zurück, legte mich aufs Bett und erwog genau das Für und Wider.

Etwa nach einer Stunde rief ich Herrn Müssig an, dankte ihm für sein freundliches Angebot und erklärte ihm, daß ich meinen Abschied von der Elektra auf dem Gipfel des Erfolgs genommen hätte und daß es keinen Zweck habe, in die Vergangenheit zurückkehren zu wollen. Deshalb müsse ich zu meinem Bedauern ablehnen.

Zum Glück erholte sich Frau Schröder-Feinen wieder und war bei der Premiere auf dem Posten.

Für mich und meine Zukunft auf der Opernbühne waren die Würfel gefallen.

VIERTER AKT

Die zweite Karriere

ERSTE SZENE

»Ein jegliches hat seine Zeit ...«

Vielleicht das aufregendste an meinem Übergang von führenden Sopranpartien zu Charakterrollen war die Tatsache, daß daran überhaupt nichts Aufregendes war.

Ich habe in meinem ganzen Berufsleben versucht, mir vernünftige Ziele zu setzen und sie dann ebenso gezielt in Angriff zu nehmen.

Es erinnert ein wenig an den uralten Witz, in dem auf der Wiener Ringstraße ein Tourist einen Passanten fragt: »Wie komme ich zu den Wiener Philharmonikern?« Worauf er zur Antwort erhält: »Üben, üben, üben!«

Und ich habe mein Handwerk ein ganzes Leben lang geübt.

Der Wechsel war im Grunde so einfach wie die einfache, aber tiefe Weisheit, die wir im Buch Prediger Salomo finden: »Ein jegliches hat seine Zeit, und alles Vorhaben unter dem Himmel hat seine Stunde.«

In meiner Karriere als Opernsängerin war lediglich eine Zeit allmählich zu Ende gegangen und eine andere begann.

Dieses Prinzip galt ebenso für meine stimmliche Entwicklung. Ich brauchte mich nicht einer längeren gesangstechnischen Umschulung zu unterziehen, um meine neuen Partien zu singen. Meine Stimme »saß« da, wo sie nun hingehörte, und ermöglichte es mir, mein neues Repertoire anzugehen.

Warum manche Stimmen im Laufe einer langen Karriere größere Vielseitigkeit aufweisen als andere, ist eine Frage, die sich fast nicht beantworten läßt. In meinem Fall hatten einige meiner Vorfahren

Singen als Nebenbeschäftigung betrieben, alle in hohen Stimmlagen, meine Eltern waren eine Koloratursopranistin und ein Tenor gewesen. Doch mit einer dreißigjährigen Karriere als Sopran konnte ich meine Entscheidung über die Fortsetzung meines beruflichen Lebens nicht nur auf dieses Erbe stützen, sondern vielmehr auf die Entwicklung, die sich in meiner Kehle, meinem Körper und nicht zuletzt in meiner dramatischen Vorstellungskraft ereignet hatte.

Die Zeit hat mir bestätigt, daß es richtig war, diesen neuen Weg zu beschreiten. Die Statistik spricht für sich.

Während ich mit meinen 74 Kundrys, 105 Isolden, 114 Ortruds und 329 Brünnhilden (wenn man die drei *Ring*-Abende gesondert nimmt) vielleicht einige Rekorde in Wagner-Aufführungen aufstellte, liegt mein persönlicher Rekord für eine Rolle in einer einzigen Oper bei 213 Auftritten als Herodias, mit der Klytämnestra in 121 Vorstellungen auf einem guten zweiten Platz.

Als ich mich in das neue Repertoire vertiefte, war ich nicht erschrocken über das Ausmaß an Arbeit in einem Alter, in dem viele Soprane einen Gang zurückschalten, sondern überaus dankbar, daß diese Porträts reifer Gestalten mir eine zweite Karriere ermöglichten, die sich als ebenso faszinierend wie die erste erweisen sollte. Mehr noch, diese zweite Karriere dauerte fast ebenso lange wie die erste.

Oper als dramatische Kunstform hatte seit meiner ersten Sieglinde in New York eine große Entwicklung durchgemacht. Innovative szenische Ideen begannen sich ebenbürtig neben den musikalischen Werten zu behaupten.

Während ich in der Vergangenheit gelegentlich von reaktionären Traditionalisten behindert worden war, die am darstellerischen Aspekt der Oper wenig oder gar kein Interesse hatten, wurde ich nun *ermutigt*, das fortzusetzen, was ich schon immer getan hatte: die Figuren in ihrer inneren Dynamik zu überdenken und neue Ideen in mir selbst zu suchen, was mir beides als Darstellerin zugute kam und – noch wichtiger – der Spannung des Dramas.

Herodias und Klytämnestra waren zwei faszinierende Beispiele.

Wie ich es abgelehnt hatte, die Ortrud als Hexe aus dem Märchen zu interpretieren, hatte ich auch hier das Gefühl, daß in diesen Gestalten (einer, die wirklich gelebt hat, und einer, die auf dem Mythos basiert) viel mehr steckt als nur die Ausschweifung oder der unerbittliche Hochmut, die oft als ausreichendes Rollenporträt durchgehen. Das Studium der Quellen lieferte mir immer ausgezeichnete Anhaltspunkte, zumal jetzt, da ich Frauen mit realem Hintergrund spielte.

Sowohl Herodias wie Klytämnestra sind Fürstinnen von königlichem Blut. Sie wurden sorgfältig in den Umgangsformen dieser Schicht erzogen. Das erklärt ihre aristokratische Haltung und Selbstkontrolle auch in den extremen Situationen des Dramas.

Der entscheidendste Faktor ist: Beide Frauen tragen einen berechtigten Groll in sich, den die Interpretin ernst nehmen muß. Bei der Vorbereitung auf die Herodias ist es nicht genug, lediglich auf die biblischen Quellen zurückzugreifen, die für die erforderliche Information zu vage sind. Und auch aus Oscar Wildes Text läßt sich nicht das ganze Bild entwickeln. Deshalb müssen wir andere historische Zeugnisse aus der Zeit studieren, in der sie und die anderen Gestalten lebten. Erst die Verschmelzung dieser Quellen gibt uns in Verbindung mit der Musik von Strauss den Ausgangspunkt, um mit der Gestalt eins zu werden.

Der historische Hintergrund der Herodias-Geschichte weist einige bemerkenswerte Parallelen zwischen den Ereignissen und der Einstellung vor zweitausend Jahren und den Schlagzeilen der modernen Medien auf. Der Streitpunkt unterscheidet sich nicht von dem Gezänk überall in unserer heutigen Welt, das man unter der Überschrift »familiäre Normen und Werte« zusammenfassen kann – oder genauer: als das Problem, das viele Durchschnittsbürger aus den wahren oder falschen Enthüllungen über das Privatleben der Mächtigen machen. Ich bin fest davon überzeugt: *Nichts hat sich seit dem Beginn der Geschichtsschreibung geändert, außer der Mode!*

Zur Zeit der römischen Oberherrschaft im Nahen Osten hatten die Eroberer eine Reihe begüterter und prominenter Familien des jeweiligen Landes protegiert und viele als Könige oder Regenten als ihre politischen Stellvertreter eingesetzt. Die Familie von Herodes dem Großen war eine solche Sippe. Je mehr sie sich mit den Römern und deren Gesellschaftsform einließen, desto weiter entfernten sie sich von ihrem eigenen Wertesystem und übernahmen die römische Lebensart, die sowohl die polytheistische Religionsausübung beinhaltete wie eine bedenkenlose Haltung gegenüber der Institution Familie. Während der durchschnittliche Jude – wie der gewöhnliche Bürger zu fast allen Zeiten und an allen Orten – die herrschende Religion und ein stabiles Familienleben als die Grundlage der Gesellschaft betrachtete und von seinen Führern erwartete, daß sie mit tugendhaftem Beispiel vorangingen, verehrten die Römer und ihre einflußreichen Freunde ein ganzes Pantheon von Göttern, heirateten im engsten Kreis der Familie, wechselten den Ehemann oder die Ehefrau wie Kleider und setzten ihre Familienbande als wesentliches Werkzeug für ihr Machtstreben ein.

Herodias war die Enkelin von Herodes dem Großen und die Frau von Herodes Philippos, einem ihrer Onkel. Nach dem Tod von König Herodes dem Großen teilte Kaiser Augustus dessen Reich in vier Teile, von denen drei Tetrarchien Herodes' Söhnen zufielen. Der Älteste, Herodes Archelaos, bekam Judäa und Samaria, wo Jerusalem und Bethlehem lagen. Herodes Philippos erhielt Batanea in der östlichen Region mit den Städten Bethsaida und Philadelphia, und Herodes Antipas wurde Tetrarch von Galiläa im Norden und Perea im Süden.

Kurz nach dieser Teilung begann das Spiel des Throne-Tauschens, in dessen Verlauf Herodes Antipas sich von seiner ersten Frau, der Tochter des arabischen Königs Aretas, scheiden ließ und Herodias heiratete, die sich erst kurz nach der Legalisierung ihres Bundes mit Antipas von Philippos scheiden ließ.

Es gibt keine historischen Hinweise, warum Herodias und Herodes Antipas diesen Schachzug machten. Vielleicht, weil Galiläa attraktiver war als die Gebiete, die Philippos geerbt hatte. Vielleicht hielt sie das Geld auch nur in der Familie – schließlich war ihr Bruder Agrippa I. bereits mit Antipas' Schwester verheiratet.

Was auch immer die Gründe für Herodias' Gattenwechsel gewesen sein mögen, es muß auch viel Zuneigung und Anhänglichkeit im Spiel gewesen sein. Woher wir das wissen?

Jahre später, als eine Reihe von Intrigen und fehlgeschlagenen Machtspielen schließlich Herodes' Sturz beschleunigt hatten, wurde er von Kaiser Caligula nach Gallien verbannt und durch Herodias' Bruder Agrippa I. ersetzt, der Herodias sofort anbot, bei ihm am Hof von Galiläa zu bleiben oder sich in Rom niederzulassen. Herodias lehnte ab und zog es vor, ihrem Gatten in die Verbannung zu folgen.

War das ein weiterer Zug im Spiel der Macht? Wir wissen es nicht, aber tausend andere solcher Fälle sind der Beweis, daß Herodias' eheliche Kapriolen den gesellschaftlichen Usancen ihrer Zeit und Klasse entsprachen, gleichgültig, was der Täufer über ihre Moral denken mochte.

Zur Zeit ihres Auftauchens in der Bibel ist Herodes' Herrschaft gefährdet, weil er mit seinem Anspruch auf den Thron seines Bruders Archelaos in Judäa und Samaria auf entschiedenen Widerstand gestoßen ist, wozu noch die Vergeltungsdrohungen von König Aretas kommen, dem Vater seiner ersten Frau.

Herodias, hier mit Gerhard Stolze als Herodes, war mein persönlicher Rekord –
213 Vorstellungen.

In dieser prekären politischen Situation können sich die »herr-
schenden Kräfte« keine Kollison der Kulturen erlauben, wie sie sich
in Herodias' Verdammung durch den Täufer manifestiert, der damit
das Reich in seinen Grundfesten erschüttern will.

Darüber hinaus ist Wildes Herodias überaus verärgert, daß sie für
ein Eheverhalten gegeißelt wird, das die tonangebenden Römer als
durchaus normal und schicklich betrachten. Sie kann den Respekt ihres Gatten vor dem Täufer, den er als heiligen Mann betrachtet, überhaupt nicht begreifen. Für sie ist die Zisterne das Symbol eines nutz-
losen Kompromisses, denn aus ihrer Sicht müßte dieser selbster-
nannte Prophet nicht bloß gefangengehalten, sondern wie jeder andere Aufwiegler kurzerhand hingerichtet werden. Herodes' zimperli-
che Einstellung gegenüber Jochanaans möglicher Heiligkeit ist für sie
angesichts der Verdammungen, die von den Hohenpriestern seiner
eigenen Religion auf den Täufer geschleudert werden, absurd.

Wenn wir diese historischen Erkennnisse als Basis für eine Operngestaltung nehmen, haben wir die Aussicht, eine dreidimensionale, menschlich glaubwürdige Figur zu erhalten. In all den unterschiedlichen Inszenierungen, die ich im Laufe meiner 213 Auftritte in dieser Rolle erlebte, betrafen die Änderungen in der Interpretation fast ausschließlich äußerliche Elemente und nicht den Kern der Gestalt.

Der Motor der gesamten Darstellung bleibt Herodias' Entschlossenheit, den Propheten mit allen ihr zu Gebote stehenden Mitteln zum Schweigen zu bringen. Und – am allerwichtigsten – sie ist die einzige Person in der Handlung, die immer ihren Kopf behält, während die anderen in Exzesse der Leidenschaft verfallen.

Übrigens ist bekannt, daß die historische Herodias nur neunzehn Jahre älter war als ihre Tochter.

Es gibt eine bemerkenswerte Parallele zwischen dem Ende von Wildes *Salome* und dem Anfang des Klytämnestra-Mythos.

Salome endet damit, daß eine Mutter ihre Tochter verliert, während es die Opferung von Klytämnestras ältester Tochter Iphigenie ist, die lange vor Handlungsbeginn der Oper *Elektra* die verhängnisvolle Kettenreaktion auslöst, die sich nach dem Fallen des Vorhangs fortsetzt.

Viele Stücke und Opern haben die Ereignisse auf der Insel Aulis zum Thema, wo Agamemnon mit seiner Flotte festsaß und auf günstige Winde wartete, um in den Krieg gegen Troja segeln zu können. Als der Hohepriester Kalchas dem König von Mykene offenbart, daß er Artemis, der Göttin der Winde, ein Opfer bringen muß, läßt Agamemnon Klytämnestra und Iphigenie unter dem Vorwand nachkommen, daß er die Tochter mit Achilles auf Aulis verloben will. Nach ihrem Eintreffen auf der Insel muß Klytämnestra zu ihrem Entsetzen entdecken, daß Iphigenie den Göttern geopfert werden soll.

Schon vor dieser Opferung hatte Klytämnestra wenig Anlaß, Agamemnon zu lieben, der nicht nur ihren ersten Gatten Tantalos, sondern auch ihr Neugeborenes getötet hatte. Er zwang sie zu einer liebeleeren Ehe, aus der vier Kinder hervorgingen, und verließ darauf Familie und Reich, um in den Trojanischen Krieg zu ziehen, der sich schier endlos hinzog.

Nachdem Troja endlich besiegt war, fügte Agamemnon dem Unrecht an Klytämnestra noch die Beleidigung hinzu, forderte Kassandra, die Tochter des trojanischen Königs Priamos, als seinen Teil an der Kriegsbeute und kehrte mit Kassandra und den Zwillingssöhnen, die er mit ihr gezeugt hatte, im Triumph nach Mykene zurück.

Diese Entwürdigung ist mehr, als Klytämnestra ertragen kann. Schließlich ist ihr Rang so hoch wie der ihres Gatten, wenn nicht höher. Sie ist eine Tochter des spartanischen Königs Tyndareos und die ältere Schwester von Helena, die als die Frucht der Vereinigung von Tyndareos' Frau Leda und Zeus in Gestalt eines Schwans gilt – doch das ist eine andere Geschichte.

Als Agamemnon, den Klytämnestra als Mörder ihrer Tochter betrachtet, mit einer königlichen Konkubine nach Hause zurückkehrt, deren Nachkommenschaft überdies ihren Anspruch und den ihrer königlichen Linie auf den Thron von Mykene bedrohen kann, sieht sie als Ausweg nur die Verschwörung mit ihrem Geliebten Aigisthos, um Agamemnon, Kassandra und die Zwillinge zu töten.

Die Morde fanden am dreizehnten Tag des Monats Gamelion (Januar) statt. Von da an wurde der dreizehnte Tag jedes Monats als große Feier mit Tänzen und der Opferung von Schafen für Klytämnestras Schutzgottheiten begangen.

Wenn auch Elektra ihre Mutter als den Inbegriff der Schändlichkeit betrachtet, wurde Klytämnestra in ihren eigenen Augen zu ihrer drastischen Tat durch das erbarmungslose Unrecht getrieben, das an ihrer Mutterschaft und Würde begangen wurde, und durch die fortwährende Bedrohung ihrer hohen Stellung. Ja, für den Fall, daß Agamemnon sie vom Thron verdrängen und ihn mit Kassandra teilen wollte, mußte sie sogar um ihr Leben fürchten.

Als ich die Rolle der Klytämnestra in Berlin zum ersten Mal sang, bezog sich der renommierte Schauspieler und Regisseur Ernst Schröder, der erstmals Musiktheater inszenierte, auf die Quellen des Mythos, in denen die Königin als Frau von außerordentlicher Schönheit und Majestät geschildert wird. Das gab mir die Möglichkeit, den Dualismus der Königin darzustellen, die äußerlich eine attraktive reife Frau ist, in ihrem Inneren jedoch von Ängsten gequält wird, daß ihr die Racheakte, an denen sie beteiligt war, vergolten werden könnten – wie gerechtfertigt ihr diese Rache damals auch erschienen sein mag.

Da im archaischen Griechenland nur Männer Vergeltung üben durften, hat sie ihren einzigen Sohn Orest bereits im Kindesalter verbannt. Doch die Nadelstiche ihrer Tochter Elektra, die ohne Unterlaß ihre eigene Rache übt und gnadenlos das bereits angeschlagene Selbstbewußtsein ihrer Mutter noch mehr zerbröckeln läßt, halten sie in ständiger Panik, und sie klammert sich an die vergebliche Hoffnung, daß Orest inzwischen in der Fremde umgekommen sei.

Die Pattsituation zwischen Mutter und Tochter ist in der griechische Tragödie ein stets wiederkehrendes Muster. In letzter moralischer Instanz ist jede Figur im Recht wie im Unrecht.

Elektra hat mit ihrem Verlangen recht, den Vater zu rächen, doch sie bringt kein Verständnis für die Wunden auf, die ihrer Mutter zugefügt wurden. Ihre verbissene Weigerung, die Situation ihrer Mutter auch nur in Erwägung zu ziehen, setzt sie ins Unrecht.

Chrysothemis hat den berechtigten Wunsch, ein normales Leben zu führen, doch durch ihren Mangel an Bereitschaft, handelnd in die Konflikte der Familie einzugreifen, weicht sie dem Problem aus und setzt sich damit ins Unrecht.

Für Klytämnestra ist die Sachlage eindeutig: Abgesehen von der unwürdigen Behandlung, die sie auf Geheiß ihres Gatten zu erdulden hatte, *mußte* sie sich von Agamemnon befreien, bevor er sie ohne Zweifel vernichtet und ihr Geblüt entehrt hätte.

Nichtsdestoweniger ist meiner Ansicht nach ihr Abscheu über Agamemnons Untreue nicht ganz glaubwürdig – und zwar angesichts ihrer eigenen Beziehung zu Aegisth, die sie damit rechtfertigt, daß es für eine Frau in dieser Gesellschaftsform unmöglich gewesen wäre, das Land während der mehr als zehnjährigen Abwesenheit des Landesherrn allein zu regieren.

Diese Behauptung ist mehr Konstruktion, als daß sie den Tatsachen entspräche. Der Gegenbeweis ist Penelope, die nicht nur Ithaka regierte, sondern sich auch noch würdevoll ihrer aufdringlichen Freier zu erwehren wußte, jahrzehntelang, bis zum Ende der *Odyssee*!

Diese multidimensionale Sicht moralischer Streitfragen im klassischen Griechenland weist eine faszinierende Ähnlichkeit mit der Kunst der Bildhauerei auf, die in jener Zeit einen ihrer Höhepunkte erreichte. Wie die Skulpturen sind auch die Gestalten im griechischen Drama völlig menschlich und deshalb aus den unterschiedlichsten Perspektiven zu betrachten.

Unsere Aufgabe als Singschauspieler bleibt es, diese Multidimensionalität dem Publikum zu vermitteln, so daß sich der Zuschauer je nach Neigung sein eigenes ethisches Urteil über die Figuren bilden kann.

Subjektive Werturteile über die jeweiligen Figuren sind ausschließliche Domäne des Zuschauers, nicht des Darstellers. Darum hatte, solange ich die Titelrolle sang, Elektra für mich hundertprozentig recht und ihre Mutter entsprechend unrecht.

Von nun an mußte meine Auslegung von Klytämnestras Verhalten und Ängsten sie völlig ins Recht setzen, und Elektra war mit ihrer Verachtung im Unrecht.

Meine ersten Klytämnestra-Vorstellungen in Berlin legten das Fundament für meine zweite Karriere, so wie meine ersten Herodias-Vorstellungen den Übergang eingeleitet hatten.

Zu diesen beiden Partien kam noch eine dritte große Charakterrolle aus dem Richard-Strauss-Repertoire, die Amme in der *Frau ohne Schatten*, dem vierten Werk seines Opernschaffens in Zusammenarbeit mit Hofmannsthal nach *Elektra*, *Rosenkavalier* und *Ariadne auf Naxos*.

Als mich ein Freund kürzlich fragte, ob ich ihm in wenigen Worten eine Zusammenfassung des Gehalts der *Frau ohne Schatten* geben könne, antwortete ich: »Frag mich was Leichteres.«

In der Tat würde eine tiefgründige Analyse der mannigfaltigen Elemente, die in dieser gewaltigen Oper zusammenkommen, auch die Grenzen dieser Memoiren sprengen. Es bedürfte wohl eines eigenen Buches, um sich mit dieser Oper und ihren vielen Quellen angemessen detailliert auseinanderzusetzen.

Als ich mich auf die Rolle vorzubereiten begann, schöpfte ich viele Informationen aus Sagen und Legenden, den asiatischen Mythologien im allgemeinen und den ostasiatischen Auffassungen über Dämonen, die menschliche Körper ausplündern, im besonderen.

Im Laufe meiner Recherchen kam ich allerdings zu der Erkenntnis, daß *Die Frau ohne Schatten* durch ein besonders bezeichnendes Motiv eher europäisch als asiatisch ist.

In den meisten asiatischen Kulturen ist der Zustand der Vergeistigung das höchste Lebensziel, das sich nur durch die äußerste Konzentration auf die Befreiung der Seele von allen irdischen Banden und körperlichen Bedürfnissen erreichen läßt.

In der *Frau ohne Schatten* ermahnen die Wächter in der Nacht die Menschen in ihren Häusern, einander liebend in den Armen zu liegen, und die ungeborenen Kinder des Färbers und seiner Frau flehen darum, ins Leben gerufen zu werden.

Die Gegenspielerin in diesem Stück ist ohne Zweifel die Amme, die nur ungezügelte Verachtung für die Menschen und ihre Gewohnheiten hat. Gezwungen, ihre Herrin – die Kaiserin – auf ihren irdischen Ausflügen zu begleiten, faucht sie ihren Abscheu gegen diese Kreaturen heraus, deren Geruch allein ihr unerträglich ist.

In einem gewissen Sinn weigern sich jedoch auch die anderen Figuren, sich den Parametern ihrer Humanität zu stellen: der leichtlebige Kaiser, der seine Frau weder kennt noch begreift, obwohl er ihr Nacht für Nacht beiliegt; der gutmütige, doch naive Färber Barak, der keine Ahnung von dem Verlangen seines Weibes nach mehr als der nackten Existenz und harter Arbeit hat; und schließlich die Färberin selbst, deren Konzentration auf ihre Sehnsüchte sie unfähig macht, ihren Mann von Herzen zu lieben.

Das macht diese Frau zu einer so leichten Beute für die verführerischen Verheißungen der Amme auf ein Leben jenseits der erbärmlichen Alltagsexistenz, ohne in Betracht zu ziehen, daß ein Leben, das lediglich auf Genuß beruht, nur neuen Überdruß gebiert.

In der Überhöhung des dritten Aktes ist es die Erkenntnis der nicht mehr der Geisterwelt verhafteten Kaiserin, wie hoch menschliche Güte und irdische Tugenden einzuschätzen sind, die schließlich alles zum Guten wendet.

In meiner Darstellung der Amme mußte ich ihre widersprüchlichen Gefühle zum Ausdruck bringen. Ihre Verachtung der menschlichen Rasse ist nur ein Element ihres Charakters. Sie hat auch positive Eigenschaften wie völlige Ergebenheit und Sorge um das edle Geschöpf, das ihr anvertraut ist. Während sie alle ihr zu Gebote stehenden Zauberkräfte benutzt, um ihre Herrin glücklich zu machen, ihr den Schatten der Färberin zu beschaffen und sie damit fruchtbar zu machen, hofft sie dennoch, daß ihre Mission scheitert. Sie ist davon überzeugt, daß sie die Kaiserin nur von ihrer Liebe zu einem »bloßen« Sterblichen befreien kann, wenn der Kaiser nach Keikobads Gebot versteinert und sie und ihre Gebieterin in die reinen Sphären der Geisterwelt zurückkehren können.

Aus diesem Grund bedient sie sich – Ortrud sehr ähnlich – aller Mittel, um eine Sache zu unterstützen, die sie allerdings im Gegensatz zu Ortrud für völlig ungerechtfertigt hält. Von ihrem Standpunkt aus hat sie recht.

Es liegt nahe, dieses Stück als eine Art soziologisch-philosophischen Traktat zu betrachten, der seine Inspiration aus der Welt bezog, in der seine Urheber lebten.

Hofmannsthals Wien war in der Zeit, in der er *Die Frau ohne Schatten* schrieb, auf dem Kamm einer alles überflutenden kulturellen Welle, die wie in allen anderen europäischen Städten jener Epoche die Moderne in den Künsten des 20. Jahrhunderts einleitete. Doch dieses kulturelle Elysium wurde vor allem von wohlhabenden Müßiggängern getragen, die wenig oder gar keine Beziehung zu jenen hatten, deren harte Arbeit ihnen ihr luxuriöses Leben erst ermöglichte – und den kulturellen Gewinn, der sich daraus ergab. Eine ziemlich rührende Anekdote über dieses so wenig erdverhaftete Wien findet sich in Walter Slezaks Erinnerungen »Wann geht der nächste Schwan?«.

Als Slezak geboren wurde, war es in den besseren Wiener Kreisen üblich, das Baby einer Amme zum Stillen zu übergeben. In seinem Fall handelte es sich um ein ungarisches Bauernmädchen. Der Säugling bekam jedoch sehr bald einen fürchterlichen Ausschlag, der ihn beinahe das Leben gekostet hätte. Der Grund: Die Milch der Amme war zu fett und zu würzig für das Verdauungssystem, das er von seiner Mutter geerbt hatte.

Aus meiner Sicht wollte Hofmannsthal in seiner Symbolsprache möglicherweise an seine Zeitgenossen appellieren, von der reicheren Milch der Erdverhafteten zu kosten, sich ihres Menschendaseins bewußter zu werden und sich physisch und emotional darauf einzulassen – mit dem höheren Ziel, eine wirkliche Symbiose zwischen dem Geistigen und dem Körperlichen zu erreichen. Vielleicht verbirgt sich dahinter auch die Mahnung, daß alle künstlerischen Höhenflüge nur interessant sind, wenn es eine Schwerkraft gibt, der es zu trotzen gilt.

Darüber hinaus geht eine noch tiefere Aussage durch das gesamte Stück: Niemand kann wirkliches Glück auf Kosten des Leids von anderen erreichen. – So einfach ist das!

Während die Diskussionen über die tiefere Bedeutung des Werks zweifellos in alle Ewigkeit weitergehen werden, kann die Meisterschaft der Musik von Strauss nicht geleugnet werden, die ganz eindeutig der Schlüssel für den andauernden Erfolg der Oper ist.

Doch was war es für eine aufreibende Aufgabe, diese Musik zu erlernen!

Die Partie der Amme entzieht sich praktisch jeder Einordnung, denn sie liegt immer wieder über weite Strecken in der Lage – Sopran, Mezzo und bisweilen sogar tiefer Alt –, die die jeweilige musikalisch-dramatische Situation verlangt. Deshalb muß die Sängerin ihre Gesangstechnik voll im Griff haben. Darüber hinaus verlangt die Rolle eine völlige Beherrschung der komplexen Harmonien, die die musikalische Struktur formen. Das hieß, daß ich mich bei meinen Hausaufgaben auch mit dieser Harmonik auseinanderzusetzen hatte. In einer langen Karriere mit schwierigen Rollen zählte diese zu den kompliziertesten.

Zum Glück wurde mir diese Aufgabe am Ende der Spielzeit anvertraut, vor den jährlichen Theaterferien im Sommer 1971, so daß ich nicht durch Auftritte abgelenkt wurde. Außerdem konnte ich an meinem Grundprinzip festhalten, mit dem Studium einer großen Rolle mindestens sechs Monate vor der ersten Probe zu beginnen.

Ich beschloß, diese Freiheit zu nutzen und auf Tauchstation zu gehen. Nachdem ich mich im Supermarkt mit dem nötigen Proviant versorgt und meinen Kühlschrank gefüllt hatte, verriegelte ich die Wohnungstür, stellte die Türklingel ab, ignorierte das Läuten des Telefons, setzte mich ans Klavier und hämmerte mir die Rolle volle neun Tage lang ein, in denen ich mir buchstäblich nur Zeit für die Grundbedürfnisse nahm.

Als diese vorbereitende Arbeit getan war, setzte ich mich mit Dr. Günther von Noé in Verbindung, einem vorzüglichen Pianisten und Leiter des musikalischen Stabs des Theaters. Ich brauchte Dr. von Noés Unterstützung am Flügel, um mir ohne mein Klavierspiel zu beweisen, daß ich mir die Musik wirklich eingeprägt hatte.

Bei meiner ersten Sitzung mit Dr. von Noé hatten wir beide den Eindruck, daß die Partie bis auf ein, zwei unsichere Stellen fest in meinem Gedächtnis verankert war. Übrigens wollte Dr. von Noé einfach nicht glauben, daß ich sie ganz allein in nur neun Tagen auswendig gelernt hatte.

Es war das einzige Mal, daß ich mich auf diese Weise so völlig in musikalisches Material vertiefte, aber es machte sich am Ende bezahlt.

Sobald ich die mnemotechnische Arbeit hinter mir hatte, nahm ich eine Schallplattenaufnahme zu Hilfe, um mich mit der nicht minder komplizierten Orchestrierung vertraut zu machen, was bei Strauss weit mehr erforderlich ist als bei jedem anderen Komponisten.

Die Premiere der Neuinszenierung während Günther Rennerts Intendanz an der Bayerischen Staatsoper war für den 13. Februar 1972 angesetzt – im Einklang mit der Tradition, die besten Produktionen der Opern von Strauss in seiner Vaterstadt herauszubringen. Oscar Fritz Schuh war mit der Regie beauftragt, die musikalische Leitung hatte Wolfgang Sawallisch. James King und Ingrid Bjoner waren das Kaiserpaar und Dietrich Fischer-Dieskau und Hildegard Hillebrecht sangen den Färber und sein Weib.

In einer Premierenkritik vom 15. Februar 1972 schrieb Antonio Mingotti in der Münchner »Abendzeitung«, daß meine Interpretation der Rolle, die er als »großartig konzipiert« bezeichnete, nicht ganz im Rahmen der Inszenierung bleibe.

Falls das so war, dann geschah es der Not gehorchend, nicht dem eigenen Triebe, denn unser ehrenwerter Regisseur Dr. Schuh neigte dazu, während der Bühnenproben hinter seinem Regiepult in der siebten oder achten Parkettreihe einzunicken, zumal in meinen Szenen, was ich als Kompliment für meinen eigenen gestalterischen Einfallsreichtum nahm. Statt ihn in seinem erquickenden Schlummer zu stören, nahm ich es mehr oder weniger auf mich, die Lücken in seinem Konzept zu füllen, was offensichtlich der Anlaß für die Bemerkung in Mingottis Kritik war.

Bei einer Probe schaute Dr. Rennert vorbei, um sich über den Gang der Dinge zu informieren und fragte: »Schläft er wieder?« Äußerst rücksichtsvoll beauftragte er dann jemanden, den ziemlich gebrechlichen Dr. Schuh im Auge zu behalten, damit er beim Aufwachen nicht vom Sitz falle und sich verletze.

Während seine Regiearbeit in den Probenräumen einwandfrei gewesen war, betrachtete ich Dr. Schuhs doch recht geruhsame Einstellung zur Aufgabe, letzte Hand an sein Werk zu legen, als großes Paradigma der somnambulen Schule der Opernregie und fragte mich in der Tat, ob er früher vielleicht mit dem ehemaligen Meister des narkoleptischen Musikmachens, Herbert von Karajan, Seite an Seite gekämpft hatte.

Dafür machte die Strauss-Interpretation von Maestro Sawallisch mehr als wett, was bei der szenischen Arbeit übersprungen worden war, und nach der Premiere berichtete Karl-Heinz Ruppel in der »Süddeutschen Zeitung« vom »Beifallssturm am Schluß« und beschrieb meine Darstellung als »grandios«.

Im »Münchner Merkur« bezeichnete mich Helmut Schmidt-Garré als »weiblichen Mephisto«, und Hildegard Weber von der »Frankfurter Allgemeinen«, die zu dieser Produktion angereist war, schrieb über mich: »… sie gehörte in der Rangliste der gestaltenden Sänger gleich neben Fischer-Dieskau … An Bühnenausstrahlung wird sie an diesem Abend von keinem übertroffen.«

Bei aller pflichtschuldigen Dankbarkeit bezweifle ich doch ernsthaft, ob es das Ziel irgendeines ernsthaften Künstlers ist, jemand anderen zu »übertreffen«, statt sich als bedeutsame Komponente mit den anderen zu einer dramatischen Einheit zusammenzufinden.

Nach diesem Anfangserfolg wurde ich eingeladen, die Amme in einer Produktion an den Städtischen Bühnen Nürnberg zu singen, die anderthalb Jahre später im September 1973 Premiere hatte.

Eine Kritik über diese Vorstellung erinnerte mich ein wenig an meine Stehplatzzeiten, in denen ich das dramatische Moment ver-

Nach meiner Darstellung der Amme in der
»Frau ohne Schatten«, hier mit Ingrid Bjoner als Kaiserin,
mußte ich schauen, daß Leonard Bernstein
wieder vom Fußboden hochkam.

mißte und darüber spekulierte, wie man dem darstellerischen Aspekt der Oper Leben und Bedeutung geben könne. Der Kritiker Fritz Schleicher bestätigte mir in den »Nürnberger Nachrichten«, daß ich das, was ich immer gepredigt hatte, mit Erfolg in die Praxis umgesetzt hatte: »Die große Tragödin der Wagner-Szene zeigte auf fast verlorenem Posten exemplarisch, was Musiktheater sein kann: Faszination des Menschlichen, unterstützt durch Musik, Einheit aus Emotion und Reflexion.«

Die Münchner *Frau ohne Schatten* stand von 1972 bis 1978 auf dem Spielplan des Nationaltheaters und wurde 1972, 1973 und 1977 auch bei den Münchner Opernfestspielen gegeben. Insgesamt sang ich 22 Vorstellungen der *Frau ohne Schatten* und freute mich über die enthusiastische Aufnahme bei Presse und Publikum.

Die höchste Auszeichnung, die allerdings etwas extravagant darge-bracht wurde, erhielt ich jedoch von einem überragenden Kollegen, mit dem zu arbeiten ich leider nie die Ehre hatte, obwohl ich glaube, daß wir beide einen mittleren Waldbrand ausgelöst hätten.

Die Szene spielte sich folgendermaßen ab: Ich kam nach meiner letzten Verbeugung gerade hinter die Bühne, als eine kleine, grau-haarige Gestalt vor mir niederkniete und laute und überspitzte Töne des Lobs von sich gab. Hier, vor meinen Füßen, kniete eine der ein-flußreichsten Persönlichkeiten im Musikleben und besonders im Mu-siktheater unseres Jahrhunderts und erwies mir für meine Leistung ungezügelte Reverenz.

Was tut man, wenn man sich unversehens mit einem Unsterblichen konfrontiert sieht? Ich weiß nicht, was andere getan hätten, aber an-gesichts all dieser Artigkeiten konnte ich lediglich herausbringen: »Ich danke Ihnen von ganzem, ganzem Herzen. Und nun stehen Sie bitte auf, Lennie!«

ZWEITE SZENE

Vom Staube befreit ...

Hier angelangt, möchte ich den Leser dafür um Nachsicht bitten, daß ich in meinen Memoiren gelegentlich vor- und zurückspringe. Der Grund ist, daß ich eine Chronologie der Themen einer bloßen An-einanderreihung von Daten vorziehe.

Das erklärt, warum ich mich zunächst mit dem Phänomen meiner zweiten Karriere beschäftigte und erst danach bei einer Rolle ins De-tail gehe, die ich zum ersten Mal in meinen Jahren als Sopran sang und die schließlich eine Hauptstütze in der folgenden Phase wurde – die Küsterin Buryja in Leoš Janáčeks Oper *Jenufa*.

Wenn wir den Namen des mährischen Meisters Janáček in großen Lettern auf den Plakaten der heutigen Opernhäuser oder bei Musik-festspielen sehen, scheint es kaum vorstellbar, daß er einmal als be-stenfalls zweitklassiger Komponist betrachtet wurde, dessen Werke »zu Recht« in den Regalen einiger weniger Musikbibliotheken ver-staubten.

Ich weiß nicht, wer der erste war, der eine Janáček-Partitur aus dem

Regal holte, den Staub vom Einband blies und begann, eine Reihe von bedeutenden Werken wiederzuentdecken, die inzwischen ihren verdienten Platz unter den großen Meisterwerken in der Operngeschichte einnehmen. Wer auch immer es war, der diese bemerkenswerte Entdeckung machte, ich bin jedenfalls tief in seiner Schuld.

Im Verlauf dieser Wiederbelebung Janáčeks, die Ende der vierziger Jahre begann und ab 1968 auch mein berufliches Leben beeinflußte, bin ich in drei seiner Opern aufgetreten, einschließlich seines großen Meisterwerks *Jenufa*.

Ich hätte die Rolle der Küsterin bereits Mitte der fünfziger Jahre singen können, als sie mir durch einen Agenten angeboten wurde. Damals jedoch war ich so von dem Gedanken schockiert, daß jemand fähig war, einen unschuldigen Säugling umzubringen, daß ich mich strikt weigerte, die Darstellung dieser Figur überhaupt nur in Erwägung zu ziehen.

Merkwürdigerweise hatte ich keinerlei Probleme damit, als Lady Macbeth einige Morde anzuzetteln, und Ortrud schafft es ja auch beinahe, ein Kind in der Person des prinzlichen Knaben Gottfried von Brabant aus dem Weg zu räumen.

Eine ungewöhnliche Oper bot mir die menschlichste Rolle, die ich jemals sang – die Küsterin in Janáčeks »Jenufa«.

Die Rolle der Küsterin lag für mich anders. Möglicherweise war es die Unmittelbarkeit von Janáčeks musikalischem Ausdruck, die die Gestalt so real und damit auf mich so außerordentlich grausig wirken ließ.

Am Ende der Bayreuther Festspiele 1967, den ersten nach Wieland Wagners Tod am 17. Oktober 1966, beschloß ich, daß meine 90. Brünnhilde in *Götterdämmerung* am 23. August mein Schwanengesang bei diesem Festival sein würde, dem ich siebzehn Jahre in ununterbrochener Reihenfolge angehört hatte.

Ich sang allerdings die *Götterdämmerung*-Brünnhilde weiter an anderen Bühnen und bettete sie schließlich nach meiner 99. Vorstellung am 7. Februar 1971 zur Ruhe. Zu diesem Zeitpunkt war ich beinahe dreiundfünfzig und hatte fast dreißig Jahre Wagner-Heldinnen gesungen.

Ich begann mich nach anderen Welten umzusehen, die ich erobern konnte.

Um diese Zeit fragte das Management des Royal Opera House Covent Garden an, ob ich interessiert sei, in einer Serie von englischsprachigen Aufführungen von *Jenufa* mitzuwirken, der Wiederaufnahme einer Produktion, die 1956 Premiere gehabt hatte. Dirigiert hatte sie damals Rafael Kubelik, der wohl besser als jeder andere Musiker auf der Welt die speziellen Probleme von Janáčeks Musik kannte.

Er war auch eng mit Mähren vertraut, wo er Dirigent an der Oper in Brünn gewesen war – unmittelbar nach der ersten von zwei Perioden als Chefdirigent der Tschechischen Philharmonie, einer Stellung, die auch Janáček innegehabt hatte.

Als Maestro Kubelik 1955 Chefdirigent der Royal Opera wurde, machte er sich umgehend daran, *Jenufa* in das Repertoire aufzunehmen.

Die Premiere fand im Dezember des folgenden Jahres statt, sehr zum Kummer der Direktion von Covent Garden, die mit Entsetzen die Kasseneinnahmen auf ein absolutes Minimum schrumpfen sah. Die Produktion wurde schließlich 1958 abgesetzt.

Offensichtlich war Janáčeks Zeit noch nicht gekommen, trotz eines großen Dirigenten am Pult und zwei der beliebtesten Soprane – Amy Shuard und Sylvia Fisher – auf der Bühne.

Obwohl Kubelik seinen Posten als Chefdirigent von Covent Garden im selben Jahr aufgab, blieb er dem Haus als ständiger Gastdirigent verbunden. In der folgenden Dekade trat er unbeirrt weiter für Janáčeks Werk ein und konnte schließlich eine Wiederaufnahme für

1968 durchdrücken, in der Ande Anderson Christopher Wests Inszenierung von 1956 überarbeitete, Jan Brazda – ein in Schweden lebender tschechischer Künstler – Bühnenbild und Kostüme besorgte und
die australische Sopranistin Marie Collier die Titelrolle sang.

Zwischen meiner ursprünglichen Ablehnung der Rolle in den fünfziger und der Einladung aus London in den späten sechziger Jahren
hatte mich ein zufälliges Ereignis auf gleichsam mystische Weise von
meiner Idiosynkrasie gegenüber der Partie befreit.

Am 30. April 1964 wurde mein Patenkind Matthias geboren, der
ältere Sohn meines Freundes und Begleiters Heinrich Bender. Als ich
den Säugling in meinen Armen hielt, wurde ich mir eindringlich der
Notwendigkeit bewußt, den Unterschied zwischen meiner Beziehung
zu diesem Baby aus Fleisch und Blut und dem Säugling in der Oper
zu überdenken. Matthias' Geburt hatte mich sozusagen auf den Boden der Tatsachen zurückgebracht – als eine Art günstiges Alarmsig-
nal, das mir anzeigte, wie sehr ich mit einigen meiner Rollen verwachsen war, auch mit denen, die ich nicht singen wollte.

Das war für mich ein zweifacher Segen.

Nachdem ich die Figur von meiner Privatperson getrennt hatte,
machte ich mich auf die übliche Suche nach den Eigenschaften, die
meine Interpretation prägen sollten.

Ich war in der Lage, die Essenz der Figur in einer Reihe von Notwendigkeiten zu erkennen, die das Leben der Landbewohner bestim-
men – ganz anders als die Regeln, die für uns Stadtmenschen gelten.
Für uns finden die Mysterien von Tod und Leben gewöhnlich hinter
den geschlossenen Türen von Krankenhäusern statt und werden dann
sachlich in den Zeitungen gemeldet. Draußen auf dem Land sind Leben und Tod und all die Drangsal, die sie begleiten, fest mit dem täglichen Leben verwoben.

Nach meinem Verständnis wurde die Küsterin durch das, was ihrer
Ziehtochter zustieß, in völlige Verzweiflung getrieben. Doch sobald
sie ihren Entschluß zu einer drastischen Tat gefaßt hat, ist die eigentliche »Beseitigung« des Kindes fast eine Routinesache, so wie eine
Bäuerin einen Wurf unerwünschter Kätzchen ertränkt oder das Lieb-
lings-Ferkel oder -Lamm ihrer Kinder für den Fleischtopf schlachtet.
Das ist Bestandteil der rauhen Wirklichkeit des Landlebens, das ich
auf dem Land rund um München und in Teilen der Schweizer Alpen
kennenlernte, wo eine trinkfeste, zähe Bevölkerung jeden Tag aufs
neue den Elementen trotzt.

Und dennoch können einem diese rauhen Menschen mit der einfachen Musik, die sie auf ihren Instrumenten machen, oder mit dem Gesang ihrer reinen, ungeschulten Stimmen fast das Herz zerreißen.

Diese Beobachtung des ländlichen Lebens in Mitteleuropa rief mir eine Konzerttournee vor vielen Jahren wieder ins Gedächtnis, die mich in die Berge von Kentucky geführt hatte, eine unfruchtbare Region, wo die Atmosphäre selbst bei Sonnenschein bedrückend und düster bleibt, in einer Schwerblütigkeit, die sich auch in die steinernen Gesichter der Menschen eingräbt.

In jenem Teil der Welt sind die Menschen besonders wortkarg und verschlossen und behalten ihre Angelegenheiten für sich – im Gegensatz zur Gewohnheit im städtischen Leben, die intimsten Details häufig beiläufig in einer Unterhaltung durchzuhecheln. Wenn man den düsteren Anblick der unfruchtbaren Berge von Kentucky, die bayrischen und alpinen Bauernhöfe oder die Bedingungen in der sizilianischen Provinz – oder sogar die sizilianische Atmosphäre, die ich als Kind auf den Straßen von Jersey City und Greenwich Village erlebte – auf die ländlichen Gebiete Mährens überträgt, hat man die rauhe Krume, aus der die Geschichte der *Jenufa* wächst.

Die Küsterin nahm *von außen nach innen* Gestalt an: eine Frau in Schwarz, die nicht nur regelmäßig zur Kirche geht, sondern praktisch dort lebt und die harten Aspekte des Landlebens voll akzeptiert, ohne im geringsten an irgendwelchen Leichtfertigkeiten Geschmack zu finden, die eine solche Dürftigkeit erträglicher machen.

In verquerem Denken zerstört sie das Leben des Kindes, um ihm ein Los zu ersparen, das sie in ihrem übersteigerten Gefühl für Recht und Unrecht schlimmer für Mutter und Kind erachtet als den Tod. Sie tut es jedoch erst, nachdem sie alle anderen Auswege versucht und sich sogar in ihrem Stolz gedemütigt hat, indem sie vor Štewa, dem Vater des Kindes, buchstäblich auf die Knie fiel und ihn anflehte, die Geburt durch die Heirat mit Jenufa zu legitimieren.

Štewa jedoch hat das Interesse an Jenufa völlig verloren, nachdem ihr sein Halbbruder Laca, der eine tiefe und echte Liebe für sie empfindet, in einem Anfall von Eifersucht einen Schnitt in die Wange zugefügt hat. Die Narbe ist für Štewa so abstoßend, daß er nichts mehr mit seinem früheren Schatz zu tun haben will. Die Reaktion dieses flatterhaften Dorf-Don-Juan beweist seine Oberflächlichkeit, die nur nach dem Äußeren geht. Štewas Weigerung – trotz der Erniedrigung der Küsterin, die sie sonst ausschließlich der Beziehung zu ihrem Herrgott vorbehält – läßt in Jenufas Ziehmutter eine Welt einstürzen.

Als der gleichmütige, erdgebundene Laca sie in ihrem Elend aufstört, ist sie geistig kaum noch präsent. In diesem Dämmerzustand enthüllt sie ihm Jenufas Notlage. Sie bekommt zur Antwort, daß er zwar nach wie vor bereit sei, sich mit der geliebten Jenufa zu verbinden, doch der Gedanke, die »schmutzige Ware« seines Bruders in Gestalt eines Säuglings zu übernehmen, erfüllt ihn mit Abscheu.

Seine Reaktion bedeutet einen weiteren schweren Schlag für den Verstand der älteren Frau. Schließlich gerät sie über ihre Zwangslage so außer sich, daß ihr Gefühl für Sünde und Vergeltung (»Sündig stirbt es – ist es doch aus der Sünd' geboren!« sagt sie) über ihr Gefühl für Menschlichkeit die Übermacht gewinnt und ihre tragische Tat beschleunigt, selbst wenn diese sie ihr Seelenheil kostet.

Als ihr Verbrechen schließlich mit der Schneeschmelze ans Tageslicht kommt – in einer bildhaften Parabel über den Winter und den Frühling in der menschlichen Seele –, ist sie, als sie Jenufa um Verständnis und Vergebung bittet, nur noch eine leere Hülle ihres früheren Ich.

Ich hatte das Glück, beim Studium der Rolle tüchtige Unterstützung von dem vorzüglichen tschechischen Pianisten Gerhard Poppe zu bekommen, der physisch und musikalisch in dem einzigen Teil der Welt aufgewachsen war, in dem Janáčeks Opern nach wie vor begeisterte Aufnahme fanden.

Als wir mit der Vorbereitung begannen, erzählte mir Poppe, daß er Mitte der zwanziger Jahre als kleiner Junge mit seinem Vater in Prag einem alten Herrn mit Löwenmähne begegnet sei, der seinen Verdauungsspaziergang machte. Der Vater machte den kleinen Gerhard auf ihn aufmerksam und sagte: »Das ist der große Janáček!«

Für jemanden, der so versessen auf Auguren und Omina ist wie ich, stellte die kleine Anekdote des Mannes, der mich in der Musik des Meisters unterwies, eine Art apostolischer Nachfolge her – von Janáček zu Poppe zu mir und zum Publikum, in einer ununterbrochenen Kette der Tradition.

Gerhard Poppe schilderte, daß Janáček aufs Land ging, um den Leuten aufs Maul zu schauen, und die Rhythmik des Ausdrucks und die Intonation in die Gesangspartien umsetzte. Das unterstreicht einen Standpunkt, den ich immer vertreten habe: Der Text ist in jeder Oper von außerordentlicher Bedeutung und zumal in Werken wie denen von Janáček, der seine Schöpferkraft in so hohem Maße der Verschmelzung von Wort und Musik weihte.

Da die Musik eine derartige Symbiose mit der originalen tschechischen Sprache eingegangen war, fragte ich mich, wie viel von der Eindringlichkeit bei der Übertragung in eine andere Sprache noch übrigbleiben würde. Die englische Übersetzung, die ich in London singen sollte, war mit großer Texttreue von dem englischen Dirigenten Sir Edward Downes, dem polyglotten Musikologen an Covent Garden, erstellt worden, zusammen mit dem tschechischen Bariton Otakar Kraus, der seit Kriegsende eine der Hauptstützen der Londoner Compagnie war. Die Vertrautheit des in Prag geborenen Otakar Kraus mit Mähren basierte auf seiner Tätigkeit an der Oper in Brünn, an der er 1935 sein Debüt gegeben hatte.

Ich war Kraus bereits in Bayreuth begegnet, wo er einen beispielhaften Alberich gesungen hatte. In der Londoner *Jenufa*-Produktion von 1968 war er wie in der ersten Serie der Altgesell. Sir Edward übernahm in der Folge von Maestro Kubelik die schwierige Aufgabe am Pult. Die vereinten Anstrengungen eines Dirigenten und eines Sängers, die beide sowohl im Tschechischen wie im Englischen gründlich beschlagen waren, ergaben ein völlig sangbares Libretto ohne Konzessionen auf Kosten der originalen Stimmung des Stücks.

Einen Großteil meines Studiums mit Gerhard Poppe mußte ich im Sommer 1967 absolvieren, denn mein Herbst- und Winterprogramm am Anfang der Spielzeit 1967/68 war extrem vollgepackt.

In den ersten Monaten dieser Spielzeit sang ich Elektra, Kundry, Herodias und Santuzza in München und Wien, die *Walküre*-Brünnhilde in Düsseldorf, komplette *Ring*-Zyklen in Graz und Köln und in Düsseldorf die 66. Elektra in meiner Karriere. Mein letztes Engagement vor den Proben mit dem Londoner Ensemble war am 4. Februar 1968 eine weitere Brünnhilde in der *Walküre* in Düsseldorf, darauf ging es vom Rhein an die Themse.

Seit meinem ersten Besuch Ende der vierziger Jahre hatte sich London wie der sprichwörtliche Phönix aus der Asche erhoben, und die fabelhaften Läden und Kaufhäuser machten Riesengeschäfte, zu denen auch ich zwischen den Proben und Vorstellungen mein Scherflein beitrug.

Viele der erfreulichen Dinge in London waren glücklicherweise gleichgeblieben. Die Atmosphäre in den Garderoben von Covent Garden hatte sich nicht verändert, und ich freute mich, daß ein besonders angenehmer Pub an einer Ecke in der Nähe des Theaters noch immer an Ort und Stelle war. Der Mann hinter der Theke hatte inzwischen ein paar graue Haare bekommen – aber ich war ja auch nicht jünger geworden.

Für eine alte Romantikerin wie mich bedeutete der Widerstand Londons gegen *unnötige* Veränderungen, daß ich mich immer wie zu Hause fühlte.

Allerdings wichen die muffigeren Operntraditionen inzwischen gesunder Erneuerung und neuer Blüte – ein weiteres Zeichen eines guten Gespürs für Proportionen.

Die Proben verliefen reibungslos, bis sich ein Vorfall ereignete, der uns alle schockierte und Maestro Kubelik völlig die Fassung verlieren ließ.

Wir arbeiteten mit dem Orchester. Unmittelbar vor Jenufas Gebet stand der Gewerkschaftsobmann des Orchesters auf und verkündete, daß sein Kollektiv woanders einen Job habe – eine Rundfunk- oder Plattenaufnahme – und daß sie deshalb früher aufhören müßten. Kubelik gab bereitwillig seine Zustimmung, und Marie Collier begann mit ihrem Gebet. Mitten im Gebet, das Marie wundervoll sang, buchstäblich mitten in einer Phrase, standen die meisten Orchestermitglieder auf und gingen. Der Dirigent schaute ihnen fassungslos nach und murmelte vor sich hin: »Die Zeiten haben sich geändert. Sie hätten wenigstens noch die letzten zehn Takte abwarten können.«

Ich war besonders schockiert, denn das war alles andere als die guten englischen Manieren, die ich gewohnt war. Sie ruinierten einfach eine herrliche musikalische Stelle und verkrümelten sich in aller Eile. Kubelik wurde aschfahl – er kochte richtig vor Wut –, und das war überhaupt nicht seine Art.

Der musikalische Idealismus war knallharten Gewerkschaftsinteressen gewichen.

Verstehen Sie mich nicht falsch. Wir sind alle arbeitende Musiker und müssen schauen, woher die nächsten Dollars, Mark oder Pfunde kommen. In einem höheren Sinn allerdings ist eine der wichtigsten Waren, die wir zu verkaufen haben, unsere künstlerische Sensibilität. Wenn wir die verlieren, verlieren wir die Substanz und damit die Quelle unseres Einkommens!

Wenn sie uns schlicht mitgeteilt hätten, daß sie in fünfzehn oder zwanzig Minuten wegmüßten, hätte Maestro Kubelik mit der Probe des Gebets nicht einmal begonnen.

Zum Glück waren wir in der Lage, mit vereinten Kräften eine erfolgreiche Premiere zustande zu bringen.

Ich war sehr stolz, als Andrew Porter über die Vorstellung schrieb: »Astrid Varnay, die wir hier zuletzt 1958 als Brünnhilde in *Götterdämmerung* hörten, und *Jenufa* kehrten beide nach einer Abwesenheit

von 9 respektive 10 Jahren an Covent Garden zurück – *auf englisch*!«
Mr. Porter rühmte meine englische Aussprache und meinte, daß sich einige englische Sängerinnen eine Scheibe davon abschneiden könnten.

Ich bringe nur höchst ungern irgendwelche britischen Sprechblasen zum Platzen, aber ich denke doch, daß hier unmißverständlich und ein für allemal festgestellt werden sollte, daß wir in den Vereinigten Staaten *sehr wohl* Englisch sprechen – und zumal in New York City!

DRITTE SZENE

Eine geliebte und eine gehaßte Rolle

Nach diesem kurzen Ausflug in die Sprache, in der ich aufgewachsen bin, begann ich eine echte Affinität zu dieser neuen Rolle der Küsterin zu entwickeln. Es sprach sich herum, und bald bekam ich die Einladung, sie an der Deutschen Oper am Rhein zu singen, was ich mit Freuden annahm.

Die Produktion wurde von dem tschechischen Regisseur Bohumil Herlischka inszeniert und von Arnold Quennet dirigiert. Sie startete am 9. November 1969 in Duisburg und hatte am 11. Dezember desselben Jahres in Düsseldorf Premiere.

Natürlich mußte ich für die Vorstellungen der Deutschen Oper am Rhein die Partie in deutscher Sprache umstudieren. Wieder hatte ich mit einer idiomatisch einwandfreien Übersetzung zu tun, diesmal von Max Brod, einem tschechischen Autor und Philosophen, einst Mitglied des literarischen Kreises in Prag, welcher der Welt so große Autoren wie Franz Werfel, Jaroslav Hašek und Karel Čapek geschenkt hat. Franz Kafkas Werke verdankten ihre Veröffentlichung und internationale Anerkennung zum Großteil Max Brods leidenschaftlichem Einsatz.

Brod war auch ein enger Bekannter des Komponisten Janáček gewesen, und wie der tschechisch-englische Otakar Kraus in London beherrschte er sowohl Tschechisch wie Deutsch perfekt.

Als Hitler-Deutschland Prag besetzte, ging Max Brod nach Palästina, wo er bis zu seinem Tod in den späten sechziger Jahren großen

Einfluß auf das literarische und künstlerische Leben des neuen Staates Israel nahm.

Seine hervorragende Übersetzung wurde integraler Bestandteil des Stücks, so daß ich die Rolle überall annehmen konnte, ohne mich mit einer weiteren deutschen Version konfus machen zu müssen.

Die Besetzung umfaßte Ursula Schröder-Feinen in der Titelrolle, Werner Götz als Štewa und William Holley als Laca.

Bohumil Herlischka war ein idealer Regisseur für diese Oper, denn er wußte genau, wie sich die Menschen auf dem mährischen Land verhielten. Unser Regisseur hatte selbst etwas von einem emotionellen Bauern an sich, speziell in dem, was er mochte oder verabscheute. Er konnte es zum Beispiel auf den Tod nicht ausstehen, die Treppen in den Probenraum im obersten Geschoß des Düsseldorfer Opernhauses hinaufsteigen zu müssen. Er wollte nur auf der Hauptbühne arbeiten, aber das war wegen anderer parallellaufender Produktionen nicht machbar. Um seinen Ärger herunterzuspülen, deckte er sich reichlich mit Wein ein, der ihm half, seine Fassung während der Verbannung in die oberen Regionen zu bewahren.

Eine weitere Schrulle war seine Fixierung auf die chronologische Abfolge. Sie war so ausgeprägt, daß er bei jeder »Störung«, wie einer Frage zur Inszenierung, jedesmal an den Anfang der Szene zurückging, bis wir sie ohne Unterbrechung von vorne bis hinten durchspielen konnten, während er weiter schluckte und inszenierte, mehr oder weniger in dieser Reihenfolge.

Ich habe keine Ahnung, welchen Wein er trank, doch es wäre mein inbrünstiger Wunsch, diesen Jahrgang einigen anderen Regisseuren zukommen zu lassen, denn er gab uns brillante Anweisungen.

In der Tat war Herlischka sich so sehr (und mit gutem Grund) seiner Brillanz bewußt, daß er keine unbefugte Einmischung in sein Konzept vertrug. Als er einmal neben mir die Treppe hinaufstapfte – diesmal gutgelaunt, weil die Sonne schien –, ergriff ich die Gelegenheit beim Schopfe und fragte ihn, ob ich ihm irgend etwas aus meiner Sicht der Rolle als Feedback für seine eigene Arbeit anbieten könne, worauf er schroff erwiderte: »Warum wollen Sie etwas ändern?«

Ich versicherte ihm, daß mir größere Änderungen des Konzepts völlig fernlägen. Ich wolle nur etwas zu dem hinzufügen, was wir bereits entwickelt hätten. »Ist es nicht genug, was ich Ihnen gebe?« insistierte er. »Schauen Sie, Sie und ich fühlen dasselbe. Wir *müssen* dasselbe fühlen.« Als ich ihn fragte, was er mit dieser kryptischen Bemerkung meine, antwortete er: »Weil du und ich am gleichen Tag geboren sind.« (Ich konnte kaum der Versuchung widerstehen zu bemerken: »Aber nicht im selben Jahr!«)

»Wenn wir am gleichen Tag geboren sind«, fuhr er beharrlich fort, »dann müssen wir auch dieselben Gefühle haben«, was seiner Meinung nach natürlich meine »Willigkeit« bewies, alle seine Wünsche auszuführen.

Ziemlich geheimnisvoll, aber in diesem Fall funktionierte es, zumindest, was mein Verhalten auf der Bühne betraf.

Oberhalb des Halsansatzes bin ich allerdings – zum Entzücken mancher Regisseure und zur Qual anderer – nicht zu halten! Ich meine damit: Die Worte und wie ich sie vortrage, sind immer eine sehr persönliche Angelegenheit. Der Regisseur kann gerne meine Körperbewegungen inszenieren, aber ich kann immer meine eigenen Ideen über den gesanglichen Vortrag einbringen.

Natürlich war Herlischka scharfsinnig genug, um zu wissen, was sich ereignen würde, aber aus irgendeinem Grund – vielleicht um sich in seinen eigenen Augen seine Autorität zu erhalten – sagte er mir weiterhin: »Mach einfach, was ich dir sage!«

Der Mann hatte einen so unerhörten Charme, daß man ihm einfach nicht widersprechen konnte, also nickte ich folgsam und machte mir weiter meine eigenen Gedanken.

Einer der effektvollsten Einfälle in seiner Inszenierung war eine Szene, in der er eine Seite der Bühne mit unzähligen brennenden Kerzen füllte – wie in einer katholischen Kirche an einem hohen Feiertag, wenn jeder die Fürsprache seines Schutzheiligen anruft und das ganze Heiligtum zu glühen scheint.

Wenn Bohumil Herlischkas Methode die rigorose Forderung war, sich kompromißlos seinen Anweisungen unterzuordnen, so war Günther Rennert ein Meister im Austausch zwischen Besetzung und Regisseur.

Das bedeutet ganz und gar nicht, daß Dr. Rennert nicht seine Hausaufgaben machte. Man konnte im Gegenteil einen Wolkenkratzer auf dem stabilen Fundament seiner Vorbereitung bauen. Seine Inszenierungen waren so stimmig, daß ich mich – auch wenn sie einige Jahre nicht auf dem Spielplan gewesen waren – bei der Wiederaufnahme so zurechtfand, als ob ich sie am Tag zuvor geprobt hätte.

Günther Rennerts Münchner *Jenufa*-Produktion hatte 1970 Premiere, zweieinhalb Jahre nachdem er die Nachfolge von Rudolf Hartmann als Intendant angetreten hatte. Die Oper wurde abermals von

Rafael Kubelik dirigiert, Alfred Sierke schuf die Bühnenbilder und Lieselotte Erler die Kostüme.

Diese Produktion wurde in all ihrer Großartigkeit vom Fernsehen eingefangen, wobei der Sender für den Endschnitt die besten Akte aus drei Aufführungen auswählte.

Manche Leute mögen vielleicht mit Verachtung auf den »Naturalismus« dieser Inszenierung herabsehen, aber ich fordere diese Verächter heraus, eine Lesart dieser sehr realen Oper zu präsentieren, die die Zuschauer vergessen läßt, daß gesungen wird, ja daß sie überhaupt im Theater sind. In Rennerts Inszenierung reagierte das Publikum auf die Figuren des Dramas, als ob es sie ein Leben lang gekannt hätte – einfach, weil sie alle menschlich waren!

Dr. Rennerts äußerst akribische Vorbereitung und der ständige Ideenaustausch während der Proben bedeuteten für mich ideale Arbeitsbedingungen.

Leider führte seine geradezu besessene Gründlichkeit, die wir selbstverständlich alle zu schätzen wußten, einmal zu einer unguten Kontroverse zwischen ihm und mir.

Dieser Vorfall spielte sich während der Vorbereitung zu einer *Salome*-Produktion ab, in der ich als Herodias besetzt war. Eines Morgens erschien ich zu einer der letzten Proben und bekam die Mitteilung, daß ich erst einige Tage später benötigt würde, weil der Bariton, der den Jochanaan sang, lediglich *heute* zur Verfügung stünde. Ich erinnerte Dr. Rennert daran, daß ich an dem fraglichen Probentag die Titelrolle in der *Elektra* zu singen habe und deshalb an der Probe nicht teilnehmen könne. Er war erst verblüfft und versicherte mir darauf, daß er auf der Probe lediglich meine physische Präsenz benötige – ich brauche keine Note zu singen. Ich konterte, daß ich mich an Vorstellungstagen völlig auf die Vorstellung konzentrieren müsse, besonders bei einer so fordernden Partie wie der Elektra.

Er blieb hart. Wenn er probte, war alles andere zweitrangig, und er war nicht bereit, Ausnahmen zu machen. Um die laufende Probe nicht weiter aufzuhalten, schlug er vor, ich solle nach Hause gehen und die Sache überdenken. Das Ergebnis dieses Vorschlags war eine schlaflose Nacht, in der ich mich immer wieder fragte, warum *ich* die Entscheidung treffen solle, während *er* doch der Chef des Theaters war – neben seiner Regiearbeit an *Salome*. – Es war einfach nicht fair.

Am nächsten Tag beschloß ich, den Schwarzen Peter dorthin zurückzuschieben, wo er hingehörte: Entscheidungen zu fällen war sein Job, nicht meiner.

Er verkündete prompt, daß er einen anderen Sopran für *Elektra* engagieren werde, um mich bei der Vormittagsprobe dabeizuhaben. Offensichtlich waren ihm Proben wichtiger als Vorstellungen.

Die Nachricht von meiner Teilnahme an der Vormittagsprobe sickerte durch, wie alles in Opernhäusern nach außen dringt.

Wie ich später erfuhr, stöhnten konsequenterweise jene Zuschauer, die meine Arbeit besonders schätzten, hörbar auf, als bekanntgegeben wurde, daß ich durch eine Kollegin ersetzt würde. Das war schade, denn damit wurde über eine Künstlerin, die nicht das geringste mit der Umbesetzung zu tun hatte, vorschnell ein Urteil gefällt. Gladys Kuchta, ein fabelhafter Profi, verkraftete die Sache mühelos und gab eine erstklassige Vorstellung.

Günther Rennerts Münchner »Jenufa«-Produktion
arbeitete all die positiven und negativen Seiten
dieser komplizierten Gestalt heraus.

Bedauerlicherweise dachte niemand daran, daß die Einbuße der zuträglichen Gage, die ich immer für meine Elektra-Auftritte erhielt, auf meinem Bankkonto eine empfindliche Lücke hinterließ!

Es war mein Glück, daß es während der *Jenufa*-Proben keinerlei Überschneidungen mit Vorstellungen gab, und die minuziöse Arbeit an jedem Darstellungsdetail und dem großen Zusammenhang ging ungestört voran.

Während Dr. Rennert in der Wagnerschen Welt der allegorischen Götter und Helden, in der die mannigfaltigen symbolischen Bedeutungen der Gestalten fast wichtiger sind als ihre menschlichen Aspekte, nicht wirklich zu Hause war, war er völlig in seinem Element, wenn es galt, aus Sängern glaubwürdige Individuen zu machen. Diese Qualität kam bei unserer Arbeit an *Jenufa* zum Tragen. Er hatte eine einzigartige Fähigkeit, seine Regiegedanken zu übermitteln, indem er einige seiner Vorstellungen demonstrierte und andere so klar in Worte faßte, daß wir sofort verstanden, was er wollte. Selbst wenn wir über diesen oder jenen Einfall anderer Meinung waren, hatte er immer eine plausible Begründung parat, und wir fanden ausnahmslos einen gemeinsamen Nenner, so daß wir uns sein Konzept völlig zu eigen machen konnten.

Wenn ich mit meinem Rollenporträt an einer Stelle hängenblieb, setzte ich Rennert so lange zu, bis ich bekam, was ich brauchte. Diese Arbeitsweise war durchgehend erhellender, als es bei einem Regisseur wie Herlischka möglich gewesen wäre, der alles in seiner Phantasie ausarbeitete und keine noch so gut gemeinte Abweichung gestattete.

Zu Dr. Rennerts Taktik gehörte es, daß er mit Sängern arbeitete, die wirklich denken konnten – was nicht durchweg der Fall ist –, und sie veranlaßte, ihre eigenen Denkprozesse in Gang zu setzen.

Dieses Insistieren auf ständiger Bewußtheit führte, während wir nach dem Zusammenhang der einzelnen Fragmente des Dramas suchten, auf allen Seiten oft zu emotionalen Ausbrüchen, aber es führte ebenso unvermeidlich zu einer wesentlich höheren Stufe der Unmittelbarkeit.

Während wir uns mit unserem eigenen Beitrag zu dem Ganzen mühten, verlor Dr. Rennert nie den großen Überblick und konnte so seinem nie erlahmenden Drang zum Feilen frönen, fügte hier ein wenig hinzu, nahm da ein wenig weg und fügte schließlich alles so zusammen, daß es einen Sinn ergab.

Das Ergebnis war, wie Fernsehzuschauer bis heute bestätigen, Operntheater auf höchster Stufe, das vom Publikum in der Premiere am 17. März 1970 mit einer tumultartigen Ovation akklamiert wurde und uns 44 Vorhänge bescherte!

Die Kritiken waren so positiv, daß man meinen konnte, wir hätten die Kritiker bestochen.

In einer Kritik wurde ich mit der legendären Therese Giehse verglichen, die zumal in den extrem schwierigen Hauptrollen in Dürrenmatts zwei bekanntesten Stücken *Der Besuch der alten Dame* und *Die Physiker* unvergleichlich war. Ihr Porträt war auf einer deutschen Briefmarke verewigt.

In Anbetracht ihres Ruhms war es das größtmögliche Lob, das mir für meine Darstellung gewährt werden konnte.

Doch Elogen oder nicht – wie ich bereits des öfteren bemerkt habe, wächst ein Rollenporträt immer weiter, und manchmal kann ein Mißgeschick zum Gewinn werden, wenn wir es uns entsprechend zunutze machen.

Während der ersten Serie der Münchner *Jenufa* wachte ich eines Morgens an einem Vorstellungstag mit so schrecklichen Rückenschmerzen auf, daß etwas unternommen werden mußte, wenn ich den Abend durchstehen wollte. Gottlob konnte ich die Dienste von Dr. Hanns Galli in Anspruch nehmen, einem prominenten Münchner Orthopäden, der damals auch die Fußballmannschaft von München 1860 hervorragend betreute. Ich rief Dr. Galli verzweifelt an und entschuldigte mich für die Störung an einem Samstagvormittag. Da er ein glühender Opernfan war, sagte er mir, ich solle auf dem schnellsten Wege in seine Praxis kommen. Nach einer sorgfältigen Untersuchung und einer Reihe wohlgewählter Kraftausdrücke über die Launen des Schicksals (deutliche Sprache ist eines der Markenzeichen dieses Sportarztes) nahm Dr. Galli sein wahres Wesen an – das gütig und anteilnehmend ist – und ließ mir eine so gute medizinische Behandlung angedeihen, daß ich die Küsterin mit einem Mininum an Beschwerden singen konnte.

Am nächsten Vormittag bekam ich eine Reihe von Anrufen von Kollegen und Fans, die mir alle sagten, wie sehr sie von der gestrigen Vorstellung beeindruckt gewesen seien, zumal von etwas, was sie als meinen »schlurfenden, seitlichen Gang« bezeichneten. Es dauerte eine Weile, bis ich draufkam, was sie meinten. Allmählich dämmerte mir, daß meine Rückenschmerzen eine Veränderung in meinem Bewegungsablauf verursacht hatten.

Es versteht sich von selbst, daß mein sensuelles Gedächtnis ausreiche, um mir die Umstände am Vorabend wieder ins Gedächtnis zu rufen, und bald wurde dieser Gang integraler Bestandteil meiner Darstellung.

Kein Nachteil ohne einen Vorteil!

Nachdem ich die Küsterin in drei verschiedenen Produktionen – in London, Düsseldorf und München – gesungen hatte, begann mir die Figur ans Herz zu wachsen. Irgendwie hatte ich diese verwirrte, fast um den Verstand gebrachte Gestalt, die die schrecklichsten Dinge aus den ehrenhaftesten Gründen tut, lieben gelernt.

Ich freute mich auf die nämliche Erfahrung mit ihrem »Gegenstück«, der Kabanicha in Janáčeks späterem, auf Alexander Ostrowskijs Schauspiel *Das Gewitter* basierendem Werk *Katja Kabanowa*, die ich erstmals am 14. April 1974 am Züricher Opernhaus sang.

Im Gegensatz zu meiner Affinität zur Küsterin empfand ich aber – so oft ich die Kabanicha auch sang, nach Zürich noch in zwei weiteren Produktionen in Düsseldorf und Wien – nichts als Antipathie gegen diese halsstarrige Frau.

Fast jede Rolle, die ich jemals darstellte, ging mir genügend unter die Haut, um mich auf sie einzulassen. Bei der Kabanicha sah ich mich mit der ersten Gestalt konfrontiert, die ich von Herzen verabscheute, so daß diese Partie für mich mehr Pflicht als Befriedigung war.

Und das alles trotz der Tatsache, daß das Züricher Opernhaus für diese Produktion ein leitendes Team von Weltmeisterformat zusammengestellt hatte.

Harry Buckwitz, der uns bereits so fachkundig durch die Vorbereitungen für den *Besuch der alten Dame* geführt hatte, war auch diesmal der Regisseur. Unser Dirigent Jaroslav Krombholc war damals Chefdirigent des Nationaltheaters in Prag und wurde als Experte für tschechische Musik nur von Kubelik übertroffen. Die Bühnenbilder wurden von Josef Svoboda und Jan Kalicky entworfen, zwei Meistern des Prager Theaters, die sich weit über die Grenzen ihrer Heimat einen Namen gemacht hatten.

Die internationale Besetzung umfaßte die griechische Sopranistin Antigone Sgourda in der Titelrolle, Werner Gröschel als Dikoi, Franz van Daalen als Tichon und Ion Buzea als Boris.

Doch trotz dieser Spitzenbesetzung blieb es für mich schwierig, die Kabanicha zu spielen, ohne niedergeschlagen, verdrossen, ... leer zu werden.

Zum Glück wurde das Stück nicht oft gegeben.

Nach den Produktionen in Zürich, Düsseldorf und Wien faßte ich den festen Entschluß, für den Fall, daß mich noch ein Haus in dieser Rolle haben wollte, nicht verfügbar zu sein.

Während der Zeit, in der ich die Kabanicha sang, gab es andere Rollen, manche von ihnen strenggenommen »Füller«, die mir halfen, mein Gleichgewicht wiederzugewinnen.

Eine dieser angenehmen »Füller«-Opern, die dem Münchner Opernspielplan dazu dienten, zwischen Produktionen von *Tristan* und *Aida* sozusagen »Wasser zu treten«, war Sergej Prokofjews frühe Oper *Der Spieler* nach Dostojewskijs gleichnamiger Erzählung.

Der Spaß, eine Spielerin darzustellen, machte diese Produktion für mich zum reinen Vergnügen, und in der letzten Vorstellung hielt ich mich an die alte mitteleuropäische Theatertradition, eine Stelle so zu verändern, daß meine Kollegen auf der Bühne zusammenbrachen.

Die fragliche Szene enthält eine Konfrontation zwischen mir und meinem abgebrannten Enkel, der gerade sein Vermögen am Spieltisch durchgebracht hat und von der Großmutter weiteres Geld fordert, um neu setzen zu können. Auch ich, seine Großmutter, habe einen ansehnlichen Betrag verloren und will mich gerade in einer Sänfte, gestemmt von acht oder zehn robusten Statisten, aus dem Casino tragen lassen. Zum effektvollen Abschluß teile ich – in doppelter Hinsicht von oben herab – meinem Enkel mit, daß er von mir keinen roten Heller bekommen wird.

Zur Zeit der letzten Vorstellung, am 26. November 1973, steckte Europa in der Ölkrise, und jeder hatte Vorschläge, wie man damit fertigwerden könnte. Ich machte mir den Anlaß zunutze, indem ich verächtlich auf meinen Enkel herabblickte und ihm mit einer kleinen Textänderung mitteilte: »Für dich nicht einen Tropfen meines Öls!«, worauf ich von der Bühne transportiert wurde.

Wie ich es geplant hatte, brach die Besetzung zusammen, und niemand im Publikum blickte durch – was zu den fundamentalen Regeln dieses Spiels gehört.

Es gab mir ein wunderbares Gefühl für Proportionen, als ich in die Trübsal von *Katja Kabanowa* zurückkehrte.

In der Düsseldorfer Produktion gab es eine ganz ausgezeichnete Katja namens Stella Axarlis, deren Herkunft genauso multinational war wie meine und deren Karriere in verschiedener Hinsicht Parallelen mit der meinen aufwies.

Geboren im ägyptischen Alexandria als Tochter griechischer Eltern, wuchs Stella in einer Vorstadt von Melbourne auf, wo sie Mathematiklehrerin war, so wie ich als Sekretärin gearbeitet hatte. Stella profitierte schließlich von dem Präzedenzfall, den ich mit dem Aufbau meiner zweiten Karriere geschaffen hatte. Nach erfolgreichen Jahren als *spinto*-Sopran ist sie nun in Charakterrollen auf die Bühne zurückgekehrt und singt unter anderem die Küsterin an verschiedenen Häusern, in denen ich in dieser Partie aufgetreten bin.

Im Lauf der *Katja Kabanowa*-Vorstellungen wurden Stella und ich enge Freundinnen.

Doch trotz der Freundschaften, die sich in dieser Oper bildeten, hinterließ das Stück bei uns immer einen bitteren Geschmack, nicht weil es ein schwaches Werk ist, sondern weil die Wirkung auf alle – auf die Mitwirkenden *und* auf das Publikum – so unerbittlich düster ist, daß sie uns eine Zeitlang in eine zutiefst negative Stimmung stürzte.

Natürlich habe ich viele finstere Gestalten gesungen und bin auf der Bühne mehr als einen tragischen Tod gestorben, aber irgendwie war da immer ein Licht am Ende des Tunnels gewesen, eine Verklärung, das Versprechen auf Erlösung.

Die Doppelmoral und Heuchelei, die Ostrowskij und Janáček so deutlich erkannten – manifestiert in der Unbeugsamkeit der Kabanicha, das Glück anderer nicht zu dulden, wenn sie nicht den Ton angeben kann –, war für uns alle vielleicht deshalb so erschütternd, weil wir dieselbe rauhe Wirklichkeit um uns herum erlebten.

Wie viele Menschen kennen wir, die das Leben ihrer Kinder zerstörten, weil sie um jeden Preis auf ihrer eigenen dominanten Rolle beharrten und alle Entscheidungen trafen, gleich wie erwachsen oder intelligent ihre Nachkommenschaft war?

Trotz all der Härte betont *Katja Kabanowa* einen sehr bemerkenswerten Grundsatz: Was auch die Rechtfertigungen derjenigen sein mögen, die uns beherrschen, haben wir angesichts dieser ungerechten Autorität in unserem Erwachsenenleben nur zwei Möglichkeiten zur Wahl – uns geschlagen zu geben oder auszusteigen.

Unter den Umständen, in denen sie gefangen ist, bleibt Janáčeks Katja nur der Ausweg in ein nasses Grab.

In meinem Fall mußte ich, als ein diktatorischer Theaterdirektor versuchte, mein Leben zu dirigieren, einfach meine Verluste abschreiben und aussteigen – was in diesem Fall bedeutete, das Theater und das Land zu verlassen.

Glücklicherweise hatte ich zu meinen eigenen Bedingungen brechen können, was es mir ermöglichte, wenn ich es wollte, auch wieder zurückzukommen.

Es führt ein Weg zurück!

Die Stimme am Telefon aus New York gehörte Paul Jaretzki, dem Stellvertreter des Betriebsdirektors Charles Riecker an der Metropolitan in der Ära von Schuyler Chapin, der nach dem Abschied von Rudolf Bing im Jahr 1972 und dem tragischen Tod seines designierten Nachfolgers Göran Gentele die Geschäfte übernommen hatte.

Es lag ein Anflug von leutseliger Ironie in Mr. Jaretzkis Stimme, als er mich fragte: »Wie kommt es, daß wir in letzter Zeit nicht viel von Ihnen gehört haben, Madame Varnay?« Ohne Namen zu nennen, juckte es mich doch zu sagen: »Ich war nicht eingeladen.« Darauf sprach Mr. Jaretzki, ohne Zweifel in Mr. Chapins Namen, seine herzliche Einladung aus, im Spätherbst 1974 an die Metropolitan zurückzukehren, um die Küsterin in *Jenufa* zu singen – mit einem Gastvertrag!

Plötzlich ergab eine Bemerkung, die Günther Schneider-Siemssen am Züricher Flughafen Kloten gemacht hatte, einen Sinn.

Es war eine jener Zufallsbegegnungen zweier Profis auf ihrem Weg von einem Theater zum anderen. Natürlich war die erste Frage, als wir auf unsere Flüge warteten, wo es denn diesmal hingehe. Schneider-Siemssen sagte, daß er auf dem Weg nach New York sei, um die Bühnenbilder für eine *Jenufa*-Produktion an der Metropolitan zu besprechen.

In diesem Moment wurde sein Flug nach New York aufgerufen.

Als er sich zum Flugsteig begab, sagte er trocken: »Es sieht so aus, als ob wir uns bald wiedertreffen werden.«

Ich dachte über diese Bemerkung nicht weiter nach, deshalb kam Mr. Jaretzkis Angebot für mich aus heiterem Himmel.

Als ich Schneider-Siemssen ein paar Wochen später in New York begegnete, fragte ich ihn, wann er von meiner Verpflichtung Kenntnis erhalten habe, und er schwor feierlich, daß er darüber nicht informiert gewesen sei. Er habe es lediglich als selbstverständlich betrachtet, daß ich die Rolle singen würde.

So kann ein Sänger mit einer Partie identifiziert werden.

Es war 18 Jahre her, seit ich das letzte Mal auf der Bühne der Metropolitan stand – trotz der Tatsache, daß ich in den dazwischenliegenden

Jahren die Vereinigten Staaten verschiedentlich besucht und unter anderem in den Opernhäusern in San Francisco und Chicago aufgetreten war. Außerdem hatte ich 1964 im Lincoln Center in drei konzertanten Aufführungen von *Elektra* mit den New Yorker Philharmonikern unter William Steinberg die Titelrolle gesungen.

Die Klytämnestra in diesen Konzerten war Regina Resnik, die in ihrer neuen Karriere als Mezzo Schlagzeilen machte. Es war ein doppeltes Vergnügen, mit einer guten Freundin und großen Künstlerin aufzutreten.

Als zusätzlichen künstlerischen Touch trug ich bei diesen Konzerten ein terrakottafarbenes Gewand mit griechischem Faltenwurf, kreiert von keinem Geringeren als dem Tenor Jess Thomas, der als Schwarzarbeiter für seine engen Freundinnen Abendroben zu speziellen Anlässen entwarf.

Zehn Jahre danach war ich in der Severance Hall in Cleveland und in der Carnegie Hall in New York mit dem Cleveland Orchestra unter Lorin Maazel die Klytämnestra.

Indem ich nach so vielen Jahren an die Metropolitan zurückkehrte, bot ich allen unheilvollen Prophezeiungen Trotz, die man bei Abschieden hören kann. In der Boxwelt heißt es: »They never come back.« Und einer von Thomas Wolfes berühmtesten Romanen trägt den Titel: »Es führt kein Weg zurück.«

Doch ich *kehrte* an die Metropolitan zurück, aber zu meinem Schmerz kam ich nicht wirklich nach Hause.

Es gab für mich kein Heim und keine Familie mehr in dieser Stadt.

Nach seinem Dienst bei der Marine hatte mein Bruder Lucky in Kalifornien einen attraktiven eineiigen Zwilling kennengelernt und sich – wie ich damals witzelte –, nachdem er endlich herausbekommen hatte, wer seine Geliebte und wer die Schwester war, dazu entschlossen, sie um ihre Hand zu bitten. Sie machten ihre Hochzeitsreise nach Honolulu und waren von der Schönheit der Stadt so hingerissen, daß sie beschlossen, sich auf Hawaii niederzulassen, wo meine Schwägerin eine Stellung als Sekretärin bekam und Lucky Manager in einer anderen Firma wurde.

Ihre Berichte über das Leben auf den Hawaii-Inseln waren so glühend, daß meine Mutter entzückt war, als sie eingeladen wurde, zu ihnen zu ziehen. Vorher ließ sie sich jedoch von mir versichern, daß ich nicht verletzt sei, wenn sie so weit von mir wegzöge.

Ich sagte ihr, daß ich sie zwar überaus gern bei mir haben würde, doch daß mein Bruder ihr mehr häusliche Ausgeglichenheit bieten könne als ich in Deutschland, wo sie sich mit der Tatsache abfinden müsse, daß ich die meiste Zeit unterwegs sei.

Mutter genoß Hawaii richtig, und das Klima tat ihr unwahrscheinlich gut. Sie war immer eine schöne Frau gewesen, und auf einem Foto aus Hawaii sieht sie noch immer strahlend attraktiv aus und aufrecht wie die Bäume hinter ihr, ungefähr siebzig Jahre nachdem ihr kleines Geträller auf dem Kirschbaum in Rákosliget den ganzen Ablauf der Ereignisse in Gang gesetzt hatte.

Leider war ihre Familien-Idylle nur von kurzer Dauer, denn Lucky erkrankte an Krebs.

Trotz ihrer tiefen Sorge über den Zustand ihres Sohns blieb unsere Mutter, nun Anfang achtzig, der vollkommene Theaterprofi und bestand darauf, die Krankheit vor mir geheimzuhalten. Sie befürchtete, die Nachricht würde mich so beunruhigen, daß meine Vorstellungen darunter leiden könnten, und das kam im *Familienmetier* absolut nicht in Frage!

Davon abgesehen argumentierte sie zu Recht, daß Krebspatienten die Chance auf Heilung hätten, und falls Lucky wieder gesund würde, hätte ich mir unnötig Sorgen gemacht. Die anderen willigten ein, und fast drei Jahre bis Anfang 1973 wußte ich nichts von der Krankheit meines Bruders.

Tragischerweise hielt Luckys Glück nicht an, und er starb am 6. Februar 1973, einen Monat vor seinem sechsundvierzigsten Geburtstag, eineinhalb Jahre bevor ich an die Metropolitan zurückkehrte.

Die Tragödie griff meine Schwägerin so an, daß sie Hawaii verließ und nach Kalifornien zurückkehrte. Unser Kontakt brach allmählich ab.

Wir haben uns übrigens nie persönlich kennengelernt.

Mutter dagegen bekam das Klima so gut, daß sie zu bleiben beschloß und in ein Seniorenheim übersiedelte, wo sie augenblicklich Freundschaften schloß.

Es gab da eine Gruppe von Damen, die regelmäßig ins Heim kamen, um die Bewohner zum Einkaufen oder zu einem Termin beim Arzt zu begleiten. Mit einem Einfallsreichtum, der an meinen Vater erinnerte, trat Mutter an einige dieser freiwilligen Helferinnen heran und organisierte mit ihnen und ihrem Freundeskreis kleine Exkursionen zu den Naturwundern der Insel und Theater- und Konzertbesuche in der Hauptstadt. Da sie im Herzen immer noch Lehrerin war, konnte sie auch dem Drängen nicht widerstehen, vor den musikali-

Dieses ist das letzte Foto, das ich von Lucky
und seiner Frau Joy geschickt bekam. Sein Glück
verließ ihn im Alter von fünfundvierzig Jahren.

schen Ereignissen kleine Einführungsvorträge zu halten. Diese Vorträge fanden großen Anklang, und sie bereicherten sowohl das Leben der Zuhörerschaft wie ihr eigenes.

Daß sie ihr Kind zu Grabe hatte tragen müssen, hatte jedoch ihre Energien so erschöpft, daß es zu anstrengend für sie gewesen wäre, die lange Reise nach New York zu unternehmen und meinen *Jenufa*-Vorstellungen beizuwohnen.

Die New Yorker Produktion wurde von Günther Rennert inszeniert, in den Bühnenbildern und Kostümen von Günther Schneider-Siemssen in Zusammenarbeit mit David Reppa.

Die Titelrolle war mit einer vorzüglichen jungen polnischen Sopranistin namens Teresa Kubiak besetzt, und die zwei Tenöre waren William Lewis als Štewa und Jon Vickers als Laca. Jean Kraft sang die alte Buryja, Alma Jean Smith die Karolka, John Reardon den Altgesell und Richard T. Gill den Dorfrichter.

Glücklicherweise konnten wir die englische Übersetzung von Otakar Kraus und Edward Downes benutzen, die ich bereits in London gesungen hatte.

Interessantes Streiflicht: Unser Dirigent John Nelson war am 6. Dezember 1941 geboren, dem Tag meines Debüts an der Metropolitan. Als ich in das Ensemble eintrat, war ich Anfängerin gewesen, nun befand ich mich am anderen Ende der Leiter.

Obwohl Dr. Rennerts Münchner Inszenierung in Deutschland allgemein als die definitive Bühnenrealisierung des Werks gepriesen worden war, ruhte er sich nicht auf seinen Lorbeeren aus und verließ sich in dieser Produktion nicht auf routiniertes Können. Wann immer und wo immer ich mit ihm arbeitete, ließ das Ausmaß des Interesses niemals nach.

Die Opernregie an der Metropolitan hatte sich seit den Zeiten der »Verkehrsregelung« in den frühen vierziger Jahren sehr verändert. Und es ist nur fair, den dafür Verantwortlichen die gebührende Ehre zu erweisen – den vielen ausgezeichneten Regisseuren des Sprechtheaters, die im Lauf der Jahre Rudolf Bings Ruf an die Metropolitan gefolgt waren.

Er engagierte auch einige der großartigsten Singdarsteller wie Jon Vickers.

Ich hatte mit Mr. Vickers bisher nur einmal auf der Bühne gestanden, in der *Todesverkündigung* im zweiten Akt der *Walküre* in einer Vorstellung der Bayreuther Festspiele unter der Leitung von Hans Knappertsbusch am 28. Juli 1958.

Inzwischen hatte ich gehört, daß Mr. Vickers in dem Ruf stand, schwierig zu sein, aber ich beschloß, mich ihm gegenüber abwartend zu verhalten. Nachdem ich eine Zeitlang an der Seite dieses präzisen Künstlers gearbeitet hatte, stellte ich fest, daß der Tratsch über sein Schwierigsein nichts weiter war als eben Tratsch.

Einem dieser Gerüchte zufolge hatte er während einer Orchesterprobe für *Tristan* aufgehört zu singen, war an die Rampe getreten, hatte den Dirigenten darauf aufmerksam gemacht, daß Richard Wagner die Stelle mit *piano* markiert habe, und ihn ruhig und höflich ersucht, diese Angabe zu beachten, damit er diese Stelle so *piano* singen könne, wie es der Komponist beabsichtigt habe.

Viele Leute betrachten das als einen Temperamentsausbruch. Doch wenn das Launen sind, dann würde ich mir wünschen, daß mehr Sänger im Dienst der musikalischen Integrität so höflich-bestimmt wären wie Mr. Vickers.

Vielleicht beleidigte er den Dirigenten, wie die Gerüchtemacher behaupteten. Und vielleicht war es nicht sehr diplomatisch, seine Forderung vor dem Orchester anzumelden und nicht unter vier Augen in der Garderobe des Dirigenten, aber jedenfalls bekam er, was er wollte – und was noch wichtiger ist, er setzte sich für die legitimen Intentionen des Schöpfers ein. – Ich zog meinen Hut vor ihm, bevor wir uns noch getroffen hatten!

Die Arbeit mit Jon Vickers war eine Bereicherung. Er war ein absoluter Präzisionsfanatiker, und seine Hingabe an das Werk paßte genau zu meiner Einstellung.

Im Lauf der Proben gestanden wir drei – Rennert, Vickers und ich – einander einmal, so viel Freude zu haben, daß wir wünschten, die Vorbereitungsphase würde nie zu Ende gehen und nie das Premierenstadium erreichen. Unter dem Patronat von Günther Rennert hatten wir alle reichlich Gelegenheit, das volle Gewicht unserer kreativen Phantasie einzubringen, und die Resultate waren beglückend!

Leider mußte Dr. Rennert die Stadt unmittelbar nach der Generalprobe verlassen, um zu seiner Intendantenpflicht in München zurückzukehren, und erlebte deshalb die Premiere am 15. November 1974 nicht mit.

Die Erwartungen waren durch einen Bericht von Richard Dyer, dem Musikkorrespondenten des »Boston Globe«, hochgeschraubt worden der in der Sonntagsausgabe der »New York Times« am 10. November 1974 erschien. In diesem Artikel schrieb Mr. Dyer: »Eine der größten singenden Darstellerinnen, die jemals die Bühne der Metropolitan beehrte, wird an das Haus zurückkehren, wo sie ihr Debüt vor fast 33 Jahren gab und an dem sie seit 1956 nicht mehr gesungen hat.«

Verschiedene Kritiker stellten in ihren Premieren-Kritiken später mit großer Zustimmung fest, daß Dr. Rennert im Volkstanz im ersten Akt nicht wie üblich das Ballett eingesetzt hatte. Statt dessen absolvierte das Landvolk der Solisten und Chormitglieder den Tanz mit der Schwerfälligkeit, wie man sie von Bauern auf dem Dorfplatz erwartet.

Als ich auf der Bühne erschien, um dieser rauhen Ausgelassenheit ein jähes Ende zu machen, schrie jemand aus dem Publikum: »Welcome back, Astrid!«, und die Hölle brach los.

Im Gegensatz zu europäischen Gepflogenheiten »begrüßt« das amerikanische Publikum einen bekannten Künstler fast immer mit einem Auftrittsapplaus, bevor er überhaupt zu singen begonnen hat – sehr zum Kummer vieler Dirigenten, für die die musikalische Kontinuität überflüssigerweise unterbrochen wird.

Ich erinnerte mich an diesen Brauch und hatte bei meinem ersten Auftritt irgendeine Reaktion des Publikums erwartet, doch nichts auf Gottes weiter Erde hätte mich auf das vorbereiten können, was sich nach dieser spontanen Begrüßung abspielte. Die Leute standen auf, klatschten, jubelten, schrien Bravo – es wollte nicht aufhören.

Ich schaute hinunter in den Orchestergraben und sah, wie Maestro Nelson dastand, die Hände über dem Taktstock gefaltet, und mit breitem Lächeln geduldig das Ende der Ovation abwartete, um mit der Vorstellung weitermachen zu können. Als sie langsam abebbte, riß ich mich zusammen und begann zu singen.

Es war ein glücklicher Umstand, daß die Küsterin im ersten Akt nur ein paar Sätze zu singen hat, denn ich war von dieser Akklamation so überwältigt, daß ich an dieser Stelle längere Passagen wohl nicht ganz auf meinem sonstigen Niveau gebracht hätte. In der Pause konnte ich mich dann beruhigen.

Bevor sich der Vorhang zum zweiten Akt hob, gab es eine weitere Ovation.

Inzwischen hatte es sich herumgesprochen, daß Maria Jeritza im Zuschauerraum war. Madame Jeritza war 1918 die erste Wiener Jenufa gewesen und hatte das Werk 1924 an der Metropolitan aus der Taufe gehoben. Als die siebenundachtzigjährige Primadonna vor dem zweiten Akt wieder ihren Platz in der Loge einnahm, bekam diese große Künstlerin, die einmal den beträchtlichen Einfluß ihres Namens und ihrer Reputation für die Sache der neuen, *guten* Oper eingesetzt hatte, ihren spontanen und wohlverdienten Tribut.

Als sie an der Metropolitan zum ersten Mal in dieser Rolle aufgetreten war, bezeichnete der berühmte englische Kritiker Ernest Newman als Gastrezensent der New York »Evening Post« das Werk als »grob« und fand, daß sein Komponist »nur wenig mehr als ein Amateur« sei. In »Musical Amerika« schrieb der Kritiker Oscar Thompson damals unter der etwas irreführenden Schlagzeile »*Jenufa* erzielte Premierenerfolg an der Metropolitan«: »Musikalisch kann das Werk nicht als bedeutend betrachtet werden« und kam zu dem Schluß: »Es hat nicht die musikalische Substanz, um sich außerhalb Mitteleuropas auf Dauer durchsetzen zu können.« Mr. Thompson hatte immerhin ein mattes Lob für Mme Jeritza übrig: »Emotional und gesanglich entsprach sie allen Forderungen, die an sie gestellt wurden.«

Nun hatte die Oper endlich die Anerkennung gefunden, die ihr zustand, und die erste amerikanische Jenufa, Maria Jeritza, war gekommen, um sie mit uns zu erleben.

Am Ende wurden wir alle mit ohrenbetäubendem Applaus belohnt, und ich konnte endlich aus meiner Rolle treten und meine tiefe Dankbarkeit für diesen wunderbaren Empfang zeigen.

Im Gegensatz zu Ernest Newmans Kritik vor fünfzig Jahren schrieb Harold C. Schonberg in der »New York Times«: »Man muß bis zu *Boris Godunow* zurückgehen, um eine Parallele in der Opernliteratur zu finden... Man verläßt eine Vorstellung von *Jenufa* mit der Überzeugung, daß die Menschheit doch für etwas gut ist.« Und für meine Darstellung fand er die Formulierung: »Die Rangälteste der Besetzung, Miss Varnay, gab ein kraftvolles Rollenporträt der Küsterin.«

Max de Schauensee kommentierte: »Astrid Varnay, die nach vielen Spielzeiten an die Metropolitan zurückkehrte, war als Küsterin enorm.« In der New York »Post« stellte Harriett Johnson fest: »Miss Varnay gestaltet die Küsterin häßlich und dominant ... und überzeugt auf der ganzen Linie.« In New Yorks deutschsprachiger Zeitung »Aufbau« erklärte Robert Breuer: »Die große Tragödin der heutigen Opernbühne, Astrid Varnay, erlebte als Küsterin – nach 18 Jahren an die Met zurückgekehrt – einen voll und ganz verdienten Triumph ... Man wird weder die eminente schauspielerische noch die heroische gesangliche Leistung vergessen können.«

Egon Stadelmann, der Kritiker der anderen deutschen Zeitung, des »Herold«, schrieb: »Einer der beglückenden Momente des Abends: das Wiedersehen mit Astrid Varnay, die viel zu lange von der Bühne der Met abwesend war. Diese einzigartige Künstlerin gibt als Pflegemutter der Jenufa ein unvergeßliches Porträt ...«

Schließlich spendete mir mein »alter Freund« Irving Kolodin seinen üblichen einschränkenden Beifall, fand meine Darstellung wirklich fesselnd und schob darauf das größte Verdienst für das Rollenporträt Wieland Wagners Instruktionen zu: »Gewiß geht ihre Gestaltung der Küsterin von ihrem eigenen reichen Geist und fruchtbaren Verstand aus. Doch die Kunstfertigkeit, das alles durch Details wie eine paralysierte Hand, einen irrenden Blick und einen katatonischen Gang zu vermitteln, trägt den Stempel: ›Made in Bayreuth‹.«

Bei dieser Kritik fragte ich mich, was für eine Rolle eigentlich Dr. Rennert in dieser Produktion gespielt hatte!

Einige Tage nach der Premiere ging ich von meinem Zimmer im Bar-
bizon-Plaza Hotel an der West 57th Street in das kleine Café hinunter, um einen Happen zu essen. Weil ich allein war, ersuchte mich der
Kellner, an der Theke Platz zu nehmen, wo ich einen großen Salat
mampfte, über alles und nichts nachdachte und meine Augen flüchtig
durch den Raum auf die anderen Gäste schweifen ließ. Die Gesichter
von Menschen haben mich immer interessiert, und diese Beobachtung war mir zur unbewußten Gewohnheit geworden.

Plötzlich fiel mir ein elegant gekleideter Herr auf, der in einer Eck-
nische mit Frauen vom Typ Sekretärin saß. Es war Rudolf Bing.

Einen Augenblick kämpfte ich mit mir, ob ich hingehen und ihm
Guten Tag sagen sollte, doch schließlich muß mich ein Teufelchen
geritten haben, denn ich blieb beim Hinausgehen an seinem Tisch
stehen. Ich lächelte und sagte: »Guten Tag, Mr. Bing. Ich hoffe, daß
Sie sich wohlfühlen.«

In seiner gewohnten höflichen Art erwiderte er meinen Gruß, aber
ich konnte an seinen Augen sehen, daß er nicht die entfernteste Idee
hatte, wer da mit ihm sprach.

Ich verabschiedete mich von ihm und seiner Begleitung und ging an
die Kasse. Während ich darauf wartete, meine Rechnung zu bezahlen,
merkte ich plötzlich, daß er neben mir stand. »Verzeihung!« sagte er,
»aber ich weiß im Moment nicht, wo ich Sie hintun soll.« – »Mr.
Bing, ich bin die Astrid Varnay, die einmal zum Ensemble Ihrer Metropolitan gehörte.« Worauf er nur erwiderte: »O Gott!« Das erste
Mal in meiner langen Verbindung mit diesem aalglatten Gentleman
konnte ich feststellen, daß ihm die Spucke wegblieb.

Als er mich endlich fragte, was mich denn nach New York geführt
habe, mußte ich mich wirklich sehr zurückhalten, um ihm nicht zu
empfehlen, den Grund in den Zeitungen nachzulesen. Ich erinnere
mich, daß er irgend etwas stotterte und daß ich, als wir uns trennten,
ein tiefes Gefühl der Zufriedenheit empfand, als ich an sein Unbeha-
gen bei unserer Begegnung und an all die Menschen dachte, die er ab-
gesägt oder gedemütigt hatte. Es war keine selbstgefällige Genugtuung in diesem Gefühl. Es war, als ob all diese Kollegen, die er oft
mehr als Handelsware denn als menschliche Wesen behandelt hatte,
sich um mich versammelten.

Da war Lauritz Melchior, dem er einen beiläufigen Tritt versetzt
hatte. Helen Traubel – hinausgeekelt. Hans Hotter – Opfer einer
willkürlichen Besetzungspolitik, basierend auf dem Standpunkt, daß
er für seine Auftritte in Bayreuth »diszipliniert« werden müsse. James

McCracken, der an der Met in Comprimario-Rollen versauerte, bis er dem Haus den Rücken kehrte und ein berühmter Othello wurde. Robert Merrill, der viele Monate aus dem Ensemble suspendiert war, weil er die »unverzeihliche Sünde« begangen hatte, in einem Film mitzuspielen. Maria Callas, deren einziges Vergehen es war, ihre Stimme vor einer schädlichen Ausbeutung zu bewahren, eine Stimme, die – und das muß ich immer wieder betonen – die einzige Ware ist, die wir zu verkaufen haben. Regina Resnik, deren Carmen der Clou von Paris gewesen war, und die dennoch ihre Star-Rolle in ihrer Vaterstadt an der City Opera präsentieren mußte, während sie an der Met in zweitrangigen Partien vor sich hin kümmerte.

Ich dachte an das New Yorker Publikum, das zeitweilig oder für immer der Möglichkeit beraubt war, diese oder andere großartige Künstler zu erleben, viele von ihnen Amerikaner – und das alles wegen der Launen eines einzigen Zuchtmeisters.

Und so suchten sie ihr Glück anderswo und hatten Erfolg.

Was mich betraf, war ich »nur auf Besuch« und konnte nach Hause zurückkehren. Und »Zuhause« ist für mich, wo ich meine Freunde, meine Arbeit und meine Behaglichkeit habe – wo *immer* das auch sein mag. Gewissermaßen hatte mir Rudolf Bing, indem er mir mein Opern-Zuhause nahm, die Chance gegeben, eine größere Heimat auf der ganzen Welt zu finden, zu der nun auch wieder der Ort gehörte, an dem ich angefangen hatte.

Das Gefühl, das mich bewegte, war ruhig und nicht im geringsten rachsüchtig. Da war ich, mit einem neuen Triumph hinter mir – und das an der Metropolitan. Und da war er: beim Mittagessen mit den Damen.

Mein Besuch in New York war nur einer von mehreren auf meinem beruflichen Weg.

Etwa ein Jahr nach meiner Rückkehr an die Metropolitan ging ein anderer Weg – weit entfernt von meinem neuen Heim in München – allmählich zu Ende. Meine Mutter hatte seit einiger Zeit mit einer leichten Form von Leukämie zu kämpfen gehabt, die ihre Ärzte bisher unter Kontrolle halten konnten. Doch am 6. Juni 1976 schrieb sie mir aus dem Krankenhaus, daß sie eine innere Blutung erlitten habe und daß die Ärzte verschiedene Tests anstellten. Ich lasse sie den Rest der Geschichte in ihren eigenen Worten erzählen.

»Ich habe zu viele weiße Blutkörperchen, die weniger werden müssen. Ich hatte bereits sechs Bluttransfusionen, und irgendwie müssen sie dafür sorgen, daß die Blutung gestoppt wird. Für den Fall, daß das nicht hilft, setzen sie mir einen Schlauch in die Vene für direkte Infusionen gegen die Blutung. Der Arzt sagt, daß mein Zustand im Augenblick nicht besorgniserregend ist, aber niemand kann etwas für die Zukunft voraussagen.

Ich weiß, geliebte Astrid, daß Du außergewöhnlich und intelligent bist, und ich bitte Dich, stark zu sein. Mach Dir keine Sorgen. Kein Mensch kann in dieser Welt ewig leben. Wir tun alle unser Bestes, und ich bin zuversichtlich, bald wieder nach Hause zu können, sobald die Blutung gestoppt ist – das hat mir der Arzt versprochen. Ich hatte ein gutes Leben, ein glückliches Leben, und, mein geliebtes, angebetetes Kind, Du weißt, wie sehr ich Dich liebe und bewundere. Bitte laß Dir dadurch nicht Deine Karriere zerstören. Mutter ist 86, und mit Gottes Hilfe wird sie 87 werden, aber wenn mich unser Herrgott heimruft, bin ich bereit. Bitte beruhige Dich und sprich mit niemandem darüber, es hilft nichts, es irritiert nur.

Ich werde Dich über die weitere Entwicklung auf dem laufenden halten und hoffe, daß der gute Gott mir erlaubt, wieder nach Hause zurückzukehren und einen Brief mit meinem eigenen Segen zu schreiben, so Gott will.

Ich liebe Dich, ich bete Dich an, ich bewundere Dich. Du bist ein außergewöhnliches Kind. Deine und Luckys Güte und Großzügigkeit sind einzig auf der Welt, wofür ich Dir mit meiner Liebe und Dankbarkeit nicht genug danken kann. Küsse, Liebe und Bewunderung auf immer. Deine Dich ewig liebende Mutter.«

Am Ende dieses mit Maschine geschriebenen Briefes, den sie einer Freundin im Krankenhaus diktiert hatte, fügte sie noch einige Worte handschriftlich hinzu und beschwor den Namen, den ich mir in meiner frühen Kindheit gegeben hatte, weil ich Ibolyka nicht aussprechen konnte.

»Geliebte Bonx«, schrieb sie, »all meine Liebe und Bewunderung! Amen!! Deine Dich immer liebende Mom, --!«

Typisch für sie – *mir* zu sagen, daß ich stark sein solle.

Sie erlebte ihren siebenundachtzigsten Geburtstag im Oktober nicht mehr und kam aus dem Krankenhaus auch nicht mehr nach Hause. Sie starb friedlich am 9. Juli 1976 und ruht nun neben Lucky auf der Insel, die ihr in ihren späteren Jahren so viel bedeutet hat.

Gott schenke ihrer Seele Frieden!

Kurz vor dem Ende ihres langen Lebens hatte sie noch die Freude, unsere letzte *Jenufa*-Vorstellung in der Matinee vom 21. Dezember

In Honolulu bewahrte meine Mutter ihre innere
und äußere Schönheit bis Mitte Achtzig.

1974 mit zweiwöchiger Verspätung in einer Wiederholung der
Rundfunkstation KAIM in Honolulu zu hören.

Seltsam, daß diese 56. Aufführung auch die letzte Küsterin in meiner Karriere war!

Ich hatte jedoch keine Zeit, über die sieben *Jenufa*-Vorstellungen an
der Met oder meine Begegnung mit Mr. Bing nachzugrübeln.

Am Nachmittag des 22. Dezember mußte ich nach München zu-
rückfliegen, wo ich am 23. die Mutter in der regulären Weihnachts-
serie von *Hänsel und Gretel* sang.

Nach einem guten ersten Akt, in dem die Mutter den Großteil ihres Gesangspensums absolviert, verbrachte ich den Abend mit dem
Versuch, den Jetlag zu überlisten und mich für meine wenigen Phrasen am Ende der Oper wachzuhalten.

Als ich während der Weihnachtsfeiertage einige meiner New
Yorker *Jenufa*-Kritiken überflog, erschien mir das ganze Erlebnis bereits irgendwie traumhaft.

Ein Serviertablett voller Tradition

Die Rolle der Mamma Lucia in Mascagnis *Cavalleria rusticana* wird nach meiner bescheidenen Meinung im allgemeinen wie ein Opernstiefkind behandelt. Weil die Figur wenig zu singen hat, wird sie oft beiläufig besetzt und kaum in die Handlung eingebaut. Sie bleibt in einer Ecke der Bühne sich selbst überlassen und wischt entweder die Tische ihrer Trattoria ab oder ringt nervös die Hände, als sich die Ereignisse zuspitzen.

Ich habe das Gefühl, daß wenige Regisseure die Funktion dieser Nebenrolle in der Entwicklung des kraftvollen Operndramas jemals wirklich verstanden haben. In meinen Augen ist sie die Verkörperung jener »bäuerlichen Ritterlichkeit«, die, wie der Titel besagt, der eigentliche Kern einer Geschichte ist, die das Publikum seit ihrer Premiere bis zum heutigen Tag in ihren Bann zieht.

Ich hatte diese Oper immer genossen, als ich noch die Santuzza sang, denn sie gab mir die Möglichkeit, mit einigen wunderbaren Tenor- und Baritonkollegen zu arbeiten, die sich kaum jemals in das Wagner-Repertoire wagten. Dazu zählten an der Metropolitan solche Tenöre wie Mario del Monaco und Richard Tucker und Baritone wie Francesco Valentino.

Es war auch eine Befriedigung, für dieselbe Gage in einer Oper aufzutreten, über der der Schlußvorhang bereits fällt, wenn Brünnhilde und Isolde sich gerade warmgesungen haben.

Noch bedeutsamer: So viel in *Cavalleria* erinnerte mich an einige der glücklichsten Momente meiner Kindheit in den italienischen Großfamilien in Greenwich Village und Jersey City, wo ich zum ersten Mal die faszinierend widersprüchliche Mischung aus unnachgiebigem Festhalten an ehernen Regeln und völliger Hingabe an Freunde und Familie kennenlernte. Ein spezieller Vorfall, der sich in meiner frühen Jugend ereignete, kam mir jedesmal wieder in Erinnerung, wenn ich an *Cavalleria* dachte.

Mein Stiefvater hatte mich gebeten, bei einer sizilianischen Familie ein Briefchen vorbeizubringen. Als ich ankam, dampfte ein Topf mit etwas Schmackhaftem auf dem Herd, und ich wurde gütig (und bestimmt) zum Mitessen aufgefordert. Es war ein warmer Sommerabend, alle Fenster waren offen, und die Sonne stand noch hoch am Himmel. Während ich am Tisch saß und mit derselben Zuneigung wie die Familienmitglieder in Form von Spaghetti, einer herrlichen Tomatensauce und einer reichlichen Portion geriebenem Parmesan überhäuft wurde, ging die Tür auf, und einer der erwachsenen Söhne kam herein. – Erwachsen? Er war fast zwei Meter groß und schaute aus, als ob er es mit jedem Schwergewichts-Champion über mindestens fünfzehn Runden aufnehmen könnte, ohne eine Schramme davonzutragen.

Der Vater dieses jungen Mannes hatte die Größe und Figur, die wir üblicherweise mit italienischen Männern assoziieren. Kurz, er sah aus, als ob ihn ein starker Windstoß umwehen könnte. Als ich noch versuchte herauszukriegen, in welchem Verwandtschaftsverhältnis die beiden standen, explodierte der Vater, wollte von seinem Sohn wissen, wo er gewesen und warum er nicht rechtzeitig zum Essen nach Hause gekommen sei!

Unzufrieden mit der Entschuldigung, die sein Sohn stammelte, sprang er ein paar Fuß hoch in die Luft und verabreichte seinem übergroßen Abkömmling eine schallende Ohrfeige. Niemand ging dazwischen, und auch der Sohn, dem er wirklich wehgetan hatte, machte nicht den geringsten Versuch, sich zu verteidigen.

In dieser Gemeinschaft waren Regeln eben Regeln, und den Eltern mußte bedingungslos gehorcht werden!

Als ich nach meiner 33. Vorstellung am 8. Juni 1970 die Santuzza schließlich aus meinem Repertoire nahm, begann ich darüber nachzudenken, wie die Mamma Lucia gespielt werden müsse: als treibende Kraft und Bezugsperson in der Gemeinschaft, genauso wie es die sizilianischen Eltern in Amerika gewesen waren.

Und was geschah? Meine erste Mamma Lucia sang ich ausgerechnet in einer *deutschen* Produktion der Deutschen Oper am Rhein, die am 29. Juni 1977 in Duisburg und anschließend am 13. Juli in Düsseldorf Premiere hatte.

Inzwischen hatte ich herausgefunden, daß die Bayerische Staatsoper einen *Cavalleria-Pagliacci*-Abend in *italienischer* Sprache vorbereitete, der am ersten Weihnachtsfeiertag 1978 in Premiere gehen sollte – mit Leonie Rysanek und Plácido Domingo als Stars und Giancarlo Del Monaco, dem Sohn eines meiner Lieblings-Turiddus, als Regisseur. In dieser Produktion wollte ich unbedingt dabeisein.

Deshalb schaute ich »zufällig« bei Otto Herbst vorbei, dem Leiter des Betriebsbüros in der Ära von August Everding, der nach Günther Rennert Intendant des Münchner Theaters geworden war. Im Laufe des Gesprächs erwähnte ich die bevorstehende *Cavalleria*-Produktion und gab einen zarten Wink (mit dem Zaunpfahl), indem ich mich erkundigte, ob die Mamma Lucia bereits besetzt worden sei. Worauf Otto Herbst ebenso subtil fragte, ob ich an der Rolle interessiert sei. Natürlich bejahte ich. Herr Herbst grinste und sagte, er werde »die Sache sehr ernsthaft in Erwägung ziehen«.

Da ich nach Düsseldorf mußte, ging ich nach diesem Gespräch zum nächsten Taxistand auf der Maximilianstraße, um zum Flugplatz zu fahren. Auf der anderen Straßenseite sah ich August Everding, der nervös in alle Richtungen schaute. Wir winkten einander zu und trafen uns dann mitten auf der Fahrbahn. Professor Everding schien so beunruhigt, daß ich ihn fragte, ob etwas nicht in Ordnung sei. Er sagte, er warte auf sein Auto, das ihn zum Flugplatz bringen solle. Ich teilte ihm mit, daß wir denselben Weg hätten und bot ihm an, in meinem Taxi mitzufahren. Er lehnte höflich ab; sein Wagen sei gewiß bereits auf dem Weg.

Dann fragte er mich, was ich in Düsseldorf singe. »Die Mutter in *Cavalleria*«, antwortete ich und konnte förmlich sehen, wie ihm ein Licht aufging. Während wir uns auf den Gehsteig in Sicherheit brachten, fragte er: »Könnten Sie sich vorstellen, die Rolle auch bei uns zu singen?« Ich erwiderte: »Warum nicht? Wenn ich sie auf deutsch in Düsseldorf singen kann, dann kann ich sie ganz sicher in München auf italienisch singen.«

Es war der einzige Vertrag in meiner Karriere, der abgeschlossen wurde, während wir dem Verkehr auswichen.

Merkwürdigerweise wurde diese Rolle, bei der viele Sängerinnen alles tun würden, um ihr zu entgehen, eine meiner Lieblingsrollen, und ich war mehr als glücklich, sie mir zu angeln, wann immer ich die Chance sah, sie mit so erlesenen Kollegen zu spielen.

Als Giancarlo Del Monaco erfuhr, daß ich zur Besetzung zählte, war er ebenfalls glücklich. Sein verstorbener Vater – dessen Andenken er leidenschaftlich hochhält – hatte unsere Zusammenarbeit erwähnt und auch jene hohen Noten, die wir wie Schwerarbeiter in *Cavalleria* vor vielen Jahren zusammen »gestreckt« hatten.

Unter den Regisseuren, mit denen ich zusammenarbeitete (viele zu ihrer Zeit Meister ihres Gewerbes), bin ich selten einem begegnet, der ein solches Allroundwissen über das jeweilige Werk besaß wie Giancarlo Del Monaco. Während manche Regisseure versuchen, die

Oper nur nach dem Libretto zu inszenieren, oder, noch schlimmer: nach der Übersetzung des Librettos, kennt Giancarlo auch jede Note der Gesangs- und der Orchesterstimmen, mit denen er seit dem Säuglingsalter gefüttert worden war. Er begreift auch, warum der Komponist zum Beispiel eine Passage für die Baßklarinette geschrieben hat und die Wiederholung für das Fagott, dazu beherrscht er die meisten Opernsprachen gut und hat ein waches Gespür für die Essenz jedes Dramas.

Er sah den Schlüssel zu *Cavalleria* in dem griechischen Erbe Siziliens, wo Korinth im Jahre 734 v. Chr. mit Syrakus eine der ältesten italischen Kolonien Griechenlands gegründet hatte. Aufgrund dieser Auffassung betrachtete er die Unausweichlichkeit der Ereignisse (griechisch), den kommentierenden Chor (griechisch), die unerbittlichen Konventionen der Gesellschaft sowie das Schicksal, dem alle Figuren unterworfen sind (griechisch), als die wichtigsten Elemente des Volksschauspiels von Giovanni Verga, auf dem Pietro Mascagnis Oper basiert.

Giancarlos Mamma Lucia spielte in der ganzen Geschichte eine wesentlich größere Rolle als in anderen Produktionen. Da er sich dafür entschied, das Bühnengeschehen schon in der Ouvertüre beginnen zu lassen, erscheint Mamma Lucia bereits am Anfang – nicht als eine fröhliche Wirtin, sondern in ihrer schwarzen Witwenkleidung fast als graue Eminenz, kerzengerade wie ein Ladestock, eine Mutter Erde, die aufgrund ihres Alters und ihrer Position im Brennpunkt der Dorfgemeinschaft steht, und der alle Zuneigung und Ehrerbietung entgegengebracht wird.

So wie ich sie spielte, ist sich Mamma Lucia vage bewußt, daß an diesem Ostermorgen die Welt nicht in Ordnung ist.

Als ihr Santuzza von ihrem Verhältnis mit Turiddu berichtet und seine wiederaufgenommene Affäre mit Lola beklagt, bittet und bettelt meine Mamma Lucia nicht um weitere Einzelheiten. Sie packt Santuzza bei den Haaren, reißt ihr grob den Kopf zurück und verlangt unmißverständlich, die ganze Wahrheit zu erfahren.

In Giancarlos Inszenierung wurde Mamma Lucias Anteil an der Tragödie noch eindringlicher deutlich – und zwar durch eine Reihe von Umständen, die einen Geistesblitz spontaner Inspiration auslösten, den niemand hätte planen können.

Wie wir alle wissen, begeben sich Turiddu und Alfio am Ende der Oper, begleitet von den Männern des Dorfes, zu einem Kampf auf Leben und Tod. Plötzlich schreit eine der Bäuerinnen, die unbeabsichtigt den Kampf miterlebt hat, hinter der Szene: »Hanno ammazzato compare Turiddu! – Man hat Nachbar Turiddu getötet!«

Für Sängerinnen ist es sehr unangenehm, nach dem Singen diesen markerschütternden Schrei auszustoßen. Deshalb wird der Schrei gewöhnlich einer Statistin übertragen, vorzugsweise einer mit Bühnenerfahrung.

An der Metropolitan Opera war es kein Problem, Frauen mit italienischem Background zu finden, die diesen Schrei auf natürliche Weise ausstoßen konnten.

In München war das nicht der Fall. Nach etlichen gescheiterten Versuchen, den richtigen Tonfall von Choristinnen und Statistinnen zu bekommen, sagte ich Giancarlo ziemlich aufgebracht, daß ich dazu sehr wohl in der Lage sei, aber leider in diesem Augenblick auf der Bühne das tragische Duell von der Brüstung des Dorfplatzes aus verfolge.

Giancarlo meinte, es sei nicht nötig, daß der Schrei hinter der Bühne stattfinde, und wir kamen auf folgende Idee: Sobald ich sah, daß mein Sohn brutal erstochen wurde, drehte ich mich aus meiner Position um, als ob *ich* den tödlichen Stich mit dem Messer empfangen hätte, und faßte mich an jenen Teil des Körpers, in dem ich die Wehen gespürt hatte, als ich Turiddu gebar. In dieser unterbewußten Erinnerung an die perinatalen Schmerzen drang aus meinen Eingeweiden das tiefe Stöhnen: »Hanno ammazzato Turiddu!«

Santuzzas Echo derselben Worte formte sich zu einem Schrei rachsüchtigen Triumphs, ihr Gesicht erglühte einen Augenblick vor Genugtuung, um im nächsten in das Entsetzen über die Katastrophe zurückzufallen, die sie selbst ausgelöst hatte.

Bei den Vorbereitungen für diese Produktion waren wir mit einem neuen Gastier-Phänomen auf dem Opernsektor konfrontiert: der Ankunft eines unserer Stars praktisch in der letzten Minute, weil er andere Verpflichtungen gehabt hatte. Es handelte sich um Plácido Domingo, der in der Schlußphase der Proben in München eintraf, um die großen Tenorrollen in beiden Opern vorzubereiten.

Ich bin sicher, daß er erwartet hatte, es handle sich mehr oder weniger um die übliche *mise-en-scène*, an die er sich mit seiner hochentwickelten Routine ohne weiteres anpassen könne. Das machen wir alle durch, wenn die Zeit drängt.

Manche Künstler sind so naiv zu glauben, daß von einem Theater zum nächsten alles aufs gleiche herauskommt, doch das gilt gewiß nicht für Domingo, dessen musikalische und darstellerische Sensibilität weit über bloße Routine hinausgeht.

Die erste Überraschung in unserer Produktion erlebte Plácido Domingo, als er feststellte, daß er bei seiner *Siciliana*, die üblicherweise aus der Kulisse gesungen wird, bereits auf der Bühne war. Als er erkannte, daß neue Ideen ihre Auswirkung auf seine Rollengestaltung hatten, bekam er keinen Temperamentsausbruch, sondern dachte einfach darüber nach und stellte dann fest: »Hmmm ... das gefällt mir«, worauf er sich sofort daranmachte, das für sich umzusetzen – ein Meisterstück, das er in kurzen, aber intensiven drei Tagen schaffte.

Unser Alfio, ein sizilianischer Bariton namens Benito di Bella, hatte eine reich timbrierte Stimme, mit der er prachtvoll in den interpolierten hohen Noten im Prolog der zweiten Oper des Abends, *Pagliacci*, prunken konnte.

Am Anfang der *Cavalleria*-Proben war Signor di Bella ein äußerst wortkarger Kollege, so daß ich allmählich befürchtete, wir hätten etwas angestellt, was zu dieser Reserve führte. Indem ich ihn so oft wie möglich in ein Gespräch verwickelte und ihn über seine Karriere ausfragte, gelang es mir schließlich, ihn aufzutauen. Das sorgte für eine herzliche Atmosphäre im Ensemble und gab mir die Chance, mehr über seinen sizilianischen Hintergrund herauszufinden.

Ich hatte von diesem waschechten Sizilianer Bestätigung nötig, um mein Rollenporträt zu bereichern.

Nach etlichen Unterhaltungen stellte ich fest, daß seine siziliani-

Plácido Domingos unermüdliches Interesse an neuen Ideen gab unserer Arbeit mit Giancarlo Del Monaco in der Münchner »Cavalleria rusticana« echte Tiefe.

sche Erziehung noch tief in ihm steckte, obwohl er viele Jahre fern von der Insel seiner Geburt verbracht hatte. Er bestätigte, daß die Sizilianer noch immer extrem starre Prinzipien haben, was die Beziehung zwischen Mann und Frau in jeder Form angeht. Das betrifft auch den Kontakt zwischen einem jüngeren Mann und einer älteren Frau, die von ihm immer mit Ehrerbietung und gebührendem Abstand behandelt wird. Diese Beziehung wird sogar in der grammatischen Struktur des Librettos unterstrichen, in der Santuzza und Turiddu Mamma Lucia immer mit dem respektvollen »Voi« ansprechen, während sie mit dem vertraulichen »Tu« antwortet.

Benito di Bellas Informationen halfen mir, in meine Darstellung eine ganze Reihe charakteristischer Details einzubringen, deren eines ich nach Benitos Ausscheiden aus der Produktion zu verteidigen hatte.

Sieben Jahre später, am 18. Dezember 1985, wurde die Produktion in vorwiegend neuer Besetzung wieder aufgenommen.

Der Alfio war kein Geringerer als Piero Cappuccilli, ein wunderbarer Bariton, jedoch nicht so aufgeschlossen wie Plácido Domingo.

Den größten Teil der Proben verbrachte er gemäß seiner Art damit, herumzukaspern und alle aus dem Konzept zu bringen, statt sich auf die speziellen Erfordernisse dieser Inszenierung zu konzentrieren. Als unsere erste Bühnenbegegnung an der Reihe war, wollte mir Cappuccilli als Alfio einen Kuß auf die Stirn drücken. Ich protestierte.

Ich sprach absichtlich Hochitalienisch mit ihm und erklärte ihm, daß diese Form von Intimität, wie unschuldig oder sogar *simpatica* sie auch in seiner Gegend empfunden würde – er stammt aus Triest, der entgegengesetzten Ecke Italiens –, in Sizilien absolut verpönt sei.

Er versicherte mir, daß er das bisher in jeder *Cavalleria* getan habe, und behauptete, daß italienische Männer im ganzen Land Mutterfiguren auf die Stirn küßten.

Ohne etwas über meinen eigenen Hintergrund oder meine Nachforschungen bei seinem Vorgänger zu enthüllen, beschloß ich, mir meine Auffassung im Restaurant Bella Roma in der Nähe meiner Münchner Wohnung bestätigen zu lassen, wo ich häufig esse, weil der Chef Salvatore Pagano vorzüglich kocht und ich die gemütliche Atmosphäre mag, in der ich mein Italienisch benutzen kann.

Eines Nachmittags schnappte ich mir Adriano Debole, den sizilianischen Oberkellner im Lokal, und bat ihn um einige Angaben über sizilianische Gebräuche. Ich erzählte ihm von dem Kuß auf die Stirn und fragte, ob etwas Derartiges möglicherweise heute geduldet würde. Adriano antwortete sofort: »Ma no!« und erklärte mir, daß jeder Mann jeglichen Alters, der sich in Sizilien irgendeiner Frau – aus welchem Grund auch immer – plump-vertraulich nähere, sich einen strengen Verweis einfangen könne oder sogar eine Tracht Prügel von den Männern ihrer Familie – wenn nicht gar die Messer gezogen würden. Im Fall einer älteren Frau, fuhr er fort, sei die Stelle für einen Kuß als Zeichen des Respekts der Rücken der Hand – aber nur, wenn sie sie ausstrecke. Ansonsten seien die Worte »Bacio la mano« am Platz, so wie in Wien sich ein Herr von einer Dame mit »Küß die Hand!« verabschiedet. Alles andere hieße, das Schicksal herauszufordern.

Mit diesem Spezialwissen bewaffnet, klärte ich bei der nächsten Probe mit Signor Cappuccilli den strittigen Punkt und versicherte ihm, daß ein Kuß vom ihm auf die Stirn eine Ehre und ein Vergnügen sei, aber nicht für Mamma Lucia, wenn er den Alfio singe.

Er war sehr huldvoll, gestand bereitwillig, daß er gedacht habe, diese Geste sei in ganz Italien ein Zeichen des Respekts, fügte sich schweren Herzens meinem Wunsch und ließ den Kuß weg.

Am Abend der Vorstellung ging ich für meinen Einzelapplaus vor den Vorhang und bekam die übliche Ovation meines Publikums, das mich als gute Freundin betrachtet und sich an meine früheren Triumphe erinnert – abgesehen von dem Eindruck, den ihm meine Darstellung der Mamma Lucia macht.

Als ich in die Kulisse zurückkehrte, stand Cappuccilli mit offenem Mund in äußerster Verblüffung da. Ohne ungezogen sein zu wollen, meinte er, er habe in seinem ganzen Leben noch nie einen derartigen Applaus für eine Mamma Lucia erlebt!

Nun fand ich es an der Zeit, meine Trumpfkarte auszuspielen, wechselte zu seinem weiteren Erstaunen in italienischen Dialekt über und erklärte liebenswürdig, daß eine gute Mamma Lucia eine Seltenheit an jedem Theater sei, so wie ein guter Tenor – doch »baritoni ci sono a bizzeffe! – Baritone gibt es wie Sand am Meer!«

Gottlob hatte Piero Humor und nahm meinen Scherz in demselben Geist, in dem er sonst herumzukaspern pflegte. Er lachte sich scheckig, umarmte mich und gab mir scherzhaft einen kleinen Cappuccilli-Privatkuß auf die Stirn.

Er besiegelte eine feste Freundschaft.

SECHSTE SZENE

Das Zeitalter der Elektronik

Zur Zeit meines Debüts waren die einzigen für den gewöhnlichen Sterblichen verfügbaren Studioaufnahmen 78er-Schellackplatten mit einer Spielzeit von wenigen Minuten pro Seite. Deshalb engagierten die Schallplattengesellschaften die meisten Opernstars damals nur für Arien oder kurze Ensembles.

Als 1948 die ersten Langspielplatten mit 33 ⅓ Umdrehungen pro Minute herauskamen, war es den Firmen bei diesem Stand der technischen Entwicklung möglich, größere Auflagen von Gesamtaufnahmen kürzerer Opern wie *La Bohème* oder *Rigoletto* auf den Markt zu bringen. Und es wurde bereits darüber nachgedacht, ungekürzte Studioaufnahmen von Wagner- und Strauss-Opern zu veröffentlichen.

Es gibt inzwischen auf CD eine ganze Reihe meiner früheren Opernvorstellungen, die meisten als Raubpressungen von Rundfunkübertragungen, aber dafür hatte ich naturgemäß keinen Vertrag in der Tasche. Ich sang die Vorstellungen, und irgend jemand bewahrte sie auf irgendeinem Tonträger, der damals zur Verfügung stand.

Im ersten Jahr der Bayreuther Nachkriegsfestspiele 1951 wurde der dritte Akt der *Walküre* mit Herbert von Karajan am Pult vom EMI-Produzenten Walter Legge für das Columbia-Label live mitgeschnitten. Sigurd Björling und ich waren Wotan und Brünnhilde, und Leonie Rysanek sang die Sieglinde.

Herr von Karajan wollte damals mit dieser Aufnahme den Markt für ein langfristiges Projekt einer kompletten *Ring*-Einspielung sondieren. Seine Probleme mit der Festspielleitung, die zu seinem Weggang von Bayreuth führten, machten dem Plan jedoch ein vorzeitiges Ende, und ich und verschiedene andere Kollegen saßen mit einem auf sieben Jahre befristeten Exklusiv-Vertrag da, der uns daran hinderte, Die *Walküre* woanders aufzunehmen.

Natürlich hätte ich *Siegfried* und *Götterdämmerung* aufnehmen können, doch keiner ernstzunehmenden Plattenfirma wäre es eingefallen – und das war damals nicht anders als heute –, diese beiden Opern anders als im Zusammenhang des gesamten Zyklus zu produzieren. Damit war meine ausgereifte Brünnhilde für das Plattenstudio verloren.

377

Aus diesem Grund bin ich den »Piraten« mehr als dankbar, die so viele Dokumente aus dieser Periode meines künstlerischen Lebens zugänglich gemacht haben, besonders die Bayreuther Aufnahmen, erst auf LP, später auf CD.

Als es dann endlich so weit war, daß ich einige Studio-Gesamtaufnahmen hätte machen können, stürmte Birgit Nilsson als Superstar mit ihrer überreichen Stimme und ihren herrlichen Spitzentönen auf die Szene und begann, ihr gesamtes Wagner-Repertoire aufzunehmen. Diese Studioproduktionen erschöpften praktisch das begrenzte Budget, das unter den damaligen Marktverhältnissen zur Verfügung stand, und schlossen damit auch Wagner-Gesamtaufnahmen anderer Firmen aus.

Obwohl ich Birgit diesen Ehrenplatz durchaus nicht mißgönne, bedaure ich doch sehr, daß sich diese Situation nicht ein paar Jahre später ergab, als es sich jede Firma angelegen sein ließ, Alternativ-Produktionen von praktisch jeder Standard-Oper im Repertoire zu veröffentlichen und damit Sammlern die großartige Möglichkeit zu geben, ihre Eindrücke von verschiedenen Einspielungen zu vergleichen.

Gelegentlich werden zeitgenössische Opern für die Nachwelt konserviert, leider allerdings in der Annahme, daß die erste Aufnahme eines neuen Stücks vermutlich auch die letzte sein wird.

Ich fürchte, daß das 1966 bei Carl Orffs *Ödipus der Tyrann* der Fall war, in dem ich für die Deutsche Grammophon die Jokaste aufnahm, mit Gerhard Stolze in der Titelrolle sowie dem Chor und dem Symphonieorchester des Bayerischen Rundfunks unter Rafael Kubelik. Das Werk hat nicht die Anerkennung wie verschiedene andere Kompositionen Orffs erfahren, doch ich halte es für gute Firmenpolitik, ein weniger bekanntes Stück eines berühmten zeitgenössischen Komponisten im Katalog zu haben, aufgenommen unter optimalen Bedingungen und unter Professor Orffs direkter Aufsicht.

In der Mitte der siebziger und Anfang der achtziger Jahre kehrte ich für drei Charakterrollen ins Tonstudio zurück und wirkte auch in den beiden bekanntesten Strauss-Partien meiner zweiten Karriere – Herodias und Klytämnestra – in Fernsehfilmen mit, die später auf Video veröffentlicht wurden.

Eine Plattenproduktion von *Cavalleria rusticana*, aufgenommen im August 1979 in London, gab mir die Möglichkeit, der Nachwelt wenigstens eine Audio-Version meiner Interpretation der Mamma Lucia zu überliefern.

Der Dirigent war der ausgezeichnete Maestro Riccardo Muti, und die Starbesetzung umfaßte Montserrat Caballé als Santuzza, ihren katalanischen Landsmann José Carreras als Turiddu und den in Tunesien geborenen sizilianischen Bariton Matteo Manuguerra in der Rolle des Alfio.

Im Laufe der Aufnahmesitzungen hatte ich Gelegenheit zu beobachten, wie beide Katalanen eine geradlinige mediterrane Qualität sowohl in ihre Kunst wie in ihre persönlichen Beziehungen einbrachten, zumal, was ihre tiefe Anhänglichkeit an Heim und Familie betraf. Ich war Zeugin von zwei verschiedenen, aber gleichermaßen berührenden Beispielen dieser Art von familiärer Hingabe.

Mme Caballé und ich wohnten in London im selben Hotel und begegneten uns oft in der Lobby. Etliche Male kam sie mit Bergen von Einkäufen an, die sie in den erstklassigen Londoner Geschäften für ihre Kinder gemacht hatte. Aus der Quantität der Waren, die sie immer wieder anschleppte, konnte ich allmählich den Eindruck gewinnen, daß sie in Barcelona ein Geschäft für Kinderbekleidung eröffnen wollte. Sie betete ihre Familie an und tat alles, um diese passionierte Zuneigung in der augenfälligen Form von Kleidung unter Beweis zu stellen.

Das zweite Beispiel für mediterrane Familienanhänglichkeit, das ich in London kennenlernte, erlebte ich im Studio. José Carreras und ich standen für den Anfang der Szene, in der Turiddu kurz vor Ende der Oper von seiner Mutter endgültigen Abschied nimmt, vor unseren Mikrophonen. Als Carreras mit den ersten Worten seiner Arie »Mamma, mamma ...« begann, brach er plötzlich in Tränen aus und war von Kummer so überwältigt, daß er abbrechen mußte. Madame Caballé wartete einen Augenblick und versuchte dann, ihn zu beruhigen, indem sie sanft in ihrer gemeinsamen Muttersprache auf ihn einredete.

Daraufhin schlug der Produzent in der Tonregie vor, eine Pause einzulegen. Während der Pause nahm mich Montserrat Caballé zur Seite und erklärte mir, daß José Carreras im Alter von achtzehn Jahren seine Mutter verloren habe, an der er besonders gehangen hatte. Sie war erst einundfünfzig gewesen. Die Beschwörung eines endgültigen Abschieds von einer innig geliebten Mutter hatte ihn um seine Fassung gebracht.

Diese Episode macht deutlich, wie sehr sich der nervliche Zustand eines Künstlers im Studio von dem Nervenkostüm unterscheidet, mit dem er auf der Bühne steht.

Warum ist das so?

Wenn wir eine Tonaufnahme machen, wird jedes Schniefen, jeder laute Atemzug, jedes Räuspern voraussichtlich auf dem Band zu hören sein, also müssen wir doppelt darauf achten, unser Singen von allen Nebengeräuschen freizuhalten. Diese Art von Perfektion, die im Studio verlangt wird, läßt jeden sozusagen auf rohen Eiern gehen, so daß ein leichter Anstoß genügt, um uns aus der Fassung zu bringen.

Auf der Habenseite verschafft uns das Tonstudio wiederum die Möglichkeit, alles zu wiederholen, was beim ersten Mal nicht in Ordnung war.

Bei unserer *Cavalleria*-Einspielung verschoben die Produzenten den Termin für Turiddus Abschied vernünftigerweise um einige Tage. Als José Carreras sich wieder gefaßt hatte, war seine Emotion noch so stark, daß sie ihn zu einer herzzerreißenden Interpretation der Arie inspirierte, deren Intensität er vielleicht auf der Bühne nicht in diesem Maß erreicht hätte.

Einige Jahre später ereilte José Carreras einer der entsetzlichsten Schicksalsschläge, als er auf dem Gipfel seiner Karriere an Leukämie erkrankte. Seine für unmöglich gehaltene Genesung und seine triumphale Rückkehr auf Opernbühne und Konzertpodium sind der Stoff, aus dem Legenden gemacht werden.

Ich werde nie die leuchtenden *pianissimi* vergessen, die er beim Konzert der *Three Tenors* in den Thermen des Caracalla so meisterlich aushielt.

Die nächste Studioverpflichtung ergab sich offensichtlich, weil die Decca herausfand, daß ich die prägnante »Wurzenrolle« Contessa di Coigny in Giordanos *Andrea Chenier* in Düsseldorf sang, und mich im August 1982 nach London einlud, um sie vor dem Mikrophon in der Walthamstow Town Hall zu wiederholen.

Da die Arbeit im Studio oft stückchenweise vor sich geht, mußte ein Teil der Sänger zwei Jahre später nach Walthamstow zurückkommen, um den Rest aufzunehmen.

Die Einspielung unter der Leitung des liebenswürdigen und hochprofessionellen Maestro Riccardo Chailly wies in den drei Hauptpartien die herausragendsten Stars des italienischen Repertoires zu dieser Zeit auf: abermals Montserrat Caballé, diesmal als Maddalena di Coigny, Luciano Pavarotti in der Titelrolle und Leo Nucci als Carlo Gerard.

Die Rückkehr nach London im Juli 1983, fast ein Jahr nach der *Chenier*-Aufnahme und abermals unter der Leitung von Maestro

Chailly – diesmal als Puffmutter Mother Goose in Igor Strawinskys *The Rake's Progress* –, bot mir als Traditionalistin die willkommene Chance, stundenlang die prachtvollen alten Häuser in dieser hoheitsvollen Stadt zu besichtigen, die inzwischen alle wieder renoviert worden waren und in ihrem alten Glanz erstrahlten.

Der einzige Sänger in dieser Besetzung, der außer mir einen amerikanischen Background hatte, war der fabelhafte Samuel Ramey, der die Rolle des diabolischen Nick Shadow vollendet sang. Es war das erste Mal, daß ich ihn hörte, und ich war von seinem Künstlertum völlig hingerissen. Es war faszinierend, seiner Interpretation dieser grundlegend englischen Partie zu folgen. Ramey klang in jeder Silbe so authentisch britisch wie die übrigen Solisten, von denen die meisten Londoner waren, wie Cathryn Pope, Sarah Walker, Stafford Dean und Philip Langridge.

Ich darf hier ergänzen, daß Samuel Ramey mit seinem chamäleonartigen Sprachgefühl Authentizität in jede Rolle einbringt, gleichgültig, ob es sich nun um Französisch, Italienisch oder irgendeine Spielart des Englischen handelt.

Fast zehn Jahre bevor ich diese Tonaufnahmen in London machte, sang und spielte ich die erste meiner zwei Charakterrollen von Strauss vor der Filmkamera. Für jemanden, der wie ich ausschließlich auf der Bühne gearbeitet hatte, war die Verfilmung einer Oper ein brandneues Unternehmen. Im Gegensatz zum Theater, wo alles auf der Bühne und im Orchestergraben simultan abläuft, ist eine Opernverfilmung noch mehr Mosaik als eine Plattenaufnahme.

Um es einfach zu erklären: Es beginnt wie eine Schallplatte in einem Tonstudio, in dem die Sänger ihre Partien mit dem Orchester auf Band singen. Wenn das Band fertig ist, beginnen die Dreharbeiten am Set. Hier bewegen wir unsere Lippen oder singen leise zu einem Playback mit, das einige Wochen oder sogar Monate vorher aufgenommen wurde, und achten darauf, daß unser Gesichtsausdruck dem Betrachter den Eindruck echten Singens vermittelt.

Bei diesem technischen Verfahren ist es notwendig, dieselbe dramatische Intensität stundenlang durchzuhalten, während Totalen, Halbtotalen oder Großaufnahmen gemacht werden.

Ich beneide niemanden, der in Filmen auftreten muß. So ein Tag ist lang und oft außerordentlich aufreibend. Die Darsteller müssen bereits zwischen fünf und sechs Uhr morgens antreten, um bei Sonnenaufgang geschminkt und im Kostüm am Set zu sein.

Im Verlauf eines Drehtags bekommt man vielleicht ein paar Sekunden oder – wenn man Glück hat – Minuten in den Kasten. Oder man sitzt von morgens bis abends im Studio, ohne überhaupt dranzukommen! Diese untätige Warterei erschöpft mehr, als den ganzen Tag vor der Kamera zu stehen.

Salome und *Elektra* wurden beide von Götz Friedrich inszeniert und von Karl Böhm dirigiert. Der *Elektra*-Film war die letzte Oper, die Professor Böhm dirigierte, bevor er 1981 mit sechsundachtzig Jahren starb.

Am Ende seines Lebens hatte Professor Böhm interessanterweise eine Doppelpersönlichkeit. Er war äußerst gebrechlich geworden, und das Abschweifen seiner Gedanken im privaten Bereich war Anlaß zu einigen erheiternden Anekdoten.

Vielleicht die komischste ereignete sich anläßlich seiner letzten Vorstellung in London. Da die Aussicht, daß er jemals wieder in die Stadt zurückkommen würde, gleich null war, beschloß Sir John Tooley, der Direktor des Theaters, dem ehrwürdigen Dirigenten für die vielen Jahre seiner Tätigkeit am Hause mit einer kleinen Ansprache seine Reverenz zu erweisen.

Als Professor Böhm zu den Sängern auf der Bühne von Covent Garden trat, kam Sir John aus der Kulisse und begann mit seiner Rede vor den Zuschauern. Und sie pointierten in guter alter englischer Tradition seine Hommage und riefen: »Hear! Hear! – Hört! Hört!« Einer jungen Sängerin der Besetzung war dieser Brauch nicht bekannt, und sie erkundigte sich, was diese Rufe zu bedeuten hätten. Mit dem Blick einer weisen alten Eule schaute Professor Böhm die junge Sängerin an und erklärte ihr: »Sie sagen, daß sie *hier* sind.«

Doch trotz seiner gelegentlichen Absencen außerhalb des Theaters und des Konzertsaals war Professor Böhm im Aufnahmestudio im Vollbesitz seiner Geisteskräfte, und die kleinste Bewegung seines Taktstocks brachte die Musik förmlich zum Leuchten.

Wie in der Werkfolge des Komponisten war *Salome* das erste Werk, das verfilmt wurde – im August 1974. Am 23. Februar 1975 wurde es im Fernsehen gesendet.

Die anderen Solisten waren Teresa Stratas als Salome, Hans Beirer als Herodes, Bernd Weikl als Jochanaan, Hanna Schwarz als Page und Wiesław Ochmann als Narraboth.

Eine der Praktiken, die für einen Bühnenkünstler Neuland darstellen, sind die vielen Einstellungen, die der Filmregisseur dreht, um sie anschließend bei der täglichen Durchsicht des Materials zu überprüfen und sie dann nach seinem Gutdünken für eventuelle spätere Verwendung aufzubewahren.

Ein Beispiel war die Szene mit dem Streit-Quintett der Juden. Ich hatte darum gebeten, jeden Take so zu drehen, als ob es der letzte wäre, was die Chance vergrößerte, daß wenigstens einer davon gut sein würde.

Götz Friedrich arrangierte die Bildkomposition so, daß die Juden an der Seite standen und ich verschiedene Großaufnahmen hatte. Als sie mit ihrer Szene begannen, und ich einfach zuhörte, rief Friedrich hinter der Kamera: »Spiel! Spiel!« Das tat ich, und er sagte: »Gestorben!« und schickte das Material zum Kopieren.

Das darauf folgende Schweigen wurde von einer Stimme unterbrochen: »Das ist Kunst!« Es war Götz Friedrich. Ich war nicht ganz sicher, was er damit meinte. Ich hatte das Gefühl, daß ich in meiner mimischen Reaktion beim Lippen-Synchronisieren eines hohen Tons etwas zu früh gewesen war, doch er sagte: »Das stört mich nicht.«

Ich hatte Schwierigkeiten mit der Diskontinuität dieser Arbeitsweise, aber ich muß zugeben, daß nach dem Endschnitt alles seinen dramatischen Sinn ergab.

Diese »Elektra« für das Fernsehen war Karl Böhms letzte Oper.

383

Teresa Stratas ist ein fabelhafter Sopran. Ihre Salome ist ein Dokument dafür, was eine intelligente Singdarstellerin im Vollbesitz ihrer bemerkenswerten Gaben zu leisten vermag.

In diesem *Salome*-Film zauberte unser brillanter Kameramann Wolfgang Treu eine Einstellung, die mir sehr am Herzen liegt: Sie zeigt Teresa Stratas und mich im Doppelprofil als Mutter und Tochter. Im Verlauf dieser Einstellung, die mich an zwei seltene, deckungsgleiche antike Münzen erinnerte, verfinsterte ich einen Augenblick ihr Profil und stand dann vor ihr. Für Götz Friedrich war das die Allegorie unseres zielbewußten Vorsatzes – zwei Frauen, vereint in der Begierde nach dem Kopf des Täufers, wenn auch aus völlig verschiedenen Gründen.

In vieler Hinsicht symbolisiert diese Einstellung meine Gefühle gegenüber Teresa, mit der ich seit dem ersten Tag, an dem wir zusammen arbeiteten, auf derselben Wellenlänge lag.

Während der musikalischen Vorbereitung für den *Salome*-Film vollbrachte Teresa Stratas einen der bemerkenswertesten Kraftakte, von denen ich jemals gehört habe.

Weil sie sich von einer Serie von *Don Giovanni*-Vorstellungen an der Metropolitan, in denen sie die Zerlina sang, nicht freimachen konnte, stand sie für die Musikaufnahmen mit Professor Böhm und dem Orchester nicht zur Verfügung.

Not macht erfinderisch. Das Orchester wurde von Professor Böhm ohne ihre Stimme aufgenommen. Zu einem späteren Termin ging Teresa ins Studio und hörte sich erst einmal in die Orchesteraufnahme ein. Nach einer Weile nahm sie den Kopfhörer und hielt ihn sich an ein Ohr, um mit dem anderen Ohr ihre Stimme kontrollieren zu können, und synchronisierte die Aufnahme im Tonstudio in einem einzigen Durchlauf – in mehreren Stunden äußerster Konzentration und ohne Dirigent!

Diese Filmproduktion von *Salome* war für Teresa eine einmalige Sache, denn sie fand, daß ihre Stimme nicht kräftig genug sei, um in einer Bühnenaufführung über das enorme Orchester zu tragen, doch ihre Fernseh-Salome ist absolut beispielhaft.

Ich sehe keinen Anlaß, diese Form von elektronischer Zauberei zu verdammen, wenn sie dem Publikum die Möglichkeit gibt, eine so vorzügliche Interpretation wie die von Teresa zu erleben. Schließlich sind die Bühne und die elektronischen Medien zwei völlig verschiedene Kunstformen. Bei beiden Fernsehfilmen wurde kategorisch eine alte Filmtradition befolgt, und das wiederum nagt bis heute an mir

Während *Sänger*, die eine Oper aufnehmen, immer in die Tonregie gebeten werden, um sich die gerade aufgenommene Musik genau anzuhören, werden *Filmdarsteller* selten im Vorführraum zugelassen, um sich die Muster vom Vortag anzuschauen. Angeblich würde es uns befangen machen und etwas von unserer Ursprünglichkeit nehmen, wenn wir unsere Darstellung auf der Leinwand sehen würden.

Ich glaube nicht, daß irgendein wirklicher Profi diese Entmündigung nötig hat, und bin sicher, daß die Betrachtung meines Tagespensums sich für meine Rollengestaltung als nützlich erwiesen hätte.

Als ich später den kompletten *Salome*-Film sah, fand ich meine Darstellung an einigen Stellen für den Bildschirm etwas zu opernhaft, doch Götz Friedrich versicherte mir, daß das in seiner Absicht gelegen habe. Er sagte, daß Salome und Jochanaan naturalistisch gespielt werden müßten – im Stil der heutigen Filme –, während die anderen beiden Hauptfiguren, Herodes und Herodias, opernhaft zu übertreiben hätten. Wollte er eine Generationskluft aufzeigen?

Das Filmstudio verschaffte uns auch den Gewinn, Leonie Rysaneks Elektra erleben zu dürfen. Wie Teresa Stratas wußte auch Leonie,

Feststimmung bei Tetrarchens: mit Hans Beirer als Herodes in Götz Friedrichs Fernsehverfilmung von »Salome«.

385

daß sie diese Partie nie auf der Bühne singen würde, doch Professor Böhm hatte sie gebeten, sie für den Film zu gestalten, und damit war sie einverstanden.

Wenn man sich heute das Video anschaut, ist man erstaunt, daß Leonie nach allem, was sie während des Sommers 1981 im Studio durchmachen mußte, ihre Karriere überhaupt noch fortsetzen konnte.

Götz Friedrich hatte die ziemlich spinöse Idee gehabt, die Oper mit Regengüssen beginnen und enden zu lassen, bei denen sich alle Schleusen des Himmels öffneten. Für ihn war das das Symbol für das ewige, nutzlose Unterfangen, das Haus des Atreus reinzuwaschen. Das wurde durch das Insert eines Zitats von Maurice Maeterlinck vor dem ersten Musikeinsatz noch unterstrichen: »Gießt Wasser aus, gießt alles Wasser der Sintflut aus – ihr kommt doch nie zu Ende ...«

Zu Beginn der Oper sehen wir die fünf Dienerinnen und die Aufseherin im strömenden Regen arbeiten. Elektra beginnt sogar ihren Monolog im Regen. Am Ende der Oper tanzt und singt sie in Lachen von Blut, das aus dem Palast dringt und sich mit den Sturzbächen des Regens vermischt.

Einige Mitglieder der Besetzung begannen zu witzeln, daß Elektra nicht an einem Herzinfarkt (oder an gebrochenem Herzen – je nachdem, wie melodramatisch der Betrachter veranlagt ist) gestorben sei, sondern weil sie den Elementen zu lange ausgesetzt war. Oder vielleicht sei sie einfach ertrunken.

Während ich den Eindruck hatte, daß Götz Friedrichs Konzept der Klytämnestra vertretbarer war als seine Sicht der Herodias, finde ich doch, daß es radikal von meiner eigenen Auffassung der Rolle abwich.

Als ich später den kompletten Film sah, erinnerte er mich an die Stummfilmzeit, in der die Schauspieler ihre Darstellung übertreiben mußten, um den fehlenden Ton zu kompensieren. Ich fand mich zu monströs, ein bißchen wie ein Raubvogel. Ich war der Auffassung, damit würde die Tatsache negiert, daß diese Frau einst große Schönheit und Würde besessen hatte. Die Blüte mag aus ihrem Gesicht gewichen sein, aber sie trägt immer noch Spuren davon und hat ein königliches Auftreten. Wenn mir die Freiheit gelassen worden wäre, hätte ich statt der brutalen Zeichnung der Figur gewiß andere darstellerische und gesangliche Facetten gefunden.

Halten Sie mich ruhig für eitel, aber ich bin fest davon überzeugt, daß Ernst Schröders Sicht der Klytämnestra an der Deutschen Oper Berlin mehr mit meiner Auffassung der Rolle im Einklang war. Schröders Konzept zeigte die Königin als eine Frau, wie sie in den Quellen des Mythos beschrieben wird (noch einmal zur Erinnerung: Sie war die Schwester der schönen Helena), eine Frau, deren Körper und Seele sich im Prozeß des Verfalls befinden. Das gab der Figur eine Qualität, die ich bei Götz Friedrichs Lesart vermißte. Bei ihm könnte man sich schwerlich vorstellen, daß Klytämnestra einmal schön war.

Ich hatte versucht, Teile dieser Interpretation abzuschwächen, wie ich das auch bei Herodias getan hatte, weil ich der Meinung war, daß die Höhepunkte dadurch stärker herauskämen, doch Friedrich blieb unnachgiebig und »überstimmte« mich einfach.

Wenn ich meine Muster hätte sehen können, hätte ich wohl einiges Entscheidende zur Endfassung beitragen können.

Es besteht die modische Auffassung, daß Filmregisseure die »Autoren« ihrer Filme sind und die volle Verantwortung für alles tragen, was auf die Leinwand kommt. Ich finde diese Theorie, von außen betrachtet, absurd. Die Vision jedes kompetenten Regisseurs ist zwar die treibende Kraft in der Filmgestaltung, doch das Endprodukt ist immer die Summe aller beteiligten Künste: Kamera, Ausstattung, Schnitt und all der individuellen Interpretationen der darstellenden Künstler.

Ungeachtet meiner Einschätzung haben sich diese beiden zum Nachdenken anregenden Opernfilme bis heute auf Video und Bildplatte gehalten, zumal *Salome*, die die filmische Wirkung eines guten Thrillers hat.

Teresa Stratas ist am Anfang der Inbegriff unbelasteter Unschuld und zeigt allmählich die Spuren der Anspannung, die dunklen Schatten unter ihren Augen, die Züge der Erregung, die sich in ihrem Gesicht abzeichnen, und die Entartung, als sie das abgeschlagene Haupt wie ein verdrießliches Kind ansingt, als ob sie sagen wollte: »Warum hast du nicht auf mich gehört? Jetzt habe ich deinen Kopf, und was soll ich nun mit ihm anfangen?« In dieser Hinsicht kann ihre Interpretation mit der einer Heldin in einem Hitchcock-Thriller verglichen werden.

Viele Leute fragten mich, nachdem sie diese Filme gesehen hatten, die sozusagen die Höhepunkte meiner zweiten Karriere einfingen, ob ich nie versucht gewesen sei, die Opernbühne aufzugeben und Filmschauspielerin zu werden. Dazu kann ich nur sagen, daß ich, als dieses Angebot kam, zu sehr mit Oper beschäftigt war.

Schließlich gab mir die Opernbühne alles, was ich als dramatisches Ventil brauchte, und ich habe es nie wirklich bedauert, daß ich nicht mehr Filme gemacht habe.

Auf ungewöhnlichen Pfaden

Als ich auf dem Höhepunkt meiner Wagner-Karriere im Wohnzimmer der Symonettes in der Bunsenstraße den Erzählungen von Lys und Randy über ihre Arbeit mit Kurt Weill lauschte – sie war seine verläßliche musikalische Assistentin und Probenbegleiterin gewesen, Randy hatte in *Street Scene* mitgewirkt –, konnte ich nicht wissen, daß ich eines Tages die Leokadja Begbick in einem von Weills wichtigsten Werken, *Aufstieg und Fall der Stadt Mahagonny*, singen würde, einem Stück, bei dessen New Yorker Erstaufführung an der Metropolitan Opera ich später Geburtshelferin war.

Mein erstes *Mahagonny* war jedoch nicht an der Met, sondern 1970 in Düsseldorf. Die Produktion lief zwei weitere Jahre bis 1973 und erlebte insgesamt 23 Aufführungen.

Im Jahre 1976 sang ich zwölf Vorstellungen von *Mahagonny* in einer Produktion am Züricher Opernhaus, deren letzte an meinem achtundfünfzigsten Geburtstag am 25. April desselben Jahres stattfand.

Die Probleme, um die es in *Mahagonny* geht, haben meiner Meinung nach der Welt seit undenklichen Zeiten zu schaffen gemacht. Diese Probleme werden die Menschheit auch weiterhin quälen, wenn sich nicht eine Patentlösung finden läßt, was ich – so bedauerlich ich das finde – für höchst unwahrscheinlich halte.

Kurt Weill war kein verbissener Weltverbesserer. Als er einmal über die mögliche Wirkung seiner Werke auf spätere Generationen befragt wurde, antwortete er: »Zum Teufel mit der Nachwelt. Ich schreibe für heute!«

Sein Librettist Bertolt Brecht dagegen hatte einen missionarischen Eifer, der ihn zu einem Billy Graham des Theaters machte. Es war Brechts Hoffnung gewesen, daß seine Werke die Gesellschaft seiner Zeit zu einer größeren Bewußtheit über die Ungleichheit der Menschen wachrütteln würden und uns alle dazu bewegen könnten, das Prinzip des Kapitalismus neu zu überdenken, unsere sozialen und ökonomischen Strukturen politisch neu zu ordnen und das Profitdenken auszuschalten. Es gelang ihm jedoch nicht einmal, die Kapitalisten zu *befremden*, geschweige denn, ihren Charakter zu ändern.

Zur Illustration: Ich sang die Begbick vor vollen Häusern in drei Finanzzentren: Düsseldorf, Zürich und New York. Das betuchte Publikum verfolgte die Vorstellungen aufmerksam, spendete uns großzügigen Applaus, und am nächsten Tag kehrten die Damen und Herren zu ihren Vorstandssitzungen und ihren Gartenparties zurück, offensichtlich völlig unberührt von dem leidenschaftlichen Anliegen des Stücks.

Das schmälert jedoch nicht die Wirkung von *Aufstieg und Fall der Stadt Mahagonny* als provokativer Abend des Musiktheaters, der vielen etwas zu knabbern gibt.

Meine erste Begegnung mit *Mahagonny* begann, wie so viele meiner beruflichen Ereignisse, mit einem Anruf.

Am Telefon war der umtriebige Münchner Agent Robert Schulz, der gerade aus Düsseldorf zurückgekommen war, wo er eine Besprechung mit Dr. Hermann Juchs Nachfolger in der Intendanz des Theaters, Dr. Grischa Barfuß, über Besetzungen im Repertoire der kommenden Spielzeit gehabt hatte. Im Verlauf ihres Gesprächs sagte ihm Dr. Barfuß, daß er eine Produktion von *Mahagonny* plane, einer Oper, die in einem mythischen Amerika spielt, und dafür Astrid Varnay mit ihrem amerikanischen Background haben wolle, um der Rolle der Leokadja Begbick neben Joan Carroll, einem vorzüglichen Sopran aus Philadelphia als Jenny, entsprechende Authentizität zu verleihen.

Herr Schulz informierte mich, daß Dr. Barfuß gewisse Skrupel habe, an eine der regierenden Brünnhilden und Isolden des Hauses persönlich heranzutreten und sie zu bitten, diese doch wohl groteske Charakterrolle zu singen. Da er befürchte, daß ich ein solches Angebot übelnehmen könne, habe er einen Agenten seines Vertrauens beauftragt, das Terrain zu sondieren.

Ich sagte, daß ich nichts dagegen hätte, mit *Mahagonny* einmal »von meinem Pfad abzuweichen«, solange ich am Haus weiter mein reguläres Repertoire singen könne. Ich teilte ihm außerdem mit, daß ich Lotte Lenya persönlich kennengelernt und in Gesprächen mit ihr und Lys Symonette eine Menge über Kurt Weill und seine Musik erfahren habe.

Als Robert Schulz auch noch die Karte aus dem Ärmel zog, daß Bohumil Herlischka für die Regie vorgesehen sei, brauchte ich keine weiteren Auskünfte. Aus Erfahrung wußte ich, das Herlischka genau der richtige Mann für dieses Stück war.

Der Rest des leitenden Teams war ebenso qualifiziert. Christian Süss dirigierte, und die Bühnenbilder und Kostüme wurden von Hermann Soherr und Lieselotte Erler besorgt.

Neben Joan Carroll als Jenny war Werner Götz mit der Tenor-Hauptrolle des Jimmy Mahoney betraut. Als ich herausfand, daß Helmut Fehn als Dreieinigkeitsmoses und Karl Diekmann als Fatty besetzt waren, sagte ich:»Das wird ein feines Trio!«, und so war es auch. Nach der Premiere am 8. Dezember 1970 hoben die Kritiker die Authentizität meines Brechtstils hervor und äußerten ihre Verwunderung, daß sich jemand aus einem derart konträren Rollenfach so schnell die Elemente dieser speziellen Art von Darstellung zu eigen gemacht hatte.

In der »Rheinischen Post« schrieb Heinrich von Lüttwitz: »Als scharfe Satirikerin legte sich einzig und allein Astrid Varnay ins Zeug. Sie sang, sie spielte die Vettel Leokadja Begbick so dominierend boshaft, ordinär und gewalttätig, wie man es bei ihr erwartete; es sei denn, man sähe ein Wunder darin, daß sich die geniale Musiktragödin so glatt in das komödiantische Fahrwasser hineinbegibt.«

In der Münchner »Abendzeitung« bemerkte Helmut Lesch: »Keine ... konnte nur annähernd so überzeugen wie Astrid Varnay als beängstigend böse Begbick.«

Nach der Duisburger Premiere am 3. Juni 1971 mit Imre Palló am Pult und Leonora Morvaya und Richard Kness als Jenny und Jimmy Mahoney bezeichnete mich die »Rheinische Post« als den »Prototyp solcher Darstellungskunst« und nahm damit auf den speziellen Stil Bezug, der für die Interpretation Brechts verlangt wird.

Da so viel über den Brechtstil geschrieben und geredet wird, sollte ich an dieser Stelle ebenfalls einen Vortrag über höhere Mathematik halten, aber ich fürchte, meine Leser enttäuschen zu müssen. Ich unternahm keine besonderen Anstrengungen, irgend etwas anders zu machen, als ich es bei meiner Rollengestaltung immer getan habe: den Stil des Textes und der Musik zu erspüren und dann die Figur von innen heraus zu spielen.

Ich versuchte ganz sicher nicht, mit der intellektuellen Distanz an die Begbick heranzugehen, die einige Akademiker aus Brechts »Verfremdungs-Theorie« herausgelesen haben, sondern verließ mich auf die nämliche Methode der Verinnerlichung, die ich für die Isolde und die Elektra angewandt hatte. Viel von meiner Interpretation basierte auf Tips von hartgesottenen Puffmüttern und Prostituierten, die von den Schwächen anderer lebten, sowie auf einigen Elementen aus den zahlreichen Filmen über die Schicksale von Vertreterinnen des »ältesten Gewerbes der Welt«, die ich irgendwann gesehen hatte.

Ich bekam auch eine Reihe von Tips, während ich in Marseille sang, einer Stadt, in der die Schönen der Nacht ihre Kunden zwei Straßen neben dem Opernhaus ansprechen. Mehr als einmal, als ich nach einer Probe aus dem Theater kam, sah ich die jungen Frauen, wie sie sich um Sinnlichkeit bemühten, während sie an den kalten Abenden in ihren dünnen Fähnchen zitterten. Oft grüßten sie mich beim Vorbeigehen mit einem freundlichen: »Bonsoir, Madame.« Ab und zu blieb ich stehen und plauderte nett mit einigen.

Jacques Karpo erklärte mir, daß es nicht richtig sei, diese Nutten alle über einen Kamm zu scheren – jede komme aus einem anderen Milieu und habe einen Grund, sich ihren Lebensunterhalt gezwungenermaßen auf diese Weise zu verdienen. Viele von ihnen unterstützten mit den Einkünften aus ihrem Gewerbe sogar ganze Familien, die ohne ihre Hilfe in völlige Armut versinken würden.

Ich mußte unwillkürlich darüber nachdenken, was diese Mädchen – von denen einige noch sehr jung und attraktiv waren – später für ein Leben führen würden.

Das alles erinnerte mich an eine Bemerkung von Alfred P. Doolittle in zweiten Akt von Shaws *Pygmalion*. Colonel Pickering fragt ihn: »Mensch, haben Sie kein moralisches Empfinden?« Und er antwortet kurz und bündig: »Ich kann mir keines leisten, gnädiger Herr.«

Es waren diese Eindrücke – Filme, Theaterstücke, das Leben auf den Straßen von Marseille und anderen Städten – und nicht die Haarspaltereien einer dramaturgischen Theorie, die schließlich in meinem Porträt der Leokadja Begbick zusammenkamen.

Für mich war überhaupt nichts Besonderes daran, wie ich die Rolle anging. Ich hatte bei meiner Arbeit an dem Stück auch keinerlei missionarische Ambitionen, die über die normale menschliche Beschäftigung mit dem Schicksal von Jimmy Mahoney hinausgingen und das Mitgefühl (nicht als Begbick, sondern als ich selbst) dafür, daß er seine heftigen Begierden nicht im Zaum halten kann und damit sein Verderben besiegelt.

Die Tatsache, daß wohlinformierte Kritiker meine Darstellung im Brechtschen Sinn »authentisch« fanden, ist sowohl ein Kompliment für meine Arbeit auf der Bühne wie ein Lob für Brecht.

Das gleiche ereignete sich, als ich in diesem Stück fünf Jahre später in einer Produktion des Züricher Opernhauses auftrat.

Zürich ist eine merkwürdige Stadt, nach außen völlig der kalvinistischen Tradition verhaftet, aber die Aktivitäten, die sich unter dieser Oberfläche entfalten, können ziemlich heftig werden – wurde mir zumindest erzählt. Das Finanzwesen in all seinen legalen und illegalen

Formen steht im Mittelpunkt von jedermanns Interesse, und man würde meinen, daß Zürich als »der Bankplatz Europas« der völlig falsche Ort für ein Stück ist, das die Habgier verdammt. – Aber die Züricher liebten es.

Die renommierte »Neue Zürcher Zeitung« schrieb: »Astrid Varnay, die berühmte Hochdramatische, hat in der Begbick eine Rolle übernommen, in der sie als Künstlerin ein neues Leben beginnt. Mit Recht wurde sie ... mit großem Applaus ausgezeichnet.«

Und der »Tagesanzeiger« bemerkte: »Man darf Astrid Varnay attestieren, daß sie die Rolle der Begbick in keinem Moment zu billigem Grand-Guignol mißbraucht hat. Allein schon durch ihre Präsenz gewann sie etwas Bedrohliches – da brauchte es keine Klein-Moritz-Behelfsmittel.«

Eugene V. Epstein stellte im englischsprachigen »Zürich« fest: »Astrid Varnay war als die kalte, berechnende Leokadja Begbick der Hit des Abends. Sie hat eine fabelhaft reiche Stimme, eine deutlich ausgeprägte Affinität zu Weill/Brecht und ist obendrein eine große Darstellerin.«

Kurz nach diesem Erfolg in Zürich wurde ich eingeladen, die Rolle an der Metropolitan zu singen.

New York war nicht die einzige amerikanische Stadt, in der ich die Rollen meiner zweiten Karriere sang. Im September 1968 gab es an der Chicago Lyric Opera eine *Salome*-Produktion in der Regie von Virginio Puecher, unter dem Dirigat von Bruno Bartoletti und in den Bühnenbildern und Kostümen von Rudolf Heinrich. Die Titelrolle sang Felicia Weathers, eine erstklassige Salome, Gerd Nienstedt den Jochanaan und Hans Hopf und ich Mr. & Mrs. Herodes.

Im Flugzeug nach Chicago sagte mir Hans Hopf, daß er den Herodes bereits gesungen habe, doch ich bekam gewisse Zweifel, als er um ein paar private Proben in dem Apartment-Hotel bat, in dem wir beide wohnten.

Als wir eincheckten, lag bereits eine Nachricht von Carol Fox vor, in der sie mir den Probenplan mitteilte und den dringenden Rat gab, keine größeren Beträge oder Wertsachen ins Theater mitzubringen, denn es seien einige Diebstähle vorgekommen. Sie schlug vor, alles im Hotelsafe zu deponieren. Wir folgten ihrem Rat und machten uns an die Vorbereitung unserer Produktion.

In der *Salome* gab es echte Früchte auf dem Tablett, auf dem später der Kopf des Täufers präsentiert wird. Puechers Regieanweisung für Hans Hopf war, Salome zu locken, indem er das Tablett hochhielt und über das frische Obst grinste, und die Silberschüssel nach ihrer Ablehnung enttäuscht auf den Tisch zurückzustellen.

In der Premiere knallte Hopf die Schüssel auf den Tisch, und eine Kaskade grüner Trauben kollerte auf die Bühne. Die Beeren hüpften fast im Takt der Musik weiter und blieben schließlich in dem Bereich liegen, in dem Felicia bald den Tanz der sieben Schleier zu absolvieren hatte. Als ich sah, wo die Trauben gelandet waren, wußte ich sofort: Sie müssen weg – *aber wie?*

Als Herodes Salome bittet, für ihn zu tanzen, hatte ich plötzlich die rettende Idee. Ich erhob mich zu voller Größe, rief aus, daß ich nicht wolle, daß sie tanze, und in dem Zornesausbruch kickte ich die Trauben beiseite. Felicia sagte mir später, daß sie rätselte, was ich so weit weg vom Thron anstellte. Als sie dann sah, daß ich mit den Trauben aufräumte, wurde ihr klar, daß ich den Weg für ihren Tanz frei-

Mit Hans Hopf in »Salome« in Chicago, kurz vor
dem leidigen »Frischobst«-Zwischenfall.

machte, und war mehr als dankbar für die Beseitigung dieses Risikos.

Nach einer großartigen Premiere und einer ebenso großartigen Premierenparty kehrte ich ins Hotel zurück, deponierte meinen Gagenscheck und den Schmuck, den ich bei der Galaparty getragen hatte, im Safe und zog mich befriedigt zur Nachtruhe zurück.

Stellen Sie sich meine Fassungslosigkeit am nächsten Vormittag vor, als ich die Kassette aus dem Safe verlangte und ein Hotelangestellter, ob der peinlichen Eröffnung bleich wie ein Gespenst, mir stotternd mitteilte, daß in den frühen Morgenstunden im Hotelsafe eingebrochen worden sei und ich zu den Opfern gehöre! Alles war futsch, einschließlich meiner Travellerschecks und meines Passes sowie eines prachtvollen florentinischen Rings und einer bayrischen Brosche, beide von unschätzbarem Gefühlswert, denn es waren Geschenke von Hermann gewesen.

Trotz meines Schocks über die Tat war ich froh, daß sie nicht unmittelbar vor unserer Rückkehr nach Europa verübt worden war. Ich hatte mir sorgfältig die Nummern meiner Schecks notiert, die mir im nächsten Büro von American Express umgehend zurückerstattet wurden.

Als ich als nächstes zum Paßamt ging, wurde ich erst einmal für neue Paßfotos um die Ecke geschickt, während der Beamte meine Paßnummer, die ich ihm aufgeschrieben hatte, auf meine Kosten in einem Telefongespräch mit dem Außenministerium in Washington überprüfte. Als ich vom Fotografen zurückkam, hatte der Beamte bereits ein neues Dokument vorbereitet und klebte das Foto ein, teilte mir allerdings mit, daß Washington auf weiterer Legitimation bestehe, bevor er mir den Paß aushändigen könne. Ich schlug vor, im Theater anzurufen, und während das Telefon dort noch klingelte kam eine Frau mit einem Stapel Akten und Büchern herein und erkannte mich von der Vorstellung am vergangenen Abend. Sie war mit ihren Komplimenten mehr als freigebig und nannte mich beim Namen. Ich wandte mich an ihren Kollegen und fragte, ob ich damit genug ausgewiesen sei. Er legte unverzüglich den Hörer auf und übergab mir meinen neuen Paß. – Das ist eben Amerika!

Als ich ins Hotel zurückkam, wegen dieser Erfahrung etwas in Fransen, beschloß ich, mir die Kritiken anzuschauen, und was ich las stellte meine gute Laune wieder her. Der Kritiker Bernard Jacobson spendete der musikalischen und szenischen Interpretation großzügiges Lob und nahm an einem kleinen Detail Anstoß: »Wo ist die Pointe, wenn Herodes Salome bittet, den Abdruck ihrer kleinen weißen Zähne in einer Frucht zu hinterlassen, und ihr dann Traube anbietet?« Worauf er noch satirisch hinzufügte: »Diese *Salome* ist für alle Eltern von Töchtern im Teenageralter absolute Pflicht.«

Der Unterschied zwischen Kulturen ist manchmal frappierend: Während ein deutscher Kritiker sich philosophisch über die Bedeutung dieses oder jenes symbolischen Elements auslassen würde, erörtert ein Amerikaner das Requisiten-Obst!

Eine weitere Serie derselben Oper fand in San Francisco und Los Angeles statt, diesmal mit Leonie Rysanek, William Neill und Siegmund Nimsgern und abermals mit Hans Hopf und mir als das schreckliche Gespann.

Diese Produktion basierte auf Wieland Wagners Konzept, das von Nikolaus Lehnhoff realisiert wurde. Der Dirigent war Otmar Suitner.

In Kalifornien blieb das frische Obst im Supermarkt.

Dann kam an der Metropolitan 1974 *Jenufa*, gefolgt von fünf Klytämnestras im nächsten Jahr und drei weiteren 1976, einschließlich einer Rundfunkübertragung am Nachmittag des 10. Januar 1976.

Meine Herodias präsentierte ich an der Metropolitan erstmals 1977. Die erste Vorstellung war am 2. Februar, zwei weitere folgten, von denen die am 12. Februar ebenfalls vom Rundfunk übertragen wurde. Und schließlich: 1979 *Mahagonny*.

Das neue Metropolitan Opera House im Lincoln Center war nicht so behaglich wie das alte mit seinen vielen Fenstern, die Licht und Luft hereinließen, so daß wir sozusagen unter »natürlichen Bedingungen« üben konnten.

Im neuen Haus liegen viele Übungszimmer unterirdisch, wie der Garderobenbereich in einem urbanen Sportclub, und die »künstliche« Luft strömt durch ein Belüftungssystem. All das gab mir das Gefühl, daß wir unsere Arbeit im Reich der Nibelungen taten. Ich hatte eine heftige Abneigung gegen diese Zone. Es wurde mir zwar gesagt, daß auch in den oberen Etagen Übungsräume seien, aber wenn es sie wirklich geben sollte, habe ich sie jedenfalls nie gesehen.

Die größte Veränderung in der Atmosphäre der Met war jedoch nicht architektonischer Art, sondern hatte im menschlichen Bereich stattgefunden. Während das Haus einst von höflichen europäischen Herren in Jackett und Krawatte dominiert wurde, die mit Titeln wie *Maestro* oder *Herr Professor* angesprochen wurden, war die Met nun salopp geworden, und die meisten Mitarbeiter wurden nach amerikanischem Usus beim Vornamen genannt.

Viel von dieser Zwanglosigkeit war eine angenehme Abwechslung gegenüber Europa, doch ein Aspekt ärgerte mich wirklich, und das war der häufige Gebrauch von obszönen Wörtern, wobei offensichtlich das Mißverständnis herrschte, daß sich niemand durch diese fortdauernde Vulgarität auf den Schlips getreten fühle.

Ich bin alles andere als ein prüder Mensch, aber wenn ich arbeite, möchte ich mich voll auf die vorliegende Aufgabe konzentrieren. Während ein wenig Humor, auch von der pikanten Sorte, die Spannung bei Proben hervorragend auflockern kann, gibt es doch die Grenzen des guten Tons, die jeder akzeptieren sollte, schon im Interesse der Arbeit. Gewiß ist es in keinem Theater angebracht, die Leute durch »Beflegeln« anzuspornen, was bedauerlicherweise der Stil unseres *Mahagonny*-Regisseurs war, dessen Vokabular von unanständigen Wörtern nur so strotzte.

Diese Regiemethode war in meinem Fall sicher kontraproduktiv. Der hinterhältige Gebrauch einer pornographischen Sprache, offensichtlich in der Absicht, mir eine Reaktion zu entlocken, setzte mich mehr matt, als daß er mich anspornte. Darüber hinaus halte ich es für eine Beleidigung jedes intelligenten Menschen, an dessen Fähigkeiten doch nur in zivilisierter Form appelliert werden muß, damit er sich entsprechend einsetzt.

Und unsere Besetzung bestand zweifellos aus hochintelligenten Sängern: Teresa Stratas als Jenny, Richard Cassilly als Jimmy Mahoney, dem fabelhaften norwegischen Heldentenor Ragnar Ulfung als Fatty und dem großen Verdi-Bariton Cornell McNeill, der sich einen Ausflug in die ziemlich kleine Rolle des Trinity Moses gönnte.

Diese Mischung aus musikalischer und darstellerischer Intelligenz machte wenig Eindruck auf unseren Regisseur, der uns weiter wie ungebildete Bierkutscher behandelte, mit denen er sich nur auf primitivster Ebene auseinandersetzen konnte.

Die Atmosphäre war so von Vulgarität gesättigt, daß sich einige Solisten bemüßigt fühlten, sich mit diesem Mann zusammen am linguistischen Trog gütlich zu tun, was alle entwürdigte.

Nachdem ich diese Attacken verbalen Komposts über die Grenzen des Erträglichen hinaus geschluckt hatte, wußte ich, daß ich etwas unternehmen mußte. Ich sagte dem »Gentleman«: »Es gefällt mir nicht, auf diese Weise zu arbeiten. Sagen Sie mir einfach, was Sie wollen – ohne Ausschmückung –, und ich werde mich bemühen, es Ihnen zu liefern.« Seinem bösen Blick konnte ich entnehmen, daß er mich für eine prüde Tante der alten Schule hielt, aber das war mir völlig egal!

War unser Regisseur eine Quelle des Ärgers, so entschädigte uns unser Dirigent James Levine durch sein ultraprofessionelles Musizieren reichlich. Wir verstanden uns auf Anhieb gut, teils wegen seines profunden Musikverständnisses, aber auch, weil er über eine Qualität verfügte, die ich ein »Zigeunerherz« nennen würde.

Leider war nicht alles, was wir machten, nach dem Geschmack der Witwe des Komponisten, die zusammen mit Lys Symonette einige Proben besuchte. Wie Lys mir später erzählte, war Lotte Lenya mit der englischen Übersetzung von David Drew und Michael Geliot alles andere als glücklich, mochte die Inszenierung von Mr. Unflat nicht, und auch Maestro Levines Tempi fanden nicht ihre Billigung.

An der Stelle, an der die leichten Mädchen Weills wunderbar matte Melodie auf Brechts ziemlich vergeblichen Versuch, auf englisch zu schreiben, sangen: »Oh, show us the way to the next little dollar ...!«, erhob sich Madame Lenya von ihrem Sitz, schritt zum Orchestergraben und teilte Maestro Levine mit, er müsse das Tempo anziehen.

Jimmy Levine schaute träge zur Bühne hoch und sagte ruhig: »Diese Mädchen sind *sehr* müde«, und das Tempo blieb genauso, wie es war.

Unsere zehn Vorstellungen, beginnend mit der Premiere am 16. November 1979, schlossen auch eine Live-Übertragung im Fernsehen am 27. November ein, die enthusiastisch aufgenommen wurde, und nach der viele Leute an die Metropolitan schrieben, um ihre Anerkennung auszudrücken.

Unsere Kritiken dagegen waren eher durchwachsen. Harriet Johnson schrieb in der »New York Post«: »Astrid Varnay gibt eine gefährliche, unheimliche Leokadja Begbick, aber sie würde unendlich profitieren, wenn sie vergäße, daß sie jemals ein Wagnersopran war.«

Harold C. Schonberg urteilte in der »New York Times« über das Stück: »Es ist ein ziemlich veraltetes Beispiel für den dialektischen Materialismus, und für meine Ohren ist viel von der Musik ebenso veraltet.« Mich pries er mit den folgenden Worten: »Sie ist und bleibt eine phantastische Darstellerin.«

Während der Vorbereitung zu *Mahagonny* mußte ich plötzlich feststellen, daß ich Schwierigkeiten hatte, mich fortzubewegen, was zu einem unsicheren, stockenden Gang führte. Um kein Risiko einzugehen, benutzte ich einen Spazierstock oder einen Regenschirm, um meine Interpretation der Rolle zu steigern.

Das markierte den Anfang der Phase meines Lebens, in der mein körperlicher Zustand eine Rolle zu spielen begann. Ich bekam eine Vorahnung, daß ich irgendwann in der Zukunft mit weiteren Beschwerden konfrontiert sein würde, die schließlich meine Darstellung immer mehr beeinträchtigen sollten.

*Mein Abschied von der Metropolitan (wenn sich nichts anderes mehr ergibt) als
Leokadja Begbick in »Aufstieg und Fall der Stadt Mahagonny« – hier mit
Cornell McNeill als Trinity Moses und Ragnar Ulfung als Fatty.*

Wie sich herausstellte, war die *Mahagonny*-Produktion an der Metropolitan mein letztes Auftreten an diesem Haus. Für jede Karriere
würden die Jahre von 1941 bis 1979 eine lange Zeitspanne bedeuten.
Und wenn ich an jenem ersten Tag als eine Novizin, die kein Wäs-
serchen trüben konnte, in die Met ging, um Mr. Johnson vorzusingen,
so darf ich dem Leser versichern, daß ich dieses Theater als mit allen
Wassern gewaschene Mutter der Kompanie verließ!

ACHTE SZENE

Orden und »Wurzen«

Jeder, der von einer Behinderung heimgesucht wird, weiß, daß sie uns
in jeder Phase unseres Lebens Einschränkungen auferlegt und uns
dazu zwingt, jede Situation sehr sorgfältig einzuschätzen, bevor wir
uns auf sie einlassen.

Nach landläufiger Auffassung hätte es für mich auf der Hand gele-

398

gen, meiner Karriere ade zu sagen und mich die verbleibenden Jahre auf meinen Lorbeeren auszuruhen, zumal ich eine stattliche Zahl von Anerkennungen für meine künstlerische Tätigkeit angehäuft hatte. Und diese Ehrungen setzten sich noch fort.

Die Auszeichnung, die mir am meisten bedeutet, wurde mir am 9. Dezember 1981 zuteil.

Der *Maximiliansorden* für Wissenschaft und Kunst wurde am 22. November 1853 von König Maximilian II. von Bayern per Dekret begründet, als Anerkennung für besondere Verdienste um Kunst und Wissenschaft, die den Geehrten gleichzeitig in den Stand der »Hoffähigkeit« versetzte – nicht unähnlich den königlichen Ehrungen und Ritterschlägen in Großbritannien. In der Tat trugen die ersten Empfänger dieser Auszeichnung den Titel »Ritter des Maximiliansordens« und erschienen zu ihren regelmäßigen Zusammenkünften im offiziellen Habit der Gesellschaft.

Die Liste der Ritter war nicht auf Bürger Bayerns beschränkt. Das Pantheon setzte sich aus verdienten Künstlern und Wissenschaftlern vieler Nationalitäten zusammen. Die allererste Liste umfaßte solche Leuchten wie den Mathematiker und Physiker Georg Simon Ohm, den Philologen Jacob Grimm, einen der beiden Brüder Grimm, den Chemiker Justus Liebig, die Dichter Franz Grillparzer und Joseph von Eichendorff und die Komponisten Heinrich Marschner, Louis Spohr und Giacomo Meyerbeer.

Später kamen dazu: Hans Christian Andersen, Richard Wagner, Johannes Brahms, Franz Liszt, Max Bruch, Wilhelm Röntgen, Richard Strauss, Gerhart Hauptmann, Paul Ehrlich, Max Liebermann und Hans Pfitzner, um nur ein paar zu erwähnen.

Zwei Bedingungen bestimmten viele Jahrzehnte das Aufnahmeverfahren. Erstens war die Mitgliedschaft wie noch heute auf maximal hundert Personen beschränkt. Tatsächlich hat es in der Geschichte des Ordens niemals hundert lebende Mitglieder gegeben. Zweitens war es ein stillschweigendes Übereinkommen, daß der Orden ausschließlich Männern vorbehalten war.

Ein gelegentlicher Versuch, hervorragende Frauen in die Assemblée aufzunehmen, wurde von den anderen Mitgliedern rundweg niedergestimmt. Sogar Marie Skłodowska Curie, der Mitentdeckerin des Radiums und einer der hervorragendsten Wissenschaftlerinnen ihres Zeitalters, wurde die Mitgliedschaft verweigert.

Nach der Machtergreifung der Nationalsozialisten 1933 wurden in ganz Deutschland neue Gesetze über die Verleihung von Orden und anderen Ehrungen erlassen. Da der Maximiliansorden in diese Gesetzgebung nicht aufgenommen wurde – aus Gründen, die seinen Verwesern niemals mitgeteilt wurden –, beschloß man, die Verleihung neuer Mitgliedschaften einzustellen und damit im Endeffekt den Orden ad acta zu legen.

Siebenundvierzig Jahre später, am 18. März 1980, wurde vom bayerischen Landtag die Restitution des Ordens mit neuen Statuten beschlossen – und zwar aufgrund eines Vorschlags, den der damalige bayerische Kultusminister Professor Hans Maier dem neuernannten bayerischen Ministerpräsidenten Franz-Josef Strauß gemacht hatte.

Zum Auftakt der neuen Ära wurde eine Liste von 19 Mitgliedern als Kerngruppe zusammengestellt. Sie schloß den Dirigenten Eugen Jochum, die Komponisten Carl Orff und Werner Egk, den Historiker Golo Mann und den Schauspieler Heinz Rühmann ein.

Der letzte Name auf der Liste in alphabetischer Reihenfolge war Astrid Varnay, zufällig das erste Mitglied aus dem Bereich der Opernsänger und die allererste Frau, die in diese erhabene Gesellschaft aufgenommen wurde.

Sowohl als Opernkünstlerin wie als Frau betrachte ich meine Mitgliedschaft im Maximiliansorden als symbolische Anerkennung meines gewählten Berufs und der Gleichheit der Frau überall.

Selbst die feierlichsten Anlässe haben oft eine komische Note, und meine Investitur in den Orden machte da keine Ausnahme.

Das Ritual für männliche Mitglieder war wie folgt: Der Empfänger stand vor dem Ministerpräsidenten, der ein Band mit dem Maximiliansorden um seinen Hals legte, worauf ein protokollarischer Beamter das Band im Nacken des Mitglieds zuhakte. Danach wurde ein offizielles Foto gemacht.

Dem ersten weiblichen Mitglied sollte der Orden an das Kleid, direkt über dem Herzen, geheftet werden, aber welcher Mann kann eine solche Zeremonie ausführen, ohne dabei etwas verdattert dreinzuschauen? Der Ministerpräsident Franz-Josef Strauß konnte es jedenfalls nicht. Als ich an der Reihe war, erklärte er das neue Ritual und bekannte taktvoll und mit reichlich befangenem Flüstern: »Des kann i net.«

Hier mußte ich wieder einmal meine theatralische Spontaneität einsetzen. Ich hatte die Geistesgegenwart, den Orden in seinem Etui in Empfang zu nehmen, mich zu setzen und ihn mir ostentativ auf die vorgeschriebene Stelle meines Kleids zu heften – sehr zur Heiterkeit der übrigen Mitglieder.

Verständlicher Stolz: Der bayerische Ministerpräsident Franz-Josef Strauß
überreicht mir den bedeutenden Maximiliansorden, eine hohe Auszeichnung,
die mir als erste Frau verliehen wurde.

Unter den männlichen und weiblichen »Rittern« des Ordens befinden sich inzwischen auch Hans Hotter, Dietrich Fischer-Dieskau, Wolfgang Sawallisch, Brigitte Fassbaender und die großen Schauspielerinnen Marianne Hoppe und Maria Wimmer.

Das Jahr 1988 fügte meiner Sammlung noch eine weitere große Ehrung hinzu, die Wilhelm-Pitz-Medaille zur Erinnerung an den großen Bayreuther Chordirigenten. Sie wurde mir von der Vereinigung deutscher Opernchöre und Bühnentänzer e. V. für meine Verdienste um das deutsche Musiktheater verliehen – auf ausdrückliche Empfehlung des Bayreuther Festspielchors, der dank Maestro Pitzs Initiative bis heute zweifellos der großartigste Opernchor der Welt ist.

Bei der Verleihung hielt ich nach einer bewegenden Huldigung von Götz Friedrich eine kurze Dankesrede, in der ich dem Chor meine Reverenz erwies und mich an meine allererste *Götterdämmerung* mit ihm in Bayreuth erinnerte: Im zweiten Akt antworteten Gunthers Mannen auf Hagens Hornruf lärmend und in den primitivsten, ungehobeltsten Tönen, um im nächsten Augenblick so lyrisch wie ein Kirchenchor zu werden, als sie Brünnhilde in ihrer Mitte willkommen hießen. Dieser Wandel in der musikalischen Stimmung ist eine von vielen virtuosen Glanzleistungen, mit denen die hochprofessionellen Mitglieder dieses Chors Jahr für Jahr die Zuhörer elektrisieren.

Meine jüngste Auszeichnung erfüllte mich ebenfalls mit Stolz, denn sie ehrte sowohl meine Person wie das Theater, in dem ich einige meiner schönsten Augenblicke auf der Bühne genossen habe.

Als die Bayerische Staatsoper in ihre eigentliche Heimstatt im Nationaltheater zurückkehrte, wurde festgestellt, daß das Ausweichquartier Prinzregententheater ohne gründliche Renovierung nicht mehr bespielbar war. Und dafür war kein Geld vorhanden – allein schon wegen der enormen Summe, die der Wiederaufbau des Nationaltheaters gekostet hatte.

Seit seiner Ernennung zum Generalintendanten setzte August Everding unermüdlich seine magnetische Fähigkeit ein, Geld aus philanthropischen Taschen zu ziehen, und brachte so viele Spenden zusammen, daß einer von Europas schönsten Zuschauerräumen wieder in seinen alten Glanz versetzt werden konnte. Als das Haus Anfang der neunziger Jahre wiedereröffnet wurde, wurden die Freunde des Prinzregententheaters von nah und fern eingeladen, Sitze für den renovierten Zuschauerraum zu spenden. Unter diesen Sponsoren war der inzwischen verstorbene Zigarren-Zar Zino Davidoff, der zusammen – ausgerechnet! – mit der Hamburger Tabakwarenfirma Reemtsma eine Anzahl von Sitzen stiftete. Diese bekamen fast alle Schildchen zur Erinnerung an Künstler, die hier gewirkt hatten. Und so wurde ich die »Schutzpatronin« des Sitzes Nr. 587.

Trotz all dieser Ehrungen und Auszeichnungen sah ich jedoch nach wie vor keinen Anlaß, die Segel meiner Karriere zu kappen und in den langweiligen Hafen des Ruhestands einzulaufen.

Außerdem kann man sich eine Medaille nicht aufs Brot legen.

Ich wußte zwar, daß ich in meiner Bewegungsfähigkeit eingeschränkt sein würde, fand jedoch, daß ich der Oper noch etwas zu geben hätte, und richtete mich – während ich noch Verträge zu erfüllen hatte – allmählich auf jene Rollen ein, die südlich des Mains als »Wurzen« bezeichnet werden und in Hollywood den hübschen Namen »cameo roles« tragen – kurze, prägnante Auftritte.

Damals sang ich noch weiter einige Hauptpartien, zumal Herodias und Klytämnestra, doch auch die kleineren Rollen bereiteten mir nicht nur Vergügen, sondern kamen auch meinem Einkommen zugute.

Die Mutter in *Hänsel und Gretel* zum Beispiel war eine Rolle, die ich

Götz Friedrich hielt die Laudatio, als mir die Wilhelm-Pitz-Medaille verliehen wurde. Als Gäste Wolfgang Wagner und Maestro Pitzs Witwe, meine liebe Freundin Erna.

viele Jahre hintereinander im Rahmen der Weihnachtsvorstellungen der Bayerischen Staatsoper sang.

Obwohl die sehr wagnerhafte Partitur und der starke Tobak der sozialen Anklagen, die Hänsel und Gretels Eltern ausstoßen, diese Oper nicht ausgesprochen für Kinder geeignet erscheinen lassen, kamen die Kleinen Jahr für Jahr in hellen Scharen ins Theater und erteilten uns Darstellern Anschauungsunterricht in Unbestechlichkeit, die man mit einem Kinderpublikum immer erlebt.

Wenn man sie überzeugen kann, dann gehen sie mit einem durch dick und dünn, klopfen mit ihren Füßen den Takt zum Tanz der Kinder, bemitleiden die Eltern des Geschwisterpaares und erschauern beim Anblick der bösen Hexe.

Wenn es nicht gelingt, sie zu überzeugen, lassen sie einen das sehr schnell merken, werden unruhig und beginnen zu schwatzen, und man könnte sich genausogut abschminken und sogleich nach Hause gehen.

Hänsel und Gretel machte mir besonders Spaß, weil einige sehr enge Freunde mitwirkten. Dazu zählten Helena Jungwirth und Marianne Seibel in den Titelrollen und David Thaw, ein glücklich verheirateter

403

Ich wurde gebeten, den Namen des neuen Cafés von Michael Käfer (l.)
in August Everdings (r.) herrlich rekonstruiertem Prinzregententheater
in München aus dreihundert Einsendungen eines Wettbewerbs auszuwählen.
Wir entschieden uns für »Prinzipal«.

Mann, in der für ihn untypischen Transvestitenrolle als verschlagenste aller Hexen, alles unter der musikalischen Leitung von Heinrich Bender.

Herbert Lists Inszenierung ist im höchsten Grade kinderfreundlich und seit der ersten Vorstellung 1965 bis heute unverändert im Repertoire geblieben.

Zu Weihnachten gab es jedesmal eine Kinder-Matinee. Am Ende der Vorstellung wurden große Mengen Lebkuchen – gestiftet von einer örtlichen Großbäckerei – an die Mitglieder des Kinderchors verteilt, die ihrerseits die Körbe mit dem Gebäck unter den Kindern im Publikum herumreichten. Dieser bezaubernde Brauch trägt nach wie vor zu wirklich schönen Weihnachten für alle Beteiligten bei.

Eine der großen Enttäuschungen in meiner künstlerischen Karriere war, daß ich niemals die Rolle der Hexe sang. Sie war mir in einer zauberhaften, an Disney erinnernden Produktion angeboten worden, die ich an der Metropolitan in New York sah, aber ich wäre nicht in der Lage gewesen, all das irre Herumgehüpfe zu vollführen, das der Figur abverlangt wurde, und mußte den fliegenden Besen wendigeren Kolleginnen überlassen.

Oft besuchte die örtliche Prominenz mit ihren Kindern unsere Münchner Vorstellungen, darunter auch »Kaiser« Franz Beckenbauer, dessen Leistungen auf dem Fußballfeld und brillante Taktik als Trainer mich immer fesselten, wenn ich mir die Spiele im Fernsehen anschaute. In der Tat gab ich mein altes Schwarzweißgerät vor allem deshalb für einen Großbildfernseher in Zahlung, um Beckenbauer in Farbe spielen zu sehen. Mein Enthusiasmus für diesen eleganten Sportler erklärt, warum ich doppelt hingerissen war, als er meinen Kollegen Karl Helm bat, hinter die Bühne zu gehen und ihm mein Autogramm auf einem Plakat für seine Kinder zu besorgen. Irgendwann muß ich seines bekommen!

In der Eröffnungsvorstellung der Münchner Opernfestspiele 1975 zur Feier des achtzigsten Geburtstags von Carl Orff trat ich als Euridice in seiner *Antigonae* auf – einer erfreulichen, wegen der hohen Tessitura jedoch extrem schwierigen musikalischen Herausforderung.

Im Wagner-Repertoire reüssierte ich von der dritten Norn, die ich in Bayreuth gesungen hatte, in München zur ersten Norn – auf Wunsch von Wolfgang Sawallisch, der inzwischen Generalmusikdirektor der Bayerischen Staatsoper geworden war. Der *Ring* wurde von unserem Chef Günther Rennert inszeniert und lief von 1976 bis 1983. – Ich frage mich, warum ich es nie bis zur zweiten Norn schaffte.

Obwohl ich nie auch nur in der Nähe von Rußland gewesen bin, habe ich eine große Neigung für die russische Kultur im allgemeinen und die russische Musik im besondern entwickelt, und deshalb war es für mich sehr befriedigend, die Rolle der Gouvernante Filipjewna in einer deutschsprachigen Produktion von Tschaikowskijs *Eugen Onegin* darzustellen, der in München von 1977 bis 1979 auf dem Spielplan war. Die Hauptpartien sangen Hermann Prey in der Titelrolle, Julia Varady als Tatjana und Claes-Håkon Ahnsjö als Lenskij.

Da die Befriedigung, in einer Oper aufzutreten, viel mit der Qualität unserer Partner zu tun hat, war es mir ein besonderes Vergnügen, von 1980 bis 1982 die Marthe Schwerdtlein in einer Produktion der Bayerischen Staatsoper von Gounods *Faust* zu porträtieren, denn mein Partner in der Gartenszene war der feurige Bologneser Baßbariton Ruggero Raimondi als charmanter Teufel.

Die Marguerite war Mirella Freni, die so schön singt wie sie aussieht und obendrein eine liebenswürdige und liebevolle Person ist. Ich muß allerdings zugeben, daß einer ihrer Freundlichkeitsbeweise etwas an meinen Nerven zerrte.

Meine engsten Freunde wissen, daß an einem Vorstellungstag automatisch »Zutritt verboten!« gilt, daß ich nicht ans Telefon gehe und mich völlig auf die kommende Aufgabe konzentriere. (Diese Regel gilt auch, sobald ein wichtiges Fußballspiel im Fernsehen übertragen wird.) Besonders während der Stunden vor der Vorstellung brauche ich die Ungestörtheit meiner Garderobe, um mich auf den Abend vorzubereiten. Während die Mitglieder der Besetzung gern kurz vorbeischauen können, um die eine oder andere Stelle zu diskutieren, wünsche ich niemand anderen zu sehen, bis die Vorstellung zu Ende ist und ich wieder in Straßenkleidung vorzeigbar bin.

Signora Freni ist wie so viele Italiener ein rückhaltloser Familienmensch und niemals glücklicher, als wenn sie von liebevollen Verwandten umringt ist, sogar in der Garderobe in der Oper. Merkwürdigerweise ist das Nationaltheater, das bezüglich seiner technischen Einrichtungen zu den großen europäischen Häusern zählt, mit seinen Garderoben äußerst knapp dran. Das bedeutete, daß ich mich auf meine Rolle vorbereiten mußte, während nebenan in Frenis überbevölkerter reisender Residenz ein lautes Familienfest stattfand, das wortstark bis zum Aufgehen des Vorhangs andauerte.

Im Jahr 1981 kehrte ich zum *Holländer* zurück, diesmal als Mary, die nach meiner Auffassung die einzige »normale« Gestalt in einer ansonsten hirnrissigen Produktion eines jungen Bühnenbildners war, der damals seine Ambitionen als Regisseur anmeldete.

Kurz vor Beginn der Proben wurde uns mitgeteilt, daß der neue Regisseur eine Zusammenkunft mit der Besetzung wünsche, um ihr sein Konzept der Oper zu präsentieren. Da ich zu diesem Zeitpunkt auswärts gastierte, schlug ich vor, ihn später zu treffen, und wir einigten uns auf einen Termin.

Zur festgesetzten Stunde erschien ich beim Bühnenpförtner und war erstaunt zu erfahren, daß der Regisseur in der Kantine sei. Da ich ernsthafte künstlerische Dinge dort nicht erörtern wollte, bat ich den Pförtner ihm mitzuteilen, daß ich mich oben in einer der Damengarderoben aufhielte, wo er sich gerne einfinden könne. Schließlich beehrte er mich mit seinem Erscheinen, im Schlepptau ein halbes Dutzend Leute, offenbar seine Assistenten. Er fragte mich, ob mich die Anwesenheit seiner Mitarbeiter störe, und da wir nichts zu verbergen hatten, sagte ich ihm, daß sie meinetwegen bleiben könnten.

Darauf begann er, mich in seinem Konzept zu unterweisen. Er sehe den *Holländer* als eine soziale Allegorie, als Konflikt zwischen einer schönen neuen Welt, die gegen die Restriktionen des bürgerlichen Establishment ankämpfe. Meine Rolle, Mary, solle die repressive alte Zeit verkörpern, während Senta für die neue Generation stehe und alles daransetze, die Fesseln zu sprengen. Der Holländer andererseits sei aus seiner Sicht geradezu darauf erpicht, wieder in die bürgerliche Zivilisation »zu plumpsen«, aus der er so lange verbannt gewesen war. – Alles sehr mit der Nase im Trend!

Während er mir seine – meiner Meinung nach an den Haaren herbeigezogene – Theorie erläuterte, gingen meine Gedanken zurück zu all den Jahren, in denen ich die weibliche Hauptrolle studiert und gesungen hatte, beginnend mit den Paukereien in jenem heißen Sommer, manchmal bis nach Mitternacht, mit Mutter und den Krügen Limonade auf der Feuertreppe in Greenwich Village. Ich erinnerte mich, wie ich mich abmühte, die Partitur vor der entscheidenden Rückkehr Maestro Weigerts von der Westküste in den Schädel zu kriegen. Und an die vielen Auftritte als Senta an der Metropolitan, in Bayreuth und an anderen Orten. Wie kam es, fragte ich mich allmählich, daß dieser Aspekt des Werks mir bis zu diesem Augenblick so völlig entgangen war?

Unser Regisseur holte mich vehement in die Gegenwart zurück, indem er alle Einzelheiten des Bühnenbilds erläuterte, das Wagners ursprünglichem Plan folgte, das Stück in einem einzigen, ununterbrochenen Akt ablaufen zu lassen. Die erste Szene in der sturmgepeitschten Bucht sollte durch mehrere Persennings angedeutet werden, die über die Stühle und Tische des bürgerlichen Wohnzimmers vom zweiten Akt gespannt waren und den Sandstrand bedeuteten, mit aufsteigendem Dampf als Nebel, der sich stets nach einem Seesturm bildet. Am Ende dieses Bildes sollten die Persennings rasch weggezogen werden und den Blick auf die bornierte Atmosphäre eines Mittelklasse-Salons freigeben, aus dem auszubrechen Senta fest entschlossen ist.

Ehrlich gesagt, hatte ich nach dieser einstündigen Präsentation den Eindruck, daß es sich um eine sehr interessante neue Sicht handle, zumindest was die Ausstattung betraf. Mehr noch, der Mann wirkte sehr überzeugend, als er die verschiedenen Möglichkeiten aufzählte, die ein solches Konzept bot.

An diesem Abend ging mir zu Hause der Gedanke durch den Kopf: Verfügte er auch über das entsprechende Regiehandwerk und die Fähigkeit, dieses Konzept zu realisieren? – Wie die Premiere zeigte, war die Antwort leider: nein.

Im ersten Akt bekam das Publikum anfangs die ziemlich glaubhafte Illusion eines Dünenstrands geboten, mit vertäuten Trossen als einzigem Anzeichen für die Anwesenheit hochseetüchtiger Schiffe. Diese Illusion wurde peinlich zerstört, als sich der junge Steuermann auf eine der vorgeblichen Sanddünen setzte, die Persenning hochrutschte und die Beine des Stuhls enthüllte, auf dem er saß, wodurch die Dekoration das Aussehen eines Möbelhauses mit Schutzbezügen über der Ware bekam.

Dann beschloß der Dampf, seinen eigenen Weg zu nehmen. Statt aus den unteren Regionen hochzuziehen und die Szene in Nebel zu hüllen, wehte er beiläufig von der Bühne hinunter in den Orchestergraben zu Professor Sawallisch, sehr zum Mißvergnügen des Dirigenten.

Mary im »Fliegenden Holländer«, scheel den bühnenfüllenden Flop der Produktion von Herbert Wernicke beäugend.

Als die bürgerliche Moral schließlich in der Form von Dalands Wohnzimmer im zweiten Akt ihren unheilvollen Einzug hielt, baumelten die Trossen hinter einem großen Fenster noch immer in die Szene.

Am Ende der Oper, während eines Festes für die heimgekehrten Seefahrer, das aus irgendeinem merkwürdigen Grund im Wohnzimmer des zweiten Akts stattfand, beging Senta entgegenkommenderweise – und für mich unplausibel – Selbstmord, indem sie sich mit einem Messer von einem der Gedecke erstach, damit ihrer beschränkten bürgerlichen Umgebung entfloh und zugleich den Holländer von dem Fluch, den er auf sich geladen hatte, befreite.

Statt Wagners Apotheose der Erlösung erlebte das ratlose Publikum, wie der Holländer – ohne Notiz von Sentas Leiche zu nehmen – in die Mittelklassegesellschaft zurückkehrte, indem er sich lässig in den nächsten Sessel warf!

Vielleicht war die Auffassung unseres Regisseurs von dieser Oper weniger romantisch und hatte mehr Bezug zur gegenwärtigen Gesellschaft, als es die ursprüngliche Intention des Komponisten gewesen war. Andererseits ist jedoch die Erlösung eines gequälten Mannes durch das selbstlose Opfer der Frau, die ihn mitleidvoll liebt, ein zentrales Thema, das sich durch Richard Wagners gesamtes Œuvre zieht und von zeitloser Bedeutung bleibt. Indem er diese Schlüsselmetapher verdrehte, tauschte der Regisseur mutwillig eine ewige Wahrheit für eine plump behauptete gesellschaftliche »Aussage« ein.

Weil er überdies ganz offensichtlich die technischen Details seiner Produktion nicht im Griff hatte, ging das ganze Konzept – was es auch wert sein mochte – total über Bord. Das Publikum wurde in völliger Verwirrung entlassen, und Frau Sawallisch brachte vermutlich den Frack ihres Mannes auf schnellstem Wege in die chemische Reinigung.

Nicht nur das Publikum reagierte ratlos auf diese Produktion. Die Kritiker waren ebenso konsterniert. Reinhard Beuth empfahl in der »Welt«: »... man sollte ganz einfach die Augen davor schließen und diesen fürchterlichen Wust vergessen«, und Beate Kayser schrieb in der Münchner »tz«, nachdem sie einige der Abweichungen des Regisseurs von der Geschichte angeführt hatte: »Von solchen halbdurchdachten Einfällen wimmelt das Stück.« Professor Joachim Kaiser meinte über unseren Regisseur in der »Süddeutschen Zeitung«: »Wenn [Herbert] Wernicke das Stück nicht mag, dann müßte er andere Werke inszenieren.«

Als Beitrag zu dieser Kontroverse stand bei der Premiere eine

Gruppe von Musikliebhabern vor dem Theater und verteilte Handzettel mit dem Text: »Leider ist es uns nicht gelungen, ein zur Inszenierung von Herrn Wernicke passendes Stück ausfindig zu machen. – Die Intendanz.«

Wie Dante Alighieri es bereits ausdrückte: »Laßt, die ihr eintretet, alle Hoffnung fahren.«

Bei den Schlußvorhängen bemerkte ich schockiert, daß der Donner des Mißfallens, der sich gegen Wernicke bei seinen Soloverbeugungen richtete, seine Geister zu beflügeln schien. Das deutete darauf hin, daß ihm der Skandal, den er provoziert hatte und der schließlich seine Karriere in Gang setzte, offensichtlich wichtiger war als alles andere.

Was mich betraf, sang ich die nächsten fünf Jahre hartnäckig weiterhin meine »altmodische« Mary mit allem Wagnerschen Aplomb, der mir zu Gebote stand, bis auch die Produktion barmherzigerweise in Dunst aufging.

Aase, die Mutter von Peer Gynt in Werner Egks gleichnamiger Oper, die in München vom 19. Februar 1982 bis zum 1. Februar 1986 lief, war ebenfalls eine interessante Aufgabe, trotz (oder vielleicht sogar wegen) der recht verworrenen Regieanweisungen, die uns Kurt Horres zu entziffern gab. In die Pflichten am Pult teilten sich die Maestri Wolfgang Sawallisch und Heinrich Bender.

Die Besetzung umfaßte einige sehr gute Sänger, Hermann Becht in der Titelrolle, Lilian Sukis und Marianne Seibel alternierend als Peers abendfüllend leidensfähiger heimatlicher Schatz Solvejg, und einen vitalen Neuzugang aus Michigan mit einer aufregenden Sopranstimme in der attraktiven Rolle der Rothaarigen. Ihr Name war Cheryl Studer.

Am 17. Dezember desselben Jahres wie die *Peer Gynt*-Premiere brachten wir zwei Opern aus Puccinis *Trittico* heraus, *Il tabarro* und *Gianni Schicchi*, hervorragend dirigiert von Maestro Sawallisch, der eine große Liebe für die italienische Sprache hegt. Die Einakter wurden brillant von Tito Gobbi inszeniert, einem der großen Interpreten des Michele und des Schicchi in der Geschichte des *Trittico*.

In seiner Autobiographie »Tito Gobbi on His World of Italian Opera« schrieb er über unsere Münchner Produktion: »Für *Gianni Schicchi* hatte ich den authentischen Toskaner Rolando Panerai als Schicchi, die bezaubernde Lucia Popp als seine Tochter, während Zita keine andere als die prächtige Astrid Varnay war.«

Eine der größten Freuden in dieser Produktion war die Chance, die italienische Körpersprache in Gesten und im mimischen Ausdruck einzusetzen, um der Darstellung meine eigene »toskanische Authentizität« zu verleihen. Mein Leben unter den Italoamerikanern in New York kam mir in dieser Oper abermals sehr zustatten.

Ein knappes Jahr später, am 18. Dezember 1983 war ich die Juno in einer deutschsprachigen Produktion von Offenbachs *Orpheus in der Unterwelt* an der Deutschen Oper Berlin, inszeniert von Götz Friedrich und dirigiert von Jesús Lopez-Cobos.

Mein Gemahl Jupiter war Hans Beirer, mein Partner aus Wagnerzeiten und bei den zwei Fernsehproduktionen von *Salome* und *Elektra*, in denen er Herodes respektive Aegisth sang.

Wenn Hans Beirer nur hätte singen dürfen, hätte er wohl keine Probleme gehabt. Aber er hatte große Schwierigkeiten, sich den gesprochenen Dialog zu merken, und da uns die Regie weit weg vom Souffleurkasten plaziert hatte, mußten sich alle auf der Bühne – und zumal ich als die zänkische Gemahlin des Obergottes – in dem Spiel abwechseln: »Was mag wohl Jupiters Sinn bewegen?«, einer Art informeller Souffliehilfe.

Um unseren Verdruß noch zu vergrößern, wurde die Operette am ersten Weihnachtsfeiertag vom Fernsehen im gesamten deutschsprachigen Raum übertragen. Einige meiner Freunde, die sich die Sendung in München anschauten, sagten mir später, wie sehr sie über meine Vielseitigkeit gestaunt hätten, die Funktionen einer Sängerin, Schauspielerin und Souffleuse in einer einzigen Darstellung zu vereinen.

Am 26. Mai 1984 war ich in München mit meiner ersten und einzigen reinen Sprechrolle konfrontiert, der Mutter Weinfaß, dem Symbol von Frankreichs Fruchtbarkeit, in August Everdings Inszenierung von Arthur Honeggers Oper/Drama/Oratorium *Johanna auf dem Scheiterhaufen* nach der Dichtung von Paul Claudel.

Die Produktion verschaffte mir die Gelegenheit, mit zwei großen Künstlern des Sprechtheaters auf der Bühne zu stehen: Andrea Jonasson in der Titelrolle und Christian Quadflieg als Bruder Dominik (ihr Beichtvater).

Am 6. Juli 1985 trat ich in einer Inszenierung von Jean-Pierre Ponnelle zum ersten Mal als die Theatergarderobiere in Alban Bergs *Lulu* auf. Es dauerte schier eine Ewigkeit, die kleine Rolle zu erlernen, doch sobald ich die Kniffligkeiten gemeistert hatte, hatte ich sehr viel Freude an meiner Arbeit.

Jean-Pierre Ponnelle war ein großartiger Bühnenbildner, der sich zum brillanten Regisseur entwickelt hatte. Sein Reichtum an szenischen und Regie-Einfällen verlieh jeder Produktion, die er anfaßte, eine goldene Patina. In der Tat hat die Arbeit dieses Mannes inzwischen den Status einer Opernlegende angenommen. Ich bedaure es überaus, daß seine *Tristan und Isolde*-Inszenierung an der Deutschen Oper am Rhein und die Münchner *Lulu* die einzigen Gelegenheiten waren, bei denen ich mit dem verstorbenen Meisterregisseur arbeiten konnte.

In den meisten Produktionen von *Lulu* sitzt die Theatergarderobiere einfach da, bis sie zu singen hat, oder sie rennt auf die Bühne, um zu melden, daß Lulu gerade ohnmächtig geworden ist, singt in dem kurzen Ensemble mit und geht wieder ab. In Jean-Pierres Produktion formten wir gemeinsam eine dreidimensionale Figur, die während der ganzen Garderobenszene nachdrücklich anwesend ist. Ich war von Anfang bis Ende beschäftigt: versorgte Lulus Kostüme, hängte sie über den Wandschirm, bürstete mit dem Ellbogen Flecke aus dem Hut der Diva, reagierte auf alles, was die anderen Figuren sagten ... und häkelte, um die wenigen restlichen Stellen zu füllen. Ponnelle wollte ursprünglich, daß ich stricke, aber weil ich das nicht kann, war er mit meinem Häkeln einverstanden.

Bei der Premierenfeier kam eine Dame an den Tisch, an dem ich mit einigen Freunden saß, und erkundigte sich, ob sie mich etwas unter vier Augen fragen dürfe. Sie sagte, sie und ihr Mann hätten gewettet, ob ich im Takt mit der Musik gehäkelt habe oder nicht.

Erinnern Sie sich: Diese Oper wurde von Alban Berg komponiert! Als ich merkte, wie überzeugt sie war, daß meine Häkelnadel im Tempo mit der komplizierten Partitur gesaust sei, während ihr Mann genauso sicher war, daß meine Handarbeit rhythmischer »Eigenbau« gewesen sei, beschloß ich, ihr ein aufregendes kleines Erlebnis zu bescheren, und versicherte ihr, daß sie völlig recht habe, worauf sie in einer Wolke von Glück über ihr scharfes Wahrnehmungsvermögen davonschwebte. – Als ich an diesem Abend nach Haus kam, schaute ich in den Spiegel, um nachzuprüfen, ob meine Nasenspitze länger geworden sei!

Bei den weiteren Vorstellungen waren alle Mitglieder der Besetzung dankbar, daß unser Regisseur sich nicht nur um die Produktion gekümmert, sondern auch Rücksicht auf uns genommen hatte.

Ein Großteil der Probenzeit bestand aus nackter Angst, teils wegen der Tücken der Partitur, doch ebenso wegen des spiegelglatten Büh-

*Eine Rückkehr nach Florenz auf der Bühne des Münchner Nationaltheaters:
als Zita in »Gianni Schicchi« unter der exquisiten Schirmherrschaft von
Tito Gobbi, einem meisterhaften Schicchi von früher.*

*Mein einziger Ausflug in die klassische Operette war die Juno
in »Orpheus in der Unterwelt« an der Deutschen Oper Berlin.*

413

nenbodens, auf dem wir schlitterten und ausrutschten, bis Ponnelle auf die Idee kam, den Boden aufzurauhen und allen, die die Möglichkeit hatten, zu empfehlen, ihre Schuhe mit Gummi besohlen zu lassen – eine notwendige Sicherheitsmaßnahme angesichts all der akrobatischen Kunststücke, die er choreographiert hatte.

Die Moral von der Geschicht: Wenn man ein gutes Konzept hat, ist es eine ebenso gute Idee, es bis zu den Schuhsohlen durchzuführen, anderenfalls man seine überragende Weltsicht ausschließlich sich selbst und seinen glühendsten Anhängern vermitteln kann.

Neunte Szene

Weg mit den schweren Geschützen!

Als die achtziger Jahre sich ihrem Ende zuneigten, durchsetzte ich meine zwei Strauss-Herrscherinnen mit einer wachsenden Anzahl von Cameo-Rollen.

Dazu kam ein letztes Mal eine Charakterhauptrolle, die Gräfin in Tschaikowskijs *Pique Dame*, die ich auf russisch an der *Opéra* in Marseille sang und in derselben Sprache beinahe am Münchner Nationaltheater.

Der Grund, warum ich die Partie in München *beinahe* sang, ist eines der bizarrsten Ereignisse in meiner Karriere. Als ich Ende 1984 das Angebot aus Marseille erhielt, war meine Kenntnis des Russischen gleich null, doch meine Vorliebe für Tschaikowskijs Musik und die Faszination, die die Figur auf mich ausübte, veranlaßten mich, die Herausforderung anzunehmen und wenigstens ein paar Brocken der Sprache zu lernen, samt der korrekten Aussprache, die ich für die Rolle nötig haben würde. Ich sicherte mir die Unterstützung eines Experten für russische Musik namens Alexander von Schlippe, eines Musikredakteurs beim Bayerischen Rundfunk, der in Dessau geboren und teils in Rußland aufgewachsen war.

Kurz nachdem ich mit der Arbeit an der Partie begonnen hatte, entdeckte ich, daß die Bayerische Staatsoper eine Neuproduktion der Oper vorbereitete. Außer der Lisa, Julia Varady, die Russisch in der Schule in ihrer Heimat Siebenbürgen gelernt hatte, waren die Hauptrollen ausschließlich mit Sängern aus der noch intakten Sowjetunion besetzt. Der Dirigent, der Regisseur und der Bühnenbildner waren ebenfalls Sowjetbürger.

Eines Nachmittags lief ich Otto Herbst über den Weg, und er bat mich in sein Büro – nur um ein wenig zu plaudern. Unter dem Motto »Was gibt's Neues?« erzählte ich ihm, daß ich für Marseille *Pique Dame* vorbereite, worauf er meinte, das sei gut zu wissen, was immer er damit auch sagen wollte.

Kurz darauf stellte sich der Grund für diese etwas rätselhafte Reaktion heraus. Offenbar hatte die Dame, die als Gräfin besetzt war, vorrangige Verpflichtungen an einem anderen Theater, die jedoch nicht mit den Proben- und Vorstellungsdaten in München kollidierten. Kurz nach Probenbeginn im Nationaltheater wurden allerdings die Termine in dem anderen Haus überstürzt geändert, und die Sängerin mußte feststellen, daß sie nicht für alle Proben mit der Münchner Besetzung zur Verfügung stehen könne.

Daraufhin zitierte mich Herr Herbst in aller Eile wieder in sein Büro, informierte sich, ob ich die Rolle schon auf russisch drauf hätte, und fragte darauf, ob ich bereit sei, dem Theater zu helfen und bei ein paar Proben für die fragliche Dame einzuspringen. Wir schlossen also eine Art Kuhhandel ab: Während ich für diese Proben nicht entlohnt wurde, würde meine Rolle andererseits fest in meinem Gedächtnis verankert sein, bevor ich nach Frankreich ging.

Als sich die Probenzeit dem Ende näherte, trat Herbst abermals an mich heran, nachdem er gerade erfahren hatte, daß das Theater auch für die Hauptprobe über keine Gräfin verfügen könne. Wäre ich bereit, diese Probe ebenfalls zu absolvieren? Die vorhergehenden Proben seien *eine* Sache, antwortete ich, aber wenn ich auch die Hauptprobe singen solle, dann erwarte ich dafür eine angemessene Vergütung. Schließlich ist das eine Situation wie bei einer Vorstellung, komplett in Kostüm und Maske. Das Theater erklärte sich mit einer vollen Vorstellungsgage einverstanden.

Stellen Sie sich jedermanns Verblüffung vor, als Madame mitteilte, daß sie auch für die *Generalprobe* nicht zur Verfügung stehe! Wenn ihr früheres Fernbleiben vielleicht verzeihlich gewesen war, so war meiner Meinung nach das Ansinnen, jemand anderen eine Generalprobe vor geladenem Publikum in einer neuen, diffizil inszenierten Produktion singen zu lassen, völlig unprofessionell, es sei denn, sie wäre plötzlich erkrankt.

Um nur ein Beispiel für die vertrackte Inszenierung zu nennen: Ich mußte eine wacklige Treppe von der Unterbühne emporklimmen,

Münchens Verlust war Marseilles Gewinn:
die alte Gräfin in »Pique Dame«.

um die Illusion zu vermitteln, daß wir aus einem unteren Geschoß in die Wohnräume gekommen seien. Ich fragte mich ernsthaft, wie die russische Dame diesen heiklen Auftritt ohne eine Probe schaffen würde. Doch mir wurde versichert, daß sie überaus zuverlässig sei, die Rolle schon viele Male gesungen habe und problemlos mit allen Gegebenheiten der Produktion fertigwerden würde.

Es ist eigentlich ein Theatergesetz, daß der Sänger der Generalprobe auch die Premiere singt. Deshalb nahmen bei der Generalprobe einige Choristinnen, als sie mich auf der Bühne sahen, selbstverständlich an, daß ich auch die erste Vorstellung singen würde, und drückten mir ihre Freude darüber aus. Zu meinem Bedauern mußte ich ihnen mitteilen, daß dies nicht der Fall sei. Sie betrachteten das alle als einen Affront gegen ein respektiertes langjähriges Mitglied des Ensembles und sagten das auch in aller Deutlichkeit. Ich beruhigte sie und versicherte ihnen, daß ich für meine Dienste bei der Probe honoriert werde, aber sie fanden, daß es darum nicht ginge.

Doch es wurde noch schlimmer, als ein Fotograf eine Reihe von Aufnahmen für die Schaukästen an der Front zur Maximiliansstraße machte und mich ersuchte, meinen Kopf ein wenig zur Seite zu drehen, damit die Leute mein Gesicht nicht erkennen könnten. Auf eine derart billige Behandlung hätte ich nun wirklich gerne verzichtet!

Obwohl Otto Herbst mit mir nie die Möglichkeit diskutiert hatte, mich eine Vorstellung singen zu lassen, fühlte er sich doch verpflichtet, mir mitzuteilen, daß die Dame »einflußreiche Freunde an den höchsten Stellen« in der Sowjetregierung habe. Wenn sie sich brüskiert fühle, wäre sie sehr wohl in der Lage, die anderen Russen in der Besetzung zu blockieren und damit weitere Vorstellungen zu sabotieren.

Zum ersten Mal in meinem Leben war ich zwischen die politischen Mühlsteine geraten und darüber, offen gesagt, aus der Fassung, obwohl ich für die Situation des Theaters Verständnis hatte.

Später fand ich heraus, daß Alexander von Schlippe die Dame persönlich angesprochen und ihr ans Herz gelegt hatte, auf eine der Vorstellungen zu verzichten – als Anerkennung meines Status am Theater und meiner Gefälligkeit, die Proben für sie zu übernehmen. Doch das kam für sie überhaupt nicht in Frage. Sie nahm für sich in Anspruch, daß die Rolle ihr gehöre, und bestand – obwohl sie keine einzige Probe mitgemacht hatte – starrsinnig darauf, alle Vorstellungen zu singen.

Münchens Verlust war Marseilles Gewinn. Die dortige Premiere am 20. Februar 1985 und die weiteren drei Vorstellungen waren ein uneingeschränkter Erfolg.

Offensichtlich hatte ich meine Hausaufgaben gut gemacht, denn nach der Premiere erwartete mich ein reizendes älteres Paar am Bühneneingang und plauderte mit mir enthusiastisch auf russisch, worauf ich auf französisch erwidern mußte, daß ich die Sprache leider nicht gut genug beherrsche. Sie schauten mich mit großen Augen an und riefen aus: »Aber das ist doch nicht möglich! Sie haben sie gerade perfekt gesungen!«

Als ich nach München zurückkam, drückten mir zwei Chordamen ihr Bedauern darüber aus, daß ich nicht die Münchner Premiere gesungen habe, und teilten mir mit, daß die russische Diva den Auftritt über die wacklige Treppe löste, indem sie sich stur über die Inszenierung hinwegsetzte und einfach aus der Kulisse auftrat. Sie zog es außerdem vor, die alte Gräfin als viel jüngere Frau zu spielen, aus Gründen, die sie niemandem enthüllte.

There's *no* business like show business!

Im Jahr 1987 fügte ich meinem Repertoire in Carl Orffs *Ludus de nato infante mirificus* für das ZDF mit der Erdmutter eine Rolle hinzu, die für alle Welt wie eine Baßrolle klang. Ich studierte die Musik in der Mezzolage, für die sie dem Anschein nach geschrieben war, doch der Dirigent fragte mich, ob ich in der Lage sei, die ganze Rolle eine Oktave tiefer zu singen als in der Partitur angegeben. Obwohl ich über diese Bitte verblüfft war, sagte ich, ich würde es versuchen. Es funktionierte, und das Ergebnis wurde im Fernsehen gebracht. – Zur Klarstellung: Das ist keine technische Zauberei, sondern wirklich meine eigene Stimme!

Ich hatte in München und an anderen Häusern noch immer Verträge für eine Reihe von *Elektra*-Vorstellungen, und da die Klytämnestra meine letzte Hauptrolle war, war ich entschlossen, sie so lange wie möglich zu behalten.

Um dem Leser einen Eindruck von dieser Entschlossenheit zu geben: Eine Vorstellung fand an einem der kältesten Novembertage seit Menschengedenken statt, was eine weniger tatkräftige Darstellerin wohl aus dem Konzept gebracht hätte. Als ich an diesem Morgen aufstand, wurde im Radio gemeldet, daß es solch tiefe Temperaturen in München seit dreißig Jahren nicht mehr gegeben habe. Am Nachmittag überflutete ein heftiger Regenguß die Straßen, und die Fahrbahnen waren im Nu spiegelglatt. Mein Patensohn Matthias kam vorbei, um mich davor zu warnen, selbst ins Theater zu fahren. In der Tat forderten Bus- und Straßenbahnfahrer ihre Fahrgäste auf, auszusteigen und zu Fuß zu gehen, weil sie für ihre Sicherheit nicht garantieren könnten.

Ich rief sofort Otto Herbst an, um ihn über die Situation zu unterrichten. Er sagte mir, ich solle mich nicht von der Stelle rühren, er werde dafür sorgen, daß ich abgeholt würde. Das Auto kam nie an. Später erfuhr ich, daß der Fahrer ausgestiegen war, um den Straßennamen zu kontrollieren, prompt ausglitt, sich das Knie verletzte und ins Krankenhaus gebracht werden mußte.

Doch Herbst war nach wie vor zuversichtlich, daß ich es schaffen würde, zur Vorstellung zu kommen. Allerdings muß ich zugeben, daß ich an seinem Verstand zweifelte, als er beiläufig ankündigte, daß er mir ein Feuerwehrauto schicken werde. Doch er hielt Wort. Es handelte sich natürlich nicht um ein Feuerwehrauto mit allem Drum und Dran, sondern um eines jener Fahrzeuge, die speziell dafür ausgerüstet sind, auf fast jedem Terrain zu einem Brandherd zu gelangen.

Als das Fahrzeug kam, war gerade unser Hausverwalter unten. Er half mir von der Haustür bis zum Wagen und beim Einsteigen, worauf das Fahrzeug zu starten versuchte, aber nicht einmal aus der Parklücke kam. Ein Nachbar hatte die mißliche Lage vom Fenster aus beobachtet und kam uns zu Hilfe. Er und der Hausverwalter schoben uns auf die Straße, worauf wir mit Rotlicht in Richtung Theater zu schleichen begannen.

Während wir uns vorsichtig in Richtung Stadtmitte bewegten, fing ich an, mir laut Sorgen über die vorrückende Zeit zu machen. Der Fahrer fragte beiläufig, was denn im Nationaltheater los sei. Ich antwortete »Elektra«, und er sagte: »Was ist das?«

Um meine und seine Nerven zu beruhigen, begann ich, ihm die Handlung der Oper zu erzählen. Plötzlich unterbrach ich meine Geschichte, als wir am Übungsfeld einer der örtlichen Fußballmannschaften vorbeikamen. Ich sah, daß alle Spieler in dieser erbärmlichen Kälte ihr reguläres Training absolvierten. Wenn sie es draußen aushielten, sagte ich mir, dann könne ich wohl meinen Auftritt in einem geheizten Theater machen.

Als wir schließlich am Bühneneingang ankamen, fuhr der Fahrer den Wagen sogar auf den Gehsteig, so daß ich nur ein winziges Stück bis zum Eingang zurücklegen mußte. Ich hatte gerade noch Zeit, um ihm mit einem großzügigen Trinkgeld zu danken.

Als ich in meine Garderobe eilte, sagte meine Garderobiere Hilde Bauer den Damen der Besetzung, sie sollten die Ruhe bewahren, denn es war inzwischen 19 Uhr 40, und der Vorhang hatte um 20 Uhr 10 aufzugehen. Ich mußte mich also beeilen, um rechtzeitig fertigzuwerden.

Um keine Zeit zu verlieren, entschloß ich mich, ganz auf das Make-up zu verzichten und mich drauf zu konzentrieren, in das komplizierte Kostüm zu kommen und die Perücke mit der Krone aufzusetzen. Darauf nahm ich einen Augenbrauenstift, betonte meine Lider und Brauen, trug eine starke Schicht Lippenstift auf und begab mich sofort in den Bühnenbereich, um auf meinen Auftritt zu warten. Mein Adrenalinspiegel war zu diesem Zeitpunkt so hoch, daß ich das Gefühl hatte, nur auf der Bühne könne ich es überhaupt schaffen, mich zu beruhigen, bevor es ans Werk ging! Natürlich hatte ich meine Stimme zu Hause aufgewärmt, während ich auf ein Transportmittel wartete.

Das ganze Orchester hatte es ins Theater geschafft, obwohl viele Musiker eingefleischte Vorstadtbewohner waren, und auch der Chor war fast vollzählig.

Das Theater hat eine Kapazität von 2 100 Plätzen, aber an diesem

Abend war es nur einem Drittel der Zuschauer gelungen, diese Plätze auch einzunehmen. Doch da sie die gefährliche Expedition ins Opernhaus bewältigt hatten, war jedes Mitglied der Besetzung entschlossen, dafür zu sorgen, daß sie die beste Vorstellung bekamen, zu der wir fähig waren, und sie machten mit ihrem Enthusiasmus zweifellos wett, was ihnen an Zahl fehlte.

Als wir nach der letzten Verbeugung zurückkamen, empfing mich eine der Garderobieren mit den Worten: »Aber Sie können nicht nach Hause!« Sie hatte recht. Die Feuerwehr hatte mich zwar hergebracht, aber es war keine Vorkehrung getroffen worden, mich auch wieder zu Hause abzuliefern. Also schlugen die Garderobieren vor, ich solle mich einfach auf einer Couch in der Garderobe ausstrecken. Sie würden für ein paar Decken sorgen, damit ich mich für die Nacht in dem ungeheizten Theater gut einpacken könne.

Mitten in dieser Konfusion schaute jemand aus dem Fenster und entdeckte, daß das Eis völlig verschwunden war. Offensichtlich hatte es einen Wetterumschwung gegeben, oder aber das leidenschaftliche Feuer unserer Vorstellung hatte mit dem Eis kurzen Prozeß gemacht.

Am nächsten Morgen brachten alle Zeitungen meine Ankunft mit dem Feuerwehrfahrzeug groß heraus – also belohnten mich wenigstens gute Schlagzeilen für meine Entschlossenheit.

War dieses Erlebnis gefahrvoll, so war das, was sich während einer Vorstellung derselben Oper in der Pariser Grand Opéra 1975 abspielte, ausgesprochen traumatisch gewesen.

Ich war engagiert worden, die Klytämnestra im Palais Garnier in einer wahrhaften King-size-Besetzung zu singen: Birgit Nilsson und Leonie Rysanek waren meine Töchter, Hans Sotin sang den Orest und Richard Lewis den Aegisth in einer Inszenierung von August Everding unter der musikalischen Leitung von Karl Böhm. Meine erste Vorstellung war am 11. April 1975.

Eine weitere Aufführung war als Höhepunkt einer jener großen Zeremonien auserkoren, die die Franzosen mit so viel Pomp zu inszenieren verstehen.

Der Anlaß war ein Staatsbesuch des deutschen Bundespräsidenten Walter Scheel bei seinem französischen Kollegen Président de la République Valéry Giscard-d'Estaing. Das Ereignis fand am 21. April statt und wurde in einer Ringsendung der Europäischen Rundfunkanstalten in vielen europäischen Ländern übertragen.

Normalerweise sind die Zuschauerräume so dunkel, daß die Sänger auf der Bühne das Publikum allenfalls als Schemen wahrnehmen, aber

all das Gefunkel *dieses* Publikums war einfach nicht auszublenden –
die Bühnenscheinwerfer reflektierten eine Überfülle blitzender Juwelen der Damen und die zahllosen Orden auf den Frackbrüsten der
Herren. Kurz, *le tout Paris* hatte es sich nicht nehmen lassen zu erscheinen.

Meine Szene mit Birgit verlief großartig. Dann ging ich von der
Bühne, um auf meinen Einsatz für die Schreie zu warten, die ich *in ex-
tremis* auszustoßen habe, wenn Orest mich ermordet.

Sotin trat auf, und er und Birgit sangen die kurze Szene, in der sie
herauszubringen versucht, wer wohl dieser geheimnisvolle Überbrin-
ger schlechter Nachrichten sein mag. Die Szene erreicht ihren Höhepunkt, als Elektra erkennt, daß ihr Bruder zurückgekehrt ist, und in
äußerster Ekstase in ihr »Orest!« ausbricht.

Dann gingen alle Lichter im Hause aus.

Ich entspannte mich gerade in meiner Garderobe und plauderte mit
einem der Regieassistenten, als die Glühbirnen an meinem Gardero-
benspiegel schwächer wurden und dann ganz ausgingen. Nur die rote
Notbeleuchtung funktionierte noch und ermöglichte es uns, uns vorsichtig bis hinter die Bühne vorzutasten.

Ich muß allen im Theater – und zwar auf beiden Seiten des Vorhangs – meine Hochachtung dafür aussprechen, daß an diesem Abend
keine Panik ausbrach. Das Orchester hörte auf zu spielen und wartete,
daß das Licht wieder anginge, während Dr. Böhm verblüfft auf die
dunkle Bühne starrte.

Inzwischen bot das Radio eine Anschauungsstunde zur unterschiedlichen Einstellung gegenüber Live-Sendungen in Frankreich
und Deutschland.

Einer meiner Freunde in München hörte, als der Strom im Theater ausfiel, im Radio einen lauten Knall und darauf die hektische
Stimme des französischen Ansagers, der den Hörern mitteilte, es habe
sich etwas Unerwartetes ereignet, und darauf *en detail* alles beschrieb,
was er von seinem Standort im dunklen Zuschauerraum wahrnehmen
konnte.

In Deutschland wurde seine aufgeregte Stimme langsam ausge-
blendet, und ein deutscher Ansager teilte so gleichgültig mit, als ob es
sich um die Durchsage eines Wetterberichts handelte, daß die Vorstellung in Paris unterbrochen worden sei und zu gegebener Zeit fortgesetzt würde. Diese beiläufige Bekanntgabe war die einzige Information, die es für die deutschen Hörer über den Stromausfall gab.

Nach schier endlosen Minuten der Funkstille wurde eine Aufnahme

Drei Bombenstimmen - Leonie Rysanek, Birgit Nilsson und ich. Es war jedoch nicht unser Gesang, der in Paris die Lichter ausgehen ließ.

von Strauss' *Tod und Verklärung* gespielt, die offensichtlich eilig aus dem Musikarchiv herbeigeschafft worden war, was meinen Freund vermuten ließ, daß ein Attentat stattgefunden habe. Ein anderer meiner Bekannten befürchtete, als er die ausgewählte Musik hörte, daß Professor Böhm am Pult zusammengebrochen sei.

Nach fast einer halben Stunde ging das Licht wieder an, der deutsche Sender nahm die *Verklärung* vom Plattenteller, schaltete zurück ins ferne Paris, und die Oper wurde da fortgesetzt, wo sie abgebrochen worden war. Allerdings mußte Birgit ihren »Orest«-Schrei wiederholen, um den szenischen Anschluß zu finden.

Am Ende dieses schauerlichen Abends wurde uns versichert, daß der Stromausfall lediglich durch eine Überlastung des Netzes verursacht worden sei, wodurch die Hauptsicherungen durchgebrannt waren. Ich habe das damals nicht geglaubt, und noch heute habe ich den Verdacht, daß Sabotage im Spiel war. Aber ich nehme an, daß niemand jemals erfahren wird, was wirklich geschah.

Jedenfalls verließen wir langsam das Theater, immer noch äußerst aufgeregt, und Birgit mit ihrem unnachahmlichen skandinavischen Sprachduktus milderte unsere Anspannung mit einer ihrer klassischen witzigen Bemerkungen, die, wie die meisten, auch diesmal finanzieller

422

Art war: »Wißt iihr, sie sollten mir etwas mehr bezahlen. Ich mußte das Wort ›Orest‹ einmal mehr siingen, als in der Partitur steht!«

Die letzte Vorstellung dieser Pariser Serie fand an meinem Geburtstag, dem 25. April, statt, und ich war die dankbare Empfängerin eines wunderbaren Geschenks in Form einer ganzen Vorstellung ohne Zwischenfall.

Zwölf Jahre später, Ende 1987, begannen die Probleme mit meinen Knien. Ich machte mir immer größere Sorgen, wie ich die Stufen bewältigen sollte, die vom Portal des Palastes zu der Stelle führen, an der Klytämnestra ihre Auseinandersetzung mit Elektra hat.

Einmal stolperte ich und fiel beinahe hin. Einen Sekundenbruchteil überlegte ich, wie ich den Sturz in meine Darstellung einbauen könne, doch ich fand mein Gleichgewicht wieder und beendete meinen Auftritt ohne weitere Probleme. Doch wie lang würde ich die physischen Risiken dieser Rolle noch eingehen können, während sich der Zustand meiner Kniegelenke verschlechterte?

Dann kam mir eine Entscheidung der Münchner Opernintendanz zu Hilfe. Die Münchner *Elektra*, die seit 1972 auf dem Spielplan stand, mußte gründlich aufgefrischt werden. Erst wollte das Theater eine neue Produktion, aber da sich das finanziell als nicht durchführbar erwies, beschloß man, die Oper kurz abzusetzen, Teile des Bühnenbildes und einige Kostüme zu restaurieren und sie am 5. April 1988 mit anderen Sängern in den Hauptrollen als Neueinstudierung herauszubringen.

Nach reiflicher Überlegung nahm ich diese Entwicklung zum Anlaß, mich mit meiner 121. und letzten Klytämnestra am 20. Januar 1988 von der Rolle zu verabschieden, die schweren Geschütze zum Schweigen zu bringen und meine Bühnenkarriere in Cameo-Rollen fortzusetzen.

Etwa zur selben Zeit fragte mich ein Herr namens Manfred Kreckel, ob er ein Fernsehporträt von mir drehen könne. Ich war, offen gestanden, von dieser Idee entzückt und doppelt erfreut, als die Bayerische Staatsoper die Genehmigung erteilte, Ausschnitte aus der Vorstellung am 20. Januar aufzunehmen, so daß wenigstens ein Teil meiner Münchner Klytämnestra in dem Porträt verwendet und damit der Nachwelt überliefert werden konnte.

Manfred Kreckel war sehr krank, als wir das Porträt machten. Bei einigen Drehs schwitzte er so stark, daß wir Pausen einlegen mußten, in denen sein Gesicht abgetupft und neues Make-up aufgelegt wurde und in denen er sich von der Arbeit erholen konnte, die für ihn furchtbar anstrengend sein mußte. Tragischerweise starb er, bevor das Porträt gesendet werden konnte.

Trotz all seiner gesundheitlichen Probleme erwies sich Kreckel jedoch als erstklassiger Fernsehprofi, und seine Interviews in privater Umgebung, in der Schneiderei und im Foyer des Theaters sorgten in Verbindung mit den Ausschnitten aus der *Elektra*-Vorstellung für eine hervorragend abgerundete Präsentation.

Das Porträt enthielt auch einen Moment, der, wie ich höre, eine Art Opernlegende geworden ist: mein triumphierend hysterisches Gelächter, als Klytämnestra die Nachricht erhält, daß Orest tot sei.

Unglücklicherweise führte die Meldung über meine letzte *Elektra*-Vorstellung zu einer peinlich falschen Berichterstattung seitens der Fernsehanstalt. Als ich die Sendung anschaute, war ich erst erstaunt, daß sie mitten in dem Programm »Mosaik« untergebracht war, einem regelmäßigen Magazin, das größtenteils Themen für Senioren gewidmet war – Pensions- und Versicherungstips, medizinischen Problemen und dergleichen – und gewöhnlich nur von der älteren Generation eingeschaltet wurde. Ich habe nie einen Grund gesehen, aus meinem Alter ein Geheimnis zu machen, aber trotzdem konnte ich nicht verstehen, was mein Jahrgang mit einer Sendung über meine Opernkarriere zu tun habe.

Ich bekam die Antwort, als die Moderatorin des Magazins, eine gewisse Ingrid Thomé, die ich weder vorher noch nachher jemals getroffen habe, verkündete, daß ich meine Tätigkeit auf dem Theater beendet habe, und mit der unfaßbaren Erklärung schloß, daß eine lange und bemerkenswerte Karriere in die Geschichtsbücher eingegangen sei. Ich war versucht, in meinem Terminkalender nachzuschauen, um mich zu überzeugen, daß meine künftigen Vorstellungstermine auch wirklich drinstanden.

Und als ob das noch nicht schlimm genug war, erklärte ich an einer Stelle des Interviews mit Manfred Kreckel, daß ich mit einer Reihe von wunderbaren Dirigenten und Regisseuren gesegnet gewesen sei, die alle bereit gewesen waren, unsere Zusammenarbeit auf der Bühne zu einer wirklich gemeinsamen Bemühung zu machen. Ich setzte dann hinzu: »Mit einer Ausnahme« und erwähnte anonym einen unnachgiebig autoritären Mann, der halsstarrig darauf bestanden hatte, daß alles nach seinem Kopf gehen müsse.

In einem unverzeihlichen Anfall von Gedankenleserei blendete die »Mosaik«-Redaktion einen Untertitel ein, der besagte, daß ich ganz offensichtlich Herbert von Karajan meine. Das war nicht der Fall. Und wenn ich den Namen hätte erwähnen wollen, hätte ich das auch getan!

Am 21. Mai 1988 kam eine weitere Janáček-Rolle dazu, die Zofe im dritten Akt der Oper *Die Sache Makropoulos*. Diese Cameo-Rolle bestand hauptsächlich aus einer musikalischen Plauderei mit Hildegard Behrens als Emilia Marrty, während ich ihr Haar kämmte.

Allmählich prägten sich meine Gehschwierigkeiten mehr und mehr aus, und Dr. Galli kam schließlich zu dem Ergebnis, daß die beste Möglichkeit, mit der Situation fertig zu werden, eine Operation sei. Das würde natürlich eine Genesungs- und Rehabilitationsphase nach sich ziehen, nach der keine Garantie bestand, daß ich wieder auf die Bühne zurückkehren könne.

Da ich am 15. September 1987 Mitglied des Lehrkörpers im Opernstudio geworden war, wußte ich, daß ich zumindest weiter einen sinnvollen Beitrag liefern könnte, wie immer das Ergebnis der Operation auch ausfallen würde.

Ich sang meine zwölfte und letzte *Makropoulos*-Vorstellung am 18. Juni 1989 bei den Münchner Opernfestspielen, unterrichtete bis zum Ende der Festspiele und wurde dann in das Bogenhausener Krankenhaus in München aufgenommen, wo Professor Werner Keyl am 20. Juli erst eine Arthroskopie an meinem linken Knie vornahm und am 24. Juli operierte.

Eine Zeitlang sah es nach dieser ersten Operation so aus, als ob ich es wirklich mit meiner Opernkarriere gut sein lassen könnte.

Ich hatte für 1990 noch einen Vertrag über zwölf Vorstellungen als Mamma Lucia und als *Makropoulos*-Zofe, doch ich mußte sie alle wegen meines körperlichen Defizits absagen. Das Gehen war zu diesem Zeitpunkt noch zu anstrengend, es gab keine Möglichkeit, das Treppensteigen von Mamma Lucia wegzulassen, ohne die Produktion zu entstellen, und es gehörte sich auch nicht, daß die Zofe das Haar ihrer Herrin kämmte, während sie sich auf einen Stock stützte. Also mußte ich passen.

Ich unterrichtete weiter im Studio, und dazu kam August Everdings »Singschul'«, eine einmonatige Meisterklasse im Sommer.

Am 16. Januar 1991 operierte Professor Keyl mein rechtes Knie, und ich mußte mich einer weiteren Rehabilitation unterziehen.

Es sah so aus, als ob ich mich allmählich in das Gefängnis meines Körpers zurückziehen müsse, doch abermals hatte die Dame Fortuna andere Pläne.

FÜNFTER AKT

Voraus in die Zukunft

ERSTE SZENE

Amme des Zaren

Nach fast fünf Jahrzehnten auf der Bühne hat die Rückschau etwas sehr Erfreuliches. Vorbei die Sorgen, wie man in einem knappen Zeitplan von einem Ort zum anderen gelangen kann. Auch die eigenen vier Wände gewinnen neue Bedeutung, wenn die Bewohnerin sich beim Erwachen nicht mehr überlegen muß, in welcher Stadt und in welchem Land sie sich gerade aufhält. Man kann ein Buch genießen, ohne dazu erst ein Flugzeug besteigen zu müssen. Die Probleme, sich für die nächste Vorstellung fit zu halten, werden etwas geringer, und eine Extraportion Pasta kann mit Genuß verzehrt werden – und ohne die geringsten Gewissensbisse.

Und noch besser: Ich konnte mir endlich den Wunsch erfüllen, mehr Vorstellungen in der Oper zu besuchen, ohne mir Gedanken über einen frühen Probentermin am nächsten Vormittag zu machen.

Und – Wunder über Wunder – es ging alles so unspektakulär vonstatten!

An der Metropolitan wird erzählt, daß Rudolf Bing die berühmte Zinka Milanov nach fast dreißigjähriger Tätigkeit mit der Frage überraschte, in welcher Oper sie ihre Abschiedsvorstellung geben wolle, worauf Mme Milanov angeblich erwiderte: »In kainer!« Sie zog sich darauf ohne weitere Förmlichkeiten umgehend und unauffällig vom Theater zurück.

Ich hatte es ebenfalls geschafft, mich ohne die üblichen »Ruhestands«-Rituale etwas in den Hintergrund zu verziehen. Es hatte keine rührseligen Zeremonien von Abschiedsvorstellungen gegeben, keine letzten Tourneen, keine sentimentalen Abschiedstränen, und auch das zweifelhafte Vergnügen, mir eine Reihe von Lobreden anhören zu müssen, war mir erspart geblieben.

Obwohl ich nicht das ehrliche und aufrichtige Bedauern beim Abschied eines verehrten Künstlers von der Bühne herabsetzen möchte, ist es fast unmöglich, diesen Anlaß ohne einen Anflug von Affektiertheit zu zelebrieren.

Zum Beispiel erinnere ich mich an die Zeit, als wir als Stehplätzler in der Metropolitan immer wieder zu unserer Bestürzung erfahren mußten, daß die jeweilige *Rosenkavalier*-Vorstellung von Madame Lotte Lehmann ihre letzte sein würde. Dieser Kummer zog sich über fünf Jahre hin, bis sie schließlich in der Town Hall ihren Abschieds-Liederabend gab. Ich hatte bereits damals beschlossen, daß ich mein Publikum niemals so unter Druck setzen würde – vorausgesetzt natürlich, daß ich überhaupt jemals ein Publikum hätte!

Meine Stimmung nach meiner letzten Klytämnestra grenzte an Euphorie ... und doch war irgendwo in meinem Hinterkopf ein kleines Jucken, das beharrlich darauf wartete, gekratzt zu werden.

Diesmal läutete das Telefon zur Abwechslung *nicht*.

Johannes Schaaf bereitete eine Neuproduktion von Mussorgskijs *Boris Godunow* vor und hatte Gerd Uecker – Otto Herbsts Nachfolger im Betriebsbüro – ersucht, mich auszuhorchen, ob ich bereit sei, die Rolle der »Njanja« zu übernehmen, der Amme im Zarenpalast.

Der Gedanke, mit Johannes Schaaf zu arbeiten, einem interessanten Schauspieler und Regisseur, der seine Zeit zwischen Spielfilm und Oper teilt, faszinierte mich. Meine Erfahrungen mit Gustaf Gründgens und Ernst Schröder, zwei überragenden Vertretern der Schauspielerzunft, waren überaus anregend gewesen, und nun war Johannes Schaaf, den ich seit langem heimlich verehrte, darauf erpicht, als ein Theatermensch mit dem anderen mit mir zu arbeiten.

Der Gedanke gefiel mir, doch sagte ich Uecker, daß ich Schaafs Angebot leider ablehnen müsse, da ich nach meiner jüngsten Knieoperation noch immer in der Rekonvaleszenz sei und mit Sicherheit für absehbare Zeit außer Gefecht. Uecker entgegnete, daß Schaaf sich dessen bewußt sei, mich aber unbedingt in seiner Produktion haben wolle und sich sogar erböte, mich persönlich in einer Sänfte auf die Bühne zu transportieren, wenn er nur die Wucht meiner Präsenz in seiner Inszenierung haben könne.

Wucht meiner Präsenz? Das gefiel mir, aber ich war doch nicht sicher, was genau er damit meinte. Ich hatte die Oper einige Male gesehen, und da gibt es eine kleine Szene, in der die Amme mit den Kindern des Zaren tanzt. Wie, wollte ich wissen, kommt ein Mann der Theaterpraxis wie Schaaf auf die Idee, diesen Tanz mit einer Darstellerin zu inszenieren, die auf die Fünfundsiebzig zugeht und in einer Sänfte sitzt?

Uecker klärte auch diesen Punkt: Schaaf sei mit dem Dirigenten der Produktion, Maestro Valéry Gergiev – dem Direktor des renommierten Kirow-Theaters in St. Petersburg – übereingekommen, statt eine der üblichen Bearbeitungen zu bringen, auf Mussorgskijs Urfassung zurückzugreifen.

Mussorgskij hatte diese erste Version zwischen 1868 und 1869 geschrieben und sie dem Direktorium des Kaiserlichen Theaters eingereicht, das sie als zu »skizzenhaft« ablehnte. Statt das Projekt aufzugeben, kehrte der Komponist ans Schreibpult zurück und fügte verschiedene Szenen und kürzere Teile ein, wie den langen »Polenakt« und den Tanz mit der Amme im Kreml. Teile dieser Fassung wurden zusammen mit Bruchstücken aus dem *Freischütz* und *Lohengrin* am 17.

Bis heute meine letzte Cameo-Rolle: die Amme in »Boris Godunow« mit Paata Burchuladze als Zar. Diese Produktion ist noch immer im Repertoire.

Februar 1873 bei einer Wohltätigkeitsveranstaltung im St. Petersburger Marjinskij-Theater (dem heutigen Kirow-Theater) gegeben, und der Eindruck war so stark, daß am 24. Januar 1874 endlich die ganze Oper uraufgeführt werden konnte.

Im Laufe der Zeit wurde die Partitur weiter überarbeitet, zum Beispiel von Rimskij-Korsakow und Schostakowitsch, um nur die zwei prominentesten Bearbeiter zu nennen. Die Oper wurde in ihrer revidierten Form eine Hauptstütze des Repertoires, so daß bis zum heutigen Tag niemand in Rußland eine Live-Aufführung dessen erlebt hat, was Mussorgskij eigentlich meinte.

Schaaf und Gergiev waren jedoch überzeugt, daß heutige Ohren, zumal die des geschulten deutschen Publikums, geneigt seien, den originalen Absichten des Komponisten eine Chance zu geben. Deshalb hatten sie sich entschlossen, der Originalpartitur eine Art verspäteter Weltpremiere zu bereiten, in einer Elitebesetzung mit dem außergewöhnlichen jungen georgischen Baß Paata Burchuladze in der Titelrolle.

Bei unseren ersten Gesprächen erklärte mir Johannes Schaaf, daß er die Originalversion bevorzuge, weil sie sich fast ausschließlich auf das Leben der Hauptfigur und ihr historisches Umfeld konzentriere, ohne die Abschweifungen vom Hauptthema wie in den revidierten Fassungen.

Er war auch der Meinung, daß meine Rolle die Tradition im alten Rußland schlechthin verkörpere.

Während diese Produktion die Oper zu ihren musikalischen Wurzeln zurückführte, hatte Schaaf einige plausible neue Ideen für die Inszenierung – Ideen, mit denen ich voll und ganz übereinstimmte.

Eine davon war der Einfall, die Amme zu einem alten Familienfaktotum zu machen, das einst den Zaren gestillt hat. Dadurch ist sie über all die Jahre seine Vertraute geblieben, der Spiegel seiner Emotionen, und als er in dem berühmten Monolog sein Herz ausschüttet, ist sie die Adressatin seiner geheimsten Gedanken und Gefühle.

Später in der Szene bleibt sie während Boris' Dialog mit Schuiskij auf der Bühne und drückt deutlich ihr Mißtrauen und ihren Abscheu gegenüber diesem Mann aus, der noch während des Gesprächs die Fäden zieht, die schließlich zum Sturz des Zaren führen.

Aus der Geschichte wissen wir, daß Fürst Schuiskij in der Tat seinen untadeligen Stammbaum, über den Boris nicht verfügte, dazu einsetzte, um den Zarenthron zu usurpieren.

In dieser Produktion erscheint die Amme am Ende der Oper noch einmal, um Zeugin beim Tod ihres geliebten Herrschers zu sein. Das bedeutete für mich eine Übung in *Re*aktion, da nur drei Stellen der Aktion im Szenenablauf wirklich festgelegt sind. Der Rest meiner Interpretation würde das Produkt spontanen Eingehens auf Boris' Charakter sein. In jeder Vorstellung würde es subtile Veränderungen geben, geboren aus dem Augenblick. Das war es meiner Meinung nach, worauf Schaaf rechnete, als er mich so dringlich um meine Dienste bat.

Nach zwei Jahren erzwungener Abwesenheit wieder auf die Bühne zurückzukehren, zumal in solcher Gesellschaft, war das pure Entzücken.

Die Auseinandersetzung zwischen Paata Burchuladze als Boris und Kenneth Riegel als Schuiskij knisterte nur so vor Spannung. Obwohl ich nur wenig zu singen hatte, war ich wegen der damit verbundenen Konzentration am Ende dieser Szene jedesmal emotional erschöpft.

Nach der Premiere am 20. Mai 1991 begrüßten die Kritiker enthusiastisch die Idee, die Oper in ihrer originalen Form zu präsentieren, und akzeptierten ebenso bereitwillig, daß sie nach der Absicht des Komponisten in einem einzigen, zweieinhalbstündigen Akt gegeben wurde.

Die Kritiken waren auch für mich sehr schmeichelhaft und zollten meinem Beitrag eine Reihe von Komplimenten.

In der Münchner »Abendzeitung« stellte Marianne Reissinger fest: »Astrid Varnay ist die Inkarnation des Wissens um die politischen Realitäten schlechthin«, und Wolfgang Schreiber ging in der »Süddeutschen Zeitung« so weit, meiner Darstellung zu attestieren, daß »schon eine Körperdrehung zum schier urwelthaften Ereignis wird«.

In der Besprechung einer Vorstellung während der Münchner Opernfestspiele 1991 schrieb Karl-Robert Danler in der »tz«: »Astrid Varnay, die es vermag, die Bühne zu füllen, auch wenn sie nur stumm dasitzt.«

Übrigens brauchte Schaaf keine Sänfte. Wir fanden ein geschicktes Konzept, in dem ich die meiste Zeit auf der Bühne sitzend verbrachte und mich in der Mitte des Boris-Schuiskij-Dialogs in voller Größe erhob und über den steil ansteigenden Bühnenboden abging, wobei ich mich auf einen Stock stützte.

Im Dezember 1991, zwei Monate nach der letzten der zwölf Vorstellungen in diesem Jahr, beging ich den 50. Jahrestag meines Debüts.

Boris Godunow erlebte 1992 weitere sechs Vorstellungen und hatte danach eine erzwungene lange Pause, weil zwischen dem Abschluß der Münchner Sommerfestspiele Ende Juli 1992 und dem Beginn der Festspiele des nächsten Jahres am 1. Juli 1993 die defekte Hydraulik der Bühne repariert und die Technik einer Generalüberholung unterzogen werden mußte.

Die Zeit, in der das Theater geschlossen war, nutzte ich für eine weitere Operation, die am 13. August 1992 durchgeführt wurde, diesmal an meiner rechten Hüfte.

Dr. Claus Enneker, der Chirurg, versicherte mir, daß meine ausgezeichnete Gesamtverfassung meine Genesung beträchtlich beschleunigen werde, und in der Tat konnte ich meine laufende Arbeit im Studio und in der »Singschul'« während der Festspiele von 1993 fortsetzen.

Im Mai 1995 wurde *Boris* wiederaufgenommen – mit Ihrer ergebenen Astrid Varnay im Schlepptau.

Während der Proben für die letzten Vorstellungen der Serie im Herbst 1995 fragte mich Kenneth Riegel, ob es mir etwas ausmachen würde, eine neue Idee auszuprobieren, die er erfolgreich in einem anderen Theater umgesetzt habe, ebenfalls unter Johannes Schaafs Regie. Ich gab meine Antwort in dem Geist, der mich während meiner gesamten Karriere geleitet hat: »Ken, ich werde alles ausprobieren, wenn Sie mir sagen können, warum.«

Ken und ich arbeiteten eine szenische Variante der Stelle aus, in der Schuiskij eine hochnäsige Bemerkung gegenüber Boris macht, worauf ich meinen Stock mit einem Blick des Abscheus drohend gegen ihn erhebe. Um seine Verachtung zu zeigen, reißt mir Ken als Schuiskij den Stock aus der Hand, wodurch die Amme, jedes physischen Hilfsmittels beraubt, praktisch auf ihrem Stuhl festgenagelt ist. Darauf gibt er ihn ihr mit einem höhnisch-eleganten Schnörkel zurück. Das gab der ohnehin schon aufgeladenen Szene eine zusätzliche bedrohliche Note.

Etwa eine Woche nach der letzten Vorstellung rief mich Gerd Uecker an, um mich zu informieren, daß *Boris* nicht ad acta gelegt sei, und wollte wissen, ob ich für eine weitere Vorstellungsserie zur Verfügung stände. Ich versicherte ihm, daß er mich zum gegebenen Zeitpunkt gern nochmals fragen könne, und daß ich durchaus nicht abgeneigt sei, wenn es meine Gesundheit erlaube.

Ich erzählte das Paata, der – entzückender georgischer Bär, der er ist – ausrief: »Wenn Sie nicht singen, ich komme nicht!«

Und so ist der Ruhestand, was immer das sein mag, auf unbestimmte Zeit verschoben. Während ich den Gedanken begrüße, für die kommenden Monate von meiner Bühnenarbeit Urlaub zu nehmen, ist es nicht so, daß ich mit dem Theater nichts mehr zu tun hätte.

ZWEITE SZENE

Wachstumsschmerzen

Ich war immer an der Aufgabe interessiert, jungen Berufssängern beim gesanglichen Ausdruck und in stilistischen Fragen zu helfen. Ich wurde oft um Gesangsstunden gebeten und lehnte ausnahmslos höflich, aber bestimmt ab. Die Stimme eines jungen Künstlers auszubilden, ist eine heikle Sache und gehört zu Recht in die Hände von jemandem, der dem Schüler regelmäßige Kontrolle bieten kann. Davon abgesehen war ich auch nie versucht, ein Opernstudio mit all den damit verbundenen verwaltungstechnischen Sorgen zu eröffnen.

Nichtsdestotrotz hatte ich keine Einwände gegen den Gedanken, unter der Schirmherrschaft einer festen Institution jungen Sängern über ihre Wachstumsschmerzen hinwegzuhelfen.

Die Gelegenheit ergab sich schließlich 1970 – in meinem 29. Berufsjahr – in Form eines Vorschlags eines einflußreichen Freundes in Düsseldorf.

Gerd Högener war sowohl Kämmerer wie Kulturreferent im Düsseldorfer Stadtrat. Er ist ein großer Musikliebhaber, und seine Frau Henny Ekström, ein schwedischer Mezzo, war an der Deutschen Oper am Rhein meine Kollegin. Gerd schlug mir vor, einiges von meinem Wissen an Gesangsstudenten einer Meisterklasse am Düsseldorfer Robert-Schumann-Konservatorium (der heutigen Robert-Schumann-Musikhochschule) weiterzugeben.

Die Idee gefiel mir durchaus, aber konnte ich auch wirklich unterrichten? Ich wußte es nicht. Etwas selbst zu beherrschen – was es auch sei –, bedeutet nicht zwangsläufig, daß man es auch anderen beibringen kann. Außerdem: Es ist eine Sache, in zwanglosen Diskussionen über gesangliche und gestalterische Probleme zu reden, und eine andere, diese Probleme auf den Punkt zu bringen und dann effektive Lösungen anzubieten.

Gerd war sicher, daß eine so »berühmte« Sängerin wie ich jünge-

ren Künstlern eine Menge geben könne, aber ich bestand darauf, daß
Berühmtheit nichts damit zu tun habe. Er drängte mich, die Angelegenheit mit dem Direktor des Konservatoriums zu besprechen.

Das Institut war gerade im Begriff, seine Gesangsfakultät zu ergänzen, und der Direktor äußerte die Hoffnung, daß ich als Teilzeitlehr-
kraft Meisterklassen in gesanglicher Darstellung unterrichten könne.
Ich willigte ein, es zu probieren, aber nur auf Versuchsbasis! Ich
machte zur Bedingung, die Meisterklasse nach einem runden halben
Jahr einzustellen und uns in aller Freundschaft zu trennen, wenn ich
das Gefühl hätte, daß ich nicht das Nötige vermitteln könne oder das
Konservatorium mich als Lehrerin nicht für geeignet hielte. Nach
dieser Abmachung erklärte ich mich bereit, im Mai mit meinem Unterricht zu beginnen.

Die Stunden fanden statt, wann immer ich zwischen meinen anderen beruflichen Terminen Zeit erübrigen konnte. Das waren im
Durchschnitt sechs bis acht volle Tage pro Monat.

Es wäre schön, hier berichten zu können, daß alle Schüler dieser
Klasse inzwischen Sterne am Opernhimmel sind, aber das ist nicht der
Fall. Es ist enorm schwierig, in unseren Beruf hineinzukommen, und
noch schwieriger, sich darin zu behaupten.

Ich war trotzdem glücklich über die Entdeckung, daß ich die Fähigkeit besaß zu beurteilen, ob Studenten mit dem erforderlichen gesanglichen Talent die ebenso erforderliche innere Notwendigkeit
verspürten, um es zu schaffen. Indem ich diejenigen ohne ausreichende Voraussetzungen in eine andere Richtung lenkte, ohne daß sie
das Singen gänzlich aufgeben mußten, habe ich, wie ich glaube, einigen Leuten großen Kummer erspart.

Da war zum Beispiel ein junger Mann mit einer wunderbaren Te-
norstimme, doch die Natur hatte ihn nicht mit den hohen Tönen aus-
gestattet, die er für eine Solokarriere gebraucht hätte. Um das Problem noch schwieriger zu machen, war er so fest entschlossen, ein erfolgreicher Sänger zu werden, daß er nachts in einem Waschsalon
jobbte, während seine Frau tagsüber als Bankkassiererin arbeitete,
und das alles, um sein Opernstudium zu finanzieren. Ich fand, daß ein
derartiges Maß an Fleiß und Hingabe belohnt werden müsse, aber nur
ein Wunder hätte seine Kehle mit den entsprechenden Tönen aus-
statten können, um ein marktfähiger Solist zu werden, und das Timbre war auch nicht für eine erfolgreiche Karriere als Bariton geeignet.
Es war nicht leicht für mich, ihm die Wahrheit über seine Chancen
sagen zu müssen, aber ich atmete auf, als er mich, statt über diese

Eröffnung in Verzweiflung zu fallen, einfach fragte, ob es für ihn etwas gebe, was er auf dem Gebiet der Oper tun könne.

Ich schlug ihm vor, Chorsänger zu werden, falls sich das mit seinem Ehrgeiz vereinbaren lasse. Er sagte, daß Operngesang sein Lebensinhalt geworden sei, und daß die Ebene, auf der er das tun könne, zweitrangig sei. Das schien eine sehr vernünftige Haltung, und ich wandte mich an Rudolf Stauder, den damaligen Chorleiter an der Deutschen Oper am Rhein. *Mirabile dictu* lieferte der junge Mann ein erstklassiges Vorsingen ab und wurde auf der Stelle als zweiter Tenor im Chor eines bedeutenden Opernhauses engagiert.

Diese Position gab ihm nicht nur die musikalische Befriedigung, die er für den Rest seines Arbeitslebens nötig haben wird, sie ließ ihm auch mehr Zeit für sein Familienleben. Außerdem brachte sie deutlich mehr ein als der Job im Waschsalon.

Jedesmal, wenn ich in Düsseldorf sang und der Chor auf der Bühne war, grinste mich mein früherer Schüler breit von seinem Platz unter den Tenören an, als ob er sagen wollte: »Danke, daß Sie mir den richtigen Weg gezeigt haben.«

Einem anderen Tenor fiel es unendlich schwer, irgend etwas zu singen, was mit romantischer Liebe zu tun hatte. Als ich ihn schließlich darüber befragte, sagte er mir, daß solche Gefühle für ihn so privat seien, daß er darüber nicht vor anderen Menschen singen könne.

Ich beschloß, dieses Dilemma über einen Umweg anzugehen, und fragte ihn, ob er ein Lieblingsgericht habe. Sofort gestand er mir seine Schwäche für Steaks. Darauf schlug ich ihm vor, sich ein saftiges Lendensteak vorzustellen, kunstgerecht auf einem offenen Holzkohlefeuer gegrillt und mit seiner bevorzugten Würzsauce serviert, nebst einem Teller knuspriger Pommes frites, auf denen das Salz glitzert. Und dazu vielleicht noch einen farbenfreudigen gemischten Salat mit einer Spur Knoblauch, um dem Dressing den letzten Pfiff zu geben. Als ich zu dem rubinroten St. Émilion kam, der in einem funkelnden Kristallglas sein berauschendes Aroma verströmte, lief ihm vor Wonne sichtlich das Wasser im Mund zusammen. Darauf sagte ich ihm: »Und jetzt singen Sie das Lied noch einmal, aber denken Sie dabei an dieses Steakessen.«

Plötzlich bekam seine Stimme eine Erotik, von der ich nie geträumt hätte – und er natürlich auch nicht. Er bestand den Lehrgang am Konservatorium mit Glanz und Gloria und sang häufig mit solcher Glut, daß ich und die Klavierbegleiterin bedauerten, daß wir Frauen waren und nicht ein Filet mignon.

Es muß Tausende von Menschen mit herrlichen Stimmen geben, die die Hoffnung auf eine professionelle Karriere unter dem Druck der Familie, etwas »Praktischeres« zu machen, aufstecken mußten. Die Aversion meines Großvaters gegen die Opernambitionen meiner Mutter ist dafür ein klassisches Beispiel.

In Deutschland drückten diese Familien früher ihr Mißtrauen mit der Redensart aus: »Die Sänger kommen – schließt das Silber weg!«

Stellen Sie sich meine Verblüffung vor, als ich mit dem entgegengesetzten Phänomen konfrontiert wurde, und zwar im Fall eines gutaussehenden lyrischen Tenors mit einer ebenso ansehnlichen Stimme, der seine gesanglichen Gaben nicht entsprechend einsetzte, weil ihm der unerläßliche innere Antrieb fehlte. Er schien einen Komplex zu haben, der ihn daran hinderte, seine Stimme mit seinen Gefühlen in Einklang zu bringen, und kein Verweis auf Frauen, Frohsinn und Fressalien schien sie ihm entlocken zu können.

Als ich ihn darauf ansprach, sagte er, daß er sehr gerne singe, aber nur als Hobby. Seine Frau hatte Verständnis für diese Einstellung, aber seine Eltern fanden, daß es jammerschade wäre, wenn er mit seiner Stimme nicht etwas Besonderes anfange. Sie setzten ihn tatsächlich so unter Druck, daß er sich am Konservatorium einschrieb, obgleich er doch nur zu seinem eigenen Vergnügen oder allenfalls in einem Kirchenchor singen wollte.

Ich versicherte ihm, daß selbst *mit* der Motivation, Sänger werden zu wollen, die Erfolgschancen sehr gering seien, weil es einfach zu wenig freie Stellen gebe. *Ohne* Motivation aber habe er überhaupt keine Chancen. Mit diesem Argument gewappnet, gelang es ihm, seine Familie – die offenbar meine Meinung als maßgeblich betrachtete – davon zu überzeugen, daß es sinnlos ist, Druck auf jemanden auszuüben, der sich nur widerwillig dem Zwang zur Karriere beugt, und sie ließen ihn darauf klugerweise seinen eigenen Weg gehen.

Bei jeder erzieherischen Tätigkeit ist eine gesunde Portion angewandter Psychologie unentbehrlich.

Die Meisterklasse erwies sich einige Jahre als sinnvolle Ergänzung meiner Bühnentätigkeit, bis sich herausstellte, daß ich zu häufig von Düsseldorf abwesend war, um den Studenten die nötige Kontinuität zu geben. Das Konservatorium wollte mich nur ungern ziehen lassen und schlug mir vor, meinen Namen weiter auf der Fakultätsliste zu führen, in der Hoffnung, daß ich Zeit finden würde, in den Lehrkörper zurückzukehren. Das wiederholte sich insgesamt drei Jahre.

In diesen drei Jahren war ich jedoch mit meiner zweiten Karriere voll ausgelastet und sang so häufig und an so vielen Häusern wie auf dem Höhepunkt meiner Tätigkeit als führender Sopran. Deshalb entschloß ich mich am Ende der dreijährigen Wartezeit mit Bedauern, meinen Lehrvertrag zu beenden und die Position für jemand anderen freizumachen.

Meine Zeit am Robert-Schumann-Konservatorium bewies mir eine wichtige Tatsache: Ich hatte wirklich eine natürliche Lehrbegabung, und diese Befähigung kam mir elf Jahre später zustatten, als ich meinen zweiten pädagogischen Auftrag annahm.

Früher kamen talentierte junge Sänger in Mitteleuropa nach dem Abschluß ihrer musikalischen Ausbildung im allgemeinen an einem kleinen Theater irgendwo in der Provinz unter. Doch inzwischen hat sich die Aktivität im Hinterland derart reduziert, daß die kleineren Theater Anfängern keine ausreichenden Entwicklungsmöglichkeiten mehr bieten können. Um die Situation zu verbessern, begannen einige der größeren Häuser mit einer Art Lehrzeit-Programm. Diese Studios bieten begabten Absolventen der Musikhochschulen einen dreifachen Vorteil. Erstens bekommen sie an einigen Häusern eine Minimumgage zur Sicherung ihres Lebensunterhalts. Zweitens wird ihre im allgemeinen nicht ausreichende Bühnenausbildung auf professionelles Niveau gebracht. Und drittens haben sie die fabelhafte Möglichkeit, in kleinen Rollen in regulären Produktionen mit Spitzensängern auf Tuchfühlung zu gehen.

Die Mitglieder des Opernstudios der Bayerischen Staatsoper genießen den zusätzlichen Vorteil, Rollen in gesonderten Studioproduktionen zu singen, mit denen sie im Umland gastieren, begleitet vom regulären Staatsopernorchester.

Das erste Münchner Studienprogramm, die sogenannte Junge Oper, wurde während der Intendanz von Rudolf Hartmann ins Leben gerufen. Günther Rennert behielt die Institution bei, die verschiedentlich den Namen wechselte und schließlich die heutige Bezeichnung bekam.

Heinrich Bender wurde später gebeten, neben seiner Funktion als Staatskapellmeister auch die Leitung des Opernstudios zu übernehmen und alle Studioaufführungen zu dirigieren.

Meine eigene Mitarbeit ergab sich aus einem Gespräch mit Professor Wolfgang Sawallisch, der damals Operndirektor der Bayerischen Staatsoper war. Ich hatte ihn aufgesucht, um meine Tätigkeit in der kommenden Spielzeit zu besprechen. Im Verlauf des Gesprächs schnitt er das Nachwuchsthema in unserem Beruf an, worauf ich ihm sagen mußte, daß das augenblickliche Berufsklima alles andere als gesund für jüngere Kollegen sei. Während früher angehende Sänger sorgfältig gepflegt worden seien, würden heute nach meiner Meinung vielversprechende Talente von vielen Agenten und Theatern wie Waschlappen ausgewrungen und weggeworfen, sobald sie abgenutzt seien. Ich fügte noch hinzu, daß ich kürzlich einem Opernarien-Konzert einiger Studiomitglieder beigewohnt habe und darüber entsetzt gewesen sei, wie unvollkommen ihr Vortrag war. Statt Ausdruck einzusetzen, hätten die meisten wie Säulenheilige dagestanden und gesungen wie Siebenjährige zum Geburtstag ihrer Großeltern.

Diese Philippika veranlaßte Professor Sawallisch, eine Augenbraue zu heben – bei ihm ein seltener Temperamentsausbruch –, wobei er mich fragte, ob ich etwas dagegen unternehmen würde, wenn ich die Chance dazu hätte. Ich bejahte das, und ehe ich mich versah, unterrichtete ich ab dem 15. September 1987 im Studio.

Seit ich zum Lehrkörper gehörte, umfaßte meine Arbeit als Lehrerin für stimmdramatische Unterweisung Beiträge zu Vorbereitung vollständiger Studioproduktionen so anspruchsvoller Opern wie Mozarts *Don Giovanni*, *Così fan tutte* und *Le nozze di Figaro* sowie zeitgenössischer Werke des bayrischen Duos Carl Orff und Werner Egk. Wir brachten Orffs Märchenoper *Die Kluge* heraus und Egks Fassung von Gogols ausgelassener satirischer Komödie *Der Revisor*, der Story, über die sich auch das Kinopublikum kaputtlachte, als Danny Kaye die Hauptrolle in der Filmversion *The Inspector General/Die sündige Stadt* spielte.

Dieses ganze Repertoire wurde in deutscher Sprache geprobt und aufgeführt.

Es ist unsere Aufgabe, in diesen Produktionen aus unseren Schützlingen das Beste an sängerischer und gestalterischer Darstellung herauszuholen. Dazu kommen Wohltätigkeitskonzerte und Konzerte gegen Gage, in denen Ausschnitte aus Opern, Operetten und Lieder geboten werden. Selbstverständlich bereiten wir die Sänger auch auf ihre Aufgaben auf der großen Bühne vor und trainieren sie in dem Repertoire, das sie in ihrer späteren Karriere brauchen werden.

Meine Arbeit konzentriert sich speziell auf die *Bedeutung*, das heißt, ich liefere ihnen sozusagen den Subtext zu dem, was sie aussagen sollen. In diesem Bemühen ermutige ich sie auch, bewußt an der Entdeckung und am Gebrauch ihrer Phantasie zu arbeiten und auf diese Weise ihre Individualität zu entwickeln.

Zum Glück bringen die meisten unserer Solisten den Hintergrund und die Anpassungsfähigkeit mit, um in der Arbeit mit den Partnern am Werk eine symbiotische Beziehung zu entwickeln. Ab und zu befindet sich jedoch eine Niete darunter, und dann werden wir meist mehr von Wachstumsschmerzen gequält als der Schüler selbst. Doch diese Fälle kommen nur höchst selten vor.

Nach Ablauf des zweijährigen Studiovertrags sind viele unserer jungen Kollegen flügge für den Beruf, auf welcher Ebene auch immer sich ihre Talente zu beweisen haben. In den meisten Fällen bedeutet das ein Engagement an einem kleineren Theater, an dem sie sich in dem Zeitraum, den sie persönlich benötigen, entfalten können.

Es ist bemerkenswert, daß fast alle handverlesenen Sänger des Studios der Bayerischen Staatsoper – im Gegensatz zu den meisten Absolventen von Musikschulen – inzwischen als Solisten an Opernhäusern tätig sind. Bei denen, die es nicht schafften, waren gesundheitliche oder persönliche Probleme dazwischengekommen.

Einige Studiomitglieder wurden von der Intendanz erwählt, direkt in das Ensemble der Bayerischen Staatsoper einzutreten. Das waren in jüngerer Zeit der Tenor Kevin Conners, die Sopranistinnen Annegeer Stumphius und Frances Lucey, ihre Mezzo-Kollegin Silvia Fichtl sowie der Bariton Jan Zinkler und der Baß Markus Hollop.

Am 18. Februar 1996 gab der kolumbianische Tenor Juan-José Lopera sein Hauptrollendebüt im Nationaltheater als Ernesto in *Don Pasquale* und sang darauf Belcanto-Partien in Wien.

Einige frühere Studiomitglieder haben große internationale Karrieren gemacht. Eine der ersten war die Mezzosopranistin Brigitte Fassbaender, die der »Jungen Oper« neunzehnjährig beitrat. Sie hat inzwischen ihre außergewöhnliche Karriere beendet und die Leitung des Staatstheaters Braunschweig übernommen, wo sie auch inszeniert.

Andere gefeierte Opernstars, die vor meiner Zeit ihre Ausbildung im Studio erhielten, sind der südafrikanische lyrische Tenor Deon van der Walt und die griechischen Mezzosoprane Agnes Baltsa und Daphne Evangelatos. Gerhard Auer, auch ein früheres Studiomitglied, tritt an der Bayerischen Staatsoper seither in profilierten Charakterrollen auf.

Unter den Künstlern, mit denen ich arbeitete, war der Baß Andreas Kohn, der seine Karriere am Hessischen Staatstheater Wiesbaden begann und nun freiberuflich in ganz Mitteleuropa gastiert. Vor kurzem gab er sein erfolgreiches Debüt als Masetto bei den Salzburger Festspielen.

Ein weiterer Student mit einer fabelhaften Stimme ist ein gutmütiger Texaner namens James Taylor, der sich nun einen Namen als Konzertsänger auf internationaler Ebene in Liederabenden und Oratorien macht. Zu nennen sind noch die Mezzosopranistin Petra Lang, die die Fenena in *Nabucco* bei den Bregenzer Festspielen sang, und der Baß Alfred Reiter, festes Ensemblemitglied in Wiesbaden, der bei den Bayreuther Festspielen 1996 für einen erkrankten Kollegen als Titurel in *Parsifal* einsprang.

In einem ganz speziellen Fall drückten wir ein Auge zu und hatten dafür das Privileg, letzte Hand an die Arbeit einer Künstlerin legen zu dürfen, die inzwischen auf dem Weg zur Weltkarriere ist.

Es begann damit, daß Gintaras Vysniauskas, ein Tenor aus unserem Chor, eine Mezzosopranistin aus seiner litauischen Heimat hörte und von ihrer Stimme so beeindruckt war, daß er fand, er müsse sie einer größeren Öffentlichkeit bekannt machen.

Als ich ihn später fragte, warum er sich für seine Landsmännin so einsetze, meinte er, daß es so wenige Litauer in diesem Teil der Welt gebe und daß sich deshalb alle verpflichtet fühlten, einander nach Kräften zu unterstützen. – Wie tröstlich, daß solche Denkungsart noch immer nicht ganz ausgestorben ist!

Wir suchten tatsächlich einen Mezzo, um eine Studentin zu ersetzen, die ihren Kurs gerade beendet hatte. Es war die vorgerückte Stunde eines langen Arbeitstages, und wir hatten bereits eine stattliche Zahl von Bewerberinnen angehört, von denen zwei sehr anerkennenswert gesungen hatten, und für mich war allmählich Feierabend. Doch Heinrich Bender sagte, daß noch ein Mezzo warte, also seufzte ich ergeben und lehnte mich zurück, um mir eine weitere Stimme anzuhören.

Sobald diese Frau zu singen begann, saß ich kerzengerade und erkannte auf der Stelle, daß ihr Timbre, ihr Ausdruck, ihre Persönlichkeit, ihre Erscheinung und ihre Musikalität auf ein großes Talent im Werden hinwiesen, auf eine jener begnadeten Stimmen, die nur alle Jubeljahre auftauchen.

In der Mitte ihrer ersten Arie stieß mich Heinrich mit dem Ellbogen an, und ich nickte zurück: »Ja, das ist Qualität!«

Natürlich ließ sich noch manches verbessern. Die Extremhöhe war nicht völlig frei, doch der Rest der Stimme und alles, was damit zusammenhing, war so bemerkenswert, daß wir beide fanden, wir müßten sie unbedingt im Studio haben.

Zu diesem Zeitpunkt wohnte sie in einem Studentenheim und hielt sich finanziell nur mit knapper Not über Wasser. Um die Sache zu komplizieren, lief ihr Visum für den Aufenthalt in der Bundesrepublik bald ab, und wenn nicht rasch etwas geschah, mußte sie ergebnislos nach Vilnius zurückkehren. Litauen stand damals noch stark unter dem Druck der Sowjetunion, und die Wahrscheinlichkeit, daß man sie wieder ausreisen lassen würde, war bestenfalls gering. Wenn sie allerdings einen Vertrag mit einem großen Opernhaus mit nach Hause brächte, würde man sie vielleicht in den Westen zurückkehren lassen.

Das bedeutete, daß schnellstens etwas unternommen werden mußte, und genau das tat Heinrich Bender. Er nahm die junge Dame sofort mit in die oberen Etagen des Theaters und eröffnete den Herren, daß das einzige, was dieses großartige Talent davor bewahren könne, auf unbestimmte Zeit in Osteuropa blockiert zu werden, ein Studiovertrag der Bayerischen Staatsoper sei. Gerd Uecker, der die Entscheidung zu treffen hatte, überzeugte sich bei einem kurzen Vorsingen davon, daß wir wirklich auf Gold gestoßen waren, und die Kandidatin bekam sofort ihren Studiovertrag – ungeachtet der Tatsache, daß sie ein paar Monate über unserem oberen Alterslimit lag. Doch im Fall dieser Künstlerin, die noch einigen Schliff brauchte, um ihr eindrucksvolles Potential entfalten zu können, fanden wir, daß wir den Geist der Regel erfüllten, indem wir sie dem Buchstaben nach brachen.

Mit dem Vertrag in der Tasche kehrte sie in ihr Vaterland zurück, und wir warteten zitternd, ob ihr die dortige Bürokratie bei der Aussicht auf ein Engagement die erneute Ausreise bewilligen würde. Zu unserer großen Erleichterung klappte es.

Wie die Geschichte manchmal so spielt, wurde Litauen am Tag ihrer Rückkehr nach München ein unabhängiges, demokratisches Land, und sie hätte nach Belieben ein- und wieder ausreisen können. Doch diese Entwicklung war nicht vorauszusehen gewesen.

Ich werde nie die Qualität ihrer Arbeit im Studio vergessen. Sie hatte ein unfehlbares Ohr für Musik und eine Intelligenz, um die sie viele etablierte Künstler nur beneiden konnten. Darüber hinaus machte sie, was ihr an Hintergrund fehlte, mit einem untrüglichen Instinkt für die Essenz von allem, was sie sang, wett. Welche Oper wir auch probten, sie erfaßte den Stil mit derartiger Sicherheit, daß ein uneingeweihter Zuhörer sie leicht für eine Russin, Italienerin oder Französin hätte halten können oder für eine Deutsche oder Österreicherin, die mit Mozart großgeworden war. Kurz, die Elemente, die wir anderen Sängern vermitteln müssen, brachte sie von Natur aus mit. Alles, was wir tun mußten, war, diese Gaben zu erschließen.

Obendrein hatte sie ein natürliches Gespür für Komödie, und ihre Interpretation der Marcellina in *Le nozze di Figaro* hätte jedem Opernhaus der Welt zur Ehre gereicht.

Wenn sie nicht gerade mit uns im Studio arbeitete, besuchte sie jede Vorstellung im Theater und saugte stilistische Aspekte auf, worauf sie mit neuen Darstellungsideen zu uns zurückkehrte. Wir mußten ihr lediglich helfen, sie sich ganz zu eigen zu machen.

Das alles erinnerte mich an meine eigenen Stehplatzzeiten an der Met!

Ihre hohen Töne wurden schließlich so sicher, daß wir es an der Zeit fanden, sie dem Publikum zu präsentieren.

An diesem Punkt kam uns das Schicksal zu Hilfe, denn August Everding gründete gerade seine »Singschul'«. Ich schlug vor, daß sie sich in meiner Meisterklasse einschreiben solle, um einen ganzen Monat kostenlosen Unterricht zu bekommen und mir weiter die Möglichkeit zu geben, sie auf das Konzert vorzubereiten.

Heinrich Bender entschied, sie im Quartett im Zimmer des Königs im dritten Akt von Verdis *Don Carlo* auftreten zu lassen, das in die Bravourarie »O, don fatale!« mündet.

Sie entfesselte einen Beifallsorkan!

Unmittelbar nach Beendigung ihres Studiovertrags wurde sie an verschiedene Häuser engagiert, einschließlich der Bayreuther Festspiele von 1994, wo sie die schwierige Rolle der zweiten Norn in *Götterdämmerung* sang. Im nächsten Jahr konnte sie nicht zurückkommen, denn zu diesem Zeitpunkt war sie bereits für die Hauptrolle der Fricka in *Die Walküre* unter Riccardo Muti an der Scala unter Vertrag.

Ihre Karriere ist nun auf höchster internationaler Ebene fest etabliert, sie schreitet von einem Triumph zum nächsten, und die großartige Qualität ihrer Auftritte verschafft auch den Menschen einen Abglanz ihres Ruhms, die das außergewöhnliche Glück hatten, sie zu entdecken und in ihrer beruflichen Ausbildung eine Rolle zu spielen.

Heute sind Musikliebhaber auf der ganzen Welt vom Gesang von Violeta Urmana hingerissen.

Welche Freude zu wissen: Wir hörten sie als erste!

An der Heimatfront

Gibt es für Sänger intelligentes Leben jenseits des Opernhauses? Die Antwort ist: ja, aber nur gelegentlich.

Im Dezember 1994 wurde ich von der Frauenzeitschrift »Madame« über mein heutiges berufliches und privates Leben interviewt, und das Zitat, das die Reporterin Kit Raeder für die Überschrift wählte, war: »Opernsänger müssen Einsamkeit aushalten können.«

In den aktiveren Jahren müssen wir uns daran gewöhnen, auf Flughafenterminals und in Hotelzimmern allein zu sein und – wichtiger noch – regelmäßig die Abgeschiedenheit suchen, die wir brauchen, um neue Musik zu lernen und uns mit dem bereits erlernten Material wieder ganz vertraut zu machen.

Nach einiger Zeit wird Einsamkeit zur zweiten Natur, und auch nachdem ich den Gipfel meiner Karriere überschritten habe, möchte ich nach wie vor den größten Teil meiner Zeit allein verbringen – *with a little help from my friends*.

Diese Szene ist also ein kurzer Bericht über mein Leben außerhalb des Opernhauses und ein kleiner Tribut an jene Freunde, die Männer und Frauen in meinem Leben, die mir einen guten Teil des nötigen Antriebs beisteuern.

Doch lassen Sie mich erst mit den großen Illusionen aufräumen, die meine Leser über das glamouröse Leben einer Opernsängerin haben mögen, die Vorstellung von einer umfangreichen Entourage beflissener Bediensteter, die ein veritables Arsenal von Gepäckstücken und Hutschachteln herumschleppen und der Diva jeden Wunsch von den Augen ablesen.

Diese angenehme Fiktion wurde mir wieder deutlich, als ich in der chemischen Reinigung zufällig meiner Nachbarin Margot Werner über den Weg lief.

Margot ist eine glamouröse Österreicherin, die einst das Publikum der Bayerischen Staatsoper als Primaballerina blendete und eine erfolgreiche Diseuse wurde, mit verlockend rauchiger Stimme und einer gesunden Portion Ironie. Seit ich sie das erste Mal in München tanzen sah, bin ich einer von Margots enthusiastischsten Fans geblieben. Später entdeckte ich, daß sie auch eine große Wagnerverehrerin ist und meine Vorliebe für ihre Auftritte durch den Gefallen erwidert, den sie an meinen hat. Kurz, wir sind ein zweiköpfiger gegenseitiger Bewunderungsverein.

Als wir darauf warteten, daß unsere Kleidung gebracht würde, erblickte mich Margot und rief aus: »Heißt das, daß du niemanden hast, der die Sachen für dich abholt?« Ich bejahte und drückte *meine* Verwunderung darüber aus, daß *sie* keine Hausangestellte habe, die *ihre* Kleider abholte. Wir schauten uns einen Augenblick an und sagten dann gleichzeitig, als ob wir es geprobt hätten: »Von wegen Glamour!«

Ich muß allerdings zugeben, daß ich zu meinem ersten Aufenthalt in Bayreuth eine Hutschachtel mitbrachte, sie aber sofort ausrangierte, als ich entdeckte, daß fast niemand mehr Hüte trug.

Manchen Leuten mag mein Privatleben so unglamourös wie eine leere Hutschachtel erscheinen, aber es verschafft mir die Balance, die ich nötig habe, um mein inneres Feuer wieder zu entfachen.

Die wenigen Stunden meiner Freizeit verbringe ich mit meiner Post, Treffs mit Freunden, Telefongesprächen, bis der Hörer heißläuft, dem Besuch von Theaterstücken, vor dem Fernsehapparat und – aber nur gelegentlich – dem Hören von Musik, selten von Opern. Merkwürdigerweise bin ich, obwohl ich seit meiner Jugend von Oper umgeben war, nicht darauf erpicht, sie auch in meiner Freizeit zu hören. Ich bin fest davon überzeugt, daß ich, wenn ich auf eine einsame Insel verschlagen würde – das Thema der »Desert Island Discs«-Serie der BBC – und nur eine einzige Platte mitnehmen dürfte, meine Wahl auf Musik von George Gershwin fallen würde.

Gershwin ruft in mir eine Zeit wach, die ich sehr genossen habe, und nach meiner wohlüberlegten Meinung ist er ein ebenso wunderbarer Komponist wie die klassischen Titanen. Wenn ich seine Musik höre, beschwört sie eine nostalgische Vision von New York, wie es zu meiner Zeit war.

Ich wünschte, daß ich mehr Zeit zum Lesen hätte. In meinen Reisejahren nahm ich immer ein gutes Paperback mit, das ich in Zügen und Flugzeugen las, wobei ich die bereits gelesenen Seiten herausriß, um mein Handgepäck zu erleichtern. Wenn mich das Buch wirklich fesselte, ersetzte ich den fragmentierten Band durch eine Hardcover-Ausgabe, die fester Bestandteil meiner kleinen Bibliothek wurde.

Mein literarischer Geschmack richtete sich seit Kindertagen nie auf das Genre, das als »weiblich« bezeichnet wird. Auf der Grundschule galt meine Vorliebe mehr den Abenteuerromanen, die normalerweise

Knaben lesen, Büchern wie »Ivanhoe«, »The Legends of King Arthur« und »Robin Hood« oder Geschichten aus dem Wilden Westen und nicht etwa »Mrs. Wiggs of the Cabbage Patch», »Polyanna« oder den anderen Friede-Freude-Eierkuchen-Romanen, die für junge Mädchen geschrieben waren.

Auf der High School machte uns ein engagierter Englischlehrer mit William Shakespeare bekannt, und darauf verschlang ich unersättlich die Werke des Dichters, schwelgte in der Schönheit und Tiefe seines poetischen Ausdrucks und bekam von ihm die Inspiration zu höchstem gestalterischem Professionalismus in mehr als einem dramatischen Kontext.

Ich genoß auch die klassische Beschäftigung, meinen Grips an Kriminalromanen zu schärfen und den Täter zu entlarven, bevor der Autor die Lösung enthüllt, und liebte ganz besonders Agatha Christies »Miss Marple«-Romane, sowohl in Buchform wie in den Film- und Fernsehversionen mit Dame Margaret Rutherford und ihrer würdigen Nachfolgerin Angela Lansbury, einer echten *actress's actress*.

Ich habe eine große Vorliebe für Kunstbücher, in denen ich erst den Text überfliege, der die Abbildungen erklärt, dann aber lieber meinen Assoziationen freien Lauf lasse. Da es nun für mich nicht mehr so einfach ist, Museen zu besuchen, haben diese Bücher noch größere Bedeutung gewonnen.

Sie bringen die Erinnerungen an die van Goghs zurück, die mich in den Niederlanden so tief berührten, an die herrlichen Meisterwerke, die ich in den Städten Italiens besichtigte, und an die großen akademischen Maler und die Impressionisten, die in den Pariser Museen ausgestellt sind.

Freundschaft ist für mich ein heikles Thema.

Ich bin von Natur aus ein verschlossener Mensch, knüpfe nur ungern enge Kontakte und bin über Zufallsbekanntschaften nicht ausgesprochen glücklich. Zugegebenermaßen haben die langen Reisejahre feste Freundschaften fast unmöglich gemacht.

Wie man weiß, setzt ein rollender Stein kein Moos an.

Unter diesen Umständen sind mir die wenigen Freunde, die ich hinter die Mauer meines Selbstschutzes gelassen habe, sehr ans Herz gewachsen, ein Trost in der Not wie alle wahren Freunde, mit dem zusätzlichen Reiz, daß alle auch eine Quelle von Witz und Vergnüglichkeit sind, zwei Dinge, von denen ich nie genug kriegen kann.

Es begann in meiner zweiten Karriere, als ich eine Garderobe mit einer temperamentvollen Sopranistin aus Pittsburgh namens Marianne Seibel teilte, die nach Europa mit einem Stipendium von – ausgerechnet – Mrs. H. J. Heinz gekommen war, der Witwe des amerikanischen Moguls von »57 Varieties«-Ketchup und Mixed Pickles, und hier blieb, um der Bayerischen Staatsoper mehr als 57 verschiedene Würzen zu bescheren.

Wir lagen auf Anhieb auf derselben Wellenlänge, und bald befand ich mich sehr zu meiner Überraschung in einer spontanen Mutter-Tochter-Beziehung, wobei die Rollen wechselten. Marianne begann, mich mit einigen ihrer Freundinnen und Freunde bekannt zu machen. Ich fühlte mich in dieser Gesellschaft so entspannt, daß ich schließlich vorschlug, uns öfter zu treffen, einfach wegen des reinen Vergnügens, zusammen zu sein, nach amerikanischer Art mit getrennter Kasse.

Unversehens begann sich ein Kern von Freunden zu bilden, den wir im Lauf der Zeit »Die Überlebenden« nannten, weil jeder von uns in der Lage gewesen war, sich an seinem eigenen Schopf aus größeren Schwierigkeiten zu ziehen und seinen Erfahrungsschatz zu erweitern, ohne bei diesem Prozeß jemals den Humor zu verlieren.

Bei unseren Zusammenkünften vergeuden wir selten unsere Zeit mit dem üblichen Schwatz über körperliche Wehwehchen, noch hängen wir nostalgisch künstlerischen Themen nach, sondern konzentrieren uns auf die dreifachen Bande guter Freundschaft, guter Laune und guten Essens.

Wenn jemand selten genug mit ernsten persönlichen oder beruflichen Problemen aufkreuzte, besprachen wir die Sache, wobei jeder seine Meinung dazu äußerte. Und am Ende der Diskussion sagten wir jedesmal der betreffenden Person: »Und jetzt, zum Teufel, mach, was du willst!«

Unsere kleine Gruppe ist inzwischen eine Art Insel inmitten der sturmgepeitschten Meere dieser Welt geworden. Mehr als einmal hat sie uns geholfen, die Perspektive wiederzufinden, die wir benötigen, um über die unwirtlichen Wasser des Lebens auf der Suche nach unseren verschiedenen Bestimmungen zu steuern.

Einer der größten Vorteile unserer »Survivor«-Gruppe ist die Unterschiedlichkeit der Mitglieder, beginnend – verzeihen Sie meinen Dünkel – mit mir, die ich das Familienmetier nun schon mehr als fünf Dekaden ausübe, während Marianne unter Beweis stellt, daß die Tochter eines Tankwarts aus West-Pennsylvania eine schöne Karriere auf der Opernbühne machen kann.

Zur Kerngruppe gehört Barbara Korn, eine Konzertpianistin aus Kalifornien, mit einer völlig anderen amerikanischen Einstellung als wir übrigen, die wir unsere Wurzeln an der Ostküste haben. Barbara begann ihrer Karriere mit dem Synchronisieren des Klavierspiels vieler Hollywoodstars wie Deanna Durbin, die vorgeblich das Instrument selbst spielten. Später gab Barbara den Söhnen und Töchtern von Berühmtheiten wie Danny Kaye und Sylvia Fine Klavierunterricht. Während einige von uns über Opernstars und Statisten von anno dazumal erzählen, fasziniert uns Barbara oft mit Insider-Stories über Filmstars wie Marilyn Monroe, die sie in Hollywood persönlich kannte.

Aber Barbara hat mehr zu bieten als Erinnerungen vom Pazifik. Als leidenschaftliche Wortspielerfinderin und hervorragende Köchin entzückt sie uns sowohl mit ihren komplizierten, oft mehrsprachigen Wortspielen und den Herrlichkeiten auf ihrem Eßtisch. Obendrein hat Barbara eine Spätkarriere als Pianistin bei Kreuzfahrten gemacht. Wenn jemand Auskünfte über irgendeinen Ort zwischen Pinneberg und Patagonien braucht, ist Barbara vermutlich dort gewesen und kann die letzte Exklusivmeldung über diesen Ort präsentieren, auf jeden Fall detailgenauer als die Reisejournalisten.

Rita Loving ist wie ich New Yorkerin und arbeitet als Korrepetitorin und Begleiterin an der Bayerischen Staatsoper, wo ihr umfassendes musikalisches und gesangliches Wissen dem Verständnis vieler Sänger für Meisterwerke der Oper und ihre Interpretation zugute kommt.

Rita ist selbst eine ausgezeichnete Sopranistin und macht gelegentlich Abstecher in die Nightclubs der Stadt, wo sie die Songs der großen Musicalkomponisten des Golden Age wie Gershwin, Kern, Porter und Rodgers singt und spielt, mit denen sie ebenso vertraut ist wie mit den Verdi- und Puccini-Opern, die sie korrepetiert.

Während Rita der Inbegriff eines Mädchens aus Brooklyn ist und gewöhnlich so direkt, wie wir es aus diesem Teil des Big Apple erwarten dürfen, kommt David Thaw, mein Kollege im Opernstudio, aus einem völlig anderen Teil von New York, hat jedoch inzwischen längst die Restriktionen seiner Park-Avenue-Erziehung abgeschüttelt.

David hegt eine lebenslange Liebe zur Oper, die er bereits als Knabe in einer verantwortlichen Position in der Metropolitan stillen konnte. Unsere Freundschaft datiert aus dem Jahr 1949, als er mir den Vorhang für meine Verbeugungen in *Simon Boccanegra* aufhielt und damit als mein ältester Freund gilt. Er überrascht uns immer wieder mit seinem absoluten Gedächtnis für Späße auf und hinter der Bühne der Metropolitan in jenen Jahren, und seine Erinnerungen an dieses und andere Theater erweisen sich als sehr nützlich, wenn wir eine zuverlässige Quelle brauchen.

Das Opernfieber packte ihn früh, und David begann, seine Baritonstimme (wie er glaubte) als Schüler des großen italienischen Tenors Giovanni Martinelli zu trainieren, und erweiterte seine Gesangsausbildung mit dem Studium des französischen Repertoires bei dem bedeutenden Bariton Martial Singher. Als er später nach Europa ging, kam ihm seine polyglotte Erziehung zustatten. Er gab 1950 mit einundzwanzig Jahren sein Debüt in Bordeaux als Marcel in einer französischsprachigen Produktion von *La Bohème* und setzte seine Baritonkarriere mit einem breiten Rollenspektrum an der Oper in Nizza fort, wo er unter anderem den Heerrufer in *Lohengrin* sang, in einer ebenfalls französischen Produktion mit Régine Crespin und Raoul Jobin.

Als er den Valentin in Gounods *Faust* sang, schrieb ein Kritiker, daß seine Stimme höher klinge als die des Tenors, und David nahm den Wink auf, beendete seine Baritonkarriere und ließ sich vier Jahre lang in Mailand zum Tenor umschulen. Dann kehrte er nach Nizza zurück, wo er im selben Theater in denselben Opern sang, nur eine Terz höher.

Danach trat er viele Jahre in Deutschland auf, spezialisierte sich auf lyrische Rollen, klassische Operette und Musicals, wozu auch eine Reihe Vorstellungen als Henry Higgins in *My Fair Lady* gehörte. Später stellte er fest, daß Charakterrollen seinen Talenten und seinem Temperament am meisten entsprachen, und drückte seither einer Reihe meisterhaft gezeichneter Operncharaktere seinen besonderen Stempel auf.

Von den wenigen Rollen, die er am Abend seiner Karriere weiterhin singt, dient sein Don Basilio in *Le nozze di Figaro* als Anschauungsunterricht dafür, was Operngesang und -darstellung bei einem Altmeister bedeuten können.

Der andere männliche »Survivor«, Donald Arthur, begann sich mit elf Jahren für Oper zu interessieren, als sein Vater beschloß, ihm seine große Liebe zu den *Meistersingern* zu übermitteln, und den nach eigener Aussage frühreifen Bengel zu Aufführungen dieses Werks in die City Opera in New York mitnahm – sehr zum Entsetzen des Rests der Familie, der prophezeite, daß sich das Kind bei mehr als vier Stunden Wagner in einer fremden Sprache zu Tode langweilen werde. Doch der kleine Donald verbrachte nicht nur herrliche Abende im Theater, über die er wortreich Hinz und Kunz berichtete, ob sie sich dafür nun interessierten oder nicht, sondern sie waren auch die Initialzündung für seine lebenslange Hingabe an diese Kunst.

Da er sehr früh den Stimmbruch hinter sich brachte, sang Donald mit zwölfeinhalb (!) die Baßsoli in einer Schulaufführung von *A Ballad for Americans*, einem Werk, das Earl Robinson für Paul Robeson komponiert hatte.

Als Donald in die High School eintrat, schenkte ihm sein Vater ein Abonnement für die Metropolitan, wo er von seinem Sitz auf den billigen Plätzen des dritten Rangs viele meiner Vorstellungen miterlebte.

Noch in seiner Adoleszenz begann Donald, private Gesangsstunden ausgerechnet bei Jerome Swinford zu nehmen, der einst Paul Robeson ausgebildet hatte. Und in den späten fünfziger Jahren kehrte er an die New York City Opera zurück, nicht als Zuschauer, sondern als jüngstes Mitglied des Opernchors. Dann arbeitete er als Solist, erst in den USA, wo er den Kezal in einer New Yorker Produktion der *Verkauften Braut* und den Sarastro in der *Zauberflöte* beim Aspen Festival in Colorado sang. Zu dieser Zeit nahm er auch das Baßsolo in *The Desert Song* von Sigmund Romberg auf, einer RCA-Victor-Plattenproduktion mit Mario Lanza und Judith Raskin.

Er setzte seine Gesangskarriere in Europa fort und wechselte schließlich zu anderen Formen der Unterhaltung und in die Medien über, wo er nun als Schauspieler, Synchronsprecher und Autor arbeitet.

Auf seinen Vorschlag hin beschlossen wir, mit meinen Memoiren zu beginnen, wofür ich ihn um seine Dienste als Mitarbeiter bat.

Beide blieben wir auf dem Weg zur Realisierung dieses Buches immer wieder hängen und verfluchten mehr als einmal den Tag, an dem wir es begonnen hatten. Doch am Ende sind wir beide sehr froh, daß wir durchgehalten haben.

Wenn ich es mir recht überlege, unterstreicht die Tatsache, daß alle »Survivors« einen amerikanischen Background haben, die »Insel«-Qualität unserer engen Freundschaft, wobei die Früchte unserer gemeinsamen Erfahrungen allen zugute kommen.

Einige haben sich inzwischen in alle Richtungen zerstreut, aber wir schaffen es, in Verbindung zu bleiben, und das beschert uns nach wie vor einen bemerkenswert engen Freundeskreis, der – nachdem das

Wort »Liebe« derart entweiht worden ist – mit Überzeugung von sich sagen kann, daß wir einander zutiefst *mögen*.

Dieses Gefühl gilt auch meinen lieben Freunden Marianne und Erwin Schweitzer, die mir immer ihre Hilfe und das große Geschenk ihrer Freundschaft angeboten haben, ob es sich nun um die Fürsorge während oder nach meinen Rekonvaleszenzen handelte oder einfach darum, herzhaft miteinander zu lachen.

Mein Blick in die Zukunft: positiv!

Zum Abschluß dieser persönlichen Anmerkung möchte ich einigen der unbesungenen Helden in meinem Leben meinen Dank ausdrücken, den Ärztinnen und Ärzten, die mich die fünfeinhalb Jahrzehnte meiner Operntätigkeit auf den Beinen gehalten haben.

Ich war immer der Ansicht, daß die medizinischen Modeerscheinungen, die im Lauf der Jahre auftauchten, eine Domäne für Hypochonder sind, und bin deshalb den Experten doppelt dankbar, die meine im allgemeinen robuste Gesundheit intakt hielten und gelegentlich auftretende Störungen sofort an der Wurzel packten.

Damit will ich jedoch keineswegs geringschätzig die jahrhundertealten medizinischen Techniken abtun, die wirklich funktionieren. Am Tag vor der Galavorstellung von *Elektra* in Paris wachte ich mit schrecklichen Rückenschmerzen auf, die mit jedem Atemzug schlimmer wurden. Ich rief in Panik meinen Agenten an, und er empfahl einen chinesischen Akupunktur-Spezialisten, der mich auf seinen Tisch legte und mir seine kleinen goldenen Nadeln in den Rücken steckte. Als ich mich erhob, waren die Schmerzen wie weggeblasen. Der asiatische Mediziner meinte, daß ich vielleicht noch eine zweite Behandlung nötig hätte, doch zum Glück brauchte ich keine weitere Therapie. Ich war völlig kuriert, und die Schmerzen traten nicht wieder auf.

Der Namensaufruf beginnt mit Hermanns und meinem lieben Freund Dr. Alfred Roseno, der mir einmal das Leben rettete, als er mir im letzten Moment den Blinddarm entfernte.

Meine wertvollen Atemwege waren in den Vereinigten Staaten in der Obhut von Dr. Apton, und auf der anderen Seite des Atlantiks, in Starnberg bei München, gab sich der legendäre Prof. Rudolf Zimmermann die Ehre.

Die Wände in Professor Zimmermanns Klinik waren mit Fotos von prominenten Sängern aus aller Welt gesäumt, denen der gute Doktor viele Vorstellungen gerettet hatte, indem er ihre Stimme vor dem Aufgehen des schicksalhaften Vorhangs von Beschwerden befreite.

Heute ist meine Gesundheit bei einem großen Musikliebhaber namens Dr. Henrik von Dehn in guten Händen, einem erstklassigen Internisten mit aristokratischem Benehmen, der mich seit einigen Jahren betreut und die felsenfeste Überzeugung hat, daß eine gezielte Therapie sinnvoller ist als die schweren Geschütze, die manche Ärzte einsetzen.

Dr. Hanns Galli, der meine Knochen und Gelenke mehr als dreißig Jahre bis zu seinem kürzlichen Eintritt in den Ruhestand versorgte, habe ich bereits erwähnt. Dr. Ilse Schmidhuber, eine liebe Freundin von Marianne Seibel und mir, herrscht fachkundig über die Gesundheit meiner Kauwerkzeuge.

Die Chirurgen, die die Restaurierungsarbeiten an meinen Knien und meiner Hüfte besorgten, waren Professor Werner Keyl und Dr. Claus Enneker. In jüngster Zeit haben Professor Jürgen H. Greite und Dr. Vassiliki Vaterrodt überaus heikle Operationen an meinen Augen ausgeführt. Sie sind Meister ihrer Kunst, und ihr Umgang mit der Patientin war ebenso fabelhaft wie die Geschicklichkeit ihrer heilenden Hände.

Alles in allem empfinde ich mein Privatleben in München als sehr angenehm – bis auf eine Eigenheit, die von Zeit zu Zeit plötzlich zum Vorschein kommt: die Obsession mancher Deutscher, sinnlose Vorschriften und Weisungen punktgenau zu befolgen.

Das wurde mir im August 1994 wieder einmal unmißverständlich klar, als ich versuchte, Wolfgang Wagner herzliche Glückwünsche zu seinem 75. Geburtstag zu übermitteln. Wäre da nicht meine unbeugsame ortrudhafte Hartnäckigkeit gewesen, hätten meine Wünsche, nach meiner festen Überzeugung, die bürokratische Hürde nicht genommen.

Es begann sehr harmlos, indem ich die Nummer der Münchner Telegrammaufnahme wählte und einen jungen Mann an die Strippe bekam, der die menschliche Wärme eines Stahlschranks ausstrahlte. Als ich ihm sagte, daß ich Herrn Wolfgang Wagner ein Telegramm ins Bayreuther Festspielhaus schicken wolle, erkundigte er sich nach der Straße. Ich mußte leider passen, worauf er mich in höchst autoritärem Ton belehrte, daß »Festspielhaus« keine offiziell registrierte Adresse sei und mein Telegramm deshalb nicht angenommen werden könne.

Ich versicherte ihm, daß ich eine ganze Weile in dieser Stadt verbracht hätte, in der praktisch die gesamte Bevölkerung mit dem Haus auf dem Hügel mehr als vertraut sei. Schließlich liegt dieses »Vorgebirge« so hoch, daß es im weiten Umkreis kaum eine Stelle gibt, von der es *nicht* sichtbar ist.

Doch er blieb starrsinnig. Keine Straße – kein Telegramm! Damit legte er auf. Vielleicht hätte der Durchschnittsbürger es nun aufgegeben, doch ich war fest entschlossen, die für den Dienstweg nötige Information zu beschaffen. Also rief ich im Bayreuther Festspielhaus an, wo ein netter Bühnenportier, den ich seit vielen Jahren kannte, über meine Anfrage völlig verblüfft war. Als ich die Situation erklärte, versicherte er mir, daß niemand in Bayreuth, der auch nur im geringsten mitzähle – und gewiß nicht jemand vom örtlichen Postamt -, die Existenz dieses die weite Umgebung dominierenden Gebäudes übersehen könne. Er sagte sogar, daß er die Adresse selbst nicht wisse, obwohl er den Bühneneingang seit einer Ewigkeit beaufsichtige.

Eifrig bemüht, rief er ein Büro nach dem anderen an und konnte schließlich jemanden ausfindig machen, der tatsächlich die Adresse wußte: Festspielhügel 1!

Bis zu den Zähnen mit dieser essentiellen »Geheim«-Information bewaffnet, bereitete ich mich für eine neue Attacke auf die Telegrammaufnahme vor. Diesmal war eine reizende junge Dame am Apparat, die mir, nachdem sie meinen Namen und den genauen Bestimmungsort meines Telegramms vernommen hatte, versicherte: »Aber Frau Varnay, natürlich weiß jeder in Bayreuth, wo das Festspielhaus ist.«

Am nächsten Tag traf ich zufällig Hans Hotter auf einer Party und erzählte ihm die bizarre Geschichte. Er reagierte mit majestätischem Gesichtsausdruck, schüttelte das Haupt in stoisch durchgehaltener Erbitterung und gab mir aus der Höhe seiner hünenhaften Gestalt den Kommentar: »Liebe Astrid, um manche Dinge in diesem Land zu verstehen, muß man hier *geboren* sein.«

Bis heute tut es mir leid, daß ich mich nie erkundigte, ob es auch die Adresse Festspielhügel 2 gibt.

VIERTE SZENE

Warum?

Nicht jeder Anruf, den ich bekomme, führt zu einem neuen Engagement. In einem Fall war ein Anruf Anlaß für eine lange Periode der Gewissensprüfung, einer, die anhielt, lange nachdem die Situation bereinigt war.

Am Telefon war einer meiner Lieblingsagenten in einer meiner Lieblingsstädte, der mir eine exorbitante Gage für meine Mitwirkung bei der Eröffnungsproduktion der Spielzeit anbot. Das klang mehr als verlockend, bis die Hauptsache zur Sprache kam: Die Oper war ein zeitgenössisches Werk, das ich woanders gesehen hatte und auf Anhieb nicht mochte. Dreimaliges weiteres Anhören in zwei anderen Theatern änderte nichts an meiner ersten Reaktion.

Dazu kam noch, daß die beteiligte Regie-»Größe« in jüngerer Zeit mit einer Reihe gekünstelter Inszenierungen in Mode gekommen war, die nach meiner Meinung die Opern mehr vernebelt als verdeutlicht hatten. Dennoch (oder gerade deshalb) galt und gilt diese Eminenz als wahrer Ausbund einer neuen Schule der Regie, die einen Großteil der institutionalisierten intellektuellen Welt im Sturm genommen hat, während sie gleichzeitig viele der gebildetsten und empfänglichsten Zuschauer in der ganzen Welt der Oper irremacht und befremdet.

Obwohl meine Reaktion auf das Werk und die in Aussicht gestellte Regie entschieden negativ war, wollte ich trotzdem fair sein und bat den Agenten, mir mehr Zeit zu geben, um die Sache zu überdenken. Er glaubte offensichtlich, ich wolle ihn hinhalten, um eine höhere Gage zu erzielen, denn er meldete sich alle paar Tage mit einem neuen Angebot. Doch ich befand mich noch immer in der Zwickmühle.

Der Grund für meine Unentschlossenheit war kompliziert.

Ich habe mich immer als jemanden betrachtet, der Neuland betreten, neue Wahrheiten in alten Opern entdecken und dazu beitragen will, neue, bedeutungsvolle Werke dem Publikum nahezubringen. Diese Haltung schließt natürlich die Bereitschaft ein, eine Reihe von Bedenken beiseite zu schieben und es auf die neue Situation zumindest ankommen zu lassen. Doch so sehr ich mich auch bemühte, wurde ich den Eindruck nicht los, daß das Werk nicht mehr als eine Übung in vorsätzlicher Kakophonie sei, ohne Atmosphäre, Elan oder charakteristische Elemente, während mir das inszenierende Individuum als Tiefe vortäuschendes seichtes Gewässer erschien, das aufgrund eines perversen Hangs, bei jeder Produktion mit überflüssigen Oberflächlichkeiten einen Sturm im Wasserglas zu entfachen, große Wellen machte.

Ich kam letztlich zu dem Schluß, daß die Leute, die dieses Unternehmen planten, vermutlich auf meine Dienste in einer sehr kleinen Cameo-Rolle hofften, um einigen Widerspenstigen zu sagen: »Varnay mit ihrer jahrzehntelangen Opernerfahrung hat unterschrieben. Worauf warten *Sie* noch?« Kurz und gut, sie wollten vermutlich, daß ich das Projekt mit einer Art »Gütesiegel der Stiftung Warentest« legitimierte, was es nach meiner wohlerwogenen Meinung *nicht* verdiente.

Es wurde mir bewußt, daß ich diese Absegnung nicht einmal indirekt meinen Kollegen antun dürfe, die danach weniger imstande wären, dieses Angebot abzulehnen, und deshalb folgte ich meinem ursprünglichen inneren Instinkt und lehnte höflich, aber bestimmt ab.

Bald fand ich heraus, daß die Produktion schließlich fallengelassen worden war, aber erfuhr nie den Grund. Ich habe den starken Verdacht, daß viele der anderen Sänger, mit denen verhandelt wurde, meine Zweifel teilten.

Diese Episode löste einen intensiven Denkprozeß aus, in dem ich begann, einige der elementaren Grundlagen des Familienmetiers zu hinterfragen, das ich nun über ein halbes Jahrhundert ausübe.

Für wen machen wir Oper und warum? Ist unsere Tätigkeit auf jeden im Publikum ausgerichtet, oder sprechen wir eine Geisteselite an und hoffen, daß die anderen vielleicht nachziehen und sich allmählich das Wissen aneignen, das die Eingeweihten mit ins Theater bringen?

Aufrichtig gesagt, tendiere ich zum gesamten Publikum – in der Erkenntnis, daß wir auch denen etwas Wichtiges mitgeben können, die weder die Zeit noch das dringende Bedürfnis haben, umfangreichere Studien zu betreiben, bevor sie sich in eine Opernvorstellung begeben.

In meiner beruflichen Laufbahn hatte ich Gelegenheit, in Opern aufzutreten, die damals als »modern« galten: de Banfield, Barber, Berg, Egk, von Einem, Honegger, Janáček, Menotti, Orff, Prokofjew, Schönberg, Strawinsky und Weill, darunter vier Uraufführungen von Werken lebender Komponisten und die amerikanische Premiere von *Mahagonny*! Mit diesem Leumundszeugnis kann ich wohl kaum als musikalisch prüder Mensch mit militant traditionalistischer Einstellung bezeichnet werden, wenn es um die Werke von Zeitgenossen geht. Dazu war ich, sobald sich mein Interesse an Oper meldete, von allem Anfang an von neuen Regie-Ideen fasziniert, wie meine Arbeit mit einer Reihe von Innovatoren belegt: Wallerstein, Gründgens, Rennert, Buckwitz, Ponnelle, Schröder, Del Monaco, Friedrich, Herlischka und – an allererster Stelle – Wieland und Wolfgang Wagner.

Jeder dieser Künstler eroberte sich unerschrocken Neuland – wie Alexander Várnay zu seiner Zeit.

Trotzdem erfüllten mich meine Abenteuer mit der Musik und den Inszenierungen jedesmal mit dem Bewußtsein der Gültigkeit der Tradition, der Erkenntnis, daß Oper als Kunstform ein großartiges Gebäude ist, meisterhaft in seiner Konstruktion und dennoch wie jedes alte Bauwerk ständig renovierungsbedürftig. Dieses wichtige Werk der Erneuerung darf jedoch nie den Punkt erreichen, an dem die Substanz des Gebäudes zerstört wird – um derentwillen, die darin leben, und im Interesse künftiger Generationen.

Was erwarte ich von einer Opernvorstellung, wenn ich selbst im Zuschauerraum sitze? Wenn mich die Vorstellung in all ihren Elementen so bewegt, daß ich in der Musik und der Entwicklung des menschlichen Dramas versinke und mich und meine Umgebung vergesse, habe ich nach meiner Meinung einen hervorragenden Opernabend erlebt. Dieses völlige Eintauchen in die Vorstellung ereignet sich bei jemandem, der mit dem Handwerk so vertraut ist wie ich, höchst selten – doch es *ereignet* sich!!

Wenn wir das als Grundvoraussetzung akzeptieren, welches sind dann die fundamentalen Bestandteile, die nötig sind, um das Publikum auf solchem Niveau zu fesseln? Zu allererst: eine Oper *muß klingen*. Gesang und Musizieren müssen von höchstem Niveau sein. Dann muß das Sichtbare – Bühnenbild, Kostüme und Lichtregie – sowohl dem Drama wie der Art des Opernausdrucks entsprechen, mit anderen Worten: dem Text und der Musik – nicht sklavisch, aber mit der entsprechenden Loyalität gegenüber dem ursprünglichen Werk und der Identifizierung mit seiner Aussage. Schließlich erwarte ich, daß die Personenführung das menschliche Element hervorhebt, so daß ich am Ende der Aufführung das Gefühl habe, daß ich echten Individuen aus Fleisch und Blut begegnet bin, trotz der Tatsache, daß alle singen.

Sobald diese Bedingungen erfüllt sind, ist eine individuelle Sicht nicht nur zulässig, sondern von Herzen erwünscht.

Und hier komme ich zur Frage des persönlichen Geschmacks. Lassen Sie mich, statt die Debatte breitzutreten, lediglich darauf hinweisen, daß es auch bei der enormen Vielfalt unterschiedlicher Auffassungen gewisse grundsätzliche Geschmackskriterien gibt, die anerkannt und beachtet werden sollten. Während der eine Plácido Domingo für den größten Tenor hält und ein anderer auf Luciano Pavarotti oder José Carreras schwört, habe ich doch nie jemanden getroffen, der nicht die Meinung teilte, daß alle drei außergewöhnliche Künstler sind, deren Auftritte den Stempel vollendeter Opernqualität tragen.

Dasselbe gilt für die Darstellung: Während der eine Sänger den einen Zuschauer mehr überzeugt und ein anderer mehr dem Geschmack eines anderen Zuschauers entspricht, erleben wir – solange die Grundlagen *in allen Fällen* vorhanden sind – eine beachtliche Vorstellung.

Es ist für mich unendlich faszinierend, andere Sängerinnen in den Rollen zu verfolgen, die ich mir einmal selbst zu eigen machte, und die neuen und aufregenden Werte festzustellen, die sie aus dem Text und der Musik geschöpft haben. Wir alle beschäftigten uns mit demselben Material und fanden unseren Zugang doch auf höchst unterschiedliche Weise.

Diese Reaktion beweist, daß es unbegrenzten Raum für individuelle Entfaltung gibt, vorausgesetzt, der innere Kern wird nicht verletzt.

Im Laufe der Jahre habe ich Vorstellungen erlebt, in denen die musikalischen Elemente nicht besser hätten sein können, und doch vermittelte mir die Inszenierung das Gefühl, als ob ich hoffnungslos im frostigen Wind umherirren würde. Bisweilen liegt es daran, daß die Sänger sich selbst überlassen sind: Einige schmieren sich durch den Abend, andere mühen sich ab, durch die dicke Schwarte von unlogischem Schmierantentum zu ein wenig ehrlicher Menschlichkeit vorzudringen, während eine dritte Gruppe einfach Zuflucht zum ausschließlichen Einsatz vokalen Feuerwerks nimmt.

Es gibt nur einen Weg, diese Situation zu ändern: ein durchdachtes Regiekonzept mit einer zwingenden Vision.

Trotz verschiedener Angebote war ich nie versucht, selbst Oper zu inszenieren, denn dieser Weitblick war nie meine Spezialität. Meine Vorstellungskraft konzentrierte sich auf meine Funktion als »menschliches Detail«, und das ist auch das Gebiet, auf das ich gegenwärtig meine Bemühungen als Lehrerin konzentriere.

Aus diesem und vielen anderen Gründen habe ich nichts als Bewunderung für die authentischen Genies, die eine Gruppe von unglaublich disparaten Individuen, deren kultureller Hintergrund vom Westen der USA bis zum Fernen Osten reicht, zum edlen Ziel einer dramatischen Einheit zusammenschmieden können. Es ist dieser Gesamtplan, der jeder Vorstellung ihre *raison d'être* gibt und die Operndialektik von Aktion, Reaktion und Interaktion zusammenfügt.

Ich bin nicht in der Lage, mir das große Konzept auszudenken, aber ich weiß es sehr wohl zu schätzen, wenn es gut ausgeführt wird, und ich erkenne spontan seine Abwesenheit, wenn die Ausführung unzulänglich ist.

Viele der neueren Regisseure haben Schwierigkeiten, ein Zeitstück, das in der Epoche und in der Atmosphäre seines Schauplatzes fixiert ist, von Stücken zu unterscheiden, die eine größere Vielfalt räumlicher und zeitlicher Ansiedlung zulassen.

Jeder Versuch, eine zeitbezogene Sittenkomödie wie den *Rosenkavalier* zu »modernisieren«, ist ein nutzloses Unterfangen. Diese Oper ist so in das Wien der Kaiserin Maria Theresia eingebettet, in den Benehmenskodex, die Hofetikette, Gesetze, Sitten und Gebräuche jener Ära, daß jede Abweichung das Stück scheitern läßt wie ein Schiff ohne Segel und Anker.

Das schmälert nicht im geringsten die Allgemeingültigkeit der Emotionen in dieser Oper, doch bringt die Beschränkung auf das Rokoko-Environment mit seinen Fischbeinkorsetts, gepuderten Perücken, arrangierten Heiraten und den festgelegten Ritualen für jede menschliche Tätigkeit Elemente in diese Emotionen ein, die in einer anderen Zeit und an einem anderen Ort nicht dieselbe Bedeutung haben.

Es läßt sich natürlich argumentieren, daß Richard Strauss selbst einen gewaltigen Anachronismus beging, als er in diesem Rahmen den Wiener Walzer benutzte – in einer Epoche, in der es diesen Tanz noch nicht gab. Diese spezielle Zeitverwerfung ist jedoch völlig durch ihre Funktion in der Oper als Vorbote kommender Dinge legitimiert: liberalere Zukunftsaussichten und Verhaltensmuster, die zum Zeitpunkt der Handlung noch in statu nascendi sind. Wenn man dieses Werk in ein moderneres Ambiente zwingt, wird die prophetische Qualität des Walzers außer Kraft gesetzt und zu einer alltäglichen Tanzform entwertet.

Die Meistersinger von Nürnberg sind eine weitere Oper, die zeitlich und geographisch fixiert ist – in ihrem Konflikt zwischen dem etablierten Adel (Walther) und dem aufsteigenden Bürgertum (den Meistersingern), zwischen den Formregeln und der Freiheit des Ausdrucks, wobei Hans Sachs in beiden Fällen der Katalysator ist. Doch darüber hinaus sind die *Meistersinger* eine Huldigung an erlernte Fertigkeiten und die Untrennbarkeit von Handwerk und Kunst. Die Meister konstruieren ihre Lieder mit derselben Akribie, mit der sie ihre Schuhe fertigen oder die Goldschmiedekunst betreiben. Diese Oper würdigt das Streben einer Gruppe von Handwerkern, etwas jenseits der Alltagsplackerei zu schaffen und es so zu kodifizieren, daß es an künftige Generationen weitergegeben werden kann – lange vor Bach und Beethoven, Weber und Wagner.

In einem umfassenden Sinn stellen die *Meistersinger* die Geburt unserer heutigen Kultur dar. Sobald man die Oper in irgendeine Zeit *nach* der industriellen Revolution verlegt, in der die Fabriken mit der Herstellung von Schuhen und Seife begannen, gehen alle vitalen Analogien in Schall und Rauch auf.

Ähnlich sind Mozarts drei da-Ponte-Opern (*Figaro*, *Giovanni* und

Così) vom Herr-Diener-Konflikt inspiriert oder in einem tieferen Sinn von der Konfrontation zwischen dem Adel der Geburt und dem Adel des Geistes.

Natürlich entsprachen diese Regeln in vieler Hinsicht dem Europa der Jahrhundertwende (etwa dem Oben und Unten in der Fernsehserie *Das Haus am Eaton Place*), die nach meiner Meinung ein legitimer Schauplatz für alle drei Opern wäre, aber diese Werke in eine Zeit ohne erblichen Adel zu verpflanzen hieße, ihre Aussage für ungültig erklären.

Trotzdem bestehen manche Regisseure darauf, jede dieser Opern stilistisch in jeder anderen Epoche als der ursprünglichen anzusiedeln. Andere halten es für den einzigen Weg, die Essenz eines Opernwerks zu vermitteln, indem sie es in die »Unmittelbarkeit« unserer eigenen Zeit versetzen. Sie scheinen anzunehmen, daß ein Publikum, das in der Schule Geschichtsunterricht hatte und von früher Kindheit an Zeitstücke und Filme sah, unfähig ist, sich in eine andere Zeit hineinzudenken. Warum?

Wagners mythologische Opern, besonders der *Ring*, sind – wie die Enkel des Komponisten bewiesen haben – praktisch weder an Ort noch Zeit gebunden. Sie ziehen sogar ihren Nutzen aus einer abstrakten, utopischen Situation, die dem Publikum weit mehr Möglichkeit gibt, seine eigene Phantasie einzusetzen, als all die pathetischen Versuche, das Werk zu aktualisieren.

Dennoch sind manche Regisseure fest davon überzeugt, daß sie der Bedeutung näher kommen, wenn sie Wotan und Fricka Designergepäck tragen lassen oder Mime das Lesen einer örtlichen Tageszeitung verordnen. Warum?

Es gibt allerdings Opern, die Regisseuren eine hervorragende Chance bieten, an einem bestehenden Werk ein aktuelles Thema zu demonstrieren.

Fidelio, das großartigste Beispiel, mit seiner leidenschaftlichen Hingabe an einen allumfassenden Freiheitsgedanken und die Humanität, wie sie sich in Leonores Entschlossenheit manifestiert, einen ungerecht gefangengehaltenen Mann – *wer er auch sei* – zu retten, paßt in jede Zeit und an jeden Ort. Der Schauplatz »nahe von Sevilla« ist nebensächlich. Das bedeutet, daß die Interpretation dieser Oper ihre Grenzen lediglich in der Vorstellungskraft des Regisseurs und der Besetzung hat.

Viele heutige Regisseure sind theaterfremd und haben ihr berufliches Leben als Ritter von Pinsel und Palette oder als Schreibtischhengste begonnen. Daraus resultiert, daß sie oft unzureichend mit den Möglichkeiten vertraut sind, den Mitgliedern der Besetzung ihre Ideen zu vermitteln. Sie scheinen zu denken, daß der einzige Weg, die Sänger optimal zu benutzen, ist, sie mit demselben Respekt zu behandeln, mit dem sie die Farbe aus einer Tube drücken oder den sie der Tastatur ihrer Schreibmaschine angedeihen lassen.

Wie schade, daß sie sich offensichtlich so gar nicht bewußt sind, welche schöpferischen Möglichkeiten künstlerische Zusammenarbeit zu bieten hat!

Hebt die inneren Schätze der Sänger auf der Bühne, koordiniert ihre Auffassungen, ihre Vorstellungskraft, ihre Emotionen und ihre Erkenntnisse, um ein konstruktives Feedback zu beschwören, und die Vorstellung wird zum Leben erwachen!

Nun ist es an der Zeit, für meine Kollegen einzutreten.

Die Witze über Sänger mit begrenztem Verstand sind fast so alt wie der Beruf (und im allgemeinen ungefähr so komisch wie *Werther*), doch bitte ich den Leser, einen Augenblick über die intellektuellen Fähigkeiten und das Ausbildungsniveau nachzudenken, die erforderlich sind, um eine Rolle wie Fidelio oder Semiramide, Wotan oder Pelléas auch nur zu *lernen*, oft in einer Sprache, die sich der Sänger erst im Erwachsenenalter angeeignet hat.

Diese Intelligenz, dieser Lernprozeß, dieses intensive Erfassen der zahllosen Facetten der Persönlichkeit einer Figur stellen zusätzliche Beiträge dar, die ein Regisseur zu seinem eigenen Schaden ignoriert oder übersieht. Wenn der Regisseur einer Oper die Sänger lediglich als Ornamente im Muster seines eigenen exklusiven Designs sieht, wenn er seine Produktion als Mosaik betrachtet, in das sie lediglich ihre gesangliche und physische Präsenz einbringen und ihren Gehorsam gegenüber seinen Grillen – dann bietet er dem Publikum eine Marionettenvorstellung.

Und diese Grillen können widerwärtig sein.

Um es ganz offen zu sagen, habe ich auf der Opernbühne so viel nacktes Fleisch, so viele geschlechtliche und postdigestive Aktivität gesehen, so viel unbegründete Gewalt, Vulgarität und Verwüstung, alles völlig ohne Bezug zu dem jeweiligen Werk, daß es mir fast eine Erleichterung wäre, zu den altmodischen Produktionen zurückzukehren, wo jeder einfach in einem Phantasiekostüm dastand und die Sterne vom Himmel sang!

Doch – Peter Sellars hatte völlig recht, als er vor einiger Zeit bei einer Ansprache vor dem Premierenpublikum der Salzburger Festspiele die Entwicklungen auf dem Theater mit dem Erdbeben verglich, das Los Angeles beinahe verwüstete. Als Nachwirkung beider Entwicklungen, sagte er, *gibt es keinen Weg zurück*. Aber geht der augenblickliche Kurs notwendigerweise nach vorn?

In einigen Fällen gewiß. Aber diese Fälle sind noch immer zu wenige und ereignen sich zu selten! Warum?

Es steht außer Zweifel, daß keine Kunstform überleben kann, wenn sie stehenbleibt. Wie Lewis Carrolls rote Dame muß sie in Bewegung bleiben, aber in welcher Richtung? Ich glaube, je mehr die »Experten« versuchen, den Fortschritt der Künste in irgendeiner bestimmten Richtung vorherzubestimmen, um so mehr Schaden wird der natürlichen Entwicklung zugefügt. Doktrinäres Festhalten an jedem Trend – und allein schon per definitionem ist jeder Trend vergänglich – nimmt der Kreativität ihre Ursprünglichkeit und zwingt den Künstler, seine schöpferische Freiheit dem Schreckgespenst eines kulturellen Big Brother zu opfern, der ihm über die Schulter schaut und kontrolliert, ob er sich auch an die aktuelle Parteilinie hält. Das Ergebnis dieser Beaufsichtigung ist ein austauschbares bizarres Produkt, das ebenso aussagestark und bedeutungsbeladen ist wie ein Nasenring.

In diesem Zusammenhang möchte ich definieren, was ich mit der Freiheit der Opernregie meine und wie ich sie sinnvoll verwirklicht sehen möchte.

Das Opernpublikum ist alles andere als blöd. Es läßt sich mit Sicherheit sagen, daß die Mehrheit mit einer Fülle von Hintergrundwissen, Erfahrung und Intelligenz ins Theater kommt. Um so mehr Grund hätten also die Regisseure, diese Intelligenz zu respektieren, statt die Zuschauer mit so absurden Theorien zu konfrontieren wie der Behauptung, daß der Text einer Oper keinen Eigenwert hat und den Regisseuren lediglich als Ausgangspunkt dient, dem Werk ihre Komplexe aufzupfropfen – ausschließlich zu ihrer Selbstbefriedigung und Selbsterhöhung.

Das ist nicht künstlerische Freiheit. Das ist der unverantwortliche Mißbrauch dieser Freiheit!

Kunst wird allgemein als die höchste Ebene der Kommunikation verstanden. Wenn eine Oper, die ihren Wert über Jahrhunderte bewiesen hat, sich einem gebildeten Publikum *nicht* mitteilen kann, weil die Inszenierung die Zuschauer nur verwirrt, schockiert oder beleidigt, werden die Menschen da draußen irritiert und verärgert.

Negative Reaktionen sind heutzutage viel zu häufig geworden, als daß man sie geringschätzig als die Mißbilligung von ein paar verbissenen Reaktionären abtun könnte. Wenn ich nur aus dem Radio höre, wie diese Mauer von Protest über einer weiteren »wagemutigen« Produktion zusammenstürzt (komplett mit den Idiosynkrasien all der anderen »wagemutigen« neuen Produktionen versehen), wird mir klar, wie recht Abraham Lincoln hatte, als er 1858 sagte: »Man kann alle Menschen eine Zeitlang und einige Menschen die ganze Zeit, aber nicht alle Menschen die ganze Zeit zum Narren halten.«

Trotz all dieses Sichaufspielens der neuen Theater-Gurus wird das Publikum früher oder später wie das Kind in Hans Christian Andersens Märchen merken, daß der Kaiser sich in Ellen und Aber-Ellen von nichts gekleidet hat.

Wenn es – wie so oft beschworen – die Aufgabe der Kunst des 20. Jahrhunderts ist, sich mit verborgenen Bedeutungen zu befassen, dann sollten die Regisseure in den Werken schürfen, die mannigfaltigen Ebenen, die von den Schöpfern hineingelegt wurden, freilegen und diese Bedeutungen so interpretieren, daß die Wahrheit der Musik und der Worte gesteigert wird.

Ich gebe zu, daß dieses Freilegen der vielen Bedeutungsebenen in einem Werk von der Kompliziertheit einer Opernpartitur eine mühsame Forschungsarbeit ist. Die markantesten Merkmale zum Vorschein zu bringen – ob das nun in der auf den Kern reduzierten, allegorischen Form geschieht, wie Wieland und Wolfgang Wagner vorgingen, oder in der sorgfältig und bis ins Detail ausgearbeiteten realistischen Gestaltung eines Günther Rennert oder Jean-Pierre Ponnelle –, ist sogar noch anstrengender.

Im Gegensatz dazu ist das Beladen einer Operninszenierung mit einem überflüssigen aktuellen Themenkatalog, der sich nur Selbstzweck ist und auch nicht das geringste mit dem ursprünglichen Konzept zu tun hat, das Simpelste auf der Welt, ganz gleichgültig, welche Gehirnwindungsprozesse dieser Schule des Hinterfragens ihren Tätern und deren Jüngern auch zugeschrieben werden mögen. Auch wenn die Beiträge in den Programmheften noch so tiefgründig und hochtrabend daherkommen – diese Taktik ist intellektuell ungefähr so integer wie der inzwischen sprichwörtliche Schnurrbart auf der Mona Lisa.

Kurz, man verbessert die Seetüchtigkeit eines Ozeandampfers nicht, indem man Entenmuscheln an seinen Rumpf heftet.

In den letzten Jahren haben einige Regisseure das sogenannte Regiekonzept eingeführt, das sich zum Prinzip macht, sowohl das Werk wie das Publikum *in Frage zu stellen.* Während das die legitime Funktion des Kritikers sein mag, dürfte es nie das Prinzip des Regisseurs sein, der wenigstens während seiner Arbeit an einer Oper an die Komposition glauben muß und sie nicht in Frage stellen darf – schlicht, um ihr gerecht zu werden, die Sänger zu inspirieren und dem Publikum sowohl geistig wie materiell etwas für sein Geld zu bieten. Alles andere ist langweiliges Tauziehen zwischen der Schöpfung und ihren Interpreten, und an keinem Ende des Seils gibt es einen Gewinner.

Diese Regie-Richtung besteht auch auf der »Verpflichtung« der darstellenden Künste, eine zeitgemäße politische oder sozialpolitische Aussage zu machen und damit gewissermaßen das Publikum auf die Hörner zu nehmen. Die Verfechter dieser Schule sind offensichtlich unzufrieden mit der *universellen* Wahrheit der politischen Aussage der Klassiker, oder vielleicht ist sie ihnen auch gar nicht aufgegangen. Was immer auch der Fall ist, die Opern verlieren beträchtlich an Substanz, wenn ihre fundamentale Botschaft für eine pseudobedeutsame zeternde Standpauke eingetauscht wird.

Wenn Regisseure wirklich eine Aussage über die soziale und politische Situation oder andere Probleme unserer Zeit machen wollen, dann sollten sie sich mit einem begabten Dichter und einem inspirierten Komponisten zusammentun und ein völlig neues Werk schaffen, das speziell dazu dient, diese »Message« so überzeugend wie möglich zu vermitteln. Aus meiner Sicht ist das eine weit fruchtbarere Herausforderung, als alte Meister mit bloßen Slogans zuzukleistern.

Recht eigentlich ist dieser ganze Virus des »Infragestellens« wenig mehr als eine ungeheure Offenbarung von Borniertheit. Die augenblickliche Dominanz dieser Sackgassen-Philosophie in den Theatern gemahnt an Karl Kraus' Aperçu: »Wenn die Sonne der Kultur niedrig steht, werfen selbst Zwerge lange Schatten.«

Doch nach der Dunkelheit kommt immer die Morgendämmerung, und ich kann nur hoffen, daß bei Anbruch eines neuen Tages diese zwielichtigen Gewaltstreiche der Widersinnigkeit den Vorteil bringen werden, daß sie allen Beteiligten drastisch demonstrieren, wie man eine Oper *nicht* inszenieren darf.

Dann wird all jenen Opern-Schuhmachern eine gewaltige Belohnung zuteil werden, die wie Hans Sachs bei ihrem Leisten bleiben und die schlichte Weisheit des Schusters zu würdigen wissen, daß es bei aller Freiheit dieser Welt *keine Kunst ohne Handwerk gibt!* Wenn sie diese einfache Wahrheit anerkennen und sich entsprechend verhalten, werden sie das Bewußtsein ihres Publikums erweitern, indem sie ihm neue und wesentliche künstlerische Nahrung geben, die es sowohl verdauen wie daran wachsen kann.

Zweitens werden sie die überschwengliche Unterstützung bereitwilliger Sänger und Musiker erhalten, die alle begierig sind, zur Verwirklichung einer fesselnden Vision beizutragen.

Drittens wird den Sängern und Musikern die Belohnung einer aufrichtigen Huldigung durch ein verständnisinniges Publikum zuteil – statt des entmutigenden Feedbacks allgegenwärtiger Enttäuschung aus jeder Ecke des Zuschauerraums.

Glücklicherweise berührte sich meine Karriere mit dieser albernen Konzept-Schule nur am Rande, und damit bleiben meine positiven Gefühle für die Vergangenheit und die Zukunft unversehrt.

Dennoch hatte ich, abgesehen von dem merkwürdigen Münchner *Holländer*, eine kurze Begegnung mit einem solchen Ausbund der »Nichts ist erfolgreicher als der Exzeß«-Theorie und erledigte die Sache im – wie meine Freunde es bezeichnen – »klassischen varnayesken Stil«.

Ich war eingeladen worden, die Klytämnestra bei zwei Festival-Aufführungen von *Elektra* zu singen, im Rahmen der laufenden Produktion in dem betreffenden Theater.

Als ich zwei Tage vor der ersten Vorstellung ankam, ging ich mit dem Stab die übliche Prozedur durch: Inspektion des Bühnenbilds, Proben mit meinen Kollegen und die Koordinierung des musikalischen Bereichs mit dem Dirigenten.

In der Kostümabteilung wurde mir ein kunstvoll gearbeitetes Königinnenkostüm präsentiert, garniert mit einem künstlichen blauen Arm, der aus dem linken Ärmel baumelte.

Der Regieassistent erklärte, dieser Arm symbolisiere die Schuld der Königin in Form der Atrophie des Gliedes, das den tödlichen Schlag ausgeführt habe.

So leid es mir tat, den Allwissenden des Hauses, der das ersonnen hatte, eines Besseren belehren zu müssen, fühlte ich mich doch verpflichtet, seinen Assistenten darüber zu informieren, daß der tödliche Schlag – wie jedermann leicht den meisten Fassungen des Mythos hätte entnehmen können – nicht von Klytämnestra, sondern von ihrem Geliebten Aegisth ausgeführt wurde. Wie meine Leser wissen, warf Klytämnestra lediglich das Netz über Agamemnon.

Schlimmer noch, erklärte ich weiter, werde nach meiner Meinung durch den Einsatz dieser Attrappe über eine der Figuren in diesem be-

463

merkenswert unparteiischen antiken Drama *ein Urteil gefällt* (erinnern Sie sich: Klytämnestra hatte stichhaltige Gründe, Agamemnon aus dem Weg zu räumen!) und damit die moralische Mehrdeutigkeit der Geschichte durch eine tendenziöse Entstellung ersetzt, die nichts mit dieser Geschichte zu tun habe.

Und zu guter Letzt würde der scheußliche künstliche Arm dauernd die Aufmerksamkeit von meiner Darstellung ablenken. Ich könne im Kreis springen und hätte trotzdem keine Chance, mich mit Anstand gegen dieses Zubehör zu behaupten.

Bei der Abendprobe erschien der Regisseur persönlich und versuchte mich zu überzeugen, daß durch das Weglassen dieses Arms eine der entscheidenden Allegorien in seinem Konzept beeinträchtigt würde. Meine Einwände waren ihm ein Rätsel angesichts der Tatsache, daß das Ensemblemitglied, das die Klytämnestra während der regulären Spielzeit sang, seinen Anweisungen bedingungslos gefolgt war. Da ich seinem Konzept nicht im Weg stehen wollte, schlug ich taktvoll vor, mich aus der Produktion ganz zurückzuziehen und den blauen Arm singen zu lassen.

Resultat: Am nächsten Abend sang ich dennoch, und das merkwürdige Anhängsel wurde in die Kostümabteilung in Rente geschickt, wo es an einem Haken hing wie das Bildnis des Dorian Gray.

Ein paar taugliche Tips, treuhänderisch

Für jemanden, der so lange im Opernberuf steht wie ich, ist es eine der frustrierendsten Erfahrungen, daß ich sehr vielen jungen Leuten und ihren Familien nein sagen muß, die sich an mich mit der Bitte um Rat und Hilfe wenden, um in diesen Beruf einsteigen zu können.

Auch wenn es meine Zeit erlauben würde, könnte ich gleichwohl herzlich wenig für sie tun, denn wie alles andere, was in diesem Leben der Mühe wert ist, kann eine Opernkarriere nur kraft eines gewaltigen Willens, beharrlicher Hingabe und unzähliger Stunden strebsamer Arbeit erreicht werden. *Kein* etablierter Sänger ist in der Lage, einem jungen Menschen diesen beschwerlichen Weg zu ebnen. Er muß selbst über die Hürden.

Dennoch möchte ich diese Memoiren für meine loyalen Leser mit ein paar einfachen Tips als Angebinde zum Abschied beenden, in der Hoffnung, daß ich ein paar der bohrenden Fragen beantworten kann, mit denen sich Anfänger, ihre Freunde und ihre Familien konfrontiert sehen.

Ohne Zweifel sind meine Leser in der beträchtlichen Mehrzahl nicht im geringsten an einer Gesangskarriere interessiert, sondern der Oper als zweckfreie Zuschauer zugetan. Ich bitte sie um ihre freundliche Nachsicht für diese fragmentarische Fachsimpelei. Vielleicht kann einige Vorkenntnis über den Hindernislauf, den jeder Sänger durchstehen muß, bevor der Vorhang aufgeht, ihnen eine weitaus wesentlichere Wertschätzung wonnigen Verweilens in einer Vorstellung weisen.

Beim Tüfteln an diesem treulichen Text mit tauglichen Tips und triftigen Thesen in treffender Tonart tendierte er tückisch zum tautologischen Tonfall. Damit transportiere ich keine Tirade, kein törichtes Teach-in oder gar trödelnden Talmi und Tinnef der Tempi passati. Das Tänzeln in tolldreist terminologischem Toe-loop wäre sonst triftig mit Tipp-Ex zu tilgen. Statt daß ich mich tragisch traumatisch im Tollhaus tyrannischen Tamtams vertändle, im transzendentalen Trapezakt träger Traktate, muß ich die Terra incognita tätig und trennscharf thematisieren. (Es scheint, daß dieser alliterierende Anlauf irgendwie unterbewußt stattfindet. Nun ja, einmal wagnergeschädigt, immer wagnergeschädigt!)

Lassen Sie mich diese Betrachtung mit dem Buchstaben »B« wie *Basis* beginnen. Als *conditio sine qua non* ist unbedingt zu *beachten*: der Befund der Beschwerdefreiheit, besonders im *Brust- und Lungen*bereich und nicht belegte Stimmbänder sowie eine *brauchbare* Singstimme. Sie muß für den beabsichtigten Beruf nicht nur einen besonderen Klang und die entsprechende *Beweglichkeit* in Tongebung und Dynamik besitzen, sondern auch von kompetenten Fachleuten als überdurchschnittlich *beurteilt* werden.

Es gibt nicht die geringste Garantie, daß ein Mädchen oder Junge mit einer hübschen Gesangsstimme diese Qualität als Erwachsener auch *behalten* wird. Physiologisch kann sich die menschliche Stimme in der Pubertät und darüber hinaus in einem solchen Maß verändern, daß ein Mensch warten muß, bis er voll ausgewachsen ist, um ernsthaftes professionelles Training überhaupt nur zu erwägen.

Über stimmliche *Tüchtigkeit* und musikalische und darstellerische *Tauglichkeit* hinaus ist die nächste unbedingte *Prämisse* für eine

Opernkarriere eine brennende *Passion* für die Gesangskunst. Dabei dreht es sich nicht um Erfolg oder Ruhm – die stellen sich ein oder nicht. Der entscheidende Faktor dabei ist die absolute Entschlossenheit des potentiellen Sängers, für eine Karriere, gleich auf welcher Ebene, jede Hürde zu nehmen, und – lassen Sie es sich gesagt sein – es gibt eine Menge Hürden!

Wenn Sie nicht ohne die ständige vertraute menschliche und räumliche Umgebung auskommen und nicht lange Stunden oder sogar Tage in Abgeschiedenheit effektiv arbeiten können – so wie ich in dem Klausnerinnendasein, dem ich mich neun Tage unterzog, um die Rolle der Amme in der *Frau ohne Schatten* zu lernen –, dann ersparen Sie sich die Quälerei und tun Sie etwas anderes für Ihren Lebensunterhalt.

Wenn man alle diese Mahnungen reiflich erwogen hat, ist es der erste Schritt, eine möglichst objektive Bewertung des stimmlichen *Potentials* zu erhalten. Die kann von einem Schulmusiklehrer, einem Kirchenorganisten oder einem Chorleiter kommen oder von einem erfahrenen Sänger am Ort, aktiv oder im Ruhestand.

Der Proband sollte nicht am Boden zerstört sein, wenn die Experten ihre Zweifel über seine künftige Karriere hegen. Auf lange Sicht wird ihm diese zugegebenermaßen enttäuschende negative Einschätzung einen niemals endenden Leidensweg von Kummer, Opfern und astronomischen Ausgaben zu einem unsicheren, wenn nicht gar unmöglichen Ziel ersparen.

Man sollte diesen Rat also sorgfältig erwägen. Manchmal kann sich eine negative Einschätzung im nachhinein als Segen herausstellen.

Genau das widerfuhr mir am Ende meiner Teenagerjahre, als ich beschloß, einige der gesanglichen Fertigkeiten, die ich von meiner Mutter erlernt hatte, für ein kleines Weihnachtstaschengeld einzusetzen. Ich erinnerte mich an eine Anzeige, in der halbprofessionelle Sänger für einen Kirchenchor gesucht wurden, und beschloß, mich dort zu bewerben. Ich sang dem Organisten vor. Er schüttelte bedauernd den Kopf und sagte, daß er meine Stimme, obwohl sie ihm gefalle, leider nicht brauchen könne, weil sie einfach zu groß sei. »Aber ich kann die Lautstärke zurücknehmen«, beharrte ich. Der Organist blieb unerbittlich. Sein Chor sei wirklich nur halbprofessionell, nicht mehr. Eine resonanzreiche Stimme wie meine würde aus allen anderen herauszuhören sein, ganz gleich, wie sehr ich sie auch abschwächte, und damit die Chorbalance kaputtmachen.

Auf dem Heimweg war meine Stimmung bittersüß. Einerseits tat es mir um das Weihnachtsgeld leid, das ich in Gedanken bereits ausgegeben hatte. Andererseits gefiel mir die Vorstellung, eine so große Stimme zu besitzen, daß sie durch jeden Chor dringen würde – bitte beachten Sie, daß ich das Wort »halbprofessionell« aus meinen Träumen verdrängte.

Zu Hause verkündete ich meiner Mutter, daß ich einem Experten vorgesungen und eine große Stimme bescheinigt bekommen habe. Vielleicht, meinte ich, sei ich daher bereits für eine große Karriere fertig. Mutter lächelte ihr wissendstes Lächeln und zeigte nur auf meinen üblichen Platz am Klavier.

Sollten die jungen potentiellen Sänger unter meinen Lesern das außergewöhnliche Glück haben, eine positive Einschätzung ihres stimmlichen Materials (das heißt: besser als halbprofessionell) von den obenerwähnten Experten zu bekommen, ist das *noch immer* nicht genug. Sie sollten sich auch vergewissern, daß sie eine Bühnenpersönlichkeit haben, dramatische Veranlagung und eine annehmbare Erscheinung plus eine reiche Vorstellungskraft und eine mustergültige Arbeitsmoral.

Das scheint ein bißchen viel verlangt, doch sind das nicht die Eigenschaften, die wir von einem Sänger erwarten, wenn wir eine Vorstellung besuchen? Warum sollten Theaterdirektoren weniger urteilsfähig sein als wir?

Wenn wir zu all diesen *Präskriptionen* vor dem Spiegel unserer Seele ein definitives »Ja« sagen können, dann dürfen wir uns entschließen, mit einem ernsthaften Gesangsstudium zu beginnen.

Bevor dieser Beschluß jedoch in die Tat umgesetzt wird, empfehle ich jedem jungen Sänger dringend, sich vorher das nötige Rüstzeug für einen *praktischen* Beruf zu beschaffen, für den Fall, daß es mit den Karriere-Ambitionen aus dem einen oder anderen Grund nicht klappen sollte.

Erinnern Sie sich, ich lernte Handelssekretärin.

Für mich ist es kein Zufall, daß so viele unserer größten Sänger auf anderen Gebieten begonnen haben und alle eine entsprechende Berufsausbildung hatten: Ezio Pinza zum Beispiel war Bäcker, Richard Tucker Kürschner; Helge Rosvaenge, Jerome Hines und José Carreras waren Chemieforscher und Ingrid Bjoner Apothekerin, während Hildegard Behrens, Paul Robeson und Sesto Bruscantini ein Jurastudium absolvierten.

Wenn man diese Form einer Berufsversicherung abgeschlossen hat, ist der nächste Schritt, einen kompetenten professionellen Gesangslehrer zu suchen.

Sehr viel in dieser Phase ist eine Frage der Kompatibilität. Der beste Gesangslehrer in der Nachbarschaft nutzt einem jungen Sänger nichts, wenn sich beide über ästhetische Fragen in die Haare geraten oder nicht auf derselben Wellenlänge liegen. Stimmliche Schulung ist ein gemeinsames Bemühen, und junge Sänger brauchen einen Pädagogen, dem sie vertrauen können, wenn das Vorwärtskommen holprig wird – und es *wird* holprig!

Künstler wie Christa Ludwig, Jussi Björling, Wolfgang Windgassen und ich befanden uns nie in dieser Situation: Wir waren so glücklich, Eltern zu haben, die befähigte Gesangslehrer waren- aber natürlich waren wir die Ausnahme von der Regel.

Parallel zum Gesangsstudium – am besten sogar vorher – ist es ratsam, eine gewisse Fertigkeit am Klavier zu entwickeln, damit Sie Ihr Repertoire einstudieren können. Zusätzlich sollten Sie sich gute Grundkenntnisse im Vom-Blatt-Singen und in Harmonielehre, Musiktheorie und Musikgeschichte aneignen.

Keine Opernkarriere ist heutzutage ohne Grundkenntnisse der Sprachen möglich, in denen der Künstler singen wird. Obwohl viele der kleineren Theater sich auf Aufführungen in der jeweiligen Landessprache konzentrieren, wird wahrscheinlich kein Sänger ohne eine einigermaßen gute Beherrschung der fünf *Grund*sprachen der Oper weiterkommen: Italienisch, Französisch, Italienisch, Deutsch und – last, but not least – *Italienisch!*

Da viele Sänger ihr Glück fern der Heimat suchen, sind sie verloren, wenn sie nicht auf musikalische und regieliche Anweisungen reagieren können, die stets in der Landessprache gegeben werden, wo immer sie sich auch befinden.

Ich bin oft darüber schockiert, daß Leute meinen, sie könnten einen Operntext wie ein Papagei lernen und die Silben ohne die geringste Kenntnis der Worte, die sie singen, herunterhaspeln. Sie versichern mir, daß sie den »Sinn des Textes« singen, doch das ist ungenügend.

Es gibt keine unverbrüchlichen Regeln, was das Geschlecht eines Gesangslehrers betrifft. Kirsten Flagstad studierte bei einem Mann Gesang, und Fritz Wunderlich erlernte seinen Beruf bei einer Frau. Beide werden bis zum heutigen Tag für ihre überragende Gesangstechnik gerühmt. Dennoch ist es nicht unvernünftig zu erwägen, Stunden bei jemandem zu nehmen, der aufgrund seiner persönlichen Erfahrung die speziellen Probleme Ihrer Stimmlage und des Repertoires begreift, das Sie schließlich übernehmen werden.

Während sich die Stimme entwickelt und ihre künstlerische Identität annimmt, ist es für ihren Besitzer unbedingt erforderlich, an seiner darstellerischen und musikalischen Persönlichkeit zu arbeiten, indem er so viele Aufführungen wie nur möglich besucht, nicht nur im Opernhaus, sondern auch im Konzertsaal, im Ballett, im Sprechtheater und im Kino – einschließlich Musicals und Varietévorstellungen. Diese Erlebnisse miteinander zu vergleichen, hilft Ihnen nicht nur bei der Schulung Ihres Geschmacks, es trägt auch unermeßlich zu Ihrem Wahrnehmungsvermögen und Ihrer selektiven Fähigkeit bei.

Wenn es an das Studium des Repertoires geht, ist es wertlos, einfach eine Arie nach der anderen zu lernen. Wenn Sie mit der Karriere beginnen, müssen Sie die Werke vom Anfang bis zum Ende kennen, mit all ihren Herausforderungen und Fallstricken. Es ist sicher nicht absolut notwendig, eine Orchesterpartitur lesen zu können, doch eine gründliche Kenntnis der Begleitung und des Orchesterklangs, die Ihnen den Einsatz geben und Sie während Ihres Auftritts tragen, ist unumgänglich.

Eine gute Garnitur Werkzeuge ist unverzichtbar, um in *Bereitschaft* zu sein: dazu gehören ein *Klavierauszug*, ein *Klavier*, um die Begleitung zu spielen, eine *Stimmpfeife*, um die Intonation unter Kontrolle zu halten, und die zwei wichtigsten *Requisiten* für jede Opernkarriere: ein *Bleistift* und ein *Blatt Papier*. Kein menschliches Gedächtnis reicht aus, um *alle* Informationen im Laufe eines Opernlebens zu speichern. Niemand sollte sich völlig auf sein Erinnerungsvermögen verlassen – man muß es *niederschreiben*! Und wenn Sie einen Bleistift benutzen, können Sie Ihre Aufzeichnungen im Klavierauszug später immer ausradieren.

Es wird Augenblicke der Frustration geben: Der hohe Ton hat sich noch nicht so entwickelt, daß er wirklich sicher sitzt – noch nicht; oder Sie würden die Phrase gern in einem Atem singen, doch Sie haben nicht die erforderliche Atemkontrolle entwickelt – noch nicht; Sie wollen die Passage schneller singen, aber Sie haben noch nicht die Agilität erworben – und so weiter und so weiter. Nur zwei Dinge können Ihnen da helfen: *Stetigkeit* und *Standhaftigkeit*.

Sobald Sie Geist, Stimme und Körper ausreichend unter Kontrolle haben, um an eine berufliche Karriere denken zu können, sollten Sie sich nach einem vertrauenswürdigen Agenten umsehen.

Die gesetzlichen Auflagen, an die die Aktivitäten von Theateragenturen gebunden sind, sind so kompliziert und von Land zu Land so unterschiedlich, daß es wenig Sinn hätte, das Thema im Detail zu behandeln. Es gibt Dinge, über die man sich im voraus kundig machen muß, bevor man irgendeinen Vertrag unterschreibt.

Das wichtigste in dieser Phase ist, an so viele Agenten wie möglich zu schreiben, mit kurzen Angaben über Alter, Körpergröße und -gewicht, Ausbildung, Stimmlage, das gesamte Repertoire, Sprachkenntnisse etc., und um ein Vorsingen zu bitten. Sich direkt an ein Theater zu wenden, mag zwar als der kürzere und kostensparendere Weg erscheinen, doch viele Theater werden eine Bewerbung ohne die Empfehlung eines Agenten nicht einmal in Betracht ziehen.

Wenn Sie das Angebot eines Theaters bekommen, dürfen Sie nie vergessen, daß Ihre Stimme weiterhin Ihr *Eigentum* ist. Auch als Anfänger müssen Sie auf Ihrem Repertoire bestehen und sich davon überzeugen, daß Ihr *Fach* im Vertrag aufgenommen ist. Wenn dieses *Fach* nicht speziell vermerkt ist, ist das Theater berechtigt, Sie in ungeeignetem Repertoire einzusetzen, was Ihr stimmliches Rüstzeug ruinieren kann. Das Theater wird daraufhin auf keiner Ebene mehr Bedarf an Ihren Diensten haben.

Wenn zweifelhafte Angebote kommen, ist es – es sei denn, Sie sind von vornherein sicher, daß Sie in der Rolle völlig fehlbesetzt sind – immer vernünftig, Ihren Arbeitgeber zu bitten, Ihnen die Zeit zu gewähren, sich die Rolle kurz anzuschauen, und einen Menschen Ihres Vertrauens um Rat zu fragen. Doch Sie müssen auch mehr als oberflächliche Bekanntschaft mit Ihren eigenen Fähigkeiten schließen, regelmäßig Inventur über Ihre Erfolge und Fehlschläge machen und künftige Entscheidungen aufgrund dieses angeeigneten Wissens treffen.

Wenn Sie es mit einem unnachgiebigen Regisseur zu tun bekommen, der seinen Sängern Aktionen abverlangt, die möglicherweise gefährlich oder vielleicht peinlich sind, dann wird ein kluger Sänger das Problem dem Chef direkt vortragen.

Die Erfahrung hat gelehrt, daß die größten Spannungen ausnahmslos vermieden werden können, wenn man sich in seinem Verhalten an die einfachen Regeln hält, die in jedem anderen Beruf gelten.

Pünktlichkeit ist unabdingbar wie *Präparation* und diplomatischer *Pli* im *privaten* Umgang innerhalb des Ensembles und in erster Linie: *Professionalismus*, also nicht mehr und nicht weniger als zu wissen, was von Ihnen erwartet wird – in der laufenden Arbeit, von Ihrem Arbeitgeber, Ihren Kollegen und, besonders wichtig, im Interesse Ihrer eigenen beruflichen Integrität – und die Ware ohne Vorbehalt zu liefern.

Wie meine Mutter gerne sagte: »Verlange nicht nach Worten des Lobs. Das ist eine schülerhafte Einstellung. Du erfüllst einen unterschriebenen Vertrag. Wenn Lob kommt, sei darüber glücklich und sage Dankeschön! Kritik wirst du *immer* bekommen.«

Oder, wie es ein sehr guter Freund von mir einmal ausdrückte: »Du hast Anspruch auf all die Dankbarkeit und Wertschätzung, die in den Dankbarkeits- und Wertschätzungsparagraphen deines Vertrags festgelegt sind. Keine diesbezüglichen Paragraphen, kein Dank.«

Ein bißchen harmloser Tratsch gehört zu jedem Beruf, doch verbreiten Sie keine unfundierten Gerüchte, die Ihnen zu Ohren gekommen sind, und benutzen Sie sie nicht als Werkzeug, um vorwärtszukommen. Sie verschwenden nur Ihre Energie und entfremden sich gleichzeitig Ihren Kollegen.

Eine gewisse *Pfiffigkeit* ist erforderlich, wenn Sie ein Problem mit dem Regisseur oder einem anderen Mitglied der Besetzung haben. Sorgen Sie dafür, daß Sie ihre Differenzen *privatim* bereinigen. Verwickeln Sie sich nicht in Kontroversen mit dem Dirigenten vor seinem Orchester. Warten Sie, bis die Probe vorbei ist, und bitten Sie ihn um den frühestmöglichen Termin, um den Streitpunkt unter vier Augen aus der Welt zu schaffen.

Es ist praktisch unmöglich, auf jedes Problem im Theater eine Antwort zu haben. Trotzdem können Sie wohl nichts falsch machen, wenn Sie immer an die leuchtende Weisheit denken, die der große William Shakespeare in den Rat des Polonius an seinen Sohn Laërtes in der dritten Szene des ersten Akts von *Hamlet* legte.

Dieser Grundsatz hat mein berufliches und privates Leben von der ersten Übung, die ich im Studio meiner Mutter sang, bis zum heutigen Tag begleitet. Ich möchte ihn meinen Lesern ins Gedächtnis rufen, bevor ich von diesem Erinnerungsbuch Abschied nehme:

Dies über alles: sei dir selber treu,
Und daraus folgt, so wie die Nacht dem Tage,
Du kannst nicht falsch sein gegen irgendwen.
Leb' wohl! Mein Segen fördre dies an dir! –

Danksagung

Dieses Buch kam auf Anregung unserer Verlegerfreunde Roland Astor und Claus Obalski zustande, und eine Reihe anderer Freunde, neue und alte, unterstützten uns freundlicherweise bei den Recherchen.

Valerie Glazer und Virginia Ahrens frischten meine Erinnerungen an mein Debüt aus der Sicht des Stehplatzbereichs auf, den ich als junges Mädchen so häufig besuchte, und Maestro Erich Leinsdorf † steuerte seine eigene Erinnerung an den ersten Tag meiner Karriere bei.

András Kürthy, der Direktor der Ungarischen Staatsoper, stellte den Kontakt mit der Theaterarchivarin Nóra Wellmann her, die uns unschätzbare Informationen über die frühe Karriere meiner Eltern schickte. Als Oliver Golloch später Budapest besuchte, brachte Frau Wellmann ihn mit Agnes Gádor vom Franz-Liszt-Konservatorium zusammen, die uns die Schulzeugnisse meiner Mutter lieferte.

In Berlin grub Oliver Golloch eine komplette Liste der Vorstellungen aus, die Hermann Weigert in dieser Stadt dirigierte.

Bei unseren Recherchen in den skandinavischen Ländern halfen uns Helena Jungwirth und Clæs-Håkon Ahnsjö und ihre Söhne Fredrik und Matthias Ahnsjö, des weiteren Kjellaug Tesaker, Ingrid Bjoner, Carsten Hopstock und Bergljot Kron Bucht. Berit Holth, die Leiterin der Musikbibliothek an der Universität Oslo, und Kirsten Flagstads offizieller Biograph, Torstein Gunnarson †, lieferten uns wertvolle Informationen über das Leben meiner Eltern in Norwegen sowie die wahre Geschichte von Mme Flagstad.

Sowohl Fredrik Ahnsjö als auch David und Birgit Kehoe übersetzten freundlicherweise viel von dem Material, das wir aus dem Norden bekamen.

Cesar Arturo Dillón half uns, den Aufenthalt meiner Familie in Buenos Aires zu rekonstruieren, und John Pennino vom Archiv der Metropolitan Opera versorgte uns mit einer Fülle von Material aus diesem Theater, beginnend mit dem ersten Vorsingen meiner Mutter und endend mit meiner letzten Vorstellung.

Francesca Franchi und Dr. Stefan Ash stellten uns überaus großzügig ihre Aufzeichnungen über die Aufführungen im Royal Opera House, Covent Garden in London zur Verfügung.

Im Bayreuther Festspielhaus verschafften uns Gabriele Taut und Erna Pitz † vom Betriebsbüro, Peter Emmerich und Sebastian Tiller von der Presseabteilung, Matthias und Ana Haffter von Stegmann vom Bühnenstab und natürlich Wolfgang Wagner freundlicherweise die Informationen, die wir aus diesem erlauchten Institut nötig hatten.

Helga und Hans Hotter teilten freigebig ihre Erinnerungen mit uns – sowohl auf dem Opern- und historischen Sektor wie auf dem privaten.

An der Bayerischen Staatsoper steuerten Professor August Everding, Heinrich Bender, Monika Finkel, Evelyne Harder, Inge Hippmann, Rita Loving, Christine Reif, Ursula Schleuning, David Thaw und der Musikbibliothekar Franz Hajek ihre Erinnerungen bei und lieferten uns die nötigen Fakten, während wir von Claudia und Stefan Biffar Informationen über Claudias Vater Professor Joseph Keilberth bekamen.

Dr. Christian Strauss und seine Frau halfen uns mit Erinnerungen an Dr. Strauss' Großvater Richard Strauss. Professor Hans Maier und seine Frau und Dr. Wolfgang Doering beschafften uns das Material, das wir über den Maximiliansorden brauchten.

Sabine Toepffer und Siegfried Lauterwasser stellten ihre großartigen Fotos über meine Auftritte in München und Bayreuth zur Verfügung.

Daniel F. Tritter in New York und Dr. Benno Keim und Reiner Walch in München gaben uns wertvollen juristischen Rat; Dr. med Siegfried Hiemstra und Dr. med. Fritz Tiller checkten alle medizinischen Angaben im Buch.

Daniel Spiess, John Hunt und Werner Will gaben uns sachdienliche Hinweise über Ton- und Videoaufnahmen; meine lieben Freunde Lys und Randolph Symonette und ihr Sohn Victor Symonette erinnerten sich mit mir an die Düsseldorfer Zeit und gaben mit wertvolle Informationen über Kurt Weill und Lotte Lenya.

Andere liebe Freunde, ohne deren Hilfe dieses Buch nicht möglich gewesen wäre, waren Götz Aumüller, Magdalena Barth, Brita Baumgärtel, Florian Bender, David Chapman, Richard Dyer, Andrew Farkas, Bruni Löbel-Hagen und Holger Hagen †, Elizabeth und Franklin Heller, Helga Hösl-Thaw, Barbara Korn, James und Thomas Levine, Martha Mödl, Marianne Seibel-Neumann und Wolfgang Neumann, Birgit Nilsson, Annette Rudolf, Kit und Ulf Raeder, Estelle und Robert Roth, Annette Rudolf, Toon Schets, Svetlana und

Alexander von Schlippe, Josef Sedlmaier, Rita Shane, Eleanor Steber †, Risë Stevens, Dr. Bernhard Struckmeyer, Lilian Sukis, Marina de Tiews, Janet und Alan Titus, Horst Wandrey, Felicia Weathers, Rita und Kurt Wilhelm, Lotte Zahn und Bill Zakariasen.

Unser deutscher Übersetzer, Maurus Pacher, war das Gewissen dieses Buches, indem er unverzagt jedes Detail einer genauen Prüfung unterzog, um das Werk zu einer verläßlichen Quelle zu machen.

Der Feinschliff wurde von unserer Lektorin Mechthild Frick vorgenommen.

Schließlich gilt unsere ewige Dankbarkeit A. D. Schwarz †, der Donald Arthur den ersten Schreibunterricht gab, sowie Konrad Duden und Noah Webster, die nie um ein Wort verlegen waren.

München, im Februar 1997   *Astrid Varney*
                                              Donald Arthur

Kurzbiographie

Die dramatische Sopranistin Astrid Varnay wurde um 22.20 Uhr am 25. April 1918 in Stockholm, Schweden, geboren, wo ihre Eltern, die Koloratursopranistin Mária Jávor und der dramatische Tenor Alexander Várnay gerade auf Tournee waren.

Nach der Gesangsausbildung bei ihrer Mutter und nach Einstudierung ihres Stammrepertoires mit Hermann Weigert debütierte sie 1941 an der Metropolitan Opera, New York, als Sieglinde in *Die Walküre*, als sie in letzter Minute für die erkrankte Lotte Lehmann einspringen mußte.

Ihre Karriere führte sie nach und nach durch die gesamte Opernwelt, u. a. nach Großbritannien, Frankreich, Deutschland, Österreich, Argentinien, Italien und in die Schweiz.

Sie leistete einen wesentlichen Beitrag zur Wiederbelebung des Neu-Bayreuth der Nachkriegsjahre und trat bei den Salzburger Festspielen mit ihrer vielgerühmten Interpretation der Elektra auf.

Nach dreißig Jahren in Hauptpartien begann sie eine zu den damaligen Zeiten unübliche »zweite Karriere« im Charakterfach. Drei Partien davon wurden für das Fernsehen aufgezeichnet.

Repertoire

Komponist	Oper	Partie	Anzahl der Vorstellungen
Rafaelo de Banfield	*Lord Byron's Love Letter*	The Old Woman	2
Ludwig van Beethoven	*Fidelio*	Leonore	57
Alban Berg	*Lulu*	Garderobiere	12
Eugen d'Albert	*Tiefland*	Martha	12
Werner Egk	*Peer Gynt*	Aase	19
Gottfried von Einem	*Der Besuch der alten Dame*	Claire Zachanassian	14
Umberto Giordano	*Andrea Chenier*	Contessa di Coigny	16
Charles Gounod	*Faust*	Marthe Schwerdtlein	17
Arthur Honegger	*Johanna auf dem Scheiterhaufen*	Mutter Weinfaß	18
Engelbert Humperdinck	*Hänsel und Gretel*	Mutter	51
Leoš Janáček	*Jenufa*	Küsterin	56
	Katja Kabanova	Kabanicha	31
	Die Sache Makropoulos	Kammerzofe	12
Pietro Mascagni	*Cavalleria rusticana*	Santuzza	33
		Mamma Lucia	62
Gian Carlo Menotti	*The Island God*	Telea	4
Modest Mussorgskij	*Boris Godunow*	Njanja	29

Komponist	Oper	Partie	Anzahl der Vorstellungen
Jacques Offenbach	*Orpheus in der Unterwelt*	Juno	18
Carl Orff	*Ödipus der Tyrann*	Jokaste	31
	Antigonae	Eurydike	3
	Ludus de nato infante mirificus	Erdmutter	2
Amilcare Ponchielli	*La Gioconda*	Gioconda	4
Giacomo Puccini	*Gianni Schicchi*	Zita	19
Sergej Prokofjew	*Der Spieler*	Babuschka	8
Richard Strauss	*Elektra*	Elektra	79
		Klytämnestra	121
	Die Frau ohne Schatten	Amme	22
	Der Rosenkavalier	Marschallin	32
	Salome	Salome	13
		Herodias	213
Igor Strawinsky	*The Rake's Progress*	Mother Goose	1
Peter Iljitsch Tschaikowskij	*Eugen Onegin*	Filipjowna	11
	Pique Dame	Gravina	4
Giuseppe Verdi	*Aida*	Aida	5
		Amneris	2
		Priesterin	1
	Il trovatore	Leonora	19
		Inez	2
	Macbeth	Lady Macbeth	22
	Otello	Desdemona	4
	Simon Boccanegra	Maria Boccanegra	5

Komponist	Oper	Partie	Anzahl der Vorstellungen
Richard Wagner	*Der fliegende Holländer*	Senta	40
		Mary	25
	Lohengrin	Elsa	30
		Ortrud	114
	Die Meistersinger von Nürnberg	Eva	14
	Parsifal	Kundry	74
	Der Ring des Nibelungen		
	Das Rheingold	Freia	1
	Die Walküre	Sieglinde	28
		Brünnhilde	137
	Siegfried	Brünnhilde	93
	Götterdämmerung	Brünnhilde	99
		erste Norn	14
		dritte Norn	5
		Gutrune	9
	Tannhäuser	Elisabeth	22
		Venus (Dresdner und Pariser Fassung)	10
	Tristan und Isolde	Isolde	105
Kurt Weill	*Aufstieg und Fall der Stadt Mahagonny*	Leokadja Begbick	45

Diskographie

Jahr der Aufnahme	Werk	Rolle

Opern-Gesamtaufnahmen

Jahr	Werk	Rolle
1941	*Die Walküre*	Sieglinde
1943	*Lohengrin*	Elsa
1948	*Tannhäuser*	Venus
1949	*Elektra*	Elektra
1950	*Der fliegende Holländer*	Senta
1950	*Lohengrin*	Ortrud
1950	*Simon Boccanegra*	Maria Boccanegra
1951	*Siegfried*	Brünnhilde
1951	*Die Walküre*	Brünnhilde
1952	*Elektra*	Elektra
1952	*Götterdämmerung*	Brünnhilde
1952	*Siegfried*	Brünnhilde
1952	*Die Walküre*	Brünnhilde
1953	*Götterdämmerung*	Brünnhilde
1953	*Siegfried*	Brünnhilde
1953	*Die Walküre*	Brünnhilde
1953	*Elektra*	Elektra
1953	*Lohengrin*	Ortrud
1953	*Der Rosenkavlier*	Marschallin
1953	*Tristan und Isolde*	Isolde
1953	*Salome*	Salome
1954	*Lohengrin*	Ortrud
1954	*Macbeth*	Lady Macbeth
1954	*Parsifal*	Kundry
1954	*Die Walküre*	Brünnhilde
1954	*Cavalleria rusticana*	Santuzza
1955	*Der fliegende Holländer*	Senta

Komponist	Dirigent	erhältlich als	
Richard Wagner	Erich Leinsdorf	CD	
Richard Wagner	Erich Leinsdorf	CD	
Richard Wagner	Fritz Stiedry	CD	
Richard Strauss	Dimitri Mitropoulos	CD	
Richard Wagner	Fritz Reiner	CD	
Richard Wagner	Fritz Stiedry	CD	
Giuseppe Verdi	Fritz Stiedry	CD	
Richard Wagner	Fritz Stiedry	CD	
Richard Wagner	Herbert von Karajan	CD	
Richard Strauss	Fritz Reiner	CD	
Richard Wagner	Joseph Keilberth	CD	
Richard Wagner	Joseph Keilberth	CD	
Richard Wagner	Joseph Keilberth	CD	
Richard Wagner	Clemens Krauss	CD	
Richard Wagner	Clemens Krauss	CD	
Richard Wagner	Clemens Krauss	CD	
Richard Strauss	Richard Kraus	CD	
Richard Wagner	Joseph Keilberth	CD	LP
Richard Strauss	Fritz Reiner	LP	
Richard Wagner	Eugen Jochum	CD	
Richard Strauss	Hermann Weigert	CD	LP
Richard Wagner	Eugen Jochum	CD	
Giuseppe Verdi	Vittorio Gui	CD	
Richard Wagner	Fritz Stiedry		LP
Richard Wagner	Joseph Keilberth	CD	
Pietro Mascagni	Wolfgang Sawallisch		LP
Richard Wagner	Hans Knappertsbusch	CD	LP

Jahr *der Auf-* *nahme*	*Werk*	*Rolle*
1955	*Götterdämmerung*	Brünnhilde
1956	*Der fliegende Holländer*	Senta
1957	*Der Ring des Nibelungen*	Brünnhilde
1957	*Die Walküre*	Brünnhilde
1958	*Lohengrin*	Ortrud
1960	*Der Ring des Nibelungen*	Brünnhilde
1960	*Lohengrin*	Ortrud
1962	*Lohengrin*	Ortrud
1964	*Elektra*	Elektra
1966	*Ödipus der Tyrann*	Jokaste
1970	*Jenufa*	Küsterin
1974	*Salome*	Herodias
1978	*Cavalleria rusticana*	Mamma Lucia
1982	*Elektra*	Klytämnestra
1984	*Andrea Chenier*	Contessa di Coigny
1984	*The Rake's Progress*	Mother Goose
1989	*Cavalleria rusticana*	Mamma Lucia

Lieder

1961	Deitá
1961	Lieder
1961	Zigeunermelodien
1956	Wesendonck-Lieder

Sängerporträts

1951	Astrid Varnay singt Halévy, Verdi, Ponchielli u. a.
1954	Astrid Varnay (München 1954/1961)
1994	Great Voices: Astrid Varnay
1994	A 1940's Radio Hour - Volume I
1995	Opera Stars Sing on Radio - Volume II

Komponist	Dirigent	erhältlich als	
Richard Wagner	Joseph Keilberth	CD	
Richard Wagner	Joseph Keilberth	CD	
Richard Wagner	Hans Knappertsbusch	CD	
Richard Wagner	Hans Knappertsbusch	CD	LP
Richard Wagner	André Cluytens	CD	
Richard Wagner	Rudolf Kempe	CD	
Richard Wagner	Lorin Maazel	CD	LP
Richard Wagner	Wolfgang Sawallisch	CD	MC
Richard Strauss	Herbert von Karajan	CD	LP
Carl Orff	Ferdinand Leitner	CD	
Leoš Janáček	Rafael Kubelik	CD	
Richard Strauss	Karl Böhm		Vid
Pietro Mascagni	Nello Santi	CD	
Richard Strauss	Karl Böhm	Vid	LD
Umberto Giordano	Riccardo Chailly	CD	LP
Igor Strawinsky	Riccardo Chailly	CD	LP
Pietro Mascagni	Riccardo Muti	CD	MC
Ottorino Respighi		CD	
Richard Wagner		CD	
Antonín Dvořák		CD	
Richard Wagner		CD	
		CD	
		CD	
		CD	
		CD	
		CD	

Register